# 諮商與心理治療倫理

## 準則、研究與新興議題

**【2020 年全新修訂版】**

作者 Elizabeth Reynolds Welfel

總校閱者 王文秀

譯者 王文秀、廖宗慈、陳俊言
蔡欣憓、鍾榕芳、楊雅婷

Australia • Brazil • Mexico • Singapore • United Kingdom • United States

諮商與心理治療倫理 ： 準則、研究與新興議題 / Elizabeth Reynolds Welfel作 ; 王文秀等譯. -- 修訂一版. -- 臺北市 : 新加坡商聖智學習, 2020.01
面； 公分
譯自 : Ethics in Counseling and Psychotherapy : Standards, Research, and Emerging Issues, 5th ed.
ISBN 978-957-9282-61-1(平裝)

1. 諮商 2. 心理治療

178.8　　108021832

# 諮商與心理治療倫理：準則、研究與新興議題 【2020年全新修訂版】



Original: Ethics in Counseling and Psychotherapy: Standards, Research, and Emerging Issues, 5e
By Elizabeth Reynolds Welfel
ISBN: 9780840028587


2 3 4 5 6 7 8 9 2 0 2 2

出 版 商　新加坡商聖智學習亞洲私人有限公司台灣分公司
104415 臺北市中山區中山北路二段 129 號 3 樓之 1
https://www.cengageasia.com
電話：(02) 2581-6588　傳眞：(02) 2581-9118

原　　著　Elizabeth Reynolds Welfel

總校閱者　王文秀

譯　　者　王文秀 · 廖宗慈 · 陳俊言 · 蔡欣憓 · 鍾榕芳 · 楊雅婷

執行編輯　陳文玲

總 編 輯　林敬堯

發 行 人　洪有義

總 經 銷　心理出版社股份有限公司
231026 新北市新店區光明街 288 號 7 樓
電話：(02) 2915-0566　傳眞：(02) 2915-2928
郵撥：19293172 心理出版社股份有限公司
https://www.psy.com.tw
E-mail: psychoco@ms15.hinet.net
駐美代表：Lisa Wu（lisawu99@optonline.net）

編　　號　22173

定　　價　新臺幣 680 元

出版日期　西元 2022 年 10 月　修訂一版二刷（原文五版）

ISBN 978-957-9282-61-1

(22CMS0)

# 目 次

本書的參考文獻，請上心理出版社網站下載
http://www.psy.com.tw/psy_download.php
解壓縮密碼：9789865632380

# 作者介紹

Elizabeth Reynolds Welfel 是克里夫蘭州立大學的諮商系教授與諮商心理學訓練中心副主任。她同時服務於波士頓學院諮商系，且在 1979 年拿到博士學位前在明尼蘇達大學擔任講師。除了本書之外，Welfel 博士也是 *The Counseling Process* 的共同作者、*The Mental Health Desk Reference* 的共同主編；以及最近擔任 *The Duty to Protect* 的共同主編，並且發表無數有關專業實務工作倫理議題的論文及書籍作品。她的特殊興趣領域包含倫理決策的歷程、諮商實務中運用科技的倫理議題、當事人本身或致使他人陷入險境時專業人員的責任，以及規劃倫理教育課程以提倡負責任的實務工作。因著人非聖賢，她也曾經發表過一旦專業人員發現自己有倫理疏失時應負的責任。Welfel 博士從她在明尼蘇達大學就讀研究所時就投入這些主題，從事有關成人的道德及智能發展的研究。她的研究興趣從成人在每天日常生活中歷經道德與智能的兩難情境，到諮商及心理治療專業領域的實務工作者所面臨的獨特道德兩難困境。由於在諮商教學的優異表現以及在專業倫理領域優異的學術成就，她曾榮獲克里夫蘭州立大學的教學傑出獎。她同時也是美國諮商學會（ACA）和諮商師教育與督導學會（ACES）會員以及美國心理學會（APA）的專業會員。

# 譯者簡介

王文秀 ｜總校閱、前言、致謝、第 1 章｜

學　歷：美國賓州州立大學諮商師教育博士

經　歷：台北市立蘭雅國中、龍山國中輔導教師

國立台灣師範大學教育心理與輔導學系助教

台北市立第一女子高級中學主任輔導教師

國立新竹教育大學副教授、教授、諮商中心主任、系主任、教務長、副校長

台灣輔導與諮商學會理事長

台灣遊戲治療學會理事長

社團法人中華民國諮商心理師公會全國聯合會理事長

現　職：國立清華大學教育心理與諮商學系兼任教授

廖宗慈 ｜第 2、12、13、15 章｜

學　歷：國立清華大學竹師教育學院教育心理與諮商學系碩士

經　歷：國軍新竹地區醫院附設民眾診療服務處精神科兼職實習心理師

彰化縣學生輔導與諮商中心駐地實習心理師

現　職：台中市國小專任輔導教師

## 陳俊言 ｜第 3～5、8 章｜

學　歷：國立台灣師範大學英語學系
　　　　國立新竹教育大學教育心理與諮商學系碩士
經　歷：新北市立聯合醫院精神科三重院區兼職實習心理師
　　　　新北市立光復高級中學國中部代理專任輔導老師
現　職：雲林縣立古坑華德福實驗高級中學輔導教師兼主任

## 蔡欣憓 ｜第 6～7 章、附錄 B｜

學　歷：高雄醫學大學心理學系
　　　　國立新竹教育大學教育心理與諮商學系碩士班研究生
經　歷：新竹縣學生輔導中心兼職實習心理師
　　　　新北市立聯合醫院精神科三重院區全職實習心理師

## 鍾榕芳 ｜第 9～11 章、附錄 A｜

學　歷：國立新竹教育大學教育心理與諮商學系學士
經　歷：新北市立鶯歌陶瓷博物館英語導覽員
　　　　新北市立鶯歌陶瓷博物館國際駐村暨研討會承辦人
　　　　中原大學國際暨兩岸教育處專案助理
現　職：英中譯者

## 楊雅婷 ｜第 14 章｜

學　歷：國立清華大學教育心理與諮商學系碩士
經　歷：馬偕紀念醫院自殺防治中心全職實習心理師
現　職：苗栗縣學生輔導諮商中心兼任諮商心理師
　　　　苗栗縣生命線心理諮商所兼任諮商心理師
　　　　苗栗家扶中心兼任諮商心理師
　　　　新竹市生命線社區心理衛生中心兼任諮商心理師

# 總校閱者序

本人教授大學部、碩士班以及在職專班諮商倫理與法律課程多年，有感於國內對諮商倫理雖然越來越重視，但是可以採用的教科書仍較為有限，因此每年教授碩士班的諮商倫理課程時，一定採用當年最新出版的國外倫理教科書，再輔以國內的倫理書籍與期刊資料，藉此瞭解國外諮商倫理守則與諮商實務可供國內借鏡之處。多年下來所採用的倫理教科書當中，本書作者 Welfel 博士陸續出版的倫理書籍均曾被採用。由於本書的章節涵蓋範圍既深且廣，再加上編輯體例與撰寫風格可讀性均高，因此萌生將此書（原文書第五版）翻譯成中文之念頭。

本書的撰寫，先從專業倫理的心理學和哲學基礎整理起，再提到跨領域的諮商專業工作必然涉及的倫理議題，如助人者的專業能力、保密、知後同意、性或非性的多重關係、多元文化、團體或心理衡鑑之倫理議題，再逐步引導探討如何處理自身或同儕不符倫理之行為，最後拓展到不同領域所涉及的倫理議題；全書之撰寫題材適合大學部、研究所及在職專班之學生閱讀、思考及討論。本書除了適用於諮商領域，對其他助人專業如社會工作、護理、精神科或臨床心理等，或是半專業機構從事助人志工訓練時，亦有參考價值。

本書的體例包含說明該議題之理念、涉及之倫理兩難、專業學會之看法以及無數精彩的案例。讀者可以針對某個所關切或面臨困擾之章節深入閱讀，亦可逐章閱讀及思考；若能與同學或同儕、師長深入討論，更有助於對各議題之瞭解，進而發展出自己對倫理各議題之敏感度及獨立思考判斷與批判之能力。

倫理守則與規範，是專業人員自身面對諮商實務困境時的最低標準，也是專業人員對外展現專業自律的主要參考依據；雖然國內這幾年在諮商師培育機構以及實務工作場域越來越重視專業倫理，但是實務工作者違反專業倫理之案例仍偶有所聞。期望本書以及國內其他有關倫理之著作或研究成果，有助於提升國內諮商師培育機構及實務場所之倫理敏感度及落實倫理之實踐，不只是對服務當事人 DO NO HARM，尊重其自主權與受益權，做到公正及忠誠，更要進一步倡議社會正義。

本書從起心動念要翻譯，到邀請學生協助翻譯，及至完成多次校稿，歷時兩年。本書能夠完成，要感謝廖宗慈、陳俊言、蔡欣憓、鍾榕芳及楊雅婷等幾位同學在自己忙碌的課業及全職實習工作之餘，勉力為之；也感謝心理出版社的林敬堯副總經理以及陳文玲執行編輯在前半段與後半段時間分別的鼎力協助。

王文秀

2015/8

# 前　言

本書（原文）第五版的宗旨仍與之前的數版一樣，均是期望讓讀者對於諮商及心理治療實務工作中涉及的倫理與法律議題更加敏感，以及提供資源協助讀者能負責任地處理這些重要的議題。本書採用主要的專業學會的倫理守則與指引方針（美國諮商學會、美國心理學會、美國學校諮商師學會、全國社會工作者學會，以及美國婚姻與家庭治療學會），讓讀者熟悉負責任的實務工作應該遵守的基本準則，同時也分析倫理學者所發表的著作以及引用重要的一些研究。光是倫理守則本身絕對無法回答實務工作者面臨的諸多倫理難題，但是學者以及關鍵的研究報告有助於讀者妥適回應倫理守則未能直接回答的一些複雜與糾結的倫理議題。本書強調所有的心理健康專業人員皆能相互學習，因此廣納不同專業領域的文獻對成功的治療工作至關重要。我也努力納入專業領域裡的複雜議題與新興議題，此外，亦增加影響心理健康與學校諮商實務的法律案例和法條。

本書亦提供更多的判例法、規定以及行政裁量，讓讀者更瞭解專業倫理和法律的關聯。書中介紹我發展的 10 步驟倫理決策模式，且將其運用到各式各樣的倫理兩難情境。我發展此模式的用意是引領讀者以有系統的方式解決複雜的兩難情境。要因應實務中的倫理議題是很強烈的情緒經驗，若能採用有系統的模式來分析倫理議題，以及尋求他人的諮詢，均有助於實務工作者即使身處強烈的情緒衝擊下，仍能做出合理與以當事人為中心的決定。本書也提供無數的討論，其中多數是根據倫理守則以及相關文獻進行縝密周延的分析。更多供讀者自行分析的案例可見於本書中以及 Cengage 出版社補充的教師指引。書中所提供的案例均無簡易的答案，相反的，我所設計的這些情境，是要反映出實務工作者所可能面臨的各種真實、複雜且有時令人困惑的情境。根據我的經驗，這些案例均能挑戰到學生，且不論在課堂或是線上討論，均會激起許多火花。

（原文書）第五版增加許多重要的內容。例如，第 1 章納入神經科學和倫理的關係，以及專業實務工作中，個人價值觀、正向倫理與危機管理等所扮演的角色。

本書更深入探討社會建構主義以及以德行為基礎的倫理，且縱貫本書均將這些取向納入倫理決策的模式中。第 3 章更關注非關種族的多元文化議題，例如年齡、身心失能、偏見，以及伴隨宗教而來的歧視。本書亦納入一些新的案例，以及當事人在諮商過程中表達有偏見的想法時所涉及的倫理議題。第 4 章論及諮商和心理學界所強調的能力本位運動所涉及的倫理意涵。第 5 章以更多的篇幅探討網路溝通以及社交媒體對保密議題帶來的挑戰。第 11 章帶來「下一步該怎麼辦」的問題——一旦心理健康專業人員發現自己違反倫理時，該如何自處？因為多數的倫理疏失不會一開始就移送到倫理紀律委員會，且由於倫理的核心是個人的自我負責任態度，因此在本書介紹展現個人績效與補救的三部曲。第 12 章則是檢視在以下諸多領域的倫理議題：教練、戒藥酒癮諮商、與製藥公司以及其他會有潛在利益衝突的組織有專業互動時、心理師介入軍事詰問人犯時，以及在維吉尼亞理工學院槍殺事件之後的大學諮商。除此之外，第 13 章亦探討學校諮商師面臨的網路霸凌、色情簡訊與學校暴力等議題。

本書另一個重要的目標是更深入探討讓實務工作者非常棘手的主要倫理議題——例如保密、知後同意、多重關係及實務工作的能力——以及實務工作者在特殊場域所涉及的倫理議題。因此，本書介紹學校諮商師、大學的心理健康專業人員、社區諮商師、團體與家庭諮商師、研究人員以及諮商師教育者所面臨的獨特倫理議題。由於多元文化能力在負責任的實務工作中不可或缺，這個主題在本書的每一章幾乎均有提及，且在第 3 章有完整深入的探討。

最後，本書的目的除了協助讀者瞭解目前倫理準則底下所蘊含的哲學和歷史觀點，亦嘗試將這些準則與重要的法律判決與條文相結合。我內心對於倫理實務的核心觀點是基於倫理原則的文獻以及以德行為基礎的實務工作而來。我不會避而不談這個專業面臨的諸多兩難衝突議題，反而在這些討論中，我嘗試針對有爭議的各方提供不同的思考方向。然而我撰寫本書也並非採取相對主義的觀點。我們這個專業的標準並非基於單一觀點所決定，我僅是呈現給讀者這些準則所蘊含的推理與價值。

另外要澄清的，雖然明顯可知免於受到瀆職的控訴或是受到懲戒的最佳策略就是熟知整個專業的倫理準則，但是本書並非屬於危機管理的書籍。如果諮商師和治療師念茲在茲的只是保護自己以及對自己進行風險控管，則將會有兩個後果——他們將未能致力於提升當事人的福祉，且他們很有可能將當事人視為潛在的敵人。長久以往，不管哪一種結果，對他們或者當事人均是有害無益。終極而言，倫理實務指的是關切在當事人身上所發生的事，並且盡全力展現出這個專業所能提供的最佳實務；整體言之，我撰寫本書的目的是鼓勵讀者釐清這些價值觀以及實務工作面臨的倫理和法律準則間的關聯性。

## ●● 本書適用的讀者群

本書有許多適合的讀者群。諮商和心理學系所的研究生是最主要的族群，但是對於實務工作的專業人員繼續教育、對大學部高年級學生，以及相關領域的研究生，例如社會工作或是宗教諮商的研究生也都很有幫助。尋求心理治療服務的消費者也可藉由本書的內容協助其尋找負責任的專業人員。本書完整涵蓋各主要議題，且在附錄收錄了倫理守則，對於開設專業倫理或專業議題等課程者皆很適合。除此之外，本書的每一章均包含完整的參考書目、網路資源、案例討論以及推薦的書單，這些資源均有助於想深入探討的讀者進一步深究。

## ●● 本書體例

本書包含四大部分。第一部分協助讀者瞭解整個倫理決策的架構，且讓讀者初步瞭解心理健康專業人員一旦違反專業倫理時所經歷的過程與程序。在這個部分，我介紹諮商專業的倫理和其他比較寬廣領域的倫理之間的關係，統整發展心理學的重要文獻，以及介紹我的倫理決策模式。我同時分析多元文化主義和倫理實務之間的關係。第二部分檢視諮商師和治療師的基本倫理議題，包含實務能力的倫理、保密、知後同意、多重關係、負責任的衡鑑，以及同時多人的治療。第三部分是探討萬一預防失效時該怎麼辦，這部分探討一個常被忽略的主題——那些發現自己違反專業倫理準則者所該負的倫理責任。由於自我檢視以及個人績效是專業的核心價值，本書論及專業人員可以自我修復違反倫理的步驟，藉此減少再犯的可能性。這也是本書異於其他目前的專業倫理書籍之處。至於本書的第四部分，則是納入督導、教學、研究、社區實務、司法活動、諮詢以及學校和大學諮商等的倫理議題。這個部分探討的是這個專業領域逐漸浮現的倫理議題，例如管理式照護、社交網路

以及法院強制治療等的倫理向度。全書 15 章均有延伸討論的問題、一些線上資源，以及推薦的延伸閱讀書單。

本書章節係以合乎邏輯的方式呈現，但是讀者亦可根據自己的需要調整閱讀順序。同樣的，如果某些章節不符所需，讀者亦可自行略過，不需逐章閱讀。

# 致　謝

本書能夠完成，我要感謝許多人的協助。我在克里夫蘭州立大學的學生和同事給我莫大的鼓勵，對本書的內容提供寶貴的洞見，且讓我有更多時間專注於本書的完成。Carl Rak 的支持值得特別致意，和 Lew Patterson 一樣，如果在 1990 年代早期沒有這幾位良師的引領，我絕對沒有勇氣來探究這個富有挑戰的領域。以下幾位檢閱者協助提供各章節的縝密周延回饋：James Korcuska（南達科他大學）、Nicholas Ladany（羅耀拉瑪麗蒙特大學）、Rochelle Robbins（聖家大學院）、Jill Dubba Sauerheber（西肯塔基大學）、Holly Seirup（霍夫斯特拉大學），以及 Elizabeth Stroot（湖地學院）。這些人對初稿的仔細檢視大大改善本書的可讀性。

Cengage 出版社的編輯群巧妙地平衡對出版本書的支持與挑戰功能。我對諮商編輯 Seth Dobrin，以及助理編輯 Naomi Dreyer 深深致謝，很高興能與二位共事。我也很感謝 PreMediaGlobal 的方案經理 Katy Gabel，以及文稿編輯 Cindy Bond 在出版過程中的及時協助。

最重要的，我將我最由衷的感謝獻給我的家人——我的丈夫，每當我對出版進度焦慮不安時，他總能平靜與體貼的回應我，而他對我的手稿提供深思熟慮的見解，對本書也有莫大的幫助；以及我的兒子，他本質散發出來的正直有禮態度，就是我終其一生所追求的合乎倫理。

*Elizabeth Reynolds Welfel*

# PART 1

# 一個瞭解專業倫理價值與準則的架構

CHAPTER 01

# 專業倫理導論

## 倫理實務中的心理學和哲學

過去 60 年來，許多確切的證據指出，接受諮商與心理治療是一種能有效減緩痛苦情緒，及增加生活各方面滿意度的介入方式（Duncan, 2010; Lambert & Ogles, 2005; Seligman, 1995）。例如 Wampold（2010）的研究發現，80% 參與心理治療者的情況比選擇不尋求協助者來得好，根據他對研究所做的後設分析可知，心理治療的效果量達到 0.80。此外，長期以來視尋求心理健康專業協助為汙名的情形也顯著減少（Duncan, Miller, Wampold, & Hubble, 2010）。最近來自教育單位的資料也支持學校諮商師與學校心理師能夠提供學生有效服務（Carey, Dimmitt, Hatch, Lapan, & Whiston, 2008; McGannon, Carey, & Dimmitt, 2005）。然而，也有些不好的消息；同一個研究也顯示有些心理健康服務產生的傷害比效益更為巨大（如：Lambert & Ogles, 2005）。Lambert（2010）的研究結果顯示，有 5% 到 10% 參與治療的當事人在療程結束時感覺更糟。是什麼造成這樣的惡化？當然，其中一個導致當事人惡化的重要因素是當事人本身的困擾問題無可避免地更嚴重，即使非常專業的諮商師也無力回天。但是除此之外，許多惡化的結果往往和治療師能力不足、在實務中對倫理缺乏敏感度，或忽視當事人的福祉有關。就是由於研究發現這些臨床實務工作者的作為讓當事人惡化，因此促成專業實務界必須發展和落實專業倫理準則及能力要求。除非我們的專業致力於使服務更有效益而非傷害，並且提供執業者提升有效服務的大量輔導協助，否則我們很難宣稱自己是因為具有專業證照而享有特權的專業

助人者。

要能防止有違倫理及專業能力不足所造成傷害的風險，所需要的絕對不只是制定倫理守則或是對有違倫理之實務人員進行懲戒；更強調的是整個專業願意承諾持續接受倫理教育。同時，也需要個別的專業人員瞭解哪些因素可展現並維持合乎倫理且具備專業能力的實務表現。最後，專業人員需要領會這些倫理準則底下所蘊含的哲學理念。接下來介紹合乎道德行為的哲學與心理學，從中找出關鍵的基本要素。

## 倫理實務的基礎與資源

專業的倫理包含五個向度，統整而言即可代表整個專業積極正向的倫理理想與整個專業的價值：

1. 具備充足的知識、技巧與判斷力，以展現有效的介入策略
2. 尊重當事人身為人的尊嚴與自由
3. 負責任地運用伴隨專業角色而來的權力
4. 所作所為能提升大眾對此專業的信任
5. 將當事人的福祉視為第一優先

簡化成這五項要素後，要展現合乎倫理的行為聽起來似乎很簡單。第一個要素指的是優質的教育（包含督導），讓學習者學到專業知能與技巧。美國所有的州都要求諮商師與治療師須通過證照的檢定，以及擁有被督導的經驗。他們可能也需要持續不斷的繼續教育，以證明其知能與技巧。其他倫理實務的構成要素則是將當事人的需求和權利作為第一優先的考量，避免為了自我的利益而犧牲當事人，以及為自身生意的經營而做出令同儕或大眾輕視的行為。可是在實務中，如何在做決定時綜合這些因素，使諮商產生最大的效益，讓當事人備受尊重，且使專業得以維持良好的名譽，是一件不容易的事。同樣地，在感覺不舒服或經濟不充裕時仍信守促進當事人福祉為優先的考量並不簡單。有時候我們很難知道哪種介入方式將會帶來幫助，甚至在某些時候，即使是已經證實有顯著效果的介入方式，對某個當事人也不見得有效。在這瞬息萬變的專業領域中，隨時更新最新的知識與技術是一件困難的任務。如果一位專業人員未能隨時留意最新的文獻或在某個領域缺乏充足的訓練，

那他或她是否仍能提供有效的服務呢？一個人的知識需要「即時」到什麼樣的地步才能使治療工作產生效果？因為沒有人是完美的，就算是最勤勉且受過良好訓練的專家，也偶有表現不佳的時候——專業人員（以及大眾）要如何面對這樣的現實情形？

相同地，當諮商師與治療師尊重當事人的尊嚴，而給予其自由選擇生命的方式，當事人的決定有時並非基於自己的最佳利益。通常在當事人的抉擇對其有害時，諮商師會與其討論，並幫助當事人去看到這個選擇潛在的負向結果。有時這樣的討論可以改變當事人的想法，但有時則無法產生效用。臨床人員是否能夠運用他們的權力去限制當事人的自由，以避免其做出以後會後悔的選擇？這樣算是濫用職權還是適當地發揮專業能力的影響力？而文化與社會因素又是如何影響諮商師，以決定哪一個選擇能帶給當事人最大的利益而哪一個則否？當一個當事人的社會與文化背景和治療師有極大的不同時，專業人員做出的判斷是否值得信賴？

有時一些幫助個別當事人的行為常無法被社會大眾所瞭解。舉例來說，在許多情形下，專業人員受限於法律與道德的規範，有義務為一個受到指控的罪犯其先前所透露的犯罪行為保密（如果這個人正處於進行式的專業關係中），除非當事人放棄他的這項權利，或法院命令解除保密。拒絕背叛當事人的信任常使大眾感到震驚與沮喪。這樣忠於當事人的結果，會使大眾對這門專業的信任度增加或減少？同樣地，這也不是一件簡單的事。最後，因為臨床人員必須倚靠這個很難變得富有的工作過活，如何在公平的利益報酬與當事人的最佳利益中取得平衡，有時也讓臨床人員陷入兩難。幸好，有許多管道可以協助心理健康專業人員和這些議題奮鬥，並在最終採取符合倫理的方式行動。當然，每一位實務人員一定具備良好的品德，並善用智性的、情緒的與社會的資源為個人及專業工作付出承諾。畢竟，合乎倫理的行為不僅與我們如何想以及感覺有關，它更關係到我們是怎麼樣的一個人。接下來我們就從智性的資源開始探討。

## 發展心理學的文獻

第一個資源是來自道德和道德推理的大量文獻。這些文獻協助臨床工作者瞭解專業倫理和倫理的決定歷程乃是廣義的道德推理和道德決定的其中一環。它將專業的行為守則放在一套公平、合乎禮儀和負責任之人類行為的架構中，且能說明當一個人做錯事時是哪個做決定的過程環節出錯。不同於其他資源是著重在當一個人面臨倫理困境時應該考慮哪些內容，從發展心理學文獻所理解的，是瞭解做出倫理決定的過程。所呈現的是倫理的心理學（和社會心理學）。藉由這些文獻，專業人員學習到如何改善自己做倫理決定的品質，且能找到更適當的方式教導學生或其他專業人員倫理。

### 道德行為的要素

當個體面臨必須做出倫理或道德決定時，促使此人表現出合乎或不合乎道德行為的因素是什麼？這是治療師聽聞其他專業人員做出勇敢或瘋狂行為時最常提出的問題。Rest（1983, 1994）提出一個有用的架構來解釋這個歷程。首先，他定義「道德行為」是任何足以影響他人福祉的行為。例如某人觀察到有人闖入他鄰居的家中，他窺視此竊盜事件時所採取的作為即可視為道德行為，因為會影響到他鄰居的福祉（當然，這位小偷的行為也涉及道德的意涵）。如果此人的作為對鄰居有益，例如報警或嘗試把小偷嚇跑，則這個行為就是合乎道德的。

顯而易見地，此人的任何作為都很可能事與願違。警察可能沒出現或是小偷不為所動，但是行為的道德與否和行為的結果是否有效無關。在此例子中，之所以名之為道德行為是因為此人的起心動念是基於良善要助人。反之，如果此人毫無作為，其行為就不能稱之為道德行為，除非此人是被小偷挾持而陷入險境。就道德層面而言，我們不需要為了幫助他人而危及自己的福祉，這也就是為何我們稱那些冒著生命危險解救他人者為英雄，因為他們已經超越他們的道德責任來顧及他人的福祉。

Rest指出道德行為必須具備四個要素。第一個要素是**道德的敏感性**，亦即能夠覺察所處的情境牽涉到其他人的福祉，這也包含能夠敏感於整個情境涉及到有關道德的一些線索（Narvaez & Rest, 1994）。以前例而言，有可能此人看到這位入侵者正在嘗試破壞鄰人家中門鎖時，還一邊想著這個小偷操弄撬棍的技巧是否純熟。當此人偷窺整個過程時，甚至還可能內心偷偷批評或讚賞這個小偷的手法。或是此人正在內心慶幸小偷光顧的是別人家。這些反應顯示出此人完全不認為自己要為鄰居負一點責任，只是完全關注自己的福祉。如果真的如此，Rest 會認為這類人缺乏道德敏感性。

如果將此轉換成專業倫理的概念，道德的敏感性意指個體體認到自己的行為會對當事人、同事與社會大眾造成的影響。如果一位心理師在一個公開場合重複講到有關一個當事人的笑話，這位專業人員在講笑話前很可能並沒有考量到當事人的福祉。他的行為缺乏道德意涵。此人根本不需要邪惡的**意圖**做出不道德的事，事實上，不道德或是不合倫理的行為常常只是因為行為缺乏道德的意涵。此外，在某些時候，專業人員的情緒、社交、智能與道德發展的階段，也可能阻礙其覺察到實務中的倫理向度（Foster & Black, 2007）。

接下來從另一個角度來談，請先思考以下案例中諮商師的行為：

## Mitchell 和 Maria 的案例

Mitchell 是一位有執照的臨床諮商師，決定在諮商初期不要先跟當事人解釋保密的例外性。他認為這樣的做法太官僚，且讓當事人來求助的議題失焦。他期望的協助是當事人一來馬上就針對他眼前的困擾問題加以處理。一位 17 歲的當事人 Maria 在某天諮商晤談的一開始就跟 Mitchell 說她有自殺的念頭，而且她誤以為在諮商過程中所說的**每一句話**都是保密的。事實上，如果臨床工作者相信一位未成年當事人瀕臨自殺的危險時，他／她並**不能**將此訊息對當事人的父母保密。當 Mitchell 聽完 Maria 的祕密之後跟 Maria 說明保密的限制時，Maria 深深覺得自己被背叛，而這樣的結果很顯然地損及她原本就很支離破碎的福祉。Maria 認為由於她一開始的時候不知道保密的限制，這剝奪了她是否要說或是何時說出她隱私的選擇權。

在此情形下，Mitchell 所認為的跟當事人解釋保密例外性，只是很官僚的照章行事的想法，顯現的是對倫理的不具敏感性，因此呈現出來的是不合倫理的行為。顯而易見地，當事人將自己的自殺意圖透露給治療師，最終應是對當事人有所助益，因此治療師有倫理責任鼓勵當事人表達出這些想法。但是，如果當事人不清楚這樣的揭露會帶來哪些後續的結果，當事人會覺得被背叛，一旦這份信任因此被破壞，當事人的自殺衝動反而會急遽升高。反之，如果當事人是在信任關係建立之後才揭露這些訊息，且很清楚自己揭露之後會有哪些後續發展，則上述這些負向後果將不至於發生。

Rest的第二個道德行為要素是**道德推理**。所謂的道德推理是指一旦覺察到某個情境有道德成分出現時，思考有哪些替代方案的歷程。乍看之下，道德推理似乎是指方法論的、邏輯的歷程，但事實上這個過程發生得非常快速，往往沒有時間審慎思考。道德推理包含了情緒和認知的層面。當一個人看到歹徒闖入鄰家，此人必須在極短時間內採取行動，因此，決定哪些行為對鄰居最有利的整個思考歷程要在幾秒之內完成。有時僅能想到一個選擇——報警。此人可以權衡兩三種選擇的利弊得失，例如趕快跑到外面去，呼叫別的鄰居，或是拿出藏在自己臥房自衛用的槍枝。所謂的道德推理即是指評估所有選擇且決定哪個選擇是最適切的過程。

Kohlberg（1984）、Gilligan（1982）和其他學者指出，並非所有人在進行道德推理時，都有相同的道德成熟度。事實上，這些學者所提出的道德發展模式都是部分基於生物的成熟度，部分基於社會經驗而來。一些研究發現，諮商師如果處在比較高階的道德發展階段，其所做的道德決定比較能跟得上專業標準（Bombara, 2002; Linstrum, 2005; UtheBurow, 2002; Welfel & Lipsitz, 1983）；然而也有別的研究有相反的發現（Doromal & Creamer, 1988; Fox, 2003; Royer, 1985）。近年來的研究初步發現，研究參與者社會認知發展的得分和受過訓練後的倫理決定得分之間有相關（Lambie, Hagedorn & Ieva, 2010）。

Rest提出的第三個道德要素是**道德動機**。一旦個體評估過所有選擇且決定好哪個做法最符合道德，則此人接著必須決定是否要付諸行動。例如一位治療師觀察到她的同事對當事人爽約、疏於撰寫諮商紀錄，且工作時看得出來有宿醉或酒癮。這位治療師覺察到這是個道德兩難的困境，因為這已經危及當事人的福祉以及機構應提供的諮商服務。倫理守則也指出這位治療師有義務採取行動（American Counseling Association [ACA], 2005, Section H.2.a-c; American Psychological Association [APA], 2010a, Sections 1.04, 1.05）。這位治療師已經衡量各種道德可能性並體認到最好的做法就是跟這位同事攤牌，且堅持同事必須調整對其當事人的態度且接受適當的協助。

在此情形下，這位治療師自問：「我真的要**選擇**我現在**知道**應該要去做的事嗎？」如果答案是肯定的，則她的行為離道德行為更靠近一步，但是如果並非如此，則沒有任何道德行為會出現。因此在此階段，不同的價值觀會相互干擾。專業人員的倫理價值觀很有可能和此人的其他價值觀相抗衡，甚至其他價值觀會凌駕倫理價值觀之上。這些其他的價值觀可能符合普世價值且令人敬仰，例如致力於賺足夠的錢來照顧一家老小；或是一些看起來令人輕蔑的價值觀，就如以自我利益為最大考量。有的治療師甚至會發現他的同僚更過分的表現，例如辭職離開機構，但是把更多當事人帶走，讓自己賺更多的錢。或是有的治療師重視職場和諧甚於倫理，因此決定不跟職場同事產生任何衝突。簡而言之，此處的關鍵在於專業人員的倫理價值觀有可能和其本人的其他價值觀相抗衡，因此挑戰到治療師是否願意承諾把當事人的福祉放在最重要的考量。如果倫理價值觀被優先考量，則倫理行動隨之產生。研究發現，當研究參與者面臨一些假設的倫理情境，心理系的研究生表現出來的大約有 50% 的時間是**會**做出他們認為自己**應該**表現的（Bernard & Jara, 1986）。由 Betan 和 Stanton（1999）、Fox（2003）和 McDivitt（2001）的研究也發現研究生和實務界的學校諮商師表現的比例與上述研究的比例相似，亦即他們實際做的比認為自己應該做的來得少。Betan 和 Stanton（1999）另外發現在做這些決定時，情緒扮演極為重要的角色：那些對於要採取行動會比較焦慮且對於行為結果比較悲觀者，比較不會去舉發同僚的不當行為。執業的心理師表現得比較好一點。在另一個相關的研究中，Bernard、Murphy 和 Little（1987）發現三分之二的心理師選擇合乎倫理的價值觀。另外兩個研究（Smith, McGuire, Abbott, & Blau, 1991; Wilkins, McGuire, Abbott, & Blau, 1990）呈現類似的結果。這些統計數字顯示當有足以相抗衡的價值觀同時出現時，拉扯的力量有多大，且這些價值觀對個體的認知和情緒歷程均會有所影響。

當然，倫理決定並非永遠都是在有意識的情況下運作的。當心理健康專業人員選擇不做出最負責任的決定時往往會經驗到認知失調。因為他們希望視自己為合乎倫理的，因此他們的兩難困境變成如果拒絕做出合乎倫理的抉擇時，他們要怎樣維持對自己的正向評價。為了減輕自己心裡的不舒服感受，他們很可能重新定義問題。如前面所舉的有酒癮的同事案例，治療師可能假設她的同事不是真正喝醉，或是錯過跟當事人的晤談只是偶一為之，甚至強迫自己相信她同事的這些行為可能是受到正在服用的藥物影響。當然，這些都可能是真實的情形，但是如果這位專業人員的目標只是讓自己免於承受這個倫理責任的話，則事情的真相將永遠不得而知；相反地，這位治療師只是在合理化，因此她對自己該負的倫理責任定義已經改變，繼而她的行為動機也漸趨式微。也由於扭曲了事實，治療師將可避免跟同事有令人痛苦的面質，且持續認為自己的所作所為是合乎倫理的。

如果專業人員工作的場域很強調專業倫理，則自我欺騙的風險會降低。在上位者如果能讓底下的同事知道這個職場很重視倫理，並極力助長負責任且合乎倫理的行為，則下屬們將會因為做出合乎倫理的行為而得到酬賞。若是在企業界，這樣的領導風格稱之為「創造組織中合乎倫理的文化」。在此情形下，別的相抗衡的價值觀拉力比較小，因此當個體做出合乎倫理的行為時，將會被鼓勵，而非被孤立。Wilkins 等人（1990）亦指出一旦規範某議題的法律或倫理守則越不明確，例如某些情況下，職場的組織氣氛對倫理行為很有敵意的話，則心理健康專業人員背離倫理價值的可能性將更高。Vansandt（2002）的研究指出組織文化極有可能壓抑個體想要表現合乎倫理的可能性。

社會和政治因素也很有可能影響個體是否有能力做出合乎倫理的抉擇。社會常規有時會讓一些合乎倫理的行為更難開展。一位高中生可能深信自己應該協助一位被霸凌的男同志同學，但是卻因為害怕被社會孤立而決定不挺身而出；同樣地，一位身處同質性很高的小社區市民可能因為害怕被社區人士指責或孤立，而去支持一項他認為道德上錯誤的立法。

不同文化對於何謂倫理的定義也相當分歧（Knapp &VandeCreek, 2007; Pedersen, 1995, 1997）。西方文化非常重視的個體自主性，在其他文化則不見得同等重視。因此文化所影響的，不只是和倫理價值觀相抗衡的其他價值觀，甚至包含定義何謂合乎倫理（本書第 3 章會討論一個案例，一位當事人的父母為他安排他不贊同的婚事，但是當事人所處的文化和宗教傳統令其無法拒絕）。

**道德品格**是 Rest 模式的最後一個要素。Betan 和 Stanton（1999）用**堅定不移**（resoluteness）來說明這個道德行為。個體必須貫徹執行這個道德行動**到極致**才行。要做到這樣，通常需要具備悲憫之心、正直和良知等品格。個體一旦缺乏這些品格，就很容易見異思遷或是碰到阻力就退卻。以前述的例子而言，治療師可能很關切同事的行為，但是治療師若接收到同事生氣的反擊，或是同事透露他正面臨的私人困境，這位治療師很可能就此退卻。任何道德行為如果沒有展現出來，就等於沒有發生。有時要貫徹符合道德的計畫必須付出個人的代價，這也就是為何正直和良好品德如此關鍵。要讓自己即使碰到其他的壓力或阻礙仍能隨時關注到目標與當事人的福祉，並非易事，雖然到最後會發現這是最有價值的部分。如果能夠和其他也願意致力於倫理理想性的專業人員一起合作，將有助於落實道德行為。

## 倫理守則

做出倫理決定的第二個資源是由各專業組織訂定的倫理守則。這些守則有不同的名稱，但是它們都揭示其所關注的準則及所屬會員應遵守的行為規範。這些守則代表「期望這個專業團體共同遵守的最高與最低標準」（Levy, 1974, p. 267）。有執照的專業諮商師遵守美國諮商學會（ACA, 2005）的「倫理守則與實務準則」（*Code of Ethics and Standards of Practice*）；心理師遵守美國心理學會（APA, 2010a）的「心理師倫理原則與行為守則」（*Ethical Principles and Code of Conduct for Psychologists*）；社會工作者遵守全國社會工作者學會（National Association of Social Workers, 2008 ）的「倫理守則」（*Code of Ethics*）。婚姻與家庭治療師遵守美國婚姻與家庭治療學會（American Association for Marriage and Family Therapy [AAMFT], 2001）的「倫理守則」（*Code of Ethics*）；至於學校諮商師則是遵守「學校諮商師倫理準則」（*Ethical Standards for School Counselors*, 2010）。由於許多心理健康專業人員隸屬多個專業組織，面臨倫理困境時，常有兩個以上的倫理守則可供參考。且一些專業組織還另外編製倫理案例書籍（Nagy, 2005）、評論（Campbell,

Vasquez, Behnke, & Kinscherff, 2010; Herlihy & Corey, 2006），或是跟某個特殊族群特別有關的實務指引，例如美國心理學會針對多元文化族群（APA, 2003a）或是銀髮族（APA, 2003b）編製倫理指引。其他專業組織也有類似的針對特殊族群的倫理守則，可參考本書附錄 C。

這些守則代表該專業組織期待所屬會員遵守的官方聲明，所有會員必須為違反這些準則的行為負起責任。一旦個體成為自己所隸屬各專業組織的會員，或是從某個發證的單位接受證書或執照，意味著個體同意接受這些團體的倫理守則規範，即使有時這些倫理守則的價值觀跟他們自己本身的價值觀相抵觸。每個專業組織也會成立本身的倫理委員會且促使其能行使職權（多數的各州學會也有倫理委員會和倫理準則，但是他們非常倚重全國性的守則作為評定的依歸）。美國諮商學會在 1961 年出版第一版的倫理守則，迄今改版五次（最近的是 2005 年版）。美國心理學會的第一版倫理守則在 1953 年出版，繼而在 1959、1981、1992 和 2002 年歷經不同的改版。

守則的目的是要從一般實務工作者常犯的錯誤中找出指引的準則，且指出該專業的倫理目標和價值。因此倫理守則定義出規範性的活動，例如向當事人說明所提供服務的益處和風險，以及禁止的活動，例如和現任當事人或學生發展性關係。倫理守則也同時定義哪些情況下某些行為是可允許的，例如美國諮商學會和美國心理學會的倫理守則都有說明哪些情況下，專業人員可接受用勞務或物質、而非用金錢來支付服務的費用（ACA, 2005, Section A.10.c; APA, 2010a, Section 6.05）。除此之外，守則也納入「期望性的聲明」以凸顯該專業最核心的倫理價值。例如美國諮商學會（2005）在守則的前言中提到「本學會重視多元價值觀且秉持跨文化的觀點，支持來自不同社會與文化個體的價值、尊嚴、潛力與獨特性」（p. 1）。專業組織訂定的倫理守則通常也被納入各州規範實務工作者的條文內。要注意的是一些發證的單位會有其他額外的倫理標準，這些標準適用於所有領取證照的專業人員。疏忽倫理守則或規範不能作為違反倫理行為的藉口（即不能不知者無罪）。所有的專業均強調如果實務工作者因為這些專業角色而受益，他們即有義務熟悉並遵守相關的倫理準則。以下即是美國心理學會「倫理原則」（APA, 2010a）所論述的基本主張：「APA 的一般會員和學生會員有義務遵守 APA 的倫理守則以及與其有關的規範和程序。一旦被控訴違反倫理時，不能以對倫理準則缺乏覺察或是誤解作為答辯的理由。」

## 倫理守則的利與弊

對個別的實務工作者而言，倫理守則的最大貢獻是一旦面臨倫理困境時能夠有所依循。一位審慎的專業人員一定是以倫理守則為依歸，因為守則一定指出最負責任的行為，不需額外費思量。沒有任何一套倫理守則可以提供解決任何倫理議題的指引，也並非避免違反倫理即等於表現出最合乎理想倫理的實務行為，但是倫理守則代表整個專業同儕碰到一般實務情境時，所表現的最佳判斷準則以及所共享的專業價值。專業倫理守則的存在與落實也是展現出心理健康專業人員對於保障大眾福祉的決心與負責任的態度。整個修訂的過程要得到會員的回饋意見，且要教育會員修正了哪些地方，過程非常漫長，這樣的目的也是要彰顯給會員，讓會員知道其重要性。將理想倫理納入倫理守則也是要讓會員知悉他們的同僚所重視的整個專業的核心倫理價值為何。

倫理守則也有其限制。首先，專業組織的會員通常會在不同的工作場域對不同類型的當事人進行不同的活動，這些差異性意味著倫理守則必須寫得夠寬廣，因此對某個單一情境的適用性就會受限。其次，由於各專業日新月異，常常很快就會出現新的實務方式或是新的族群，即使編製者再怎樣用心，一些守則才剛出版就已經過時，因此一些倫理守則永遠無法針對最新浮現的議題提出最佳的見解（Mabe & Rollin, 1986），例如專業人員用社群網站進行諮商，或是肢體傷殘的當事人運用一些輔助器材時。臨床工作者面臨這些議題角力時必須尋求別的協助。除此之外，倫理守則是從某個專業組織發展而來，而該專業也可能有其最重視的價值觀或是優先順序，因此最後成形的倫理守則可能是反映當時的守則制定委員會委員的共識，不一定符合理想倫理。例如美國心理學會 1992 年版的最初 15 版草案都反對與前任當事人有任何性接觸，但是最終通過的版本（且持續到目前的美國心理學會倫理守則）是同意在某些情況下，治療師可以在結束諮商關係兩年後，與前任的當事人發展性關係。Gabbard（1994）將此改變稱之為妥協版以及符合自我利益，而非顧及大眾福祉與利益的改變。這些專業組織的自利行為也散見在守則內的其他條文，稀釋掉一些守則的清晰度和強度。Ladd（1991）提出另一個倫理守則限制性的重要論點，一些守則是見樹不見林，只著眼在該專業的一些小地方（例如允許以金錢或勞務交換諮商服務），但是忽略了該專業很重要的問題（例如應該增進社會正義的倫理責任）。

更重要的，倫理守則並非展現負責任行為的食譜（Kitchener & Kitchener, 2012）；進而延伸之，雖然守則有提供兩項食譜很重要的要素：良好合乎倫理的目標，以及如 Handelsman 所指的，倫理毒藥的清單（Kuther, 2003），但是倫理守則未能提供做出健康倫理決定的食譜。之所以如此，主要是因為這些限制，這些守則僅能針對少數議題提出明確的指引，例如絕對禁止跟現任當事人發展性關係，對此，倫理守則明確指出毫無例外，**絕對不可能**有任何恰當之處。但是對其他議題而言，倫理守則就不是那麼明確。以下案例說明這樣的限制：

### 諮商心理師 Remmard 和 Harks 女士的案例

Harks 女士和諮商心理師 Remmard 共同服務於一個公民委員會。Harks 女士有一天來找 Remmard 心理師，想請他協助處理自己的憂鬱情緒。Harks 女士覺得自己跟 Remmard 心理師在一起很自在，並透過在這個委員會共事更加認識他，且聽說他在這個社區的名聲也不錯。請問當 Remmard 心理師和 Harks 女士還一起在這個委員會服務的情況下，是否應該接受 Harks 女士的諮商求助？

倫理守則有提到此議題，但是並未明確指示（請注意所謂的多重關係是指除了諮商關係之外，還存在第二種或是其他重複的關係）。美國心理學會的「心理師倫理原則與行為守則」提及：

### 美國心理學會倫理原則

**3.05 多重關係**

(a)多重關係發生在心理師與另一個人之間處於專業的角色，並且(1)同時與此人之間有另一種角色，(2)同時正與和此人有緊密關聯或相關的人處於交往關係，或者(3)承諾與此人或與此人有緊密關聯的人未來將進入另一種關係。

假如此多重關係可合理預期將有損心理師表現其身為心理師的客觀性、能力或效能，又或者對與心理師有專業關係存在的人有剝削或傷害風險，則心理師須避免進入多重關係。

 American Psychological Association. (2010a). Ethical principles of psychologists and code of conduct (2002, amended June 1, 2010). Retrieved from http://www.apa.org/ethics/code/index.aspx.

Remmard心理師必須找出最適切的倫理守則加以解釋與運用。守則的確可以回答他一定得問的問題，例如這是個社交或是親密的私人關係？我能避免嗎？如果無法避免，我如何確保我可以對一個偶爾在其他場合會碰面的當事人保持我的客觀性？一些守則甚至針對最後一個問題提出建議。不過不管怎樣，到最後Remmard心理師還是必須窮盡各種倫理的考量且善用他的最佳判斷。他必須謹慎思考他和這位女士的關係本質、他的客觀性可能會被妥協到什麼程度，以及當事人的最佳利益。這位當事人是否有機會接觸其他有執照的專業人員，也是要考量的重要因素。

針對別的倫理議題，有時倫理守則提供的指引程度甚至更低。請考量一位主要是跟兒童和青少年工作的諮商師，這位專業人員必須被協助決定從諮商中所獲得的資訊有多少是必須告知家長或監護人，且要評估所揭露的那些資訊對於後續與這位兒童當事人諮商關係有多少助益。以下是美國諮商學會對此的論述：

## 美國諮商學會倫理守則

**B.5.a. 對當事人負責**

當與未成年人或缺乏能力提供自願及知後同意的成年當事人進行諮商時，諮商師應遵守聯邦法規、州法、規定的政策以及適用的倫理準則等所規範的，要保護從諮商關係中得到的保密訊息。

**B.5.b. 對家長與監護人負責**

諮商師告知家長與監護人有關他們的角色與諮商的保密性質。諮商師對家庭的多元文化要足夠敏銳，並尊重家長與監護人受角色與法律賦予對他們小孩或受

保護人的福祉有固有的權力與責任。諮商師應盡可能和家長與監護人建立合作的關係，讓當事人獲得最好的服務。



以上陳述都是一般性的通則，如果一位諮商師正面臨青少年當事人的困境，這位青少年自覺和整個失序的家庭非常疏離，青少年期望諮商師幫他保密，不要跟他的家長透露他好幾次違反門禁時間以及開始酗酒，上述的通則能提供諮商師的協助則相當有限。美國心理學會的守則在 3.10.b 提到的內容更是有限：「對於法定上喪失或限制行為能力而無法提供知後同意者，心理師仍需：(1)提供適當的解釋；(2)尋求當事人的同意；(3)考量此人的意願和最佳利益；以及(4)假如代理同意是受法律允許或要求的，則取得法定代理人適當的同意。若經由法定代理人的同意並非受法律允許或要求的，心理師須採取適當的措施保護當事人的權益和福祉。」在此情況下，要分析是否屬於倫理議題的重責大任落在諮商師身上，且要求諮商師審慎考量找出最適切的解決方案。專業人員必須尋求其他資源的協助以引導他們做決定。

簡而言之，倫理守則無法針對複雜的問題提供簡單的答案，相反地，這些守則提供的是關鍵的起始點，根據整個專業共享的智慧，藉此發展出獨立的判斷。任何專業人員如果忽略這些守則將陷自己於困境；若是將這些守則視為解決所有倫理議題的萬靈丹，也同樣陷自己於險境。

## 哲學的文獻

協助做出負責任的倫理判斷的第三個資源是，越來越多的文獻將專業倫理與哲學家有關倫理的論述加以結合，且從哲學觀點闡述這些守則。這些學者定義倫理原則、德行與形成某些守則背後理念的理論架構。事實上，這些論述結合專業行為準則與古聖先賢的智慧，且能協助處理最棘手或是最困擾的倫理兩難議題。這些哲學文獻也能澄清負責任的專業行為底下所蘊含的價值觀和各項品德，且強調合乎倫理的實務工作需要靠專業人員的價值判斷。一些作者（如Birrell, 2006; Kitchener & Kitchener, 2012; Sommers-Flanagan & Sommers-Flanagan, 2007; Urofsky & Engels, 2003）均強烈主張要整合心理健康專業人員的倫理教育與道德哲學。

請考量以下的情境：

## Annette 和 Archie 的案例

17 歲的 Archie 在跟他的高中諮商師進行第四次諮商時，推翻自己先前對繼父性侵害的控訴。Archie 表示之前之所以捏造這個故事，是因為繼父毆打過母親好幾次，他希望母親能離開繼父。Archie 向教練控訴繼父的犯行，教練向有關當局通報，身為學校諮商師的Annette奉命針對Archie展開個別諮商工作。

如果當事人不願意揭露這些資訊，Annette是否應該保密？在此情境下的諮商師的確面臨倫理的兩難情境，因為不管她怎麼做，都有可能造成傷害。這個男孩、他的母親和繼父都陷入某種險境。如果參考倫理守則的話，是可以提供一些資訊，但是並不能解決此困境。倫理守則強調保密，以保障當事人隱私的重要性。守則也揭示當法律要求或是身處險境有可能危及當事人或其他人時，即可打破保密原則的例外情形。守則也向諮商師強調不能輕易做出違反保密原則的決定，也不能過度放寬解釋這些例外情境。但是法律是否要求要揭露？則徵詢律師的意見可能有必要。至於有無嚴重且可預見的傷害？如果這個男孩提及要拿槍殺了繼父或是因為覺得絕望而想自殺？如果讓繼父接受兒童服務機構的調查，會不會導致繼父離開家，因而造成另一種的傷害？如果繼父遭到法院判決有罪且入監服刑，這是否也屬於嚴重且可預見的傷害？將這些訊息通報給兒童服務機構的調查人員，是否是Annette的責任，或者是兒童服務機構自己要負的調查責任？如果因為將這些保密的資訊洩漏給相關人員而導致這個男孩承受太大的心理壓力，覺得非常痛苦以及覺得被整個家庭孤立，因而結束諮商關係，這樣的揭露是否合乎倫理？此外，這個男孩的年齡是否會影響諮商師做的決定？

在這個案例中，諮商師所需要的資訊很明顯的是超出倫理守則可以提供的。如果能從哲學家的思考角度來排出倫理義務的優先順序，或許對解決這個倫理議題有所助益，且可對做決定的歷程提供一些參考架構（下一章會持續探討這個案例）。第 2 章會更詳細談到，倫理守則涉及許多倫理的原則。專業人員如果能深思熟慮這些倫理原則，將可評估自己在面臨複雜情境時所做的諸多選擇是否恰當。例如 Kitchener（1984）提出助人專業與醫療界人士遵行的倫理準則底下所蘊含的五項倫理原則。這些原則包括尊重自主權（respect for autonomy）、受益權（beneficence）（有義務為善）、免受傷害權（nonmaleficence）（避免傷害）、對所給的承諾的忠誠權（fidelity），以及公正（justice）。當面臨兩難困境時，專業人員必須根據這些比較廣義的倫理原則衡量各種選擇。Beauchamp 和 Childress（2009）以及 Cohen 和Cohen（1999）再增加誠實（veracity）的原則，意指在進行專業互動時有誠實的義務。

哲學家們進一步描述倫理推理的另一層境界，稱之為**倫理理論**（ethical theories）（Freeman, 2000; Kitchener, 1984）。當倫理原則無法解決面臨的倫理議題時，即應進一步考慮倫理理論。如上所述，第 2 章即是介紹專業實務領域裡的倫理原則和倫理理論。

其他的哲學家提出思考倫理的另一種選擇方式，他們不談倫理原則或是規準或是倫理的問題解決，他們討論的是倫理的德行。這些學者比較不關心專業人員應該怎麼做，反而比較關心應該成為怎樣的人（May, 1984）。這些學者強調專業人員應該發展出來的品質以及所需具備的品德與習慣，不只將焦點放到行為的規範以及運用這些規範的標準，還包括成為諮商師的這個人（Cohen & Cohen, 1999; Jordan & Meara, 1990; Meara, Schmidt, & Day, 1996）。文獻中最常被提及的五項德行分別是：**正直**（integrity），能根據個人最核心的價值觀持續行動；**慎思明辨**（prudence），能具有洞察力地行動；**值得信任**（trustworthiness），能信守承諾；**悲憫之心**（compassion），能夠深切關心他人的福祉且能對他人的痛苦感同身受；以及**尊重**（respectfulness），能理解他人所關切的且尊重其尊嚴。Beauchamp 和 Childress（2009）則是提出五個相差無幾的重要德行：悲憫之心、良知、正直、值得信任與慎思明辨。不管這些學者所列舉在實務工作中最重要的德行有哪些，他們都強調這些德行在專業人員展現出負責任的行為，且對其行為和決定的結果負責任時扮演極為重要的角色。

另一派有關專業倫理的哲學思維來自女性主義理論（Brabeck, 2000; Hill, Glaser, & Harden, 1998; Lerman & Porter, 1990; Nodding, 1984）。此派的觀點強調系統因素，例如當事人在所處系統內的權力大小，以及諸如種族、社經階級與壓迫歧視等現象的衝擊對於做決定歷程的影響。女性主義學者也主張重視每位當事人的獨特性，以及在諮商關係的做決定歷程中盡可能考量諮商師和當事人的平等性。在提供治療性服務的過程中，主要的關切點是在當事人身上（Birrell, 2006）。近來論及這些倫理準則的哲學影響文獻包括Cottone（2001）以及Geterman和Rudes（2008）的論述，這些學者倡議做倫理決定的社會建構論觀點，強調倫理抉擇主要是基於社會互動的歷程而來，而非僅考慮個體內在的歷程。

## 神經科學的文獻

有關大腦功能和個體道德判斷之間關係的研究是晚近興起的研究主題，這些研究發現有助於澄清當個體在做道德判斷時，大腦的哪些部位被啟動（Sinnot-Armstrong, 2008; Young & Phllips, 2011）。第一篇公諸於世有關神經受損而導致破壞道德判斷的案例大約距今一百年。在這個案例中，Phineas Gage 承受極大的神經傷害（一根金屬棒穿過他的腦袋），他的額葉皮質內側多處受損。結果很出人意料，除了道德判斷之外，他多數的心智功能都已恢復。受傷之後，他從一個社區的中堅份子變成無法無天的反社會人士（Greene, 2005）。目前的研究也有類似莫衷一是的發現：一些研究指出道德功能或許會受到早期經驗對大腦的改變所影響，且支持個體情緒和道德判斷之間有強烈連結的論點。另一些研究也指出大腦某些部分的功能受損和一些違規行為有關聯，尤其在傷到前額葉皮質區時（Damasio, 2007）。一些研究進一步指出透過對大腦進行外科手術、電擊或是化學介入，可改善個體的道德功能（Narvaez & Vaydich, 2008）。這些研究仍屬初期階段，不過至少已經確知道德判斷絕對不只是純粹的意識歷程，基因和環境的交互作用對個體的道德和倫理行為亦均有影響。

## 有關專業倫理的研究

另外的重要資訊來自檢視特殊倫理議題的專業文獻，例如針對兒童當事人的保密限制或是在行銷專業服務的倫理考量等。過去 40 年間，有關倫理的學術著作增加非常多，這些書籍與期刊論文可以大大彌補一般倫理守則探討特殊倫理議題的不足，有助於專業人員處理不斷冒出來的實務議題，例如和前任當事人的性接觸，或是對於HIV帶原當事人的保密議題等。這些著作讓實務工作者對於這些議題涉及的爭論比較有概念，也比較知道影響專業人員判斷的思考面向有哪些。這些資源也比較不受那些會影響倫理守則訂定的外界壓力所影響。這些資源通常鼓勵專業人員在執行業務時盡可能以最負責任的方式做決定。

以Archie的案例而言，那位男孩告訴他的諮商師說他謊報被繼父性侵害，一些文獻即可在某些方面協助這位諮商師，例如一些守則即有充分定義何謂「嚴重且顯而易見的傷害」（如 Swenson, 1997），澄清對青少年工作時的保密界線（Ellis, 2009; Gustafson & McNamara, 1987; Kawrence & Kurpius, 2000; Taylor & Adelman, 1998），以及探討如果打破保密的界線，對後續諮商關係的影響（Baird & Rupert, 1987; Fisher, 2008; Nowell & Spruill, 1993; Pipes, Blevins, & Kluck, 2008; Rokop, 2003）。結合使用倫理守則與原則，這些文獻可協助諮商師針對此專業內某些特殊的倫理議題，徵詢該領域最有經驗與知識的學者的意見。

### ●● 不合倫理的實務

倫理學者也會探究通常最容易觸犯的倫理議題，以及怎樣的實務工作者特質容易觸犯這些倫理議題。這些研究發現可以警告實務工作者哪些議題或情境最容易踩到紅線。具體而言，研究者曾經探討過跟發照單位或是專業學會投訴的不當執業問題類型，以及透過全國性的調查瞭解專業人員自陳的報告。除此之外，倫理委員會也會公布一整年來他們所進行的活動以及經手的案例（例如，APA Ethics Committee, 2011; Ponton & Duba, 2009）。尤有甚者，當美國心理學會和美國諮商學會因為所屬會員有不合倫理的行為而被剔除會員資格時，會將這些被除名的會員名單隨著每年的繳費通知書送達給每位會員。美國心理學會也會公告違反專業倫理守則但是犯行沒那麼嚴重的會員名單，同時公告對他們的罰則。許多州的委員會也將違反倫理者的行為公告在網站。例如加州分別在網站公布最近受罰的一些犯行（http://www.psychboard.ca.gov/stats.pdf）以及過去幾年針對心理師所做的判例彙整（http://www.psychboard.ca.gov/consumers/actions.shtml）。美國健康與人類服務部門（U.S. Department of Health and Human Services）每年公布針對健康服務專業人員的申訴與行動報告，網路最新版是從 2006 年開始（請見 http://www.npdbhipdb.hrsa.gov/resources/reports/2006NPDBAnnualReport.pdf）。

從這些資料可看出幾個重要的發現，首先，雖然由於資料來源不一，所得的數據有些差異，但是一些類似的申訴重複出現——不當性行為、不當與能力不足的實務以及多重關係，或是通稱的違反界線。對心理師提出最多倫理申訴的包括不當性行為以及其他的違反界線，以及保險給付或是收費問題。例如 2010 年在所有成案接受調查的案件裡，有 40% 是對心理師不當性行為的控訴（APA Ethics Committee, 2011）。在這八個案例中，有兩例的控訴涉及心理師對未成年當事人有不當的性行為。而在前一年，由美國心理學會倫理委員會開案調查的案件裡，有 30% 涉及不當性行為（APA Ethics Committee, 2010）。從 1995 年之後，對兒童監護權的評估申訴比例逐漸升高，不過在整體調查案件裡仍屬少數。2009 年有三分之二向美國心理學會投訴的申訴案件隨後送到該州的發照單位，且造成心理師在該州被吊銷執照。在此情形下，美國心理學會的倫理委員會不只是介入調查，還另外做成判例。以加拿大而言，由於程序更改，要求所有申訴案件在加拿大心理學會介入之前，必須先送到規範委員會（regulatory bodies）辦理聽證會，因此從 2001 年迄今，學會只收到九件的申訴案件（Pope & Vasquez, 2010）。這些案件中只有一件和兒童評估有關，最後也遭到判決（Pope & Vasquez）。

由美國諮商學會倫理委員會正式開案介入調查的案例也多半圍繞著諮商關係，如不當的性行為（Sanabria & Freeman, 2008; ACA, 2011）。其類型和由倫理委員會提起的非正式調查有所不同。在 2009-2010 年當中所調查的 2,425 件非正式調查的案例中，將近一半（49%）的案例涉及保密議題，第二高的案例涉及執照（25%）。至於分析全國社會工作者學會及發照單位受理的申訴案件，則可發現絕大多數的申訴案件均是違反雙重關係，包括性的關係與非性的關係（Boland-Prom, 2009; Strom-Gottfried, 1999, 2003）。全國社會工作者學會也將受到其懲戒的會員名單公告在網站（http://socialworkers.org/assets/public/documents/resources/profession/default.asp）。

每年被申訴的案件數跟各專業組織的會員人數相較算是少數。以美國心理學會2008年的資料來看，當年有92,317位會員，但是2004-2009年間僅開案141件。又如美國諮商學會的會員約有45,000位，在2009-2010年之間僅受理九件申訴案件（ACA, 2011）。亦即五年間美國心理學會的開案比例為1：655，或是0.00152%的會員數。若以美國諮商學會而言，則是0.0002%會員數的開案率。Phelan（2007）指出因為違反專業組織的倫理守則而被剔除會員資格的人數少之又少，依照Phelan的統計，到2005年的10年間，只有17位婚姻與家庭諮商師被剔除美國婚姻與家庭治療學會的會員資格，僅有21位社會工作者被開除全國社會工作者學會會員資格，僅有4位諮商師被開除美國諮商學會會員資格，以及126位被開除美國心理學會會員資格。

若從州政府的發照委員會來看，亦發現心理健康專業人員被控告違反倫理的比例也很低。以擁有最多心理師的加州而言，從2004-2008年之間共有382件對心理師的申訴，這占有效執照數的2.4%。全國的數據和加州的數據一致。美國各州及各省心理學委員會學會（Association of State and Provincial Psychology Boards [ASPPB], 2011）統計從2006-2010年之間平均有236件控訴心理師的案件，在這當中，69.8%是申訴不當性行為，且多半伴隨違反其他條文。事實上在該份報告中，不當性行為都高居每年被申訴案件的前四名之一。Neukrug、Milliken和Walden（2001）指出美國103,600位有照的諮商師中，少於1%的諮商師被告到州政府。以俄亥俄州為例，2007年時有30,067位諮商師、社會工作者和婚姻與家庭治療師擁有合法的執照，但是從2006-2008年之間，僅有91位專業人員受到委員會的懲戒。加拿大的情形也類似。從1983-2006年之間，僅有109位加拿大心理師受到省級發照單位的懲戒（Pope & Vasquez, 2007）。許多學者認為真正違反倫理的人數一定比這些數據高很多（Biaggio, Duffy, & Staffelbach, 1998; Pope & Vasquez, 2011），舉發的數據這麼低是因為當事人不清楚他們有權利去申訴，或是不覺得自己有被鼓勵去申訴，或是一些專業人員雖然知道同僚違反倫理，但是不想淌渾水所以不舉發。

各州諮商師的發照單位指出（Neukrug et al., 2001），他們最常受理的申訴案件是不當的雙重關係，例如在治療情境之外當事人和治療師不當的接觸（Neukrug et al., 2001; Wheeler & Bertram, 2008），占所有申訴案件的 24%。其中俄亥俄和馬里蘭州的雙重關係比例是上述的一倍。次高的是實務能力不足，占所有申訴的 17%；至於無照執業或是以某種執照行使另一執照的行為則占申訴的 8%。每年這些申訴的調查數據都由美國各州諮商委員會學會（American Association of State Counseling Boards, AASCB）加以統整且公布在網站（http://www.aascb.org/associations/7905/files/State_Board_Report_Summary_2008.pdf）。從這些資料得知 2008 年美國有 81,309 位有執照的諮商師，共計有 1,065 件申訴案件，最終有 397 位諮商師被判決違反倫理，占這些有執照者的 0.49%。發照的委員會檢視有藥癮酒癮的諮商師發現，最常被申訴的是不當的性行為，其次是因為有物質濫用因此無法適當執行業務，以及無照營業（St. Germaine, 1997）。可以想見，在高風險場域工作之心理師，如從事兒童監護權評估、離婚、督導及其他第三方評估等工作者，最常被申訴，雖然最終多半是不起訴（Thomas, 2005）。由 Schoenfeld、Hatch 和 Gonzales（2001）進行的研究發現，這些申訴案件會讓被申訴者覺得痛苦且心神不寧，如果最終判決專業人員有違反倫理之處，則其痛苦程度更是加倍。該研究所調查的那些被判決有罪或是違反州政府規定的心理師普遍都有沮喪、焦慮、睡眠障礙、人際困擾與醫療方面的問題。所有被申訴的心理師都無心於工作且必須花費許多金錢處理這些訴訟事宜。

**不合倫理實務的金錢花費**　美國諮商學會保險信託公司（The ACA Insurance Trust）提出報告，在 1997-2001 年之間賠償最多的法律訴訟案件，是由於諮商師的疏忽造成當事人自殺或是未能預防當事人其他激烈的行為，這些只占申訴案件的 8%，但是賠償金額占總額的 55%。最常被控訴的案件是違反保密原則，其次是違反界線。美國諮商學會保險信託公司的這份報告也發現這幾年在當事人夫妻處理離婚訴訟與爭取監護權的過程中，控告諮商師的頻率逐漸增加（personal communication, Paul Nelson, January 4, 2001）。

近 20 年來對社會工作者提出不當實務控訴的模式發現，最常被控訴的是兩方面：不正確的介入（占所有申訴案件的 18.6%）以及不當的性行為（占所有申訴案件的 18.5%）（Reamer, 1995）。最大宗的賠償金額是花費在不當性行為上，占所有支出的 41%。就跟其他專業一樣，小部分的社會工作者也會遭受不當執業的控訴。全國社會工作者學會目前有 155,000 位會員，全美國有 180,000 位有執照的社會工作者，但是 1995 年的前 20 年當中，只有 634 件不當執業的申訴案件（Reamer, 1995）。

對心理健康專業人員的法律或倫理申訴案件也會有間接的開銷。專業人員一旦被懲處，很可能被迫退出保險給付名單、喪失醫療權益以及必須提高不當執業的保費（Bricklin, Bennett, & Carroll, 2003）。

**日常實務工作的倫理陷阱**　由於倫理申訴以及不當執業的申訴未能提供未通報的違反倫理案例，因此一些研究者轉而調查心理健康專業人員，瞭解他們平日觀察到或是做出哪些不合倫理的行為。研究發現最常見蓄意違反倫理守則的行為是違反保密原則。在一個針對心理師的大型研究中（Pope, Tabachnick, & Keith-Spiegel, 1987），8% 的研究參與者承認曾經跟朋友討論過當事人的事，且把當事人的名字都說出來。這個研究也發現超過一半的研究參與者承認他們曾經非蓄意的違反保密原則。不過 14 年後的一個較小型研究發現，比較少的專業人員（40%）承認曾經非蓄意的違反保密原則（Tubbs & Pomerantz, 2001）。這個從 1987-2001 年數據的改變有達到統計上的顯著差異，不過還是顯示很高比例的心理師曾經有至少一次侵害當事人的隱私權。

一些研究想瞭解哪些專業人員最容易被提告不當執業。這些研究的目的是找出違反倫理行為的指標，如此可以及早預防與介入。不過，一些研究想探討哪些人口變項和違反倫理的行為之間有相關，結果只發現一個顯著關聯：男性治療師和諮商師教育工作者比女性治療師更容易涉及不當性行為（Pope, 1994; Tabachnick, Keith-Spiegel, & Pope, 1991; Thoreson, Shaughnessy, Heppner, & Cook, 1993）。那些有不當性行為者很有可能是累犯。除此之外，沒有其他的人口變項或是教育背景因素和違反倫理的行為有關聯。即使在學術界或是實務界有極高聲望或成就，在專業組織被選為很高的職位，甚至被選為倫理或發照委員者，也無法免於被控訴有違反倫理的行為（Pope & Vasquez, 2011）。

**會訴諸法律訴訟的當事人**　怎樣的情況會讓一位當事人威脅要訴諸法律，且真的會具狀控訴？Montgomery、Cupit 和 Wimberley（1999）以及 Schoenfeld 等人

（2001）的研究指出他們所調查的心理師當中，有 71.5% 表示他們知悉有一位同事被告到州立的發照單位去。有比較小比例（14.4%）的人曾經被當事人威脅要去控告，但是這裡面只有 39% 的當事人真的具狀控告。Montgomery 等人的研究同時探究被控訴不當執業者的經驗，其中有 38.7% 的研究參與者知道他們有同事被告，但是只有 7.4% 的人自己有真正被告的經驗。超過半數威脅要提告的人（57.1%）到最後付諸實現，其餘的人則沒有過被警告要提告的經驗。整體來說，284 位填答者中，有 17 位經歷過不當執業的法律訴訟，21 位心理師曾經處理過投訴到發照委員會的申訴案件。這些數據比專業學會或是發照單位的統計數字略高一些，這表示專業人員可能都會聽聞一些不滿的當事人威脅要控告治療師，也聽過同事表示很憂心被控告，但是實際上真的付諸實行的比例並不高。

**日常實務工作面臨的倫理問題** 一些研究調查心理師和諮商師，詢問他們在工作中會面臨哪些倫理的兩難議題。這個研究的目的不在探究哪些行為違反倫理，而是探究在平常的實務工作中會面臨哪些倫理的問題。結果發現最常面臨的困境是保密及其限制。具體而言，Pope 和 Vetter（1992）的研究發現 18% 的研究參與者將此列為最常出現的議題；近來 Cruz（2007）針對諮商師的一個研究，以及 Helbok、Marinelli 和 Walls（2006）針對郊區的心理師所做的研究也有類似的發現。這些發現也和倫理委員會所受理的會員提問類似（APA Ethics Committee, 2010; Sanabria & Freeman, 2008）。同樣地，針對英國心理治療師所做的調查也有類似的發現，73% 的研究參與者表示去年一年曾經面臨至少一個倫理兩難情境，多數和保密有關（Lindsay & Clarkson, 1999）。逐漸地也有一些新興議題向倫理委員會提出解釋或疑問。例如美國心理學會倫理委員會在 2009 年受理有關經理人教練（executive coaching）、網路服務以及上真人實境節目（reality television）提供諮詢等詢問（APA, 2010）。

很遺憾地，一份對全國諮商師的倫理實務調查還未能出版〔不過有兩份調查全國諮商師對許多諮商行為背後的倫理信念的研究報告已經完成，分別是 Gibson 和 Pope（1993）以及 Neukrug 和 Milliken（2011）〕。另有一份針對人類服務專業人員的倫理信念調查報告也已經出版（Milliken & Neukrg, 2009）。到目前為止針對諮商師做的，只有調查最惡劣違反倫理的或是不當的性行為等。Thoreson 等人

（1993）的研究發現，有 1.7% 填答的男性諮商師坦承在專業關係中，曾經跟當事人有不當的性行為。不過當性行為的對象擴及受督者以及前任當事人時，則比例竄升到 17%。另一個類似的研究，Thoreson、Shaughnessy 和 Frazier（1995）發現，不到 1% 的女性諮商師坦承和現任當事人或是受督者有性關係，不過論及在專業關係結束後，和前任當事人或是受督者發展性關係的比例，也調升到 4.6%。顯而易見地，仍須有更多研究來瞭解一般專業人員普遍面臨的不當行為形式與違反倫理的議題有哪些類型。

**對不合倫理的實務不自覺或是陷入險境**　治療師或諮商師對於工作中涉及的一些倫理議題有時會渾然不知，有的根本不認為有任何倫理議題存在。底下以兩個例子說明。一個是 Hansen 等人（2006）的研究檢視心理師在執行專業組織所發展出來的多元文化實務所需的能力。研究發現雖然接受調查者有 51% 表示非常能勝任大部分的多元文化實務工作，但是這些人裡面，只有 14% 的受試者真的有執行過這些工作，而且這些人所諮商的當事人當中，至少有 36% 的當事人是來自多元文化的背景。同樣地，Pabian、Welfel 和 Beebe（2009）的研究發現雖然參與研究的心理師宣稱針對一個有暴力傾向的高危險當事人，他們很瞭解相關的法律和倫理義務，但是有 75% 的研究參與者誤解這些法條或倫理守則。在此情況下，演變成不當實務的可能性相當高，但是這些專業人員對於自己在倫理上面的疏忽與無知似乎渾然不覺。

## ●● 執行不合倫理的實務所造成的衝擊

由於不當的性行為是最明顯的違反倫理，許多實證性研究都以此為素材瞭解這些違反倫理的行為所造成的負向影響為何。受到諮商師性剝削的當事人有非常嚴重的負向影響（Bouhoutsos, Holroyd, Lerman, Forer, & Greenberg, 1983; Brown, 1988; Lamb, Catanzaro, & Moorman, 2003; Nachamani & Somer, 2007; Williams, 1992）。一些當事人甚至自殺或是必須住院治療，多數當事人除了原本令其困擾的主訴問題之外，又增加其他的心理困擾。研究發現這些心理困擾並非只是急性反應，隨著時間的消逝就會減緩（Nachamani & Somer, 2007）；相反地，這些症狀變成長期影響甚至變成慢性的。Bates 和 Broksky（1989）報導一個遭受性剝削而承受悲慘後果當事人的詳細個案資料。尤有甚者，通常曾經遭受一位心理健康專業人員的性剝削之後，對其他專業人員都敬而遠之，即使自己面臨諸多的困擾，也都很不願意繼續求助。有時甚至對整個專業社群的信任都土崩瓦解，誠如Nachamani和Somer（2007）的研究中一位研究參與者所陳述的：「[我體驗到]……對人性完全失去信任，如果一個人連她的治療師都不能信任，那她還能去信任誰」（p. 11）。美國有 15 州對於和當事人有性接觸是處以重罪的刑事處罰（Haspel, Jorgenson, Wincze, & Parsons, 1997）。

治療師不合倫理的行為也會破壞其他原本可以從尋求專業協助而受益者的意願。它的法律影響層面也不容忽視：一些臨床工作者最終面臨民法的不當執業訴訟，或是刑法的毀謗、損壞名譽或是虐待罪名等（Crawford, 1994）。實際被判違反倫理或法律的比例或許不清楚，但是一位專業人員在整個專業生涯中，大概很少人連一點點的倫理疏失都沒有。對倫理守則的疏忽或是實務中不考慮倫理準則都有可能造成傷害，這些情形可能比訴諸倫理委員會或是發照委員會受理的案件多很多。有些專業人員甚至可能習慣性地有這些違反倫理的行為（Pope et al., 1987）。

## 倫理和法律

不管是專業倫理或是法律，均有其核心價值。以法律而言，在乎的是社會所遵循的普遍價值；以專業團體而言，則是其所屬會員所共同信守的價值。專業倫理守則是把專業團體信守奉行的價值觀展現在實務工作上，規範專業人員彼此之間以及對於來求助的當事人，以及對整個社會大眾的行事準則。倫理守則是指由專業團體制定的準則，規範其所屬會員應該展現的合乎倫理的行為。這也被稱之為行為守則，列出一旦有違反倫理的行為時應受的懲罰。可想見地，其亦包含整個專業的理想性倫理以及核心價值。一個專業團體最嚴重的處罰就是取消會員資格。

相對地，規範專業實務的法令是由州或聯邦的立法委員所制定，而判例法（case law）則是由各州或是聯邦法院所傳下來的判例。進而言之，法律可能因為各州而有不同，但是倫理守則則是適用於全國性學會的所有會員。即使所有州或省都有針對同一議題制定的法律，例如兒童虐待或疏忽，但是不同的法條字句內容在不同州會有不同的解讀（Foreman & Bernet, 2000）。因此某個行為在某處可能視為合法，但

是在另一處則視為違法。當然，法律的處罰會比違反倫理守則的處罰更嚴厲，懲處的程度從限制在某處不能執業，或是被告，或是因為更嚴重的行為而受到刑法的制裁。

倫理準則所涵蓋的行為遠多於法律條文所規範，且通常包含激發專業人員止於至善的前言。法律和規則條文只是針對哪些實務「可以做和不可以做」，且將焦點放到專業人員行為的最基本門檻。各州的規範或是一些倫理守則之間也會有所重疊，例如多數的州其法條內容包含禁止歧視，而倫理守則也有類似的字句；不過有時一些倫理守則的指引會和一些州的法條或是法院判決（英美法系的普通法）相違背。倫理守則對此現象的論點陳述如下：

## ✸ 美國心理學會倫理原則

**1.02 倫理與法律、規範或其他法定權限間的衝突**

如果心理師的倫理責任與法律、規範或其他法定權限間有衝突，心理師應澄清此衝突的本質，說明他們對於倫理守則的承諾，並且採取與倫理一般原則及倫理守則準則一致的適當措施解決衝突。在任何狀況下，此準則均不可用來作為侵犯人權的行為之託詞。



## ✸ 美國諮商學會倫理守則

**H.1.b. 倫理與法律相衝突時**

如果倫理責任和法律、規範或其他立法機關相衝突，諮商師要表達自己願意遵守**美國諮商學會倫理守則**，並且採取手段以化解衝突。如果無法藉此化解衝突，諮商師應遵守法律、規範或其他立法機關的規定。

專業學會一般都會鼓勵專業人員遵守相關的法律規範。通常這樣的指引也很容易遵行，但是有時候實務工作者所認為符合他們當事人最大福祉的行為會和法律相抵觸。例如 Pope 和 Bajt（1988）的研究發現有 57% 的心理師蓄意違反一些法律或規範，因為他們相信如果遵守該法將會傷及他們的當事人。治療師未能遵守法律，有時可能只是因為其他價值觀和倫理原則相違背，因此自欺欺人，但是有時實務工作者可能會因為自己道德感的驅使，迫使自己以更高的標準行事。違反倫理或法律都是違反公民應服從的義務，是很嚴重的事情，即使走到這個地步，也必須對所處的州或是所屬的專業負責任。因此任何想選擇這條路的專業人員必須三思，要諮詢其他專業同僚與律師的意見，且一旦被揭露，要願意承擔所有的法律刑責。

法律和倫理有時候之所以相抵觸的另一個原因是二者淵源的哲學觀或是世界觀不同（Rowley & MacDonald, 2011）。這些作者認為法律是著重於秩序、理性、發現事實真相以及穩定性，但是專業人員著眼的是個體主觀的需求，如果要行更大的善必須犧牲個體的話，則會將行大善放在第二順位。專業人員如果能瞭解這些文化差異，將更能和法律系統周旋且從比較寬廣的面向來看待法令，雖然即使有這些的理解仍無助於化解這些衝突。

一個專業人員發現自己身陷於倫理和法律義務間的衝突時該如何因應？Knapp、Gottlieb、Berman 和 Handelsman（2007）提出一個理性的方式以處理這個棘手的問題，他們建議仔細檢視個人的價值觀及諮詢專業領域裡有學養的同僚，討論出既能遵守法律又能最少破壞倫理價值觀的方式。他們也強調既然這些衝突在專業實務中經常發生，實務工作者最好及早因應與預防，不要讓自己陷入不必要的複雜情境。

## 當個人和專業的價值觀相衝突時

沒有一個人進到心理健康實務工作時是純然的白紙一張。所有專業人員的價值觀和信念對他們一路走來的成長路以及他們做的抉擇，都有很大的影響。一些價值觀是受到宗教信仰的影響，另一些價值觀則是受到成長背景或是教育環境的影響。一些價值觀很偉大，例如致力於助人或是願意在民主國家中當個負責任的公民；一些價值觀則不盡然，例如相信所有的人都是自私自利且為達目的不擇手段。許多偉

大的價值觀或是信念和助人專業的價值觀一致，因此可以將這些價值觀輕易融入自己的專業角色；但是也可能有一些個人的價值觀和專業價值觀格格不入，例如某個專業人員的個人信念是他或她有義務將他們的宗教信仰分享給其他人，或是另一個專業人員的信念是沒有一個人有權利加速自己的死亡。這些信念和專業倫理守則的尊重自主權原則相抵觸，亦即沒有任何一位實務工作者有權利要求當事人皈依某個宗教，或是說服當事人想要加速死亡是不道德的事；同樣地，或許某個實習生很根深蒂固地相信任何同志活動都是道德上的錯誤行為。當這些衝突產生時，對新進的專業人員而言，可能是很大的壓力來源。專業人員在此情況下最重要的，是誠實面對自己的這些衝突，且能開放地接受不同管道的人諮詢和教育。這些過程都需要時間和耐性。僅有很少數的情況，新手諮商師認為這些衝突太巨大，讓他們無法在這個專業繼續工作下去。多數的情況下，專業人員會致力於找出一個折衷點，既能持續遵守專業的價值觀，又不會抵觸自己的個人信念。最不可接受或是不合倫理的做法是假裝認同專業的價值觀，並持續把自己的價值觀灌輸給當事人。

## 正向的倫理與危機管理

近年來，心理健康專業人員對於被發照委員會懲戒或是被當事人控告的關切不斷增加。任何學術研討會只要談到如何避免被當事人控告，一定會吸引很多人參與。只要是針對諮商和心理治療的法律議題研討會都可吸引上千位專業人員參與，大家都很熱切地學習如何在工作場域免於被告。美國諮商學會的第一個網路課程就是探討諮商師常面對的法律議題以及如何避免被控訴不當執業。雖然這些知識很重要，但是講授這些課程的主講者只是不斷跟聽眾強調，避免捲入不當執業的控訴或是被發照單位懲戒的唯一良方就是遵守專業行為守則（例如Bennett, Bricklin, Harris, Knapp, VanderCreek, &Younggren, 2006）。所作所為只要遵守倫理規範即可免於捲入法律的紛爭。也因此，本書即在揭示整個專業的倫理指引。雖然本書也會談到法律的議題，但是如果著眼點只是放在法律議題的話，看起來是把個人的利益放在當事人的福祉之上。最糟糕的是從風險控管的角度來看，亦即一開始就將當事人視為和專業人員處於敵對的立場，認為當事人只是想利用專業人員而已。這樣的想法不只是不正確、沒有建設性，更是和專業的價值觀相違背。藉著更加瞭解倫理守則的內容和背後的理念，實務工作者和一般社會大眾可以更遵守倫理守則和更守法。本書作者同意 Handelsman、Knapp 和 Gottlieb（2005）的論點，亦即如果一個專業人員只是處心積慮避免受懲罰，這樣就跟諮商時只把焦點放在當事人的病理症狀一樣。這樣的做法忽視當事人的資源、自我功能以及造成當事人困擾問題的社會文化脈絡，也因此忽略了當事人有正向結果的可能性。同時這也忽視這個專業的初衷——專業人員應該始終如一地把事情做對且造福當事人。Handelsman等人（2005）鼓勵心理健康專業人員採行「正向倫理」（positive ethics）的哲學觀，鼓勵專業人員為理想而努力，找出能整合自己的價值觀和專業準則的最佳方式，拓展對倫理的討論，不要只侷限於避免被告的風險，而是找出策略和方式以促進當事人的正向改變，以及鼓勵專業人員瞭解自我照顧和實務工作中表現合於倫理二者間的關係（pp. 736-737）。這些哲學觀貫串整本書。所有的規則、法律條文和守則都必須清楚被瞭解以奉行，但這些只是真實的倫理行為的起點，不是終點。

## 摘要

諮商師、心理師和其他心理健康專業人員大膽宣稱自己是專業的助人者，因此這些人有義務履行其助人的承諾，以及保障社會大眾免於受到惡形惡狀專業人員的戕害。所謂表現合乎倫理是指表現得像該領域的專業人員所為、將當事人的福祉放在最高的考慮原則、妥善地運用自己的權力，以及能夠自律，如此方能增進這個專業的好名聲。當諮商師面臨倫理兩難情境時，有四個主要的智性資源可供依循。第一個是從發展心理學來的文獻，藉此瞭解道德行為的基本架構。第二個資源是專業組織訂定的倫理守則，內容涵蓋該領域的專業人員為其同行制定的專業準則。第三個資源是哲學文獻，協助諮商師瞭解專業倫理守則和準則背後蘊含的倫理原則和理論。最後一個資源，諮商師可以仰賴該領域的專家學者所發表的有關倫理的論文或學術著作。這些學者深入探討某些新興實務議題所涵蓋的倫理向度以及所牽涉的兩難情境。這些資源可指引專業人員面對一些惱人的議題。當然最終每位專業人員必須為自己的行為負責任，且願意承諾以自己的倫理價值觀展現出合乎倫理的行為。

從不合倫理行為的統計數字來看，和當事人的性接觸是最常見的違反倫理行為，為此諮商師和心理師被告到倫理委員會或是法院。其他常發生的行為還包括和當事人發展多重關係，如此會干擾諮商師對當事人的客觀性。除此之外還包括能力不足的實務工作，包括違反保密原則、疏於處理有自殺意圖的當事人，以及不恰當的收費等。除了男性治療師比女性治療師更容易和當事人、前任當事人、學生與受督者發展不當的性關係之外，心理健康專業人員的其他人口變項和不合倫理的實務之間並無相關。

諮商和心理治療的倫理守則和法律有諸多重疊之處，但是二者之間亦有衝突或抵觸之處。此外，法律的存在是企圖消除有問題的行為，但是倫理守則的訂定是想揭櫫良善與期望展現的行為。有時一些實務工作者認為遵守法令反而會傷害其當事人，因此蓄意不遵守法令。這種溫和抵制一定要在深思熟慮且瞭解各種後果之後方得為之。避免被告最保險的做法就是瞭解倫理守則及背後的理念原則，且行事依照倫理守則。然而，專業倫理不是消極遵守守則和法令；這代表的是專業人員為了達到理想倫理的目標，深刻承諾要成為一位具有良好品德的實務工作者所做的努力。

## 問題討論

1. 被通報的不合倫理的實務工作只占一小部分，你認為為何如此？這麼低的通報率對這個專業是幫助或是傷害？
2. 當專業人員決定要做的事情比他們知道應該做的少很多的時候，他們內在可能有哪些價值觀在衝突？
3. 實務工作者自陳他們在工作時面臨的倫理兩難議題數量，和倫理委員會或是法院收到的控訴案件量不成比例，你認為造成這其中差距的可能原因為何？
4. 目前一般心理健康專業所訂定的倫理守則都是比較通則性的，另一種做法是針對某些特定的實務工作整理出更詳細的倫理守則。你認為專業團體的倫理守則應該維持目前這種呈現方式，或是調整成更適用於某些特殊場域的形式？如果加以調整的話，會有何利或弊？
5. 當倫理守則與法律相衝突時，倫理守則指出專業人員應該遵守法律。你是否同意這樣的論點？為何同意或是為何不同意？

6. 你認為整個專業應該如何處理那些因為有不同的個人道德觀而違反倫理守則或是法律的專業人員？
7. 你知道哪個人曾經歷心理健康專業人員的違反倫理行為嗎？此人的反應和專業文獻所提到的是否相似？
8. 根據目前你所讀到的，再回頭去研究 Annette 和 Archie 的案例，評估 Annette 在此情況下應該怎麼做才對。你所注意到你對這個案例的認知想法和情緒感受為何？

## 建議讀物

American Psychological Association (APA) Committee on Professional Practice and Standards. (2001). Legal issues in the professional practice of psychology. *Professional Psychology: Research and Practice*, *34*, 595–600.

Bricklin, P., Bennett, B., & Carroll, W. (2003). *Understanding licensing board disciplinary procedures*. Washington, D.C.: American Psychological Association.

Fisher, C. B. (2003). *Decoding the ethics code: A practical guide for psychologists*. Thousand Oaks, CA: Sage.

Freeman, S. J. (2000). *Ethics: An introduction to philosophy and practice*. Belmont, CA: Wadsworth.

Gibson, W. T., & Pope, K. S. (1993). The ethics of counseling: A national survey of certified counselors. *Journal of Counseling and Development*, *71*, 330–336.

Herlihy, B., & Corey, G. (2006). ACA *ethical standards casebook*. Alexandria, VA: American Counseling Association.

Kitchener, R. F., & Kitchener, K. S. (2012). Ethical foundations of psychology. In S. J. Knapp, M. C. Gottlieb, & L. D. VandeCreek, Eds. *APA Handbook of Ethics in Psychology*, *1*, 3–42. Washington, D.C.: American Psychological Association.

Knapp, S., Gottlieb, M., Berman, J., & Handelsman, M. M. (2007). When laws and ethics collide: What should psychologists do? *Professional Psychology: Research and Practice*, *38*, 54–59.

Neukrug, E. S., & Milliken, T. (2011). Counselors' perceptions of ethical behaviors. *Journal of Counseling & Development*, *89*(2), 206–216.

Pope, K. S., Tabachnick, B. G., & Keith-Spiegel, P. (1987). Ethics of practice: The beliefs and behaviors of psychologists as therapists. *American Psychologist*, *42*, 993–1006.

Tjeltveit, A. C. (1999). *Ethics and values in psychotherapy*. New York: Routledge.

Truscott, D., & Crook. K. J. (2004). *Ethics for the practice of psychology in Canada*. Edmonton, Alberta: University of Alberta Press.

Wheeler, A. M. N. & Bertram, B. (2008). *The counselor and the law: A guide to legal and ethical practice* (5th ed.). Alexandria, VA: American Counseling Association.

## 其他網路資源

評估、治療、諮商和司法實務的倫理守則與實務準則：http://kspope.com/ethcodes/index.php

實務與專業倫理學會：http://www.indiana.edu/~appe/

加州應用倫理資源網站：http://www.ethicsweb.ca/resources/bioethics/institutes.html

英國臨床倫理網站：http://www.ethics-network.org.uk/

CHAPTER 02

# 倫理實務的決策模式

## 使用各項資源來提升個人的判斷力與解決倫理問題

第 1 章檢視了以倫理準則作為諮商與心理治療專業人員之道德視框的重要性，並表明它們在服務中對於大眾所應負的責任。其中強調各種德行以及信守專業價值的重要性，認為這是做專業判斷的基石。第 1 章也指出引導專業人員做出合宜倫理決定的資源，並描述常見的倫理陷阱。這一章將呈現一套結合智性、情緒以及社會文化觀點之有系統的 10 步驟倫理決策模式。這個模式最常被使用於倫理問題浮現時，但它也有助於指出個人工作場域可能蘊含的比較廣義的倫理議題。通常倫理決策模式被視為是對問題所做的反應（例如：Verges, 2010），但是事實並非如此。一位新進的專業人員可使用這個模式作為輔佐工具，用以辨別常發生在工作場域的倫理議題。最複雜的兩難問題需要採取完整的步驟，但較顯而易見的問題則可以用比較簡單的步驟來處理。儘管這個模式主要聚焦於倫理選擇的認知層面，但它的步驟中所蘊含的信念是：一個真正的倫理決定只有在專業人員個人認同專業倫理的價值觀、在做決策時納入倫理問題所處的社會文化脈絡、懂得因應伴隨倫理議題而來之情緒壓力，以及能堅定地將倫理選擇付諸實現時才會產生。此外，專業人員應知道倫理決策不是一人即能完成的事，每個倫理決定都必須植基於與他人的諮詢——和同事、督導者以及當事人中的任一人進行諮詢過後的決定，或是透過學者以及專業倫理研究者所撰寫的專業文獻來進行諮詢。本章一開始會先釐清各種不同的倫理推理模式，這些是倫理決策行為組成的主要因素之一。其他的因素則是在實務過程中承諾會依循專業中的最高理想，以及拒絕認同倫理只是遵守規則的活動。

## 倫理推理之類型

Kitchener（1984）指出有兩種截然不同的倫理推理類型，分別為直覺型與批判評估型。以下將會定義這些名詞並描述它們在倫理決策過程中的角色。

### ●● 直覺型的倫理判斷

當人們在做道德或倫理判斷時，傾向以自動化、受情緒影響或是依據個人原本的道德觀來處理。根據 Kitchener 和 Anderson（2011）的觀點，一般的道德觀是來自於過去對何謂合乎道德的學習，以及一個人的個性和認知複雜的程度。Anderson 和Handelsman（2010）將這個倫理的形式稱為「倫理的起源」。直覺型的判斷很少是在意識知覺的情形下進行推理的。舉例來說，當記者訪談那些冒著生命危險拯救他人生命的人時，這些英雄很明顯地說不出來是什麼讓他們做出這些勇敢的行為。許多人說他們腦中當下根本沒有任何其他的念頭；其他人則說他們當下根本沒有任何思考，就只是做。如果再繼續追問，他們可能會提到成長背景或宗教信仰促使他們有此表現，但是沒人可為他或她不凡的行為提供一個哲學性的解釋，即使是在事情發生後也沒有辦法。應用 Rest 的道德模式（1983, 1984）來解釋時，這些英雄有立即性的道德敏感性、運用直覺的道德推理、有強烈的道德動機，且在認定什麼是對的以後即會堅定地去付諸行動。

毫無疑問地，並非所有的人都有這樣令人欽佩的道德直覺，那些見死不救或是見到別人有難卻無動於衷的人也沒有辦法言明他們這麼做的動機。舉例來說，許多士兵在伊拉克目擊了Abu Ghraib監獄裡對囚犯的凌虐，他們沒有介入或向上級報告這樣的凌虐情形，這些士兵同樣也沒有辦法為自己這樣的行為做出合理的辯解（Hersh, 2004）。然而，缺乏道德的敏感度並不僅限於一般的社會大眾或軍人。在助人專業的歷史上，也有許多證據證明專業人員的倫理直覺本身即是有問題的。舉例來說，在 1960 與 1970 年代許多心理健康專業人員（例子請見 McCartney, 1996）主張和當事人的性接觸對於治療師而言是值得嘉許的行為，且對某些症狀來說，和當事人有這樣的性接觸是合理的**治療方法**。同樣地，在 19 世紀中出現一個新的醫學診斷叫作**懈怠症**（drapetomania），這樣的名稱是由一位路易斯安那州的內科醫師 Samuel Cartwright 所提出的，他將其納入精神醫學的術語中。它是一種逃離家庭的疾病，這樣的診斷通常被用於那些試圖從主人那裡逃走的奴隸身上（Szasz, 1971）。透過這樣的定義，任何選擇自由而不想被奴役的奴隸都被視作是心理有病的。Cartwright 建議這種疾病的「治療方法」是鞭打那些被逮到而想逃跑的奴隸。在此案例與其他案例中，專業人員缺乏了倫理的敏感度或是將不合倫理的行為合理化。許許多多缺乏倫理敏感度的情形是起源於文化規範或是受到當時的政治或社會壓力所促成的。因此，仰賴某些專業人員不穩定且無法預測的直覺作為引導他們做出負責任的倫理決定時，並沒有辦法保護社會大眾的福祉。如同 Anderson 和 Handelsman（2010）指出的，有時差勁的直覺判斷是來自於對情境的事實有錯誤或不完整的瞭解，在這樣的情況下，個人對倫理議題回應的過程變成是有意識的過程，並非全然憑直覺，且因為缺乏對特定個案的分析，因此也變成了缺點。這樣的結果促成專業領域要求專業人員必須能**證明**他們的倫理決策已審慎考量所有涉及的事實資料、要能與專業價值觀以及專業實務所公認的準則相一致。特別需要注意的是，雖然直覺本身不足以做出倫理決策，但是並不代表可以忽略這樣的方式；倫理決策應納入個人當下的倫理直覺於脈絡的因素中，如文化以及人際關係（Betan & Stanton, 1999）。較可能產生問題的是過度依賴直覺判斷而排除更謹慎的判斷過程以及尋求諮詢。如同在一般情境中的英雄依賴他們的道德直覺做出勇敢的決定一樣，心理健康專業人員的直覺有時也是很令人敬佩。很可惜的是，這樣的情形出現的機率太低，難以準確預測。

## ●● 批判評估型的倫理判斷

為了能在可信的基礎上做出適當的倫理決定，Kitchener 和 Anderson（2011）建議應謹慎分析倫理議題的處理過程，其中包含考量專業準則以及倫理學者和同事的

智慧，遵循倫理原則做密集的問題處理並視諮詢為必要之事。這樣的分析務必植基於對合乎道德觀點的認同以及該專業所珍惜的德行之上（Cohen & Cohen, 1999; Hill, 2004; Meara, Schmidt, & Day, 1996; Radden & Sadler, 2010），否則整個過程僅會退化成一個空洞的行禮如宜。必須一再聲明的是倫理實務的過程絕對不僅代表諮商師以及治療師怎麼想，也代表他們是怎樣的人（Merara et al., 1996）。即便如此，對於那些完全認同倫理價值觀的人而言，仔細思考倫理問題仍然是非常重要的。

Kitchener（1984）將這樣的分析方法稱之為證明倫理決策的**批判評估**層次。一旦倫理議題是透過這樣嚴格的方式檢視，將可減少社會大眾受專業人員個人特殊的直覺所影響。初步的證據說明這種倫理辯證方式比其他方法更能有效改善倫理決策（Dinger, 1997）。以下的倫理決策模式就是建立在Kitchener（1984）以及Kitchener和Anderson（2011）的研究之上，且提供一個循序漸進的方法來考量倫理議題。圖2.1 說明此模式。

## 倫理決策模式

乍看之下，這個倫理決策模式似乎暗示著倫理決策的過程無可避免地要花費許多時間，且一旦出現任何關於倫理議題的線索，專業人員就一定要立即跑完所有詳細的步驟。不過一個模式如果真的需要這麼多時間的話，這個模式應該既不可行又不實際。諮商師與治療師常常沒有這麼多額外的時間來詳細思考倫理問題，有時候甚至必須立即採取行動。舉例來說，一名學校諮商師如果看見一位教師在一個標準化的測驗情境中提供正確答案給學生，他就必須快速採取行動，不然測驗的結果將會無效。同樣地，當一位兒童心理師得知 11 歲的當事人正要與一名她在社交網站所「交往」的成人見面時，在這樣的情形下幾乎沒有什麼時間來深思熟慮該如何介入，因為孩童有立即的危險。即使專業人員不需要做出一個即時的決定，他們仍有快速採取行動的壓力。專業人員要如何在這類情境中應用倫理決策模式呢？最簡單的就是完成他們的倫理作業。諮商師與治療師一定要有充足的知識，而非僅靠直覺達成最終的決定。他們可藉由熟讀倫理守則與指引方針以及在將準則應用到真實（或現實）情境之前預先練習，來促進這樣的過程。謹慎的專業人員會將倫理守則

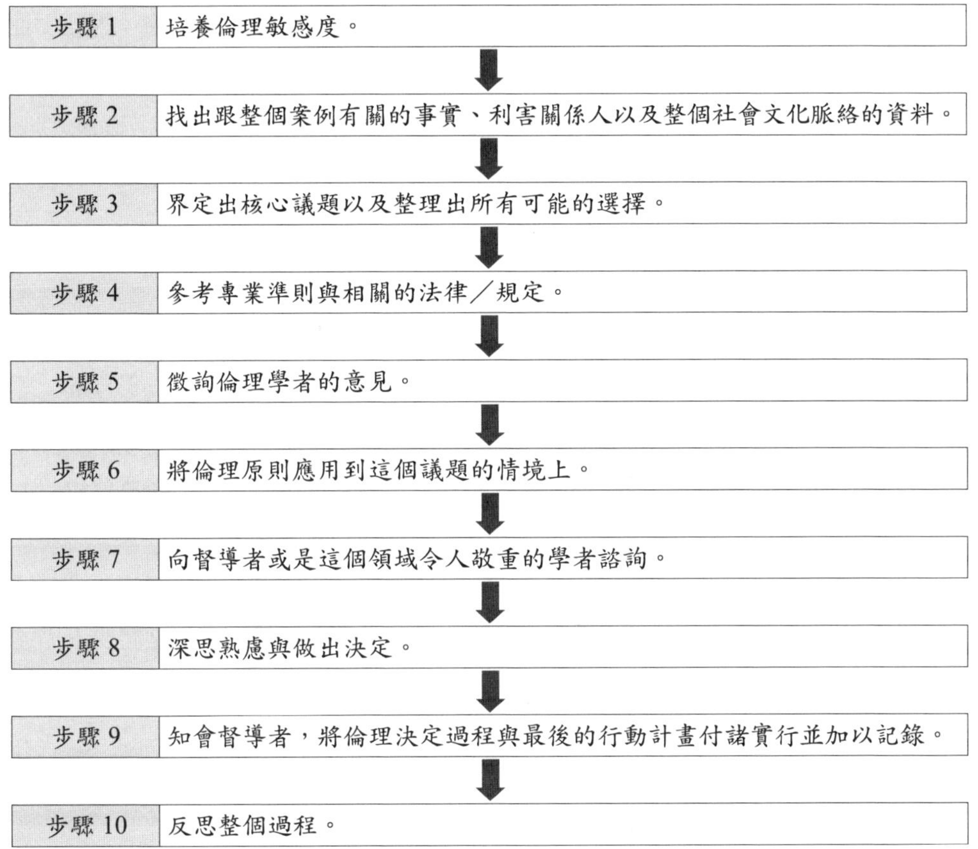




圖 2.1 倫理決策模式

放在他們辦公室或是電腦中容易取得的地方。相同地，當在特定場域工作時，例如成癮治療或住院照顧，臨床人員要持續瞭解他們工作場域的倫理文獻，以促進決策的執行。對模擬個案使用系統性的過程或模式的經驗，也是加速倫理決策過程的方式〔見 Cottone（2012）回顧這個模式以及八個其他的倫理決策系統〕。

這些準備與具備這些經驗有第二個好處。面對倫理兩難是一個具有高度壓力的經驗，例如 Holland 和 Kilpatrick（1991）發現一名受訪的社會工作者經歷「在面臨道德問題掙扎時，感受到一種深刻的孤獨感或孤立感」（p. 140）。舉例來說，一名青少年宣稱先前遭受性虐待的自我揭露是謊言，諮商師要如何做出回應是很困難的兩難問題，涉及對理智的挑戰和情緒的掙扎。錯誤決定所促成的潛在傷害是相當

明顯的，而實務人員對於他們在這種情況下應負的責任感到極度的焦慮。因此，理解倫理準則、熟悉相關文獻以及搜尋過去其他複雜的兩難問題的議題，都能幫助專業人員有效管理壓力，並以清晰的頭腦做出決定。

對諮商師而言，採用正式倫理決策模式的最後一個原因，是美國諮商學會倫理守則在「目的」一節要求使用這樣的程序：

> 當諮商師面臨倫理上進退兩難、難以解決的困境時，應該要遵循一個深思熟慮的決策過程。諮商師之間的意見或看法有歧見是必然的，但是當有衝突時，諮商師之間仍須將價值觀、倫理原則與準則列入考量。雖然迄今並無任何一個可以放諸四海皆準、最有效果的倫理決策模式，諮商師仍應熟悉一個可靠的、經得起公眾監督且實用性高的決策模式。

因此，當諮商師受到倫理申訴而成為被告時，他們有可能被審判團體要求描述他們在這個被調查的案件中所使用的倫理決策模式。在專業系統中，如果無法遵循這樣的步驟，本身即是一個倫理問題。

## ●● 步驟 1：培養實務上的倫理敏感度

在這個預算減縮、管理照護壓力以及多重角色需求的世代中，心理健康專業人員除了倫理議題之外，還有許多重要議題需要納入思考。當事人並不總是自願來尋求協助，且他們的問題往往比可以進行的諮商時間、他們可支付的預算或保險補助可支出的程度更加複雜。諮商師必須花費許多精神和當事人建立治療關係，以及協助他們減緩痛苦，因此實務工作者在療程中往往最少考量到倫理的兩難問題。研究也證實心理健康專業人員可能會因為太過於陷入臨床工作該關照的事，因而忽略了倫理議題。Lindsey（1985）以及 Volker（1983）發現在他們的研究中，有超過三分之一的諮商師與心理師沒有辦法從事先錄製好模擬的諮商療程影帶中發現到任何倫理問題；反之，這些專業人員只是埋首於當事人可能的診斷、專業上的技巧以及可能有幫助的介入計畫。事實上，即使研究者以繼續提問的方式給予提示，仍有四分之一的受訪者沒有辦法辨識出倫理問題。使用相同的研究方式，Podbelski 和

Weisgerber（1988）陳述有 25% 的諮商系學生渾然不覺有任何倫理問題。其他針對心理系或社會工作系的學生或實務人員所做的類似研究，在倫理敏感度上也發現同樣不樂觀的情形（Fleck-Henderson, 1995; Flower, 1992; Somberg, 1997）。當然光靠這六個研究無法窺得全貌，但是這些研究都指出缺乏倫理敏感度的缺失確實需要被檢視。若再加上第 1 章所描述的一些不合倫理行為的文獻以及許多專業人員的錯誤信念研究（例如請見 Gibson & Pope, 1993; Neukrug & Milliken, 2011; Neukrug, Milliken, & Walden, 2001; Pope et al., 1987; Reamer, 1995），這些研究都指出某些實務人員缺乏倫理敏感度的真實情形。

要如何讓專業人員個人的道德觀與價值觀和其專業工作所要求的相一致，並以此提升其倫理的自覺呢？倫理學者有許多建議。最佳的策略就是發展專業的**倫理認同**，透過正式的教育以及研究所課程來營造出認同專業倫理價值的文化氣氛（Handelsman, Gottlieb, & Knapp, 2005）。學生透過修課學習到專業準則的內容以及如何做道德決策，以增進對實務中倫理面向的覺察（Dinger, 1997; Eberlein, 1987; Wilson & Ranft, 1993）。教育者顯然都認同這樣的觀點，因為過去 30 年來倫理課程的開設有大幅度的增加（Hill, 2004a; Uroksky & Sowa, 2004; Vanek, 1990; Wilson & Ranft, 1993）。當倫理課程使用的教學方式不僅是教導專業的規則，並且提供學生空間來整合他們的信念系統與專業的價值觀時，他們較能有效提升倫理敏感度（Handelsman et al., 2005; Welfel, 2012）。在完成研究所的課程後，專業人員可透過繼續教育以及和同事討論的方式來培養倫理敏感度。同事的觀點可以平衡專業人員有時一面倒的想法。事實上，當學校諮商師與社區專業人員陷入倫理困境時，與他人諮詢有關倫理的問題，是他們尋求協助時較偏好的方式（Bombara, 2002; Cottone, Tarvydas, & House, 1994）。其次，如同之前提到的，先前處理倫理兩難的經驗似乎可讓專業人員在倫理問題發生時更有警覺心，因此，許多倫理訓練大量聚焦在案例分析以及課堂討論上（Welfel, 2012）。

專業人員也要深入瞭解自己的價值觀以及進入心理健康領域的動機。所謂的倫理敏感度不僅僅是具備專業倫理的知識及背景，同時也代表著個人原則及哲學觀要能與專業領域相一致。一個人若只因狹隘的自我利益而促發動機，將很難能達成所謂的倫理敏感度。要持續「做對的事情」需要的是利他的動力，以及面對障礙時仍能堅守良善行為的毅力。如 Jordan 和 Meara（1990）提出的，一位合乎倫理的專業人員首先必須是一名致力於社會服務以及社會正義的人。在職涯起步時，專業人員應該誠實評估自己選擇這個專業的理由，而在從事專業的過程中也應每隔一段時間就做相同的自我分析。經驗豐富的臨床人員需要照顧好自己，以避免因工作而產生專業耗竭與情緒枯竭，這樣的情形會減損對當事人的同理心，並使專業人員陷入職業倦怠這類違反專業準則的危機中。美國諮商學會的倫理守則 A.4.b 以及美國心理學會的原則 A 都強調不應讓個人價值觀或情緒的痛苦危及對當事人的服務。

最後，轉換個人關於倫理的心理狀態是需要的。因為一些違反倫理的案例都是出現在一些轟動社會的新聞事件，許多新進的專業人員誤認只有那些無恥或幼稚的人才會做出不合倫理的行為。如Hill（2004b）提到的，心理健康專業人員常視倫理為次等重要，只是涉及一些規則與規定，但事實上，倫理是專業人員職涯的核心。一個錯誤的推論是：倫理兩難很少會發生，但如果它們發生了，一定會立即被發現。這些結論都是錯誤的。相對地，實務人員需要瞭解倫理兩難問題的普遍性、複雜性以及隱微性。專業人員若沒有警覺心，即使是有良好的意圖與善良的心，最終都可能以傷害當事人的結果作為收場。若要加強倫理敏感度，臨床人員需要建立一套準則來檢視每次初次會談及後續療程中關於倫理方面的問題。最簡單的步驟就是在初談表格上加入一個關於可能潛在的倫理議題，或是在個案紀錄上註記，這些都可幫助提醒專業人員注意一些他們有可能疏忽的地方。

除了要敏感於當事人及同僚可能帶來的倫理議題之外，專業人員也要敏感於個人成長史及目前的經驗所帶來的倫理議題。舉例來說，一名專業人員曾目擊父母的家庭暴力，她在面對如Archie的陳述時就可能會產生強烈的情緒反應，並且需要額外的方法來確保她對此案例的反應不會過度受到自己的過往經驗影響。

## ●● 步驟 2：找出有關的事實、社會文化脈絡以及利害關係人

一旦專業人員知道倫理議題的確存在，且已採取某些方式來安撫自己的焦慮後，他或她就需要統整相關的當事人訊息，包含案例中的文化以及社會脈絡。想想第 1 章 Archie 的案例：

### Archie 和 Annette 的案例

17 歲的 Archie 在跟他的高中諮商師進行諮商時，推翻自己先前對繼父性侵害的控訴。Archie 表示之前之所以捏造這個故事，是因為繼父毆打過母親好幾次，他希望母親能離開繼父。Archie 向教練控訴繼父的犯行，教練向有關當局通報，身為學校諮商師的 Annette 奉命針對 Archie 展開個別諮商工作。他們已經進行四次的諮商。

Annette 在這裡的首要任務是詢問自己是否取得了關於這個案例的所有細節訊息。找出所有的事實是建立後續推理的基礎。忽視有關的事實可能會導引專業人員得到錯誤的推理或是糟糕的倫理後果。在 Archie 的案例中，以下是一些 Annette 應設法知道的相關事實：

- Archie 對於他所揭露的事情，希望保密到什麼程度？他曾和任何人討論過他想撤回指控的事嗎？
- Archie 現在的情緒健康狀態怎麼樣？他過往的心理健康情形又是如何？
- 他過往對於該負責任的其他事情表現為何，換言之，他的心智成熟度如何？
- 是否有兒童服務機構著手進行調查？如果有的話，現在的調查情形又是如何？
- Archie 現在和母親以及繼父的關係為何？有關他們現在的痛苦程度，Archie 可以透露出什麼？
- Annette 和 Archie 的諮商關係有多穩固，她對他的想法以及行為之影響有多大？
- 除了 Archie、他的母親、繼父以及生父以外，還有其他利害關係人嗎？有手足或其他親戚住在家中，例如行動不便的祖父母，也被這個事件所影響嗎？
- 對於Archie的文化、社會背景以及世界觀已經瞭解多少？以上這些可能會在此情境中影響倫理選擇或他對情境的知覺因素（Garcia, Cartwright, Winston, & Borzuchowska, 2003）。

這當中的許多訊息可能來自當事人，或是來自諮商師對當事人的評估。在這個案例中，Annette可能可以從Archie合理且可信賴的回應中得知大部分問題的答案，並依賴她的專業判斷以及先前和當事人治療接觸的經驗以得到額外的訊息。如果在某些情況下諮商師無法獲得重要的資訊，應該在不危害與當事人保密協定的情況下去尋找取得這些訊息的管道。其次，所謂的重要事實也包括鎖定在此案例中除了當事人以外的其他重要利害關係人。利害關係人在此是指一個或一群有可能被諮商師的行動所協助或傷害到的人（Garcia et al., 2003; Treppa, 1998）。只要是和未成年人工作，家長或監護人一定是重要的利害關係人，因為他們最終得為孩子的福祉負起責任。雖然其他利害關係人的福祉不應該凌駕在當事人的福祉之上，但專業人員的目標仍是盡其所能讓所有利害關係人的福祉都能受到保護。在本案例中的利害關係人很明顯的就是Archie的母親、繼父、手足（如果有的話），或是家庭中的其他成員。

## 步驟 3：界定出兩難情境中主要的倫理議題以及可供選擇的選項

一旦案例的有關事實、社會文化脈絡以及相關的利害關係人都釐清之後，專業人員應設法區分這個倫理困境所涉及的基本倫理議題有哪些。在這個案例中，主要的議題涉及：(1)在當事人的最佳利益並不清楚時，如何提升當事人的福祉；(2)在其他家庭成員的福祉也在危急關頭時，學校諮商師對未成年人應給予的保密程度；(3)如果後續當事人在諮商中所揭露的內容與性侵案件無關時，諮商師是否有任何法律責任去和調查此虐待案件的兒童福利專業人員陳述。有些情形下可能會引發更多的倫理議題，因此將此議題的廣義範圍釐清，可讓專業人員以更有效的方式來運用倫理守則與文獻，以及運用先前針對此主題所受過的訓練。由於倫理問題並不是憑空出現的，專業人員也應考慮情境脈絡會如何影響決定（Treppa, 1998）。譬如，Annette 身為學校諮商師的角色責任也應是此議題中要考慮的成分。Annette 也要反思她自己的假設、價值觀和社會文化觀有哪些，這些會不會影響她對一些事實資訊的評估，且要確定她所做的決策並非只是全然受到她自己的信念或是身為教育人員的社會優勢地位所影響。所有的決策都是社會建構的，專業人員必須清楚瞭解，沒有任何一個判斷可免於受到這些因素的交互作用與文化脈絡影響（Burke, Harper, Rudnick, & Kruger, 2007; Carey, 2009; Cottone, 2001, 2012）。

其次，專業人員需要腦力激盪，想想任何可能的行動方向，亦即先天馬行空地盡量設想各種可能性，之後才進行評估與排除選項的動作。這樣的腦力激盪之所以重要，是因為它可以確保此分析不僅僅是單從專業人員原本狹隘的道德觀念中浮現出的一兩個選項而已。在這個過程中，專業人員應明瞭有哪些選項是直覺認為很恰當的，並瞭解他們個人的道德觀會影響他們的決策。Treppa（1998）建議心理健康專業人員應持續挑戰自己的假設以及偏好，藉此增進他們對所有合理方案的開放度。Groopman（2007）建議病患自問「還有什麼其他可能性？」也可以適用於倫理決策的過程，或是稍微修改成：「還有什麼是更合乎倫理的？」以務實的層面來看，這也表示可以有意識地去評估每個替代方案在實行時，由於牽涉到不同的價值觀、環境壓力和個人道德哲學的糾葛，情緒上會有多麼困難。如Hill（2004b）提出的，專業人員面對倫理兩難時最好問問自己：「如果我採取這個行動，將顯示出我是一個什麼樣的人？是一個什麼樣的諮商師？」在這個案例中，Annette找到的替代方案如下：

- 不告訴任何人並維持保密，讓當事人決定接下來該怎麼做。
- 告訴Archie她需要打破保密協定告知他的父母，即使他對於這個選擇感到不舒服。
- 打電話給在案例中著手調查的兒福機構，告知對方關於Archie的自我揭露內容，即使 Archie 對此行動感到不安。
- 鼓勵Archie自己告訴他的母親或調查員，但絕不在沒有Archie的同意下揭露這樣的訊息。
- 勸告Archie只有在他自己揭露這個訊息或是允許她揭露的前提下，才有可能繼續諮商。
- 等到下一次晤談時再看看Archie是否依舊維持或推翻他先前的撤訴或他對保密的要求，然後才決定是否要打破保密協定。

因此，在步驟 3 結束時，專業人員對於倫理兩難情境涉及的範圍應該有更廣泛的定義，也列出各種可能的反應。進一步的閱讀與諮詢當然可能產生其他的選項，但至少眼前已經有可工作的清單。在 Archie 的案例中，Annette 也瞭解她的道德直覺以及一般的道德價值觀會讓她想將這樣的訊息透露給 Archie 的母親或在此案中調查的社會工作者。她有意識地決定延緩將直覺化為行動，直到她對此議題有更進一步的研究（是謹慎德行的展現）。在接下來的幾個步驟中，將會評估每種替代方案的優劣。專業人員如果不確定自己是否列出足夠的替代方案時，最好能與可信賴的同事諮詢，確保他們沒有忽略關鍵的訊息或選項。實際上，在所有的案例中，諮詢都是很有價值的。以書面的方式來記錄替代方案，或是將推理過程以及透過步驟所採取的行動記錄下來都相當有幫助（更多的文件紀錄請見步驟 9）。

## 步驟 4：參考專業倫理準則以及相關的法律和規定

一旦確認倫理議題以及可能的選項之後，下一步就是參閱倫理守則並決定如何運用。如第 1 章談到的，守則指出保密是重要的，但是會受到法律的限制，例如 Archie 現在未成年的身分，以及當情況嚴重且有可預見的傷害存在時。

### 美國諮商學會倫理守則

**B.1. 尊重當事人的權利**

**B.1.b. 尊重隱私權**

諮商師尊重當事人的隱私權。諮商師僅有在得知這些隱私訊息有益於諮商過程時才會向當事人詢問。

**B.1.c. 尊重保密權**

諮商師不應在沒有當事人的同意，或沒有合乎法律或倫理條件的理由下分享保密訊息。

**B.2.a. 危險與法律要求**

一般要求諮商師對訊息予以保密的情況不適用於當揭露是為了保護當事人或特定的其他人免於嚴重與可預見的傷害，或法律要求一定要揭露保密的訊息之情形。當對於例外情形的正確性有所存疑時，諮商師可向其他專業人員諮詢。在涉及結束生命的議題時也適用此原則。

**B.5.a. 對當事人負責**

當與未成年人或缺乏能力提供自願及知後同意的成年當事人進行諮商時，諮商師應遵守聯邦法規、州法、規定的政策以及適用的倫理準則等所規範的，要保護從諮商關係中得到的保密訊息。



守則提供 Annette 需詢問的重要問題，像是：「揭露 Archie 撤回控訴的訊息是合法的或是不合法的揭露？這樣的情況會構成嚴重以及可預見的危險嗎？如果會，是對誰造成危險？納入家長的做法適當嗎？這是基於Archie的最佳利益而做出的作為嗎？」最後，守則的制定只是提供諮商師思考的途徑，並非是處理兩難問題的解決辦法，舉例來說，守則並沒有定義何謂可預見以及嚴重危險的真正意涵。因為Annette 的身分是學校諮商師，她應參考「學校諮商師倫理準則」（*Ethical Standards for School Counselors*）（American School Counselor Association [ASCA], 2010）。在守則中與保密相關的條款如下所列：

## ✸ 美國學校諮商師學會的學校諮商師倫理準則

**A.2. 保密**

b. 以合宜的方式解釋保密的限制，例如利用班級輔導活動課、學生手冊、學生諮商手冊、學校網站、口頭通知，或是除了對個別學生口頭告知外，以其他方式和學生、學校以及社區溝通。

c. 瞭解學校場域對於保密的複雜特性，將當事人的情形放入脈絡中思考。堅守保密訊息，除非有合法的請求命令揭露保密訊息，或防止對學生造成嚴重且可預見的傷害下才會破壞保密。嚴重以及可預見的傷害會因孩童學校年級的不同而有所差異，這樣的傷害是以學生的發展、實際年齡、情境、雙親權利以及傷害的性質所定義的。學校諮商師在不確定是否屬於例外情形時，可向適當的專業人員諮詢。

d. 認清他們在保密上的主要責任是針對學生，但盡可能平衡這責任與瞭解父母／監護人在本質與法律上存有管控孩子生活的權利，特別是在與價值判斷有關的議題上。瞭解有必要權衡學生做選擇的倫理權利、他們同意的能力，以及家長保護學生並為其做決定的法律權力和責任。



這些陳述呼應了美國諮商學會守則的內容，強調 Annette 的首要責任是對學生所揭露的訊息予以保密，並對家長負責。守則也建議不論她做出什麼決定，她都應告知Archie相關的訊息並盡可能取得他的同意。雖然美國學校諮商師學會準則並沒有給予最終的解決辦法，諮商師仍應進行決策模式的下一個步驟來決定怎麼做是合乎倫理的。

幸好在許多其他的倫理問題上，參考守則內容就可提供可信賴的答案。以下的案例說明一個在此階段即可獲得解決的倫理問題：

### Yolanda 和 Justine 的案例

Yolanda 是一名諮商心理全職實習生的督導者，她已經督導一位能力佳又成熟穩重的實習生 Justine 好幾個月。在多次實習督導會議的對談中，Yolanda 發現她與Justine有許多共同的興趣，他們在閒暇時都會彈奏大提琴以及騎馬。Yolanda 想邀請這位實習生到她所屬的社區管弦樂團去參加大提琴手的公開甄選，以及邀請她加入這個週末的騎馬活動。她不知道這些對Justine的邀約是否合乎倫理。

到目前為止，當 Yolanda 覺察到她所考量的這些行為涉及倫理領域時，她即展現了倫理的敏感度（步驟 1）。要統整這案例的有關事實也相當簡單，因為這個兩難來自於 Yolanda 自己而非與當事人或同事之間的互動。在步驟 2 中可清楚看到三個事實。首先，在學期結束前，Justine 都會在她的督導之下（同時有其他人也在她的督導之下）。第二，除了在今年結束的實習打上通過的成績證明，Justine 日後偶爾也有可能需要 Yolanda 的推薦信。第三，往後 Yolanda 不太可能會再督導或擔任這個實習生的其他評分者。在此案例中 Justine 是主要的利害關係人，但其他的實習生以及諮商實習單位在此督導關係中也都需列入考量。這個案例並沒有給予關於文化以及涉及社會變項的訊息，但探索這樣的訊息有助於瞭解，是否某些相同的文化或社會背景是影響 Yolanda 想和 Justine 有更多社交互動的原因。為了完成在步驟 2 內容中需要考慮的因素，Yolanda 接著找出牽涉在其中的倫理問題種類。她認為這些督導外的接觸可能是代表她和實習生有不適當的關係，是一種多重關係；她也整理出三個可行的方式（步驟 3）。第一個是按原定計畫進行邀約，第二個選項是放棄邀約，直到 Justine 的實習結束，最後一個則是詢問 Justine 是否願意和她一同進行兩項活動中的至少一項。

步驟 4 就是 Yolanda 參考倫理守則來衡量每個選項利弊的過程。美國心理學會守則（APA, 2010a）陳述：

## ✸ 美國心理學會倫理原則

### 3.05 多重關係

(a)多重關係發生在心理師與另一個人之間處於專業的角色，並且(1)同時與此人之間有另一種角色，(2)同時正與和此人有緊密關聯或相關的人處於交往關係，或者(3)承諾與此人或與此人有緊密關聯的人未來將進入另一種關係。

假如此多重關係可合理預期將有損心理師表現其身為心理師的客觀性、能力或效能，又或者對與心理師有專業關係存在的人有剝削或傷害風險，則心理師須避免進入多重關係。

合理預期並不會造成損害或危險剝削與傷害的多重關係，並不是不合倫理的。

---

 American Psychological Association. (2010a). Ethical principles of psychologists and code of conduct (2002, amended June 1, 2010). Retrieved from http://www.apa.org/ethics/code/index.aspx.

守則的這部分並沒有明顯的指引，但其中有提到，如果Yolanda預計進行邀約，可能會降低她身為 Justine 督導者的效能，且有可能損害她對 Justine 實習工作的客觀性，同時也可能會有傷害或剝削的風險。在此基礎上，Yolanda 也可推理出，此兩種情況裡一起騎馬的邀約較有問題，因為這樣的活動會建立起私人關係並模糊督導關係的界線。邀請該名實習生參加管弦樂團的甄選較無明顯違反的情形，因為並沒有辦法保證該名受督者會通過甄選，且即使Justine通過甄選後也不會是一對一的關係。然而，同屬一個管弦樂團可能會使Justine感到不自在，且如果這個邀約是來自於 Yolanda，Justine 可能會覺得自己對於甄選沒有選擇的餘地，只能同意，並且擔心拒絕督導者的邀約可能會對她實習的評分有負向的影響。如果Justine以其他的方式得知這個管弦樂團的公開甄選訊息，且自己決定要試試看，且 Yolanda 並沒有在Justine實習的過程中與之發展一段獨立的個人關係，那此時同屬一個藝術組織的情況就沒有所謂的倫理問題。

因為 Yolanda 也是美國諮商學會的會員，她參考倫理守則後發現以下的描述：

## ✸ 美國諮商學會倫理守則

**F.3.a. 與受督者之關係界線**

督導者清楚地定義和維持與受督者間合乎倫理的專業、個人以及社交關係。督導者避免和正在督導的受督者間有非專業關係。如果督導者一定得與受督者有涉及其他的專業關係時（例如，臨床與行政督導者或教師），他們應盡可能的將衝突減到最小，並向受督者解釋每一種角色的期待與各類身分的責任。他們不會投入於任何可能危及督導關係的非專業互動。



在此案例中 Yolanda 可以發現更多能指引她行為的方法。她一定要清楚地定義關係的界線，並避免會危及督導的非專業關係。顯而易見的是，和Justine在馬廄的個人接觸的確會構成非專業的關係。

在檢視所有守則後，Yolanda 決定不要邀請 Justine 加入任何一項社交活動，因為這麼做會使她難以在評估學生表現上保持客觀性，且這會使其他實習生產生誤解，甚至會讓Justine誤解這些邀約並對督導關係感到尷尬。基於這些理由，Yolanda決定當她不再身為評估實習生專業發展的角色時，她才會考慮和這名（或任何其他的）實習生有社交關係。

這個案例說明如果能詳細理解倫理守則以及參考相關規範，可以如何幫助心理健康專業人員解決倫理問題。若是專業人員能熟知守則，他或她就可快速鎖定相關的部分並馬上做出決定，然後他或她就可以省略模式中的步驟 5 到 7，直接跳到最後三個步驟。

美國諮商學會和美國心理學會的守則以及其他心理健康專業的規定有些微不同。這樣的差異對那些歸屬於不只一個組織的人來說特別麻煩。舉例來說，美國心理學會禁止與任何一個前任當事人在結束服務的至少兩年內有任何性接觸（10.08），但是 2005 年的美國諮商學會守則（A.5.b）則是禁止和前任當事人在專業服務完成後的至少五年內有任何性接觸。專業人員若是出於自我利益的動機，就可能會以要求較低的守則作為遵從的標準。出於這樣的理由是短視近利的作為，且忽視了守則的理想精神和專業的基本價值。最佳的辦法就是遵守較嚴格的規定。

專業人員也需瞭解倫理委員會的其他官方陳述。有時倫理委員會會公布特殊的指引方針，告知成員最新的倫理問題，或對許多成員詢問委員會的議題做出回應。舉例來說，2001 年美國心理學會發表了「測驗使用者資格的指引」（*Guidelines for Test User Qualifications*）（Turner, DeMers, Fox, & Read）來說明有能力使用心理測驗者的訓練和背景。最近它還公告了「和女孩及女性進行心理治療實務的指南」（*Guidelines for Psychological Practice with Girls and Women*）（APA, 2007），藉此協助心理實務者能夠以適當的方式與女性當事人一同工作。本書附錄C可看到大量有關於特殊指引的清單和說明。

受僱於各種機構的心理健康專業人員也需參考各機構的政策手冊，瞭解其中關於專業倫理的規範。工作手冊會提供關於保密、知後同意、紀錄保存以及通報同事違反倫理作為之程序的額外指導（Hansen & Goldberg, 1999）。機構的政策不應凌駕於倫理守則或規定，但它們在守則以及規範模糊不清或沒有特別提到的部分上，

可提供額外的指引給臨床人員參考或依循。

最後，所有的守則均指示成員只要在不違反人權的情形下，都需依照現行法律行事。這表示專業人員需要參閱相關的聯邦、州政府之法條有關某議題的規定。判例或是法院在案件審理時的判決也可參考。在 Yolanda 所在州的法規中可能沒有特別提及督導者與實習生之間的社交關係，但是州政府的法規有具體指出所有具有執照的諮商師應遵從美國諮商學會倫理守則的規定。目前已有 17 個州將美國諮商學會的倫理守則納入該州的法規當中（請見 http://www.counseling.org/Resources/CodeOfEthics/TP/Home/CT2.aspx 有列出這些含括在內的州）。

**重新檢視 Archie 和 Annette 的案例** Annette 在倫理決策的下一個任務就是找尋是否有任何與她行為有關的法條或法令。如此做之所以重要，是因為與未成年當事人諮商的保密法條會隨各州司法權的不同而不同。甚至在同一州或省，法令以及法院對於與未成年當事人諮商的保密看法也可能有所不同。所以 Annette 最好能瞭解當地的法律訊息，特別是在通報孩童受虐，以及關於未成年當事人在諮商中可保有祕密、不讓家長知道的權利之法條。此外同樣重要的是，一旦當事人坦承通報虐待是個假訊息時，與諮商師責任相關的法律問題也需要釐清。在一些無法以法律與守則做出決定，或未曾在此議題有所著墨的情形上，專業人員應進展到決策過程的步驟 5。在大部分的情況下，當法律與守則相互衝突時，並不會要求專業人員為了服膺守則而違反法律（詳見 http://www.apa.org/news/press/releases/2010/02/ethics-code.aspx，裡頭有關於美國心理學會針對某些心理師涉入軍方審問過程有違拘留人權的修訂討論）。

## 步驟 5：找尋相關的倫理文獻

這一步驟的內容是參閱專業文獻，找尋其他臨床人員與學者在陷入相同倫理問題時的想法。搜尋這些文獻可獲得專家的看法，並幫助專業人員發覺在當前情境中未曾考慮的觀點。閱讀也有助於減緩進行艱難倫理決定時在情感上的孤寂感。不幸的是有些證據指出，許多關於複雜倫理議題的文獻未能被專業諮商師善用，只有在倫理的正式課程中常常被提及（Bombara, 2002）。

在 Archie 的案例中，Annette 可聚焦在無法對孩童自我揭露予以保密的情況下如何決定的文獻上（例如，見 Behnke & Warner, 2002; Glosoff & Pate, 2002; Gustafson & McNamara, 1987; Koocher, 2003; Mannheim, Sancilio, Phipps-Yonas, Brunnquell, Somers, & Farseth, 2002; Stone & Isaacs, 2003; Stone, 2005; Strom-Gottfried, 2008; Taylor & Adelman, 1998）。這類文獻所談的內容不像倫理守則討論得比較廣泛，其提出保密的程度與孩童的成熟度有關（且提供成熟度的標準），並充分解釋孩童的最佳利益為何（Koocher & Keith-Spiegel, 1990）。這些文獻也強調 Archie 對於保密的要求是常見的情況——其他研究均已發現，保密對尋求心理健康協助的青少年而言是最重要的核心議題之一（Kaser-Boyd, Adelman, & Taylor, 1985; Society for Adolescent Medicine, 2004），且青少年相信他們的保密權益應如同成年人那般被尊重（Collins & Knowles, 1995）。許多州的法院也規定提供青少年服務時的紀錄應予以保密，不隨意讓家長知道（Ellis, 2009）。在這類的文獻下，Annette 的結論是 Archie 的年齡（17 歲）是很關鍵的，他在決定保留所揭露之隱私內容而不讓家長知道的權益上，比再小幾歲時的他來得更有能力，但這並不一定保證行得通。其他的作者提供有關跟家長工作的處理原則，認為可鼓勵家長放棄他們得知訊息的權利，讓他們認同治療師與當事人互動中的隱私權（例如，見 Taylor & Adelamn, 1989）。Annette 評估如果她決定立即告知家長或調查者關於 Archie 所坦承的事，即可能代表她忽視了他的年齡與成熟度。Annette 因此得出的結論是她必須三思原本想要立即打破保密協定的決定，她應該要在與 Archie 進行額外討論並獲得其同意後才能揭露。她仍然不確定她的其他抉擇是否合乎倫理。文獻提醒她應將 Archie 的感受納入考量，也再度肯定她主要是對 Archie 負責任，而非對他的父母。然而，她無法忽略 Archie 父母的權利以及他們對 Archie 的責任，或是他們因 Archie 揭露虐待一事所承受的痛苦。

各種有關常見倫理問題的文獻在近 30 年內如雨後春筍般出現（在這之前，關於專業倫理的文章非常稀少），這其中最寶貴的是那些將多元文化的社會脈絡、專業人員自身以及專業領域的價值觀與品德放入個別倫理決策中的文獻。之後的章節中會介紹更多關於保密、知後同意、多重關係、診斷與測驗、團體與家庭諮商的議題給讀者，以及專業人員受僱於學校、機構、私人診所以及其他健康照護場所時特別需要注意的問題。這些內容對那些感到無能為力，或因倫理決策而產生孤寂感的學生和實務人員來說，是相當豐富的參考資料。熟知這些文獻後，他們更能為自己

的決定向督導者、當事人或是法律當局辯護，而且可以清楚追溯自己的倫理推理是來自哪些專家的見解。對於一個有能力的專業人員來說，特別是在工作中所處理的倫理問題常見於某些族群或場域中時，對這類文獻的瞭解就變成是必備的事而非是奢侈的期望。如果在缺乏這類文獻的知識下進行工作，可能會被視為是無法勝任此工作的，尤其是現在的電子媒介使出版刊物變得相當容易取得的情況下。

當然，參閱文獻並非是處理所有倫理問題的萬靈藥，並不是每一次都可以得到明確的答案，且也無法減少專業人員面對選擇時應負的責任。許多時候對於這些議題再深思熟慮或是另外再找人諮詢是需要的，此時專業人員就應移往決策過程的步驟 6。

## ●● 步驟 6：將倫理原則與理論應用到情境上

在這個步驟中，專業人員應用守則中蘊含的基本哲學原則來處理所面對的情況。專業文獻雖然縮減並將選項整理得更清楚，但是通常不會只有導向一個方向而已。就基本的倫理原則來思考問題時，專業人員可將「順序以及連貫性」的原則帶入特定案例的討論中（Beauchamp & Childress, 1983, p. 1）。此外，在瞭解倫理原則的情形下，他們更能看見不同案例或是看似毫無關聯的情境下所展現的相同模式，藉此也更能瞭解他們自己的倫理直覺。Kitchener（1984）根據 Beauchamp 和 Childress（1983）以及 Drane（1982）的理論，整理出管理助人專業的五個主要倫理原則。這些原則中沒有任何一項具備強制的約束力。舉例來說，非自願個案的情形違反了自主權，但好的一面是它保護了人的生命。大部分的哲學家描述倫理原則具有*表面約束力*（prima facie binding），亦即它們在大多數的情況下都具有約束力，但在面對與公平或更重要的責任有所衝突時則不適用（Beauchamp & Childress, 2001）。倫理學者主張一定要以「即使知道倫理原則無法勝出，也一定要將它們納入考量」（Beauchamp & Childress, 2001, p. 47）的方式來看待原則。接下來將會逐一介紹每個原則並說明它們在 Archie 的案例中要如何使用。

**尊重自主權**　尊重自主權表示尊重每個人與生俱來的自由與尊嚴。換言之，因為所有的人生來就擁有尊嚴，他們即應有自由選擇的權利。這個原則來自哲學家 Immanuel Kant的理念，他認為人本身的存在即是最終目的，不應視為為了滿足其他目的之手段（Kant, 1785/1964）。自主權所蘊含的概念即是人應為他或她自己負責。尊重自主權則表示「一個人的選擇不應受到他人所限制」（Beauchamp & Childress, 2001, p. 62）。威權作風與自主的概念是相違背的，威權作風是指以類似家長的方式來對待某人，並為他決定怎樣的選擇對他而言是最佳的。

當然，尊重自主權是有其限制的，除了個人的行為不能影響別人的自由外，自主權一定是基於個體很清楚知道自己所做的選擇代表什麼意思及其帶來的影響。這樣的行為不一定要非常理性，也就是對他人而言這些行為不見得合理。一個人可以自由地做些蠢事，甚至某種程度是傷害自己的，只要這個人是在瞭解選擇的內涵及其帶來的影響前提下，且這個行為不會傷及他人。孩童、嚴重發展障礙的人或正值精神病發病期的人都沒有行為的自主權，因為他們（至少在這個當下）無法瞭解他們的選擇所帶來的影響。在這些情況中，其他人以法定代理人的身份來代替他們有所作為。

隱私權是伴隨自由選擇權而來的，這也是尊重自主權的一部分。一個人應有權利決定他想分享什麼樣的訊息，以及掌控什麼人可以知道他或她的個人生活到什麼程度。如同自主權一樣，沒有隱私權就沒有所謂的尊嚴。以美國為例，法律對個人隱私權是有所保障的。

幾乎所有倫理守則的各章節都強調尊重自主權與倫理守則之間的關聯。守則中規範在專業服務中要取得知後同意的責任，以及治療過程中對於揭露訊息的保密都直接與這個原則有關。相同地，許多「研究倫理」的概念以及診斷或測驗的倫理都與尊重自主權有關。這個原則也隱含著人們為了達到一些對他們而言看似有利的目的，有權利放棄或擱置他們的自主權。譬如一個成人可能會放棄他的自主權，同意由父母安排的婚事，因為這樣的行為是符合此人的文化與社會的信念。

專業人員在嘗試處理倫理的兩難問題中使用尊重自主權的原則時，可藉由詢問自己深思熟慮後所決定的這些替代方案中，哪一個最能符合這項原則的方法來找到答案。在Archie的案例中，尊重自主權是重要的，若想賦予他如同一般成人的自主權，Annette可在不傷害他人的範圍下遵照他對於保密的請求。此時馬上浮現兩個問題：真的能夠以成人般的方式給予他自主權嗎？他的行為會對別人產生多大的傷害？（在這個時間點上，諮商師可能會希望 Archie 是在 18 歲生日後才與她分享這

個訊息。）大部分孩子的能力有限，他們能力的限制隨著成熟度的增加而降低。倫理的文獻解釋了能力以及成熟度的關係，並提出 17 歲的青少年也許已經足夠成熟，能夠行使自主權（例如，Gustafson & McNamara, 1987）。作者們建議諮商師或治療師在與那些接近成年期的青少年工作時，應開始將他們視為是成熟且能自主的，除非有證據支持他們並非如此。基於 Annette 對 Archie 的瞭解，Annette 決定要以給予近乎完全自主權的方式來對待他。她對於可能存在之傷害分析是另一個重要的思考點。一項性虐待的指控可能會影響他繼父的工作、情緒穩定性、婚姻、扶養這名繼子的能力，以及或許會牽涉到他的個人自由。他的母親也可能會承受心理上的痛苦，並因為她丈夫經歷的傷害而受到影響。換句話說，Archie 並不是這個事件中唯一的利害關係人。

如果Archie現在說的是實話，則他拒絕承認先前對其他人撒謊的行為就危害了他繼父的權利。當然，Archie也可能是**現在**對於先前揭露的實情感到不安才說謊。許多年幼者有時候會因為他們害怕後續的結果而撤回關於虐待的指控，其後的否認可能是為了減緩現在的痛苦而產生的，如果真是如此，那揭露他否認之訊息就顯然無法求得他的最佳利益，繼父甚至可能會再次任意虐待他。應用尊重自主原則於這個案例的過程時，即顯示出蒐集案例中特定事實的重要性。Annette的倫理分析決定於她對這個男孩以及這個家庭之評估能力和品質。她對於當事人的瞭解是重要的因素，這協助她評估什麼才是真的謊言，以及揭露（或不揭露）所產生的結果會是如何。在此案例中，尊重自主權的原則強調 Annette 在做決定時，要把 Archie 的心願放在很重要的考量因素，而且若對於是否會傷害其他人覺得很有疑慮的話，則諮商師在做決定時，對於當事人自由決定要揭露到什麼程度的權利更要列入考慮。

**免受傷害**　第二個倫理原則有其醫學倫理之根源，其與醫師發誓遵守的Hippocratic 誓言有關。這個誓約告誡醫師的職志就是在治療病患，且永遠不能無故傷害或弄傷他們。這來自於免受傷害（nonmaleficence）的原則，其拉丁文是：*primum non nocere*，意思是「以無傷害為優先」，這也被稱作是醫學與助人專業中最基本的倫理原則。這項原則也包含避免可預防的危險。專業人員有責任使用那些他們熟知的、不會傷害當事人的介入方式。這個責任意味著他們一定要瞭解與評估治療對於他們當事人的風險程度並正確行事。避免傷害的責任也同時適用於其他的心理健康專業人員，例如：研究者被限制在進行研究時不能傷害參與者、教育人員不能使用會傷害學生的教學方法，以及諮詢顧問不能使用那些會傷害到他們原本被聘請來要幫助的人的介入方式。專業人員當然無法總是預見他們所有行為的後果，因為無法預料的情況常會發生。免受傷害的責任並沒有要求諮商師要全知全能，而是需要以小心、謹慎的態度進行有能力的判斷。

必須將避免傷害的概念放入脈絡中，因為許多諮商以及心理治療的觀點常會令人感到不舒服，且當事人可能會在好轉前感受到短暫的惡化。努力想處理身體虐待經驗者，可能會在療程檢視過往經驗對他或她現有功能影響的情形下，比一開始來治療時更感到心煩意亂。如果無法證明這樣的介入方式最後能得到效果，或沒有告知當事人治療會有短暫的負向影響，這些都將會構成傷害。如果專業人員能使用已知道可帶來正向效果的治療方式，且已和該名當事人評估這個方法的成效，其即遵守免受傷害的原則。專業人員其餘的責任就是檢視當事人的進展，在其中找出並處理介入方法帶來的未預期之負面影響。

關於免受傷害的另一個思考方向是，什麼都不做會比做出某個合理預期會造成傷害的行為來得好。舉例來說，家庭醫師未受過心臟手術的訓練，即不會嘗試去做冠狀動脈繞道手術。此案例中的倫理理念清楚可見，亦即家庭醫生在他或她未受過訓練的情形下執行這個程序可能會造成極大的傷害；這樣的傷害是可以避免的，因為還有其他受過訓練的醫生可供選擇。因此，這個醫師唯一的倫理立場就是拒絕病患的要求。除非情況相當危急，由未受過訓練之醫師執行手術的死亡風險比沒有治療的死亡風險來得更高，或由不熟練的外科醫生動手術至少會死得更快。相同地，心理健康專業人員不能從事那些他們已經知道，或他們應該知道可能有傷害風險的行為——即使他們被當事人或同事要求這麼做，或即使這代表他們什麼都沒有做。他們所造成的傷害可能不會像剛剛提到的醫學案例那麼明顯與巨大，但心理上的傷害也是相當真實的。免受傷害權要求那些沒有受過訓練執行具有影響力技術的臨床人員，以什麼都別做來取代從事那些極可能因為無能而產生傷害的行為。

免受傷害的原則是涉及實務能力、知後同意、多重關係以及公開聲明之倫理準則的基礎，它也是處理適當使用心理測驗以及進行動物研究方法守則內容的基礎。

當我們將免受傷害的原則應用到Archie的案例上時，我們發現到必須分別考量每個替代方案可能產生的傷害。首先，若 Annette 在沒有得到 Archie 的同意之下即洩漏相關訊息，傷害即會產生。因為諮商師應對當事人負起主要的責任，分析即從 Archie 開始，所以 Annette 一定要仔細衡量這個孩子的心理狀態、情緒穩定度，以及衝動傾向或破壞性行為，這些面向之功能在揭露訊息後所產生的影響。她也需要知道揭露保密的訊息可能會使Archie中途離開諮商，或至少會失去他對她的信任感以及不願意再對她揭露任何個人訊息。她一定要考量失去信任的諮商關係對於這位當事人的傷害，然後她即應針對每個替代方案對Archie家人所造成的傷害來進行評估。如果控訴是偽控但是持續進行下去，對母親與繼父將會造成不同的傷害。最後，諮商師需要權衡她的當事人以及相對應的家人可能會承受的傷害。如果對於 Archie 會造成輕微、短暫的不舒服，但他的繼父可能要接受刑法制裁，或是他的母親將會訴請離婚，這些都應納入 Annette 的考量中。免受傷害的原則要求專業人員善用他們的權力，如此一來才能讓當事人、學生或研究參與者在離開時至少不會比他或她起初來的時候更糟。

**受益**　第三個原則是受益，意指有責任做對的事情。因為諮商師與治療師以專業助人者自居，他們就有責任對那些接受他們服務的人提供有效的協助。如同上一章所提到的，這個責任是建立在我們與社會大眾的約定之上，因為社會大眾賦予我們特殊的待遇以及社會地位。受益同時也包含協助一般的社會大眾以及潛在當事人的責任，這個責任並不是適用於所有向社會大眾提供服務的工作者，例如製作鞋帶、影印機或是洋芋片的人，因為他們並非以助人者自居，因此在倫理上他們並沒有提供協助的義務，他們只有生產出不會傷害大眾的商品的責任。當然，如果這些人也能助人，當然是*更加理想*。這其間的差別在於協助他人並非他們工作本質的責任。

受益的原則也隱含在守則的內容中，其要求專業人員在他們的能力範圍內進行工作並提升大眾的福祉。能力不足代表專業人員沒有辦法給予那些先前保證過（並為此付費）且當事人有權利預期的協助。

當然不見得所有的專業服務最終都能為當事人帶來效益，有時候服務的結果是無效的，而較少的情況下它們還可能會不小心留給當事人更糟的感覺。再者，諮商與心理治療通常只能協助那些同意積極參與過程的人。受益的倫理責任並非在擔保一定有正向結果，而是一種願意盡個人最大努力來予以協助，以及在治療方法沒有效果時提供替代方式的責任。當專業人員持續無法讓當事人於服務後感覺比開始的時候更好時，他們即違反了受益的原則。

受益權也要求臨床人員從事那些可讓社會大眾普遍受益的專業活動。因此在解決倫理兩難困境時，決定各種可能行動的受益程度尤其重要。受益權強調專業人員不只是消極地避免對當事人造成傷害而已。所採取的介入方式應以避免傷害為優先要求，並以做對的事為第二要求。

應用在Archie的案例時，受益權表示付諸實行的解決辦法不但要避免對Archie造成傷害，也應該要讓他在諮商後感覺好轉。更甚者，受益權意味著 Annette 應評估怎樣的行為對整個家庭最有幫助。她也必須檢視身為學校諮商師的角色去打破這個保密協定所帶來的影響。如果其他學生得知她將 Archie 說過的話在諮商室外揭露，也許他們往後會拒絕接受諮商的服務，即使他們可能從中受益。換言之，她所尋求的解決之道，應該是能夠提高她繼續提供服務幫助的可能性。再次強調，諮商師要讓Archie從中獲益的責任應置於其他的考量之上，但所有有關受益權的觀點都需再進一步去探索。

**公正**　公正是公平對待的責任。這個原則要求專業人員體認到每個人都有尊嚴，並避免專業行為上的偏頗。這個原則最可以引用 Aristotle 的一段陳述來表達：「公正代表以平等對待平等，以不平等對待不平等，依照它們不平等的比例」（引自 Kitchener, 1984）。公正代表著公平以及無歧視。當 Oscar Wilde 定義道德為「一種我們個人對於不喜歡者的態度」，他強調道德中的公正性。當我們對於某一群體有刻板印象時，我們最容易違反這個原則。專業人員有倫理上的責任，不應在種族、年齡、性別、文化、殘障或任何其他與眼前所處理事件無關的變項上展現偏見，因為這麼做相當不公平。

公正不僅僅是避免歧視而已，它也代表提供額外的服務給那些異於其他人的人。舉例來說，一位心理教育者有責任使用相同的標準來評定所有學生的表現。然而若有一名學生是聾啞人士，而教育者還是以對待其他學生的方式來對待他時就會變成不公平。反之，公正應是採用適當的教學環境，讓該名學生可以瞭解上課時所有的討論。一旦做好這些調整，則之後就應該要求平等的表現標準。教學人員若基

於這樣的特性而在學生工作表現評分上採取較寬容的原則，將會違反倫理。

公正的原則也迫使專業人員得去確認他們的服務對大眾而言都是容易取得的。例如，拒絕那些無法支付費用以尋求諮商或心理治療的人，或拒絕那些不會說英文的人，只因為他們的語言與治療師不同，這些都是不合倫理的行為。公正並不是要求實務人員盡其所能去接受無法付費的當事人，讓他們自己因此變得窮困潦倒，或是得精通各種語言，但它的確要求他們做出合理的應變，好讓那些與當事人能否從治療中受益無關的干擾因素，不至於變成是決定當事人有無管道求助的因素。

這項原則是倫理守則中反對歧視以及性騷擾主張的根基，它也支持提供免費的專業服務給窮人還有提供公共服務。它也是保護大眾福祉之責任的基礎，並積極與所發現的歧視進行對抗。

應用這個原則到 Archie 的案例上時，會建議 Annette 在面對 Archie 時，應以她面對其他青少年當事人的方式來處理，在這個範圍內她不應將外在的變項置入她的倫理推理中。舉例來說，像是Archie的父母在社會中的地位，這就不應影響她的行動，因為他們的社會地位在此案例中是無關的因素。相同地，若 Annette 不喜歡這位繼父或在看待Archie母親時聯想到自己的母親，公正的原則會要求她將這些個人的感受排除在是否對 Archie 的揭露進行保密的決策外。如果 Annette 沒有辦法公平對待Archie以及他的家人，她應該安排Archie和可以做到的專業人員繼續工作。如有疑慮，她應尋求諮詢以確保這些脈絡中的因素沒有影響她在倫理選擇上的決定。

**忠誠**　第五個倫理原則是忠誠，它處理的是忠於約定以及忠於事實。忠誠也就是忠實。諮商師一定要將當事人的利益置於自己的利益之前，並忠於當事人，即使這樣的忠誠讓諮商師為難或不舒服也必須做到。忠誠源自於諮商師與當事人間的主要核心——信任。如果諮商師的話或行為無法令人信賴，則信任不可能產生。此外，之所以需要忠誠是因為當事人是處於脆弱的地位，而諮商師／治療師的角色相對擁有一些權力。在諮商與心理治療中，誠實是忠誠裡不可或缺的要素，因為服務中的主要媒介就是口語溝通，當事人預期他們應該能夠相信專業人員所說的話；整個諮商事業可能會因為缺乏信賴而崩解。因此重點即是要避免欺騙並使人信任，但並不是要以赤裸裸的方式來展現誠實。很明顯的，如果專業人員發現當事人的溝通方式讓他感到很無聊，或他不同意當事人的政治觀點時，他們沒有義務非得將這些反應誠實地分享給當事人知道。誠實表達時務必要考慮這些訊息對於當事人的影響。總之，首要責任就是誠實，除非有其他原則與之相衝突。

忠誠的原則也暗示著忠於同事與專業領域。這促使我們去從事那些我們已經同意要做的事。因為專業人員和他們的雇主有合約，以提供專業服務換取薪水，所以在他們收取薪資的同時也應忠於這樣的協定。諮商師和治療師與專業領域也有類似的合約，為了換取專業地位帶來的好處，他們同意遵從專業的規定並尊重其他的專業人員。這些協議有時是以書面合約的方式來訂定，其他時候則是以非正式或隱含的方式來表現。

忠誠的原則隱含在有關諮商關係的架構，以及與同事、雇主和專業學會關係的倫理守則內容中。忠誠也蘊涵在研究設計時使用欺瞞的基本原則中。專業人員掙扎於倫理兩難情境時需要問問自己，在眼前的行動方式中哪一個最能忠於已經做出的承諾。

在 Archie 的案例中，忠誠的原則要求 Annette 必須忠於 Archie 以及忠於她對他所做出的承諾。假使 Annette 對 Archie 的父母以及學校也已經或是即將做出承諾，則她也有責任忠於這些承諾。如果這些忠誠相互衝突時，她首要應對她的當事人負責。Annette 不能因為現在的情況很棘手，就拋棄她的當事人，捏造一個藉口將他轉介到其他地方。忠誠代表的是信守承諾。

**當倫理原則相衝突時**　應用倫理原則於特定的兩難情形時，可能會發現原則之間的內部衝突。在Archie的案例中，不同的原則導引出相互矛盾的結果。尊重自主權的原則強調Archie有其自由以及他對自己的決定負責，反之，免受傷害的原則則是以評估對Archie以及其他人造成傷害的方式來決定什麼是對的。忠誠的原則暗示著忠於已經做出的承諾：保守訊息；相反地，受益的原則認為揭露有可能是對整個家庭的最好選擇。

這些相衝突的建議要怎麼調解呢？如同先前所提的，有些學者主張免受傷害權是最重要的倫理原則，所以它的要求應置於其他倫理原則的主張之前（Beauchamp & Childress, 2008）。核心的問題是假設在沒有當事人的同意下進行揭露，則傷害當事人的情形以及嚴重性會是如何。自主權、受益、忠誠以及公正的原則扮演第二順位的角色。諮商師的最終目的是找到一個能夠遵從所有倫理原則的方法，但他或她

的首要任務是盡其所能地先評估可能對當事人造成的傷害。

回到Archie的案例，此時關鍵問題變成到底Archie現在說的才是實話，還是他一開始揭露出有關虐待之事時說的才是實話。如果虐待的事情屬實，而當事人現在是基於害怕才想撤案，那麼此時若揭露這個男孩否認的事實，將會對這個男孩產生巨大的傷害。如果他當初真的是基於想幫助媽媽而捏造虐待的事，則此時揭露訊息對 Archie 所產生的傷害將會是另外一種情形與嚴重程度。不管在任何情況中，Annette都應考量如果她決定打破保密原則，Archie因此放棄諮商，這對他所可能造成的傷害為何。毫無疑問地，其他人也有可能受到傷害。如果虐待從來不曾發生過，那父母也無端地因此遭受到傷害。

免受傷害的原則強調諮商師有責任盡可能去釐清到底事實是什麼。這可能意味著Annette需要與Archie有更多的討論，去瞭解他收回先前虐待控訴的動機。Annette需要有完整的訊息來對真實發生的事做判斷，以此決定最少傷害的方式。在過程當中也要注意是否符合其他三項原則。如果虐待不曾發生，以尊重自主權和免受傷害這兩個原則來看，可能會促使 Annette 決定協助 Archie 自己對家人及兒童社福單位的調查人員坦承這個謊言。在探索 Archie 行為的目的時，Annette 會協助 Archie 對自己的行為有足夠的洞察，促使他決定彌補他所造成的傷害。這樣的方式與受益的責任是一致的。幫助Archie為自己的行為負責，是幫助他展現出更成熟以及自我滿足的行為——顯然地，這是比較令人期望的結果。協助Archie和雙親溝通就是因為他有那些挫折和恐懼的感受，因此促成他謊報受虐，可能對整個家庭都有益，且能給予他們在真實家庭暴力中所需要的介入。顯而易見地，如果Archie選擇自己揭露謊報的事，Annette 就不需要破壞任何對於 Archie 或他家人的承諾。

**倫理理論**　還有比Archie現有情形更棘手的困難情境，舉例來說，當事人的醫療狀態已到末期，此人正經歷極度的痛苦，極想以服用過量藥物的方式來加速死亡。這樣的行為一定是錯的嗎？諮商師也有責任要預防這種加速死亡的行為嗎（請見第 5 章，其中有討論結束生命的倫理準則）？這是一個相當棘手的問題。在這樣的情形下各個原則間將產生衝突，而且不論選擇什麼方式似乎都會造成傷害。在此情況下，專業人員可以轉而求助倫理理論，其中包含的內容比倫理原則來得更廣泛。倫理理論是以西方社會的道德觀為基礎，代表著從古至今各個偉大西方倫理學者的觀點。想對倫理理論有完整討論會超出本書的篇幅，但接下來的資料讓我們對學者思考的觀點有所瞭解（請見 Freeman, 2000; Kitchener & Kitchener, 2012；或 Sommers-Flanagan & Sommers-Flanagan, 2007 有關於這個主題的分析）。

這些理論是我們的信仰、社會以及政治制度的核心。其中一個是道德法律理論，所主張的是普世要遵循的道德觀。相類似的理論是 Newton（1989）所稱的聖經理論，其中含括目前全世界各個偉大宗教著作裡有關人類行為的絕對法律。在這兩個理論中，所有的規範被視為是道德的法律，具有普世的約束力。另一個極端即是功利主義，將道德定義為某個行為只要能讓社會受益即是有道德的行為。簡而言之，功利主義定義道德為可以帶給最多人最多快樂的行為。在功利主義中，行為本身並沒有所謂的好與壞，任何行為只要能對大多數人帶來快樂的效果就可定義為是道德的。

倫理的理論描述各種關於道德行為主要因素的不同假設。針對那些讓專業人員感到最棘手且怎麼做都有可能帶來負面結果的複雜兩難情境，專業人員可以想想他或她自己是怎樣定義道德的最基本層次，這樣或許可幫助解決兩難議題的困境。當分析倫理理論以及特定案例的關係時，諮商師與治療師最好能向倫理學者尋求諮詢。

## 步驟 7：向同事諮詢兩難的情境

一個倫理兩難困境對當事人與專業人員來說，都是一件極耗腦力與痛苦的事。如果能從可信賴的同事那裡得到客觀的回饋，將可從更廣闊的視野來看待問題、聚焦於之前沒有考慮到的事實，或是閱讀到其他更關鍵的文獻。由 Cottone 等人（1994）所做的研究認為透過諮詢通常可導致對倫理決策的重新考量。諮詢也提供慰藉並減少臨床人員常感受到的倫理與情緒之孤寂感（Duke, 2004）。同事很少會有直接的答案，但他們的確會分享他們的洞察、經驗以及關心。與同事諮詢可以（且應該）是在決策過程中的任何時間點，且沒有限制只能在這個步驟。舉例來說，某人在解釋倫理守則中令人困惑的部分或澄清案例的相關因素時，就可能會尋求同事的意見。研究顯示心理師未能充分地使用諮詢方式協助他們處理實務上的兩難問題，而這樣的錯誤常常會減損對當事人的照護品質（Clayton & Bonger, 1994）。在一個研究中發現，在面臨與管理照護公司相關的嚴重倫理問題時，僅有 65% 有執

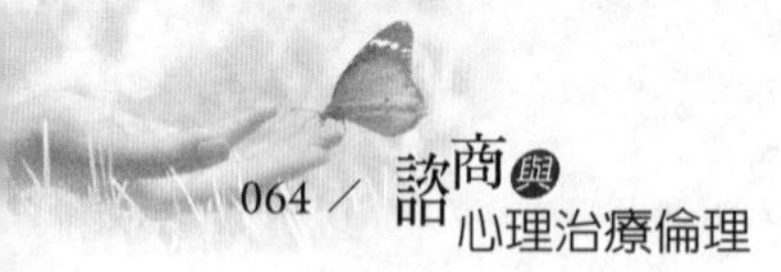


照的諮商師會向同事或督導者諮詢（Danzinger & Welfel, 2001）。諮商師只有在害怕治療瀆職的訴訟時，較有可能向同事尋求諮詢（Wilbert & Fulero, 1988）。

關於同事可否取得這些當事人可辨識出特定身分的資料，憑藉的是專業人員是否有在事前先告知當事人諮詢一事並取得當事人的同意。可辨識身分的訊息可在當事人同意之下提供，或在沒有當事人的同意但有法律授權下讓同事知悉。如果都不符合上述的條件，則專業人員只能以保護當事人身分的方式進行個案討論，通常這代表要將姓名以及其他可供辨識當事人身分的訊息隱藏起來。

當與同事諮詢時，專業人員應描述實際的情況、他們對於相關倫理準則的瞭解、他們如何解讀倫理文獻以及倫理原則在案例上的應用，還有以他們現在的評估，哪一個方案是最合理的。換句話說，專業人員應摘要到目前為止的倫理決策過程，並詢問同事以下的問題：

- 案例中的哪一個事實因素在決定倫理方案時看似最為重要？
- 有什麼是我沒有考慮到的？你想我的盲點是否在這裡？
- 有什麼我忽視或誤解的社會文化因素嗎？
- 我的背景與社會文化脈絡如何影響我的思考？
- 我對於倫理守則的解讀正確嗎？
- 有什麼其他可用的守則是我沒有發現的？
- 有哪條法律或法規可供使用？
- 你知道哪本書或文章與我的決策有關？
- 我對倫理原則的分析聽起來合理嗎？
- 我評估後所認為的最合理之選擇與你的判斷相同嗎？
- 你會怎麼解決這樣的兩難？為何你會做出這樣的選擇？

要跟多少位同事諮詢，將會因為兩難問題的情況與實務工作者的先前經驗而有所差異，但建議一定要進行一些諮詢。當然不是所有接收到的回饋都是有用的，而且相互矛盾的建議也屢見不鮮。即使回饋是令人失望的，但努力還是值得的。光是清楚表達自己面對兩難的過程以及解決問題時所採取的步驟，就可以讓決策者澄清自己的想法，並充分意識到那些原本可能只是在覺察邊緣的想法。就如同自我揭露的過程可以幫助當事人清楚看見他們的問題一般，和同事討論倫理兩難將會提供對於此問題更寬廣的視野。

如果一位心理健康專業人員是為了取得專業證照，或作為訓練經驗的一部分而在一位督導的監督之下工作，此時和督導者諮詢即是強制必需的。和此督導者的討論應在第一時間進行，且在做出最後決定時，應把督導者的回饋看得比其他同事的意見來得更重要。在實務中，督導者通常會擁護受訓者，支持他或她並提供有建設性的建議。當然，這些還沒有取得獨立從事實務工作資格的人也有遵守專業準則的責任，因此，任何違背準則的建議，即使是來自於督導者，都不應被採納。亦即被督導者也有責任，他們不能宣稱：「是督導者讓我這麼做的。」更多有關處理督導情境中的兩難內容會在第 14 章探討。

向同事諮詢的方式也包含與專業倫理委員會的委員進行討論，取得他們關於問題的建議。全國性的學會組織讓會員可透過免付費電話的方式來聯繫這些委員。諮商師也可以寄發電子郵件到美國諮商學會的倫理委員會辦公室。許多州以及省級組織也有倫理委員會，會員也可以與這裡的委員討論兩難問題。再來，核發證照的單位通常也提供管道給尋找倫理建議的執業人員。這些單位的角色都是幫助專業人員瞭解其所應提供的照護標準是以公布的守則以及相關的文件為基準。因為這些委員都不瞭解案例的全貌，所以他們不會提供成員建議，要求成員務必要遵從他們的標準；反之，他們幫助成員瞭解在守則上有關照護的專業準則，並且協助成員提出相關的問題。換句話說，這些委員不會負起做決定的責任，但他們會提供其他已經處理過類似問題的專業人員如何處理的參考指引。

## ●● 步驟 8：獨自深思熟慮與做出決定

在這個步驟中資料蒐集已經結束，而要開始認真進行個人整理訊息的過程。在這個獨自深思熟慮的過程後，專業人員要決定出哪一個方法最合乎倫理，並發展出實施行動的計畫。舉例來說，在 Archie 的案例中，Annette 深思熟慮後可能會聯繫 Archie，要求他在當天稍晚時再與她進行一次諮商，更充分地探索他新的自我揭露，以盡可能瞭解事情的真相。她決定若 Archie 過去關於虐待的事是捏造的，諮商就會聚焦在幫助他瞭解他行為的影響，以及他可以做些什麼來挽救已經造成的傷害。她

不會威脅或強迫他要坦承說謊的事，但會以尊重的態度來協助他面對行為的影響，並讓他負起讓事情回歸正途的責任。她在目前的情形下會繼續遵守保密原則。如果在額外的諮商後 Archie 拒絕改變他的立場，她就需重新考慮她的決定。她仍會遵守保密原則，但同時她可能會想重新檢視整個倫理決策的過程。如果 Annette 相信 Archie 現在是因為害怕承認虐待的後果才說謊的話，她就有責任維持保密，但她還是會與他一同努力，找出其他方式來因應他現在的痛苦。

在這個個人深思熟慮的步驟中，最重要的是檢視那些會阻礙自己執行合乎倫理選擇的相衝突價值觀。如同在第 1 章提到的，相衝突的價值觀是指會影響一個人行為的其他個人價值觀。每個人都有其他的價值觀，這些價值觀本身並沒有任何問題。這些相衝突的價值觀本身也可能都有倫理上的價值。例如專業人員致力於提供家人經濟支援，或是與同事相處和諧都是很好的價值觀。這些觀點只有在凌駕於諮商師選擇專業倫理價值觀的能力時才會變成問題。讓個別諮商師以及治療師難以執行合乎倫理選擇的原因可能有個別差異，但是通常相衝突的價值觀包括：擔心對自己產生負面結果、缺乏同事或督導者的支持，或是害怕做對的事情會讓自己的生活更複雜等。當專業人員對於那些把他們帶往另一個方向的因素有所覺察時，他們可以擬訂一個計畫來對抗這些壓力，並增加合理行為的可能性。

這裡一定要說明，做出合乎倫理的選擇有時要付出代價。有時遵從倫理準則會帶來更多的工作、壓力以及焦慮。舉例來說，Annette 需要安排額外的諮商時間與 Archie 確認事實的真相，且若她堅守保密，她將會冒著惹惱父母與調查員、甚至是學校管理者的風險。在少部分的案例中，符合倫理的行為代表著與督導者對抗或是賭上個人的工作或收入。一旦誠實面對這些可能的風險，專業人員可能可以找到可減少或使風險減到最小的合乎倫理方式，或至少可以保護自己免於陷入其他風險中。此外，專業人員也要有心理準備面對倫理抉擇時可能產生的不愉快結果。

當然，並非所有的選擇都是痛苦與困難的。臨床人員相信他們對問題已做出完善的決定時，常會有感受到專業感以及忠於專業領域之最高價值的感受。他們會以自己的道德勇氣為榮，並從中獲得面對未來問題的信心。專業組織以及工作環境的倫理氣氛也會影響實踐倫理行為的感受。過去的三十年已經促成對許多重要倫理議題有更多體認，且近年的受訓人員在倫理上也受到更多正式的教育（Welfel, 1992,

2012; Hill, 2004a）。當一個人知道其他同事都依從倫理行事時，原本相衝突價值觀的誘惑即隨之減少，而來自同事的支持也會增加。專業人員將可從同事那裡得到尊重，同時也很欣慰自己在職場中能向其他同事示範合乎倫理的行為。更重要的是，他們很高興得知即使身處壓力之下，他們仍能將當事人福祉的考量置於自己的需求之前。

## 步驟 9：知會適當的人以及將倫理決定付諸實行

這個步驟表面看起來很簡單，但在實行時可能會比決定時還來得困難，即使像 Archie 這麼複雜的案例。在實行倫理選擇時，專業人員要記得，如果遭受到阻礙，要尋求在上一個步驟裡提出的援助。一個人可從與其他可信賴同事的諮詢中獲益，或以重新閱讀守則和文獻的方式來獲得協助，繼續在處理問題上堅持他或她的選擇。倫理的勇氣來自許多管道，一個人的道德特質是其中的一部分，體認到如果不付諸實行將會帶來什麼後果，以及建構出能使阻力化為最小的環境則是另外一部分。第四個觀點就是習慣——人們若已習慣在較不重要的事情上採取負責任的行為，他們才有可能在重要的問題上展現合乎倫理的行為。

當專業人員準備好要執行倫理決策時，他或她需要告知督導者，督導者有法律與倫理的權利瞭解選擇以及這麼做的理由，有時也需和其他人進行溝通。有哪些人是必須知會的關鍵人士？不用說，當事人必定是第一個想到的人。如果 Annette 決定打破她和Archie之間的保密協定，那麼她就務必要告知Archie她的決定，他也應聽取她的理由，以及有充分的時間來和她討論這個問題。除非涉及更大的倫理議題，否則基於自主權的原則以及相關規定，告知當事人是必要的。舉例來說，有時候當當事人有暴力傾向，心理健康專業人員即會直接打破保密協定以警告可能的受害者。在這樣的情形下，當事人只有在專業人員的揭露不會使受害者（或專業人員）陷入更大的傷害風險中才會被告知。如果當事人是兒童的話，則需要告知家長或監護人。在所有的案例中，只有那些真正有權利得知訊息者才會取得這些訊息。當事人的隱私權會盡可能地獲得保護。

此步驟的最後一部分是將最終決定以正式文件如紀錄、個案紀錄或其他檔案的方式來保存。記錄下有關選擇的訊息以及這麼做的理由，可使心理健康專業人員免

於往後對於決定所產生的質疑與挑戰。過程的紀錄應開始於步驟 2 之可供考慮的選項清單，並且包含每個倫理決策步驟的結果。關於做紀錄的倫理討論可在第 12 章中看到。

## ●● 步驟 10：反思所採取的行動

只有經驗而沒有反思即是徒勞無功，只有在許多反思之後，這些經驗才能提供真正的洞察。這樣的反思提供機會瞭解一個人是如何表現負責任的行為，以及檢討往後再發生兩難情境時，應該避免的思考缺失或行動缺失。既然此時壓力已經較為紓緩，應該比較能看得清楚當時的心理層面所籠罩的情緒。反思也可增加倫理的敏感度，如此一來，下一次倫理問題再度發生時即能馬上注意到，並以更有效的方式因應。具體來說，在此步驟中需要注意以下問題：

- 我是否在整個情境發生的第一時間就注意到其中涉及的倫理議題？
- 我是否充分瞭解相關的倫理守則與法律，並能有效運用？
- 防患於未然，我需要在手邊備妥哪些倫理文獻以備不時之需？
- 我諮詢的效果為何？我有哪些需要改善的？
- 我在辨識相衝突的價值觀、文化影響以及其他影響我決策的壓力上表現得怎麼樣？怎樣才能做得更好？
- 以這個案例而言，我當時還可以做些什麼不同的事？
- 我做了什麼值得驕傲的事？這樣的情況是如何改變我身為一個專業人員或一個人的？
- 我可以如何使用這些經驗來協助在我的工作中面臨類似問題的人？

反思的階段開始於決策完整的施行以及知道它所帶來的結果後。因此有時在最後兩個步驟之間的時間可能會拉長。專業人員務必要完整走完這個步驟，如此才能從經驗中充分獲益。

## 摘要

當諮商師與治療師在進行會影響其他人生活的倫理決策時，這些決定不應是直覺的，反之，它應是在仔細地審慎思考各種可能的行動在倫理上的正當理由後所做出的決定。10 步驟的倫理決策模式開始於（步驟 1）找出情境裡頭的倫理面向，並移往（步驟 2）檢視所有的相關事實（包含情境中的社會文化脈絡）、利害關係人以及將涉及的倫理兩難類型做分類。在步驟 3 裡，專業人員定義主要的核心議題以及整理出他們的選項。步驟 4 是查閱與議題相關的準則、法律以及規定。步驟 5 涉及了檢視相關的倫理文獻，以瞭解專家在倫理應用上的看法。步驟 6 包含分析五大駕馭助人專業領域的倫理原則：尊重自主權、免受傷害（避免傷害）、受益（做正確的事）、公正或公平，以及忠於做出的承諾。如果分析這些原則還是沒有辦法解決兩難問題，實務工作者需要移往更深的倫理辯證層次——倫理理論。在步驟 7，與督導者以及受人尊敬的同事進行諮詢以取得其他觀點。在步驟 8 中，當所有的資料蒐集完畢後，就到了個人審慎思考的過程以及下決定的時候。審慎思考時需要瞭解阻礙實施合乎倫理行動的壓力以及實際的困難。步驟 9 涉及了告知督導者以及其他相關的個人——通常包括當事人，以及付諸實施和記錄選擇的行動。步驟 10 是反思經驗的時間，此時決策者會以自己為了負責任所做的正直努力為榮，並找出過程中在下一次類似問題發生時需改善的地方。

不是所有的倫理問題都需要歷經這 10 個步驟。有些很快即能解決。當倫理守則或法條已經很明確時，諮商師可以立即移往模式的最後三步驟。此外，雖然過程看似花時間，但在熟悉倫理守則、相關倫理文獻，以及確定能夠與一些知識淵博的同事諮詢下，即可縮短花費的時間。具備最新的倫理知識以及先前對於倫理問題的經驗，都可加速倫理決策的速度。

## 問題討論

1. 你同意免受傷害應為管理助人專業之首要倫理原則嗎？為何同意？為何不同意？
2. 在倫理守則中，哪些觀點對你而言看起來最明確？為什麼？

3. 你怎麼決定向哪些同事諮詢關於倫理的問題？
4. 你會如何定義自己關於道德的內隱理論？你有什麼樣的基本假定？
5. 你同意 Annette 以及 Yolanda 在處理倫理兩難上的方式嗎？為何同意？為何不同意？

## 個案討論

Benita，54 歲，是一家生產運動鞋之國際公司的執行長。在她事業成功以前，她是一名奧運等級的跑步選手，曾在連續兩屆的奧運中贏得獎牌，也在其他國內或國際賽事上得到冠軍。從田徑賽事退休後，她取得了企業管理碩士並進入公司，然後很快地升到公司的最上層。她現在是一名富商，她將她大部分的薪資捐贈給慈善單位。事實上，她還設立了一個基金會，幫助貧窮國家的女孩有機會能參與運動競賽。18 年前 Benita 在肯亞認養一名孩童，她一直以來都是一位好家長，而現在這個孩子已經進入大學就讀。最近，Benita 被診斷出罹患第二期的黑色素瘤，她如果接受侵入性治療的話，超過三年的存活機率僅有約 30%，Benita 決定放棄治療，並開始接受心理治療，希望從中得到關於如何告訴家人她的決定的建議，以及在她惡化和步入死亡的過程中，能讓家人得到專業的支持。Benita 很確定她不想接受治療，她認為自己的一生已經足夠，且她不想要犧牲任何她僅存的時間於不確定治療效果的治療中。你的衡鑑中顯示出她沒有任何憂鬱、其他的心理疾病或認知缺陷的情形。同意她的要求是合乎倫理的嗎？你在倫理上有沒有責任去做些什麼，讓她重新考慮有關拒絕可能成功的治療決定？若 Benita 告訴你，在她開始因為癌症而變得衰弱時她會考慮自殺，在這樣的情形下你覺得你該怎麼做？

Jonah是一位知名的諮商心理師，他最近接受一家小有規模的零售商邀請，為他們公司的員工進行諮商。公司的執行長向 Jonah 說明員工的個人問題造成許多缺席的情形，在工作場合中如果有些支持，可讓組織避免因員工曠職而產生的損失，並增加員工的生產力，這對員工來說也是一項福利。Jonah 對於這樣的理念很感興趣，並相信只要他講明關於員工自我揭露的保密界線，他就能夠遵守專業指引。你認為 Jonah 在接受這份工作前還有其他的倫理議題要考慮嗎？

## 建議讀物

Beauchamp, T. L., & Childress, J. F. (2008). *Principles of biomedical ethics* (6th ed.). Oxford, England: Oxford University Press.

Cottone, R. R., & Claus, R. E. (2000). Ethical decision-making models: A review of the literature. *Journal of Counseling and Development*, *78*, 275–283.

Freeman, S. J. (2000). *Ethics: An introduction to philosophy and practice*. Belmont, CA: Wadsworth.

Gibson, W. T., & Pope, K. S. (1993). The ethics of counseling: A national survey of certified counselors. *Journal of Counseling and Development*, *71*, 330–336.

Jordan, A. E., & Meara, N. M. (1990). Ethics and the professional practice of psychologists: The role of virtues and principles. *Professional Psychology: Research and Practice*, *21*, 107–114.

Kitchener, K. S. (1984). Intuition, critical evaluation and ethical principles: The foundation for ethical decisions in counseling psychology. *The Counseling Psychologist*, *12*, 43–55.

Kitchener, K. S., & Anderson, S. K. (2011). *Foundations of ethical practice, research and teaching in psychology* (2nd ed.). Mahwah, NJ: Lawrence Erlbaum.

Milliken, T. F., & Neukrug, E. S. (2009). Perceptions of ethical behaviors: A survey of human service professionals. *Human Service Education*, *29*, 35–48.

Pedersen, P. B. (2001). Cross cultural ethical guidelines. J. B. Ponterotto, J. M. Casas, L. A. Suzuki, & C. M. Alexander (Eds.), *Handbook of multicultural counseling* (2nd ed., pp. 34–50). Thousand Oaks, CA: Sage.

Welfel, E. R. (2012). Teaching ethics: Models, methods, and challenges. In S. Knapp and M. M. Handelsman (Eds). *APA Handbook of Ethics in Psychology*. Vol. 2, (pp. 277–305). Washington, D.C.: American Psychological Association.

## 其他網路資源

倫理決策：http://josephsoninstitute.org/MED/index.html

實務工作者在倫理決策上的指引方針：http://www.counseling.org/Files/FD.ashx?guid=c4dcf247-66e8-45a3-abcc-024f5d7e836f

賓州心理學會的倫理部落格：http://www.papsyblog.org

每個世代都有新的錯誤要去修正，以及新的歧視要去對抗。

**Samuel Johnson, 1735**

CHAPTER 03

# 多元文化社會的倫理實務

## 對正義的承諾

西方社會的文化一直都相當多元，但是有近一世紀的時間，心理健康專業人員大多忽視這種多元性對他們工作上的影響，且在一般的人類行為研究中甚至未把文化、性別或種族作為變項之一。Wrenn（1962, 1985）形容諮商和心理治療是「文化膠囊」（culturally encapsulated），形容得相當貼切。然而，近年來多元性這個主題在心理實務考量影響因素時已從邊陲變到中心位置。多元性變得如此受到關注，這使得部分人士稱此運動為心理學的「第四勢力」（Pedersen, 1991a）。但是仍有許多學者聲明這個議題尚未得到應有的重視（例如，請見 Pedersen, Draguns, Lonner, & Trimble, 1996; Sue & Sue, 2007），而且離最終目標——對治療中的文化角色以及不同族群當事人的技巧運用具備充分敏感度——尚有一段落差；不過很明顯的進展是有更多人意識到在專業實務中，多元性幾乎無所不在。

有許多因素可解釋這個轉變的現象。人口結構改變是最明顯的成因。過去被稱為「少數民族」的一些種族與民族，現在則構成比以往更龐大的人口及勞工勢力。過去在美國屬於弱勢團體而現在變成優勢人口的這些種族，分布在加州、德州、新墨西哥州、華盛頓特區和夏威夷；且亞利桑那、喬治亞、佛羅里達、馬里蘭和內華達這五州的這些種族人數更是超過總人口數的 40%（U.S. Census Bureau, 2010a）。

美國境內的西班牙裔人口成長速度也比其他族群來得快。事實上，這群人口成長率占了2000-2010年美國人口成長總數的一半以上。估計在未來的50年內，那些過去曾是眾多少數民族之一的群體將成為美國的優勢人口（U.S. Census Bureau, 2010a）。這轉變在許多社區已經發生（Sue & Sue, 2007）。各郡統計時發現每10個郡中就有一個郡的居民有50%是來自不同的族群（U.S. Census Bureau, 2010a）。再者，不僅是都市的社區人口漸漸變得多元，鄉村也正經歷同樣的情況（Sawyer, Gale, & Lambert, 2006）。此規模的多元人口受到關注不僅是由於他們的人口數增多，更是因為他們在政治及社會上的勢力擴張。人口數增加的一個相關因素是越來越多人的血統融合多元民族及族群。在短短四年期間（2000-2004年），美國人民聲稱自己有兩種或兩種以上不同民族血統的比例增加到13.4%（U.S. Census Bureau, 2006）。此外，移民至美國、加拿大和西歐國家的人口也大為增加，例如在1990年代移民到明尼蘇達州的他國人口超過兩倍，當中有83%的人來自亞洲、拉丁美洲和非洲（Minneapolis Foundation, 2004）。將近20%的美國人口在家是用英語以外的語言溝通，資料統計共包含381種語言。殘障人口數也可能比多數人認為的要更多，在美國達5,400萬人，這數字代表總人口有19%屬於殘障人士（U.S. Census Bureau, 2008），以及目前65歲以上的老年人占總人口的13%（U.S. Census Bureau, 2010b）。

第二項影響專業人員意識到多元族群之因素是聯邦法案的通過，如1964年的民權法案（Civil Rights Act of 1964）、1972年教育修正法案的第IX條（Title IX of the Education Amendments of 1972），以及1990年的美國殘障法案（American with Disabilities Act of 1990）（公法101-336）。這些法律提供較佳的保障對抗不平等的對待。提升受歧視人口權利的努力並沒有全部成功〔如權利平等修正案（Equal Rights Amendment）的失敗〕，但趨勢顯然朝這方向邁進。第三項因素，當過去常被拒於門外的族群能接受專業教育時，專業人員就包含更多不同族群的成員，然而不同種族的心理健康專業人員占執業的諮商師跟心理治療師人數仍不及10%（Koocher & Keith-Spiegel, 2008）。不過，目前約有12%的大學教授及20%的博士生具備不同族群身分背景（APA, 2005）。這些學者中有許多人已引領著思索多元文化的議題，也讓這個專業承認過去未能提供不同族群有效服務，以及年齡歧視、種族主義與民族中心的態度造成他人之傷害（例如，請見 Danzinger & Welfel, 2000; Ridley, 2005; Sue & Sue, 2007）。另外，這時期跨文化心理學的研究也如雨後春筍般興盛，提供這議題豐富的觀念基礎。最後，過去 20 年重拾對專業倫理的興趣也扮演一個小要角，把這個行業的基本倫理原則和德行列為專業上的首要關注。請注意，多元文化議題是論及尊重自主權、公正和有責任讓他人受益時的一種自然產物。其核心概念是，專業倫理是致力於減少讓他人受苦、提倡社會正義以及協助當事人成長（如發揮潛能）的承諾（Fowers & Richardson, 1996; Fowers & Davidov, 2006）。如果專業人員無法努力減少由於種族歧視、壓迫和刻板印象在現代社會導致的苦難與情緒的持續痛苦，將無法宣稱自己真的珍惜這個承諾（Carter, 2007）。

在這些情況下，不難想像為何多元文化運動裡的倫理議題在心理健康實務界如此被廣泛討論。美國諮商學會和美國心理學會的最新版倫理守則也展現對此主題前所未見的關注。除此之外，這些組織也發行更多的指引來加強對不同族群當事人工作的責任〔例如美國心理學會的「針對心理師多元文化教育、訓練、研究、實務與組織改變之準則」（*Guidlines on Multicultural Education, Training, Research, Practice, and Organizational Change for Psychologists*; 2003）；「針對身心障礙人士的衡鑑及介入指引」（*Guidlines for Assessment and Intervention with Persons with Disabilities*; 2010）；以及美國諮商學會的「與變性當事人諮商的能力」（*Competencies for Counseling Transgender Clients*; 2009）〕。本章將回顧這些題材，討論相關的研究文獻，並檢視多元文化裡社會新興的專業倫理議題。其中心主題為倫理需要專家打破文化膠囊的迷思，並發展一套與不同族群的當事人有治療性工作的能力和承諾，也需要他們去杜絕簡化的文化及多元性概念，深刻理解到幾乎沒有任何一個諮商是以單一文化在互動的，並且覺察到所有的專業人員都受到 Sue（2005）所稱的制度與文化種族主義的部分程度影響。如果要達到專業領域的理想倫理境界，則所有專業人員均需達到這些目標，尤其因為這個專業過去受到無知、敏感度不足及我族中心的偏差所汙染。

## 多元文化諮商用語

本章提到的詞彙定義必須在討論前先行說明：

- **文化**是「讓社會生活得以運作的一套共同意涵」（Fowers & Richardson, 1996, p. 610）。這些意涵形成社會互動的架構並給予該文化的成員一套行為標準和規則。在本章，**文化**被廣泛使用，不僅當作民族和國籍，也納入作為人口變項（如年齡、性別、性傾向和生理障礙）與附屬變項（如宗教）。
- **民族**是來自於共同祖先、國家、宗教和種族的一種共同身分（Lum, 1992）。個體在不同時期可能有多種民族的身分，例如有羅馬尼亞血統的孩子被墨裔美人雙親領養，就可能具備這兩個民族的身分。在最近的美國人口普查（2010）中，約有 3% 的人口符合這種情形。
- **多元文化主義**是一項「社會知識運動，提倡以多元價值為核心原則，且堅決主張所有文化的群體都要受到尊重和被公平對待」（Fowers & Richardson, 1996, p. 609）。
- **以文化為中心的實務**是心理學界採用的詞彙，意指心理師在工作時應該戴著「文化眼鏡」的觀點。其鼓勵心理師從更多來源面向來思考行為是如何被塑成——文化、團體成員以及文化的刻板印象（APA, 2003b）。
- **弱勢族群**長久以來被視為是遭受歧視或打壓的族群。一般而言其人口數較少，且比優勢族群握有較少的權力，但是不見得因為人數少才被認定是弱勢族群。弱勢族群的地位主要是由於無法取得權力和長期受到壓迫的歷史而來。女性儘管在人口上是絕大多數，卻因遭受歧視而長時間被視為弱勢族群。這個詞彙在當代的專業文獻中很少出現。
- **多元文化當事人**來自先前定義的弱勢族群中的任一族群，或是有別於專業人員所屬文化的其他文化，抑或不同於那些在社會中擁有優勢地位的人。多元文化當事人是指那些基於年齡、性別、性別認同、種族、民族、文化、原籍、宗教、性傾向、殘障、語言及社經地位而有受歧視風險或是被刻板化的那些人。

- **多元文化諮商或多元文化心理治療**是當事人所屬文化和專業人員自身文化在某些方面不同時所提供的任何一種服務，這可能會影響治療的內容、溝通及進展。在某些文章是使用**跨文化**或**泛文化諮商**或**心理治療**。
- **偏見**是對「某些社會團體及其成員的評價，可以是正向，也可能是負向」（Sherman, Stroessner, Conrey, & Azam, 2005, p. 1）。要注意偏見可以是正面（例如某個族群是聰明的），也可能是負面的（另一個族群是愚蠢的）。

## 多元社會的倫理實務基礎

Gallardo（2009）在提及以下的問題時，點出文化敏感實務工作的重要理念：「我們對多元文化主義、多元性或是文化等等真的感興趣的是什麼？我們之所以關注是因為我們『應該』這麼做，還是因為我們真的有興趣去瞭解『其他人』？」（p. 428）。欣賞多元性、欣賞我們自身的文化，並且回應跟我們文化不同的那些人，這些才是真正瞭解跟幫助他人的基礎。未能明白當事人所描述求助原因的社會文化脈絡，則同理心不可能產生。當專業助人者致力於更清楚自己與當事人所處的脈絡時，專業人員即超越「將文化敏感度視為只是一種專業責任」，而是開始將其視為是提供專業服務的根本。再引用 Gallardo 所言：「……要成為具文化敏銳性者的這個觀念並不是在探討是否有達到了，而是要將其視為是一個終生且不斷修正的過程」（p. 428）。當心理健康專業人員的行為能夠呼應不同文化特性，這表示他們不僅開始欣賞個體的文化脈絡，也開始瞭解個體的情形和社會正義議題間的關係，或有時候的情況是社會正義對這些當事人可能是遙不可及。在此情況下，專業人員繼而擴大他或她的職責範圍，包含對體制和社會階層倡議社會正義，輔以協助個別當事人更有效地為自己發聲。

## 當今倫理準則的脈絡

要全然欣賞多元社會的心理健康服務倫理準則，必須知道存在世界上的不是只有自身的文化而已，也要瞭解在社會上並非全部的族群都有相同的權力。許多族群

一直遭受個體、體制和社會階層的壓迫及歧視，而要根絕發生這種侵犯人類尊嚴的歧視態度和行為還有很長的路要走。只要打開報紙或瀏覽一份線上雜誌，即可找到全球各地發生宗教、民族和性別暴力的報導。另外，專業人員也需要認清自己也會有歧視的態度，以及長時間不經意有壓迫和歧視行為，即便他們痛恨歧視且想要表現出自己是具有敏感度的人（Sue, Ivey, & Pederson, 1996; Sue & Sue, 2007）。諮商師和心理治療師就跟其他人一樣會內化社會偏見，而這些偏見時常以不經意的形式表現，比方說一位私人開業的實務工作者選在大眾運輸沒有經過的地點執業，他或她可能不是要特意歧視，儘管如此，就這情形結果還是有歧視意味，因為這拒絕了無車族取得服務的機會，而這些人也可能占了多元族群當事人的大宗。或者，舉不同例子，一位學校諮商師可能不過問一位拉丁裔美籍學生要求退選大學物理入門課程的原因，因為這個課程看來對那位學生而言太困難；然而同一位學校諮商師就可能主動鼓勵歐裔美籍的男學生留下來或協助他找到家教。這位學校諮商師不用存有拉丁裔「比較不聰明」或「不值得認真看待」的有意識信念，只要他或她原本對拉丁裔男孩（或女孩）的期待就偏低，就根本不會覺察到這些假設已經在自己腦內運轉。男孩女孩在美國校園有不同待遇，這個現象也提供另一個潛意識歧視行為的明顯證據（Bailey, 1996）。

同樣地，Hays（2008）敘述與一位大學教授對話的例子，這位教授解釋大學校園內來自多元文化的教授人數偏低可能與大學強調做研究有關，暗指一旦聘請多元族群的教授就會降低大學的研究品質。Ridley（2005）把這樣的行為稱為「非蓄意性」的種族主義或性別歧視，然而這類行為造成的傷害不會因為非故意就不存在。為此，許多致力於提升多元族群應享有負責、有效服務的努力，已把焦點放在幫助專業人員覺察潛在的信念和態度，以能夠做出更公平的判斷。Sue、Bucceri、Lin、Nadal 和 Torino（2007）把時常發生的非蓄意歧視稱作**種族微侵犯**，並定義為「簡短且常見的日常對話、行為及周遭的無理舉動……藉此對歧視的個人或群體傳達敵意、貶謫或負向的種族輕蔑與侮辱」（p. 72）。這個現象有兩種次類型，分別為**隱微羞辱**與**隱微冒犯**（Sue et al., 2007）。Crethar、Rivera 和 Nash（2008）巧妙地為這類行為和態度命名為**無意識的不公正**。這種潛意識且無意的行為無法抹滅其所造成的傷害，也無法宣稱這樣的行為比蓄意的行為更合乎倫理。另一項無意識的不公正是來自於自認有運用多元文化的能力，但是其實際作為卻無法展現這些行為所造成的落差（Hanson et al., 2006; Sehgal et al., 2011）。

當然，無意識的偏見不只是心理健康專業人員可能表現出偏見的一種形式，有時是有自覺地支持某些偏見的信念和態度。遲至 1993 年，仍有 14% 的諮商師把同性戀跟精神疾病劃上等號，儘管這個專業在 20 年前已清楚聲明同性戀不是心理上的疾病（Gibson & Pope, 1993）。同樣地，Ruebensaal（2006）描述其研究中的學校諮商師表示，與同性戀學生工作會感到不舒服。如果仍堅守這些信念和態度，則表示與所有主要心理健康學會的倫理守則相抵觸。

## 多元文化實務的倫理守則

2005 年的美國諮商學會倫理守則在前言的第一段談到多元文化諮商，內容如下：

### 美國諮商學會倫理守則

**前言**

美國諮商學會是一個教育性、科學性及專業性的組織，其會員在各種場域工作並提供多項不同服務。美國諮商學會成員致力於促進人類一生的歷程發展。本學會重視多元價值觀且秉持跨文化的觀點，支持來自不同社會與文化個體的價值、尊嚴、潛力與獨特性。



在其前言至 A 部分，美國諮商學會守則持續申明多元文化能力從自我認識出發：「諮商師需主動積極地瞭解其服務當事人之多元性文化背景。諮商師也需探索自身的文化認同，以及探索這些文化認同如何影響自己對於諮商過程的價值與信念。」

此外，美國諮商學會守則包含另外 17 條關於多元性的議題，幾乎橫跨守則的每個部分。2002 年的美國心理學會倫理原則也有許多有關多元性的議題，包括介紹性的一般原則裡的一段陳述：

## 美國心理學會倫理原則

**原則 E：尊重人權與尊嚴**

心理師尊重所有人的尊嚴與價值以及當事人隱私、保密和自我決定的權利。心理師覺知針對那些無能力或僅有部分能力可以自主做決定之當事人或社群，可能需要特殊的保護措施，以保障其權利與福祉。心理師覺知且尊重文化、當事人和角色的差異，包含基於年齡、性別、性別認同、種族、民族、文化、國籍、宗教、性取向、障礙、語言、社經地位所產生的因素，並且在與這些成員和團體工作時考量到這些因素。心理師在其工作中盡力消弭基於這些因素所造成的影響，並且不會故意參與或是容忍其他人基於某些偏見而從事的活動。



守則另外提及多元文化議題的部分是論及提升當事人福祉、與多元族群工作的能力、避免歧視行為、公平使用衡鑑以及訓練與研究議題。

美國諮商學會守則關於提升當事人福祉這部分包含禁止歧視（C.5），要求成員尊重與欣賞文化差異，也禁止專業人員在這個多元社會強迫當事人接受自己的價值觀（A.4.b），以及讓當事人承擔傷害風險（A.4.a）。這些內容讓前言中的提醒更明確和更具執行力。這些條例強調諮商某種程度無法和諮商師的個人價值觀及信念切割，且奠基於認同專業人員的權力可能容易被誤用。這些內容也提醒專業人員這個職業是服務他人而非自己。當諮商師和心理治療師未具備文化敏感度，他們就只是在滿足自身的需求而非當事人的。以下有幾個專業人員無意間違反這些準則的例子：

### Penny 和她的手語翻譯員的案例

Penny，一位聽障當事人，因創傷後壓力而前來諮商。最近她的公寓遭到搶劫，當時她躲在一個衣櫃裡。Penny 帶著她的手語翻譯員去第一次晤談，協助她和諮商師溝通。而她的治療師 Barbara 在這次晤談中很難保持專注，她發現自己對於手語翻譯員在場感到不自在。這次晤談結束後，Barbara 寄了一封信給 Penny，希望她下次獨自前來並仰賴她的讀唇能力。Barbara 向 Penny 保證她會慢慢說且說清楚，及說明她提此要求的目的是要能夠讓她專心在 Penny 身上。

### Linda 做法的案例

Linda 在一所著名大學的諮商中心擔任諮商師，學校有許多國際交換生。她說自己再怎麼樣都無法窮盡地瞭解她所接案的各個當事人的文化，所以決定依賴當事人告訴她有關他們的文化背景，例如當她有個來自印尼的當事人，她會直接詢問那位年輕男性，他如何看待自己文化影響他的想法、感受及行為。Linda 說這樣做是因為當事人都是聰明的學生，他們對於自己文化有不錯的洞察能力，因而她大多仰賴他們對生活中文化這角色的詮釋。她很滿意於自己不需要別的知識背景。

### Roger 兩難的案例

Roger，一位臨床社工，與一位 24 歲名叫 George 的男性有約，George 因輕微憂鬱及對工作不滿而求助。他的未婚妻最近和他解除婚約，儘管他過去對這段關係也有強烈質疑，但還是會感到孤單且沒有信心再找到一段滿意且相互許諾的關係。這位年輕男性及其家人都是保守派宗教成員，對心理健康服務一直存有疑慮，但是當 George 求助於心理治療時，他的家人也同意，因為除此之

外似乎無計可施。這位當事人前來求助時，他的父母也在旁邊表態要全程參與這次晤談。Roger 對此感到錯愕，並詢問 George 希望進行個別或是家庭諮商。這位年輕男性只是聳肩並看著地板，他的父親回答George當然會想要父母在他身旁。Roger 於是建議第一次先和 George 短暫的單獨面談，但他的父母顯然對這樣的安排感到不滿且拒絕之後的晤談。Roger 想知道是否還有其他不同方式可處理年輕男子的被動以及雙親想加入治療的決定。

在 Penny 和 Linda 的例子中，違反倫理的情形相當明顯，例如，要 Linda 對每位當事人都照單全收是不切實際，因為對當事人沒有任何預設是不可能的。Hays（2008）認為如果對當事人完全無知，就好像一台吸塵器吸滿主流文化（或是來自家族或是當地的特定文化）但是卻缺乏正確的知識輔助瞭解。要當事人負責教育專業人員他或她可能意識到的任何文化影響是非常不切實際的。Roger的處境更複雜，因為 George 是位成人，基於美國諮商學會倫理守則 B.1.b 和美國心理學會倫理原則的原則 E 部分提到：「心理師尊重所有人的尊嚴與價值，及當事人的隱私、保密和自我決定的權利。」Roger 就有責任提供 George 隱私權跟自由以決定他想要的服務形式。然而 Roger 也有責任去瞭解當事人在其社會文化脈絡下的行為反應，並實踐美國諮商學會倫理守則的 B.1.a，如下：

## 美國諮商學會倫理守則

B.1.a. 多元文化／多元性考量

諮商師對不同文化的保密和隱私意涵保有覺察及敏感度。諮商師尊重對訊息揭露持不同觀點。諮商師持續與當事人討論關於如何、何時以及誰能知道晤談內容。



若 Roger 第一次會談是跟所有人一起晤談，瞭解他們之間的動力，並且建立足夠的信任，讓這對父母考慮他與George有一次單獨晤談，且George願意接受的話，那他的當事人將可得到更好的服務。討論到此可明顯看出與多元族群工作，需要的絕對不是墨守倫理準則。守則的這些條文，或許比其他任何條文更加要求專業人員的行為要符合專業的最高理想。

## 與多元文化族群工作的實務能力

如同將在第 4 章討論到的，實務能力意味著一位專業人員要具備他或她所從事工作的知識、技巧及勤勉。多元文化能力是臨床實務能力的一環，在美國諮商學會守則有兩部分提到。第一部分解釋個人能力的界線，提及「諮商師在與不同族群當事人工作時，需具備相關的知識、自我覺察、敏感度及技巧」（美國諮商學會倫理守則C.2.a）。第二部分延伸繼續教育的責任並建議諮商師「持續瞭解其所工作的多元與／或特殊族群」（美國諮商學會倫理守則 C.2.f）。

美國心理學會倫理守則強調如下：

### ✸ 美國心理學會倫理原則

**2.01 能力的限制**

a. 心理師提供服務、教學及進行研究的對象和領域，僅限於他們受過的教育、訓練、被督導經驗、諮詢、研究、專業經驗之能力範圍。

b. 心理學的科學化或專業知識訓練建立於若要有效執行其服務或研究，必須瞭解年齡、性別、性別認同、種族、民族、文化、國籍、宗教、性取向、障礙、語言或社經地位等相關因素。心理師有必要具備或獲得這些訓練、經驗、諮詢或督導，以確保他們服務的能力，否則他們應做適當的轉介，除非如原則 2.02 於緊急狀況下提供服務。

---

 American Psychological Association. (2010a). Ethical principles of psychologists and code of conduct (2002, amended June 1, 2010). Retrieved from http://www.apa.org/ethics/code/index.aspx.

Sue 和 Sue（2007）提出多元文化能力的三個向度，分別為：(1)自我覺察，以便瞭解自己的價值觀、偏見、信念及對人性的假設；(2)對於多元文化當事人的世界觀不帶負向評價的瞭解；以及(3)有能力運用和發展適合各族群當事人的諮商介入。其他作者也統整出必要的多元文化能力是恰當的信念與態度、文化知識和實務技巧。Toporek 和 Reza（2001）強調這個專業的制度背景對多元文化的能力而言扮演重要角色，以及 Sue 等人（1998）廣泛討論從制度發展來提倡更具文化敏感的諮商方法。美國諮商學會為實務工作者與心理健康教育者出版能力指南，名為「多元文化諮商能力與準則」（*Multicultural Counseling Competencies and Standards*）（Arredondo et al., 1996）。這些指引方針皆認同實務能力的四項要素，第一項為覺察自身文化傳統對他或她的經驗、態度、價值觀與行為的影響，以及體悟到文化如何限制或提升和不同族群當事人工作的有效性。第二項是面對不同文化以及多元文化的當事人時都能夠很自在，發展出能夠重視且欣賞文化差異的態度而非鄙視或容忍。第三項要素是誠實面對自己對其他文化所持的負向情緒反應及成見，辨識可能造成當事人傷害的反應，和承諾努力改變這樣的態度。最後一項要素是尊重欣賞文化上不同的信念與態度。例如這可以藉由尊重自然形成的社區支持網絡及重視雙語文化而做到。

這份能力指南也細述諮商師的知識基礎，包含對自我認識的穩固基礎與當事人所屬特定文化的深厚背景：

- 理解個人所屬的文化如何影響個人對正常—不正常（包含健康的人際關係和負責任的親職）的定義與個人文化背景影響諮商的方式。
- 明白種族主義、壓迫及刻板印象對個人與專業人員的意涵，包含承認個人的種族主義、年齡歧視與恐同態度。
- 熟稔社會對他人產生影響的文獻，特別是有關個人與不同族群溝通風格之影響，以及語言的不一致帶給諮商和心理治療的複雜性〔請參閱 Schwartz、Rodrguez、Santiago-Rivera、Arredondo 和 Field（2010）的一篇文化和語言能力的精彩文獻回顧〕。
- 欣賞目前所服務的不同族群當事人的文化傳統，以及文化認同發展對當事人之影響。

- 對文化可能影響特定當事人態度的方式保持敏感，如個性發展、職業選擇、求助行為與心理困擾的表現形式。
- 知道社會與政治因素對不同族群當事人的影響，體認到制度與文化種族主義可能破壞個人功能而造成傷害。
- 瞭解傳統諮商可能與特定當事人所屬的文化相牴觸，包括衡鑑工具、介入策略以及對當事人家庭介入的態度。
- 瞭解阻礙許多不同族群當事人接受諮商或心理治療的制度障礙〔請參閱 National Healthcare Disparities Repot, 2005，關於非裔美籍與亞裔美籍當事人獲取服務之差別的特定資料〕。
- 熟悉與家庭結構相關的文化規範與常規，並瞭解不同文化群體如何運用家庭和社區資源幫助痛苦中的人們。
- 體認到對某特定族群當事人一直存在的歧視和壓迫議題對他們可能產生的衝擊。

最後，該文件列舉諮商師要成為有效能的多元文化諮商師時，應該具備的許多技巧或活動（這部分的主題是主動投入能提升技巧之活動）：

- 從事能增進瞭解個人文化、降低個人文化裡一些因歧視造成對個人行為影響之活動，以及積極參與能擴展對不同文化瞭解的活動。這些活動應具有知識性與體驗性以獲得全盤瞭解。協助專業人員發展這些技巧的特定策略可在 Constantine 和 Sue（2005）中找到更完整的敘述。Pack-Brown、Thomas 和 Seymour（2008）也提出一個培養文化技巧的訓練方案模式。
- 熟悉語言和非語言的助人反應，並能判斷何時運用哪種較為恰當。
- 能夠協助當事人有效克服阻礙他們達成目標的制度障礙，也具有運用社區資源的能力，例如時機合適時借力於民俗療法。
- 能夠運用雙語，或至少願意接納當事人在諮商中使用母語的期望，必要時接受翻譯員進到諮商室，以及如果無法克服語言隔閡就做適當轉介。
- 能夠恰當地針對各族群的當事人運用衡鑑工具（Suzuki, Ponterotto, & Meller, 2008）。

- 主動參與社區內為了減少歧視與提升所處環境跨文化知識的各項活動，例如參與倡議社會正義的活動，包括當情況允許時代表當事人發聲。美國諮商學會倫理守則A.6.a直接陳述這議題：「當時機恰當，諮商師應從個人、團體、組織與社會層面倡議，檢視阻礙當事人接受服務與／或成長與發展的潛在障礙。」
- 教育不同文化的當事人瞭解諮商過程的技巧，包含共擬諮商計畫，願意修改成符合當事人需求的介入方式。

美國心理學會的「針對心理師多元文化教育、訓練、研究、實務與組織改變之準則」（APA, 2003b），回應同樣主題，更強調診斷與衡鑑的偏誤。這份文件也提供例子補充這套準則之下的隱含概念，以受壓迫團體的「健康的妄想症／偏執狂」來舉例說明，如果要診斷正確，就必須納入文化因素考量。在很多情況下，當事人的一些行為在其所處的環境下是有其功能的，卻被懷疑是一種病態的行為反應。以下為這份文件中提出的五項準則（APA, 2003b）：

準則#1：心理師身為一個具文化涵養的人類，應瞭解自己所秉持的一些態度與信念很有可能會嚴重影響與自身種族或族群不同的他人互動及認識。

準則#2：心理師應認同多元文化敏感度／對不同族群的回應、知識與瞭解的重要性。

準則#3：身為教育者，心理師應在心理教育課程訓練中運用多元文化主義與差異性的架構。

準則#4：具文化敏感度的心理學研究者在針對不同種族、語言和少數族群背景的人們做研究時，應瞭解進行以文化為中心且合乎倫理的研究之重要性。

準則#5：心理師在臨床與其他心理實務上努力運用與文化相呼應的技巧。

許多幫助專業人員評估他們多元文化能力程度的客觀測量工具已被研發。其中最具信效度的測驗工具是由 Sodowsky、Taffe、Gutlin 和 Wise（1994）編製的「多元文化諮商量表」（*Multicultural Counseling Inventory*）。這些工具檢視受試者對多元文化人口的技巧、知識與態度。專業人員如果不確定自己目前具備多元文化能力的程度，可填答其中的量表，或是參考 Hays（2008）、Pope-Davis 和 Coleman（1998），或Suzuki、Ponterotto和Meller（2008）對這些工具所寫的文獻回顧。當中幾項評估工具適合做研究，有些則適合自我評估用。

有關專業人員對心理健康專業人員多元文化能力重要性的看法，最近研究顯示一些曙光。Zayas、Torres、Malcolm 和 DesRosiers（1996）的研究發現，心理健康實務工作者所認同的文化敏感諮商應具備的要素和文獻中其他學者所認為的標準一致。Manese、Wu 和 Nepomuceno（2001）在一份為期 10 年的研究中指出，在實習期間密集的多元文化訓練是提升能力的有效方式。最後，Holcomb-McCoy 和 Myers（1999）指出專業諮商師視自己為具備文化能力，並對於在研究所接受的訓練持正面的評價。不幸的是，由於支持多元文化能力的研究多數仰賴受試者自陳，且鮮少有其他觀察者佐證，故如前面所述，其他用別的方式評估實務工作者或是實習生多元能力的研究發現則沒有這麼樂觀（Cartwright, Daniels, & Zhang, 2008; Hansen et al., 2006; Sehgal et al., 2011）。此外要注意的是，由於專業知識不斷進步，文化能力如同其他能力一樣，容易隨著時間流逝而退化，因此，沒有人不須繼續接受專業教育就能維持這項能力。包含俄亥俄州等州在內，現在要求專業人員在證照更新時需證明他們具備與不同族群當事人工作的能力，這也是凸顯多元能力的重要性且強調必須與時俱進。如果心理學委員會收到一份申訴，聲稱一位多元族群的當事人受到不適當的服務，則整個調查過程中一定有一部分會檢視更新證照時所提出的多元文化能力證明來決定這個申訴是否有效。

## 對當今倫理守則的批判

對倫理守則的批判指出，蘊含在這些守則底下的倫理原則並非被所有文化所廣泛支持（例如，Pedersen, 1997; Sadeghi, Fischer, & House, 2003）。西方國家的整個社會與政治架構中所強調的尊重個人自主權，在部分東方與非洲文化則較不那麼重視；反之，這些文化把團體或家庭的健康及幸福放在第一順位〔例如 Houser、Wilczenski 和 Ham（2006）對於非西方文化的專業倫理決策有精彩的文獻回顧〕。評論者認為不管從哪個角度來看，守則已摒棄他們應重視倫理價值中多元性的責任，也無法幫助實務工作者負責任地處理基本倫理價值中的文化衝突。另有學者重新詮釋這個兩難困境，認為提供文化敏感的處遇即能符合倫理準則和提供臨床上有回應的處遇的概念（Gallardo, Johnson, Parham, & Carter, 2009）；不過這些作者也指出與不同族群當事人工作會常常面對複雜的兩難情況，尤其是有關界線議題，這是這個專業未來需要更加強調之處。例如，Carter 在她的文章中建議一個更有助於構想界線議題的方式——是用一個活細胞的細胞壁取代界線的概念。「一個細胞壁限定它內含什麼與不含什麼。它具有可滲透性與彈性，藉此讓其成長與改變；即使它依舊維持其基本要素，仍可以接受新的與不同的資訊。」（Carter, p. 434）

這些對於目前倫理守則對不同族群價值性的辯證，可從諮商師在工作中面臨一些最棘手的倫理兩難困境看出來。思考下面的例子：

**Daniel 的案例**

Daniel 是一位 23 歲的男性穆斯林，他的家庭已替他安排好一場婚事，這樣公認的傳統存在於他的社會。這場婚事造成他莫大痛苦，以至於伊瑪目（伊斯蘭教宗教領袖或學者的尊稱）建議他去諮商。諮商時，Daniel 透露對這場婚事感到矛盾，一方面他想要遵循宗教的傳統，即相當強調婚姻對穆斯林男人的重要性，但是另一方面，他對家人替他挑選的妻子沒有任何感覺。Daniel 表示最後還是會結婚，不過現在還沒充分準備好。他陷入膠著。違背父母期望會與信仰的期待相悖，也可能冒著辜負家人的心意及社會認同的風險，但此刻他強烈感受到他與這女人不適合。他要求諮商師協助他找出一個能讓父母和社會都更能接受的方式。

若當事人的情況是：似乎與他或她的個人自由和尊嚴妥協，但是卻能受到文化赦免或鼓勵時，諮商師該如何回應？在此案例中，Daniel 似乎被平時虔誠信奉的宗教與文化價值觀，和對這特別的價值觀產生的疑惑所拉扯（請見本章最後為這案例做的解析）。這裡專業人員的倫理選擇是什麼？在其他例子，當一位當事人的文化拒絕讓女孩上學，或仍保有縱容某種類似解放奴隸的部分階級奴役制度，諮商師符合倫理的回應是什麼？有沒有哪一個論點是普世的人類價值凌駕於尊重當事人的文化傳統？如果有，那該由誰來決定哪個價值是普世的？是由某位實務工作者或是由哪裡來決定？Sadeghi 等人（2003）描述夾在當事人個人想望與其所處的社會／文化結構的多元文化兩難之間的議題，是諮商師最常面對的衝突。

LaFromboise、Foster 和 James（1996）苦思這些問題，建議專業人員必須避免倫理絕對性（嚴格、教條式的奉行一套特定的倫理價值觀）和倫理相對性（視所有倫理價值觀為同等而接受）。反之，他們建議維持中立的立場，允許多元性價值觀的存在，但又不是如此相對，以至於否認所有普世人類原則的存在。Fischer、Jome 和 Atkinson（1998）呼應這觀點，將多元文化諮商視為「發生在一個有文化敏感的脈絡底下的舉世皆存在的療癒過程」（p. 525）。他們提醒專業人員注意讓治療發生作用的共同因素：一段穩固的諮商關係、共同的世界觀、當事人對治療期待正向的結果，以及雙方接受的治療介入。

James 和 Foster（2006）提出另外兩個能幫助專業人員回應困難倫理問題的要點。第一，他們鼓勵心理健康專業人員意識到權利導向的社會與責任導向的社會間的差異。注重權利的社會著重保護個人應有的權利，責任導向的社會則偏重實現個人對群體的義務。專業人員與來自這類文化的當事人工作時，應先評估當事人所面臨的掙扎是否與其所處的文化傳統強調當事人應負的責任且對其有所期望有關。第二，他們建議專業人員努力發展Aristotle提到的**實用的智慧**，亦即能靈活因時因地運用規則、教條和標準，嘗試闡釋而不是死板或一成不變的沿用。

思考下面的案例，同樣呈現複雜的議題且強調專業人員自我覺察的重要性：

### 不愉快的夫妻的案例

一對剛慶祝結婚 50 週年的夫妻前來諮商，因為在此之前他們對婚姻中的性生活感到滿意，現在則由於健康因素很難維持。雙方皆感到沮喪和焦慮，且他們現在比以往更常互相爭執。他們的醫生建議他們「尋求生活中其他滿意的部分」，並指出這很正常，也預期他們這個年紀要放棄性生活。他們回絕這項建議，但不知道還能有什麼辦法，他們希望心理師可以幫助他們找到回復部分性生活的方法。

### 信仰請求的案例

一位臨床諮商的研究生在實習初期，為了實習期間的猶太教逾越節，找他的督導者商量請求五天假期，並能允許她在冬季的禮拜五日落前回到家。督導者告訴這位實習生放五天假太長，只能同意兩天。督導者同意禮拜五的變動，只要這位實習生能在其他天補回時數。

在這兩個案例中，由於專業人員缺乏知識和敏感度，讓問題更加複雜。在老夫妻的那個案例，心理師需要注意自己的年齡歧視，以及對於同性夫妻的觀點（你是否也假設他們是異性夫妻？）如何影響他的思考。他也需要醫學知識與／或老人性行為的正確資訊來評估此問題。在學生的案例，那位督導者顯然對猶太教日曆中聖日的重要性，以及如何平衡跟實習場域之合法需求相悖的實習生之宗教信仰毫無概念（其他有關不同族群的工作能力討論請見第 4 和第 12 章）。

## 對多元文化能力的誤解

若要成為具有文化能力的人，有兩個極端要防範。一個從先前討論可以顯見，即忽略將文化納入治療過程中考量。第二個要避免的極端是未能辨識出文化內的變異性和個別差異。例如，即使在非裔美籍人的社區中，仍存在許多次文化，因此假設存有一致性的文化是錯誤的。不是所有來自同一個文化群體的人都相同，即使有共同文化背景也一樣。他們個人的信念、價值觀、習俗與推論可能非常偏離他們的典型文化。不同的文化團體也有相互重疊的現象，就如近年來具有多重民族身分的居民在美國暴增所顯示（U.S. Census Bureau, 2006）。一個人可能有一位亞裔母親、一位非裔美籍父親、一位拉丁繼母，以及本身是一位同志。這情況是許多文化造就他的發展和目前情況，若要指出哪個文化才是「他的真正文化」將會是不妥的。誠如Pedersen（1991b）所指出的，每個人際間的接觸都是屬於多元文化的接觸。因此必須假設文化傳統可能對當事人造成影響，直到有證據顯示它們的確有在運作著。換言之，必須平衡看待文化變項，不能過度偏袒或忽略它們對人類行為的影響。專業人員若發現自己想著，如「她是美國原住民，所以她一定感到⋯⋯」，或是「他是拉丁美洲人，所以他一定在想⋯⋯」，則是落入他們想試圖避免的偏見行為的陷阱。這觀點的背後含意是認同文化是個會改變而非靜止的動力過程。文化會因時因環境而改變，也會隨著跟其他文化接觸而擴增或改變（Gallardo et al., 2009）。文化認同中也存在著發展的因素，尤其當它與經歷過壓迫的群體有關時（Buckard & Ponterotto, 2008）。因此一個人的世界觀和在文化中的自我感也會隨著時間的更迭而改變。

最後，這個領域的學者提醒需要關注文化多元主題者，不限於具歐洲背景或其他優勢團體的專業人員。他們不是唯一從這社會內化偏見訊息的文化團體，且他們不是唯一會面對跟他們有不同文化背景當事人的專業人員。任何文化團體都會有刻板印象或假定自身文化傳統是最優秀的，或是足以建構社會現實的唯一方式。當然身為這個專業的主流與現今社會中特權受益者的歐裔美籍實務工作者，特別有責任來發展並維持多元文化的敏感度；然而承諾具備多元文化敏感度與能力，則是全體專業人員都必需的。

## 當事人表達偏見的想法時

以下描述專業人員不是在晤談室內唯一會表達偏見想法的人。

## 雙親請求協助的案例

在美國中西部鄉村地區的城市，一對夫婦尋求臨床心理師協助他們的女兒。她荒廢學校功課、不顧門禁時間且不斷違抗他們。當詢問這些行為何時開始，他們回答都是從兩個月前跟學校的一位男孩約會開始。他們禁止過她跟那男孩約會是因為「人應該跟同種族的在一起」（一個年輕人是歐裔美籍，而另一個是非裔美籍）。他們接著要求心理師是否可以協助他們停止讓女兒跟那男孩見面，並在家跟在學校都表現規矩。

這個案例呈現這個專業所重視的社會正義價值觀和雙親所尋求的協助相牴觸。一方面這位專業人員需要尊重那對父母，並找出方法協助他們和他們的女兒，但是另一方面又要避免支持他們對不同種族約會的觀點和避免以同樣的角度來看待這個問題。這個情境如果再受到美國多數人不願直接正視種族議題，以及這對父母隱微假設心理師既然跟他們是同一種族，就可能同意他們或默許他們的請求等影響，將可能變得更棘手。很顯然這個專業的倫理與答應父母中止女兒約會的目標不一致，就如美國諮商學會守則的前言所述，「本學會重視多元價值觀且秉持跨文化的觀點，支持來自不同社會與文化個體的價值、尊嚴、潛力與獨特性。」不過美國諮商學會守則也在 A.4.b 中建議諮商師不得強加個人價值觀在當事人身上：「諮商師應了然於自己的價值觀、態度、信念與行為，且避免強加與諮商目標不符的價值觀。諮商師應尊重當事人、受訓者及研究參與者的多樣性。」從倫理的原則與德行角度來看時，這位諮商師必須在尊重雙親的自主權與免受傷害權及受益權間取得平衡。如果他聽從他們的要求，他最後可能傷害到那女孩且無法幫助到她，但若他無視父母的自主權跟教養權，可能就永遠沒有機會跟那女孩諮商。假使他要展現良好德行，必須對這個專業的價值觀展現正直，且在他的言談中表露誠實，但也必須對這對父母的處境表示同情並慎重回應。

有任何符合倫理價值及尊重父母的方法適用這情形嗎？或許有，如果這位心理師能說明他看到他們對女兒的諮商目標中，有哪些部分可以做得到，哪些做不到的話。運用他所有會的諮商技巧，他可能需要的是誠懇地告訴他們，他們可能不會想由他來當他們女兒的心理師，因為他不認為不同種族約會有什麼錯，隨即將這個議題轉介給另一個心理師，並說明他能夠提供給他們及他們女兒在其他議題上的協助。很重要的是不取笑他們的個人價值觀或是長篇大論地說明種族歧視或是這一個專業的價值觀。最終這位心理師必須不違背這個專業中尊重人類自尊的基本價值觀。

在其他情形，某人可能進到專業人員的辦公室後要求協助改變另一人的性取向。父母有時候誤以為性取向是一種選擇，或是由於媒體渲染造成的結果，或是受到他們朋友的影響。由於在多數社會無法成為異性戀會造成痛苦，有時候當事人也會尋求一種旨在改變他們性取向的修復治療（reparative therapy）。在這些情況下，專業人員有責任呈現給當事人這類介入可能無效且還會造成傷害的資料（例如，APA, 2009; Forstein, 2001; Nicolosi, Byrd, & Potts, 2000）。基於研究證據，美國諮商學會及美國心理學會已通過決議，指出專業人員必須避免支持改變性取向的方法（APA, 2009; Whitman, Glosoff, Kocet, & Tarvydas, 2006）。倫理守則也清楚表明專業人員必須把他們的介入建立在科學立基的原則和證據之上（美國諮商學會倫理守則，C.6.e；美國心理學會倫理原則，2.04）。因此專業人員在這情形下的任務是以尊重且可理解的方式教育當事人關於這些研究證據，探討可協助減少這些痛苦的替代方案，並提供其他社會支持。

## 案例討論與分析

針對以下每個案例思考下列問題：

- 當事人的文化脈絡在評估當事人議題與處遇選擇的決定時其重要程度為何？
- 對於當事人呈現的問題，你的情緒反應是什麼？
- 你如何看待你的個人價值觀與文化背景影響你提供服務給這些當事人時的能力？
- 在以下各案例中，你認為什麼樣的多元文化能力是提供有效服務不可或缺的？

### Roberta 的案例

Roberta 和她的阿姨 Mary Begay 前來諮商。Roberta 是位 14 歲的納瓦霍人（北美西部印地安人），跟父親、繼母以及四個同父異母兄弟住在保護區。她和家人非常疏離，且舉止表現跟以前的她差異很大。他們全都很擔心她，尤其是她的阿姨。Begay 提及最近發生的一件事，她稱之為「蛾瘋」（moth madness），而 Roberta 也同意這件事有發生。諮商師想瞭解 Roberta 是否有患過懼蟲症，並廣泛地詢問她的恐懼。她的回應看起來不像是恐懼症。諮商師不確定諮商該如何進行下去，不過當事人願意再回來接受諮商，更深入探索這件事。諮商師暫時下診斷為適應性疾患，但還是不確定造成 Roberta 痛苦的因素。

### Mervin 的案例

Mervin 是位 17 歲的非裔美籍青少年，被發現在街上當遊民，然後被法院送去諮商，目前住在寄養家庭。他的父母不久前死於 AIDS 的併發症。他的父親是一位血友病患者，在被診斷出 AIDS 前將病毒傳染給他的母親。Mervin 不易與他的歐裔美籍心理師有眼神接觸，且在整個諮商過程也很難安分坐好。這男孩說他想要獨自完成高中學業，找份工作並靠自己賺錢養活自己。他拒絕討論對雙親逝世或目前情況的感覺。他似乎對這心理師的意圖感到懷疑，也假設諮商就是在比耐力，一直到心理師受不了為止他就可以解脫。

### Calvin 的案例

Calvin 是位 20 歲的建築系學生，由於拖延個性而前來諮商。Calvin 是韓裔，父親為科學家。隨著諮商進展，Calvin 的問題也趨於明朗。會拖延是因為他對建築的興趣不高，他喜愛雕刻，也上了許多藝術的選修課程。他的行為與感受顯露雕刻才是他的真正興趣所在，但 Calvin 抗拒討論在建築系之外加入另一項主修的建議。與其談論興趣，他寧願談論家族世代都是科學家以及他選擇一個至少跟科學有相關的職業的需求性。他要求諮商師專注在他拖延的問題，因為他實在無法去想其他主修的事情。

### Daniel 的案例（重複）

Daniel是一位23歲的男性穆斯林，他的家庭已替他安排好一場婚事，這樣公認的傳統存在於他的社會。這場婚事造成他莫大痛苦，以至於伊瑪目（伊斯蘭教宗教領袖或學者的尊稱）建議他去諮商。諮商時，Daniel透露對這場婚事感到矛盾，一方面他想要遵循宗教的傳統，即相當強調婚姻對穆斯林男人的重要性，但是另一方面，他對家人替他挑選的妻子沒有任何感覺。Daniel表示最後還是會結婚，不過現在還沒充分準備好。他陷入膠著。違背父母期望會與信仰的期待相悖，也可能冒著辜負家人的心意及社會認同的風險，但此刻他強烈感受到他與這女人不適合。他要求諮商師協助他找出一個能讓父母和社會都更能接受的方式。

## 案例分析

這當中的每一個案例，瞭解當事人文化對提供合乎倫理且有效的專業服務是個關鍵要素。例如Daniel生活的宗教團體擁有的價值觀、常規、信念與目標可能界定了他生活的每個層面。他所屬的團體是受歧視與壓迫的。他的問題源自個人願望與文化教條的抵觸，或是套用 James 和 Foster（2006）的說法，他身處在一個責任約束文化和權利導向文化之間相互拉扯的環境。同樣地，Roberta也是來自遭受歧視和壓迫的群體，學到小心翼翼與非印地安人互動。部落的文化教條可能已形塑她的價值觀與信念，她可能視諮商為最後手段且懷疑其成效。她也是位還在形塑其個人與文化認同的青少年。她所提到的「蛾瘋」這個特別的問題是她特有的文化，不屬心理健康正式診斷系統之一種疾患，因此對不屬於這位當事人文化的人不具意義，除非其他人曾經學過。在下個例子，Mervin可能學到別輕易相信美國白人，且跟扯上

他私事的其他人相處感到不自在。最後，Calvin 把家人對他職業的期待擺在他個人願望之前，亞裔美人的家庭常發生這情況（Sue & Sue, 2007），但是這與看重個人選擇與行動自由的美國文化卻是矛盾的。

因此，文化對於這些人正經歷的問題之定義和發展是一項主要影響，也左右一個適當處遇對策的選擇與專業人員工作同盟的發展。一位對納瓦霍人的蛾瘋不熟悉的臨床工作者對 Roberta 在經歷什麼將毫無概念，若不問也不和別人商量，將可能誤診以及對這女孩做出錯誤治療（蛾瘋是一種像痙攣發作的經歷，在納瓦霍人文化通常是在夢到亂倫的夢境或是有此想法之後發作）。同樣地，當專業人員把 Daniel 或Calvin的問題都視為因缺乏自信或無法與家庭適當分離而產生的憂鬱或焦慮，則可能會製造當事人更大的痛苦，且成功選擇一種減輕他們痛苦的處遇將相當渺茫。如果Mervin的諮商師沒有把他舉止的文化脈絡納入考量，那麼他可能被誤解為有敵意、冷酷無情，或難與他人建立社交關係。在此情況下，他的真正困難就沒機會被處理。

這裡每一個案例都可能挑起那些想像自己是這些情境中諮商師角色者的某種情緒反應。「家庭有權利為一個人選擇伴侶」的觀點在西方社會是少數人會有的想法，且這似乎抵觸個人自由與以權利為中心的中心概念。其可能引起來自西方文化實務工作者的困惑、生氣和負面評價。Roberta 的諮商師可能帶著疑惑和不自在回應，或她可能紆尊降貴使用他們的族語接近她。這案例的諮商師未詢問當事人蛾瘋的意思，背後可能是因為諮商師對這個奇特的字眼感到不舒服，或天真地設想這等同於一種恐蟲症。這類行為就是 Wrenn（1962）所稱的「文化膠囊」。

Mervin的諮商師可能對他的行為與態度有挫敗感，也可能把當事人的反應誤解為他個人不喜歡諮商師或輕視他的服務。諮商師也許會假設Mervin的雙親經由靜脈注射吸毒方式感染 HIV 病毒，因為感染 HIV 的異性戀非裔美人給人的印象就是如此，Mervin 可能之前就面對過那些不瞭解他家庭的人有這種反應。

最後，在Calvin的案例中也可能出現一些同樣的情緒。有些專業人員可能對輕視個人職業選擇重要性的文化價值觀感到憤怒。他們可能甚至不相信家庭影響力會是一個主要因素，也想瞭解 Calvin 是否有些較深層的心理困擾阻撓他做他想做的事。同樣在這個例子，某些人可能會認為這個家庭強迫一位年輕成年人做出職業選擇在道德上有錯。在上述的任一個案例，一位臨床工作者可能也有想拯救當事人的衝動，且告訴他或她一個不同（較佳？）的方式去瞭解自己和關於家人或其他人。

接下來的兩個案例，專業人員沒有充分覺察他或她自己的行為對身心障礙人士與年齡歧視的影響。

### Bernadette 的案例

Bernadette 在伊拉克服完役後，最近從海軍退役，她在一次路邊的地雷爆破後被炸到而患有腦部損傷（traumatic brain injury, TBI）。儘管她的語言能力和認知功能並未受到那場爆炸的重大影響，但是她的判斷力跟情緒反應受到嚴重傷害。除了 TBI，Bernadette 現在也有輕微的創傷後壓力疾患（post-traumatic stress disorder, PTSD）症狀。家人替她找來的治療師很少與退伍軍人或有腦傷的人工作，但她與其他因素產生的 PTSD 患者工作經驗豐富。由於第一次與 Bernadette 晤談時一切正常（也因為這位當事人未顯現任何生理上的傷害），這位治療師就依她對輕微 PTSD 的標準流程進行後續處理。

### Dorian 的案例

Dorian，一位臨床心理師，他有一位 79 歲的當事人 Glenda 因兒女堅持而前來諮商。Glenda 想繼續住在她自己的房子，但兒女和鄰居都堅信她不再能好好打理這個家。Glenda 諮商的開場白就表示如果任何人強迫她搬家，她將會自殺，因為離開家她將一無所有。在諮商過程，Glenda 承認獨自生活有某些問題，且似乎在談話時會分心，注意力無法集中。然而她似乎仍可做些判斷，或能夠滿足自身需求。多次諮商後，Dorian 歸結 Glenda 最好不要一個人負責照顧一間大房子，這樣的話，生活就會更好，也認為儘管她的心智能力不再像過去那樣強健，這位女士還是有能力且具現實感。先前存在的自殺風險也已減少。當這家人打電話給 Dorian 詢問關於 Glenda 的治療進展，儘管他沒有事先獲得 Glenda 的同意，他決定向他們透露這些訊息。

## 多元文化能力：案例運用

要避免上述許多易犯錯誤的必要能力之一，即是對其他世界觀持**一個開放的態度**。瞭解個人文化傳統對自身的發展、價值觀、信念與社會行為是展現這個態度的一項先決條件。當專業人員看到他們自身行為在文化中的根源，他們就比較不會去假設他們的想法為普世的真理或具有普同性。這種開放的態度也涵蓋避免嘗試錯誤的啟發式方法，例如僅憑經驗法則而太快下診斷或處遇。在Daniel的案例，治療師需要願意去瞭解這種由家人安排的婚姻傳統在此文化的歷史和功用，也去探尋它與強調個人自由的不同哲學觀的起源。他或她也應該知悉Daniel所做的選擇，其背後的社會、職業和對個人的意涵。如果這位治療師意欲鼓勵當事人拒絕這場婚事，他或她應該瞭解這條路會讓 Daniel 付出相當大的代價，因而可能並非是他的最佳福祉。保持開放的心態是幫助當事人尋找其他可能辦法和做出一個自由、自決選擇的前提。如果沒有這個開放的態度，治療師的內心可能會有個預設，要把當事人推向一個特定行動的結果。要記得到最後還是當事人必須和自己的決定結果共存，而非諮商師。另一種能力的態度要素是借用 Pedersen、Crethar 和 Carlson（2008）的措辭——**兼容的文化同理**（inclusive cultural empathy）。這個概念的含意之一是主張有效的多元文化服務是嵌在專業人員努力體驗當事人眼中世界的一段同理關係。

第二，專業人員必須**具備特定文化的知識**，這在Roberta的例子中尤其明顯。對普遍文化現象的無知似乎導致諮商師嚴重的誤診問題。在當事人於遵循自身文化的安排與走上不同道路之間拉扯時，文化知識也相當重要。具備相關的知識讓Calvin的諮商師避免小覷他雙親在職業選擇上扮演的角色，或低估當事人違背期待的困難性。

第三，專業人員必須有**納入該文化其他支持人士的能力**。知道何時以及如何邀請伊瑪目參與Daniel的決定（當然是在假設Daniel同意的情況下）可能會是化解這困境的一個關鍵因素。在 Roberta 的案例，諮商師似乎不瞭解阿姨的角色或作為資源的可行性，也好像不知道與民俗治療者接觸可能會為這個情況帶來曙光。上述這些案例的當事人都是說英語的，但如果他們不說英語，則適任的能力也包括使用這位當事人語言的能力、選擇一個有能力的翻譯員或做適當轉介。心理健康專業人員應該知道如何透過和同儕或督導者諮詢替自己尋求支援，以更瞭解當事人的文化。美國諮商學會倫理守則（ACA, 2005）直接論及利用當事人支持系統的重要性，可讓諮商更有效。

## 美國諮商學會倫理守則

### A.1.d. 納入支持網絡

諮商師能夠體認到支持網絡在當事人生活中蘊含多種意義，也考量當時機恰當且在當事人同意之下，將這些人的支持、瞭解及參與納入正向資源（例如宗教／靈性／社區領導者、家族成員、朋友）。



第四，臨床工作者需要**調整介入方式**或使用設計給跨文化諮商的介入方式。例如做決策或問題解決的標準步驟並未能充分涵蓋像 Mervin 或 Calvin 這類文化的情況。專業人員必須有足夠技巧去調整步驟或使用其他建立好的跨文化諮商方法。例如，假使Daniel決定向父母表達他對這場婚事的感受，諮商師必須有能力在這個文化脈絡下微調傳統的有效人際溝通技巧或是自我肯定的陳述。Pedersen 和同事（例如，請見 2007 和 2008）的文章，以及 Ponterotto、Casas、Suzuki 和 Alexander（2009）編纂的書是發展此能力的重要資源。

專業人員也必須**培養對模糊與不同是非觀點的容忍度**。與 Daniel、Calvin 或 Mervin 這類當事人諮商時，諮商師需要有能力接受別人可以與自己有不同的哲學觀、世界觀或道德觀，他們必須能忍受看著一個年輕人進入被安排好的婚姻而可能引起的不自在。同樣情況，如果那是Mervin的決定，他們必須學習接受他選擇不完全投入諮商。基本上，這個能力源於尊重當事人的自主權原則。若當事人自由選擇一條路並考量過替代方案，心理治療師有責任尊重這個選擇——當然，要對當事人或其他人沒有重大風險。

某些跨文化諮商情況很難讓專業人員稱職地處理。這些情況發生在例如當事人的文化價值觀似乎與普世人類價值相抵觸時，比方說讓全體孩子有受教權（如聯合國 1948 年的世界人權宣言）。想想下面的案例：

### Chantu 的案例

學校諮商師轉介一個家庭到社區的心理衛生中心，因為這位父親希望他 16 歲的女兒Chantu休學打理家務，並幫忙照顧她的三個弟妹。她的母親生病且無法擔負這些責任。這個家庭九年前從柬埔寨移民過來，而這位女兒顯得已經相當適應美國的學校生活和文化。她告訴這位學校諮商師她對於必須休學感到哀傷，但她的父親已確定沒有轉圜餘地。這個女孩開始叛逆且似乎有憂鬱症狀。

這類案例的諮商師需要尋求一位專精於和東方亞洲人諮商的專業人員諮詢，來更瞭解這位父親的想法與獲得該如何協助這對父女的建議。事實上，每當專業人員面對一件複雜的倫理問題，諮詢是必要的，如美國諮商學會倫理守則C.2.e提及「當諮商師對於他們的倫理義務或專業實務有疑慮時，需遵照合理的程序諮詢其他諮商師或相關專業人員。」

## 其他案例討論

Jeremy 是位來自赫必族（Hopi）的臨床諮商師。他的成長有部分在保留區度過，部分在一個小鎮。他直到大學才有管道接觸到心理健康服務。在一位大學的諮商師幫助他成功讀完大學後，他決定念研究所並成為一位諮商師。當他開始開業時，Jeremy清楚自己想要提供服務給那些不太能獲得所需的心理服務的鄉村居民。他也希望能為美國原住民服務。為了達成這個目標，除了平時開業，Jeremy決定發展網路諮商這項服務。Jeremy在網路上提供當事人相當便宜的信件諮商。使用這項服務的當事人有些是憂鬱，有些是焦慮，還有些是處理藥物濫用議題。大多數則僅是感到孤單。近來他每週大約跟 30 名使用此網站的人諮商，一些人是美國原住民，多半則是居住在小鎮或鄉村地區。Jeremy對於自己達成幫助鄉村與美國原住民更有效處理他們問題的目標感到愉悅。請討論Jeremy行為的倫理風險與價值。如果他詢問你有關線上服務的意見，你會給他什麼建議？

Tyrone是位非裔美籍諮商師，持續奉獻他的生命去改善他族人的人權。他的諮商辦公室掛了許多非裔美籍人權領袖的照片，包括 Martin Luther King, Jr.、Malcolm X 和 Medgar Evers。他最近增加了一位有高度爭議性的非裔美籍人士照片在他的收藏。這位男性曾被媒體大幅報導，言論被多人解讀為反閃族（反猶太人）。這間機構的主管要求Tyrone拿掉那張照片，因為她認為可能會冒犯到部分當事人。Tyrone回絕，不過這位主管仍不斷嘗試說服他。同時主管吩咐初談員別排任何猶太教當事人給Tyrone。請問Tyrone把那位男士的照片擺在他的諮商室有違倫理嗎？他應該同意拿掉嗎？主管的舉動符合倫理嗎？你怎麼看待這個衝突的理想的倫理解決方式？

## 摘要

美國社會從未有過單一文化，但是近來以及人口統計的預測變化將讓美國社會變為真正的多元。事實上，在 21 世紀中期以前，曾長期被標上**弱勢族群**的民族在整體數量上將超越剩餘人口數。這些改變意味著心理健康專業人員將需要具備足夠的技巧、信念與態度，以提供不同族群當事人有效的服務。目前的倫理守則版本特別強調多元文化議題。承諾平等與正義原則永遠是首要之務。懷有公平與讓諮商普及的渴望，專業人員必須有特定的多元义化諮商能力來達到這個目標。這些能力包括自我覺察、瞭解個人文化背景以及種族主義和歧視對自己跟他人的影響，也包括對其他文化的知識和瞭解文化對人類行為的影響，特別強調不同文化對於表達痛苦和失功能的影響，以及對諮商反應的影響。最後，在一個多元文化社會，有能力的諮商師與治療師也應具備跨文化介入，和調整其他諮商介入以符合不同族群當事人的技巧。

實務工作者在和不同族群的當事人工作時，將面臨格外難解決的困境，因為他們部分陷入深層個人價值觀與信念的衝突。當發生這情況，他們應該小心謹慎行事，尋求對這個當事人文化較有瞭解的人諮詢，並查閱大量關於負責的多元文化諮商與治療文獻。

## 問題討論

1. 你相信本章所提到的能力足以讓心理健康專業人員與來自不同背景的當事人工作嗎？你認為還有其他能力也應該列上去嗎？（請解釋。）
2. 種族主義、性別歧視和其他不同類型的刻板印象並沒有消失，有時候似乎還變本加厲，專業人員面對這類偏見惡化時的責任是什麼？
3. 有些學者建議所有治療服務應該被視為跨文化，你認同這觀點嗎？為什麼？為什麼不？
4. 語言隔閡一直是不同族群人口鮮少接觸心理健康照護的一項重要原因，應該增加第二語言能力到專業訓練的一環來強調此問題嗎？運用翻譯員是對這不足的解決方法嗎？
5. 有種族主義、年齡歧視、性別歧視與恐同症的專業人員仍舊在執業，而其他立意良善的專業人員有時仍有歧視行為。你認為當一位專業人員看到他或她的同事有這類行為時，該如何回應？
6. 亞裔、非裔美籍與拉丁裔的專業人員需要像歐裔美籍的諮商師一樣謹慎地自我監督潛意識的種族主義嗎？為什麼？為什麼不？
7. Owen、Wong 和 Rodolfa（2009）認為長久以來心理健康專業人員基於立意良善，應該能夠諮商任一性別。他們提出或許性別能力應該被更仔細地分析，你認為呢？

## 建議讀物


American Psychological Association. (2003). Guidelines on multicultural education, training, research, practice, and organizational change for psychologists. *American Psychologist*, *58*, 377–402.

American Psychological Association. (2007). Guidelines for psychological practice with girls and women. *American Psychologist*, *62*, 949–979.

American Psychological Association. (2011a). *Guidelines for assessment of and intervention with persons with disabilities*. Retrieved from http://www.apa.org/pi/disability/resources/assessment-disabilities.pdf.

American Psychological Association. (2011b). *Guidelines for psychological practice with gay, lesbian, and bisexual clients*. Retrieved from http://www.apa.org/pi/lgbt/resources/guidelines.aspx.

Arrendondo, P., Toporek, R., Brown, S. P., Jones, J., Locke, D., Sanchez, J., & Stadler, H. (1996). Operationalization of the multicultural counseling competencies. *Journal of Multicultural Counseling and Development*, *24*, 42–78.

Artman, L. K., & Daniels, J. A. (2011). Disability and psychotherapy practice: Cultural competence and practical tips. *Professional Psychology: Research and Practice*, *41*, 442–448.

Association for Lesbian, Gay, Bisexual and Transgender Issues in Counseling (ALGBTIC). (2009). Retrieved from http://www.counseling.org/Resources/Competencies/ALGBTIC_Competencies.pdf.

Carter, R. T. (2007). Racism and psychological and emotional injury: Recognizing and assessing race-based traumatic stress. *The Counseling Psychologist*, *35*, 13–105.

Cornish, J. A. E., Gorgens, K. A., Monson, S. P., Olkin, R., Palombi, B. J., & Abels, A. V. (2008). Perspectives on ethical practice with people who have disabilities. *Professional Psychology: Research and Practice*, *39*, 488–497.

Gallardo, M. E., Johnson, J., Parham, T. A., & Carter, J. A. (2009). Ethics and multiculturalism: Advancing cultural and clinical responsiveness. *Professional Psychology: Research and Practice*, *40*, 425–435.

LaRoche, M. J, & Maxie, A. (2003). Ten considerations in addressing cultural differences in psychotherapy. *Professional Psychology: Research and Practice*, *34*, 180–186.

Pedersen, P. B. (2000). *A handbook for developing multicultural awareness* (3rd ed.). Alexandria, VA: American Counseling Association.

Pedersen, P. B., Crethar, H., & Carlson, J. (2008). *Inclusive cultural empathy; Making relationships central in counseling and psychotherapy*. Washington, D.C.: American Psychological Association.

Pedersen, P. B., Draguns, J. G., Lonner, W. J., & Trimble, J. E. (2007). *Counseling across cultures* (6th ed.). Thousand Oaks, CA: Sage.

Ponterotto, J. G., Casas, J. M., Suzuki, L. A., & Alexander, C. M. (Eds.). (2009). *Handbook of multicultural counseling*. Thousand Oaks, CA: Sage.

Ridley, C. R. (1995). *Overcoming unintentional racism in counseling: A practitioner's guide to intentional intervention*. Thousand Oaks, CA: Sage.

Sue, D. W. (2010). *Microggressions in everyday life: Race, gender, and sexual orientation*. Hoboken, NJ: Wiley.

Sue, D. W., Capodilupo, C. M., Torino, G. C., Bucceri, J. M., Holder, A. M. B., Nadal, K. L., et al. (2007). Racial microaggressions in everyday life. *American Psychologist*, *62*, 271–286.

## 其他網路資源

多元文化諮商與多元諮商能力發展學會：http://www.amcdaca.org/amcd/competencies.pdf

心理師倫理原則的普世宣言：http://www.am.org/iupsys/ethics/ethic-wg-2007-report.pdf

全國文化能力中心：http://nccc.georgetown.edu/

心理照護不公平對待之全國報告書：http://www.ahrq.gov/qual/nhdr05/fullreport/

美國心理學會多元文化研討會與高峰論壇發言紀錄：http://www.apa.org/monitor/mar07/notes.html

# PART 2

# 諮商師與治療師面臨的主要倫理議題

CHAPTER 04

# 實務能力

## 建立受益與避免傷害的基礎

具備勝任的能力是實務工作者的倫理責任中最顯而易見的，因為能力不足的實務大大增加對當事人的傷害與降低當事人受益的可能性。不過，專業能力不能隨意說說就算，而是包含三種重點要素的內涵：**知識、技巧**以及**勤勉**。本章一開始先逐一解釋這三個名詞，檢視倫理守則中的相關說明，與提供方針以確定其限制和擴展能力範圍。最後以專業人員個人情緒困擾和專業能力不足所造成的衝擊，以及有哪些策略以因應專業實務上的挑戰做總結。

## 專業能力的要素

### 知識

成為學識豐富的人意味著對某領域的歷史、理論和研究有所學習，且體認到目前所知有限。知識包括理解該領域內理論和研究的整體資訊，對特定情境知道要運用哪些知識與介入策略，並且能建立一套評估新理論和研究的客觀標準（Spruill et al., 2004）。由於諮商與心理治療的理論與研究不斷在發展，最後一項更顯重要。Pope 和 Vasquez（2010）視這要素為智性能力。在心理健康這個行業，知識是最先獲得的，只要完成心理健康領域認可的研究所訓練課程即可。至於評估一套訓練課程的品質最直接的方式是透過該領域的認證機制，因為通過認證的學位課程已被該領域審查過，符合適當的知識基礎。諮商〔透過諮商與教育相關學程認證委員會（Council for Accreditation of Counseling and Related Educational Programs, CACREP）〕、心理學〔透過美國心理學會的學程諮詢與認證部門（Office of Program Consultation and Accreditation）〕、婚姻與家庭治療（透過美國婚姻與家庭治療學會）與社會工作（透過全國社會工作者學會）均對尋求認證的研究所課程設立高標準。對諮商、婚姻與家庭治療以及社工領域的入門門檻是碩士層級，但心理師已規定他們的門檻是博士。近年來心理學的研究所課程已投注許多心力發展標準，以便能夠更正確評估學生能力與專業實務的準備度（如 Fouad et al., 2009）。然而，因為知識不是靜止的，且人類行為研究一直在進步，即便從一個認證過的課程採用最新標準來評鑑學生的知識與技術，一個研究所的學位對智性能力而言也只是個開端。沒有持續進修，專業人員的知識基礎也會迅速被淘汰。事實上，Dubin（1972）與 Jensen（1979）指出心理健康專業人員在研究所近一半的學習在畢業後的 10 年間就會被淘汰。不幸的是研究證據顯示，許多實務工作者未能跟上最新的知識潮流（Morrow-Bradley & Elliott, 1986），因而加速其知識被淘汰。各州如果沒有要求專業人員參與繼續教育，他們就不太會參加這類課程（Neimeyer, Taylor, & Philip, 2010）。也因為這樣，許多州的證照委員會已強制須接受繼續教育才可取得證照。例如儘管規定的時數和教育內容變化頗大，有 43 個州規定心理師每兩年要有 20 小時以上的繼續教育。26 州明訂每兩年要完成 2-6 小時的心理師專業倫理課程（ASPPB, 2008）。加州則是在 2007 年廢止每次更新執照所要求的倫理特定時數規定（http://www.psychboard.ca.gov/licensee/education.shtml）。究竟專業證照委員會對繼續教育時數的要求有無協助臨床工作者增能，或是有無減少不合倫理的實務，這有待研究來說明（Sharkin & Plageman, 2003），不過仍有一些研究發現研究參與者肯定所受的訓練有助於提升其專業知識（VandeCreek, Knapp, & Brace, 1990; Neimeyer et al., 2010），不管是被強制要求或是自願參加的訓練（Neimeyer, Taylor, & Wear, 2011）。Neimeyer 等人也提到，將近三分之二的心理師表示確實有在他們的專業工作中運用到繼續教育中的知識。美國各州諮商委員學會指出 23 州規定有執照的諮商師每次更新執照要有 20 到 40 小時不等的繼續教育時數（AASCB, 2009）。儘管如此，不幸的是即使專業人員肯定這些學習有意義，對他們的實務工作也有幫助，但是沒有獨立證據能證實服務上真的有實質進步。

## ●● 技巧

第二項能力要素為對當事人成功運用介入策略的技巧。Norman（1985）以及Overholser 和 Fine（1990）把這個要素分為兩種技巧：**臨床技巧**是諮商師妥善運用基本晤談技巧，而**技術技巧**則是關切能有效使用特定的治療介入策略。臨床技巧包含建立具療效的治療關係、對當事人感同身受、有效溝通以及敏銳地探索當事人困擾的問題。Spruill 等人（2004）指出文化能力、瞭解倫理與法律知識以及批判思考能力為其餘的基本臨床技巧，這也是目前心理健康專業人員公認的倫理標準的內涵。在美國諮商學會倫理守則（ACA, 2005）清楚描述了所謂的文化能力：

### ✸ 美國諮商學會倫理守則

**C.2.a. 能力界線**

諮商師只在他們的能力範圍進行實務工作，根據他們的教育、訓練、受督經驗、各州或國家的專業證照，以及適當的專業經驗。諮商師在與不同族群當事人工作時，需具備相關的知識、自我覺察、敏感度及技巧。



美國心理學會倫理原則傳達類似的概念：

### ✸ 美國心理學會倫理原則

**2.01 能力的限制**

b. 心理學的科學化或專業知識訓練建立於若要有效執行其服務或研究，必須瞭解年齡、性別、性別認同、種族、民族、文化、國籍、宗教、性取向、障礙、語言或社經地位等相關因素。心理師有必要具備或獲得這些訓練、經

驗、諮詢或督導，以確保他們服務的能力，否則他們應做適當的轉介，除非如原則 2.02 於緊急狀況下提供服務。



技術技巧則如為考試焦慮的當事人進行減敏感法，或實施個別智力測驗。技巧的概念隱含專業人員要具備能夠判斷哪種介入適合哪種情況的能力。這些判斷應該有新近實證研究來佐證（如Barlow, 2004; Hill, 2004; Lambert & Ogles, 2005; Norcross, 2011; Wampold, 2001）。實證研究包含臨床試驗的資料與自然觀察研究的介入、關於治療關係角色的證據，以及當事人看重和偏好的服務（Norcross, Beutler, & Levant, 2005）。

為了協助學生發展臨床判斷能力與介入技巧，所有心理健康訓練課程規定實習（例如兼職實習與全職實習）為修課要求的主要部分。能對當事人統整運用知識比單純理解那些知識還更高一級，但是必須二者兼具，才能算是勝任。例如研究生通常會在課堂上學習如何處理恐懼症，熟悉恐懼症處遇的理論及研究。他們可能會閱讀諮商過程逐字稿、看教學帶，以及互相角色扮演練習，然後接受評量。然而，即便通過考試的學生還不能稱為有能力，除非能夠熟練地活用所學在認定這些介入對他們有效的當事人身上。由於諮商與心理治療的技巧建立相當複雜，要達到有效的治療介入，許多小時的嚴密督導是必要的。實務能力的重要性近幾年受到認證組織更加關注，強調訓練課程要能評估學生治療知識與技巧發展的完整性。事實上，評估學生能力已逐漸變成決定培訓課程是否符合鑑定認可的一項主要考量（Kaslow et al., 2007; Nelson, 2007）。例如心理學這個行業已投入許多心力構思如何透過訓練課程培養「文化能力」，以及更廣泛評量學生對專業實務的準備度（Kamen, Veilleux, Bangen, VanderVeen, & Klonoff, 2010; Kaslow et al., 2008）。累積的實務時數不再被視為評估學生有合格實務能力的最佳指標。

取得學位後的額外受督導經驗，也是各州發照給能獨立作業的心理健康專業人員前的一般要求。許多州規定在取得碩士層級的執照前要有兩年全職的受督導經驗，博士層級則需要一年。即便美國各州不要求博士後的受督導經驗（阿拉巴馬、亞利桑那、康乃狄克、印地安那、肯塔基、馬里蘭、北達科他、俄亥俄、波多黎各、猶他、華盛頓和懷俄明），但仍強制要求要完成長期的兼職實習和全職實習。在加拿大，有三個省要求心理師博士後的培訓：曼尼托巴省、新斯科細亞省與安大略省。（請見 http://www.asppb.org/HandbookPublic/Reports/default.aspx? ReportType =SupervisedExperience 對於心理師執照取得規定有更詳盡的敘述。）

諮商與心理治療的複雜度也意味不論是研究所畢業還是在職涯的任一時期，沒有一個專業人員可以精通所有的介入策略。人們問題的驚人範圍加上治療策略的多樣性，要成為無所不能是不可能的。所有實務工作者必須將他們的專業侷限在某些特定的問題和族群上。在任一特定時候，能力界線也代表專業人員的**執業範圍**。有些專業人員專攻特定問題，如焦慮與憂鬱或生涯不確定，而有些人則是專門服務特定年紀的個案，如大學生或銀髮族，還有些人是只做團體或家庭諮商，或是特定族群的特別服務，像受虐的倖存者治療介入或有腦部損傷個體的復健諮商。請留意那些宣稱什麼都會的專業人員：要不是這些人的某些技術還不純熟，就是冒牌貨。

## ●● 勤勉

勤勉，第三個能力要素，是持續關注當事人需求，順位高於其他考量。一個勤勉的專業人員會慎重地替當事人的問題做適當評估與介入，直到治療結束都不會鬆懈。勤勉代表專業人員願意努力協助當事人，以及如果無法妥善協助時會準備好轉介給其他專業人員。這種關注是奠基於自我瞭解，只有那些明白自己長處與限制的專業人員才可能真的展現勤勉的特質，也可經由反思知道自己現在的優點與缺點。

勤勉的態度會以許多形式浮現，且在整個服務過程均會呈現。勤勉的專業人員想要盡可能合理確認診斷與處遇（注意**合理**與**確認**兩字；勤勉不需要過分專注於細節）。勤勉也顯現在個人願意投入當事人的相關診斷與處遇的研究以及向同事諮詢。勤勉的專業人員也願意追蹤結案的當事人，瞭解他們介入處遇的長期效果。這些資料能幫助前任與未來的當事人。總言之，勤勉意指一個人樂意「多做一些」來幫助每位當事人並增進自己的專業技巧。一個勤勉的專業人員願意挑戰艱難的問題，並面對治療無效的情況。討論到負責任的治療診斷及處遇，Groopman（2007）

建議臨床工作者與患者要問「還有沒有其他可能？」顯然心理健康照護與教育的整個以實證為基礎的實務運動需要不只是以勤勉態度去策畫、執行並追蹤，一旦完成後還要有實證研究的資料（Norcross et al., 2005）。另一個瞭解勤勉實務的架構是把它看作植基於**情緒能力**，這個詞來自 Pope 和 Vasquez（2010）提及的個人「能夠自我覺察並且尊重自己是獨特且會犯錯的人」的能力（p. 62），包含體認到個人在特殊情境或是個性上的優缺點，也包括專業人員願意自我照顧和自我檢視，以便在跟當事人工作之前就能發現自己能力的限制，而不會干擾到和當事人的工作。

因此能力需要許多智能與情緒能量，這既是目標也是現實。能力的光譜範圍從毫無能力到傑出（Koocher, 1979）。Spruill 等人（2004）運用一個由 Dreyfus 發展的類似模式來描述從新手到專家之五個階段的能力發展。一個有能力的專業人員總是在積極提升目前的能力與知識，但他或她的目標不在求完美，反之從最起碼的觀點來看，能力意指相對來說可提供適度的照護程度。當個人的知能和技術與那些在某特定領域已被證實過有能力的專業人員相當，那就是適任。換言之，修完課並接受督導後，如果至少能像督導者或同事那樣實行介入，就可被認為是合格的。

不過上述這種對照的評量方式有其缺點，一個人可能被評量為跟同事一樣不適任。一個更好的方式是評估其協助當事人、發展諮商計畫、執行計畫以及評估諮商成果的有效性（Spruill et al., 2004）。所提供的關懷對當事人有益以及避免不必要的風險，是適任能力的更基本評量方式。有時還有第三種評量方式——取得某專業學會為特定類型的實務工作建立的認證標準。例如美國心理學會為臨床、諮商、學校以及組織心理學等領域在提供服務時所制定的特別指引（APA, 1993b, 2003），均指出服務多元族群的基本能力。同樣地，美國婚姻與家庭治療學會也建立起該領域的能力標準（Everett, 1990）。另一種培育稱職諮商師與心理治療師的實務訓練是如 Gawande（2007）建議他的醫學系學生要做到「偏向正向」（positive deviant），不是只有設定最低要求的工作態度，而是像對待親人一樣地提供服務給當事人。

## ●● 能力為表現，而非才能

能力（competence）是指一個人的專業表現，而非才能（abilities）。一個人也許有**才能**而表現出有能力，但能力是由任務中的**表現**所決定（Jensen, 1979）。眾多因素會影響一個有才華的人表現。這些因素從周遭環境（如達不到的工作要求）到意外事件（如晤談中突然發病），再到治療師的心理健康問題（如憂鬱或專業耗竭）。才能是能力的先決條件，但不等同於能力。

Gawande（2007）所論述的醫學能力也適用於心理健康專業人員：「身為一位醫生，你從事這行想的全是細微的診斷、高超的技術以及具備一些能力來同理當事人。但是你很快就會發現事情並非如此。在醫學界，就如同任何一項專業，我們必須與制度、資源、環境、人以及我們自身的缺點搏鬥。我們面對的困難似乎無止盡地繁多。但不論怎樣，我們必須前進、必須精煉、必須進步」（p. 8）。

稱職的表現也可能隨著不同的當事人以及不同的時間而有所改變。心理健康專業人員不可能對每位當事人都能有同樣表現。疲勞、分神及壓力是阻礙適任表現的典型問題。比較實際的做法是幫「稱職的實務標準」設定基本門檻且不能跨越。這個門檻的標準是指專業人員提供的服務一定可讓當事人受益。如果專業人員提供的服務低於該門檻，他們就需要更加努力以彌補製造出來的問題。例如可以邀請當事人回診，以不收費來彌補之前某一次的晤談，或可諮詢同事或督導者以處理曾鑄成過失的壓力（本章後面將討論失功能或壓力導致的持續性不適當治療）。

## 實務工作的專業標準

所有規範心理健康專業的主要倫理守則都包含能力的說明。美國諮商學會和美國心理學會對此均有詳細的說明以凸顯其重要性。這些標準源自受益和免受傷害、有責任做對的事和避免傷害等倫理原則。如第 1 章所提，以真誠的態度和技巧協助受苦的當事人，對於公開聲稱自己是這個領域專家的專業而言乃是最重要的。提供的服務不得做不實的廣告。除了本章已介紹的能力界線外，以下守則提供其他準則：

## ✹ 美國諮商學會倫理守則

**C 部分：專業責任**

**C.2.b. 新專業領域的實務工作**

只有在接受適當教育、訓練與受督導經驗後，諮商師才可在他們不熟悉的專業領域進行實務工作。在發展新專業領域的技巧時，諮商師需循序漸進確認工作能力並保護他人避免受到傷害。

**C.2.c. 符合僱用資格**

諮商師只能在該職位是符合他們接受的教育、訓練、受督導經驗、各州或國家合格證書以及相符的專業經驗下，才接受僱用的工作。諮商師只聘任那些合格與具備能力的專業人員。

**C.2.d. 檢視效能**

諮商師持續檢視自己身為專業人員的效能，必要時採取方法增進能力。諮商師私人執業時需設法尋求同儕督導者來評估他們的諮商師效能。

**C.2.f. 繼續教育**

諮商師認同繼續教育的需求，藉此熟悉所屬領域內當前的科學與專業資訊。諮商師設法維持使用技術的能力，對新的治療方式保持開放的態度，並且持續瞭解與其工作的多元與／或特殊族群。

---

## ✹ 美國心理學會倫理原則

**2.01 能力的限制**

a. 心理師提供服務、教學及進行研究的對象和領域，僅限於他們受過的教育、訓練、被督導經驗、諮詢、研究、專業經驗之能力範圍。

c. 心理師對於計畫提供服務、教學或進行研究所涉及的對象、領域、技術或科技不熟悉時，需接受相關的教育、訓練、督導、諮詢或研究。

d. 當心理師被要求提供服務給沒有適當心理健康服務之當事人，且於心理師尚未具備的必要能力範圍狀況下，若具有最接近的相關訓練或經驗之心理師可提供該當事人服務。為了確保此服務被認可，他們藉著利用相關研究、訓練、諮詢或調查以盡可能努力取得所需的相關能力。

e. 於某些培訓的普遍原則尚未出現的新興領域，心理師仍要採取適當的措施確保他們工作的能力，以及保護當事人／病患、學生、受督者、研究參與者、機構的當事人和其他人免於傷害。

**2.03 維持專業能力**

心理師承諾持續努力以發展與維持他們的能力。

**2.04 科學化與專業判斷的基礎**

心理師的工作是奠基於該領域科學化與專業知識的訓練。

---

 American Psychological Association. (2010a). Ethical principles of psychologists and code of conduct (2002, amended June 1, 2010). Retrieved from http://www.apa.org/ethics/code/index.aspx.

兩個守則皆強調萬能是不可能的事，且強調只做能力所及之事的重要性。守則表明檢視自我能力與力求進步的本分是專業人員該有的責任。最後，守則指出能力來自於正式教育、接受督導與繼續教育的結合，暗示以非正規、無系統的方式發展新能力可能會有所不足。專業人員尋求擴展新領域的能力應該要有一套符合現行標準的系統且全面的計畫。美國心理學會守則也提到在新興領域普遍接受的能力標準還未建立前，要確定應具備的能力有其困難。這準則賦予專業人員一項責任去成為有能力的人，且保護那些接受未經證實為有效方法的當事人與其他消費者。很重要的是專業人員並不需要排斥新的治療方式，但是他們在運用時應該小心審慎以保護當事人福祉。如果某種處遇已經證實對某種族群的某種困擾問題有所助益，則對這群人使用未經證實的處遇方式就很難自圓其說。

有些最嚴重違反倫理實務的情況發生在專業人員疏於檢視他們的介入方式是否有科學實證，以及運用試驗性的介入處遇時沒有充分瞭解其風險與限制。Candace Newmaker 這位九歲女孩，在一項治療依附疾患的「重生」（rebirthing）處遇中喪生，是最引起公憤的例子。在該案例中治療師確信他們那未經驗證的處遇方式是正確的，以至於容許這女孩被悶死在他們用來模仿重生的束緊毛毯中。其他爭議較小的例子可以在一些當時蔚為風潮的介入方式的文獻和媒體報導查詢到。

美國心理學會守則澄清在無法找到替代服務的狀況下專業人員應負的責任，建議專業人員如果在某方面能力近似當事人所需的服務，只要他們透過訓練、諮詢與督導努力具備該能力，就可以做進一步的處遇。美國心理學會也提供專業人員在緊急情況下妥當服務的倫理：

## ✸ 美國心理學會倫理原則

**2.02 於緊急狀況下提供服務**

在緊急狀況下，當心理師在本身未具備足夠訓練的狀況下，必須提供服務給一些未能接受到其他專業服務的當事人時，心理師可提供其服務，以確保當事人有接受到服務。一旦緊急狀況結束或有適當可利用的服務時，則此服務將中斷。

 American Psychological Association. (2010a). Ethical principles of psychologists and code of conduct (2002, amended June 1, 2010). Retrieved from http://www.apa.org/ethics/code/index.aspx.

當專業人員試圖對危急情況積極回應時，這項準則讓他們避免過度擔心違反倫理，也凸顯提升當事人福祉的最高倫理原則——亦即在危機的情況下，為了擔心違反能力的準則而不提供服務，這是違背「提升當事人福祉」為最高原則的基本倫理準則。同時，當專業人員在超乎平時能力所及時提供緊急照護，他們必須盡可能小心翼翼行動以符合當事人需求，並且盡快兢兢業業補足適當的照護能力。

## ●● 能力與專業證照之關係

執照與合格證書被設計來保護社會大眾免受有心人士詐騙，並試圖提供專業心理健康服務（Vaughn, 2006）。Procidano、Busch-Rossnagel、Reznikoff 和 Geisinger（1995）精準說明執照的功用：「各州執照可以證明的是某些能力沒有短少，但是未能說明具備哪些能力」（p. 427）。認證組織僅能檢閱能力中的知識層面，他們僅能剔除最缺乏知識的人，避免那些缺乏應有的研究所學位的人獲取執照或認證。畢竟研究所學位是證明專業能力的最基本門檻，執照和合格證書是其次（Koocher, 1979）。臨床工作者一般需要通過國家考試取得執照，如果只是取得學位而沒有大量學習是不可能通過考試的。

認證組織只能以間接的方式評估技巧層面，其是透過要求申請者累積大量的實習受督導時數而來。這些組織往往只是用最消極的方式檢視申請者的勤勉程度，例如詢問過去有無違反倫理的行為、有無犯罪紀錄或是有無會危及實務工作的個人困擾問題等。某些州會要求專業人員符合人格與健康規定，但其他州明文禁止探究心理師與其他心理健康專業人員的人格特質（Johnson, Porter, Campbell & Kupko, 2005）。多數心理健康執照之所以有繼續教育的要求，旨在確保民眾不會遇到知識與技巧都過時的實務工作者。不幸的是，這些規定的影響力太弱以至於無法達到目標。且無從得知參與這類課程對於與當事人工作的影響力為何（Neimeyer et al., 2001）。最後，發證單位通常要求申請者清楚載明他們的專長領域，且每一次換證都會要求。這也稱之為界定一個人的**能力範圍**。最起碼這個程序強迫實務工作者確認他們能力的界線，並提醒他們這會成為一份公開的紀錄。在這些能力範圍外工作的話，會對他們的證照帶來風險。有些州如俄亥俄州，現在也要求有執照者說明他們在多元文化諮商與心理治療方面的能力，盡力確保能妥善與不同族群工作，也有些州強制規定定期接受多元文化議題的繼續教育。例如加州已規定上一堂親密伴侶暴力與一堂老年和長期照護的繼續教育。更多關於這類規定的資訊，請見 http://www.psychboard.ca.gov/licensee/education.shtml（更多有關多元文化能力的討論請參閱第

3章。）

從全國性學會分支出來的專業組織已發展出來，以提供更嚴謹的能力評估，以及更直接評量是否具備足夠的治療判斷及技巧能力。如其中一個組織為美國專業心理學委員會（American Board of Professional Psychology, ABPP）。實務工作者可以向該組織申請認證成為該領域的「專科醫生」（diplomats）等級。如果申請者能通過這些嚴格的考核，就能證明獲得公認的專業成就。美國諮商師認證委員會（National Board of Certified Counselors, NBCC）也提供相同的服務。儘管他們被歸類為是次專業認證，但是這些證書往往比專業執照代表更多涵義。Koocher和Keith-Spiegel（2008）將專業學會的會員以及名列在全國健康照護提供者（National Register of Health Care Providers）名單者歸類為第三種認證。然而由於在評量申請者的過程中會有一些限制，因此累積很多張證書不見得保證具備足夠的實務能力；且擁有這些證書也不能擔保未來的能力。無論先前受訓時的基礎有多紮實，沒有持續努力維持知識與技巧，能力就會退化。

Woody（1997）指出有些可疑不實的證書已出現在心理健康界，部分是受到諮商市場的競爭增加與保險理賠的影響（p. 337）。實務工作者通常只要負擔申請費用以及提供些許訓練或資格的證明，就能「換到」這些證書。Woody指出這類證書對那些付錢得到的人不過是自我膨脹，但是危險的是因為他們欺騙大眾他們是專家，因此讓這個職業的專業素養陷入風險。坊間一直充斥著宣稱六個禮拜（或更少時間）即可拿到諮商或臨床學位的學術機構，只要上網搜尋即不難查到，事實上這些機構均未通過認證機構的審查，也不被任何州或省的發照單位認可。

## 界定能力限制的挑戰

專業人員如何決定他們的擅長領域，以及在研究所畢業後如何發展新的能力領域？美國諮商學會倫理守則 C.2.a 與 C.2.b（ACA, 2005）以及美國心理學會倫理原則 2.01a-c（APA, 2010a）提供合理的方向。一個人在宣稱擅長任一特定治療、族群或診斷工具以前，均需受過正式訓練。一般而言，正式訓練包含課程學習、閱讀材料以及與專家討論。授課時間與內容深度決定於新領域的難度、幫助或傷害當事人的可能性以及這位專業人員的過去背景。例如某人在學齡兒童遊戲治療受過良好訓練，如果想學習遊戲治療的其他新領域，跟對遊戲治療完全不熟的治療師相比，需要較少的培訓。後者在能獨當一面之前，他或她將需要在遊戲治療的歷史發展、理論、步驟以及效果研究等方面接受更深入的指導，加上在運用有實證性研究支持的處遇時有接受督導。這兩種人在學習新技巧時都需要有接受督導的經驗，不過受督導時數會隨個人不同。至於是否「成功」的評斷標準，則是評估是否具備適切的臨床判斷能力，與是否能對眾多兒童活用知識。如果新的遊戲治療技巧被證實是一項極具治療性的介入方式（如適當使用時具極大的療效或不當使用時會造成重大傷害），則合格的能力標準就會設定得非常高，亦即需要更長且更密集的訓練與練習。要注意的是對於新領域的能力要求和對於那些已具備其他領域能力者的要求並無不同。不同點在於一個實務工作者可能因他或她的學經歷背景不同，而有不同的通過要求的速度。

有些週末的工作坊與短期的研討會打著替專業人員訓練新技術的口號。近來作者收到一本小手冊，宣傳一場一日的研討會，宣稱要教導一個能治療所有人格疾患、成癮與重複犯罪行為的新療法，其所介紹的主講者是一位受過訓練的私人執業心理治療師，正在寫一本關於這項新療法的書。手冊中沒有提到對這項介入的任何科學實證資訊，亦無在這場研討會中安排評估參與者是否熟悉這項新療法的時間。不過主講者有販賣錄音帶與教學帶給感興趣的專業人員。因為這類工作坊很少安排時間閱讀教材、研究以及實際接受督導，所以他們不太可能培養出對該項技術熟悉的參與者。即使這些介入可能會極具療效，但是沒有花時間讀教材、反思與接受督導還是會有問題。只有額外花時間做這些事的專業人員才能培養出真正的能力（主講者有義務去澄清研討會的目標與限制，並告訴參與者可能的受益，也有責任避免會造成當事人傷害之行為）。此外，能力的定義包含科學價值。換言之，只有在介入能提供對當事人是有療效的證據，專業人員才可以聲稱自己是有能力的。證明方法有效的獨立研究是證據的基礎。缺乏「治療有效」的證據，那些新療法充其量只能視為是試驗性或新開發，在這時候就聲稱有療效是很草率的。因此在尋求擴展新能力的繼續教育課程時，專業人員需確認這培訓是否：(1)基於客觀的科學實證；(2)有充分的上課時間來吸收新教材；(3)由該領域的專業人員上課；以及(4)提供督導機

會與其他獲得督導者的建議。有時必須直接詢問工作坊的承辦人員以獲取這方面資訊。以下的美國心理學會倫理原則提供這方面的說明：

### 美國心理學會倫理原則

**2.04 科學化與專業判斷的基礎**

心理師的工作是奠基於該領域科學化與專業知識的訓練。

**10.01 治療的知後同意**

b. 當企圖取得普遍認為技術與程序尚未建置完成的治療之知後同意時，心理師告知他們的當事人／病患關於發展中的治療本質、涉及的風險、可用的替代治療以及他們參與的自主性。



美國諮商學會倫理守則對諮商師教育者在教授創新的介入方式比在實務操作更具體說明其責任：

### 美國諮商學會倫理守則

**F.6.f. 創新的理論與技術**

當諮商師教育者使用的技術或程序是創新、沒有實證基礎，或沒有良好的理論作為根基時，他們應將這些諮商技術或程序定義為「未經證實」或「發展中的」，並向學生解釋可能潛在的風險以及在使用此技術或程序上的倫理考量。

## 面對新族群的能力限制

能力界線延伸出的介入策略不僅只有遊戲治療或生涯諮商，也包含新族群與不同年齡層。一個人也許擅長某一族群或年齡層的生涯諮商，但對其他族群或年齡層可能就不擅長。這是因為介入與效用會隨著背景不同而變化。能與特定族群工作也意味著瞭解該族群以及知道適用該族群當事人的技巧。一位大學諮商師把他用在大學生的生涯諮商策略用在中學生身上是不太可能幫得上忙的。這樣非但未能讓這方式適用於這年紀的孩子，反而可能對他們造成非蓄意性的反效果。

同樣地，幫助一位剛移民到美國的柬埔寨人處理憂鬱情緒所需的能力，可能與幫助在美國長大的有憂鬱傾向的當事人不同。在此情況下，瞭解文化、國籍與移民等生態因素對憂鬱症狀造成的影響就相當重要。即使擅長處理憂鬱的專業人員也有責任注意到這位當事人的這些獨特變項，並尋求其他訓練或諮詢來幫助這位當事人或將他轉介給合適人選（更多與不同族群工作的討論請參閱第 3 章）。

專業學會從兩個主要面向說明與不同族群工作所需要的知識與技巧。第一，除了倫理守則提到的，美國心理學會已出版「和女孩及女性進行心理治療實務的指南」（APA, 2007）、對不同種族與多元文化族群提供服務的心理服務指導手冊（APA, 1993b, 2003）、老人實務指導手冊（APA, 2003a）以及其他族群與各類心理服務的指引（請參閱附錄 C）。這些資料對尋求評估與不同族群工作之能力的實務工作者是個重要資源。第二，先前引述美國諮商學會的 C.2.a 與 C.2.f 已強調這議題。此外，美國諮商學會也頒布與不同族群工作的能力標準（Arrendondo et al., 1996），以及和女同性戀、男同性戀、雙性戀和跨性別者（LGBT）工作與倡議活動的能力聲明。請見 http://www.counseling.org/Resources/美國諮商學會的能力聲明清單。

## 在鄉村及小型社區的能力限制

在能力範圍內工作的一項挑戰來自於專業人員執業的地點。在都市及郊區的專業人員往往有較多管道可以轉介他們無法勝任的當事人，以及比較方便接受面對面諮詢與督導（Helbok, 2003）。因此，在都市與近郊的實務工作者比較可以限制自己

的實務能力範圍，且能專注在他們所擅長的領域。相較之下，在鄉村及小型社區的專業人員則缺少了充足的轉介資源。尋求另一位專業人員對當事人而言，常常因為需要舟車勞頓到遠地求助而覺得不方便，有時候當地的心理健康專業人員就成為唯一的選擇。如果他或她無法提供協助，當事人可能就無法尋求更進一步的幫忙，就得自求多福。故出於必要性，在鄉村的專業人員通常扮演通才。如果他們變得高度專業化，可能案量就會不足以維持生活，也可能把真正需要心理健康協助的當事人拒絕於門外。主要與不同背景的當事人工作的專業人員，和鄉村的專業人員面臨同樣挑戰。這些人諮商的主要對象，例如弱勢文化／族群、失聰人口、LGBT 族群、虔誠宗教信仰人士、軍人與囚犯等（Schank, Helbok, Haldeman, & Gallardo, 2010）。

在人口稀少地區工作的專業人員面對的倫理挑戰是得對各種議題、年齡層以及不同族群的人都提供適當的服務，但是又非常清楚自己絕非全能（Curtin & Hargrove, 2009; Schank & Skovholt, 2006）。當鄉村的實務工作者要決定某個當事人的要求是否超乎他們能力所及，此時應該套用什麼標準？此時主要的考量點應該是免受傷害原則──避免傷害當事人。假使當事人會因為能力不足的介入而有明顯受傷害的風險時，最好轉介，即使這麼做會造成不便。第二，專業人員應該評估受益機會，並與若提供協助會造成的傷害風險相比較。如果傷害的風險較高而當事人受益的機會小，那就應該不要介入；如果傷害的風險較低而當事人受益的機會較大，就可以考慮介入。是否能取得替代協助也是考量的重要因素，因為在人口稀少的地區，實務工作者相對不足。在美國，超過 85% 缺乏心理健康資源的地區都是在鄉村（U.S. Department of Health and Human Services, 2006）。尤有甚之，由於鄉村人口逐漸多元，因此又更需要實務工作者具備多元文化能力專長（Sawyer, Gale, & Lambert, 2006）。服務資源的不足更增加這些實務工作者要運用創新治療來厚植實力並取得適當督導的責任。欣慰的是，網路的問世提供鄉村的心理健康專業人員更便利的管道接受各種教育資源（運用電子媒體與特定當事人互動的更完整討論請參閱第 5 章）。最後，在偏遠地區服務的實務工作者應該檢視當事人的進展，且在當事人似乎無法受益時需積極介入。如果專業人員認為當事人的問題類型是在能力範圍的臨界點，就有義務接受更多的教育訓練，以便提供更適切的服務，滿足在地居民的需求（更可想見的是當介入接近專業人員的能力界線，則知後同意更形重要。當事人應該被告知專業人員的能力程度並以書面的方式同意接受服務）。

## 評估能力的其他標準

Haas和Malouf（2005）建議當心理健康專業人員不確定自己的能力是否可與特殊當事人工作時，自問兩個問題。第一個是「你覺得自己能幫得上忙嗎？」（p. 28）。他們建議諮商師與治療師自問是否可以在情境中保持客觀。或許當事人問題的性質與治療師的太相似，以至於很難避免反移情發生。要維持客觀，諮商師需要對自身行為有所覺察，並且有專業的支持系統可用來反覆檢核自己對當事人闡釋的正確性。縱使如此，有些當事人的議題可能會強力促發實務工作者的情緒，因此光是那些防護措施是不夠的；在此情況下，轉介是最安全的做法。依循這些步驟可幫助專業人員維持 Pope 和 Vasquez（2010）所提的**情緒能力**。

第二個問題是「你能向同儕自圓其說你的決策是正確的嗎？」（2005, p. 30）。他們也稱其為「攤在陽光下的標準」，意味著一旦諮商師能坦誠自在地與同儕公開討論其行為，就有可能是恰當的行為。反之，任何專業人員想要隱藏或難以對同儕啟齒的舉動可能就不是負責任的行為。這標準不僅適用於質疑處遇能力，也適用在實務工作的其他倫理議題，尤其是違背倫理的行為。例如，如果專業人員因為她目前工作的當事人是位理財專員而想知道「詢問她的當事人有關退休計畫」是否符合乎倫理，這位諮商師可以想像一下如果要告訴其他同事這個想法，會不會覺得這想法是合乎倫理的。除非是完全無感的專業人員，否則這樣的練習可能讓專業人員感到很不安，而這種不安的感覺就是提醒專業人員要再重新評估的警訊。

## 能力的限制：案例說明

思考以下案例，兩則皆描述界定專業人員的能力限制之挑戰：

## Varos 女士的案例

一對伴侶與 Varos 女士有約，Varos 女士是位有 10 年私人執業經歷的有執照的臨床心理師。這對伴侶要求性治療，且初次會談就顯示這正是他們關係中主要的問題。事實上他們所描述的性功能障礙相當普遍，且通常會對治療有正向的反應。Varos 女士在研究所期間沒有這方面的訓練，但閱讀過許多這類主題的書籍，以及在九個月前參加過一場兩天的性功能障礙治療工作坊，也參與過一場性治療的全國研討會。她的一位同事在這方面有豐富的訓練及經驗，也願意擔任她這案件的督導。在這情況下，她可以認為自己有能力提供這個專業服務給這對伴侶嗎？

決定 Varos 女士是否應該接這對伴侶的第一步，是確定她是否已先具備性治療的知識。知識通常意味接受過正式教育，這是她所缺乏的。但是如果她能證明她的自修和參與的專門課程跟接受過正式訓練的人有相同能力，那就能夠符合第一步的要求。第二步是她是否在性治療有足夠的受督導時數以確保能運用這個技術。她未受過督導，這是證明她有能力勝任的一大障礙。如果她有婚姻與家庭治療的專業經驗以及擅長相關領域，那可能就不需要接受性治療的額外督導。不過，即使這對伴侶的問題往往可透過治療而受益，缺少受督導的時數還是可能讓她這時候無法獨立進行性治療。她的同事願意督導，是她可以考慮接案的一項重要因素，但前提是同事願意密切督導，以及她願意做同事所建議提升她能力的額外功課等條件才行。另一個有爭議的是既然有專家同事可協助這對伴侶，是否應該轉介。當有另一位這方面的專家可運用時，為什麼要冒傷害這對伴侶或不幫助他們的風險？「攤在陽光下」的標準在評估這情況時也可以派上用場。Varos 女士可能難以坦然自在地跟她敬重的這些同行說明她為何要接此案，除非她能夠證明她正在接受密切督導或獲得其他知識。

無論如何，如果 Varos 女士還是要繼續擔任這對伴侶的諮商師，則這對當事人必須被告知 Varos 女士是新手（在這方面而言），以及她正在接受密切督導。要是他們同意這些條件，那繼續與這對當事人工作就符合倫理。她有責任去彌補知識上的不足、密切檢視他們的進展，以及聰明地運用督導。這對伴侶也應該被告知督導者的身分，讓他們在必要時得以詢問有關他們諮商師的效能。

## Marcello 博士的案例

Marcello 博士是在一間社區心理健康機構工作五年、領有證照的心理師。當他還是小孩時，他的雙親帶他從義大利移民到美國。他的專長在家庭治療，有這方面大量的學術訓練與受督導經驗。Marcello 博士認為自己是位有能力的家庭治療師。Turner 夫婦求助於他是因為他們關心家中那十幾歲的兒子，時常逃學、逾時不返家且不受父母管教。Turner 家是非裔美人，Marcello 博士對這個背景的家庭諮商經驗不多，而他的文化背景也與 Turner 家不同。他在研究所有上過多元文化的課程，在這個領域也持續閱讀相關文獻。事實上他所任職的心衛中心，非裔美人的當事人很少，且沒有其他同事有更好的家庭治療訓練背景。Marcello 博士的經驗可以勝任與 Turner 家工作嗎？

Marcello 博士的案例比第一個更複雜。他在家庭治療的能力無庸置疑，在多元文化議題的知識可能也足夠。本案例的核心問題是治療師與潛在當事人之間的文化差異，以及 Marcello 博士缺少與非裔美籍家庭諮商的經驗。他在這部分的經驗不足，應該阻止他接受這個家庭為當事人嗎？要解決這問題，有更多其他問題須考量：

- 文獻上非裔美籍的家庭動力與其他文化的家庭動力有多大程度的差異？
- Marcello 博士在家庭治療所受訓練的方法對非裔美籍家庭展現的療效程度如何？
- 有什麼證據足以顯示這些方法對非裔美籍家庭會造成傷害或無益？
- 這家人對這位心理師的態度，以及他們對兩者間的文化差異是否會有礙療效的看法為何？
- Marcello 博士先前有多少實際與非裔美籍家庭或個人諮商的經驗？針對此案例，他能找到合適的督導／諮詢人士嗎？

• 在這社區有其他合適的專業人員可讓 Marcello 博士轉介嗎？

經由檢視能力、知識、經驗與勤勉等標準來解決這難題，從 Marcello 博士所受的教育訓練與繼續進修可推測其知識可能足夠。從他願意隨時進修與閱讀多元文化議題的文獻，以及在家庭治療展現的能力，都可顯示他具有勤勉與文化敏感度的正向特質。他的問題在於缺乏受督導經驗，更雪上加霜的是機構內沒有合適的專業人力。由於這個大問題，Marcello 博士不能像平常那樣進行。他有兩種符合倫理的替代選擇。可以將這個家庭轉介給其他機構內合適的專業人員，或是徵求 Turner 一家人的同意，尋找機構外的專業人員替自己督導。在後者的情況下，Turner 家會清楚 Marcello 博士作為他們家庭治療師的優缺點，也會答應該位督導者的加入。

當然，轉介給適任的專業人員有時會有實務上的困難。如果要找到適合的人選轉介有困難，而 Turner 這家人也願意接受 Marcello 博士的治療且可能從中受益，則支持他接案的論點就加強許多。就如同 Varos 女士的案例，這家庭的進展必須仔細監控。最終的主要考量是為當事人的利益著想，並避免他們受到傷害——這包括因為諮商師能力不足而導致的傷害，與無法提供他們可能有益的服務而受到的傷害。

## 壓力、職業倦怠與其他的專業能力問題

臨床工作特徵之一就是普遍存在模糊性與不確定性。如 Skovholt 和 Starkey（2010）指出，諮商沒有最高境界（Holy Grail），也無法保證擁有多少年的經驗就可以做到完美的諮商。Reed（2006）指出諮商及治療過程中至少包含 33 個變項在運作，導致每次的諮商過程會產生 1,089 種可能性（這個現實面的好消息是這樣絕對不會讓那些致力於協助當事人有正向結果的專業人員感到無聊）！這份工作除了要求大量的知識與技術外，也包含某些源自於工作上情緒張力產生的職業危害（Norcross & Guy, 2007; O'Brien, 2011; Webb, 2011）。我們反覆看到人們的痛苦與絕望，雖然我們可以提供協助和希望給那些需要的人，但沒有魔法棒能一點就靈。日積月累看到這麼多痛苦，可能會磨掉最傑出的專業人員的熱忱，除非他們能夠自我照顧。我們也有日益沉重的責任要應付對心理健康與諮商冷漠或敵對的機構與政府機

關，或是面對那些很荒謬且違反治療性的管理式照護要求，期望透過短期處遇來治療長期累積的問題。有趣的是，許多研究發現手上有大量管理式照護當事人的臨床工作者，比那些手上較少的人，會感到更大的工作壓力以及承受更大的情緒耗竭風險（Rupert & Baird; Orr, 2000; Thompson, 1999）。實務工作者被要求以更少的人力接更多的案量，現在看來這趨勢是不會停止。2009 年的健康照護改革是否會繼續或取消也還不明朗。也難怪面對這些外在壓力的專業人員有時會因工作而產生情緒上的耗竭。情緒耗竭最極端的就是演變成職業倦怠，一種會嚴重折損能力表現的症候群。真正的倦怠包括情緒耗竭、工作上失去成就感，以及對於所服務的對象不感興趣（Maslach & Jackson, 1986）。

研究顯示職業倦怠影響不少心理健康專業人員（Ackerly, Burnell, Holder, & Kurdek, 1988; Fortener, 2000; Jenaro, Flores, & Arias, 2007; Lee, Lim, Yang & Lee, 2011; Raquepaw & Miller, 1989）、學校諮商師（Rovero, 2004）、婚姻與家庭治療師（Tziporah & Pace, 2006）與學校心理師（Wylie, 2003）。近來研究顯示三分之一到一半左右的心理師在情緒耗竭得到高分（Mahoney, 1997; Rupert & Morgan, 2005; Rupert & Kent, 2007）。Jevne 和 Williams （1998）指出當心理健康專業人員開始對任何事情都提不起勁，那他們可能處在職業倦怠的第一階段——價值感降低、喪失熱情、覺得無能、對事物失去興趣、沒有理想、遠離人群、失去活力與創意。

定期與那些受創於暴力、戰爭與天災當事人工作的專業人員有時候自己也會經歷某種創傷，可能受到正在處理的創傷後壓力的症狀折磨，文獻上稱為**同情心耗竭、替代性創傷**或**間接創傷後壓力疾患**（Figley, 1995; McCann & Pearlan, 1990）。對於那些遭受如 2001 年 911 攻擊或 2004 南亞大海嘯等危機的受難者而言，諮商支持是危機介入很重要的一環〔請見 Creamer 和 Liddle （2005）的 911 攻擊事件對心理健康災難工作人員的創傷影響一文〕。不難想像，看了這麼多生還者的創傷，臨床工作者往往經歷更嚴重的症狀（Brady, Guy, Poelstra, & Brokaw, 1997; Trippany, Wilcoxon, & Satcher, 2003）。根據 VandeCreek 和 Jackson（2000）的研究，同情心耗竭主要的表現症狀包含社交退縮與孤立、不適當的情緒表現、悶悶不樂、與當事人界線不清，以及感受到過度的壓力。依據 McLean、Wade 和 Encel（2003）的研究，一些治療師的信念似乎特別能預測會導致職業倦怠與替代性創傷，包括治療師對病人有相當高度的責任感、逃避強烈的情緒與拘泥於偏好的臨床工作模式，以及強烈主張治療師應該成為改變的代言人等均是。

諮商師與治療師在私生活同樣有情緒上的挑戰。他們同時忙碌於工作、家庭責任、人際關係與公民責任，有時候也會受到意外事件干擾。如果痛苦是暫時性的，則一般的因應方式，例如休假、重新分配責任，或是得到同事與所愛的人支持，通常可避免任何會拖垮能力表現的情況發生（Coster & Schwebel, 1997）。然而有時候上述這些策略會失效且影響到工作。Pope 等人（1987）發現 62% 的心理師表示在過度壓力下仍繼續工作，而多數（85%）承認這是不合倫理的。在另一項研究，Guy、Poelstra 和 Stark（1989）發現超過三分之一的心理健康人員承認有困擾時會提供低於標準的服務，儘管其中只有 5% 的人認為有糟糕到被認定為不合格。2009 年一項針對心理師所做的調查指出，49% 到 60% 的受試者曾經由於職業倦怠、焦慮或憂鬱，在專業工作受到至少是輕微的干擾（APA, 2010c）。諮商與心理系的受訓者也會經歷巨大的痛苦且時常導致表現出錯（Gizara & Forrest, 2004; Gaubatz & Vera, 2006; Huprich & Rudd, 2004）。心理系的受訓者也會注意到同儕專業能力上的錯誤。據 Shen-Miller 等人（2011）的研究，44% 的學生有注意到其他同學的這類問題。這些學生也相信老師們有覺察到，不過不太有把握老師會介入處理這些有問題的受訓者。很可惜的是，少有研究資料顯示執業的有照諮商師呈現哪些痛苦和失功能的事件（Stadler, Willing, Eberhage, & Ward, 1988）。

當然，心理健康專業人員也有可能成為物質濫用與其他心理疾病患者。Thoreson、Miller 和 Krauskopf（1989）發現他們調查的心理師當中，有 9% 出現飲酒過量問題，20% 的諮商心理師每日或幾乎天天都喝酒（Good, Thoreson, & Shaughnessy, 1995）。物質濫用已經被發現為造成治療師失功能的最常見原因（Bissell & Haberman, 1984）。在一份罕見的包含碩士層級諮商師與其他治療師的研究中，Deutsch（1985）發現 10% 的受試者有物質濫用的困擾。罹患憂鬱症和有其他情緒困擾者的比例與全體人口比例差距不大。約有 10% 的心理師坦言罹患憂鬱症（Gilroy, Carroll, & Murra, 2002; Thoreson et al., 1989），以及大約有 15% 的精神科醫師顯示有情緒上的問題（Herrington, 1979），儘管部分調查顯示有更多人有憂鬱的症狀〔請見 Kleespies 等人（2011）對這文獻的評論〕。當學生經歷阻礙其學習及實務能力的情緒困擾，老師表示最常見的問題包括適應性疾患、飲酒問題、焦慮與憂鬱症狀，或是人格疾患（Huprich & Rudd, 2004）。

另一個讓實務工作者感受痛苦的常見原因是對他們的親密關係感到不滿意（Deutsch, 1984; Sherman & Thelen, 1998）。Guy 等人（1989）指出這是心理師自陳的第二項最常見問題。Sherman 和 Thelen（1998）則是加上重大疾病或傷害以及工作議題等，如當事人提出的瀆職訴訟、第三方付費者的要求與時間壓力等。

面對所有這些令人沮喪的關於專業實務的壓力來源，很重要的是體認到***沒有一個諮商師或治療師注定得經歷所有的這些問題***。研究發現專業人員如果能從事維持專業效能與關注個人情緒健康的行為，將比較能避免陷入職業倦怠或受到次級創傷（Rupert & Kent, 2007），他們也更能夠自我監督與採取措施以防止不適當的服務發生。由 Orlinsky 和同事（1999）進行的國際研究顯示，有 60% 的心理師會把工作的特性形容為一種***療癒性參與***，而非一種壓力涉入。此外，放眼全世界大概只有極少數的心理師描述他們的實務工作是冷漠無情或令人苦惱，所以縱使有許多前述的挑戰，這些人在整個專業生涯中還是可能對當事人表現出慈悲、投入、甚至熱情的態度。要做到這樣，必須能自我覺察、開放心胸去學習，以及願意尋求支持與諮詢（Skovholt & Starkey, 2010）。

倫理守則直接闡明痛苦與失功能的現象，以及專業人員檢視自己實務壓力之責任：

## ✸ 美國諮商學會倫理守則

C.2.g. 失能

當諮商師的生理、心理或情緒的困擾可能傷害當事人或其他人時，禁止提供或受理專業服務。他們要對失能徵兆有所警覺，針對問題尋求協助，且必要時限制、延緩或結束專業服務，直到確認他們可以安全地回到工作崗位。

## ✹ 美國心理學會倫理原則

**2.06 個人問題與衝突**

a. 一旦心理師知道或應該知道自己的困擾問題很有可能妨礙他們有效執行一些活動時，即應避免主動開展執行那些活動。

b. 當心理師對於可能干擾他們充分展現工作相關職責的個人問題有所覺察，他們採取適當的方式，如獲得專業諮詢或協助，以及決定他們是否應限制、暫緩或結束他們工作相關的職責。

 American Psychological Association. (2010a). Ethical principles of psychologists and code of conduct (2002, amended June 1, 2010). Retrieved from http://www.apa.org/ethics/code/index.aspx.

這些守則將「避免提供不稱職服務」的責任放在專業人員個人身上（此處的責任在第 11 章會有更深入的探討）。專業人員有責任自我監督，且必要時採取措施修正或中斷服務以避免傷害到當事人。兩種倫理守則皆暗示專業人員應該尋求諮商和心理治療，或投入其他活動以回復原本的專業功能與水準。這段話背後的倫理原則是免受傷害權。

研究顯示這項標準是知易行難。Guy 等人（1989）發現有 70% 的受試者找過方法協助自己，包括接受治療，但 Deutsch（1984）的研究則發現多數治療師表示不願尋求治療。來自 Pope 等人（1987）的研究結果也發現多數人未能遵循此守則。最近甚至有更多的研究顯示抗拒尋求協助：Eliot 和 Guy（1983）指稱 50% 有物質濫用問題的受訪者不願尋求治療。

## ●● 避免沮喪和情緒耗竭傷害到當事人

除了檢視他們自己的情緒狀態與壓力程度，諮商師與治療師可以採取其他方法來避免會拖累工作表現的壓力（Baker, 2003; Barnett, Baker, Elman, & Schoener, 2007; Brems, 2000, 2009; Norcross, 2000; Skovholt, 2001; Smith & Moss, 2009; Trippany, Kress, & Wilcoxon, 2004）。

1. 辨識心理健康實務的風險與肯定其回報。在面對外在壓力，如管理式照護、預算刪減以及冷漠的行政人員時，臨床工作者需要以跨領域方式來對抗會傷害當事人的結構改變，以及得到有同樣經驗的夥伴支持。獨立作戰只會增加能力耗損的風險。反之，專業人員亦可持續表達他們的專業對他們的身心健康有重大的正向影響（Radeke & Mahoney, 2000）。這份專業讓他們感到更有智慧、更會覺察，以及更能夠享受生活。在面對工作壓力時，專業人員需要持續專注於這份工作帶給他們的較為抽象的益處。Stevanovic 和 Rupert（2004）以及 Lawson 和 Myers（2011）已發現許多能平衡工作與生活的長期維繫生涯的行為。這些方式如找時間維持人際關係與工作外的發展，似乎能增加工作樂趣與減少工作壓力的負向影響。Smith 和 Moss（2009）也發現能夠防止失能的專業自我照顧的其他來源。Brems（2009）則是探討諮商師處理揭露要自殺或有殺人衝動的當事人時高壓力之因應策略。
2. 設定能提供多少人道協助的清楚界線。心理健康專業人員有時候出於誤解的善意而接下超乎能力的案量。這些過度承諾與付出的傾向可能與當初吸引這些專業人員從事這行的個人特質有關——能同理需要協助者之高度能力、工作要求完美，以及砥礪自己要付出更多來符合他人期待的自我懷疑感。不管怎樣，如果沒有保持警覺隨時自我檢視，則這種不斷付出直到能量耗盡的習慣，將會使個體精疲力竭且提供不稱職的服務。
3. 身體力行他們提供當事人自我照顧的建議。大部分的情形下，諮商師太少花時間在照顧自己，即使他們常常提醒當事人要自我照顧。Brems（2000, 2009）把自我照顧分成兩個主要部分：專業性的自我照顧，包含繼續教育、諮詢與督導、支持網絡及壓力管理；以及個人性的自我照顧，包括健康的個人習慣、經營人際關係、休閒與自我關注，以及自我探索和覺察。Norcross 和 Guy（2007）以及 Skovholt（2001）亦提供臨床工作者豐富的自我照顧資源。
4. 當壓力讓你喘不過氣時，承認自己的脆弱並尋求支持。工作壓力與生活交雜常導致情緒困擾。能夠承認這些困擾反而是優點而非缺點。心理師的自助網絡已運作超過 20 年（APA, 2009; Smith & Moss, 2009），且美國 60 個州當中有 20 個州與加拿大各省合力運作一個同儕協助的正式方案（APA, 2003）。有趣的

是，這數字幾年前開始下滑，部分由於法律責任的考量與缺乏志工支援。透過美國心理學會網絡，心理師可找到同業自願撥空來幫助其他有藥酒癮問題的心理師，儘管利用這類服務管道者很有限（Floyd, Myszka, & Orr, 1999）。州層級的方案一般會針對被發照委員會懲戒或是其他專業人員轉介來的專業人員，協助他們恢復功能。美國心理學會已針對同行協助議題發表專論和工具，幫助希望發展或提升他們同業協助方案的專業組織（APA, 2006, 2009）。美國諮商學會於 2003 年設立諮商師失能專案小組，提出一份風險因素與防治成果報告書（Lawson & Venart, 2003）。美國諮商學會也介紹有三個州提供全面性的方案給有能力問題的諮商師：密西根州、明尼蘇達州與維吉尼亞州（http://www.counseling.org/wellness_taskforce/tf_resources.htm）。

5. 即使還沒被壓力淹沒，也要考慮針對自己的困擾問題接受諮商或心理治療。執業的臨床工作者也可以考量偶爾回去接受一到二次的治療，以提升目前的功能與處理任何正在浮現的問題。針對治療師的調查指出，三分之二到四分之三的臨床工作者曾在受訓期間或受訓後接受治療。他們一致表示此經驗有助於持續對當事人同理，尊重他們的尊嚴、界線與掌握諮商步調，並且更有把握能深入工作（Marcan & Shapiro, 1998; Norcross, 1997）。在英國與美國的部分訓練計畫，有要求專業人員接受個別諮商（Marcan, Stiles, & Smith, 1999; Patrick, 1989）。
6. 當主要服務項目是危機介入時，為替代性創傷壓力的可能症狀做準備，並充分利用支持系統。專業人員從事這類實務工作時，應該特別注意避免情感上孤立與社交退縮。

## 瀆職的法律補償

瀆職的諮商師與治療師容易吃上官司以及被專業學會或認證委員會懲戒。不合格的服務常常也是疏於職守，因此心理健康專業人員也可能因此被控訴業務疏失。瀆職常跟專業上的業務疏失劃上等號，意指「專業人員的疏失行為造成對他人的傷害」（Packman & Harris, 1998, p. 153）。如果這案件的調查結果發現對專業人員不利，那就可以證實的確對提告人（原告）造成傷害。想到可能會被告，這往往嚇壞不少專業人員，這也是可以理解的。近幾年對心理健康專業人員的訴訟逐漸增加。如 Voltaire 曾提及：「我這輩子只有被毀滅過兩次，一次是我輸了官司，一次是我贏了官司。」不過，實務工作者不該因為害怕而被嚇到動彈不得，他們應該很慶幸到目前為止很少案例是因為執行超過自己能力範圍而被告。

許多負責任的實務工作者因為擔心捲入訴訟，未能釐清專業人員有時會犯的小疏失與犯有法律責任的疏失之間的差別。要達到法院把裁決偏向原告必須符合四項標準〔這些概念更完整的敘述請見 Bennett、Bricklin、Harris、Knapp、VandeCreek 和 Younggren（2006）〕。第一項標準是**專業人員對當事人的責任必須有建立起來**。要建立起責任，實務工作者需要與當事人有專業上的關係。一旦當事人進入一段專業關係時，即隱含著賦予專業人員權力掌握他或她所關心的事，所謂的責任就這樣被建立起來。專業人員對公車上坐在旁邊的人不用負責，對社交場合遇到的人也不用負上專業責任。進而言之，一個人也不會因為公車上或宴會上某人對另一位乘客或是參加宴會者造成的傷害而被控告疏失。下一個邏輯性的問題是要花多久時間來建立關係，才可以宣稱該負此責任？不同法院對此有不同判決，但某些州的判決認為僅僅一次的晤談就已足夠。

第二項標準是**專業人員必須確實有破壞對當事人應盡的責任**。更具體說，這意味提供的照護未達該專業普遍可接受的標準。所謂的照護標準是指參考該領域其他稱職的專業人員在這情況下能提供服務的程度，這裡指的**並非**最佳的可能照護，而是適當照護。正式來說，評判的標準大部分是依據當地的標準，不過由於電子通訊更普及且更易取得專業文獻，照護標準在各州已趨向更一致。很重要的是這項標準是允許專業人員在判斷上有所失誤或犯錯；然而其所犯的錯誤會構成法律上業務疏失的要件，是指該項錯誤是其他表現勝任的專業人員不太可能會犯的時候才算。例如一個常受當事人自殺威脅而惱怒的臨床諮商師，給宣稱要自殺的當事人很不適當的建議「要自殺就去，不然給我閉嘴」。結果當天晚上當事人服了過量的安眠藥後被送到醫院。如果這位專業人員因此被告，其主要議題將會是他當時的這個建議是否是個過失，且其他適任的專業人員在同樣情況下會不會也發生這樣的過失。要回答這些問題，律師將會查閱專業文獻與詢問處理自殺議題的專家，如果犯錯的事

實和低於實務標準的證據都確鑿，那麼該名諮商師的行為將符合業務疏失的第二個條件。不過原告的官司要能打贏，還要滿足另外兩個標準的條件。

要符合第三項標準，**當事人要能確定有造成傷害或損傷**。一個專業人員的過失，無論是多麼離譜或是表現多麼能力不足，除非真的造成傷害，否則在法律上都無意義（順帶一提，這標準不適用於倫理的申訴條件）。如果上述那位自殺的當事人在訴狀的最後一段提到他當時無視於心理師的意見，並立即尋求其他更稱職的專業人員協助，則該當事人將難以舉證因此受到傷害。在缺乏對當事人有直接負面影響的證據下，即便一個不負責任的大錯也可能不會導致法律上的責任。

最後，如果傷害或損害確實發生在當事人身上，**這傷害必定是由治療師的錯誤造成的**，或以法律術語而言，這位治療師必須是促成當事人傷害的近因（Bennett et al., 2006）。如果不論治療師做了什麼或是沒做什麼，當事人都會有傷害，那就不能證實是專業人員的疏失。

總而言之，法律上對專業人員的業務疏失責任標準規範得頗為嚴謹，這樣的嚴謹性可讓專業人員不用過度擔心會時時被告。不過，避免捲入官司的最佳方法仍是根據倫理守則，在個人的能力範圍內做事。對於超出能力所及的訴訟在未來 10 年不可能會減少。

## 摘要

能力包含三個要素：知識、技巧與勤勉。能力意味著展現有效的諮商技巧，如同其他熟練的專業人員並符合公認的標準。能力和完美不同，因為全能無法達到。反之，能力應被視為是從能力不足跨越到超群的連續向度。一個專業人員應該把目標擺在更高的能力層次。由於知識與實務不斷更新，所以能力必須透過繼續教育與諮詢來維持，否則就會被淘汰。

倫理守則要求避免傷害當事人，專業人員必須在他們的能力範圍內行事。當心理健康專業人員想要發展新能力，或是想確定某項特別活動是否為現有技巧能勝任，則必須評估之前所受的正式訓練程度與受督導經驗。這兩項是展現能力的先決條件。專業人員若是評估自身的技巧不能滿足當事人的需求時，應該轉介給適任的同事。在鄉村地區或其他小型與特殊社區的諮商師與治療師，因為轉介資源匱乏且背負著要像通才一樣的龐大壓力，因此特別關注能力的界線，其中主要的倫理議題是要考量是否有能力協助當事人與避免傷害的風險。當專業人員評估自身能力時，需要把發展性與文化性議題納入考量，因為沒有一項介入被證實可以有效跨年齡層與跨文化。

有時這個行業的壓力會讓人喘不過氣。當發生這種情況就會威脅到稱職的表現，會讓一位先前有稱職能力的實務工作者可能因此提供不當服務。倫理守則把自我檢視壓力的責任放到專業人員自己的身上，且要求如果要避免傷害當事人，必要時專業人員得限制或中斷他或她的服務。職業壓力導致的職業倦怠與因為情緒、人際關係或物質濫用問題造成的痛苦是最常見不稱職服務的原因。

當專業人員做出超乎能力所及的事或提供不適任服務，除了倫理申訴外，他們還冒著被告的風險。官司仍然少見，勤勉的諮商師或治療師無需過度擔心。專業人員需要瞭解業務疏失不等同於專業人員的錯誤。控告專業人員業務疏失的官司只有下列四種要件都成立才會成立：(1)已確定與當事人建立專業關係；(2)實務工作者的錯誤是不合格的照護；(3)當事人受到傷害；以及(4)傷害是直接受到專業人員的行為所致。

## 問題討論

1. 在心理健康這個領域，對於專業證照如證書和執照的價值，一直有所爭論。有人認為這類的證照多半是在保護這個行業而非保護大眾。你的看法呢？
2. 有人認為小型社區的專業助人者也要遵守在個人實務能力範圍內工作的準則是不公平的，因為他們時常必須面對更大範圍不同的人口族群。他們主張這個標準偏袒城市與郊區執業者。你的看法呢？
3. 只在個人的能力範圍內工作，對服務特殊族群的專業助人者也是項挑戰。由於服務這些特殊族群時須具備特殊語言能力，以及對該族群有全面的瞭解，有時這群專業助人者認為，相較於對專業能力的傳統詮釋，應優先重視當事人的需求。你認為呢？
4. 管理式照護的出現帶給心理健康專業人員新的困境，這些心理健康專業人員原本認為能力是技巧、知識與勤勉的結合。你怎麼看待管理式照護所出現的兩難困境（當

與能力扯上關係時）？

5. 想想你所看過的研討會和繼續教育計畫，他們的宣傳有無符合科學立論基礎？
6. 許多人之所以進入心理健康專業領域，是由於過去自己從傷痛中恢復的經驗，想複製在他人身上讓他們也能像自己一樣生活變得圓滿。這些過往的受創經驗會如何影響他們形成壓力和失功能的風險？就此觀點而言，這些過往的經驗會是優點還是缺點？
7. 有時專業人員認為很難面質超出能力範圍外工作的同儕，你會給他們什麼建議？

## 個案討論

Kim 從事生涯諮商超過 30 年，在該領域相當成功，其專業在於協助工作狂學習在不降低工作表現下取得生活上的平衡，她研發出一項創新的介入方式來協助這群人，並開始舉辦研討會教導其他專業人員這套方法。這場 6 小時的研討會要價 475 美元，在研討會中她教授這方法、播放與模擬當事人工作的影片並邀請與會者跟她現場角色扮演，她亦提供閱讀書單並叮嚀參與者一些接案時的注意事項。在討論時間結束後，她祝福與會者回去在工作上能夠順利運用她的新方法。一個月後，她寄問卷給當時的參加者，希望得到他們用這方式接案後的回饋。請問參加完這場研討會後就代表有能力使用這項技巧嗎？Kim在整個研討會的設計合乎倫理嗎？如果當中有位參加者的當事人對諮商不滿意而同時對Kim跟該位參加者提出倫理申訴，控告該位參加者提供不適當的服務與具傷害性的處遇，這項申訴會成立嗎？

Jonas多年前完成他的司法心理學的博士學位，因不滿意現在的這份工作而想要尋找其他心理實務工作。他一直在閱讀個人教練與行政教練相關書籍，認為這些和他的技巧相吻合並決定以此為生涯目標。他相信過去司法心理學的訓練背景加上讀過這些教練的書籍，足以開始從事這個領域的實務工作。如果他告訴你這項計畫，你認為你在跟他談的時候有什麼倫理責任？他在踏入這個行業前又有什麼倫理責任？

## 建議讀物


Baker, E. K. (2003). *Caring for ourselves: A therapist's guide to personal and professional well-being*. Washington, D.C.: American Psychological Association.

Barnett, J. E., Baker, E. K., Elman, N. S., & Schoener, G. R. (2007). In pursuit of wellness: The self-care imperative. *Professional Psychology: Research and Practice*, *38*, 603–612.

Barnett, J. E., Doll, B., Younggren, J. N., & Rubin, N. J. (2007). Clinical competence for practicing psychologists: Clearly a work in progress. *Professional Psychology: Research and Practice*, *38*, 510–517.

Bennett, B. E., Bricklin, P. M., Harris, E., Knapp, S., VandeCreek, L., & Younggren, J. N. (2006). *Assessing and managing risk in psychological practice*. Rockville, MD: The Trust.

Brems, C. (2000). The challenge of preventing burnout and assuring growth: Self-care. In C. Brems, *Dealing with challenges in psychotherapy and counseling* (pp. 262–296). Pacific Grove, CA: Brooks/Cole.

Figley, C. R. (Ed.). (1995). *Compassion fatigue: Coping with secondary traumatic stress disorder in those who treat the traumatized*. New York: Brunner/Mazel.

Gaubatz, M. D., & Vera, E. M. (2006). Trainee competence in master's level counseling programs: A comparison of counselor educators' and students' views. *Counselor Education and Supervision*, *46*, 32–43.

Schank, J. A., Helbok, C. M., Haldeman, D. C., & Gallardo, M. E. (2010). Challenges and benefits of ethical small-community practice. *Professional Psychology: Research and Practice*, *41*, 502–510.

Schwebel, M., Schoener, G., & Skorina, J. K. (1994). *Assisting impaired psychologists* (rev. ed.). Washington, D.C.: American Psychological Association.

Skovholt, T. M. (2001). *The resilient practitioner: Burnout prevention and self-care strategies for counselors, therapists, teachers, and health professionals*. Boston: Allyn & Bacon.

Skovholt, T. M. & Starkey, M. T. (2010). The three legs of the practitioner's learning stool: Practice, research/theory, and personal life. *Journal of Contemporary Psychotherapy*, *40*, 125–130.

Smith, P. L., & Moss, S. B. (2009). Psychologist impairment: What is it, how can it be prevented, and what can be done to address it? *Clinical Psychology: Science and Practice*, *16*, 1–15.

## 其他網路資源

美國專業心理學委員會：http://www.abpp.org/i4a/pages/index.cfm?pageid=3285

美國諮商學會：http://www.counseling.org/publications/

美國諮商學會：諮商師身心健康與受損專門小組：http://www.counseling.org/wellness_taskforce/tf_resources.htm

美國心理健康學會：為何要尋求心理健康諮商師的協助？：http://www.amhca.org/why/

各州及各省心理學委員會學會：最早期的 EPPP（證照考試）可透過司法與發證形式取

得：http://www.asppb.org/HandbookPublic/Reports/default.aspx?ReportType=EPPPEarliest TimeTaken

美國心理學會：美國心理學會同儕協助諮詢委員會（ACCA）：http://www.apa.org/practice/resources/assistance/acca-toolkit.pdf

同儕協助與自我照顧：http://www.apa.org/practice/resources/assistance/index.aspx

各州及各省心理學委員會學會：證照與執照手冊：http://www.asppb.org/HandbookPublic/HandbookReview.aspx

生涯諮商能力：http://www.ncda.org/pdf/counselingcompetencies.pdf

俄亥俄州心理學會：同儕協助資源：http://www.ohpsych.org/capresources.aspx#cap

尋求協助：如何找到心理治療師：http://www.apa.org/helpcenter/choose-therapist.aspx

全國有照諮商師委員會：http://www.nbcc.org/OurCertifications

《今日心理學》（*Psychology Today*）的有照治療師名錄：http://therapists.psychologytoday.com/rms/content/therapy_credentials.html

CHAPTER 05

# 保密

## 擁護當事人的隱私權

本章討論保密的範圍、保密在法律面與倫理面的差異性、諮商與心理治療的保密例外，以及在保密與其他倫理責任之中找到平衡點的需求，例如專業人員諮詢同事的這種合理需求。本章亦檢視在跟少數族群、HIV 帶原以及團體諮商與家庭諮商的當事人工作時有關保密的特殊考量。最後則是探討新興的保密議題，包含管理式照護以及心理健康專業人員和民眾間電子通訊的兩難議題。

「我可以偷偷告訴你某件事嗎？」多數人都曾被朋友或家人問過這句話。說這句話的人正在尋求支持或建議，同時希望祕密不會傳出去。假使聽者承諾保密卻沒有做到，說者就會感到被背叛並且兩人的關係會因此破裂或受損。

上述經驗和當事人進入諮商或心理治療關係時的經驗與期待相似。通常當事人期待他們透露給專業人員的私人訊息不會被傳出去，除非得到他們的同意。如果當事人發現他們的信任被糟蹋，他們會認為受到背叛且降低對心理健康專業人員的信任。即使在最佳的晤談氛圍下，當事人對於揭露敏感訊息給專業人員通常仍會內心交戰，他們一方面渴望得到支持和意見，另一方面也擔心自己的想法與感受會被負向地評價。亦即不管是當事人或是朋友間在揭露祕密時，都是因為相信對方值得託付自己的祕密，且不會譴責他們的過錯或弱點（Cullari, 2001）。此外，保密的信賴也不僅限於那些替自己尋求心理健康服務的人——雙親願意同意孩子接受治療服務時的信任就如同成人決定投入這過程一樣（Jensen, McNamara, & Gustafson, 1991）。

當然專業關係中的保密在許多地方有別於其他關係的保密。首先，除少數例外，心理健康專業人員與當事人之間的對話全屬保密範圍，無論內容是多麼稀鬆平常。當事人可能提到他們不喜歡中國食物、吹口琴或舉重。這些訊息並非特別隱私或令人尷尬，而且還可能容易在社交場合無意間提到。不過，若這段對話發生在治療中，就一定要保密才行。為什麼呢？如 Bok（1989）所說的，透過緊緊守住即使是無關緊要的揭露內容，專業人員即能跟當事人確保更私密的訊息會被牢牢守住。畢竟當事人在諮商中所透露的多數訊息非常敏感，即使親近的朋友或伴侶也都毫不知情。例如一個大學生可能先向諮商師透露之後，才跟其他人承認她濫用古柯鹼；或一位專業舞者也許洩漏他用自我催吐來控制體重，而他對其他人都隱瞞這件事。

其次，保密在友誼與專業場域間的差異，與當事人對治療的假設有關。當事人通常假設他們可以信任心理健康專業人員，因此常忽略詢問保密的再保證這步驟。事實上研究發現，多數當事人期待諮商中揭露的**幾乎每一件事**都將會被嚴格保密（Miller & Thelen, 1986; VandeCreek, Miars, & Herzog, 1987），這更凸顯了為何當諮商師違反保密，當事人會有被背叛的感受。當然不見得每位當事人都會認定臨床工作者值得信任，但對此抱持懷疑反而對他們比較有利。除非專業人員有做到知後同意，說明保密的原則與限制，否則當事人可能會有「治療過程一定是全程保密」的誤解（完整的知後同意說明將在第 6 章介紹。）

第三個差異在處理洩密者的下場不同。若朋友間洩漏祕密，主要風險是友誼的破裂；若換成專業人員，則個人的名譽、工作與證照都可能陷入危機，且他或她可能因瀆職或違反契約而難逃民事訴訟。

最後一項主要差別是保密範圍。諮商與心理治療所涵蓋的保密不僅只有專業人員和當事人之間的對話內容，也包含這些互動與當事人身分的相關紀錄。沒有當事人同意，專業人員有責任連當事人的名字都保密。學者稱這樣的保密形式為**聯繫保密**（contact confidentiality）（Wheeler & Bertram, 2008）。心理健康專業人員被期許提供當事人一個所說的話不會被偷聽、紀錄被安全存放不會被其他人拿到，而且連出現在諮商室的隱私也被盡可能保護到的治療環境。

此外，專業人員的保密倫理責任也延長至當事人死亡之後，如 2005 年的美國諮商學會倫理守則（B.3.f.）所示。換言之，當事人死亡不表示專業人員即卸下繼續保密的責任（美國心理學會倫理原則未對此議題著墨，僅指出心理師應該遵守所有專業實務的相關法律）。一個違反保密的聲名狼藉的例子發生在 Nicole Brown Simpson（O. J. Simpson 的前妻）的謀殺案後，她的心理師 Susan Forward 向媒體披露她的當事人曾在治療中所說的內容。由於這些揭露未經授權，加州行為科學審查委員會對 Forward 採取懲戒（Simpson case, 1994）。同樣地，治療幾年前自殺的 Anne Sexton 這位備受讚揚的美國詩人的精神分析師 Martin Orne，由於提供上百卷治療錄影帶給幫 Sexton 寫傳記的作者而引起大眾不滿。許多人稱之為對 Sexton 的背叛（Burke, 1995）。但是因為 Orne 係依據法令規定獲得死者的法定代理人首肯，故他並沒有違法，不過許多專業人員認為對已故當事人的倫理責任有時候必須優先於其親屬的權力。與此相關的倫理問題是結案後（與當事人過世後）錄音帶要保留幾年。目前的建議是專業人員如果有合理的依據相信公布將會違背死者的意志，或是未能滿足其最大的福祉時，則連對逝者的法定代理人也不要公布（Werth, Burke, & Bardash, 2002）。當然，萬一專業人員收到法院的命令要提出，則聽命行事或向更高層級法院請願皆是許可的。

總言之，儘管諮商與心理治療中的保密原則和社交關係的原則相通，心理健康專業人員仍被要求負有獨特的責任。Driscoll（1992）稱專業人員的保密責任為「神聖的契約」（sacred covenant）。研究也支持實務工作者正視保密在倫理議題的重要性。例如調查有關心理師在工作時遇到的倫理困境，來自全球九個不同國家的心理師都表示最棘手的是涉及到保密的議題（Pettifor, 2004; Pope & Vetter, 1992）。多數的內涵包含當事人有可能會傷害他人時，其他則是處理兒虐通報與保密，以及與愛滋病患者間的關係。另外兩項調查大學諮商師的研究也有類似的發現，主要困境也跟保密有關（Hayman & Covert, 1986; Malley, Gallagher, & Brown, 1992）。近年來心理委員會調查最常申訴的案件當中，保密位居第四（Peterson, 1996）；諮商委員會的調查則為第五（Neukrug et al., 2001），不過這些都僅是申訴案件的少數（約莫5%）。

## 保密蘊含的倫理原則與德行

保密的重要性主要源自倫理原則中的自主與忠誠，其次來自受益原則與免受傷害原則。尊重自主權是肯定每個人有權決定誰可以獲知自己的訊息。Newton（1989）認為隱私權是構成個體性與獨特自我的基本要素，如果個體無權決定誰可以知道他或她的祕密，則從許多方面來說，此人均無法擁有真正的自我。違反保密根本上是藐視個人的尊嚴。保密也是基於忠誠原則，因為諮商師暗示性或明確保證不洩漏當事人說的任何隻字片語。

受益原則與免受傷害原則之所以有關係，是因為洩密讓當事人感到被背叛，因而減少或破壞對諮商的投入。當事人絕對無法從失信的合作夥伴那裡獲得益處。違反保密也會讓當事人陷入身心受傷的風險，例如被洩漏自己性取向的當事人可能被家人趕出家門、受到討厭男同志的人傷害，以及在職場上受到歧視。比較不誇張的例子如，當事人在社交場合聽到自己之前跟某位心理健康專業人員分享的難堪經驗被說出去，可能會感到自尊受損且拒絕接受那些原本對他情緒穩定很重要的心理與社會支持。再者，違反保密將破壞社會大眾對該專業的信任，減少幫助到那些原本可能從諮商或心理治療獲益，但是對心理健康專業人員逐漸不信任而不願求助的人。Bok（1989）提到這對諮商的使用普及性會是個威脅。

另外從德行的角度來看，當專業人員重視保密，他們即是在展現正直、值得信任與值得尊敬等德行。竭盡所能守著當事人的隱私，即意味著能真正同理當事人進到治療所需的勇氣，以及能夠同理當專業人員違反保密時，對當事人所帶來的折磨。重視保密需要正直，因為要完全做到並不簡單——想要跟別人分享經驗的人類天性當然也包括心理健康專業人員在內，絕不會只因他們有證書就喪失這個天性，抑或想與人討論工作上重大或困難議題的渴望也不可能因為進到這行就消失。記住Mark Twain 說過：「三個人要能保守住祕密，一定要其中兩個人死掉。」

# 保密的倫理守則

美國諮商學會與美國心理學會倫理守則皆廣泛談到保密，強調其角色在專業行為的基礎。美國諮商學會倫理守則討論如下：

## 美國諮商學會倫理守則

### B.1. 尊重當事人的權利

B.1.b. 尊重隱私權。諮商師應尊重當事人的隱私權。諮商師僅有在得知這些隱私訊息有益於諮商過程時才會向當事人詢問。

B.1.c. 尊重保密權。諮商師不應在未獲當事人的同意，或沒有合乎法律或倫理條件的理由下分享保密訊息。

B.1.d. 說明限制。在諮商初期與整個諮商過程，諮商師告知當事人保密的限制並試圖預判可能會打破保密的情況。

### B.2. 保密例外

B.2.d. 最少的揭露。盡可能讓當事人在保密內容必須揭露前被告知，以及能夠參與揭露的決定過程。當情勢要求揭露保密訊息時，僅揭露必要的訊息。

### B.3. 與他人分享訊息

B.3.a. 部屬。諮商師應竭盡全力確保部屬能維護當事人的隱私與保密。部屬包括職員、受督者、學生、文書助理與志工。

B.3.c. 隱密場合。諮商師只在可以合理確保內容不會外流的場所才討論保密內容。

B.3.d. 第三方付費者。諮商師僅可在當事人授權的情況下才揭露訊息給第三方付費者。

B.3.f. 當事人死亡。諮商師應遵從法律要求與機構或服務場域的政策來維護已故當事人的保密內容。

**B.6. 紀錄**

B.6.a. 紀錄的保密。諮商師確保紀錄存放在一個安全地點，且只有被授權的人才可以取得。

B.6.b. 同意錄影（音）。諮商師在使用電子產品或其他方式錄影（音）前須先得到當事人的首肯。

B.6.c. 同意觀察。諮商師在督導者、教師、同儕或訓練情境的其他人要觀察諮商過程、閱讀晤談逐字稿或觀察諮商錄影帶前，要先徵得當事人同意。

B.6.f. 揭露或移轉資料。除非保密例外，否則諮商師必須得到當事人書面同意才能揭露或移轉紀錄給合法的第三方。要建立完整的程序以確保接收諮商資料者瞭解這些資料的隱密性。

---



## 與其他心理健康專業人員的保密和溝通

美國心理學會及美國諮商學會的倫理守則皆允許諮商師和心理師分享有關當事人的重要資訊，目的是向其他專業人員諮詢以尋求指引。這是假設其他專業人員也瞭解保密的需求並對當事人揭露的私人訊息有同樣的保密責任。不過無論如何，整個諮詢過程都應該做到不能洩漏可辨認出當事人的資訊。這樣的過程是避免因為透露當事人隱私而帶來不必要的風險，尤其因為粗心說溜嘴被認為常發生在臨床工作人員之間（Pope & Vetter, 1992）。如果參與的治療團隊常在討論所有當事人時會提到名字，守則建議可以告知當事人這情況並徵得允許（請見美國諮商學會倫理守則，B.3.b，美國心理學會倫理原則，4.06）。當事人如果相信治療團隊是為了他們的最佳利益，通常都會同意這項要求。

## 美國諮商學會倫理守則

**B.3. 與他人分享訊息**

b. 治療團隊。當治療包含治療團隊的持續檢查或參與時，應告知當事人治療團隊的存在和組成、會揭露哪些訊息，以及揭露這些訊息的目的。

**B.8. 諮詢**

c. 揭露保密訊息。向同事諮詢時，諮商師不得透露可合理辨識出當事人或其他人或是哪個組織的保密資訊，除非事先獲得當事人或該組織的同意，或是這些揭露無可避免。揭露的訊息僅涵蓋要達到的諮詢目標即可。



## 美國心理學會倫理原則

**4.06 諮詢**

與同儕進行諮詢時，(1)心理師不能揭露可以合理辨識出當事人／病患、研究參與者，或其他與其有保密關係的對象或組織之保密內容，除非他們事先獲得此人或組織的同意，或者是不可避免的揭露；並且(2)他們揭露的資訊僅限於達到諮詢目的必要的範圍。



要讓專業服務效益達到最大，就必須將諮詢跟同事間閒談當事人做出區隔。專業人員會有凡人的衝動想和同事分享工作上的點滴，交流這類軼事趣聞能為緊繃的一天增添些幽默，或是藉由同事的支持而紓解某特殊工作的壓力。實務工作者如何在倫理上符合這需求呢？第一點必須考量的是當事人的尊嚴與福祉。判斷與同事分享非正式訊息是否符合倫理的最佳準則，是假設如果當事人聽到這些同事間的討論，是否能理解那些是專業諮詢的意見。假使回答為否定的，則這樣的揭露可能是不明智的。第二，即使這位特定當事人的身分沒被公開，可能也會因這些非專業上的透露感到被侮辱，因此往後晤談會比較不願意說出自己的訊息。因此當事人的訊息應該只在正式的諮詢場合分享，且所有的分享都應該尊重個人的尊嚴。當不確定某特定情況是否符合倫理，應該採用 Kant 的一般化原則的轉換（Newton, 1989）：如果角色對調，專業人員身處當事人的立場，還會覺得這段揭露是必需且適當的嗎？如果是的話，可能就可以接受。

如同第 14 章更深入的討論，當工作人員還未具證照或仍在受訓，他或她的督導者也會知道諮商和心理治療的晤談內容。事實上，受訓中的某人不應該接案，除非當事人願意讓督導者獲得可辨識的資料和知道治療過程。每當心理健康專業人員因訓練或執照目的而接受督導，受訓狀態必須在一開始時即讓當事人知道（請參閱美國心理學會倫理原則，10.01c；美國諮商學會倫理守則，A.2.b.）。

在學校、軍隊與公司的專業人員是在不習慣諮商保密的文化中工作（Lowman, 1998; McCauley, Hughes, & Liebling-Kalifani, 2008; Orme & Doerman, 2001; Tompkins & Mehring, 1993）。例如，軍隊的心理師指出對當事人揭露內容的保密是他們面對常見倫理衝突的第二多數（Kennedy & Johnson, 2009; McCauley et al., 2008; Orme & Doerman, 2001）。教師、管理人員與學校其他員工時常分享學生的事情，也會期待諮商師如此做（Lazovsky, 2008）。經理與高階主管也都習慣與人資部員工或其他管理人員討論員工表現，因此很難理解為何心理健康專業人員不願意同樣這麼做（Lowman, 2006）。在這些環境下，實務工作者有責任教育同事有關這行業獨特的專業責任，可能的話和管理者協商折衷方式，並且也要抗拒以交換當事人機密作為變成團隊一份子的這種永遠存在的誘惑。

當心理健康專業人員僱用助理到辦公室工作，那些助理有時候需要取得當事人的資料來處理公務。某些州的助理往往受溝通特權法條規範，但不論他們的法律地位為何，專業人員對於任何替他們工作的人洩密一事負有責任，如美國諮商學會倫理守則 B.3.a 所述，以及美國心理學會倫理原則 2.05 有關委任他人工作的部分也間接提到。也可參閱 Fisher（2009）提出督導非臨床專業員工對管理病患隱私的有用建議。醫療保險可攜性與責任法案（Health Insurance Portability and Accountability ACT, HIPAA）（U.S. Department of Health and Human Services, 2003）公布的隱私規範也明定專業人員要接受完整訓練，並監督他們員工管理當事人的資料，與告知當事人關於助理可能要使用這些資料（HIPAA 規定會在第 12 章有更多的討論）。

## 專業人員與重要他人的保密和溝通

諮商師和治療師會與他人有親密關係。親密關係的準則意味著成年伴侶會分享彼此的生活點滴，這不僅讓一方感受到對方的支持且能儲備明天的活力，也是一種兩人親密的象徵（Baker & Patterson, 1990）。親密的友誼也會有類似的分享。然而，這準則卻與專業的保密原則相悖。對家人還是朋友都沒有例外情形。Baker 和 Patterson（1990）認為保密規定常常因為心理健康專業人員和另一半分享晤談過程而被打破。Woody（1999）提到與家人朋友分享當事人的私人訊息是「這個專業的致命傷」（p. 608）。Pope 等人（1987）及 Dudley（1988）的研究結果均支持此論點。Boudreaux（2001）的研究更證實臨床工作者會與伴侶分享當事人的訊息。Boudreaux 報告全國心理師樣本中有 96%會與伴侶分享當事人資訊。還好絕大多數（70%）的受訪者透露都沒指名道姓。另一個比較好的消息是受訪者指出鮮少將當事人的姓名跟訊息一起揭露。被問到為什麼會跟伴侶討論時，他們表示是為了舒緩壓力、協助當事人以及增加自我瞭解。他們相信分享這些訊息對他們有幫助，對於跟伴侶間的關係則沒有太大影響。傾向跟伴侶隱瞞當事人訊息的專業人員則是為了維護保密、遵守規範及公私分明。Woody（1999）指出諮商師的家人或朋友不受保護當事人隱私的規範約束，若在面臨離婚或其他使關係惡化的情況下，當事人的訊息甚至可能被用來當成挾怨報復的工具，因而導致臨床工作者與當事人雙方都受到傷害。即使在普通情況，諮商師的朋友或伴侶都有可能不小心把當事人的訊息說給另一位朋友聽，或是會碰到諮商師曾提及的當事人。

有解決家庭忠誠度與專業責任間衝突的其他辦法嗎？有的，最佳方法就是養成定期接受督導或和其他專業人員諮詢的習慣，藉以處理無可避免會對當事人產生的

情緒反應。如此一來專業人員不需要違反保密原則就能獲得持續有效工作所需的動力。有些人也透過寫日記或札記抒發對工作的感想。這些日記或札記不是諮商紀錄，亦無包含任何可辨識當事人的訊息，而是專業人員對每日工作的反思及作為情緒上的出口；如果能妥善保存，就可以提供所需的抒發管道與機會來反思。接著，專業人員應該向他們的伴侶說明保密規定及其背後的倫理原則，並建立起在家裡能透露範圍的明確界線。通常比較可以接受的範圍是允許治療師討論工作上問題的大致情形。這樣一來，經由討論工作的重要面向，他們依然能感到跟伴侶是有連結的，但是又不會打破倫理規準。這樣的指引方針代表下面的說法是可行的：「我對一位當事人罹患危及生命的疾病消息感到難過，這讓這位當事人原本的困境雪上加霜。」不過，以下這樣的說法就有問題：「我正與一位 35 歲、有兩個小孩、感染 HIV 但是沒有接受治療的女人諮商，她可能必須離開現在工作的餐廳，她沒有健康保險，而當律師的前夫又時常沒給她贍養費，也不答應要幫她照顧小孩。」（注意第一個說法省略年紀、職業、性別與當事人問題的個人經驗細節，甚至沒有可明確辨識的疾病名稱。）專業人員的伴侶或好友若能被事先告知專業人員的責任，將可瞭解他們的壓力或成就感，並提供支持而不會挖掘更多訊息。不管任何情況下，維護保密的重擔總是壓在專業人員身上。

在家工作的心理健康專業人員會用手機、傳真機、電腦、智慧型手機、平板電腦或掌上型電腦來儲存當事人資料或與當事人聯絡；或把紀錄從工作場所帶回家的心理健康專業人員，都很容易不小心向家人洩漏當事人的機密。在這些情境中，避免洩密的責任一定是落在專業人員身上。那些把當事人資料存在可攜式設備，如筆記型電腦、手機和類似裝置的人，在通勤時必須更加確保資料安全。

## 保密與溝通特權

**保密**（confidentiality）與**溝通特權**（privileged communication）這兩個詞時常被心理健康專業人員誤解（Shuman & Foote, 1999）。這兩個詞常常被交替使用，但是有截然不同的意義。保密代表一種倫理責任，要保守當事人身分及晤談內容的祕密，同時在法律上的責任是要看重與當事人的信用關係。其主要為根植於倫理守則、倫理原則以及專業人員意圖培養的德行之倫理責任。由於保密受到證照法規的約束，且如果違反會讓專業人員冒著民事訴訟的風險，因此確實也有法律層面的意涵；但是其最主要的還是一種倫理責任。至於法律用語的**溝通特權**則是意味當事人有權防止法庭要求心理健康專業人員揭露其晤談內容（Younggren & Harris, 2008）作為呈堂證供。亦即**保密**一詞是預防心理健康專業人員自發性揭露不妥的內容，而**特權**一詞則是代表制止某方在訴訟過程非自願洩漏的規定（Roback, Ochoa, Bloch, & Purdon, 1992）。換言之，保密約束專業人員不可洩漏當事人的訊息，儘管他或她有意要這樣做，而特權則是保護當事人的訊息避免受到執法當局施壓而透露，而非由專業人員自行決定是否揭露。特權，正式名稱為**拒證特權**（testimonial privilege），由法律所制定。由於普通法要求所有市民在被法院傳喚時均得作證，除非有法令規定的例外才不用（Knapp & VandeCreek, 1986）。聯邦法院與州立法院可能對特權解讀不同。在整個為了準備一個審判而找出關鍵證據的過程中，律師會歷經他們所謂的**蒐證**（discovery）過程，找出資訊來支持他們的案子。蒐證得到的資料一般在開庭前可供雙方使用。

要特別強調的是，此處所指的特權是當事人所有，不是專業人員所擁有的；拒絕向法院透露諮商或心理治療的內容是當事人的權利。因此，專業人員是在代表當事人維護其特權，即使有時專業人員很想揭露一些當事人的訊息，仍然無權利如此做。雖然全部 50 個州的法律有各式各樣患者—心理治療師特權的形式，但是各州對於什麼是特權的具體定義，則是差異頗大（Younggren & Harris, 2008）。此外，各個心理健康領域中哪些當事人能擁有特權也隨各州變化很大。精神科醫生與心理師的當事人通常被涵蓋在內，有執照的社工與諮商師的當事人也常被納入。Glosoff、Herlihy 和 Spence（2000）發現有 44 個州將有執照的諮商師納入受溝通特權法令規範；有 16 個州將學校諮商師納入，有時候特權甚至延伸至半專業人員與專業人員的助理（Fischer & Sorenson, 1996; Stone, 2009）。

## 傳票與法院命令

法院人員能透過三種方式索取當事人的資訊。第一，可以申請**傳票**，這是一種法律上要求出庭作證的形式。第二，可以申請**提交書面文件傳票**，命令出庭並攜帶

特定文件。傳票通常是由書記官寄出，裡面沒有要求檢視訊息的法律依據。最後，法院可以發布**法院命令**給心理健康專業人員提供文件或出庭作證，或是二者皆要。相較於傳票，法院命令是法官評估過法源依據並裁定正當可行且依循當今法律才發布的。在已通過溝通特權法令的州，**縱使收到律師的傳票**，諮商師、社工與心理師仍然不可揭露保密內容，除非獲得當事人的授權。然而，這不代表這些心理健康專業人員就可以忽略傳票！反之，在自己律師的協助下，他們應該回應法庭他們有合法的和倫理的責任，向法官尋求進一步的指示，並努力朝向法律可接受的有限度揭露。為解決此問題，法官一般會舉行聽證會，接著裁定此案件特權的適用性。法官也可能要求察看此爭議內容，或私下跟專業人員討論關於爭議性作證一事。這是所謂的**私下檢核**（in camera review），專業人員此時可能會揭露保密內容給法官供其檢視，目的是為解決法律上的特權概念是否適用於這個案件。再者，法官亦有責任保護私下獲得的訊息隱私（Filaccio, 2005）。假使法官裁定特權不能適用於此案件，他或她可能會命令專業人員遵照律師的要求。在此情況下，專業人員可能要作證並且／或是提供諮商紀錄。臨床工作者沒有先詢問法官對特權的裁決就交出紀錄與出庭作證，是冒著違反倫理準則的風險。

Huber 和 Baruth（1987）提出一個關於傳票的重點：「傳票應該被視為任何訊息揭露爭議的正式開端而非結束」（p. 20）。即使心理健康專業人員執業的州有溝通特權的規範，如果他們沒有事前徵得當事人的同意或申請主張溝通特權就向法庭揭露治療內容，也會讓自己處於訴訟的風險。在此情況下，當事人可以控告專業人員未經授權洩密，違反他們之間的信任關係。不過，若是法院拒絕承認當事人的保密權利，專業人員在倫理上與法律上即可受到保護。另外的選擇是向更高級的法院提出上訴，或是接受拒絕作證或拿出文件的裁罰，通常這代表藐視法庭。美國心理學會的法律議題委員會出版一份文件，名為「私人開業者面臨傳票或強制證人證詞時對於個案紀錄或測驗數據之解決策略」（*Strategies for Private Practitioners Coping with Subpoenas or Compelled Testimony for Client Records or Test Data*）（APA, 2006），有助於心理健康專業人員查詢相關法規。美國諮商學會倫理守則的具體內容如下：

## 美國諮商學會倫理守則

**B.2.c. 法院命令的揭露**

在未獲當事人同意，但傳票要求揭露保密內容或溝通特權的資料時，諮商師需取得當事人書面的知後同意書，或依循法律程序防止揭露，或是基於避免對當事人或諮商關係的潛在傷害而盡可能有限度揭露。



特權概念源自於一對一的談話，如神父和告解者以及律師和客戶之間的談話。因此當當事人在有其他非共同參與者在場的家庭或團體治療中向心理健康專業人員透露隱私，這位當事人的言論就不被視為有特權保障，因為無法合理期待能保密。密西根上訴法院的一個案例是詮釋特權的最佳範例（Galley & Walsh, 2002）。雖然密西根的學校心理師要履行保密的責任，但是密西根法院認為一位學生向學校諮商師透露訊息時，當時有其他學生及一位行政助理在場，因此其揭露的訊息不受特權保護，原因是當這位學生一開始跟該位諮商師揭露時就不能合理期待會保住隱私。類似的情況也在 *U.S. v. Romo* 的法律訴訟案件中發現（Mitrevski & Chamberlain, 2006），其特權被拒絕是因為監獄犯人揭露給治療師的場合是發生在診斷或治療時間之外。

## 保密的限制

Newton（1989）指出社會對於保密是矛盾的。一方面我們重視且敬佩那些對他們朋友忠誠的人。小孩嘲弄告密者，而國家對叛國者祭出最重的懲罰。多數民主國家制定法律擔保人民能夠信任他們的律師保守祕密、醫生保密他們的病情，以及神父守密他們的告解。如同前述，州法律也立法規範心理健康專業人員與當事人間的保密，要求他們謹守治療的隱私。然而要注意的是，治療師與諮商師這兩個專業比

較晚才納入這項法令，因此相關的法令相較於律師、醫生與神父的法令，普遍未臻完整且受到更少的保障。這種不願承認心理健康專業人員跟其他行業專業人員有相同程度的保密責任，也反映出社會對這個領域當事人保密的矛盾心態。

根據Newton（1989），這些反應源於保密的反社會性質，因為保密常與部分其他公眾利益相抵觸。回到稍早的例子，雖然當事人偏好中國菜或口琴跟大眾利益無關，但是一旦換成當事人告訴諮商師對老闆有施暴的幻想就有重大關係。後者的情境中，保密所涉及的違反社會性質就明顯可見，因為維護保密與保護民眾的社會期許相悖。當事人付諸行動的可能性越高，社會就越希望當事人的訊息能夠被揭露。犯罪案件中的原告也主張為大眾利益著想，要求被告的心理健康專業人員拿出證據。社會對保密的不安已造成專業人員保密上的諸多限制。部分倫理和法律學者認為法院的做法破壞了保密原則，因此對當事人的療效、這個專業以及需要求助於心理健康服務的民眾都無益（例如，請見Baumoel, 1992; Bollas & Sundelson, 1995）。這些學者很懷疑如果民眾不斷擔心保密問題，是否還會去尋求心理健康服務。另方面，Shuman和Foote（1999）則是聲稱迄今尚無強力證據指出保密的法律限制對當事人尋求協助的意願有負面效果。顯然需要更多關於這問題的系統性研究。

不過民眾也願意支持堅持專業保密的重要性，因為藉此專業人員能夠幫助那些具有反社會傾向的人改變其行為。假使沒有保密，人們就比較不願透露這類傾向和感受。Marsh（2003）在華盛頓聯合車站對通勤民眾所做的一項調查發現支持這項觀點。她的受訪者表示如果治療中的對話不受州或聯邦的特權法條保護，他們顯然不太會揭露讓自己陷入被強制住院或被檢舉犯罪風險的訊息。若是反社會傾向的訊息未能被揭露，則專業人員就可能喪失制止這類行為將來發生的機會。因而法律與專業組織已試圖規範保密例外。甚至即使法律已經規範保密的例外與限制，法律和專業組織也還是肯定保密的基本價值。大眾對諮商與治療晤談中所涉及的公眾利益與接受保密為當事人權利之間的緊張氣氛尚未解決，因此諮商師與心理師應該持續留意法律、案例以及倫理的改變。

目前諮商與心理治療中的保密有九種主要例外情形，將在下面分別敘述〔部分州有更多的法律限制，如加州對心理治療師—當事人的溝通特權就有17項（Donner, VandeCreek, Gonsiorek, & Fisher, 2008）〕。不過還是要謹記在心的是如Donner等人（2008）的精闢說法：「保密必須擺第一」（p. 371）且必須時時警惕。這些法律的例外條款不應混淆專業人員對保密神聖性的思考。

## ●● 1. 當事人要求公開晤談內容

第一項針對保密的限制是依據當事人的自主權。因為他們原本就應能掌握自己的私人資訊，因此只要有能力決定並希望透露訊息到別處的當事人即有權利這麼做。美國諮商學會倫理守則 B.6.f 強調，「除非保密例外，否則諮商師必須得到當事人書面同意才能揭露或移轉紀錄給合法的第三方。要建立完整的程序以確保接收諮商資料者瞭解這些資料的隱密性」，而美國心理學會倫理原則（4.05）也聲明「於機構中的當事人、個別當事人／病患，或其他代表當事人／病患的法定代理人適當同意之下，心理師可以揭露保密內容，除非法律上禁止。」當當事人搬到新的地區、得到醫療照顧或在尋求其他專業人員諮詢時，經常會放棄擁有的保密權利，希望新的治療師能看到他們的醫療紀錄或跟之前的健康照護機構談談。也有許多人為了讓保險可以負擔這筆治療費用而放棄這項保密的權利〔醫療保險可攜性與責任法案（HIPAA，公法 104-191，2003）與家庭教育權利與隱私法案（Family Educational Rights and Privacy ACT, FERPA）對當事人透露訊息的影響分別會在第 12、13 章有更完整的討論〕。專業人員也有責任做些準備以便生病或受傷而無法工作時，還得以維護紀錄的保密性（美國諮商學會守則，B.6.h；美國心理學會原則，10.09）。

即使當事人簽署放棄保密的同意書，也並非同意諮商師可以將保密的內容洩漏給同意書上的每一個人，除非諮商師已事先向當事人說明將會如此做。如果當事人堅持告訴那些諮商師認為不是對他們有最佳利益的人，應該要將這次的討論寫在治療紀錄中並取得當事人的同意書。在全面保護消費者取得治療紀錄的法規出現前，倫理標準常常堅持只有有執照的專業人員才可以拿到治療紀錄。如此廣義的法規因為與許多州法律不一致已經廢除。現行法規已經跟大部分的州立法條一致，但不是所有的州。例如俄亥俄州幾乎不限制當事人或病患取得健康紀錄，並提供病患法律上的補償，以控訴沒有守法的專業人員（Ohio Revised Code, Section 3701.74, 2011）。美國諮商學會倫理守則也強調若當事人未成年，允許諮商師跟合適的人取得授權書，但建議該位未成年當事人應被告知關於揭露這件事。

## 美國諮商學會倫理守則

**B.5.c. 揭露保密內容**

當諮商師與沒有能力行使知後同意權的未成年人或成年人諮商而必須揭露保密內容時，諮商師要徵得合適的第三方同意。在此情形下，諮商師以當事人所能理解的程度告知他們，並依合乎文化的方式來保障當事人的保密內容。



美國諮商學會倫理守則也明定當事人可以取得自己的諮商紀錄，除非這樣做並不符合他們的最佳利益，這樣的規定亦源於自主原則與受益原則。

## 美國諮商學會倫理守則

**B.6.d. 當事人的取得管道**

當有自主能力的當事人要求紀錄或紀錄備份時，諮商師要能提供取得的適當管道。只在有明顯證據證明取得會對當事人造成傷害時，諮商師才限制全部或部分紀錄的取得管道。諮商師記錄當事人的要求與不提供部分或全部紀錄的理由。在涉及多位當事人的情況下，諮商師只提供個別當事人跟他們直接相關的部分，而不包括其他當事人的任何資訊。

**B.6.e. 協助理解紀錄**

當事人要求取得他們的紀錄時，諮商師應協助當事人理解諮商紀錄並提供諮詢。



美國心理學會倫理原則 4.05 特別說明當事人同意揭露保密內容，6.01 則再次針對取得管道與當事人最佳利益間的關係，對紀錄有更廣泛的論述。

## 美國心理學會倫理原則

**6.01 專業及研究工作的書面文件以及紀錄保存**

心理師針對他們的專業與研究工作而製作紀錄，以及他們基於職責而保存、公布、儲存、保留以及銷毀紀錄。這麼做是為了：(1)幫助他們自己或其他專業人員提供後續服務；(2)允許研究設計的複製與分析；(3)符合機構的要求；(4)確保帳單與付費的正確性；(5)確保符合法律規定。



如同第 12 章將會提到，這項有權取得紀錄的權益意謂在撰寫紀錄的同時要設想當事人未來可能會讀到。當心理健康專業人員判斷有必要開始進行強制住院行動，或當事人已簽署醫療保險可攜性與責任法案的「實行隱私權通知」（*Notice of Privacy Practice*），同意將紀錄給其他心理專業人員、付費的第三方，或是經手處理資料的工作人員時，當事人是不需要簽署同意書的。一旦當事人簽署「實行隱私權通知」，即表示同意治療師和參與治療的專業人員討論有關他們病史與處遇的**重要**資訊，並適度分享治療紀錄。這裡的關鍵字是**重要**——即使有醫療保險可攜性與責任法案，也規範心理健康專業人員在治療中有義務只揭露與處遇有關的內容，並約束只能揭露訊息給跟當事人有照護、付費與提供專業服務職責的人士。此外，簽署隱私權條例即代表當事人瞭解其內容並同意。很多時候當事人沒有仔細看這些文件內容就簽了，甚至更糟的是同意書寫得太艱澀，多數當事人都無法理解。

## 2. 法院命令揭露保密內容

保密的第二項主要限制是當法院要求諮商師提供紀錄與出庭作證。這會出現在某些情況下，且在此情形下溝通特權也不適用。當專業人員是法院請來評估被告的專家證人或諮詢顧問時，保密通常不受到保護。心理健康專業人員可能被請來評估被告是否心理足以健全面對審判、是不是稱職的父母、犯罪時是否心神喪失，或是

在受傷或發生意外後是否心理受創。過去數十年間心理健康專業人員越來越常參與這些評估。被評估的被告不是本身放棄保密權利就是法院從未認同當事人有此權利。在這些情況下，整個專業關係是基於當事人揭露的私人資訊一定會在法庭上公布的假設。

如前面在探討溝通特權時提過，律師有時企圖向與被告或被質疑具有親職資格的人曾有治療關係的前任治療師取得紀錄，也會在民事案件或判決民事案件的聯邦法院中尋求這類資訊。在刑事法庭中原告時常想用被告的諮商內容作為犯罪證據的素材。一個很有名的聯邦案例是下級法院的判決有分歧，因而進入美國最高法院（*Jaffee v. Redmond*, 1996），被警察射殺的受害者家屬控告誤殺並試圖從 Karen Beyer 這位在案發後諮商該警察的臨床社會工作者那裡取得諮商紀錄。伊利諾州法院考量到這些訊息應該受到溝通特權保障，不過聯邦法院並未同意社工有這項權利。聯邦地區法院因此判定社工必須作證（亦即拒絕同意這項特權），但是聯邦上訴法院否決這項裁定。在最後上訴時，美國高等法院以七比二的投票數決定應該尊重這特權，該名社工不該被強迫出庭作證，以下是 John Paul Stevens 法官撰寫的判決書內容：

> 重要的隱私權益支持認同心理治療師的特權。有效的心理治療建立在保密及信任的氛圍，因此只要有些微洩漏保密內容的可能性就可能阻礙成功治療所需的關係發展。特權也滿足大眾利益，因為一國人民的心理健康是極為重要的公眾利益，不比生理健康地位低（*Jaffee v. Redmond,* 1996, p. 10）。

專業心理健康組織對於最高法院認同保密價值的堅定立場鬆了口氣。然而心理健康專業人員是否有法定權利拒絕在特定法庭上作證仍無定論。最高法院在 *Jaffee v. Redmond* 的法律訴訟案件之裁決大部分可直接運用在社工、心理師與精神科醫生，並不適用在其他類的心理健康專業人員。Remley、Herlihy 和 Herlihy（1997）聲稱未來聯邦法院會尊重各州諮商師的當事人行使這項特權。Shuman 和 Foote（1999）則是指出 *Jaffee* 一案後的頭三年，判例法跟成文法（statutory law）並未出現重大變更。他們指出多數法院在審查手邊的案件時，仍然以專業人員的證詞作為有力證據的主要標準，且在專業人員必須透露的訊息攸關案件實情時，仍將特權「視為次要」（p. 481）。八年後，Simon 和 Shuman（2007）表示聯邦法官已經開創類似於州法律的例外，而 Appelbaum（2008）也提到有關揭露有傷害或威脅可能性的保密議題在法律見解上距達到共識仍遙遙無期。因此，心理健康專業人員需要知道所在地有關溝通特權的現行法規及判例法，以及如何運用在工作上。

有趣的是，Shuman和Foote指出有關特權的爭論之所以逐漸偏向要維持溝通特權，部分的原因是基於專業人員與／或當事人事實上已經向第三方透露許多的保密訊息。這兩位作者進一步指出，即使只是一般性的揭露給第三方付費者、轉介來源或與同事諮詢，在某些情況下仍會限制溝通特權。當事人主動告訴其他醫院病友也會危及到特權。他們建議治療師要謹慎，即便當事人是在法院命令威脅下簽了同意書還是有基本風險。Shuman和Foote也建議專業人員要與當事人討論他們自己主動告知他人治療內容所可能帶來的影響。

## 3. 當事人對心理專業人員的控告及訴訟

第三項限制發生在當事人對他們的諮商師或治療師提出控告時（Swenson, 1997）。如果當事人想控告專業人員疏忽或不遵守契約，那就得放棄保密的權利。因此一旦治療師看過當事人簽署的同意書副本，即可在法院中說明治療內容，而不用擔心受到法律制裁，因為所有的心理健康專業人員有權替自己被控訴不當執業而辯護。同樣地，若當事人對心理健康專業人員提出倫理訴訟且堅持進行下去，就必須放棄保密原則。故專業人員被指控不當執業時，可以向倫理委員會提出當事人的資料或紀錄作回應，不用擔心不符倫理或不法洩漏隱私資訊（不過謹慎起見，最好還是先確定倫理委員會有收到當事人簽署的同意書）。在正式開案之前，倫理委員會與證照委員會應該要求收到原告的同意書。部分州已經將受理瀆職的申訴管道視為溝通特權的一項保密例外，不會要求當事人放棄，但也絕對不會禁止（Koocher & Keith-Spiegel, 2008）。

## ●● 4. 當事人對其他人的訴訟

第四項限制是當事人對他人所提的民事訴訟，包括心理的傷害或情緒困擾（Association of Trial Lawyers of American, 2001; Shuman & Foote, 1997; Swenson, 1997）。心理傷害的控訴可能會讓任何關於諮商內所談的內容都被帶到法庭上。如果被告覺得有需要，就應該有管道能夠取得這些資訊，這樣才能進行一場公平的審判。假使當事人重新主張對這些資訊的保密權利，這個案件可能就進行不下去。例如某人聲稱目前治療的焦慮疾患是由於某位駕駛違規釀成車禍所造成的，如果她希望這些證詞可以呈現在法庭，就必須同意諮商師提供保密內容。很重要的是要注意保密在這種情況下不會被謹守，因為當事人是主動對其他人提告，一旦他或她不想告了，即可自由決定收手；但是在刑事案件中的被告並非自願成為被告，因而法律系統會更加謹慎主張他或她的保密權。

## ●● 5. 州和聯邦法條的限制

一些內容依法會被排除在專業保密之外。各州都有法規強制諮商師、心理師、教育人員以及其他心理健康專業人員向有關當局通報兒童受虐與疏忽。美國聯邦兒童虐待防治與處遇法案（Federal Child Abuse Prevention and Treatment ACT, 1987）也要求這類通報。加拿大也已通過類似的聯邦法案，可參閱 Matthews 和 Kenny（2008）對於美國、加拿大及澳洲的兒童保護條例的比較。法條中的細節依各州有些許不同，但主要內容一致。心理健康專業人員、教育人員、醫務人員及孩童照護工作者得知兒童受虐與疏忽事件，有法定責任向社福或警政單位通報，通常要在24小時內。未通報的懲罰通常含刑事處分。通報虐待與疏忽的順位優先於所有溝通特權或保密的倫理責任。美國心理學會專業實務委員會發行針對兒虐的法律與專業議題的文件（APA, 1995），摘要出當虐待或疏忽發生時，專業人員在評估、通報與介入的角色，並且列出美國國內在整個過程中可資運用的資源名單。

立法機關考量保護那些在受虐中無法自保者的公眾利益遠比保密責任更重要。然而，即便有強制通報的規定，法律一般仍會限制僅能揭露與虐待或疏忽有關的內容，其他無關的內容就不應該揭露且需繼續保密。因為各州法規不同，專業人員必須注意他們所處的州或省法規的變更及文字內容。

研究顯示強制通報普遍發生在心理健康專業人員的實務工作中，例如 2009 年有近 120 萬的心理健康專業人員及教育人員通報過疑似案件（U.S. Department of Health and Human Services, 2009）。根據 Melton 等人（1995）的調查，90% 的兒童精神科醫生、63% 的臨床心理師以及 70% 的社會工作者曾通報過一至多件虐童案件。Hermann（2002）表示她的研究受試者中有 89% 的學校諮商師曾通報過虐童案件。Bryant（2009）則是統計出學校諮商師前一年通報的平均數是 6.1 件，疑似有身體虐待是最常被通報的原因。僅有少數研究調查通報對治療關係的影響，並發現結果頗不一致（Steinberg, 1994; Watson & Levine, 1989）。不令人意外的是，最糟的結果發生在當事人被通報為加害者的時候（Levine & Doueck, 1995）。

Brosig 和 Kalichman（1992）也敘述仍有多數案件未遵行法規進行通報。他們分析的文獻歸結出幾乎三分之一的臨床工作者曾拒絕通報疑似案件。近來更多家庭治療師（Strozier, Brown, Fennell, Hardee, & Vogel, 2005）及心理師（Cavett, 2002）的研究也支持此發現的趨勢。研究指出專業人員一方面處在渴望留下當事人接受諮商並維護保密，另一方面又認同法律規定和孩童的潛在危險之間的衝突。Kennel 和 Agresti（1995）聲稱「許多專業人員想把兒虐案件放在嚴重程度的光譜上，區別出**疑似**和**必須通報**的兒虐案件」（p. 612）。有些州通報規定的模糊性也是導致沒有全都通報的原因（Melton et al., 1995）。有時那些拒絕通報的人是因為考量到打破保密的牽扯因素，而想先確定是否真的有兒虐的事實，不過這樣的猶豫通報可能導致他們陷入法律與倫理困境。許多法規則是強制**疑似**案件也要通報，不是得等到**真的確定**發生才通報，因此專業人員必須承擔疑似案件如果合理就要通報的責任，即使做這決定可能相當困難。最終極的標準是避免傷害孩童並保障他們的最佳利益。更多美國各州法律對兒虐通報的絕佳說明，請參閱 Foreman 和 Bernet（2000）。

不願通報似乎還受到許多其他因素影響。心理健康專業人員之所以沒有通報，時常是因為相信通報並非對當事人最好（Kalichman, 1999），且認為兒童的保護服務無效（Levine et al., 1999; Strozier et al., 2005）。他們也擔心通報會中斷諮商關係或是破壞治療進展與家庭功能（Haas, Malouf, & Mayerson, 1988; Strozier et al., 2005）。Rokop（2003）提供可行的管道來減少這種傷害。他的研究顯示如果治療

師與當事人已發展穩固的工作同盟、清楚說明通報規定、同理當事人對通報的擔憂以及提供後續支持，則因強制通報而破壞的諮商關係就可以被大大修復。

少數心理健康專業人員認為他們之所以不通報是基於個人認為絕對要遵守保密，即便虐童或疏忽照顧的情況發生也不應該違背。基本上，他們服膺的是「公民不服從」的概念且堅決反對專業倫理準則鼓勵遵守法律的規範。這些人應該瞭解身處違抗倫理守則及法規的風險。此外，如果他們因未通報而使孩童遭受更大的傷害，就必須承擔道德與法律上的責任。換言之，拒絕通報兒童虐待對所有涉及的人都有嚴重且長久的影響。拒絕通報的實務工作者應該檢視自己的動機並向同儕尋求諮詢。不願意通報虐待案件可能根植於偏見或反移情，而非出於道德價值觀或關心當事人的福祉。他們應該遵循「攤在陽光下的標準」，並問自己能否自豪地向專家同儕們表達自己的這項決定，以及能否期望大眾尊重他們所持的立場。如果上述這些均是否定的，則不通報就不是所謂的遵循「公民不服從」原則，而是基於個人需求或缺乏客觀性使然。要注意的是強制通報不只限於虐待，還包含疏忽與照顧者讓孩童身處受虐與疏忽的極大風險之行為。這趨勢代表強制通報虐童的法規促使專業人員一旦發現有疑似疏忽的當事人時，不應該忘記通報的責任。

專業人員不確定某特定情況是否符合通報標準時，有幾項建議可參考：他們可以打電話到兒童保護單位詢問假設性情況、向其他同事諮詢，或尋求法律意見。虐童通報的線上教育訓練已顯現部分成效，可協助專業人員做出負責任的決定（Kenny, 2007）。根據 Renninger、Veach 和 Bagdade（2002）的調查，有些專業人員會過度通報，即通報的案件遠遠未達受虐標準即通報，也許是因為誤解法規與在意沒通報的風險。再次重申，這些結果強調必須同時審慎考量法規與當事人隱私權的重要性。

**年長者虐待通報**　各州都有年長者虐待的相關法規，其中 45 個州規定心理健康專業人員若知悉需依賴他人協助的年長者受到照顧者虐待或疏忽時，要進行通報（Daly, Jogerst, Brinig, & Dawson, 2003; Welfel, Danzinger, & Santoro, 2000）。在有這類法規的州，如果當事人或其家人在晤談中揭露這類訊息，心理健康專業人員有義務向有關單位通報。就如兒童保護的概念，州內立法機構的理念是避免無依老人受到傷害的責任比起專業人員的保密責任更重要。38 個州懲罰依法應該強制通報卻未通報的人。因為法規內容隨各州變化，諮商師需要熟悉所在地的法條〔請見 Daly

等人（2004）對各州法規的逐一分析，以及 Zeranski 和 Halgin（2011）針對三件複雜案件詳細討論通報系統的運用〕。

## 6. 具危險性的當事人及保護責任

對心理健康專業人員而言，當事人透露有傷害他人的意圖或曾經有此紀錄都是令他們非常苦惱的事（Walfish, Barnett, Marlyere, & Zielke, 2010）。此外，這情況遠比新手預期的還要複雜。例如 Walfish 等人（2010）發現 13% 的心理師曾經歷當事人提起未被起訴的謀殺，27% 表示至少有過一位當事人透露傷人但未被起訴的紀錄。有更高的比例（33%）遇過至少一位當事人告訴他們有性攻擊而未被控訴的經驗。顯然心理健康專業人員更需要理解這些情況下的揭露和保密之間的關聯。最近一項由 Pabian、Welfel 和 Beebe（2009）所做的研究即發現這些專業人員缺乏這些理解。在他們調查的 300 位心理師中，當其當事人有可能傷害他人時，76% 的研究參與者誤解自身的法律責任，這個發現與過去的調查吻合。為什麼會有這麼高比例的人缺乏正確概念？部分原因是倫理及法律的標準時常不同，部分是由於 *Tarasoff* 這個重大案件有兩次不同的判決，部分則是因為法律是與時俱進，非靜止不變，最後則是因為**預警責任**（duty to warn）已變成這責任的代名詞，儘管這與法律責任不見得一致。如同以下所陳述的，即便當事人傷人的機率很高，也沒有倫理規定一定得打破保密；且在許多州的法令也無規定一定得**預警**。

然而，對於會傷害自己或他人的當事人，所透露的訊息內容受到保障的程度和其他內容顯然會有所不同。當心理健康專業人員判斷當事人對他人有立即性的威脅時，倫理守則允許專業人員揭露訊息內容，某些情況下這也適用於當事人對自己的傷害。守則內容如下：

## ✸ 美國諮商學會倫理守則

B.2. 保密例外

a. 危險與法律要求。一般要求諮商師對訊息予以保密的情況不適用於當揭露是為了保護當事人或特定的其他人免於嚴重與可預見的傷害，或法律要求一定要揭露保密的訊息之情形。當對於例外情形的正確性有所存疑時，諮商師可向其他專業人員諮詢。在涉及結束生命的議題時也適用此原則。



## ✸ 美國心理學會倫理原則

4.05 揭露

b. 心理師只有在法律命令或是基於下列特殊目的經由法律同意而能未經當事人同意即揭露保密內容，如：(1)提供必須的專業服務；(2)獲得適當的專業諮詢；(3)保護當事人／病患、心理師或其他人免於受到傷害；(4)取得服務當事人／病患的費用，在此情況下揭露僅限於達到此目的之需求。



目前守則允許心理健康專業人員在他們相信當事人具威脅性時可以打破保密原則。這可追溯到 1974 年發生在加州的案件，一位被害女性的家屬控告兇手的心理師（以及其任職的加州柏克萊大學），因為他沒有警告這位陷入險境的女性他的當事人威脅要殺她。這場下級州立法院的判決上訴到加州最高法院，兩次才定讞，此即為著名的 *Tarasoff* 一案（*Tarasoff v. Regents of the University of California*, 1974, 1976）。這個判決結果強制加州心理健康專業人員對暴力當事人的受害者有預警責任。目前有 23 個州立法必須負保護責任或預警責任，9 個州因為案例而有普通法的責任，而其他 10 個州同意打破保密以警告潛在的受害者，但非強制性，還有 10 個州對這議題並沒有清楚規定（Benjamin et al., 2009）（這些數字包含波多黎各及華盛頓特區）。

在 *Tarasoff* 一案之前，專業準則僅是建議或要求告知法律單位有關危險的當事人一事，除此之外不含透露保密內容的要求。先前法律準則支持住院治療或其他方式，但卻沒有要求心理健康專業人員向未參與治療的第三方透露保密內容。在 *Tarasoff* 一案及眾多之後的案例與法條中，有關當局的立場轉變為心理健康專業人員對於大眾的責任就如同對他們當事人的責任一樣重要（Werth, Welfel, & Benjamin, 2009）。加州法院的論點是如果某人的生命或健康正受到他人威脅的風險，則此時打破保密的益處遠超過其代價，且假使這是保護第三方避免受到傷害的最佳方法，那就應該採取行動。法院的立場是「一旦開始危及大眾，就無特權可言」（*Tarasoff*, 1976, p. 347）。

不過，多數法院和立法人員強調的責任是要盡可能保護身處危險的人（Givelber, Bowers, & Blitch, 1984）。對受害者而言，打破保密原則有時是達到目的的方法之一（有 10 個州規定這麼做），但這本身並非目的。在某些州（如俄亥俄州）這個責任可透過強制當事人住院而達成（自願或非自願），或是加強門診治療（Ohio Rev. Code § 2305.51, 1999）。在德州，如果預警成立，通常是要去通知警察，而不是可能的受害者（Texas Health & Safety Code §611.004(a)(2)）。

當心理健康專業人員選擇或被強制向可能的受害者揭密以落實責任時，其責任並非因達到警告的目的就結束。如果是的話，則和可能的受害者通話可能會如下：

諮商師：請問你是 X 先生嗎？

X 先生：是。我是。

諮商師：我是 Y 小姐的諮商師，她說她想殺你。我強烈相信她會盡快付諸行動，我不清楚她一個小時前離開我這裡後會去哪，我也通知警方了。Y 小姐說她有辦法弄到槍，我相信她離開我這裡之後就會去拿槍。你瞭解我現在所說的嗎？

X 先生：嗯，我知道。

諮商師：那麼再見。

這樣的對話是不切實際的。諮商師在當下的確已按照法律規定警告可能的受害者，不過這對於保護受害者卻沒什麼作用。X 先生接到這通電話也許不會相信諮商師說的話而不會有所防備，可能對這消息感到過度震驚以至於沒有採取任何保護措施，或是非常憤怒並拿起自己的槍想要先下手為強而殺掉 Y 小姐。而這些都只是很有可能的幾個推測。值得注意的是 Binder 和 McNeil（1996）的研究發現，當精神科住院醫師警告可能的受害者時，受害者主要有兩種反應——不是早已知道有此可能，就是完全否認當事人會傷害他們。重點是即使加州法院在 1976 年的判決，也並非把責任限定在要預警，他們把更多焦點擺在保護動作。在 *Tarasoff* 一案，由於事件演變的結果，警告受害者被視為保護的必要一環，不過法院並不認為每個情境都要做到預警。換言之，專業人員的法律責任是採取行動保護個人免於受到當事人預期的傷害，預警是免除這項責任的常見做法，但在多數的州法中並不是用來保護第三方的唯一方式（Benjamin et al., 2009）。

如果諮商師有確實警告受害者，則諮商師應該盡其所能幫助這位受害者免於受到當事人的傷害。所謂的協助可以是幫助該人士和可保護他們安全的親密人士聯繫或是得到警方庇護，常用的方法是限制當事人自由使其無法接近受害者，通常是透過住院治療或強制送到精神安養機構等方式。不過這個方式有時不太可行，因為許多州規定要**同時**被診斷為心理疾患與判斷具危險性才能強制送到精神安養機構（Simon & Shuman, 2007）。另一項有時候被允許的做法是增加門診治療的次數，以降低當事人的傷害意圖。這種方式的風險較大，因為當事人並沒有被限制行動，不過當然能夠保障當事人更多的隱私。如果選擇以增加門診治療次數作為保護方式，則專業人員應該採取額外步驟以確保這是最好的替代方案。若要做此選擇，很重要的是向學識經驗豐富的同儕諮詢對當事人的照護方式。當然，實際上只要專業人員與有暴力風險的當事人工作時都很建議尋求諮詢。能夠與一位資深的同事檢視這個當事人的情形，更有助於專業人員評估風險程度，以及如果風險看來頗大時，亦可討論出最佳對策，防止當事人採取傷害性的舉動並保護可能的受害者。

如果這些聽起來彷彿諮商師及治療師必須讓自己身陷危險之中以保護受害者，這樣的印象是錯的。並非要專業人員冒著生命危險工作，而是要盡可能對當事人和／或受害者進行介入，以防範暴力發生。

在*Tarasoff*判決後續的一些法院案例，以不同方式更加澄清或延伸其判決旨意。有些案件限制預警或保護責任只能在有**立即**危險時才履行，通常是指整個情境已有實質或暗示會有的威脅舉動。如果臨床工作者判斷這些威脅為可預期且在最近即會發生，就比較可能要負責任（Wheeler & Bertram, 2008）。許多法律案件的分析都有完整闡述何謂保護或預警責任，所有心理健康專業人員都應該和所在地的判例法及成文法與時俱進（Benjamin et al., 2009）。

預警或保護的責任並非適用在每種當事人表示對他人有傷害意圖的情況。當人們生氣時，他們時常會用很暴力的語言表達憤怒。許多人在離婚時揚言對另一半進行肢體暴力，或是許多人說過他們寧願自殺也不願治療阿茲海默症或 AIDS。說過這些話的當事人很少數真的會去殺人或自殺。專業人員的責任是從這些憤怒與絕望的字眼確定那些真正會去採取行動的人。如 Truscott 和 Evans（2001）指出，當臨床工作者與當事人能發展穩固的治療關係時，他們才比較有足夠的影響力去準確判斷風險、化解暴力衝動以及降低行為發生率。

這樣的過程稱為**風險評估**。文獻指出儘管心理健康專業人員無法百分之百準確預測危險性，不過他們預測的準確度會比隨機猜測來得高（例如，請見 Mossman, 1994; Otto, 1992），尤其短期而言。如果他們錯估的話，比較會是高估危險性。換言之，他們會預估當事人有危險性，但是事實並沒有（Smith & Meyer, 1987）。雖說有效評估有其困難度，不過法院通常期待心理健康專業人員有責任保護潛在受害者。為此，良心建議專業人員應熟讀關於危險當事人的風險管理文獻，且盡可能成為評估暴力風險的好手。評估通常會包括當事人的暴力行為史、目前會增加或降低施暴可能性的社交狀況，以及現在的心理功能（Borum & Verhaagen, 2006; Monahan, 2008; Werth, Welfel, & Benjamin, 2009）。Borum 和 Reddy（2001）提到臨床工作者有六個項目要評估：(1)表現出支持或助長暴力的態度；(2)當事人施暴的能力或方法；(3)所做所為越來越靠近暴力行為，如購買槍枝或犯法；(4)展現出要訴諸暴力的意圖（相較於只是想要採取行動）；(5)其他人對當事人計畫的反應；以及(6)當事人願意聽從專業人員建議降低意圖的程度。

由於任何實務工作者的情緒都有可能被有暴力傾向的當事人挑起，且與有危險性或自殺傾向的當事人工作也是普遍的情況，所以能夠有評估危險程度的系統性方法也相當重要。一份調查賓州心理師的研究中，14% 的研究參與者在過去一年有一位當事人自殺過，而 18% 表示當事人曾攻擊過第三方（Knapp & Keller, 2004）。和一位被認為有傷害傾向的當事人工作是件壓力很大的事。專業人員可能被自認為對當事人應負的責任感及擔心自身安危所壓垮（Walfish et al., 2010）。如果無法透過審慎的危險性評估來平衡內心的壓力，這些恐懼與擔心就會嚴重影響清楚的思緒及合乎倫理的行為。更詳細的風險管理討論請參閱 Borum 和 Verhaagen（2006）、Monahan（1993）以及 Otto（2000）之論述。Yang、Wong 和 Coid（2010）提供專業人員用來評估當事人暴力風險的九種有準確性依據的評估工具，當中沒有一種能夠完美預測暴力的發生（Truscott, 2009）。不過比起單憑個人主觀判斷，這些工具確實提供臨床實務工作者更可靠的方式來預測暴力發生。

加州法院的判決（Leong, Eth, & Silva, 1992）提出另一項理由說明為何要在打破保密前先謹慎評估。至少三個案件中，一旦向第三方提出預警，心理治療師必須出庭作證其預警的必要性比 Tarasoff 預警還更迫切。在這三件案子中都有用到出庭作證的證詞以支持被告（當事人）有罪。根據Meyers（1991）所言：「沒有辦法舉證說明從 *Tarasoff* 一案之後，心理治療師曾解救過一些潛在的受害者免於受到傷害，不過至少知道有兩位心理治療師即使被告抗議且宣稱有溝通特權，仍被傳喚來作證，因此協助了原告指控該心理治療師的前任當事人，使其被判一級謀殺罪並處以死刑」（p. 27）。一個更近期的案例（*United States v. Chase,* 2003）更建議 Tarasoff 預警並不需要公開所有保密的內容。聯邦法院就此案判定即使心理師提出 Tarasoff 預警以防她的當事人 Chase 先生傷害 FBI 探員，其預警的事實並無礙溝通特權。法院主張 Tarasoff 預警之目的是保護第三方，一旦發揮預期的功效，要是當事人不再具危險性，其保密內容仍受特權保障。

當專業人員意圖預測危險性，應該向同事諮詢及可能的話也跟律師請教，因為傷害風險以及保密例外一般用在立即性危險而非潛在性。換言之，沒有立即性的危險就打破保密可能讓專業人員因未保護他人隱私而捲進法律及倫理訴訟。尤其是諮商師可能需要法律協助解釋美國諮商學會倫理守則所述的「嚴重且可預期的傷害」情況下，允許諮商師在沒有當事人同意下揭露保密內容的含意。儘管許多州，如加州跟俄亥俄州，皆保障心理健康專業人員避免因善意打破保密而被訴訟，但並非每個州都在判例法或成文法中強調這件事（Benjamin et al., 2009; Glosoff et al., 2000）。

當適合使用預警時，法院也會澄清誰該知道當事人具有危險性。一般情況下，應該通知的是執法人員及／或潛在受害者。專業人員應該僅限於透露與危險相關的訊息，而非其他的保密訊息。如果美國政府的高層人士受到威脅時，通知特勤局是另一種選擇（Randazzo & Keeney, 2009）。他們也應該告知跟潛在受害者（或他們的照顧者）非常親近以至於處於危險的人。例如一個有監護權的家長如果受到威脅，則依法專業人員也有責任保護其未成年子女免於受到傷害。多數州法院否決諮商師與治療師在當事人的威脅是空泛模糊時，或是無法辨識受害者是誰的情況下需負有通報與保護的責任。這種情況下，專業人員的責任有所轉換。如果風險評估確定當事人真的具有危險性，但沒有辦法確認受害者是誰，則專業人員應該考慮對當事人啟動強制住院程序（在許多州，只有精神科醫師及心理師有權獨立啟動這些程序）。如果當事人被緊急拘留在醫院，則他或她在住院這段期間就不會傷害到人。

各州對預警與保護責任的闡釋都不同。換言之，究竟哪些因素存在才能啟動保護的機制，各州有不同的看法。在少數州，只要有暴力行為的**紀錄**加上可合理辨識的受害者，即使缺乏具體的證據說明有哪些威脅，仍符合打破保密的條件（Benjamin et al., 2009）。換言之，在那些州，不一定非要有明確具體的威脅存在才能要求保護的責任。州法的這些巨大差異讓人混淆，且說明瞭解當地法律的極度重要性。更雪上加霜的是判例法與成文法在這個議題上變動快速。舉例而言，俄亥俄州法律在1991-1997 年間更改了三次相關的法律規範。即使已施行保護責任多年的加州，在2004 年亦更改了預警與保護責任法規（*Ewing v. Goldstein*, 2004）。

關於預警與保護責任的最後一個提醒是聽令行事。法院所定義的責任不僅適用於專業人員**知悉**危險的重大風險 的情況，也適用於專業人員**應該知道**的危險情況。這意味著如果對危險無知是因為能力不足或疏忽，或因為害怕拒絕探索當事人可能的談話內容，那麼專業人員仍視為違反此責任。法院完全不接納以能力不足或疏忽作為未能保護的理由。

有鑑於法律挑戰對當事人談話內容的保密程度，一般人可能誤解以為保密不適用在暴力的當事人身上。這樣的解讀不僅是錯誤，也與法院傾向支持保密在諮商與心理治療是普遍原則的判決不一致。即使是立即性的危險，保密也不全然被否決。透露的談話內容必須僅限於跟保護受害者的威脅有關。不相干的訊息應該保留以避免造成傷害。與威脅訊息無關的訊息，不論再如何無關緊要，也不該被揭露。

**當事人自殺時的預警與保護責任**　當事人有自殺的立即性風險時，實務工作者的主要職責是去防止成年當事人有自我毀滅的衝動行為（Jobes & O'Connor, 2009）。至於是否有法律責任要打破保密、告知當事人的重要他人仍未有定論（Bongar, 2002）。然而保護當事人的法律與倫理責任是無庸置疑的。要達到這個目標，最重要的利器是與當事人建立穩固的治療關係（Jobes & O'Connor, 2009），以及透過值得信賴的治療師所展現的力量，以降低傷害。因此當務之急是增加治療頻率。在無法避免打破保密的情形下，專業人員應該謹慎與其當事人的家人或有關當局溝通，且只揭露能幫助當事人的必要訊息。理想情況下，揭露要有當事人的同意及參與，在此情況下，這不是真的打破保密原則，而是共同決定朝向治療目標的結果。如果治療師評斷當事人和重要他人在一起不會安全，或增加目前的治療頻率仍不足，那麼住院可能是明智的選擇。仔細的風險評估對治療師的福祉也同樣重要。和自殺當事人工作被認為是臨床工作中最具壓力的部分（Deutsch, 1984; Hendin, Lipschitz, Maltsberger, Hass, & Wynecoop, 2000）。Bongar（2002）、Capuzzi（2004）與 Jobes（2006, 2009）提供評估自殺危機的極佳資訊來源。至於 Berman、Jobes 和 Silverman（2005）則對處理孩童與青少年可能自殺的情況有完整討論。由於心理健康專業人員在職涯中時常可能面對此議題，所以具備自殺評估的能力很重要。Rogers、Gueulette、Abbey-Hines、Carney 和 Werth（2001）的研究發現 71% 的諮商師表示過去至少一位當事人有自殺意圖，而 McAdams 和 Foster（2000）發現 20% 的諮商實習生有類似的經驗。

## ●● 7. 當事人計畫未來犯案

根據 Glosoff 等人（2000）的調查，一旦當事人透露計畫未來犯罪時，有 17 個州的心理健康專業人員可能被迫要向司法調查人員說出這些不受特權保障的內容。

這 17 個州包括阿拉斯加、亞利桑那、華盛頓特區、愛達荷、伊利諾、印地安那、堪薩斯、路易斯安那、麻薩諸塞、蒙大拿、新墨西哥、奧克拉荷馬、奧勒岡、南卡羅萊納、南達科他、田納西以及華盛頓。這項規定可能適用的犯罪活動包括販賣贓物、買賣毒品或參與詐騙老人計畫。心理健康專業人員不應混淆這裡的特權例外和適用在受到當事人威脅的第三方預警及保護責任。即便在上述的 17 州，計畫犯罪當事人的保密內容只限被檢調人員偵查時，以及這些人從治療人員那裡尋求資料的情況。在這些州，知道當事人策劃犯罪行動的專業人員即使自己或當事人不贊成，仍須被迫提供保密內容。總而言之，任何人面對這種情況時應該深究所在地的法律規定，並向律師諮詢以做出適當的回應。

## 8. 諮商 HIV 陽性的當事人

不久以前，感染 HIV 病毒的人被視為無藥可治。近年來對多數感染 HIV 者則逐漸視之為一種長期疾病。透過適當照顧，患者可以數十年過著像一般人的生活。此外，近期在發展疫苗及局部應用以防止女性感染的研究已有部分進展（National Institute of Allergy and Infectious Disease, 2011）。與有 HIV 的當事人諮商會產生許多倫理議題，其中心理健康專業人員最在乎的有：(1)保密的揭露；(2)如果健康的資訊沒被妥善保護，會有歧視 HIV 當事人的風險；以及(3)由於和此當事人接觸而有感染風險的第三方之福祉。感染風險高的最常見行為是吸毒時共用針頭和無保護措施的性行為（當然，並非所有無保護措施的性行為都有相同程度的風險，但是無保護措施的性行為是落入感染高風險的類別）。治療師的倫理兩難在於對 HIV 當事人的責任及他人感染風險兩者間取得平衡。當事人做出傷人或自殺的威脅時會有保密限制，但是學者們對於預警及保護責任是否適合運用在這個情境則一直有激烈的爭辯（例如，請見 Anderson & Barret, 2001）。

只有美國諮商學會倫理守則特別提到患有危及性命疾病的當事人的保密限制：

## 美國諮商學會倫理守則

**B.2.b. 會傳染、危及性命的疾病**

當事人透露自己罹患的疾病是眾所周知具有傳染性且會危及性命時，如果知道第三方是誰且其處於高傳染風險情況下，諮商師可以合法據此告知可辨識第三方這個訊息。在揭露前，諮商師要先確認該診斷，及評估當事人告知第三方關於疾病或可能傷害可辨識第三方的所有行為之意圖。



美國心理學會倫理原則的保密例外沒有特別提到有關傳染疾病這部分，僅有在 4.05.b 間接提及允許心理師為了避免某人受到傷害，得以在沒有當事人同意下揭露保密內容。不過美國心理學會在 1991 年發布了預警責任運用在 HIV 患者的解決辦法。該文中提及美國心理學會不贊同針對有高傳染風險的HIV患者制定預警責任規定。如這份文件所提，除了猶他州之外（Glosoff et al., 2000），沒有任何一州明定心理健康專業人員有預警責任以及要保護暴露在感染HIV風險的人。美國心理學會的解決辦法繼續提到如果有這類法規，學會將會接受。其內容跟美國諮商學會倫理守則相當接近：

> 然而，如果考量到特定法規，那麼應該只有在下列情況下才得以揭露：(a)訊息提供者知道可辨識的第三方是誰，並有強烈理由相信此人有重大的被感染風險；(b)訊息提供者合理認為第三方毫不知悉或懷疑自己有被感染的風險；以及(c)當事人／患者曾被力勸要告知第三方，但是當事人拒絕或治療師懷疑當事人真的有意願去告知第三方。（APA, 1991）

當事人的福祉不能被忽視——即便是當專業人員決定必須打破保密來保護處在危險中的人。執行這些行動前均應先告知當事人，並以最不傷害當事人的方式完成。因衝動或只憑直覺反應就輕率揭露保密內容，而非審慎評估過當事人及第三方的風險，將有可能會造成問題。這個提醒可以由一個研究結果支持。該研究發現心理健康專業人員在這些情況下是否能做出關於打破保密的客觀決定，會受到其對同性戀的態度所影響（McGuire, Nieri, Abbott, Sheridan, & Fisher, 1995）。McGuire 等人發現在恐同症測驗得高分的心理治療師比起得低分的同業較可能打破保密。許多學者也發現諮商師、心理師及婚姻與家庭治療師對 HIV 患者存有偏見態度（Crawford, Humfleet, Ribordy, Ho, & Vickers, 1999; Pais, Piercy, & Miller, 1998; Palma & Iannelli, 2002）。這些研究中，男同志的男性伴侶比起男異性戀的女性伴侶更不被認定是該預警的對象。因此研究強調各類的心理健康專業人員在進行通報第三方的決定時，一定要基於事實的理性考量，以及公平評估當事人與陷入險境第三方的權利。

Kozlowski（2004）及 Nichols（2003）的研究均凸顯即使不考量異性戀主義者的偏誤，要打破保密來避免第三方感染HIV風險的決策，對實務工作者而言是困難且需深思熟慮的。例如 Kozlowski（2004）表示其以虛擬情境所做的調查中，即便當事人有HIV且堅絕不透露給身處危險的伴侶，有25%的心理師仍不願打破保密。根據這個初探性的研究結果，即使倫理守則同意專業人員可以打破保密來保護有危險的第三方，仍似乎未能達成統一的因應方式。比較樂觀的是，Kozlowski與Nichols的研究也顯示當專業人員面對這類複雜的議題時，他們時常會向同事諮詢。

造成實務工作者對此缺乏共識的一項可能因素是，現實中的法律對於向第三方通報當事人HIV情況的規定各州不同且分歧。多數法規對於醫事人員、健康照護提供者或心理健康專業人員的規範不夠明確，連分析這些法規的學者對於諮商師與治療師是否要對當事人HIV的資訊保密的各種法律條文解讀也莫衷一是〔請參閱Melchert和Patterson（1999）以及Chenneville（2000）對州法的不同解讀為例〕。某些州規定保密，其他則允許第三方有危險時方可揭露，而根據Chenneville（2000）的整理，僅有少數幾個州要求揭露。在強制保密的州內，如果治療師打破保密會遭到當事人提告。至於在允許揭露給有感染風險的伴侶或其他人士的州，保障專業人員避免被告通常也包含在法規中。顯而易見的，在這充滿不確定性且快速變遷的環境，心理健康專業人員需要獲得所在地有關實務工作的適切法律建議，並且定期更

新知能。

另一個直接跟有感染風險的人透露的做法是透過伴侶辨識計畫。這些計畫就是當可以透過這計畫的人協助告知潛在的受害者。在有些州，交付訊息給伴侶辨識計畫可視為取代倫理及法律義務打破保密的方式（Chenneville, 2000）。有 26 個州規定醫生跟其他健康照護專業人員要提供HIV陽性的人的資訊給負責的公立健康部門（Melchert & Patterson, 1999）。

治療 HIV 的新藥物（Kalichman, 2003; National Institute of Allergy and Infections Diseases [NIAID], 2007）以及能減少與 HIV 患者接觸後感染風險的藥物（Grant et al., 2010）出現後，可能會影響美國諮商學會倫理守則的解釋。搭配蛋白酶抑制劑（protease inhibitors）的綜合治療能夠降低病患體內的病毒總數，達到微不可測的程度。在此情況下，這些人還跟高程度的人有相同的傳染性嗎？如果在降低無病毒者被感染上有實質進展，那與病患接觸後還會像以前那樣危險嗎？對這些問題仍難有定論。不過顯而易見的是隨著醫療科技的進展，將會影響專業人員考量是否該打破保密警告他人。同樣地，惡性或難治型病毒的出現也會影響專業人員的風險評估，以及是否需要通知有危險處境的人。讀者若想更進一步探討此重要議題，請參考 Huprich、Fuller 和 Schneider（2003），文中詳盡探討關於 HIV 當事人保密上的複雜考量，與不同州常相衝突的法規。他們提出兩套不同的倫理決策模式來因應此困境。Barret、Kitchner 和 Burris（2001）的著作也是探討此議題的寶貴資源。

臨床工作者也應該要熟悉有哪些介入方式可提高HIV患者的使用率，以降低他人的感染風險（Kelly & Kalichman, 2002）。假使當事人持續用這些方法，那麼預警就變得不是這麼重要了。

## ●● 9. 諮商臨終的當事人

臨床工作者和臨終的當事人工作，有時會面臨到當事人的病痛跟折磨讓他們想了結生命。面對這情況的專業人員所處理的是工作中最複雜且困難的倫理難題之一。他們有責任要去介入避免當事人尋死，就像有責任去防止個人在生命中其他不同階段自殺嗎？一個能自決的人瀕臨痛苦難捱的死亡會扭轉臨床工作者防止自殺發生的責任嗎？因疾病或受傷而想尋死的人，是否要考慮罹患憂鬱症的可能？換言之，是否有**理性自殺**這件事？如果某些情況下加速個人生命的終結可算是合理正當，那麼專業人員協助或支持當事人完成自殺，在倫理上是否可以接受？在跟一位決定終結自己生命的當事人工作時，專業人員要負什麼樣的保密責任？美國心理學會倫理原則沒有直接闡述這個議題，不過美國諮商學會的最新版本有詳盡探討。守則除了闡述與臨終當事人工作的諮商師能力要求外，在 A.9.c 也有提供一些關於當事人揭露想加速自己死亡的指引。

## 美國諮商學會倫理守則

### A.9. 臨終病人的臨終照護

a. 照護品質。諮商師應採取步驟確保當事人：(1)接受高品質的臨終照護，滿足其生理、情緒、社交以及靈性等需求；(2)盡可能擁有最大的自我決定權；(3)盡量被賦予機會參與每次與自己臨終照護相關的決議；(4)能代表自己接受有臨終照護經驗的專業人員進行完整且適當的做決策能力衡鑑。

b. 諮商師的能力、選擇與轉介。體認到有關臨終決定可能涉及的個人、道德與能力議題，諮商師可以選擇要不要與期望探討各種結束生命方式選擇的臨終病人工作。諮商師應提供合適的轉介資訊，以確保當事人獲得需要的幫忙。

c. 保密。諮商師在與正思考要了結自己生命的臨終病人工作時，可視當時適用的法律以及整個個別情況，在徵詢適當的專業與法律人士諮詢或督導之後，選擇要不要打破保密。



本節想澄清的是如果當事人已經瀕臨死亡又想提早結束生命，沒有一位諮商師被倫理守則規定要打破保密；反而是建議專業人員依個別情況做決定，並且要尋求諮詢或督導而不要意圖單打獨鬥。美國諮商學會倫理守則允許諮商師根據特定的當事人狀況打破或維護保密內容。

美國心理學會針對臨終議題也採同樣觀點，當事人想提早結束生命時，沒有一位心理師被要求要打破保密。不過這情況沒有出現在美國心理學會的倫理原則中（APA, 2001）。全國社會工作者學會在 1994 年針對加速死亡發表聲明，決議允許社工協助當事人做這方面的決定（NASW, 1994/2003），換言之，這守則與專業人員指引表示同意（在審慎評估當事人與考量相關法規後），但未強制要揭露。相關文獻（例如，the APA's *Working Group on Asisted Suicide and End-of-Life Decisions*, 2000; Werth & Blevins, 2008; Werth & Richmond, 2009）提供下列幾項議題給專業人員思考：

- 當事人行使知後同意的能力與適任性，亦即能瞭解做決定的意義與內涵的判斷能力。
- 與疾病共存的心理狀態、疼痛與煎熬、生活品質、文化因素、經濟考量以及害怕失去自主權等的影響。
- 當事人的社會支持系統。
- 可減少痛苦與促進生活品質的其他介入方法（Gibson, Brietbart, Tomarken, Kosinski, & Nelson, 2006）。
- 強迫加速死亡可能造成的影響——不管是直接或間接的壓力。

在當事人因嚴重憂鬱或疾病而影響其行使同意的能力情形下，專業人員顯然好像可以打破保密來防止當事人自我了斷或採取其他安全措施，也可以暫緩打破保密直到上述因素已評估完全。如果當事人的決定顯得合理、非受迫、不受心理問題干擾，以及確實探討過所有促進生活品質的替代方案後，專業人員就可以繼續保密。然而可想見的，由於目前的公共政策仍在辯論協助自殺的議題，可能會讓各州通過不同的立法，因此需要心理健康專業人員站在不同立場，所以臨床工作者必須跟著會影響他們行動合法性的州法規與判例法調整〔這些案例對此倫理議題爭辯的更多討論，以及專業人員遇到這些案例時的因應方式，請參閱 Werth 和 Richmond（2009）〕。以下案例說明專業人員與想自我了結的當事人工作的兩難情形。

**Mildred 的案例**

Mildred 是位任職於跨國運動用品公司的 59 歲經理，過著非常充實且有意義的生活。她曾在三屆奧運的田徑項目獲獎，創辦基金會幫助教育來自戰亂國家的難民孩子，也認養四位盧安達的孩子，並帶領公司獲利無數。近來被診斷為治癒率相當低的癌症末期。因此，她決定放棄治療，要在剩餘不多的日子盡力活出最豐富的人生。她前去諮商以幫助她已成年的孩子與其他家庭成員做心理調適，並替自己的結束生命做準備。在晤談過程中，她跟諮商師透露當她受不了病痛且幾近死亡時，計畫自我了斷來解放自己和家人看著自己被病痛折磨至死的痛苦。諮商師同意協助她跟她家人做心理準備且不介入她的計畫，只要 Mildred 不要跟她說計畫的確切日期就好。

## 與特殊族群工作時的保密

前面的討論多半假設諮商與心理治療是跟有能力的成年當事人一對一進行。當治療方式與上述架構不同時，保密倫理的不同考量就會浮現，以下將討論在服務孩童、團體、家庭以及喪失行為能力者的保密解釋。

### 孩童與青少年

任何一位與未成年人工作的諮商師或治療師均被要求要尊重保密，就像在與成人工作一樣。沒有一位專業人員可以把未成年當事人的資訊當成茶餘飯後的談話素材，或是在未經同意下跟家長與監護人以外的人士散播訊息。治療紀錄必須防止被未經授權的人取得，未成年當事人的身分也要被保護，道理就跟成人保密相同。若不這樣做，當事人就沒有自主權，而且信賴的諮商關係會被破壞。簡言之，尊重當事人的尊嚴與福祉沒有只限定在某一年齡層（當然稍早描述成人的保密限制也可運用在未成年當事人身上）。

保密運用在未成年當事人身上與其他人的分野是源於他們的法定地位。未成年人不被承認像成人有同等的隱私權。事實上在 1967 年之前，美國法律並未認同未成年人是個「人」，且在憲法或法律上沒有任何隱私權。當年美國最高法院做出結論：「第 14 修正案與權利法案（Bill of Rights）均不只適用於成人」（1967 年 *re Gault* 案，p. 28）。（涉案的Gerald Gault是一位因撥打色情電話而被判決羈押到 21 歲的 15 歲少年，當時犯此行為的成人僅需繳交 50 美元的罰鍰以及最多兩個月的徒刑，但是 Gault 被如此判決卻沒有任何具體的指控罪名，除了被判定為犯罪，且也沒有保留任何聽證會的紀錄。）從 1967 年起，部分判例的立足點會認為孩童與青少年也是一個人；不過未成年人普遍不被允許對家長或監護人隱藏祕密（Koocher & Keith-Spiegel, 1990）。因此在缺少州或聯邦法條或法院案例反對下，家長有權知道任何有關未成年子女教育或健康照護服務的訊息，除非他們同意不想知道。

如同在第 2 章所述，倫理守則的保密只略微提到孩童與青少年，如下：

## ✸ 美國諮商學會倫理守則

### B.5. 沒有能力行使知後同意權的當事人

a. 對當事人負責。當與未成年人或缺乏能力提供自願及知後同意的成年當事人進行諮商時，諮商師應遵守聯邦法規、州法、規定的政策以及適用的倫理準則等所規範的，要保護從諮商關係中得到的保密訊息。

b. 對家長與監護人負責。諮商師告知家長與監護人有關他們的角色與諮商的保密性質。諮商師對家庭的多元文化要足夠敏銳，並尊重家長與監護人受角色與法律賦予對他們小孩或受保護人的福祉有固有的權力與責任。諮商師應盡可能和家長與監護人建立合作的關係，讓當事人獲得最好的服務。

c. 揭露保密內容。當諮商師與沒有能力行使知後同意權的未成年人或成年人諮商而必須揭露保密內容時，諮商師要徵得合適的第三方同意。在此情形下，諮商師以當事人所能理解的程度告知他們，並依合乎文化的方式來保障當事人的保密內容。

美國心理學會倫理原則在 4.01、4.02 以及 10.01 著墨更少，僅陳述心理師保護所知道的保密內容，並與當事人或法定上能行使知後同意的人討論保密的性質與範圍。因此，這些守則把如何將這些廣泛的倫理準則運用到特定情境的難題留給專業人員去判斷。

幸運的是許多倫理學者已檢視未成年人諮商的保密議題，並提供指引以判定授予孩童的保密程度有多大（Gustafson & McNamara, 1987; Rozovsky, 2000; Taylor & Adelman, 1989）。一個共識是，保密能夠做到的程度跟當事人的年齡以及身心成熟度有直接關聯。若青少年越接近成年，他或她被允許保密的可能性越大。這個評斷的標準是基於研究發現 15 歲或更大的青少年所展現的判斷能力似乎與多數成年人不相上下（Mann, Harmoni, & Power, 1989; Weithorn, 1983）。換言之，他們似乎能夠全然理解治療的性質、風險及益處而行使知後同意權（Gustafson & McNamara, 1987）。相較之下，11 歲以下的孩童就無法展現同樣的理解能力。此外較年幼的孩童往往比較無法自我肯定且比較聽從大人的話，而不會表達心中的期望。

11 至 14 歲的孩童在理解諮商上有個別差異是因為他們的認知發展程度不一，尤其是形式運思期認知能力的發展（Weithorn, 1983）。當孩童的認知能力達到這個階段，就能夠把抽象的可能性概念化且進行假設性的推理，這些能力對於要有效參與諮商似乎很重要。故在與這個年齡範圍的孩童諮商時，學者建議先評估當事人的認知能力來決定他們能否獨立接受諮商。當然不是所有超過 15 歲的青少年都具備形式運思期的能力，因此每當要進行未成年人諮商時，均必須仔細評估其認知發展程度。有學者認為單看認知的成熟度不足以評估未成年人是否能夠理解與同意治療，Fundudis（2003）建議要考量以下四項因素以決定未成年人是否有能力：

- 實際年齡（包含發展史與成熟的進展程度）。
- 認知程度（包括語言、記憶、推理能力以及邏輯能力）。
- 情緒成熟度（包含性格、情緒穩定度、依附、求學歷程適應以及態度的風格）。
- 社會文化因素，如家庭價值觀與宗教信仰。

法律也已訂出四項一般無須家長同意的例外情形（Gustafson & McNamara,

1987）。第一種例外是身心成熟的未成年人，其有能力明白治療情況及後果。即將成年的未成年人最有可能讓法庭判為成年人。根據Rozovsky（2000）所述，當法院在判斷未成年人的成熟度時，也會將治療的複雜性與風險納入考量。第二種是已合法脫離家長或監護人管教的未成年人。這些青少年在其日常生活各方面差不多都是獨立自主。脫離管教的標準隨各州制定且依個別當事人而定，但普遍有共同因素，如地位像一家之主、已就業、在軍隊服務或是結婚（Rozovsky, 2000）。第三種例外是緊急狀況時。如果立即治療是必要的，則每位未成年人都應該當下接受治療。事後也應該盡速告知家長治療情況（Lawrence & Kurpius, 2000）。最後則是法院命令褫奪家長的同意權。

一些州已立法同意當家長同意的規定會阻礙未成年人尋求治療的意願時，允許未成年人無須父母同意才能接受醫療與心理治療。例如青少年由於物質濫用、懷孕、性病與墮胎等情況，可在父母不知道的情況下獲得所需的照護（一篇加州未成年健康照護權利的精彩評論，請見http://www.teenhealthlaw.org/minorconsent/）。聯邦法律也規定未成年人接受物質濫用評估或治療，必須先獲其同意才可揭露資料（Gudeman, 2003）。18 個州明確允許未成年人可同意要不要接受門診心理健康治療，儘管這些法規的規定年紀與治療項目都不盡相同（Boonstra & Nash, 2000）。例如俄亥俄州同意 14 歲以上的青少年無須獲得父母同意即可尋求限定次數的心理健康服務，事後或治療結束時必須告知父母。加州則是給予 12 歲以上的未成年人同樣的權利，而加州總檢察長最近澄清未成年人的祕密照護權利，強調如果學生尋求父母不知情的心理服務，禁止學校通知家長校方讓學生離開學校接受治療（Lockyer & Duncan, 2004）。

有些作者認為聚焦在避免讓家長與監護人知道孩子諮商的方向是錯的，反而主張家長得知道，因為他們對於孩子的生活握有大半的權力，所以應該要歡迎他們而不是將他們阻擋在外（Taylor & Adelman, 1989, 2001）。這個看法與美國諮商學會的倫理守則一致，建議諮商師與家長共同合作謀求當事人最大福祉（B.5.b.）。這些作者主張有時保密不讓家長知道，「可能嚴重妨礙介入者想幫助當事人的努力」（Taylor & Adelman, 1989, p. 80）。在一開始謀求和家長合作不僅鼓勵他們來協力治療，也提供機會教育他們有關未成年人保密的適切性。他們建議初次晤談即提供家長諮商過程的訊息，向他們承諾如果有影響孩子福祉的重要訊息將會告訴他們，並且教導對所有當事人信任與隱私的重要性。這樣的說明結束後家長不僅比較可能讓孩子接受治療，也比較願意支持諮商師和尊重孩子晤談內容的隱私。由 Nevas 和 Farber（2001）所做的調查支持家長不需要被視為孩子接受治療的對立者。他們發現家長普遍對於孩子接受治療持相當正向的態度，家長尊重兒童治療師的技術並感激對他們孩子所做的一切。不意外的是，如果孩子的症狀正在積極改善，家長對治療師的態度會是更支持。

Nevas 和 Farber（2001）指出許多治療師的行為能促進治療時家長與孩童的持續性正向態度。他們建議清楚告知家長治療過程中會有一些退步的行為是正常的，而且如果未成年子女帶著矛盾進到諮商，在發揮療效前可能會有短期的反抗行為產生。他們也建議即使治療進展令人滿意，仍必須跟家長持續溝通，以維持出席的穩定。關於保密，他們建議家長直接跟孩子表達明白孩子對保密的渴望，並盡可能尊重這項需求。當孩子與家長對治療目標意見相左時，上述這些步驟的價值就更顯其重要，而根據 Hawley 和 Weise（2003）的說法，這是非常普遍的情況。他們陳述 76% 的案例中孩子與家長所認為的治療目標竟然完全不同，且對於主訴問題的性質究竟是什麼（如是攻擊或是焦慮）也幾乎有一半的時間是意見不同的。

更可想見的，不是所有的家長都願意投入這過程，而且大多時候孩子的問題是來自父母的問題。生在酗酒家庭的青少年可能有否認物質濫用的雙親。這類父母時常阻止青少年尋求諮商，但青少年仍需一個空間討論自身問題並學習因應技巧。同樣地，一位性別認同掙扎的青少年多半不會自在地跟家人討論這些事。根據 Hetrick 和 Martin（1987）的調查，有些這樣做的青少年被家人趕出家門，也因此有遭受暴力的風險，甚至是家人所為。在他們的調查中，49% 尋求過協助處理受暴的男同性戀與女同性戀青少年指出是被家人所傷害的。

在這情形下，諮商師需要去權衡家長或監護人的法定權利跟孩子情緒狀況，再決定對孩子最有利的後續行動。最終目標應是要找到方法讓家人參與治療，因為對青少年問題的最佳解決方法可能是家庭治療。若是缺少家庭的合作，則須時常提倡孩童福祉與保護他或她免於傷害。甚至連醫療保險可攜性與責任法案（HIPAA）也確切指出如果「家長作為孩子的法定代理人並非對孩子最有利」，那麼就可以拒絕

家長取得他們孩子晤談紀錄的權利（U.S. Department of Health and Human Services, 2003, p. 693）。（有關校園保密的討論，請見第 13 章。）

## 團體與家庭諮商

尊重當事人保密權利的基本倫理責任在團體或家庭諮商仍然適用。專業人員不能透露諮商與心理治療中當事人的身分或資訊給不相干人士。從倫理及法律面向來看，當一位當事人透露私人訊息時有其他人士在場，將會讓保密複雜化。首先就如倫理守則所指，專業人員不能保證在場聽到訊息的其他成員一定會尊重該位當事人的隱私。當然實務工作者在任何有多位當事人的場合下均必須強調保密的重要性，並要求所有人尊重保密原則，但是這項要求的約束性有限。因此團體及家庭諮商的所有成員都需要瞭解這是保密的另一個限制。

### 美國諮商學會倫理守則

**B.4.a. 團體工作**

在團體工作中，諮商師對即將開始的特定團體明確解說保密的重要性和涵蓋範圍。

**B.4.b. 伴侶與家庭諮商**

在伴侶與家庭諮商中，諮商師必須清楚定義誰是「當事人」，並討論保密的期望以及限制。諮商師須尋求所有有能力進行同意權的當事人之口頭及書面同意，包括每一個人的保密權利，以及對於所知訊息保密的義務。

## ✸ 美國心理學會倫理原則

**10.03 團體治療**

當心理師以團體形式提供服務給多個對象，他們於一開始描述其角色和各方的責任，以及保密的限制。

**10.02 治療涉及伴侶或家庭**

a. 當心理師同意提供相互有關係的多個對象（例如配偶、重要他人，或父母和小孩）服務，他們於一開始即採取適當的程序澄清(1)哪些人是當事人／病患，以及(2)心理師將與每個人建立的關係。此澄清包含心理師的角色及可能提供的服務或取得的資訊。

b. 假如情勢逐漸明朗，發現心理師可能會被要求扮演具衝突的不同角色（比如原本是家庭治療的治療師轉而為離婚程序中一方的證人），心理師應採取適當的方式澄清和調整，或適當的退出角色。

---

 American Psychological Association. (2010a). Ethical principles of psychologists and code of conduct (2002, amended June 1, 2010). Retrieved from http://www.apa.org/ethics/code/index.aspx.

其次，在多數的州，團體或家庭諮商中揭露的訊息可否在法院內被視為特權訊息仍有討論空間。特權觀念建立在個人私下與律師、醫生或牧師溝通之上，當一人在第三方面前向心理健康專業人員揭露訊息時，「訊息有特權」的主張在法律上普遍不被承認，這就是所謂的**第三方的規範**（third-party rule）：任何在第三方面前揭露的訊息一般不被法庭接受是有特權的（Swenson, 1997）。因此在多人同時諮商的情境下，當事人也需要知道特權不見得真的能適用，即便是在同意心理健康專業人員在個別諮商時有特權的州也是如此（Corey, Williams, & Moline, 1995）。某些州如明尼蘇達州就有特權法規保護團體及家庭治療的談話內容，但多數的州並沒有（Myers, 1991; Sales, DeKraai, Hall, & Duvall, 2008）。「團體工作專業人員學會的最佳實務指南」（*The Best Practice Guidelines of the Association for Specialists in Group Work*）（ASGW, 2007）以及美國婚姻與家庭治療學會的「倫理守則」（AAMFT, 2001）均有廣泛討論團體治療的保密議題，運用這些治療技術的專業人員都應該要完整讀過這兩份文件。

## 多元文化情境的保密

保密是基於認為個體有自主權、能自由替自己作主，包括決定接受治療及掌握治療中要說多少或是參與多少。自主權是源於西方哲學的倫理原則——這世上沒有其他地方如此看重。事實上在有些文化傳統中，自我管理的自由明顯排在對家族忠誠或是服從長者的期許之後，即便是有自主能力的成人也一樣。家人不能知道親人的心理健康狀況，這樣的概念與部分文化價值觀基本上不一致，就像有些文化的信念是個人應獲得家人的接納，但有人會違逆長輩的想法來滿足自己的期望或目標。

在這情況下，諮商的保密內容會變得複雜，如 Meer 和 VandeCreek（2002）貼切舉出三位來自南亞的成人在美國接受諮商的案例。當他們的家人得知這些人接受諮商時，他們要求完整揭露治療的內容及進展，不只是表現對治療師的不信任，更對其家人竟然先跟一位陌生人談論家庭私事而有高度敵意。讓事情更加複雜的是當事人也不願意表達出對雙親要求的不滿，因為這是違背他們文化規範中尊敬長輩的一種行為。在這種情況下專業人員要如何遵守倫理規定實踐保密？一個常見的做法是要求當事人簽署揭露訊息的協定，不過那只能解決部分問題，因為當事人可能會感到無力維護自己的權利。較符合倫理的因應做法是預先考慮到當事人的價值觀可能和專業人員的倫理原則相悖，因而增加複雜性，並在諮商初期即和他們討論與家人溝通的方法。事實上，如果可行的話，家庭治療可能會是個更好的方式。Schwebel 和 Hodari（2005）就舉出運用家庭治療和多元文化當事人工作的案例。

## 保密的新興挑戰：管理式照護、科技以及制度暴力

100年前當諮商與心理治療興起時，當時就只包含當事人跟他們的諮商師（Heppner, 1990; Whiteley, 1984）。所有治療都是在面對面的場合，而全部跟錢相關的事情都是由涉及的人直接處理。如果有做紀錄就用紙本紀錄，而治療長度與如何治療都由專業人員跟當事人直接決定。第三方賠償制度、紀錄電腦化以及透過電話、傳真跟網路媒介聯絡心理健康專業人員等制度問世後，促成心理健康照護的一場革命

且更增保密的困難度。例如在 1960 年代保險業者開始幫人們負擔心理服務的費用時，他們即尋求有關被保人問題的性質跟治療資訊。如果他們要付這筆費用，他們就有權知道治療內容是否符合補償標準，所以當事人簽署揭露保密協議書讓治療師可以直接跟保險業者溝通。及至 1980 年代開始實施管理式照護時，保險業者對診斷相關訊息的索求增加，並且延伸到參與建議治療的長度跟類型。至於目前則是要求治療的事先授權，此乃由心理健康專業人員先聯絡保險業者，提供診斷及治療計畫，接著要求同意提供這些治療服務。如果通過，就能提供特定次數的門診治療。管理式照護提供者也主張有權力審查紀錄來確認帳單及補償是否合理。心理健康專業人員有時必須提供詳細資料以說明為何需要額外的治療次數，這過程稱為**使用評估**（utilization review）或是**品質保證**（quality assurance）。這些要求的每一項都讓當事人的隱私承擔風險。甚至在 1990 年代，管理式照護公司有時無法避免會讓無關治療的人取得該當事人的保密性資料（Scarf, 1996）。

有鑑於管理式照護的制度興起及當事人資料電腦化，美國國會在 1996 年通過醫療保險可攜性與責任法案（HIPAA）來保障當事人資料在電子網絡上的傳遞。這法案是設計來保護接受健康照顧的當事人避免未授權的訊息揭露，也能提供病患部分程度來掌控訊息的揭露；同時也規定處理健康訊息的提供者須遵從隱私指引方針，否則容易被病患控訴，甚至在某些情況還會遭到聯邦的刑事起訴。美國諮商學會及美國心理學會皆在它們的倫理守則中強調這主題。美國諮商學會倫理守則 B.3.d 述及：「諮商師僅可在當事人授權的情況下才揭露訊息給第三方付費者。」同樣地，美國心理學會倫理原則 10.01 也詳細說明當事人必須在知後同意瞭解其治療會有第三方付費者的涉入。幸好醫療保險可攜性與責任法案及時制定，藉以減少以往當事人隱私被嚴重侵犯的情形。這法案至少某個程度上可以確保保險業者手上的保密資料隨意外流的機會將會減少，且假使有違法行為發生，也能保障他們有權利提出法律補償。不過因為傳給第三方付費者的資訊一般而言會成為當事人病歷資料的一部分，所以應該告知當事人有關保密及隱私不會被醫療保險可攜性與責任法案完全阻絕的風險。第 12 章會另外討論管理式照護的倫理意涵。

**科技洩漏當事人資料的報導**　2008 年 1 月 31 日《沙加緬度蜂報》（*Sacrameto Bee*）的 Swett 報導一位心理師的手提電腦從她的車上被偷走，裡面有加州高速公路巡警隊 441 位求職者的心理疾患篩檢的原始資料。發言人表示該位心理師似乎沒注意到該州規定電腦內所有的敏感性資料都得加密。2006 年 8 月 30 日，華盛頓州一間大型心理健康與危機服務機構 Compass Health 向當地警局報案電腦遭竊，電腦內存有一群病患的個資，包含個人基本資料、臨床紀錄以及社會安全碼（Bosworth, 2006）。

電腦可以儲存大量資料的功能讓紀錄比過去用紙本紀錄更容易遭竊、複製或遺失。可想而知，一位專業人員的所有個案紀錄可以只存在一台手提電腦或一只隨身碟，因而更容易被偷走、遺失或是毀損。凡是運用電子設備存放個案紀錄的專業人員必須對於被誤用的可能性有所警覺，並須額外花心思來保護資料（Pope & Vasquez, 2010）。針對心理師運用科技的情形所做的研究顯示他們大量依賴電腦（Rosen & Weil, 1996; Welfel & Bunce, 2003）。即便在十幾年前，Rosen 與 Weil 的研究中即有 52% 的心理師表示會把當事人付費紀錄存在電腦，有 15% 則是放個案紀錄，另外的 11% 是透過電腦施行心理測驗，而有 6% 則是經由電腦給予「直接協助」（Rosen & Weil, 1996, p. 636）。Welfel 和 Bunce（2003）的研究則是發現調查中有 44% 的心理師有跟現在或未來可能的當事人至少寫過一封電子郵件，且其中四分之一的內容是有關治療。可想而知從這些研究之後的這幾年間，使用電子資料儲存一定更加蓬勃發展。美國諮商學會對此議題所述如下：

## ✸ 美國諮商學會倫理守則

**B.3.e. 傳送保密的訊息**

諮商師透過電腦、電子郵件、傳真機、電話、語音信箱、答錄機以及其他電子或電腦設備傳送當事人訊息時，要預先防範確保不會洩漏當事人隱私訊息。



美國心理學會針對所有運用電子通訊器的倫理規定在前言提出一概述，包括下列陳述的 4.02(c)：「透過電子通訊方式提供服務、產品或資訊的心理師，需告知當事人／病患隱私相關的風險和保密的限制。」

Heinlen 和 Welfel（2001）對於要電腦化個案紀錄，建議以下的預防措施：

- 盡可能避免他人能夠取得電腦，或確保資料有強力的密碼防護，如讓人猜測不到的密碼。
- 使用外接硬碟來新增或存放個案紀錄，或把任何放在硬碟裡的紀錄都加密（Pope & Vasquez, 2010）。
- 使用編號或假名來辨識資料、光碟和其他儲存設備。
- 替每位當事人保存附有重要資訊摘要的文件資料，包含任何編號或代號。
- 強制更新病毒防護。
- 注意電腦是否有連上網路，並採取合適的方法避免資料被其他網路使用者讀取。
- 因為平板電腦、小筆電、筆電以及手機特別容易遺失、遭竊和毀損，如果其他安全措施，如密碼保護以及／或加密無法使用，專業人員就不應該將當事人的可辨識性資料儲存在這些設備裡。

使用傳真傳送當事人資料與揭露同意書時應該要謹慎。傳真機可能被放置在任何人可自由進出的公共空間。傳送資料可能發生在收發室沒開的時候，所以該份文件可能放在那裡好幾個小時無人看管，因此在傳真前應該先打通電話、傳封電子郵件或發送簡訊給對方。這通電話能確保收到這份保密資料的人是有權限看的人。同樣地，傳真完畢之後的後續聯繫可確保所有資料有成功傳送出去。另外，傳真資料的封面應該要有一則有關這份資料要保密的清楚易懂的陳述。高度敏感的個案紀錄，如含有當事人的 HIV 情況或亂倫紀錄，不管在任何情況下都不適合用傳真。

**網路線上服務的倫理**　當網際網路成為人際間溝通的主要管道，有越來越多的人透過網路找尋朋友及另一半，也有少數但越來越多的心理健康專業人員開始運用這些媒介與當事人交流。多數利用網路的專業人員是用來替他們的診所宣傳，或在每次晤談之間跟當事人聯繫（Maheu, Allen, & Whitten, 2001; Welfel & Bunce, 2003），但是也有些人僅在萬不得已的情況下才提供線上諮商及治療（Chester & Glass, 2006; Heinlen, Welfel, Richmond, & O'Donnell, 2003; Heinlen, Welfel, Richmond,

& Rak, 2003）。使用網路來達到治療目的已引起許多民眾及專業人員的注意（例如，Bloom & Walz, 2000; Hsiung, 2002; Kraus, Zack, & Stricker, 2004; Maheu & Gordon, 2000），但也產生重大的爭議。有些人認為網路諮商能讓不願進諮商室或行動不便的人也有機會接受諮商，對於尷尬或羞於說出口的內容能增進自我揭露，對年輕族群有獨特吸引力，以及對有時間壓力的當事人有其便利性（Childress, 1998; Grohol, 1999; Sampson, Kolodinsky, & Greeno, 1997）。另有人提醒只靠文本的溝通無法提供臨床工作者足夠的訊息來下正確診斷，或有效治療網路當事人的問題（Alleman, 2002; Childress, 1998; Rabasca, 2000）。近來兩項調查（Neukrug & Milliken, 2011; Taylor, McMinn, Bufford, & Chang, 2010）指出，美國的諮商師跟心理師對於線上治療的意見仍相當分歧。不過一項對挪威心理師的調查發現相當不同的結果，僅有3%的受訪者不能接受線上治療（Wangberg, Gammon, & Spitznogle, 2007）。

提供網路治療的人數幾乎無法正確估計。如果使用Google或其他搜尋引擎會產生超過 50 萬筆的資料；不過這數字會騙人，因為這些網站中有多數提供的服務不算心理治療〔如信用諮商（credit counseling）或靈性的指引〕，或更正確來說是替傳統的實務工作打廣告。一項大型實驗利用常見的搜尋引擎來辨識聲稱為情緒及人際議題提供線上諮商或心理治療的網站，結果搜尋到網路上有 136 個這類網站，普遍是要付費（Heinlen, Welfel, Richmond, & Rak, 2003）。一項類似的研究是針對自稱為心理師的博士層級線上治療師，結果發現他們架設 50 個心理治療網站提供服務。事實上對多數網路諮商的品質或功能所知不多（Maheu & Gordon, 2000）。尤需注意的是打破保密的風險。使用加密是可以降低風險，但不能完全杜絕非授權取得電子郵件的可能性。另一個電子郵件的風險源於傳輸路徑。大部分的電子郵件在抵達終點前會經過許多的電子通道。即便送達目的地也不能保證內容有加以保密，除非只有收信者知道打開的密碼。任何一封寄至工作場所電腦的郵件都是雇主的法定所有物，雇主可以自由打開。美國諮商學會守則說明科技運用的保密責任。

## ✸ 美國諮商學會倫理守則

### A.12. 科技運用

g. 科技與知後同意。有關知後同意過程的部分，諮商師要做到以下幾點：(1)強調難以維護電子通訊內容保密的相關議題。(2)告知當事人包括諮商師的哪些同事、督導者及工作人員，例如通訊科技（IT）管理員，誰有權限或沒有權限取得電子通訊的內容。(3)提醒當事人注意在其諮商過程中所有有權限或無權限的人，包含家人跟同事，誰會接觸到這些科技運用。(4)告訴當事人各州或國際上有關心理治療的相關法規。(5)盡可能使用加密網站跟電子郵件以確認保密。(6)當加密不可行時，諮商師應通知當事人這件事並將電子通訊僅限定在談論一般而非諮商的事。



不幸地，從先前的研究結果發現真正有遵守這些規範的人並不多。Heinlen、Welfel、Richmond和Rak（2003）發現所調查的諮商師中只有 22% 使用加密的方式跟當事人通訊，而類似的研究中僅 27% 的心理師有這樣做（Heinlen, Welfel, Richmond, & O'Donnell, 2003）。只有 4% 的諮商師做過任何關於保護電子通訊內容的提醒。即便較新的研究也沒看出明顯的進步。Shaw和Shaw（2006）表示僅有 27% 的線上諮商網站有用加密或其他方式保護網站安全，而Recupero和Rainey（2006）有關使用加密或其他安全防護措施的研究也發現類似結果（29%）。Yazvac（2009）指出諮商師比起心理師比較會遵守美國諮商學會的線上服務準則，不過兩者遵守的比率都低。使用線上治療網站的社工遵守全國社會工作者學會倫理準則的行為也不穩定（Santhiveeran, 2009）。Heinlen等人（2003）所做的研究發現多數網站對於他們如何嚴謹保密提供了潛在當事人再保證，不過只有 30% 的諮商師及 39% 的心理師討論保密的限制，如預警與保護責任或強制通報受虐兒。特別麻煩的是一些網站

跟當事人承諾絕對的保密，不只有少數網站出現這些聲明，也有聲明網路諮商比起面對面方式更能保密，然而這樣的主張並沒有研究證據支持。

依照保密的風險及網路媒介的實驗階段性質，考慮使用網路作為臨床服務方式的專業人員需要留意其中的風險，並關心這議題的類似研究和政策〔請見 Rummell 和 Joyce（2010）持平分析線上通訊的倫理議題〕。一旦當事人不滿意服務、被傷害或是保密權益被侵害，則不僅必須仔細注意遵守所有的倫理守則，而且也必須跟律師諮詢線上諮商的法律風險議題。如果考慮要採用這種服務，應該也要通知責任保險公司。

最後一項建議是如果當事人的內容要透過專業自動化分散式郵件系統（professional listservs）發送或用電子郵件進行專業諮詢時，都要非常謹慎。這樣的通訊應該只有在當事人同意下才能採用，可能的話使用加密，以及自動化分散式郵件系統的使用者也僅限專業人員。專業人員應該特別小心，因為郵件內容可能容易被拷貝成另一份文件或轉發給他人。更多有關心理健康專業人員正當使用自動化分散式郵件系統的建議，請參閱 Collins（2007）。

**倫理與社群網站**　根據 Taylor 等人（2010）的調查，77% 心理師在社群網站上有私人帳號。絕大多數的這些人（85%）用過隱私設定。當被問及他們的專業和使用這些社群網站有牽扯出什麼議題時，部分提到發現自己跟當事人有共同的朋友，而其他人強調使用最強的隱私設定來避免這種複雜情況（Taylor 等人）。有些人指出比起當事人，他們對學生較不設防。這份調查提到的其他複雜情形包含使用線上約會服務時接觸到當事人或他們的家人、在社群網站上收到當事人的主動聯繫，以及在部落格或網站上看到當事人發表自殺跟殺人的言論。

有時候心理健康專業人員也會搜尋當事人的社群網頁（Dillio & Gale, 2011; Kaslow, Patterson & Gottlieb, 2011）。請思考以下情況：

### Bruce 與 Lydia 的案例

Bruce 是位諮商師，其手邊許多當事人都有物質濫用的問題。有時他會對當事人描述的自身行為及物質使用情況感到懷疑。當 Lydia——這位他已晤談多次的當事人——提起她有兩個社交網站的帳號，Bruce 決定去找出來，但沒有跟這位當事人討論。因為Lydia沒有設任何隱私設置，Bruce能夠自由瀏覽她所張貼的內容。瀏覽完後，Bruce 想知道這樣做是否符合倫理。

在這情況下，Bruce沒有侵犯Lydia紀錄的保密性，亦無向閒雜人等透露她的訊息。此外，如果這位當事人沒有對她的社群網頁設限，那她就不能在大家看過她所貼的任何內容還期待有合理的隱私權。儘管如此，Bruce 的行為顯然與這個專業的倫理價值觀不一致，且也可能對治療有反效果。就如 Kaslow 等人（2011）所提，在當事人不知情或未同意的情況下就調查他們的社群網站會破壞他們的信任感，且和專業人員必須信守的忠誠權相抵觸，也和美國心理學會倫理原則（APA, 2010a）中的受益權及免受傷害權相悖。當事人沒有理由去懷疑他們的治療師會在網路上搜尋他們的訊息。搜尋可能也代表違反界線，全憑當事人在網站上公布的內容而定。即使 Lydia 沒注意過她網頁上的隱私保護，這不必然表示她希望開放給跟她有專業關係但是無私人關係的人來看。如果網站上的內容跟治療中所陳述的不一致時，這行為也讓專業人員處於如何進行之後晤談的難題。如果 Bruce 告訴她有搜尋她的網站，那他就是冒著搞砸治療同盟的風險；如果他要隱瞞，則是冒著藏有這個祕密可能抑制治療進展的風險，或一個不經意說溜嘴，意外供出他從網頁知道的東西。臨床上如果專業人員對於當事人所吐露的真實性或全貌懷疑，那他或她在晤談時要有其他不會危及當事人的信任、破壞專業關係界線或影響當事人對治療投入的方式來探索這些疑慮。

最近的研究顯示 Bruce 對 Lydia 的調查不是罕見或獨立事件。Lehavot、Barnett 和 Powers（2010）表示調查中有 27% 的精神科實習醫師曾上網搜尋過當事人的資料。Dillio 和 Gale（2011）亦發現實習治療師在過去一年曾使用 Google 或社群網站搜尋約 16.5% 服務過的當事人。在 Kaslow 等人的研究中，有些人表示是好奇心使然，其他人則是想要求證當事人說過的內容或行為。有些人曾經先徵得當事人的同意，但多數並沒有。許多人在事後很想知道他們這樣的舉動是否符合倫理。Dillio 與 Gale 的 854 名受訪者中，有超過四分之三（76.8%）的人相信儘管這種事常發生，不過還是不被認同。只有事先取得當事人的同意才合乎倫理（Dillio & Gale, 2011; Kaslow et al., 2011; Lehavot et al., 2010）。

## ●● 保密與殺人－自殺威脅

在不斷傳出殺人－自殺（homicide-suicide）的例子，如 2007 年 4 月維吉尼亞理工學院的一名學生殺害 32 人並傷及 17 人後自殺，2008 年 6 月肯塔基州一間塑膠工廠導致 6 人死亡的事件，以及其他數不完的例子之後，心理健康專業人員開始重新思考過去對傷人與自傷危機因子之定義。儘管這些校園及工作場域的喋血事件一發生就獲得媒體廣泛注意，它們仍是最少見的類型〔請參閱 Flynn 和 Heitzman（2008）更詳細描述維吉尼亞理工學院槍殺案對全國校園與大學諮商中心的影響〕。事實上，以美國每年發生殺人－自殺的案量有 1,500 件而言，最常見的是一位男性加害者射殺女性家屬，殺人似乎是因長期沮喪的親密關係，以及自責跟他人責備的綜合所致（Stack, 1997）。超過 80% 的殺人－自殺涉案者會伴隨家暴或老年伴侶的身體健康狀況日漸惡化（Malphurs, Eisdorfer, & Cohen, 2001）。加拿大的情況也很類似（Gilespie, Hearn, & Silverman, 1998）。不幸的是，有潛在暴力的那些人只有少數會尋求心理治療，不過要是他們有求助，也吐露有任何暴力衝動的話，這些衝動比較可能被聚焦在自我傷害而非傷害他人。他們顯現的危險因子和自殺症狀很類似，如憂鬱、先前自殺意圖、物質濫用以及妄想，但沒有表現出攻擊他人的危險因子，如衝動和過去的暴力與攻擊行為紀錄（Hillbrand, 2001）。因此，心理健康專業人員對於這些人可能傷害他人的危險因子缺乏警覺。

這樣的現象對於面對高自殺風險當事人的諮商師跟治療師有何意義？這意味著即使機率不高，但是他們仍應該抱持著當事人可能會對他人造成危險的懷疑並評估其可能性（Welfel, 2009）。在某些情況下，自殺跟殺人是不相干的想法明顯是錯的。在這種情形下，專業人員的倫理及法律責任是去保護當事人跟有風險的其他人。縱使介入方式可能有異，一般而言會通報執法機關並替當事人尋求住院照護。

## 摘要

保密是諮商及心理治療有效的基石，因為它允許當事人能夠自在分享經驗，不用害怕被隨便傳出去。倫理守則對這議題相當關注，強調它的重要性及專業人員能與他人述說當事人事情的情境。保密在心理健康與教育服務皆包含揭露的內容及聯絡當事人，所以那些尋求治療者的身分也要加以保密。這項倫理準則根植於尊重當事人自主權與兌現承諾的忠誠權。

保密也時常受到法規所保護。在許多州及美國聯邦系統，心理健康專業人員的當事人可以阻止諮商師出庭作證揭露其晤談內容。這就是所謂的**溝通特權**。

保密有九種主要例外，其中幾種有限制場合及運用時機。並非全部的州均包含這些限制，包括：(1)當事人要求揭露保密內容；(2)法院命令要求保密內容；(3)對諮商師或治療師的倫理控告及訴訟；(4)當事人對其他人的訴訟，當事人在民事訴訟中提出治療的事實來抗告另一方；(5)依據法律的保密限制，如通報兒童及老人虐待；(6)具危險性的當事人，將自己或他人暴露在立即受傷跟死亡的風險；(7)未來有犯罪意圖的當事人（在某些州）；(8)患有傳染性、危及性命的疾病之當事人，如 HIV 疾患，其行為讓他人有感染的立即性風險；以及(9)部分當事人考慮提前結束生命。

當專業人員與孩童、家庭及團體工作時，也會產生保密議題。與孩童及青少年工作時的議題為孩童當事人能跟家長和監護人保密的程度。法律傾向給予未成年人少許的隱私權。倫理指引則傾向認為保密可隨著年齡與身心成熟度增加。普遍而言，未成年人的年紀越大，被給予的保密範圍就越大。與團體及家庭工作時，實務工作者需要注意到他們無法向當事人保證能跟個別諮商時享有同樣程度的隱私。當事人在第三方面前吐露個人資訊時，專業人員無法承諾那些人不會說出去。在團體或家庭諮商的專業人員應該和所有參加成員簽署協定尊重保密，作為參與的一項條件，但當事人需要瞭解到這些約定是自願的，且諮商師沒什麼權力制止其他成員違反這個承諾，如果他們決意去做的話。

保密已被許多新興的發展所威脅。管理式照護不斷對當事人的敏感資料提出眾多的要求，加上資料一旦外流其防護不明確，這些是專業人員主要在乎的。聯邦法條提供眾多的防護，不過卻艱深難懂。第二，電子通訊科技的便利及易上手，如傳真機與網路等，使人更想用這些設備來傳輸當事人資料。然而，專業人員必須充分意識到這些科技的風險，並採取預防措施來保障當事人的資料。

## 運用 10 步驟模式分析保密案例

運用第 2 章的 10 步驟倫理決策模式思考下面案例：

### Raymond 的案例

Raymond 是位住宿的 18 歲大一新生。他是家中的老大，父母住在鄰近的州。Raymond 的 HIV 呈現陽性，是由於童年跟家人住在國外時輸血感染所致。從那時候起就沒有任何症狀發生。只有他的父母知道他的 HIV 狀況，他們也沒告訴過家中其他孩子或雙方的父母這件事。Raymond 去學校諮商中心諮詢，因為他苦惱又擔心。他認識一位年輕女性，也跟她約會過幾次。他想跟她發生親密關係，不過沒有跟她提過他的 HIV 狀況。Raymond 害怕說出口她會離開他，或是他想認真交往的女性都會不理他。他有幾本介紹安全性行為的小冊子，他也相信如果他跟這位女生發生關係，他會戴保險套且依照其他安全步驟來做。他最近抗拒跟任何人透露他的 HIV 狀況。在一次長談後，諮商師斷定如果 Raymond 跟這女生發生性行為，他有可能做好安全措施，且他們的性行為不會立刻發生，因為他這禮拜不會再跟那女孩碰面。諮商師判定近期不會有倫理考量要向該女孩揭露這件事。你同意這個專業判斷嗎？

**步驟 1：培養倫理敏感度。**

- 你同意這案例有倫理上的困境嗎？為什麼？
- 誰的福祉受到諮商師行為的影響，以及如何影響？
- 你對這案例的當下情緒及理智反應是什麼？
- 如果你現在是該名諮商師，你的感覺如何？

**步驟 2：澄清事實、利害關係人及社會文化脈絡。**

- 這案例的哪些事實讓你這樣判斷？你考量的脈絡是什麼？
- 有其他實際狀況也是你應該列入考量的嗎？誰是利害關係人？
- 當你對這案例腦力激盪，你整理出哪些選擇？

**步驟 3：界定核心議題及選擇。**

- 在這案例你發現到什麼樣的倫理議題及選擇？
- 同事可能會在這案例中看到的其他選擇是什麼？

**步驟 4：參考專業準則、指引及法規。**

- 倫理守則對此議題的規範為何？你有確認過所有守則的相關部分嗎？
- 專業學會出版過這議題的其他指引嗎？
- 你任職的所在地有相關法條嗎？
- 有判例法或其他法規來管理此情況嗎？
- 倫理準則或執照規定有提到此議題嗎？

**步驟 5：徵詢倫理學者。**

- 對這困境負責任的解決方式，學者怎麼說？
- 如果學者不同意，哪個論點似乎最讓你信服？為什麼？

**步驟 6：應用倫理原則。**

- 這困境背後的倫理議題為何？
- 考量倫理原則會導向單一因應方式還是不同的因應方式？要是不同，你認為應該優先考量哪個倫理原則？為什麼？

**步驟 7：向督導者及其他專業人員諮詢。**

- 督導者跟同事對這困境的倫理解決方式觀點為何？
- 那些觀點跟守則、學者及倫理原則的建議觀點相符嗎？相異點在哪？

**步驟 8：深思熟慮與做出決定。**

- 你所做決定的選項還適用嗎？應該要做些修改嗎？要怎麼改？
- 既然你已蒐集所有資訊並聽過他人的觀點，你現在決定如何？
- 你做此決定所依循的理念為何？

**步驟 9：知會督導者並將過程與行動記錄下來。**

- 你該如何告知督導者、執行與記錄你的決定？

**步驟 10：反思此經驗。**

- 現在你完成這些步驟，整件事對你的意義為何？
- 你學到什麼？
- 這經驗會改變你下次遇到類似倫理困境的做法嗎？
- 有什麼訊息是你應該要跟同事分享的？如果有，你會如何做得最有效率？

## ●● Raymond 案例的解決方法

首先，諮商師做的選擇明顯關乎倫理，因為攸關許多人的福祉。如果Raymond的HIV狀況被第三方知道，他可能會受到傷害。假使消息傳遍全校而每個人都知道，他可能會退出諮商或在宿舍遭受欺侮。畢竟，沒有法律或倫理責任要求第三方需要保守祕密。其他學生可能假定Raymond是位男同志而讓他成為「撻伐同志」的受害者。Raymond 可能會中輟或有轉學的需求，並在這過程中沒拿到這學期的學分。在校園揭露Raymond的HIV狀況也會讓他的家人感到痛苦，他們原本對抗病情的能力已經很微弱了。Raymond由此結果也可能認為他的家人隱匿他的健康狀況才是最好的做法，因此決定以後絕對不再向任何人透露這件事，就算是對其他的性伴侶也一樣。對Raymond的其他負向結果可能是：他可能會自殺或自傷。

此外，那位年輕女性的福祉也相當危急。如果他們開始有性行為，以及雙方如果沒有做好安全措施，性行為會讓她暴露在被HIV感染的風險。儘管新的治療方式已大大延長感染HIV者的平均壽命，但是到目前為止並無根治HIV感染的方法。

考慮到目前存在的風險，倫理困境是指要權衡「Raymond的隱私和之後諮商的需求」與「可能的預警跟保護那位年輕女性避免感染HIV」。

這案例的相關事實是 Raymond 是位相當在意自身 HIV 狀況會如何影響他這即將開展浪漫關係的成人，以至於他尋求專業諮商師的幫忙。此刻他拒絕告訴任何人他的染病情況，但願意思考降低傳染風險的防範措施。許多其他因素還不明確。第一，諮商師還沒有獨立確認 Raymond 的 HIV 情況。儘管當事人不太可能企圖欺騙諮商師，但可能他有幻覺，或是並沒有真正瞭解六年前當他只有 12 歲時的輸血情況。此外，顯然他的家人也沒有跟他聊過太多他的健康狀況，這也增加 Raymond 接受錯誤訊息的可能性。只跟Raymond晤談一次可能不足以判斷他說話內容的合理性、誠實或有無攙假。

第二，諮商師沒有辦法確認該位年輕女性願意接受Raymond的情感，或者如果願意，她是否也準備好進入到Raymond所想要的親密關係。Raymond缺少約會經驗，因此他對這方面的判斷可能比已經有約會經驗的其他大學生薄弱。或者，這女孩的價值觀可能阻止她在訂婚或結婚前有性行為。

第三，諮商師無法確知Raymond跟這位女性發生性關係的當下能否真的做到安全的性行為。他可能表現出負責任的行為，也可能不會。這很重要是因為背後攸關這名女性所暴露的危險程度。第四，不論有沒有使用安全措施，確切的單一一次傳染風險仍舊不明（Keeling, 1993）。許多異性戀的重複性行為沒有發生過傳染，但有些案例一次就傳染。第五，諮商師也不清楚該位女性對性傳染病的瞭解有多少，或是她承諾發生時會把感染風險降至最低。她可能完全準備好堅持安全性行為，不顧Raymond對這件事可能的做法。第六，這名女性可能自己也是HIV陽性。異性戀青少年間的感染比率正逐漸升高，而她可能已感染到。統計上這個情況是不太可能，但並非完全不可能。綜上所述，這些不確定性說明這位諮商師對於 Raymond 對這位特別女性的風險程度所知不多。

諮商師的選擇如下：

- 立即告知這位女性，即便 Raymond 不同意這麼快就跟她揭露。
- 諮商的這段期間替他保密，並教育當事人安全性行為。
- 以「跟這位女性揭露他的 HIV 狀況」為 Raymond 的諮商目標。
- 延緩決定直到整個情況更明朗。

如果達到某些要求，美國諮商學會守則允許跟第三方揭露當事人的危及性命的傳染疾病。諮商師必須確認疾病的訊息、第三方必須有感染的高風險，以及當事人必須不願意在近期告訴第三方。要注意到的是守則**同意**這種揭露，但是守則並不強制或建議揭露。確切內容是「諮商師可以合法據此告知……」（B.2.b）。這些字的意思是守則沒有規定特定行為。反之，他們同意揭露或繼續保密。於是，就如其他情況，守則只是提供廣泛的指引，而非硬性規定。

運用這些指引在這案例上，第一個含意是諮商師尚未確認Raymond的HIV病情，或許需要他醫生的證明。諮商師也不能保證清楚知道那位女性感染的風險程度。此外，發生任何性接觸的可能性可能會延後一個禮拜或更多，因此，亦不清楚是否符合立即性的標準，因為諮商師也可能跟當事人在兩次中間安插額外的晤談。分析下來，似乎守則沒有強制在此時就非得要揭露，不過未來的事可能讓揭露變成是合理的。此議題的其他專業文獻也呼應諮商師在這情況應該仔細考量打破保密一事，且由於當事人會受到傷害的風險，應該避免倉促行事。

州法律在揭露這議題的差異頗大。例如，麻州禁止向第三方揭露當事人的HIV情況（Chenneville, 2000），然而其他州則允許。因此，根據地方不同，專業人員對這困境的回應方式就會相當迥異。

通常學者的看法呼應專業學會的主張。他們建議衡量揭露當事人的意涵要跟衡量第三方的風險一樣謹慎。Melchert 和 Patterson（1999）的決策模式是此觀點的代表範例。他們也提醒諮商師揭露可能會破壞諮商關係，因而斷絕諮商師協助當事人習得如何吐露感染HIV或進行安全性行為的可能。也就是這樣的論點讓這個案例當中的諮商師更加擺盪，因為這位年輕男性是一開始就自願接受諮商的。畢竟他可以繼續和那位女性發展親密關係，不再尋求諮商，也不告知她有關他的治療狀況。案例中的諮商師有很寶貴的機會幫助 Raymond，並避免他再傳染給任何人。

這困境背後的倫理原則牽涉到尊重這位男性的自主權，以及避免對他以及跟他有接觸的人受到傷害。也有涉及忠誠權的議題，除非諮商師在一開始諮商時即清楚說明保密限制。免受傷害原則是須考量到的最重要一點，尤其是對當事人跟那位女性的潛在傷害。無庸置疑的是如果沒有得到他的同意就揭露，一定會傷害到這位年輕男性，儘管他的傷害可能是心理層面而非生理層面。至於這位女性的潛在傷害會是生理上的，但暴露在感染HIV的心理傷害也非常重要。然而比起他被揭露受傷的風險，她感染HIV的機會比較低。應該如何去權衡一個不太會發生卻有可能致命的傷害跟一個確實存在（但不會危及性命）的傷害呢？

假設得到跟同事和督導者諮詢的訊息及結果，清單上的選項會改寫如下：

- 焦點放在安全性行為與讓Raymond同意簽近期「不發生性行為」的契約。如果當事人同意這些條件，那麼在這時候就應該要保密。

- 跟Raymond再次檢視保密限制並徵得他的同意邀請那位女性進到諮商室一起討論。要是他在後續諮商持續拒絕這個提議，就得跟那位女性透露實情。
- 決定如果Raymond承諾遵守安全性行為，那麼危險就會降低到沒有正當理由要求打破保密。

似乎最吻合倫理的選擇是第一項。Raymond需要接受諮商、願意現在參與，且似乎主動傾向採取安全性行為，也似乎準備好為其行為承擔些責任。此外，對這位年輕女性的風險不是立即性的，諮商師在他們可能有性行為前至少還有一個禮拜可以跟當事人進行諮商。如果這是全部的資訊，那此刻揭露的時間點似乎還太早。隨著事件發展，決定可能會變動，依照 Raymond 的態度跟那位女性的危險程度而定。

## 問題討論

1. 你同意加州法院「開始危及大眾時，就無特權可言」的判決嗎？為什麼？
2. 你認為「兒童服務保護機構」或「工作負擔沉重」是未通報疑似受虐兒的正當理由嗎？
3. 你覺得為什麼開業的心理健康專業人員間時常發生違反保密的事情？
4. 你認為「理性自殺」是可能的嗎？保護責任可適用這狀況嗎？（請解釋。）
5. 部分學者相當關注法院及管理式照護的保密受剝奪的情形。你怎麼看諮商師應該跟打算具狀控訴管理式照護或可能進到法庭的當事人討論保密這件事？
6. 你覺得孩童有權要求自己的談話內容不跟父母揭露嗎？

## 個案討論

Freda 是位私人執業的有照心理健康專業人員。Freda 的前任當事人 Maximillian 在一場划船意外中喪生。數個星期後 Maximillian 的妻子 Dora 跟 Freda 相約，為了要知道更多有關她丈夫在諮商中的內容。Dora 對於丈夫突如其來的喪生仍悲痛萬分，但是她也似乎正在學習過著沒有他的生活，以及如何處理這悲痛。Freda 記得 Max 最後

一次諮商說過他多麼愛他的妻子，他是多麼幸運有這段婚姻。Freda 向 Dora 透露這些內容，認為Max可能會希望這被揭露，也相信身為他的遺孀，Dora有權利知道這些。Freda 將 Max 在諮商中的內容告訴 Dora 可能沒有違反任何法律。她的行為也符合這個專業的倫理準則嗎？如果當時晤談的內容主要是 Max 陳述對婚姻的沮喪，這會如何影響你判斷跟 Dora 透露的諮商內容？你覺得理想的倫理解決方式會是什麼？

Abigail 是社區心理健康機構的諮商師，手邊有許多患有嚴重且長期心理疾病的當事人。為了要協助她舒緩這種勞心工作的壓力，Abigail時常跟她的配偶Martin討論當事人（Martin 也是位有執照的諮商師，但在另一個城鎮的機構工作）。Abigail 和她丈夫的對話並沒有提及當事人的姓名，但確實有些詳實描述他們的問題以及她的治療方式。她有信心這行為符合倫理，且目前為止對協助處理她的工作壓力都很有效。她確信沒有這些對話她的諮商師效能會降低，這也有益於她的婚姻。Abigail 相信這些揭露的當事人資訊符合倫理，因為她沒有提到當事人的名字，且 Martin 也是位尊重保密的諮商師，並明白保密在治療中的重要性。你同意 Abigail 的行為是在這個領域的倫理範圍內嗎？

## 建議讀物


American Psychological Association, Committee on Legal Issues. (2006). Strategies for private practitioners coping with subpoenas or compelled testimony for client records or test data. *Professional Psychology: Research and Practice*, *37*, 215–222.

American Psychological Association, Committee on Professional Practice and Standards. (1995). Twenty-four questions (and answers) about professional practice in the area of child abuse. *Professional Psychology: Research and Practice*, *26*, 377–383.

Bongar, B. (2002). *The suicidal patient: Clinical and legal standards of care* (2nd ed.). Washington, D.C.: American Psychological Association.

Donner, M. B., VandeCreek, L., Gonsiorek, J. C., & Fisher, C. B. (2008). Balancing confidentiality: Protecting privacy and protecting the public. *Professional Psychology: Research and Practice*, *39*, 369–376.

Foreman, T., & Bernet, W. (2000). A misunderstanding regarding the duty to report suspected child abuse. *Child Maltreatment*, *5*, 190–196.

Gustafson, K. E., & McNamara, J. R. (1987). Confidentiality with minor clients: Issues and guidelines for therapists. *Professional Psychology: Research and Practice*, *18*, 503–508.

Kalichman, S. C. (1999). *Mandated reporting of suspected child abuse: Ethics, law and policy.* (2nd ed.). Washington, D.C.: American Psychological Association.

Monahan, J. (1993). Limiting therapist exposure to *Tarasoff* liability: Guidelines for risk management. *American Psychologist*, *48*, 242–250.

Remley, T. P., Jr., Herlihy, B., & Herlihy, S. B. (1997). The U.S. Supreme Court decision in *Jaffee v. Redmond*: Implications for counselors. *Journal of Counseling and Development*, *75*, 213–218.

Rummell, C. M., & Joyce, N. R. (2010). "So wat do u want to wrk on 2day?": The ethical implications of online counseling. *Ethics and Behavior*, *20*, 482–296.

Schank, J. A., & Skovholt, T. M. (2006). *Ethical practice in small communities: Challenges and rewards for psychologists*. Washington, D.C.: American Psychological Association.

Shuman, D.W., & Foote, W. (1999). *Jaffee v. Redmond's* impact: Life after the Supreme Court's recognition of a psychotherapist–patient privilege. *Professional Psychology: Research and Practice, 30*, 479–487.

Taylor, L., McMinn, M. R., Bufford, R. K., & Chang, K. B. T. (2010). Psychologists' attitudes and ethical concerns regarding the use of social networking web sites. *Professional Psychology: Research and Practice, 41*, 153–159.

Truscott, D., Evans, J., & Mansell, S. (1995). Outpatient psychotherapy with dangerous clients: A model for clinical decision making. *Professional Psychology: Research and Practice*, 26, 484–490.

Walfish, S., Barnett, J. E., Marlyere, K., & Zielke, R. (2010). "Doc, there's something I have to tell you": Patient disclosure to their psychotherapist of unprosecuted murder and other violence. *Ethics & Behavior, 20*, 311–323.

Werth, J. L., & Blevins, D. (2008). *Decision-making near the end of life: Recent developments and future directions*. Philadelphia: Routledge.

Werth, J. L., Welfel, E. R., Benjamin, G. A. H. (Eds). (2009). *The duty to protect: Ethical, legal, and professional considerations in risk assessment and intervention*. Washington, D.C.: American Psychological Association Press.

Younggren, J. N., & Harris, E. A. (2008). Can you keep a secret? Confidentiality in psychotherapy. *Journal of Clinical Psychology, 64*, 589–600.

## 其他網路資源

美國諮商學會針對一般民眾的諮商師倫理指引：http://www.counseling.org/Resources/CodeOfEthics/TP/Home/CT2.aspx

Lectric 法律圖書館對溝通特權的定義：http://www.lectlaw.com/def2/p084.htm

醫療保險可攜性與責任法案隱私條例與公共健康：http://www.cdc.gov/mmwr/preview/mmwrhtml/m2e411a1.htm

CHAPTER 06

# 知後同意

## 確保當事人選擇的自由

諮商和心理治療當事人透過直接或間接的方式購買專業服務。即便當事人沒有親自付費給提供服務者，他或她仍有透過稅金、學費或健康保險費用給付這些服務。身為消費者，所有的當事人都有倫理和法律上的權利獲得關於那些服務的性質、風險和可能利益之資訊。因為多數人沒有其他方法獲得可靠的「產品資訊」，所以心理健康專業人員有義務提供這些。要提供這些資訊的另一個重要原因，是因為人們對於諮商或心理治療的預想往往是錯誤的。舉例來說，人們可能相信心理健康專業人員會提供建議或藥物，或單一次的晤談即可減輕他們的壓力（注意到有多少人不瞭解精神科醫師和心理師的差異）。再者，治療性服務顯著地影響當事人的心理、情緒和社會功能。研究雖然證實諮商與心理治療是許多人類困擾問題的有效介入方式（例如，請見 Kazdin, 2008; Lambert & Ogles, 2005; Seligman, 1995; Wampold, 2001），但是當事人仍然可能同時經驗正負向的結果。即使在成功的介入中，當事人也會經歷到正常生活、情緒和社交關係上的一些干擾。他們有權利瞭解到那些可能產生的現象，就算只是暫時性的。最後，提供諮商相關資訊最基本的原因是，這表現出尊重當事人為一個於自由社會中擁有權利和責任的人。一個好的知後同意過程顯示專業人員視當事人為一個人——而非一個問題或症狀。它的核心概念是諮商與心理治療並非一個全能的專業人員主動地對被動的某人有所作為，而是兩個充分參與的人相互合作，兩個人均有能力和力量承諾投入整個過程。Pomerantz

（2012）視這種取向的知後同意為**賦能的合作**。

知後同意有兩個中心理念。第一個是**揭露**一些重要的訊息，讓當事人對於是否接受初始服務能夠做出合理的決定。第二個為**自由同意**，自由同意意味著做出參與活動的決定是在沒有強迫或壓力之下而做的。提供完整的資訊賦能當事人去決定他或她涉入治療的程度。在知後同意要求之下的理念是將當事人視為自主的人，有能力決定他或她自己的人生方向，以及與專業人員合作以產生必要的改變。對於知後同意的呼籲是植基於一種視諮商與心理治療為心理健康專業人員用他們的專業知識幫助當事人達到目標的合作關係之模式。換句話說，如同 Knapp 和 VandeCreek（2006）提到，知後同意過程的精髓即是一個關於關懷照護的共同決策過程。相反地，當事人利用他們對於自己和所處環境的瞭解來幫助專業人員分辨有用的介入策略，並且告知實務工作者關於他們的進展。

本章從這個實務技術的發展歷史開始，企圖提供一個全貌而綜覽的知後同意。本章破除數個關於知後同意的神話，包含以下這些誤解：

- 它在初始諮商階段一旦當事人簽署完一些表格後即告完成。
- 它的範圍侷限在討論保密的限制以及其他一些議題。
- 它和真正的治療內容無關。
- 它的首要企圖為保護實務工作者免於被法律控訴的風險管理策略。
- 當事人在初始服務時就很容易瞭解知後同意的內容並謹記在心。

本章也描述倫理守則於知後同意的立場和倫理原則所強調的指引、對於實務工作者和當事人所解讀的知後同意之研究，以及倫理和臨床考量的相互影響。本章後段也探討知後同意於未成年人、衡鑑中、緊急狀況、法庭情境，以及心理能力逐漸喪失的成人的應用。最後以當事人案例分析總結（研究上的知後同意將於第 15 章討論）。

## 知後同意的歷史

對於心理健康服務知後同意的要求發展自醫療判例法。雖然第一個判例案件可以追溯到 1767 年的英格蘭（Smith & Meyer, 1987），不過在 20 世紀前醫師幾乎沒有法律或倫理義務對他們的病患解釋醫療過程或者獲得他們的表達同意。當時瀰漫的是專制的父權主義態度，即醫師知道怎樣對病人最好。這種態度源自一個消費者權益仍處於未知的概念，大多數人民教育程度低落，且對解剖或生理學一無所知。這觀點開始改變於 1914 年，*Schloendorff v. Society of New York Hospital* 的判決規定「任何成年且心智能力正常者均有權利決定他自己的身體該如何被對待」（p. 93）。不幸地，殘餘的威權專制主義者仍瀰漫在醫療和助人服務專業。如同 Haas 和 Malouf（2005）指出，這種對於接受照顧者的態度是有問題的，主要有兩個原因，首先，它妨礙人們主動參與對自己的照護。在醫生無所不知的系統和氛圍中，病患不覺得要對自己的健康和復原負責。換言之，威權的專制主義者干預病患於治療過程的自主感（Fisher & Oransky, 2008）。第二，這很容易導致濫用，病患因此而受到傷害。未被告知的當事人會更容易受到剝削，且不符合倫理的實務工作者會更容易逃避掉責任。第三，此即是侮辱有能力的當事人之尊嚴。

改變的契機始於病患贏得醫療誤診訴訟，顯示醫師以未溝通醫療的性質和風險而傷害他們的病患。其他因素也促成遠離威權的專制主義傾向。德國的納粹組織粗暴地違反病患權益行為，以及美國罪大惡極的 Tuskegee 實驗是這些影響中最嚴重的打擊（Jones, 1981）（在 Tuskegee 實驗中，患有梅毒的非裔美國男性被「研究」40 年，以觀察病徵的進程。這些男性被告知他們將接受免費的醫療照護來交換他們於計畫中的合作。然而，他們從未被告知他們的診斷與症狀，也未被告知必須經歷相當痛苦的病程，並且多年來即使有可以治療他們的盤尼西林問世，也從未被告知有此處方，並拒絕讓他們使用。很多人不必要地死於這些殘酷且非人性的待遇）。

1970 年代，美國判例法已經明確表明病患有權利知道他們自己的治療療程，藉以做出決定。由於醫師通常是最具備這些相關知識的人，法庭因此規定醫師有絕對的義務提供這些資訊。在 *Canterbury v. Spence*（1972, p. 783）的案件中，法庭做出的結論為「揭露的義務不僅是應病患的要求簡單打一通電話，或僅回答病患的問題；它是指必要時，要自願地告知病患做出明智決定所需的資訊」。用來判斷是否有做到適當的告知之後而獲得同意的標準，是「有理智的人標準」（reasonable person standard），即是一個有理智的人要做出告知後的決定所需的資訊（Knapp & Van-

deCreek, 2009）。

1980 年一個加州法院擴大醫師的義務包含**知後拒絕**（informed refusal）。這個詞意味著病患如果拒絕接受治療，醫師有義務解釋醫療的後果。此乃基於一般民眾不可能有足夠的醫療知識去正確地評估拒絕治療後的後果之概念。因為醫師深切瞭解，因此他們有義務清楚說明這些資訊（*Truman v. Thomas*, 1980）。

提供當事人對於治療的合理完整資訊之所以重要，是起源於一個醫療誤診案件，*Natanson v. Kline*（1960）。*Natanson* 案件的法院明確說明所謂的揭露須包含疾病的性質，目前所知的療法、風險和成功率，以及替代治療與風險。另一個 1979 年 *Osheroff v. Chestnut Lodge*（Klerman, 1990）的案子也影響到澄清知後同意的特別要素。這案例涉及一家精神療養院未能告知憂鬱症患者除了住院治療之外，還有服用藥物和門診的替代選擇方案。這案例最後藉法院結束爭端，但是此案例在精神醫學界造成廣泛影響，使得實務工作者都知道要告知患者其他替代照護方式的重要性。這些形式的資訊於現今醫學和心理健康界仍舊為主要的知後同意要素。至少四個州（科羅拉多、路易斯安那、俄亥俄和華盛頓）已經通過法律，命令揭露相關訊息給心理治療的當事人（Handelsman, 2001）以及揭露療程，醫療保險可攜性與責任法案也要求揭露訊息給所有尋求任何種類健康照護的人。加拿大各省和聯邦政府也已經立法要求所有醫療治療需獲得知後同意（Truscott & Crook, 2004）。

心理健康專業人員很快地將這些法律命令和判例運用在他們的工作上，並且倫理守則也開始要求實務工作者對他們的當事人進行知後同意過程。這些專業人員認知到這些法律規範和當事人與生俱來的自我決定權密不可分，因此致力於成為倫理守則的一環。雖然有些人曾警告在不理解個別當事人的需求下即貿然要求諮商過程完全比照醫療介入的方式有所不妥（例如，請見 Pope & Vasquez, 2010），但學者們普遍同意這股趨勢。

## 知後同意所蘊涵的倫理原則

在知後同意概念下的基本倫理原則為尊重自主性，以及當事人的自我決定權。一個有能力的當事人不應被威權的專制態度對待，或者由心理健康專業人員剝奪他或她的選擇自由，不管這些專業人員如何宣稱這麼做是為當事人好。如同先前提過的，諮商的效果完全以當事人為基礎，因此當事人應該擁有所有需要的資訊來選擇進行的方式。這個概念也基於免受傷害和公正原則。一旦當事人瞭解服務的過程、風險與可能帶來的好處，他們可能比較能免於服務中意料之外不舒服的後果。舉例來說，當事人如果有先被告知在探索家庭議題時可能會伴隨痛苦的情緒，將比較能承受那些痛苦。至於公正權也如此要求做到知後同意，因為公正的意涵即是平等地對待其他有能力的成年人。藉著與每位當事人發展知後同意，專業人員可確保所有人均有權利掌控自己的人生，以及有機會協助他們自我照護。明顯地，有些人沒有具備這些能力，但公正權要求專業人員需先假設當事人是有能力的，除非出現相反的訊息。公正權也意味著專業人員應該視病猶親，看自己希望如何被對待，就以這樣的方式對待當事人。不尊重當事人的那些權利暗指我們是不公平地對待我們的當事人，或是將當事人視為比我們低等的人。Nagy（2000）勸告臨床工作者「將當事人假想成是你的好朋友，思考如果你的好友第一次跟心理師諮商，你將告訴他（當事人）你想要他知道些什麼……」（p. 89）。研究也發現人們想得知他們諮商師的資訊（Hendrick, 1988），而且他們視提供知後同意的專業人員為更專業和值得信任（Wagner, Davis, & Handelsman, 1998; Walter & Handelsman, 1996）。有效的知後同意也已經被證實有治療效果，可鼓勵當事人參與初始的治療、降低初始階段的焦慮，以及變得更投入治療（Beahrs & Gutheil, 2001; Kerby, 2010）。不幸地，有些心理治療師錯誤地相信知後同意會妨礙當事人參與心理治療（Croarkin, Berg, & Spira, 2003）。會造成這樣的後果通常只可能發生在知後同意被錯誤或是不完整地說明的情況下。

## 倫理守則中的知後同意

美國諮商學會與美國心理學會倫理守則包含相似的知後同意標準。美國諮商學會的守則比較詳盡。

## ✷ 美國諮商學會倫理守則

### A.2. 諮商關係中的知後同意

a. 知後同意。當事人對於是否要進入或維持一段諮商關係擁有選擇的自由權，且有權利要求要有充分的資訊以瞭解諮商過程及諮商師。諮商師有義務以書面和口頭方式檢視當事人以及諮商師的權利與責任。知後同意在諮商過程中是持續進行的，諮商師在整個諮商關係中適當地以文件記錄有關知後同意的討論。

b. 需知會的訊息類型。諮商師明確地向當事人說明所有所提供服務的性質。他們告知當事人的訊息議題如下，但不限於這些：諮商目的、目標、技術、程序、限制、可能的風險，以及所提供的服務會帶來的好處；諮商師的資格、證照和相關經驗；當諮商師無能力或死亡時的後續服務；以及其他恰當的資訊。諮商師採取適當的步驟以確保當事人瞭解診斷的含意、使用測驗的意圖，以及報告、費用與付費方式的安排。當事人保有隱私權和得知其限制的權利（包含督導和治療團隊將如何涉入）；獲得諮商紀錄的清楚資訊；參與正在進行的諮商計畫；可以拒絕任何服務或形式的改變，以及被告知拒絕的可能後果。

c. 兼具發展性和文化性的敏感度。諮商師在溝通訊息時要同時顧及發展性和文化性。當討論與知後同意相關的議題時，諮商師使用清楚且容易瞭解的語言。一旦當事人對於諮商師所使用的語言難以理解，諮商師應提供必要的服務（例如，安排適當的翻譯）以確保當事人理解。在與當事人合作的情形下，諮商師考量知後同意中所蘊含的文化議題，並於必要時，適當地調整他們的實務。

---



美國心理學會原則在好幾個不同段落討論這個主題，但多數與諮商和心理治療相關的訊息在 3.10 和 10.01。

## 美國心理學會倫理原則

### 3.10 知後同意

a. 當心理師面對面或透過電子通訊或其他方式的聯繫進行研究，或提供衡鑑、治療、諮商或諮詢服務時，他們使用此人或這些人能夠理解的語言獲得其知後同意，除非未經同意進行此活動是受到法律命令或政府規定，或其他載明於倫理守則中的例外狀況。

b. 對於法定上喪失或限制行為能力而無法提供知後同意者，心理師仍需：(1)提供適當的解釋；(2)尋求當事人的同意；(3)考量此人的意願和最佳利益；以及(4)假如代理同意是受法律允許或要求的，則取得法定代理人適當的同意。若經由法定代理人的同意並非受法律允許或要求的，心理師須採取適當的措施保護當事人的權益和福祉。

c. 當心理相關服務是在受到法院命令或其他被強制要求的狀況下，心理師要在程序進行前告知當事人即將提供的服務性質，包含是否為受到法院命令或其他被強制要求的狀況，以及保密的限制。

d. 心理師適當地以書面形式記錄下來口頭或書面的同意、允許及贊同。

### 10.01 治療的知後同意

a. 當取得治療的知後同意如同原則 3.10 知後同意所要求，心理師於治療關係中應及早告知當事人／病患關於治療的性質和預期的療程、費用、參與的第三方以及保密的限制，並且提供當事人／病患充分詢問和獲取答案的機會。

b. 當企圖取得普遍認為技術與程序尚未建置完成的治療之知後同意時，心理師告知他們的當事人／病患關於發展中的治療本質、涉及的風險、可用的替代治療以及他們參與的自主性。

c. 當治療師是實習生並且治療提供的法律責任屬於督導者時，作為知後同意的一部分，當事人／病患需被告知治療者正在接受訓練和督導，並且提供督導者的名字。

---

 American Psychological Association. (2010a). Ethical principles of psychologists and code of conduct (2002, amended June 1, 2010). Retrieved from http://www.apa.org/ethics/code/index.aspx.

總括而言，這些守則所涵蓋的要素是採倫理取向的知後同意，不過 2005 年的美國諮商學會準則更完整地描述這些知後同意要素於 A.2.a。

學者更進一步建議再增加幾個主題於這些要素中。第一，學者建議諮商的許多**實施細節**（logistics）應加以說明，而不只是費用及付費過程（Haas & Malouf, 2005）。當事人應該瞭解如何預約、如何重新安排約診時間、緊急狀況時要如何聯絡治療師，以及發生不可抗力或干擾因素時要如何因應，例如治療師生病或休假。如果有規定標準的會面時間長度，比如「一小時以 50 分鐘計」，當事人應被告知這樣的實務狀況。此外，可能的治療次數應該加以討論（Fisher & Oransky, 2008）。第三，為了**保險補助**，當事人希望向保險業者申請服務的花費給付，在此情況下須讓當事人瞭解諮商師必須提出諮商紀錄，以及這其中涉及的保密意涵。也由於管理式照護計畫的補助僅限於有實證證據支持的治療取向，當事人亦應被告知有這些限制。

Hare-Mustin、Marecek、Kaplan 和 Liss-Levinson（1979）建議當討論治療的利益與風險時，專業人員應主動說明治療的**間接後果**：所造成的結果是超乎當初當事人尋求且同意的結果。舉例來說，尋求治療恐曠症（agoraphobia，害怕離開熟悉的地方）的當事人應瞭解，當他的恐曠症降低且回到日常生活，此改變可能會間接地影響他未預期到會被影響的生活層面。他年邁的雙親可能對於他們的兒子不在家而覺得不舒服。同樣地，一個習慣丈夫總是在家的伴侶可能不容易適應丈夫的機動性變強。習慣當事人舊習慣的家庭成員，甚至可能干擾或破壞治療。當然，正向間接的成功諮商效果也很普遍。這個當事人可能經驗到婚姻中新的親密關係，或者與雙親間較少的緊張關係。有豐富實務經驗及閱讀文獻，瞭解治療介入有可能對當事人造成額外影響的專業人員，必須將這些後果都告知當事人，這也是知後同意過程的一部分。

對於當事人問題有效的**諮商或心理治療替代方法**也應加以說明（Fisher & Oransky, 2008）。可能的替代方法範圍相當廣泛；有些例子包含治療物質濫用問題的戒酒匿名團體、以家庭或團體治療取代個別諮商、針對心理和情緒疾患的精神藥物，以及對於較輕微困擾的生活壓力之自助團體和書籍或教練。提供這些建議的背後理念是只有在當事人知道還有其他選項的前提下，仍然決定進入諮商或心理治療，這才叫做自由選擇。這裡要注意的是如果實務工作者的專業判斷讓他們相信諮商是最適合這個當事人的選項，他們可以透過不強迫且客觀的溝通方式，和當事人分享其觀點。此外，專業人員也可以推薦諮商或心理治療之外的其他輔助性介入方式。

當心理師正計畫使用**一個創新或未經試驗的諮商技術**或過程時，當事人需要被告知且明確知悉此治療的性質、風險和其他可行的替代性方法之後才獲得其同意（美國心理學會倫理原則，10.01b）。Fisher和Oransky（2008）強調在此情況下更需做到這一點，因為當事人可能原本就假設只要是專業人員建議的介入方式，應該都具備理論和研究的基礎。如何判斷介入品質是創新或實驗中的？最基礎的準則是有沒有對於技術效果的研究或臨床證據。美國心理學會倫理原則解釋「實驗性的介入」為「介入方式的技巧或程序尚未完整建立」。

最後，專業人員應該在他們的知後同意過程包含提到當事人可以如何表達任何心中出現的**抱怨**（Handelsman & Galvin, 1988）。有些州的證照認可法律要求類似關於倫理申訴方法的揭露。舉例來說，俄亥俄州要求所有的諮商師、婚姻與家庭治療師以及社會工作者郵寄或給予當事人揭露聲明的副本，裡面必須包含當事件發生而當事人對專業人員有抱怨時，可申訴的州立證照委員會聯絡地址。於機構工作的開業者應提供當事人機構內部的行政申訴流程。最實際的方法就是在知後同意書內載明這些資訊，如此當事人可以保留或作為日後的參考。它也應被放在機構或開業者的網站上。

對於知後同意的其他要求可見於美國諮商學會守則的B.6.b和B.6.c中，有關諮商過程中錄音與觀察的知後同意規範。美國心理學會原則的4.03也有類似的訊息，雖然它省略關於觀察的部分，且增加在錄音錄影前均需徵求當事人同意的規定。

## ✸ 美國心理學會倫理原則

**4.03 錄影錄音**

心理師在針對其服務對象進行錄影或錄音之前，須取得服務對象或其法定代理人的同意。

---

 American Psychological Association. (2010a). Ethical principles of psychologists and code of conduct (2002, amended June 1, 2010). Retrieved from http://www.apa.org/ethics/code/index.aspx.

任何當事人如果不想要被錄影或錄音，都有權利拒絕。同樣地，當事人也應該瞭解他或她可以在任何時候拒絕被錄音或錄影而不受處罰。如果專業人員相信錄影錄音為提供稱職服務不可或缺的一部分——這很可能發生在實習生或新手身上，則一旦當事人拒絕錄音錄影或被觀察，就應該轉介給其他不需要強制接受督導的專業人員。

在最新版本的倫理守則中，美國諮商學會和美國心理學會的專業人員均強調所提供的有關知後同意的規定不僅限於面對面的晤談，也包含以電子通訊方式所提供的其他服務。因此當諮商師或心理師提供網路通訊為主的服務、電話諮詢或是傳真等服務給當事人時，他們同樣必須遵守知後同意準則的要求。有關電子通訊的知後同意的詳細說明，見美國諮商學會倫理守則 A.12.g。

區別**知後同意**（informed consent）和**通知**（notice）間的差異是很重要的（Jacob & Hartshorne, 1991）。通知意味著告知人們關於即將發生的事，但此假設不意味著必須事先徵求其同意。因此知後同意和純然只是通知人們即將發生於他們身上的事情截然不同。若僅有通知，在倫理上是站不住腳的。同樣地，如果專業人員只是用完全空白的制式同意書視為知後同意，也是沒有遵守倫理或法律準則。換句話說，那些僅用單一次、一般口頭或同意書來說明知後同意流程，只是行禮如儀而未能針對當事人的個別差異性處理者很容易被控訴，因為他們未能客製化知後同意書（Jacob & Hartshorne, 1991）。2010 年版本的美國心理學會原則明確地要求心理師提供當事人適當的機會以當事人能理解的語言提出關於專業服務的問題（和獲得答案）。

## 知後同意和醫療保險可攜性與責任法案

美國國會立法通過，於 1996 年制定醫療保險可攜性與責任法案（HIPAA），但是有關此法案的相關規定到七年後才生效。此立法有兩個主要的要點：保護可能因治療或給付目的而公開的個人健康（和心理健康）資訊，以及保護電子通訊系統免於非授權的入侵。技術上來說，HIPAA的規範僅限於應用在個別當事人／患者資料的電子通訊，但是其法律用語令其適用範圍涵蓋使用傳真、簡訊或電子郵件與當事人互動的專業人員。這個立法有兩個主要目標——讓當事人於自己的健康資訊要傳遞出去時有掌控權，且不用每一次或每一筆釋出的紀錄資訊都要重複取得同意，以加速當事人一般紀錄的流通。換句話說，HIPAA 允許健康照護專業人員獲得當事人在**實施隱私權通知**（Notice of Privacy Practices）文件的單一次簽名，同意資訊傳遞以獲得第三方的給付、提供治療，並且讓實務操作或是機構運作的行政流程能正常運作。延續著其他保護當事人／患者資料的規定，此聯邦法律要求所有社區的心理健康專業人員均必須讓當事人閱讀且簽署實施隱私權通知，讓當事人瞭解什麼樣的資訊將在沒有額外的同意下被傳遞；以及假若個人健康資訊被以觸法的方式揭露，他們有什麼樣的資源可運用。如果心理健康專業人員未遵循這些在 HIPAA 上所提及的規定，法律允許當事人對提供者提出民事訴訟；法律也允許對於HIPAA規定中極端或故意性的剝削情形進行刑事起訴。

光是遵守 HIPAA 本身並不足以符合大部分倫理準則中的知後同意權。舉例來說，HIPAA 並沒有提及諮商或心理治療中服務或替代性治療的好處與限制。因此心理健康專業人員如果要遵守其他倫理（和法律）準則的知後同意原則，必須補充 HIPAA的流程。美國健康與人類服務部門提供有用的網址，藉由「常見問題」專欄幫助關心 HIPAA 各項規範的心理健康專業人員，網址為：http://www.hhs.gov/ocr/privacy/hipaa/faq/index.html/。

## 知後同意的方法

一般而言可用兩種方式取得知後同意——僅用討論的而沒有伴隨任何紙本的格式（HIPAA的實施隱私權通知除外），或是討論伴隨著附加文件，並且將副本給當事人。最新版本的美國諮商學會倫理守則於 A.2.a 詳細說明知後同意應該同時包含書面和口頭要素，以及美國心理學會原則要求知後同意應文書化（美國心理學會倫理原則，3.10d）。證照委員會的倫理準則常會列出書面同意格式供所有的心理健康專業人員遵循。許多研究（Croarkin, Berg, & Spira, 2003; Handelsman, Kemper, Kesson-Craig, McLain, & Johnsrud, 1986; Somberg, Stone, & Claiborn, 1993）發現，傳統上大部分的心理治療師均僅單獨靠著口頭討論知後同意。然而，任何諮商師在討論

時沒有輔以書面的知後同意書，或是心理師沒有文件記錄同意，皆違反當前的倫理準則。此外，知後同意並非於初期討論或是簽完名之後即大功告成；所有專業人員均需於提供服務期間視需要持續與當事人討論知後同意，並且於每次討論後以文字記載於當事人的紀錄中。

口頭討論應該總是知後同意的一部分。這可以讓專業人員將知後同意的文字訊息依據當事人的特殊狀況或需求加以轉換說明，讓整個過程更人性化和個人化。此外，這種口語的形式可鼓勵當事人提問和在對話中變得更投入。然而，單獨依賴口頭討論會有很多限制。最重要的，當事人可能會被這些資訊淹沒而感到壓力，可能忘記或是未能完全吸收他們所聽到的。研究發現即使使用書面資料，遺忘還是個很嚴重的問題（例如，請見 Cassileth, Zupkis, Sutton-Smith, & March, 1980）。遺忘的風險會依當事人當時正經驗到的困擾痛苦程度而增加。當事人接受心理健康專業人員的諮商時所被挑起的情緒可能如此強烈，因而危及到認知處理過程，因此如果沒有可帶回家的文件，當事人無法回顧這些資訊或確定他們真正理解。同樣地，單獨使用口語形式呈現的實務工作者則必須猜測當事人理解和記得的程度。再者，許多具體的資訊對當事人是相當有用的，比如抱怨的申訴或緊急聯絡治療師的管道，但是都是很容易被忘記的。最後一個限制是此實務與法律學者建議的不一致。Bennett 等人（2006）同意書面文件正快速地變成「社會準則」，因此他們警告專業人員如果沒有使用書面資料，很可能在受到任何法律挑戰或倫理申訴時，對他們很不利。然而，必須特別強調的是，如果這些書面的同意書讓當事人讀不懂，或者當事人是被威脅或拐騙而簽署的，則一旦被告，這些書面同意形式仍無法保護專業人員（Appelbaum, Lidz, & Meisel, 1987）。

知後同意文件有各種形式，Zuckerman（2008）區分出五種不同的版本。第一種是**當事人資訊手冊**。這文件詳細描述關於治療或諮商的利益、風險、目的和治療的方法，以及相關費用、治療期限和一些庶務性的資訊。這通常是由專業人員設計的正式文件，有好幾頁。它可視為是一份給參與者的邀請、一份和參與諮商的各方團體間的非正式契約，以及當事人有權利期待獲得的照護標準的一種溝通方式（Woody, 1988）。

第二種形式為**問題清單**，作為一種討論的引導，是由 Handelsman 和 Galvin

（1988）率先提出，於 2004 年更新（Pomerantz & Handelsman）。它提供一種結構的方式讓當事人訪問專業人員有關治療的問題，且強化當事人在有效能的治療關係中擁有的權力和主動角色。實例問句包含：

- 你的治療模式為何？
- 我要如何注意到我是否變得更好？
- 我如何在緊急狀況下聯絡到你？
- 如果我沒有支付我的帳單，你將會怎麼做？
- 如果我採用自費，我的治療是否會有所不同？

第三種形式為**宣告當事人的權利**。Bennett 等人（1990）提供一種建議的範例。這格式簡要而正式。網路上也有數種範例。加州的文件可見 http://www.dmh.ca.gov/services_and_programs/Quality_Oversight/Patients_Rights.asp。

另一種書面知後同意的選擇形式是**心理治療或諮商契約**。這個契約描述參與者的權利和責任。這種形式對於非自願當事人特別有用，但是務必輔以充足的討論，且雙方都要簽名。最後，**同意治療表**最適合用於當其他形式在特別的諮商關係建立初期顯得太詳細時的一個選項，但是它的簡潔意味著它也需要補充的說明和討論。美國心理學會保險信託有這種同意書的範例：http://www.apait.org/apait/download.aspx。

上述沒有一種形式可以被單獨使用。事實上，Zuckerman 和其他學者鼓勵專業人員對不同的當事人運用各種不同的形式。學者們也力勸當事人簽署同意書並保留一份副本，專業人員也要將副本留存於當事人的紀錄資料夾。這些表格的效力是它們將成為紀錄的永久部分，且於後續雙方若需要尋求諮詢時即可用到。假若當事人對於治療有任何不滿或誤解，這些表格可以佐證專業人員在知後同意的過程中有解釋治療的一些內容。由於如果完全用口頭的方式討論所有知後同意的內容可能會耗費整個初談時間，只能留下很少的時間聆聽當事人關心的事，因此當事人的初診單表格也可以加速原本耗時的過程。最後，書面的形式可以讓當事人的注意力集中在主要的部分，避免大量資訊被忽略或忘記。即使最思緒清楚且最有動機的當事人也可能在冗長的口頭討論中思緒翻飛而分神。

書面資料最主要的問題在於很容易被當事人誤用或誤解。這樣的表格最明顯的限制為專業人員太過度依賴它們。臨床工作者（且經常如此）可能錯誤地假設當事人既然有書面資料在手，即可取代對於主題的討論。當此情形發生，知後同意變得形式化，且當事人的權益並沒有真正被保障（Pope & Vasquez, 2010; Zuckerman, 2008）。在一些機構中，知後同意被（誤）用來由行政人員直接拿給當事人，且要求在初談前即簽好名。或者一些機構理所當然地以醫療保險可攜性與責任法案的**實施隱私權通知**取代知後同意書。此種做法違反專業指引的精神和字面意義。或許就是因為這樣的誤用，使得一些心理治療師誤解一旦要求遵從知後同意的指引，將導致當事人不參與討論（Croarkin et al., 2003）。

另一個主要的限制為當事人可能沒有足夠的閱讀與理解能力。事實上一些心理健康機構的研究發現一般知後同意格式需要 12 年級以上的閱讀能力（Handelsman et al., 1986; Handelsman & Martin, 1992）。事實上，於 Handelsman 等人（1995）的研究中，有 63% 的知後同意書為研究所畢業的閱讀程度，最低也要七年級的閱讀程度。同樣的問題存在於醫療保險可攜性與責任法案文件中，如同 Walfish 和 Ducey（2007）的研究發現 82% 的**實施隱私權通知**是以 12 年級的閱讀程度撰寫。由於一般美國公民平均閱讀能力低於高中程度（9 年級），普通的當事人並不能理解那些文件的大部分主要訊息〔根據國家成人讀寫能力調查（National Assessment of Adult Literacy, 2003），二十分之一的美國人完全不會讀英文〕。更慘的是心理治療同意書的閱讀難度明顯高於那些醫療方面的同意書（例如，請見 Feldman, Vanarthos, & Fleisher, 1994）。換言之，我們的醫療同仁已經把很複雜難懂的醫療資訊轉化得比我們心理治療界提供的資訊更容易讓病患瞭解。對於如何增加易讀性，Handelsman（2001）的實際建議為減少每個句子的字數和每個字的音節數。文書處理軟體功能日益強大也可以改善易讀性——多數有內鍵的易讀性慣用語句。

最後一個嚴重的問題是這些表格可能在需要建立信任關係的關鍵諮商初期時，反而拉遠當事人與專業人員間的距離。這種狀況發生於專業人員誤解知後同意，將整份資料視為官僚體系中必須快速完成的程序，且對每位當事人都一視同仁地完成整個過程。他們視這流程為無意義的行禮如儀過程，只是為了風險控管（Pope & Vasquez, 2010），而未能將此視為邀請當事人在治療中主動參與的一個合作且開放的過程。這樣的表格誤用可能讓當事人誤解他們的個人需求被忽視，以為這些紙本作業的重要性勝過他們本身的困擾問題，而且以為專業人員根本不在乎他們是否真的理解他們所被要求簽署的內容。如同Pope和Vasquez所批判的，「沒有什麼比這個看起來很殘酷而有效率的知後同意簽署過程更能阻隔病患的求助之路」（1998, p. 126）。正如Beahrs和Gutheil（2001）所言，除非助人者能夠很敏感地處理知後同意的過程，也能根據當事人的個別差異及文化和社會脈絡彈性調整（Bennett et al., 2006），否則會適得其反，會不經意地將助人的美意轉換成負向的後果。Martindale、Chambers 和 Thompson（2009）發現他們研究當中的當事人覺得這些書面同意書篇幅太大，或是情緒上很難閱讀與回應，因而讓他們覺得很沉重。

有些專業人員仰仗電子錄音或錄影帶或是線上影片來告知當事人所提供的服務內容。這些影像檔可能寄送到府，讓當事人在閒暇時候觀看，或是他們可以在辦公室的私密空間觀看。這些方式還不夠普遍，但是很可以幫助當事人以有效且熟悉的方式在很短的時間內大量吸收資訊，也可更加熟悉這些材料，甚至當成教學工具或是作為娛樂用。很多醫師利用患者教育影片幫助患者理解醫療程序，還有家用電腦公司將 CD 或 DVD 放在包裝盒內，讓消費者可以自行安裝。這些影片可以重複播放，可以轉換成不同的語言，相較於紙本的知後同意書更生動活潑也更人性。這些形式也比較可以減低當事人的焦慮，因為它們可以讓當事人在跟專業人員初談前就有初步的瞭解。越來越多心理健康專業人員於他們的網站增加知後同意的相關訊息——告知關於服務的各項資訊、專業人員的專業證照和專業領域，以及保險給付的政策和程序。這些都有助於當事人接受服務的準備和降低於治療初期所帶來的困擾。

不論哪一種發展知後同意的方法，皆需要專業人員能夠以有效率且有趣的方式介紹些大量的資訊，讓這些程序不會變得冗長乏味和令人有壓力。澄清「知後同意須於治療初期完成」的迷思，可以讓當事人比較無壓力地接受全部的資訊。知後同意是個過程，不是個事件。Marzillier（1993）對此的說明很清楚，他指出治療初期的同意代表的是「當事人有意願繼續探索治療的未來展望，而非治療本身」（p. 36）。這些過程在治療初期即需展開，但是未到治療結束，絕無終止時。舉例來說，當治療過程中出現其他治療方式的選項，專業人員必須獲得當事人對這些新選項的同意。如果能夠很有技巧且抱持著尊重的態度進行，則知後同意將不是信任關係與治療進展的絆腳石，反而是尊重當事人尊嚴的象徵及主動與專業人員合作的誠摯邀請。

## 倫理的、臨床的和多元性考量之相互作用

如同所有其他的諮商倫理向度，負責任地發展知後同意也需要良好的臨床判斷。當當事人正處於危機或極大的壓力下，要合理判斷該如何運用知後同意的程序更顯重要。舉例來說，在跟身處危機中的當事人討論危機之前，當事人可能最多只有準備好要聽有關保密的性質和例外。對於身心均陷於險境的當事人而言，冗長地解釋完整的知後同意對其將是事倍功半。不過也特別要注意的是面臨當事人危機時，只是延緩完整的討論，而非完全略而不談。

只有極為少數的情況下才會完全沒時間討論知後同意。考慮下面的情境：

### Jerry 的案例

一位 36 歲的男子敲了心理師的門。當她開門時，這名男子衝口而出「請幫我！我的車子後座有一把裝好子彈的短槍，我想我會自我了斷。」這名男子似乎處於驚恐中，不修邊幅、狼狽不堪、睡眠不足且絕望至極地來求助。車子就在 30 呎外，男子手裡還握著車鑰匙。心理師立即邀請男子進來，請他多說一些他的壓力情形。在這 45 分鐘內，男子交出他的車鑰匙、同意住院，且願意從他的自殺衝動中被拯救。接下來的半小時，醫院的救護車抵達，且將男子送上救護車離開。整個過程完全沒有採取任何形式的知後同意過程。

這位心理師是否因為未能討論知後同意而表現得不合倫理？如果她的專業判斷告訴她，忽視這名男子的自殺衝動將會增高他已經很嚴重的自我毀滅傾向，則這個答案是否定的。她的當務之急就是保護他的最佳利益和他的生命。如果她相信她轉移他的注意力到任何其他事上將會置他於險境，且如果其他專業人員處於相同情境也會做出相同判斷的話，那麼她的決定是完全站得住腳且合乎倫理的。法界的學者可能會宣稱這名男子給予的是**表面上的同意**，因為從他的行為中推知他是同意跟心

理師說話的（Bray et al., 1985）。如果有人質疑在此情況下心理師延緩處理知後同意的決定是否恰當，很重要的法律評估標準包括心理師在此情況下是否有提供一個理性的人所想知道的內容（Knapp & VandeCreek, 2006），以及若面對相同狀況下其他有能力的專業人員將怎麼做。

在論及診斷、治療時間長短以及可能的利益與風險時，也需判斷要如何運用知後同意。我們可以理解有些人當得知自己所困擾的狀況竟然有個精神病學的名稱時，可能會很震驚，因此即使有必要告知實情，仍須盡可能在告知以及引發不舒適感之間找到平衡點。例如得知他們的孩子被診斷為注意力不足／過動症的父母，可能因這個訊息而高度感到壓力。同樣地，被告知罹患創傷後壓力疾患的老兵可能對此消息也感到震驚。正因為當事人會因此覺得不舒服，專業人員在揭露時更需要有技巧且持悲憫之心待之。同樣地，當提供關於諮商風險與利益的資訊時，心理健康專業人員也需要將當事人希望有所改變以及對未來樂觀以待的態度放在心上，並提供目前已知有關此療程的治療成功率研究證據。當事人通常在進入服務時感到恐懼和悲觀，如果專業人員只是過度堅持解釋治療的風險與負向後果，可能造成當事人在治療還沒開始就放棄對諮商報以任何希望。實務工作者必須評估當事人對這些資料的詮釋，並且幫助他們均衡地看到正負向兩邊。如此做的目標是提供正確的資訊讓當事人有最大化的理解，不會削弱當事人對於諮商的興趣或承諾。此歷程取向呼應 Johnson-Greene（2007）的論點，亦即太多討論知後同意的焦點只是放到有哪些檢核表上的主題要討論，但是卻很少注意到在討論的當下，當事人需要知道哪些資訊以便真正投入這個專業關係中。

另一個關於知後同意的臨床考量是有些發展知後同意所需的資訊，根本不可能在第一次諮商時做出正確的決定。一個有效的診斷可能需要花費好幾次晤談時間來逐漸形成，而對於治療長度和強度的可靠評估也很少能在初談時即達成。同樣地，針對目前困擾問題的因應技術和程序，有時也需要好幾次的晤談才比較明朗化。倫理守則瞭解到這個事實，因此鼓勵心理健康專業人員運用專業判斷以決定討論知後同意的強度與頻率。

最後一個關於知後同意倫理的臨床考量為有些當事人不太會提出問題，以及不敢跟專業人員唱反調。當事人通常視心理健康專業人員為權威和專業人員，一般人

都應該要順從。此外，當事人通常希望他們的治療師站在他們這邊，害怕治療師給他們負面的評斷，所以不訝異當事人即使對於知後同意書的內容不甚理解也可能不會提問，且如果要反駁治療師的治療建議也可能躊躇再三。專業人員必須警覺於當事人表達出來的困惑或抗拒的非語言訊息，並且必須建立信任度和接納感，如此才能讓當事人真心誠意地接受服務。如果能將這些疑難雜症都處理好，將可大大提高臨床實務的成功可能性。當當事人和專業人員來自不同種族、文化或社經階層時，更要確保當事人敢於問問題，且要以當事人能理解的方式傳遞知後同意的資訊。

## 應用於特殊族群

當提到保密議題時，與特定族群工作時的知後同意變得更複雜。兒童、青少年及認知能力受損者為這族群中最明顯的一群，因為他們在法律上和倫理上都沒有能力給予同意權。他們沒有能力完全地理解他們於諮商中的選擇之意涵。美國心理學會準則已在本章前面提及（3.10.b）；以下為美國諮商學會守則的相關內容：

### 美國諮商學會倫理守則

**A.2. 諮商關係中的知後同意**

A.2.d. 沒有能力給予同意權。當諮商那些沒有能力給予自主知後同意權的未成年或成人當事人時，諮商師盡可能尋求這些當事人同意接受服務，且於決策過程中適當地將其納入。諮商師很清楚自己必須在滿足當事人倫理上做選擇的權利、當事人同意或贊同接受服務的能力、父母或家庭法定代理人保護這些當事人與為他們行為做決定的法律權力和責任等需求之間找到平衡。

**B.5. 沒有能力行使知後同意權的當事人**

B.5.c. 揭露保密內容。當諮商師與沒有能力行使知後同意權的未成年人或成年人諮商而必須揭露保密內容時，諮商師要徵得合適的第三方同意。在此情形下，諮商師以當事人所能理解的程度告知他們，並依合乎文化的方式來保障當事人的保密內容。



## 未成年人

根據法律，未成年人通常不能被賦予知後同意權而接受社區的治療；至少得有父母其中一方或監護人同意（見第 13 章關於知後同意於學校諮商的討論）。除非其中一位父母被剝奪親職權，否則最好是徵求父母兩方的同意。如同第 5 章的討論，在一些情境下青少年本身即可以同意接受治療。在緊急情況下未成年人如果在法律上已經脫離家庭，或是法令上給予他們這個權利，也可以不經過父母的同意而接受治療。

倫理要求較法律標準更為彈性，因為關於同意的倫理標準是基於當事人理解呈現的資訊之能力，以及針對所瞭解的訊息從中自由選擇要如何以行動回應。越接近成熟年紀的青少年，越可能表現出理解和選擇的能力。年幼兒童的認知成熟度較為不足，或也較無能力做出自由選擇。在這些發展因素、倫理指引和法律要求的交互作用下，大多數的倫理學者同意美國諮商學會和美國心理學會規範的建議，最好是獲取未成年人接受諮商的**贊同**（assent）。一旦青少年更成熟了，這種贊同的流程應該更接近知後同意流程。「贊同接受諮商」意味著諮商師在做任何有關兒童自己的照護決定時要盡最大可能將其納入，盡力得到兒童的同意參與諮商（DeKraai et al., 1998; Koocher & Keith-Spiegel, 1990; Melton, 1981）。守則中的措辭意味著雖然期望盡可能做到，但是獲取贊同並非強制性的命令；然而學者仍然堅持不管是從臨床或倫理價值的觀點來看，這都是最佳實務該做到的。這其中蘊含的理想倫理理念是傳遞出對於人的內在尊嚴的尊重態度，不論當事人的年紀大小或是所處的環境。從更務實的觀點來看，如果兒童和青少年對於諮商一無所悉且絲毫不想參與或承諾要投入，幾乎不可能成為能夠朝向治療目標工作的合作當事人。沒有他們的贊同，他們對於預計要達到的治療目標會毫無參與感和認同感。建議尋求孩子的贊同並非排除父母。贊同是對於父母同意的補充，而非代替品。這裡的守則目的是期望兒童治療師盡最大可能尊重雙方的心願和權益。最終而言，如果父母的心願和未成年人的利益相衝突時，兒童的最佳福祉應該列為最優先考量。

## Samantha 的案例

Samantha 是一個 12 歲的中學生，她的父母幫她在社區心理健康中心尋求諮商。她的父母很擔心，因為他們的鄰近社區中有相當多的成群結黨活動，而 Samantha 似乎跟其中一個黨派的孩子們往來密切。Samantha 有個男友，她的父母偷聽到一點他們女兒的對話，好像她對性越來越開放。Samantha 的成績中等，即使她的考試分數顯示她的學業成就可以更好。她偶爾和父母、老師、同儕有些衝突，但是沒有觸法。父母想要諮商師評估 Samantha 的狀況且提供諮商。她的父母急於讓孩子接受諮商，但是 Samantha 對於諮商完全沒興趣。她認為自己就跟一般老師太無聊、父母過度保護的小孩一樣。她於初始的晤談中拒絕接受治療；雖然她說她會「按時出現」以堵住父母的嘴，但是她絕對不想改變。諮商師基於幾個明顯的行為問題認定 Samantha 正處於危險中。

即使兒童拒絕給予立即的贊同，持續提供服務並沒有不合乎倫理，只是臨床上的價值可能要斟酌。在這樣的情境中，實務工作者最好要能與家庭密切地工作，幫助他們理解讓兒童願意參與於服務中之重要性。同時，專業人員也應該持續嘗試與兒童建立信任關係，讓兒童能盡早贊同接受諮商。當然，最終的衡量標準是這當中的所作所為絕大部分都符合兒童的最佳利益。如果兒童的參與絲毫沒有幫助到他／她，沒有任何一位治療師應該將孩子持續留在治療中。

許多關於未成年人知後同意的研究都是針對青少年，也有越來越多的心理師會徵求青少年同意參與心理治療（Beeman & Scott, 1991; Taylor, Adelman, & Kaser-Boyd, 1984）。1991 年以前，70% 的兒童心理師指出他們除了獲得父母的同意之外，也會徵得青少年的同意（Beeman & Scott, 1991）。Gustafson、McNamara 和

Jensen（1994）發現，當父母知覺到問題很嚴重，以及當他們相信自己能夠理解孩子接受治療會有何利益與風險時，他們會願意同意孩子接受服務。

如果比較家長和孩子對於心理健康服務的期待差異，由以下的研究結果更能看出徵得未成年人贊同接受服務（且父母也同意）的重要性。舉例來說，Hawley 和 Weisz（2003）報告 76% 的未成年人進入治療時，與其父母有著完全不同的治療目標，並且超過於一半的未成年人甚至不認同他們尋求治療的主訴問題。

## ●● 心神喪失的人

大部分的法律系統都假設成人有能力給予同意權，除非有證據顯示相反的情形。有時專業人員會面對嚴重的發展障礙、早發性癡呆或嚴重精神疾患等明顯沒有能力的當事人。另外一些人可能於癡呆症狀的早期，其認知能力時有時無。這樣的當事人可說是「心神喪失」，意味著他們無法當下理解到影響他們的事件。在無法理解的情況下，他們即無法做出一個被告知後的選擇；其他人必須為他們做出代理同意的選擇。通常家庭成員或法定代理人符合這個角色。不管有無一個特定的人提出代理同意，專業人員均須與代理人走過這段告知同意的流程，如同他或她就是當事人一樣。此外，專業人員也有義務盡可能依照當事人能力所及給予其決策中的參與權。

當治療師不確定當事人是否有能力給予同意時，實務上最審慎的做法是姑且充分相信當事人有能力、盡最大可能持續服務，以及謹慎地檢視當事人對於溝通內容的理解程度。此外，專業人員應該與有能力客觀衡鑑當事人能力的同儕諮詢。目標是避免以威權主義的態度對待當事人，要能謹慎地評估當事人的心智功能〔見 Moye、Karel 和 Armesto（2007）完整整理的評估當事人是否有能力同意接受治療的策略〕。剝奪當事人選擇的自由是很嚴重的一個手段，不應該輕易嘗試。如果當事人給予同意的能力只是暫時受損（例如酒精中毒或是急性的生理疾病），專業人員應該試著暫緩當事人行使同意權，直到其心智功能恢復正常（Kitchener & Anderson, 2010）。Adams 和 Boyd（2010）也善意提醒智力上沒有能力的當事人仍舊需要且能夠從服務中獲益，所以治療師仍應積極與這些族群工作。

Rudd、Joiner、Brown、Cukrowicz、Jobes 和 Silverman 等人（2009）整理出一

系列有關當事人處於重大的自殺危險時，知後同意流程的相關建議。這些建議有受到一些批評（Cook, 2009; VandeCreek, 2009），但是對於實務工作者考量這些族群是重要的。

## ●● 法院命令的諮商

過去 50 年來，心理健康專業人員變得更常和法院有關（Brodsky, 2011; Stokes & Remley, 2001）。法官體認到心理健康照護對於那些來到他們面前的公民之價值，他們也經常強迫那些因為情緒、人際關係或物質濫用等困擾問題而捲入訴訟官司者強制接受諮商。Shearer（2003）將法院強制的治療稱為「倫理上的地雷區」，但是其他人（比如，Rooney, 2001）則較樂觀地看待，想找出合乎倫理的方式進行治療。通常被告會被告知可以選擇接受刑事或民事的處罰，或是接受諮商。許多青少年或成人法庭中的被告因此選擇諮商。Brodsky（2011）稱此為「別無選擇的選擇」（Hobson's choice），是一種在無法接受替代方案下所做的不得不的選擇。不管是從歷史經驗或是現在的理解，都可發現處於這種狀況的人事實上最需要外在協助，讓他們能夠面對痛苦、學習替代行為，以及建立更健康的關係。然而，這些人進入諮商的前提讓人不得不質疑他們選擇接受諮商究竟有多少程度是基於他們真正自由的選擇。考慮以下的問題：

- 如果入監服刑是唯一的替代選擇，那麼選擇接受諮商或心理治療是否真的是自願的？
- 如果即將失去兒童的監護權，那麼父母的接受治療是否是被強迫的？
- 在第三次或第四次因酒醉駕駛被拘留的情況下，是否會有任何人不選擇暫時吊銷駕照且接受諮商，反而接受永遠喪失駕駛資格？如果沒有人會如此做，那這些人真的還有其他選擇嗎？
- 上述的任何一個情況下，當事人如果選擇接受治療作為替代方案，可將其視為有意願和動機，且準備在過程中主動參與嗎？
- 對於那些視治療為「別無選擇的選擇」的當事人而言，心理健康專業人員要如何跟他們建立信任的關係以及評量治療成效？

這些問題凸顯一般定義的知後同意和在法庭情境運用間的矛盾。一般而言，知後同意是基於**能力**（瞭解呈現訊息的能力）、**理解力**（對於訊息詳細內容的瞭解）及**自願性**（一個自由、非強迫的選擇）。一旦替代方案幾乎是不可行，亦即幾乎沒有一位理性的人會選擇的情況下，所謂的自願性概念就變得岌岌可危。此現象似乎吻合 Warwick 和 Kelman（1973）對操弄的解釋：「看起來是基於自由選擇，但是在這種情況下的選項結構，會使某個選項更可能被挑選」（p. 403）。因此在這樣的情境下，臨床工作者面臨的兩難是：儘管當事人缺乏自願性，他或她仍應該接受這位當事人？或是立即指出這個矛盾，且延後提供服務，直到當事人處於更好的位置以決定自己的命運時？

對於這樣的情境並沒有絕對的規則。倫理守則並沒有給予大量的指導，除了對於提升當事人尊嚴與福祉，以及跟法院強制的當事人溝通關於專業人員對第三方應負的義務等一般性指導。再次強調，這裡必須展現專業的判斷。這裡的任務是衡量在缺乏十足同意權，以及諮商的確可以幫助到一些特定人士之間找到平衡點。本質上，治療師像在進行利弊得失分析並且自問，缺乏自由同意的服務可能會造成傷害嗎？在這種強制情況下，無法提供服務會比提供服務還造成更大的傷害嗎？我有沒有足夠的技巧、熱情和態度幫助當事人克服對於法院強制要求服務之疑慮？這些問題的答案將引導最後的決定。很重要的是心理健康專業人員以開放的態度接觸預期的當事人——時常這些人是大家「避之唯恐不及的當事人」（Brodsky, 2011, p. 9），如果專業人員帶著負面框架來看待這些當事人，要處理起來更困難。

不管在怎樣的情形下，專業人員均需對當事人進行知後同意流程，要揭露適當的資訊及確定當事人理解。對於強制的單位要求諮商師揭露多少諮商內容的程度，也必須讓當事人清楚。心理健康專業人員的終極目標為設法增進法院更關注那些可能從諮商服務獲益的公民，但是不至於侵犯那些公民的權利與尊嚴。專業人員應該很欣慰，因為一些研究結果發現即使當事人是被法院強制要求諮商，仍能從介入中獲益，且相較於其他處於相同情境卻沒有獲得服務的人而言，他們有更顯著的改善（Keaton & Yamatani, 1993; Peters & Murrin, 2000）。有些研究也指出被法院強制的當事人經過諮商之後，能意識到自己有嚴重的心理健康議題需要改變，並且也同意直接接受協助（Rooney, 2001）。總結來說，諮商師不應該很快下定論，認為被法院強制的當事人一定對服務有敵意或是不願意參與。這些人很容易感到被強制且毫無求助動機，但是他們並非無藥可救。Rooney（2001）強調在知後同意過程誠實和直接溝通的重要性，如此法院強制的當事人對於治療和他們參與的後果均能有所瞭解。Brodsky（2011）將與被法院強制的當事人和其他非自願當事人工作視為有價值的資源。

美國心理學會倫理原則 3.10.c 特別提到，當當事人為法律強制接受治療時，專業人員有責任告知他們即將提供的服務、法院要求的服務，以及這樣情況下保密的限制。

## 衡鑑中的知後同意

所有的諮商和心理治療均有包含一些形式的衡鑑、評估當事人需求或是診斷當事人的問題，畢竟專業人員僅能針對已經確定的困擾問題提出對策。如同即將於第 10 章更詳細說明，衡鑑過程充滿實務上的倫理問題。因此，專業準則提供大量關於衡鑑的倫理議題之描述，包含知後同意和其他方面的議題。

### 美國心理學會倫理原則

**9.03 衡鑑中的知後同意**

a. 心理師取得關於衡鑑、評量或診斷服務的知後同意，如同描述於原則 3.10 知後同意，除了當(1)測驗是被法律或政府規範所要求；(2)因為施測為例行的教育、機構或組織活動，故知後同意是隱含的（例如，當謀職時，參與者自願地同意接受衡鑑）；或者(3)測驗的其中一個目的乃是為評估某項決定性的能力。知後同意包含衡鑑的性質與目的、費用、第三方的參與，以及保密性的限制和提供當事人／病患充分詢問和獲取答案的機會。

b. 心理師對於知後同意能力上有所疑慮者，或者對於被法律或政府規範要求測驗的對象，仍須使用受衡鑑者可理解的語言，向其說明預計要提供衡鑑服務的性質和目的。

c. 心理師如果需要翻譯員協助，需取得當事人／病患的知後同意並確保測驗結果的保密性和測驗安全性的維持，且於他們的建議、報告和診斷或評估性描述（包含法庭上的證詞）中說明此情形以及闡明所取得資料的限制。



## 美國諮商學會倫理守則

### E.3. 衡鑑中的知後同意

a. 對當事人解釋。進行衡鑑之前，諮商師應向當事人解釋衡鑑的性質和目的，以及可能取得衡鑑結果者將如何運用衡鑑結果。解釋應以當事人（或當事人的法定代理人）的母語進行，除非有事先說好其他的例外情形。諮商師必須考量當事人個人或文化脈絡、當事人對於衡鑑結果的理解程度以及結果對於當事人的影響。

b. 結果的取得者。諮商師在決定誰可以獲得衡鑑結果時，須考量接受測驗者的福祉、確切的理解程度，以及事先的共識。諮商師正確且適當的解釋所公布的任何個別或團體衡鑑結果。



就像在倫理上要求諮商和治療需有知後同意，這些準則也強調當事人有權利在測驗前瞭解所有關於衡鑑目的和使用的資訊。舉例來說，除非法院或其他法律體系強制要求施測以決定一個人是否適合接受審判，否則當事人也有權利拒絕接受測驗或提供測驗資料給任何其他單位。這些準則通常最主要是應用在正式的教育和心理測驗，或對於情緒或心理疾患的一般診斷，以及評估當事人並將結果放在當事人的紀錄內或提供給其他單位。

## 知後同意的研究發現

心理治療領域對於知後同意的研究結果有正向也有負向。一方面，研究者發現知後同意對當事人和治療師有所助益。有感受到負責任的知後同意過程之當事人，更能積極自我揭露，並且更樂觀期待諮商的結果（Goodyear, Coleman, & Brunson, 1986）。再者，有些證據顯示成人當事人認為有謹慎發展知後同意的治療師，比沒有這麼做的治療師更值得信任且更專業（Sullivan, Martin, & Handelsman, 1993）。同樣地，兒童的父母也很肯定治療師所提供的知後同意資訊（Jensen, McNamara, & Gustafson, 1991），且期待心理健康專業人員能將這些資訊提供給他們。從專業人員的觀點來看，許多心理師傾向於同意專業標準所定義的知後同意為持續進行中的過程，而非諮商初期談完就結束的活動（Pomerantz, 2005）。在這個研究中的專業人員傾向於期待所有的知後同意內容需歷經至少三次晤談來完成。

另一方面，研究結果也發現研究參與者對知後同意要求的承諾，不管在倫理上或法律上都是不一致的。甚至有些知後同意實行的過程似乎僅是照章行事，並非實踐倫理準則的精神。在一個關於心理師對知後同意的實行與態度的研究中，Somberg等人（1993）發現在他們很小型的全國樣本中，實際上沒有一個人針對所有的主題進行知後同意。絕大多數的研究參與者對大部分的當事人都省略許多必要的要素。只有 59.5% 的人指出他們與每一位當事人都有討論保密的限制，只有低於三分之一的研究參與者有跟每位當事人討論治療的風險、長度或其他替代方法。甚至有 18% 的人表示他們**從未**與他們的當事人討論過治療的風險。知後同意的討論時機也很參差。多數有討論較多知後同意要素者，傾向在第一次晤談的最後提及。然而，令人憂心的是有極高比例的人指出他們討論知後同意的時機只是在「當相關議題正好浮現」時（Somberg et al., 1993, p. 156）。此隱含了只有在當事人提到諸如心理師有保護的義務或法定的兒童虐待通報等議題時，這些心理師才會提出討論。針對復健諮商師的知後同意實務狀況研究也有類似的結果。只有 56% 的研究參與者於初談中討論危險狀況的保密限制，以及只有 45% 的人於初談中討論到對於易受傷害者的虐待和疏忽議題之保密限制（Shaw, Chan, Lam, & McDougall, 2002）。等到當事人揭露某些不能保密的事情才宣稱無法保密，就好像諺語所言，等到馬匹們已經逃脫後才關上馬廄的門一樣。這種延緩知後同意的做法也違背忠誠原則。倫理守則的重點是當事人應該在他們揭露任何資訊**之前**就瞭解其可能的後果。Swenson（1997）描述這種保密的限制為當事人必須接收到的「心理學界的米蘭達宣言」，以判斷自己揭露訊息的可能後果（p. 72）〔米蘭達宣言（*Miranda* warning）是執法人員對於被控訴違法者要進行詰問前所必須宣讀的一系列權利〕。因為在某些情況下，法院可能會要求心理健康專業人員提出對於當事人的證詞，如果專業人員沒有進行適當的知後同意，有時候可能會讓當事人入罪。其他研究也發現知後同意的進行過程或是內容都很參差或是不夠完整（例如，Claiborn, Berberoglu, Nerison, & Somberg, 1994; Croarkin, Berg, & Spira, 2003; Sherry, Teschendorf, Anderson, & Guzman, 1991; Talbert & Pipes, 1988）。例如 Claiborn 等人（1994）發現在調查的當事人中只有 6% 表示他們的治療師曾經說明保密限制的資訊。在一個比較精神科醫師、心理師和社會工作者的研究中，Croarkin 等人（2003）發現心理師支持知後同意之重要性的程度最高，精神科醫師最低。針對青少年當事人知後同意的研究則顯示遵從倫理守則的情形較佳。例如Beeman和Scott（1991）發現在他們的樣本中有 93% 的心理師有獲得其治療青少年的家長同意。如前所述，這其中 70% 的心理師也有獲得青少年的參與同意。

提供線上治療（或稱網路諮商）的專業人員是否在遵守知後同意上做得更好？不幸地，沒有證據支持這個結論。事實上，Heinlen、Welfel、Richmond 和 Rak（2003）以及 Heinlen、Welfel、Richmond 和 O'Donnell（2003）的研究都發現，超過一半的線上臨床服務專業人員都未能遵守守則的知後同意規定。很多對於線上諮商或治療有興趣的消費者，必須在獲得完整的同意資訊之前就先付費，有的甚至從未獲得任何資訊。其他研究也有類似的發現，亦即當事人未能獲得完整的線上服務知後同意訊息（Recupero & Raimey, 2006; Santhiveeran, 2009; Shaw & Shaw, 2006）。近期的研究也指出一些學校諮商師在沒有當事人的同意下，利用社群網絡媒介獲得他們的資料。Lehavot、Barnett 和 Powers（2010）發現有 27% 的心理科系實習生利用社群網絡媒介查詢當事人的資料，但是沒有事先告知當事人或是徵求其同意。有些參與者指出他們之所以這樣做是出自於好奇心；其他則是想要澄清當事人跟他們所述內容的真實性。這些做法均明顯違反倫理守則。

根據 Remley 和 Herlihy（2010）的研究，令人驚訝的是在門診病人心理治療或諮商中，即使實務工作者明顯未遵守倫理守則，也沒有因為忽略知後同意程序而被控訴疏忽或瀆職的案例。同樣地，也較少倫理申訴是與違反知後同意有關。不過身處這個重視消費者權益且好訴訟的社會，這個低程度的申訴狀況是否會持續仍值得探討。總而言之，雖然當事人有興趣於瞭解知後同意資訊，且不管從倫理或治療角度來看都肯定溝通這些資訊很有價值，但是實務工作者對於這些規範的遵從充其量是不完整的，更糟糕的是不存在的。

## 案例討論

以下這四個當事人的案例說明深植於知後同意上的倫理兩難：

### Doolittle 醫生的案例

Doolittle 醫生為一位復健諮商師，與脊柱受傷的成人工作。他的當事人均是智力功能良好但是有肢體移動的問題。他所用的知後同意資料絲毫沒有提到諮商的風險與替代方法。他的論點是他的當事人已經歷過夠多的創傷，因此不需要擔心諮商可能帶來的副作用。透過諮商的協助，他們沒什麼可以失去，反而可藉著諮商獲得更多。他也相信針對脊柱受傷之病患，沒有其他諮商的替代方法，因為他們需要的就是情緒的支持、就業諮商和實際生活議題的引導。Doolittle 醫生忽略這些主題是情有可原的嗎？

### Berens 女士的案例

Berens 女士是一位中學學校諮商師。她的其中一個當事人是已經逃學九週的 15 歲國二學生。Marianna 自從扁桃腺切除手術後即拒絕到校。目前她都待在家閱讀、看電視和做家庭雜務。如果 Marianna 不盡快回到學校，則將有法律行動。以Marianna的情況而言，政府無法同意其在家就學。Marianna拒絕同意諮商，而她的母親不但同意，且堅持她的女兒無論如何得參與諮商。她的母親同意等學生放學後再讓 Marianna 接受諮商，讓她的女兒出現於學校比較不尷尬。Berens女士已經跟Marianna概略地說明知後同意的要點，且她相信這位少女理解這些原則。Marianna 表示她不想要與諮商師討論她的私人生活。Berens女士如何平衡少女的拒絕同意和她母親的同意諮商？

## Marcello 醫生的案例

Marcello 醫生是一位行程滿檔的有技巧的治療師。為了有效管理他的忙碌行程，他將知後同意流程的責任委任給他的辦公室助理 Williams 先生。新的當事人在跟 Marcello 醫生第一次正式會面前 30 分鐘，必須先跟 Williams 先生見面，以完成患者問卷、保險表格及知後同意等文件（當事人在正式會面前即會先收到病患須知等資料）。Williams 先生沒有受過諮商專業教育，但是受過 Marcello 醫生的訓練以進行這樣的流程。Williams 先生謹慎地依循著他的老闆所制定的流程規範，並且仔細確認病患們都能理解這些他們簽署同意的文件。利用這樣的方式，Marcello 醫生相信諮商晤談可更為聚焦，且他的知後同意義務已經實質地滿足，雖然他也發現其他的同意議題也可能在諮商進行過程中出現。Marcello 醫生的實務做法與目前的知後同意準則一致嗎？

## Zimmer 先生的案例

Zimmer 先生是一位家庭治療師，已經開始與一位 37 歲、有兩個青少年孩子、被判決酒後駕車的父親工作。這位父親同意與他的妻子和孩子參加家庭會談，討論他近期的酒精濫用相關議題，這也是他判決的一部分。在開始的幾次會談後，Zimmer 先生發現這位父親只是應付了事，所表達的內容是他認為他應該說的，而不是真正表達他的感覺。當事人清楚知道這些晤談的紀錄將會提供給法官，且治療師可能會跟法官說明或是出現於法庭談論他。Zimmer 在一次家庭晤談中面質這位父親，但是即使他的妻子也同意治療師的論點，這位父親仍拒絕承認他有壓抑他的真實想法與感受。最終，Zimmer 先生決定告訴這位父親他將向法官報告諮商中所發生的事，以及如果法官有問到這位父親是否完全投入參與家庭諮商時，治療師也會如實回應。所有人都同意這個決定。這樣符合倫理嗎？

## 摘要

知後同意意味著當事人理解諮商流程和願意同意。知後同意受倫理守則要求，主要是基於倫理原則中尊重當事人的自主性。再者，因為諮商服務是當事人付費，且因為此服務對於他們的生活會有重大的影響——無論是在諮商中或是結束後，因此當事人有權利瞭解它的含意和做出是否參與的自由選擇。知後同意的中心要旨為理解諮商的流程、風險、利益和替代方法；保密的限制；諮商的實際庶務事項；諮商師的資格；諮商紀錄與測驗的運用；以及諮商的間接影響。此外，當事人有權利知道關於任何電子紀錄、諮商師的督導、或如何提出對於他們諮商師的抱怨申訴。雖然應該盡快於諮商流程中討論知後同意的所有向度，但是有時論及當事人的福祉時，有可能有所妥協。特別在危機中，知後同意的某些內容可能需要被擱置，直到危機解除。

在某些情境下，直接獲得當事人的知後同意並非總是可行。最常見的是未成年人或智力功能受損者。學者建議同時獲得未成年人或是無行為能力者對於諮商的贊同，伴隨著其父母或監護人的知後同意。如果一位當事人似乎沒有能力做出參與的自由選擇之知後同意決定時，則應獲得對當事人行為負責的代理人同意。通常代理人為家庭成員或法定監護人。

即使有些實務工作者相信知後同意為例行的行政流程，應該盡可能在諮商一開始就完成，研究證據和倫理專業人員皆表示適當的知後同意並不會阻礙、反而明顯地增進諮商成效。此外，發展知後同意應視為是一個持續的過程，而不是限期完成的程序。這個過程象徵夥伴間為了追求一個共同的目標而同心合作。研究結果更凸顯實務工作者有必要遵循倫理規範。

## 問題討論

1. 你認為造成實務工作者使用不一致之知後同意程序的理由為何？
2. 如果當事人不想要知道諮商或心理治療的風險，他／她有權利忽略嗎？（請解釋。）
3. 你認為如何做最能完整檢視知後同意的資訊？為什麼？
4. 在法院強制命令的狀況下，有所謂真實的知後同意嗎？若你認為沒有，那麼專業人員可以合乎倫理地進行這樣的諮商嗎？請解釋。
5. 在很多心理健康機構，罹患嚴重心理疾患的人，如思覺失調者，有法律上的權利拒絕接受治療，包含服用藥物。如果他們的症狀並沒有減輕且混亂著他們的思考，則他們的拒絕治療是真正理解後的拒絕嗎？他們控制自己身體的權利要如何與接受治療的需求相平衡？
6. 你對利用社群網絡於專業實務的看法為何？怎麼樣的做法是你認為合乎倫理的？

## 建議讀物


Barnett, J. E., Wise, E. H., Johnson-Greene, D., & Bucky, S. F. (2007). Informed consent: Too much of a good thing or not enough? *Professional Psychology: Research and Practice*, *38*, 179–186.

Bennett, B. E., Bricklin, P. M., Harris, E., Knapp, S., VandeCreek, L., & Younggren, J. N. (2006). *Assessing and managing risk in psychological practice*. Rockville, MD: The Trust.

Brodsky, S. L. (2011). *Therapy with coerced and reluctant clients*. Washington, D.C.: American Psychological Association.

Fisher, C. B., & Oransky, M. (2008). Informed consent in psychotherapy: Protecting the dignity and respecting the autonomy of patients. *Journal of Clinical Psychology*, *64*, 576–588.

Handelsman, M. M., & Galvin, M. D. (1988). Facilitating informed consent for outpatient psychotherapy: A suggested written format. *Professional Psychology: Research and Practice*, *19*, 223–225.

Moye, J., Karel, M. J., & Armesto, J. C. (2007). In A. M. Goldstein (Ed.), *Forensic psychology: Emerging topics and expanding roles* (pp. 260–293). Hoboken, NJ: Wiley.

Pomerantz, A. M., & Handelsman, M. M. (2004). Informed consent revisited: An updated written question format. *Professional Psychology: Research and Practice*, *35*, 201–205.

Sales, B. D., DeKraai, M. D., Hall, S. R., & Duvall, J. C. (2008). Child therapy and the law. In R. J. Morris & T. R. Kratochwill (Eds.), *The practice of child therapy* (pp. 519–542). New York: Lawrence Erlbaum.

Somberg, D. R., Stone, G. L., & Claiborn, C. D. (1993). Informed consent: Therapists' beliefs and practices. *Professional Psychology: Research and*

*Practice*, *24*, 153–159.

Weithorn, L. A. (1983). Involving children in decisions affecting their own welfare: Guidelines for professionals. In G. B. Melton, G. P. Koocher, & M. J. Saks (Eds.), *Children's competence to consent* (pp. 235–260). New York: Plenum.

Wiger, D. (2005). *The clinical documentation sourcebook: The complete paperwork resource for your mental health practice* (3rd ed.). Hoboken, NJ: Wiley.

Zuckerman, E. L. (2008). *The paper office: Forms, guidelines, resources* (4th ed.). New York: Guilford.

## 其他網路資源

諮商及心理治療的知後同意：格式、準則與指引，及參考資料：http://kspope.com/consent/index.php

倫理實務中心：青少年知後同意書範例：http://www.centerforethicalpractice.org/Form-AdolescentConsent.htm

美國心理學會保險信託：心理治療師—病患合約範例：http://www.apait.org/apait/resources/riskmanagement/inf.aspx

CHAPTER 07

# 與當事人、學生、受督者和研究參與者的性接觸

## 權力與信任的侵犯

這裡有兩個關於與當事人性接觸的明顯事實。首先，所有心理健康和助人服務專業均明確禁止在治療關係期間有這樣的接觸。這部分的文字規範是明確的：

### 美國諮商學會倫理守則

**A.5.a. 現任當事人**

絕對禁止諮商師與現任當事人、他們的伴侶或家庭成員有性或情愛的諮商師—當事人互動或關係。

## 美國心理學會倫理原則

**10.05 與現任治療當事人／病患發生性接觸**

心理師不可與現任治療當事人／病患發生性接觸。



## 全國社會工作者學會倫理守則

**1.09a, 1.09b 性關係**

(a) 社會工作者不管在任何情況下均不得與現任當事人有性行為或性接觸，無論這樣的接觸是雙方同意或受到強迫的。

(b) 當這樣做可能有剝削的風險或對當事人有明顯的傷害時，社會工作者不應該與當事人的親屬或其他與當事人維持親密人際關係者涉入性行為或性接觸。這種與當事人的親屬或其他與當事人維持人際關係者的性行為或性接觸有可能對當事人產生傷害，且可能讓社會工作者和當事人難以維持適當的專業界線。社會工作者——而非當事人或當事人的親屬或其他與當事人維持個人關係者——必須承擔所有的責任以設定清楚的、適當的且具文化敏感的界線。



## 美國婚姻與家庭治療學會倫理守則

1.4

禁止與當事人有性行為。

禁止與當事人有性關係是基於實徵研究證實對於當事人的傷害，以及專業的基本價值。

近幾年，如同美國諮商學會倫理守則 A.5.a、全國社會工作者學會倫理守則 1.09b，及底下美國心理學會倫理原則所提到的，倫理規範均已明確禁止專業人員與現任當事人家庭成員間的性接觸。無獨有偶，心理師也被禁止與先前的性伴侶展開專業關係，不過美國諮商學會倫理守則對此議題未做說明。有些州也立法禁止專業人員與任職機構的當事人有性接觸（請見俄亥俄州行政管理守則為例：http://codes.ohio.gov/oac/4757-5-04）。

## 美國心理學會倫理原則

**10.06 與現任治療當事人／病患的親屬或重要他人發生性接觸**

心理師不可與他們已知的現任治療當事人／病患的近親、監護人或重要他人從事性接觸。心理師不可結束治療以規避此原則。

**10.07 與前任的性伴侶進行治療**

心理師不可為他們曾經從事性接觸的人進行治療。



第二個由數據顯示的明顯事實為，雖然三令五申地禁止心理健康專業人員的性不當行為，但是至今仍未能根除。尤有甚者，違反守則者並不僅限於那些缺乏訓練、心理狀態不穩定且在專業邊緣載浮載沉者，也包含各領域中的領導者（例如，請見 Noel & Watterson, 1992 的文件；Pope, 1990a）。Pope（1990a）提到某些被證實有性剝削的治療師曾任州立專業學會理事長、州立證照委員會和倫理委員會主席，或是知名大學的教授等。本章檢視為何要完全禁止性行為的背後理念、其問題涵蓋範圍，以及和性不當行為有關的背景變項。本章說明與前任當事人性接觸的倫理規範立場，以及與此論點有關的質疑聲浪。其次的焦點是專業人員與他們授課、督導、聘僱、研究參與或前來諮詢的人有性接觸之倫理議題。本章也幫助實務工作

者負責任地處理浮現於治療階段的性感覺策略，以及諮商與治療中非愛慾接觸的議題。最後，本章也提供實務工作者與曾被先前治療師性剝削之當事人工作的指引方針。

## 禁止的基本理念

禁止與當事人發生性行為的理由源自於當事人容易被剝削而受到傷害，以及這樣的剝削對當事人、專業人員與專業聲譽帶來的影響。雖然可以大言不慚地宣稱許多專業學會已經引領著想消弭這個問題，但是事實上整個專業歷史在此議題上是有可議之處的。在 1960 與 1970 年代，有些心理健康專業人員宣稱與當事人發生性行為可能有治療的價值（例如，請見 McCartney, 1966; Shepard, 1972），此外，試著要發表性不當行為證據的學者也難以讓他們的研究被專業期刊接受（Dahlberg, 1970; Gechtman, 1989）。直到 *Roy v. Hartogs*（1975）的指標性案件，法院對於提告性不當行為的瀆職案件均不感興趣，因為法律系統接受專業人員的證詞，認為這些指控是出自於心理不平衡的女性之性幻想（Pope, 1994; Sonne, 2012）。治療師和警察對於 Barbara Noel 宣稱她的治療師對她性剝削的初始回應是「妳一定是在作夢」（Noel & Watterson, 1992）。然而，經過很多受害者即便受阻撓卻持續申訴的勇氣，伴隨堅忍不拔的學者持續研究此主題，終於讓所有心理健康專業人員認可此與當事人性接觸的明確禁令，並且在懲處和預防的活動上採取主動的角色。

## 影響當事人容易被剝削而受傷害的因素

雖然社會大眾越來越清楚專業人員在倫理或法律上均不得和當事人或病患有性接觸，但是心理健康服務的消費者還是會忽略治療師與當事人性接觸的倫理議題。讓事情更棘手的是通常人們來求助時，往往情緒非常沮喪、人際關係岌岌可危，且極度缺乏自尊自信，在這種情形下的當事人比起其他時候更容易受到不負責任的專業人員傷害，而且在此情形下所受到的創傷，讓當事人情緒上更難承受。此外，學者也發現曾經遭受情緒上或性方面虐待經驗的當事人，更可能增加受到性剝削傷害的可能性，且讓其受傷害程度更惡化（Pope, 1994）。Kluft（1990）以及 Somer 和 Saadon（1999）的研究即發現大多數與他們的治療師有性接觸的當事人，於兒童時期曾經有性創傷或亂倫經歷。不過 Pope 和 Vetter（1992）的研究則發現這樣的受害史大約存在於三分之一的案件中（32%）。不管怎樣，在所有的案件中，當事人來求助時因為正承受極大的壓力，故其防衛機制多半因而減弱，所以他們通常難以拒絕一個無恥的專業人員之主動邀請，特別是如果該專業人員標榜這樣的活動是「治療性的」——Somer 與 Saadon 調查中有 11% 的當事人即經歷過這樣的狀況。治療師是否會對當事人性剝削的單一最佳預測因子為**治療師**先前違反界線**的歷史**（Pope &Vasquez, 2010）。

讓當事人的脆弱程度更雪上加霜的是這個社會對於求助的汙名化。如果來求助的當事人也有這種刻板印象，認為來找心理醫師的都是情緒困擾嚴重且缺乏自信者，則這些當事人將很可能過度順從專業人員的建議。在這樣的脈絡下，當事人可能忽視他們自己對於適當和不適當專業人員行為的直覺。Carolyn Bates 記錄她當時的感覺為：「我記得當我走向X博士的辦公室時，因為自己竟然要求助於心理師而覺得很羞愧，並且感覺到我的情緒快要失控」（Bates & Brodsky, 1989, p. 21）。

專業人員所處的專業地位也有可能鼓勵當事人對於專業人員所指稱的什麼是有治療性的，「即使有所懷疑，也要深信不疑」。當 Barbara Noel 在圖書館搜尋到她被轉介治療師的背景資料時，對他的豐功偉蹟嘆為觀止（Noel & Watterson, 1992）。她對如此有名的專業人員之判斷信心，遠超過她對於這位治療師所建議治療取向之懷疑。因此一位當事人可能會接受專業人員晤談結束時提出的擁抱請求，或是同意治療結束後一起晚餐，因為「這樣比較清楚你在社交場合的行為表現是如何」等這些建議的假象，而不會懷疑這些建議可能是治療師想主動開展一段社交關係，即使當事人對治療師的這些行為覺得困惑，也會不允許自己做那些解讀。有時候當事人就算認知到治療師的一些行為很不適當，仍缺乏自信去拒絕這位專業人員的要求。他們可能也擔心一旦拒絕就會對未來治療有何後果，擔心如果沒有順從，將會被遺棄或處罰。心懷不軌而熱衷於追求性關係的專業人員有時會指出當事人拒絕性接觸，是源自他們的情緒問題，並且暗示如果同意和治療師有身體接觸，將是治療有進展的象徵。Carolyn Bates 的治療師解釋她否認對治療師的性興趣，是她跟男人有

關的問題之徵兆（Bates & Brodsky, 1989）。當事人有時候默許社交性或身體的接觸，因為他們信任專業人員這麼做是為了要好好治療他們，或者相信如果他們不合作將失去更多。Carolyn Bates 描述那經驗：「我無法懷疑他對於我抗拒的解釋，如果我持著懷疑的態度，我等於是懷疑實務工作者本身和整個治療關係。所以我持續不願否定已經辛苦建立八個月的信任關係。因此我沒有挑戰他。我也不敢維護自己的立場，以及跟他說我對他一點『性』趣都沒有」（Bates & Brodsky, 1989, p. 32）。

有時當事人可能會很樂於與心理健康專業人員發生性關係，但是這些反應是根源於對治療程序的誤解，或是他們錯把對於專業人員的感覺視為真愛。Somer和Saadon（1999）發現他們調查的前任當事人中，有 82% 的當事人一開始把他們跟治療師的性接觸想像成一種羅曼蒂克的關係。在極少的情況下，當事人過度誤解專業關係，或者因為他們的性界線是如此模糊，因此企圖引誘專業人員對於性的興趣。在他們的回顧文獻中，Hartl 等人（2007）所調查的心理健康專業人員中，絕大多數有經驗過至少一次的性引誘，有些是無意的，有時是有意的。有些先前被其他權威者性剝削的人可能會相信性是他們為求幫助所必須付出的代價；對其他人來說，這些反應源自於對專業人員表達出來關心態度的錯誤知覺，以及來自於不熟悉治療關係中一般常見的角色與行為。從開始服務起，心理健康專業人員透過專注的傾聽、同理的表現、尊重和溫暖的態度對當事人展現關注。除非當事人有被告知諮商程序的性質，否則他們可能錯誤地解釋這些行為是因為治療師對他們有興趣，且沒有覺察到專業人員不是只有對他們進行特別治療。從相信他們所接受的治療是特別的，到懷疑這位專業人員對他們的興趣已經超越專業關係，這其中的差異極微。

另外還有兩個可能置當事人於性剝削風險的因素。第一，於日常生活中，大多數的當事人很少經驗到像他們接受諮商與心理治療那樣，有人會如此溫暖、專注地有興趣於他們的想法和感受，因此會漸漸地受到對他們如此專注的人所吸引而靠近。再者，當事人如果過去有過被如此專注對待的經驗，也可能僅限於愛人或親密的朋友。專業人員的這些行為可能也恰好代表當事人於先前經驗中所渴望但通常缺乏的需求。因此，治療師可能成為當事人為發展親密關係而正在尋尋覓覓的那種人之象徵。其次，專業人員的專業地位可增加更大的吸引力，因為人們通常會因受到看起來高社會地位的人關注呵護而覺得受寵若驚。但是上述這些動機沒有一個可以構成有意義的人際關係之穩固基礎，再者，幫助當事人瞭解專業關係的界線是專業人員的責任。因此，即使當事人有意願或是採取性主動，性接觸仍舊是禁止的，因為它侵害當事人的自主權。當事人之所以選擇進入這樣的性關係，至少有一部分是基於錯誤假設和過去的失敗經驗；故而，整體來說它絕對不是一個告知後的選擇。由於這些原因，不管倫理委員會、懲處委員會或法院都會駁回所有當事人同意與他們的諮商師或治療師發生性關係的陳述。這些組織一致地認為當事人於此狀況下的同意並非被告知後的，也非自由被給予的。不管當事人的行為再如何挑逗引誘，沒有任何當事人的行為可以讓治療師自圓其說。

那些抱持移情概念的專業人員認為與當事人有性接觸的行為更加嚴重。他們認為所謂的治療關係為一種當事人將先前與其他重要他人尚未解決的重要關係，進而移情到治療師。這通常意味著治療師——至少在潛意識層面，被視為是一個父母的形象，而不只是另一個成人。因此與當事人性接觸，在這樣的架構下呈現亂倫的特性（Gabbard, 1989）。Bates 看待她與 X 博士的關係從這觀點可見：「我深信很多我對父親的信任與愛都直接轉到 X 博士身上，因為我認為他兼具智慧和無條件關注於我的福祉」（Bates & Brodsky, 1989, p. 24）。Parish 和 Eagle（2003）避免使用移情這個詞，認為用依附這個詞更恰當，因為它包含了當事人對治療師的更廣泛的情緒連結。他們強調當事人對於治療師的依附感覺很容易與愛混淆。

還有其他性接觸的面向使其有本質上的剝削。首先，性接觸與受益原則及專業人員有責任為善的原則有所抵觸。當事人幾乎不清楚為了這段性關係，他們被迫放棄進一步治療計畫的可能性。當然仍有許多人會持續尋求專業人員的建議和對於他們問題的洞見。然而，研究指出一旦開始有性接觸，即意味著有意義的治療即將結束（Kitchener, 1988）。專業人員失去對當事人的客觀性，且開始著眼於當事人的現在和未來，此必然會影響專業人員的功能。舉例來說，與當事人有性關係的臨床工作者可能避免做出必要的面質，因為擔心會干擾當天晚上的浪漫約會。更深一層而言，臨床工作者可能不再致力於促進當事人對於議題的探索，因為擔心會威脅到他們未來的關係。同樣地，一旦當事人開始與諮商師有性接觸，他們可能會仔細檢視自己在諮商中的任何揭露，因為害怕所談的內容可能會影響之後的關係。

與當事人性接觸不只會終止治療的進展，也會使當事人遭受重大的心理傷害

（Bouhoutsos et al., 1983; Brown, 1988; Pope, 1988）。性接觸因此構成公然侵犯免受傷害的倫理原則，亦即諮商師避免傷害當事人的義務。Pope（1988）及其他人（例如，Gabbard, 1989）把這種心理上蹂躪的疾患比擬作強姦或亂倫，並且等同於受虐配偶症候群和創傷後壓力疾患。心理傷害可能立即出現，或者也有可能潛伏一段時間然後浮現，例如或許在當事人進入一段更適當的親密關係時才浮現。Pope和Vasquez（2010, pp. 211-212）具體條列出 10 種痛苦情形：

- 矛盾。
- 罪惡感。
- 空虛和疏離感。
- 性混淆。
- 信任的能力受損。
- 混淆的角色和界線。
- 情緒化。
- 壓抑的盛怒。
- 增加自殺風險。
- 認知功能失調。

顯而易見，性剝削所遭致的受害者心理健康問題既非輕微的也不是短暫過渡的，反而是牽涉廣泛的（Somer & Saadon, 1999; Stake & Oliver, 1991）。透過調查研究和個案研究，研究者追溯當事人與治療師性接觸之後的狀況，證實當事人有憂鬱、物質濫用、自殺、住院治療、慢性心理疾病和人際困難等狀況（Bates & Brodsky, 1989; Bouhoutsos et al., 1983; Coleman & Schaefer, 1986; Feldman-Summers & Jones, 1984; Rutter, 1989; Somer & Nachamani, 2005; Sonne, Meyer, Borys, & Marshall, 1985）。Pope 和 Vetter（1991）報告他們的受訪者中有 11% 需要精神病的住院治療，以及 14% 企圖自殺，其他重要的負面後果包括即使當事人目前的困擾問題尚未解決，且他們被治療師的不當行為所引發的問題又非常需要被關注，但是當事人不願意再進入治療關係。Carolyn Bates 的證詞刻畫出這種痛苦「（治療結束後）兩個月內，被治療師性虐待所引發的痛苦和原本促使我進入心理治療的未解決問題不斷糾結，讓我的人生像在地獄一樣。我被無止盡的憂鬱糾纏著，並且我的想法從偶爾想到自殺逐步惡化到有計畫性的想一了百了」（Bates & Brodsky, 1989, p. 40）。那些被性剝削者的家人和朋友也承受極大的負向後果（Schoener, Milgrom, & Gonsiorek, 1989），進而變成這虐待的次級受害者。根據 Regehr 和 Glancy（1995）的研究，同樣地，被宣判有罪的專業人員，他們的同事也深受其苦。很不幸地，研究也顯示侵害者並未體認到他們所造成的傷害。有些人甚至合理化他們的行為（Gantrell, Herman, Olarte, Feldstein, & Localio, 1988），認為這對當事人有正面效果。

涉入性不當行為的專業人員有時不只是違反性規範的領域。如同Simon（1991, 1992）所指出，性接觸很少是單一發生的。反而，它通常也發生於眾多的違反倫理行為中，比如故意忽略必要的治療，也包含進行高危險或產生不良後果的介入，以及將治療焦點轉移到治療師的問題上。Bates和Brodsky（1989）、Jones（2010）及 Noel 和 Watterson（1992）也提到治療師會涉入許多其他不倫理和不符合規定的實務工作。其他研究持續支持此結論。Somer和Saadon（1999）及Lamb和Catanzaro（1998）描述通常在不當性引誘之前即會出現其他形式的違反界線，包含治療師不恰當的自我揭露、治療外的社交接觸、不尋常頻率的肢體接觸，以及不恰當地討論治療師與當事人關係。一篇關於證照委員會採取的處罰行動回顧文章也揭露某些專業人員不當性接觸的下滑坡（slippery slope）現象。例如加州心理學學會網站，提供涉及撤銷執照的懲戒案例之線上訊息：http://www.psychboard.ca.gov/consumers/actions.shtml。相似的懲戒名單也出現在俄亥俄州諮商師、社會工作者及婚姻與家庭治療師委員會：http://cswmft.ohio.gov/discip.stm。

令人不可置信的是有些犯性侵案的專業人員竟然持續收取當事人治療費用，即使性是治療期間內唯一的活動。在 Somer 和 Saadon 的研究中有 19% 的當事人發生此狀況。一位坦承與他的當事人有性行為的心理師辯解說他持續收取當事人治療費用，是為了療程中的治療時間，而非性行為時間（Bates & Brodsky, 1989）。由於完全沒有證據可以顯示性行為具有治療效果，當事人或治療師也完全無法區隔性時間和治療時間要如何分開計算，因此當事人要為這段時間付費是極為荒謬不合理的事。如果帳單是由第三方支付，則第三方也完全被專業人員的行為所蒙蔽。

## ●● 對專業人員的影響

專業人員與當事人發生性行為被司法單位判罪的影響相較於對當事人的傷害而言小得多，但是仍不容忽視。首先，因為專業人員與當事人性接觸的禁令已經不斷宣導與變成禁忌，所以其他治療師對於違反此禁令會看得比較嚴重（例如，請見 Pope et al., 1987; Stake & Oliver, 1991）。他們可能諮商過那些曾經因先前的治療師而受害的當事人（Aviv, Levine, Sheief, Speiser, & Elizur, 2006; Stake & Oliver, 1991; Wincze, Richards, Parsons, & Bailey, 1996），或是曾經看到關於此問題的媒體報導，以及注意到他們的醫療責任險的投保費用被增加，付出至少部分至大量的金錢於性剝削案例中（Reaves & Ogloff, 1996; Smith, 1996; Zane, 1990）。專業學會也已主動教育他們的成員關於性不當行為的影響。這些違規的人在這樣的氛圍下，冒著失去同事轉介當事人的風險，以及向倫理委員會或證照委員會控告的不利性。即使同事不願主動揭發不負責任的專業人員犯行，也可能停止轉介當事人給這位違反倫理的同事，並且與其漸行漸遠。這些同事也會承受情感上和個人的後果。他們可能因為同事有這樣的犯行而有罪惡感和失去自尊，他們的人際關係也將破裂（Bouhoutsos, 1985; Herman et al., 1987）。

統計每年提出的倫理申訴案件顯示，許多性不當行為尚未被揭露，且並非所有專業人員的所作所為都符合專業的標準。Noel（2008）調查臨床心理師發現，即使超過 84% 的填答者曾經知道其他專業人員的性不當行為，但是其中只有 35% 曾經鼓勵當事人申訴，以及 10% 曾經在申訴過程中幫助當事人。並且，不意外地，在 Noel 研究受試樣本中 10 位自述過去曾與當事人有性接觸的心理師，相較其他心理師，比較不鼓勵當事人舉發違規者。研究顯示只有 5% 的受害者採取正式的行動對抗治療師（Bouhoutsos, 1984; Pope & Bouhoutsos, 1986）。不過一旦有關性不當行為的申訴案件成立，多數的判決單位傾向於謹慎回應，並且會對侵犯者做出懲處。因為專業標準是如此明確，專業人員沒有機會鑽法律漏洞或是為他們的行為找出各種藉口來減輕他們的罪行。如果實務工作者被認定有罪，可能的懲處行為相當嚴厲，就如同瀆職訴訟的嚴重程度，將損失大約上百到上千美元（Reaves & Ogloff, 1996）。如果是被機構僱用，則將可能失業。證照通常被暫停或撤銷，或者被限制未來的執業。再者，專業人員投保的保險公司保險政策通常會排除或限制對這種控訴的給付額度，因此到最後如此龐大的賠償負擔將落到個人身上（許多保險公司限制給付給這類的控訴）。有 15 個州的性不當行為除了民事刑責和專業責任的懲處之外，還加上刑事責任（Haspel, Jorgenson, Wincze, & Parsons, 1997）。這些州包含明尼蘇達、威斯康辛、科羅拉多、康乃狄克、北達科他、南達科他、加州、佛羅里達、喬治亞、愛荷華、新罕布希爾、新墨西哥、亞利桑那、俄亥俄及德州。在這些州當中，性不當行為被視為是重罪。其中五個州甚至因為認定這是一個重要的公共衛生議題，已經制定法律要求如果當事人揭露其前任治療師對其有性剝削的情形，後續的治療師必須揭露。明尼蘇達州長久以來即規定即使當事人拒絕，仍要求後續治療師要通報，但是其他州（威斯康辛、羅德島、加州和德州）允許匿名通報或是在當事人同意下才通報（Haspel et al., 1997）。這些法律的確有爭議性，且會違反當事人的保密性，但是它顯現出立法單位是如何高度地重視且看待此議題。

這些資訊可能會造成專業人員開始擔心當事人誣告的頻率與造成的影響。還好從實務來看，這類對於心理健康專業人員的誣告比例非常低。比例之所以低的部分原因可能是申訴者必須提供大量的佐證資料，並且整個調查程序會非常漫長。由證照委員會或倫理委員會進行的調查程序也非常嚴謹，因此會大大降低誤判的可能。第 11 章會詳細討論不合倫理實務的申訴程序。

## 對於專業名聲的影響

有關性不當行為對於專業名聲影響的資料很難取得。一旦這些不當行為的消息公告周知，將使民眾更不願意尋求專業服務，而專業人員也很難取得未求助者的相關資料。不過仍可合理假設會造成一些衝擊，尤其對那些原本對於尋求專業人員協助心理健康問題就抱持懷疑態度的文化而言更有影響。例如在網路上搜尋討論這些議題的網站，可發現有網站會討論到當事人被治療師或是其他專業人員性侵害或性騷擾的痛苦經驗描述。

對這個問題的擔心，也可能會影響到那些夠勇敢而開始尋求諮商者。透過媒體或朋友和家人得知有性剝削事件的當事人，很可能難以相信專業人員，即使治療師詢問當事人有關其個人的和性方面的內容是和其主訴問題有直接相關，當事人也很容易誤解，以為治療師有不良企圖。而媒體這樣大肆宣揚這些不合倫理的行為，將會讓專業人員更難說服立法人員、政府單位或保險公司有關諮商專業服務的價值與意義。

## 對此議題的相關研究

誰會涉入性不當行為，而這種事情又是多常發生呢？這是倫理的不當行為領域中最常被研究的問題（Pope, 1994）。我們對加害者的瞭解大多出自於心理健康專業人員自願說出他們性行為資料的調查，以及來自倫理委員會、證照委員會的懲戒行動，或是瀆職案件等所提供的資料。少數研究有探討遭受前任治療師性剝削的當事人之報告（如 Brown, 1988; Kluft, 1990; Somer & Nachmani, 2005; Somer & Saadon, 1999; Wohlberg, 2000），部分的個案研究也已經出版（Bates & Brodsky, 1989; Jones, 2010; Noel & Watterson, 1992）。這些資訊的來源均無法正確測知這個問題真正涵蓋的程度。懲戒委員會與法院只能處理有被控訴的案件；無法估計沒被控訴的案量。同樣地，全國性調查只能得到那些願意填答且交還給研究者的人的資料——通常回收率不到寄出調查表人數的一半。那些違反倫理規範的人會跟沒有違反規範的人一樣願意完成問卷嗎？這點無從得知。再者，由於存在著不准跟當事人發生關係的專業禁忌，不難假設那些自述沒有性不當接觸經驗的專業人員是否有真誠回答。此外這些研究還有其他瑕疵。即使得知被前任治療師性剝削的當事人報告，也無法告訴我們關於那些曾被剝削卻沒有再度尋求專業協助的人之資訊；透過個案研究可以告訴我們個別當事人受傷害的深度，但是我們無法得知問題的廣度。基於這些原因，我們應該謹慎評估對於這問題的相關研究。目前所知的一些研究證據可引導到某些暫時性的結論：

- 多數的加害者是男性，多數的受害者為女性（Pope, 1994, 2000）。男性治療師的不當性行為比女性治療師高 1.5 至 9 倍。這些研究發現在英國、以色列與澳洲及美國都是一樣的（Bisbing et al., 1995; Garrett, 1998; Somer & Saadon, 1999, 2005; Wincze et al., 1996）。
- 性行為不只發生在成年當事人身上。所通報的受害者包含年紀小到 3 歲的女孩及 7 歲的男孩。未成年女性受害者的平均年齡是 13 歲，男生是 12 歲（Bajt & Pope, 1989）。在一份調查治療師不當性行為的研究（Pope & Vetter, 1991）中，5% 的受害者未成年。

- 違反這項規範的治療師往往比其受害的當事人年紀還大，精神科醫師的平均年齡是 43 歲，當事人是 33 歲（Gantrell, Herman, Olarte, Feldstein, & Localio, 1989）。就心理師而言，平均年齡是 42 歲，而他們的當事人是 30 歲（Bouhoutsos et al., 1983）。在 Somer 及 Saadon 的調查中，治療師的年齡範圍從 30 歲到 70 歲，當事人則在 19 歲到 46 歲。
- 調查 1970 年代到 1980 年代的資料顯示不當性行為的總比率為 8.3%，不過每個研究的比率都不同（Pope, 1988）。這些研究中，精神科醫師承認有這行為的人比其他行業的還多。然而，一旦納入世代效果（cohort effects），則不同行業間比率的差異就消失了（Pope & Vasquez, 2010）。
- 從 1990 年代起所做的研究普遍顯示比率都有降低，例如對於諮商師不當性行為的研究顯示從 1.7%（Thoreson, Shaughnessy, Heppner, & Cook, 1993）降到 0.7%（Thoreson, Shaughnessy, & Frazier, 1995）。Nerison（1992）的研究發現有 3% 的受訪者跟現在的治療師有性接觸。社工資料顯示平均比率為 2%（Bernsen, Tabachnick, & Pope, 1994）。一份對於家庭治療師的研究則發現完全沒有跟當事人有性接觸（Nickell, Hecker, Ray, & Bercik, 1995）。Pope 和 Vasquez（2010）整理認為承認跟當事人性接觸的比率每一年大概下降 10%。這變化可能代表著發生率真的有下降，或者即使是不具名的調查，專業人員更不願意承認自己有做出這樣的行為，或者更聚焦於心理健康專業人員，而非僅限於精神科醫師或心理師，或者綜合這些因素。
- 除了性別因素之外，沒有任何一個背景變項可預測性不當行為。不論是學歷、經驗或理論取向的類型都跟這問題沒有一致的關聯性（Pope, 1994, 2000）。有些證據顯示，較高的教育程度與較高的專業成就相較於一般程度的專業成就為較佳的預測因子（Pope, 1990b），但不論是哪一種，都不是性不當行為的強力預測因子。
- 當事人是否會與治療師發生性關係的最佳預測因子是治療師這類行為的過去

史。當事人變項，如被性虐待的過去史，並不能有效預測與治療師發生關係的可能（Pope & Vasquez, 2010）。

- 針對曾違犯此準則的心理健康專業人員矯治復健的成功率不高（APA Insurance Trust, 1990; Pope, 1989）。事實上，根據這些研究的悲慘結果，加州認證委員會甚至做出結論，「既然針對這些加害者預期的復原情況如此不樂觀，更須考量是否該讓這些人（加害者）再次執業」（Callanan & O'Connor, 1988, p. 11，引述自 Pope, 1990b）。然而，其他研究則對復原情況較不那麼悲觀（Gonsiorek, 1997; Schoener & Gonsiorek, 1988）。
- 當事人因與治療師發生性接觸而受到傷害，而且即使當事人一開始就認定這樣的互動是愛情而非剝削，到最後心理仍受到影響（Somer & Nachmani, 2005）。
- 有些研究顯示病患—治療師的性接觸最常發生在結案之後（Pope & Vetter, 1991），但需要後續更多的研究證實這個發現。而且在這些案例中的部分案例，當事人只是名義上的前任當事人，因為他們之所以結束治療就是為了要發展性關係。

## ●● 受到當事人性吸引力的研究

在治療中受到當事人的性吸引是相當普遍的現象；然而，多數的治療師當然不會因為受到吸引力的影響而採取行動，而是設法理智地控制他們的反應。研究顯示所調查的 80% 至 90% 的心理師承認至少有一次經驗到受到當事人的性吸引，但只有極少數有採取行動（Blanchard & Lichtenberg, 1998; Giovazolias & Davis, 2001; Pope et al., 1986; Rodolfa et al., 1994; Stake & Oliver, 1991）。社工及家庭治療師的研究顯示這些行業也經常受到當事人的性吸引（Bernsen et al., 1994; Nickell et al., 1995）。Pope 和 Vasquez（2010）在他們回顧的研究中提到對當事人有性幻想是常見的現象。他們描述將近三分之一的男性心理師（27%）與男性社會工作者（30%）承認在跟別人發生性行為時，對至少一位的當事人有性幻想，雖然這些幻想發生的頻率顯得相當低。Rodolfa 等人（1994）陳述他們的研究對象中，88% 的心理師承認曾受當事人的性吸引，但只有 4% 對這吸引有採取過行動。60% 曾受到吸引的人尋求過諮詢（Rodolfa et al., 1994）。在探問治療師為何要克制對性吸引採取行動時，出現各式各樣的理由，從倫理意識及法律規定，到認為這類行為將對臨床實務產生不良後果，或是擔心受到懲罰或遭受起訴等。其他人則指出他們不會追求與當事人的性接觸是因為他們已經有很穩定的關係，或者因為他們認為禁止和當事人性接觸根本就是基本常識。

## 與前任當事人的性關係：具爭議性與衝突的規範

想想以下案例：

### Manuel 和 Olga 的案例

31 歲的圖書館員 Manuel，因為最近失眠與食慾不振而去求助於一位有照的諮商師Olga，進行三次的諮商。他擔心他罹患憂鬱症，因為他的家人有憂鬱病史。他的哥哥與媽媽都被診斷為重鬱症。Manuel目前沒有其他憂鬱症狀，且儘管他因工作與要奉養年邁雙親而感到壓力，他仍描述自己的心情是正向且滿意於他的生活。晤談時，Olga 評估 Manuel 與憂鬱診斷的吻合度，以及因應技巧的品質，判定不符合心理或情緒疾患的診斷標準。她建議他去做醫學檢查排除症狀的生理成因。後來在第二次晤談時，她把焦點擺在支持 Manuel 的因應技巧。第三次晤談時，Manuel表示他相信自己的因應技巧已經改善，且他現在更會處理壓力。他也透露因為他的醫生更換他的高血壓藥物，所以他的睡眠與食慾問題改善許多。三次晤談後諮商結束。Manuel表示他因為確定沒有罹患憂鬱症而放鬆不少，且似乎非常感謝Olga的協助。檔案被放在「結案」的櫃子。

之後的約莫六年當中，Manuel沒有特意去聯絡這位諮商師。直到有一天，他們意外地在交響樂的音樂會上相遇且相談甚歡。Manuel 已晉升為圖書館館長，且似乎相當努力。隔天他打電話給Olga並邀請她吃晚餐。這位諮商師受到Manuel 的吸引且想要接受邀約。她的行為符合倫理嗎？為什麼符合或為什麼不？比較你現在的反應及讀完這節與本章後面作者分析後的反應。

治療師跟前任當事人有性關係的發生率，高於與現任當事人的比率。根據 1977-1998 年間發表的研究，發生率介於 3.9% 到 11%（Akamatsu, 1988; Borys & Pope, 1989; Holroyd & Brodsky, 1977; Lamb et al., 1994; Lamb & Catanzaro, 1998; Salisbury & Kinnier, 1996; Thoreson et al., 1995; Thoreson et al., 1993）。在部分研究中，受害者是名義上的前任當事人。Somer 與 Saadon 的研究發現 33% 的專業人員加害人會突然結束治療，目的是要跟當事人發生性關係。Akamatsu（1988）描述結案到開始發生性關係之間的平均時間是 15.6 個月，但是 Gantrell 等人（1986）指出大部分接觸為更短的時間——少於 6 個月。多數實務工作者認為結案後的性關係是不符合倫理的，但是他們不認同的態度卻沒跟譴責與現任當事人發生關係那樣強烈或一致。Akamatsu 發現 23% 的接受調查者認為這行為「既不是合乎倫理，也不是不合倫理」（1988, p. 455），而 Lamb 與他的同事（1994）描述這段從治療結束後的時間會影響心理師對適切性的判斷。換言之，結束之後的時間越長，越不會被譴責是不合倫理（當這期間是一個月或少於一個月時，這行為就會被高度評定為不合倫理）。Salisbury 和 Kinnier（1996）在他們調查諮商師的研究中指出三分之一的研究對象認為跟前任當事人有性關係是可接受的，至少在某些情況下是如此；然而 Gibson 和 Pope（1993）發現只有 23% 的諮商師評估這行為是符合倫理的。Tarvydas、Leahy 和 Saunders（2004）調查復健諮商師及全國有執照的諮商師的研究中，將近一半的研究對象（45%）認為跟前任當事人成為朋友是符合倫理的；但遺憾的是，這些作者並未調查研究對象對於跟前任當事人發生性行為的態度。

對於跟前任當事人發生性關係是否合乎倫理缺乏共識，部分是因為倫理守則對這議題長期不表示意見。美國心理學會、全國社會工作者學會及美國諮商學會的倫理守則一直到 1990 年代對這個議題都保持沉默。到目前為止也只有美國精神醫療學會與其他國家的一些精神醫療學會明確禁止跟前任當事人有性接觸（2008），不過目前的全國社會工作者學會在守則的 1.09c 中則是強烈反對。目前美國的相關規範如下：

## ✱ 美國諮商學會倫理守則

### A.5.b. 前任當事人

在最後一次專業接觸結束後的五年內，禁止諮商師與前任當事人或其家庭成員發生性或情愛的諮商師—當事人互動或關係。諮商師在上一段專業接觸結束的五年後跟當事人或其家屬發生性或情愛的互動或關係前，要（以文字）舉證說明曾經事先深思熟慮過這樣的接觸互動或關係是否帶有剝削性質，且／或是否仍有傷害前任當事人的可能性。若是有剝削與／或傷害的可能，諮商師就要避免進入這樣的互動或關係中。



## ✱ 美國心理學會倫理原則

### 10.08 與前任治療當事人／病患發生性接觸

a. 在中斷或結束治療後至少兩年間，心理師不可與前任治療當事人／病患從事性接觸。

b. 除了在非比尋常的情況下，即使過了兩年期限，心理師仍不可與前任當事人／病患發生性接觸。心理師在中斷或結束治療的兩年後發生此行為，必須負責證明沒有剝削關係的存在，且要考量過所有相關因素，包括：(1)治療結束後所經歷的時間；(2)治療的性質、持續期間及強度；(3)結束的情境；(4)當事人／病患的個人史；(5)當事人／病患目前的心理狀態；(6)對於當事人／病患可能有害的影響因素；(7)治療師在治療期間的任何言論或行動是否有暗示或邀請當事人／病患於結案後發生性或情愛關係。

## 全國社會工作者學會倫理守則

1.09c

由於對當事人有潛在的傷害，社會工作者不應該與前任當事人有性行為或性接觸。如果違反這條準則或聲稱由於非常情況才有這樣的例外，則社會工作者——而非他們的當事人——有義務證明前任當事人沒有被蓄意或非蓄意剝削、被強迫或操弄。



這些準則的字裡行間均試圖傳達出性接觸通常是不合倫理的，即便是過了心理師的兩年與諮商師的五年期限後。這些內容也暗示甚至在規定的時間過後，仍然只有非常特殊的情況下才允許這樣的行為。全國社會工作者學會守則似乎是設定一項「一輩子」的標準，不過它並未對前任當事人有清楚的定義（Mattison, Jayaratne, & Croxton, 2002）。而 Canter 等人（1994）對美國心理學會原則的評論則是把這個準則視為一項「幾乎永遠不可能的規定」（p. 98）。這些守則將提供證據的重擔丟給心理健康專業人員，讓其去證明跟前任當事人發生關係是十足人力不可抗拒的例外情形。專業組織似乎只能容許當事人與專業人員之間的互動是短期且不會受到嚴重失功能的情況所惡化、當事人不會深度移情、雙方一定是適當的結案，以及發生時完全在倫理範圍內。

這些專業人員似乎暗指，舉例來說，當事人請求協助的情況是要戒菸、做職涯改變決策，或是在一般的悲傷歷程時尋求支持。在這些情況下強烈的情感連結與深層的依附通常是不必要的，因此可以進一步發展關係。這裡的爭論點是如果專業關係真的結束，議題也有效解決，那麼成年的當事人自由決定要跟誰交往的權利，應該大過於可能會傷害到前任當事人的風險，即使這個風險很低。專業學會似乎旨在保護以善意結束治療關係的專業人員，不要被永遠禁止跟所有前任當事人發展親密關係。這些倫理守則也提醒專業人員如果在結案前的任何時候就浮現想跟當事人發生關係的這些想法，將不符合例外的標準。這些守則更隱含著當專業人員與前任當事人在結案後的兩年或更久相遇，這樣的相遇必須都是「偶然」且絕非治療師在治療期間就有所預期的。在其 1995 年的準則中，美國諮商學會原本也正式通過兩年的標準，但在現在的版本中，委員票選延長成五年的限制，這更強調整件事幾乎永遠不可能發生。

Gonsiorek和Brown（1989）也建議以兩年期限作為與前任當事人發生性關係的最低限度。這兩位作者精心提出一系列關於這件事的決定過程的原則，以便在運用這些守則時，讓守則中每個時間點的動機更加明確。Gonsiorek 與 Brown 建議心理健康專業人員必須區別移情是治療中的核心特徵（類型 A），或是在短期治療裡不可能讓移情有機會成為主要的互動內容（類型 B）。這兩位作者建議跟類型 A 的當事人發生關係是絕對不恰當的，不論結案後到後續接觸之間的時間有多長。他們也把跟嚴重困擾的當事人治療歸類為類型 A，不管其治療時間多久。至於跟類型 B 的當事人結案後接觸只能在符合以下情況才能被允許：(1)初始的接觸並非來自治療師主動；(2)結案後至少兩年；(3)這兩年間沒有任何社交接觸；以及(4)治療完全結束且沒有建議後續治療。他們建議如果對於治療是否落入類型 B 有任何懷疑，那麼就應該將其歸為類型 A 且嚴禁有所接觸。Herlihy 和 Corey（1992, 1997）也談到諮商的長度和類型是影響結案後關係的倫理之因素。他們主張如果該諮商是短期且沒有深入個人內心，則接觸應該就可以被接受。

Gottlieb（1993）的文章也有助於澄清專業人員對這議題的理解。Gottlieb 指出治療師－當事人互動的三個面向應該作為評估這多重關係的倫理考量。第一是治療師的**權力**，Gottlieb 認為傳統的心理治療關係中治療師的權力高。第二個面向是治療關係的**期間長度**，時間長短和權力的消長有關。治療關係為期越長，治療師的權力就越高於當事人，依附也會越深。第三個面向是**結案的明確度**，意味著當事人在未來會再接受專業人員服務的可能性。他建議專業人員必須假設「專業關係應該會一直持續，就如消費者所設想的一樣，不管這當中時間隔了多久或這當中的接觸情形如何」（p. 44）。一旦治療關係是建立在諮商師權力持續、治療時間越長及結案的明確度越高，則越要明確地禁止性行為的發生。

**反對時間限制的主張**　如第 1 章所提到，目前的版本還在草擬修正時，並不是由美國心理學會倫理委員會所提出（早期的草案是全面禁止跟前任當事人發生性關係）。1992 年修正版的前 15 個草案版本中，也未將其納入。這 15 個版本有許多是

屬於會員的意見（Gabbard, 1994）。事實上，這是在沒有實質參與守則撰寫過程的學會會員代表委託學會理監事修正時，在最後一場爭論中被加上去的。許多學者相信這個政策有違大眾利益及專業的名譽。Gabbard（1994, 2002）總結這些學者對這政策的反對意見：

- 兩年期限的規定太武斷，且完全沒有依據任何實徵證據顯示移情可以在多久的時間內被解決。建議兩年就夠，這只是推測，因此專業人員不應只基於臆測的兩年期限而將前任當事人獨自置於風險處境。
- 專業人員沒有辦法測知移情是否已經成功解決。尤有甚者，如果完全聽任一位目前急於結束治療關係而想趕快進展到性關係的專業人員來評估當事人的移情是否成功解決，這樣的評斷似乎太不嚴謹（Hartlaub, Martin, & Rhine, 1986）。如 Gottlieb（1993）提到，只有當事人本人可以決定專業關係有沒有結束。
- 守則規定專業人員對當事人的專業責任在結案後兩年結束，這和其他的專業準則相衝突。例如，個案紀錄必須保持得比兩年更久，且內容必須永久保密。如果被請到法庭上作證，心理健康專業人員並沒有兩年的溝通特權權限。
- 不對等的權力關係永遠不可能消弭，且為了治療意圖取得的資料可能在往後的私人關係有被濫用的風險。專業人員很難完全「忘記」諮商時當事人透露的所有資訊，而當事人也無法忽略專業互動時所存在的不對等權力。此外，如果前任當事人事後感到被治療師剝削時，他或她也可能不願意去提出告訴。
- 允許結案後產生關係可能會改變治療的性質。當事人如果對治療師有性感覺，很可能知道未來會有機會跟治療師發生性關係。而那些深受吸引的當事人可能會因此抗拒探究他們復原時必須探討的議題，因為擔心那可能會阻礙他們展現自己的吸引力。同樣情況，由於結案後不管多久都很有可能跟這位當事人接觸，因此治療師就可能故意或非蓄意地轉換晤談焦點。
- 沒有證據可以說明結案後兩年跟當事人發生性關係可避免當事人受到傷害的風險。事實上，研究顯示結案後發生的關係可能導致傷害（Brown, 1988; Pope

& Vetter, 1991）。曾有研究指出當事人提出由於關係造成的心理傷害告訴時間，是在結案後四年（Gottlieb, Sell, & Schoenfeld, 1988）。

- 守則不應該針對非典型個案而訂出例外條款。與前任當事人發生性關係的標準應該是全盤不同意，但是守則卻考量到最不尋常情況下發生的性關係。這個專業想保障專業人員在這極少數情況下的自主權權益似乎遠超過他們保護大眾免於受到傷害的承諾。基於治療師剝削當事人所產生的重大傷害證據，這個專業不應該給一般民眾錯誤的印象，以為這種現象非常常見，但是這應該是少數專業人員的非典型案例。

Koocher 和 Keith-Spiegel（2008）提出關於權力差異以及過去關係對現在關係的影響力的有趣問題。他們問到：「如果多年後你巧遇高中時最敬愛的老師 Sam Mendez，你會說：『嗨，Sam』還是『你好，Mendez 先生』？」（p. 330）。多數人不願直呼老師的名字可能跟持續意識到老師的地位，以及一個人跟過去敬仰的專業人員之間關係的本質有關。若是這樣，為什麼對當事人與前任治療師就會有差？

也值得注意的是，許多法庭已判決跟前任當事人發生關係仍然構成專業上的疏忽（*Cranford v. Allwest*, 1986; *Doe v. Samaritan Counseling Center*, 1990）。少數州，包含麻薩諸塞州與明尼蘇達州，並沒有特別說明結案後多久跟前任當事人發生關係是被允許的（Gorman, 2009）。因此，即便在結案後的 10 年或 20 年，在這些州執業的專業人員可能會讓他的或她的執照陷於危機。

**支持目前準則的理念**　另一方的主張又是什麼？一項可以作為捍衛準則的主張是強調跟上一版準則有所區隔。1992 年以前，實務工作者、倫理委員會及證照委員會面對結案後跟當事人發生關係的治療師申訴案件，無法可依循。Sell、Gottlieb 和 Schoenfeld（1986）發現這些組織對於這類關係是否符合倫理，以及治療與私人關係間適當的時間長度所持意見分歧（同時，他們指出所有被控訴性剝削的治療師不會單一因為結案多久後和當事人有性關係而被判無罪）。因此，守則的這部分跟過去相比有進步，而且有這樣的時間規範有助於評估被告的治療師辯解與當事人的性關係是在結案後才發生的說詞是否合宜。

Canter 等人（1994）主張這樣的規定比起廣泛的禁止更實際，且比較容易防禦

憲法的挑戰。他們似乎暗指這樣的規定若以法律觀點來看，很容易被認為違反專業人員與人自由交往的權利。他們也表示這準則比起全面禁止更容易去辯護「社交地」（socially）的概念，但很可惜的是他們並未解釋他們對這詞的定義。

最後，有些治療接觸的形式確實包含最起碼的移情，通常稱為**諮詢**而非諮商或心理治療。這些諮詢就類似於 Gonsiorek 和 Brown（1989）談到的治療類型 B。例如，一位單親家長可能因她的孩子有夜驚問題而與心理健康專業人員見面，在一次單獨的晤談中獲得必需的訊息及安撫。這位家長與專業人員的專業關係跟一位當事人參加多次晤談以幫助他處理孩子物質濫用問題的互動，兩者本質是不同的。如果第一個案例的當事人沒有要再次尋求協助的意圖且接下來幾年的生活也過得很順遂，而她希望開始跟治療師有私人關係，則如果其狀況符合守則列的其他標準，這準則就允許這位專業人員有所回應。

這議題的爭辯將會持續下去。研究發現與倫理委員會處理來自前任當事人控訴的經驗將有助於評估哪個觀點比較明智。考慮要跟前任當事人發生性關係的諮商師及治療師應該特別小心將這念頭付諸實行。在這種情況下要符合真正倫理的做法是審慎考量守則中提到的所有面向，並跟信任的同事諮詢。

要注意某些州的法律可能有別於這議題的倫理守則。例如佛羅里達州認為治療師－當事人的關係是「永遠」存在的，因此不論結案到現在的時間隔了多久，都允許當事人控訴傷害（Lamb et al., 1994）。在這州的治療師即使引用守則行事，仍可能會因結案後的性關係而受到法律制裁。因此心理健康專業人員應該瞭解所在地對此議題的法律與規定。各州法律對這主題差異觀點之更詳細討論請見 Gorman（2009）。

## 教育、諮詢場域及職場的性接觸

思考以下案例：

## Isabelle 和 Yoritomo 的案例

Isabelle 是一位諮商心理所的學生，選修物質濫用諮商課程。授課老師是 Yoritomo，一位在社區有開業的兼任講師。這學期約莫過了 10 個禮拜後，Isabelle 在下課後找 Yoritomo 詢問有關青少年物質濫用教育方案的閱讀資料。他們詳盡地討論此主題，之後幾次又在 Yoritomo 的辦公室討論這些閱讀資料。當 Isabelle 考完期末考，Yoritomo 請她到他的辦公室一下。那時，他提議他們繼續見面討論這題目並進一步互相認識彼此。他順口建議或許他們有時可以一起共進晚餐。Isabelle 聽他這麼說認為是要跟她約會的意思。如果她對這老師的話評估沒錯，Yoritomo 的行為合不合倫理？（在你獨自判斷這案例之後，再翻到本章的最後看分析。）

美國諮商學會及美國心理學會的準則將禁止跟當事人的性關係擴大至其他形式的專業關係：

## 美國心理學會倫理原則

**3.08 剝削性的關係**

心理師不可透過督導、評量或其他上對下的關係來剝削人們，如當事人／病患、學生、受督者、研究參與者及員工。

**7.07 與學生及受督者有性關係**

心理師不可與他們系所、機構或訓練中心，或是可能會有評量權限的學生及受督者從事性關係。

## 美國諮商學會倫理守則

**F.3.b. 性關係**

禁止跟目前的受督者有性或情愛的互動或關係。

**F.3.c. 性騷擾**

督導者不得對受督者性騷擾。

**C.6.d. 剝削他人**

諮商師不得在專業關係中剝削他人。

**F.10.a. 性關係或情愛關係**

禁止與現在任教的學生有性或是情愛的互動或關係。

---



這項禁令的道理跟不能與當事人發生性關係的原因相同——專業人員的權力、專業接觸會不斷拓展，以及經常難以釐清何謂關係結束時。督導者與教授有權力決定學生是否可以畢業以及從事他或她所選擇的工作。諮商與心理治療的研究所訓練時常要花好幾年，而畢業生畢業後有好幾年都需要透過教授及督導者寫推薦信或是直接推薦。雇主也有類似的影響力，可以決定他們的員工能否在工作上成功。研究計畫的參與者也依賴研究者的善意，相信研究者會跟他們適當地互動。任何位於這些低階角色的人擁有較少的權力，可能容易受到高階者的權力濫用。即使握有權力的一方表達不會對這樣的拒絕有所懲罰，位居低位者仍會擔心一旦拒絕邀約的風險，因此導致之後的專業關係都會變得很不自在。一篇未具名的文章提到「性騷擾」（Anonymous, 1991），作者描述受到其諮商師教育者企圖性剝削的經驗，很貼切地捕捉到這些強烈的情緒感受。即便學生與受督者同意發生性關係且相信當時自己是出於自願而沒有被剝削，事後也都認為這些關係是具剝削性且對他們的專業成長有所阻礙（Ahlstrand, Crumlin, Korinek, Lasky, & Kitchener, 2003; Barnett-Queen & Larrabee, 1998; Glaser & Thorpe, 1986; Lamb & Catanzaro, 1998; Lamb, Catanzaro, & Moorman, 2003; Miller & Larrabee, 1995; Robinson & Reid, 1985）。換言之，事後回

想起來，他們傾向認為身處這樣的關係中，教師會利用他們的地位及權力。此外，得知同學跟教師或督導者發生關係的其他學生及受督者會想知道老師會不會對他們較差，如果他們是跟這些人競爭的話？當學生及受督者希望與這位上位者結束這段關係時，他們可能會對要結束這件事的複雜性感到焦慮。反之，如果上位者在專業關係結束前就先結束性關係，下位者可能在剩下的這段互動期間會感到不自在。

## ●● 違反準則的發生率

研究人員從兩種管道蒐集這類資料——從承認有這行為的專業人員之調查，以及調查那些在受訓期間曾受過教師或督導者性誘惑的專業人員。比起諮商師、社會工作者或精神科醫師，更多的調查是針對心理師，不過每一種專業都有一些研究資料。多數研究都發現跟受訓者的性接觸比率比跟當事人高。師生的性接觸普遍率範圍從 0% 的女性諮商教授（Thoreson et al., 1995），到 17% 的女性心理師指出她們在學生時代和其教師有性關係（Glaser & Thorpe, 1986）。這些研究的平均師生性關係比率是 8.8%。少數的研究探討臨床督導者與受督者間的性接觸，不過發現到的比率是從 0.2%（Thoreson et al., 1995）到 4%（Pope, Levenson, & Schover, 1979），而平均值是 2.5%。表 7.1 呈現每一篇研究的發現。這些研究中發現的關係多半發生在 40 多歲的男性教師與 30 歲左右的女學生身上。此外，多數的關係開始於有督導關係的時候。例如，Hammel 等人（1996）報導他們的調查中有 86% 的接觸發生在專業關係期間或之前。

文獻也發現相關的問題。在一個調查心理健康專業人員就讀研究所時被性剝削的經驗的研究中，接受調查者受到教師與／或督導者討厭的性舉動的比例增加很多。這些討厭的性舉動可構成性騷擾。例如，Miller 和 Larrabee（1995）發現 18.7% 的諮商師有過這種經驗。Robinson 和 Reid（1985）及 Glaser 和 Thorpe（1986）分別指出更高比例的心理所的女性學生有過這種經驗：分別是 48% 與 33%。最近的兩項研究中女學生自陳被教師或督導者性騷擾的比例稍微降低到 17.8%（Ahlstrand et al., 2003; Mintz, Rideout, & Bartells, 1994），以及在另一個研究降低更大幅度（到 0.07%）（Barnett-Queen & Larrabee, 2000）。倫理守則也明確禁止性騷擾（請見第 259 頁）。

表 7.1 出版文獻中教師、督導者及學生之間的性接觸比率

| 研究者 | 研究對象 | 教師的比率 | 督導者的比率 |
|---|---|---|---|
| Pope、Levenson 和 Schover（1979） | 心理系老師 | 12% | 4% |
| Robinson 和 Reid（1985） | 心理師回憶受訓時 | 13.6% | NR |
| Glaser 和 Thorpe（1986） | 女性心理師的回憶 | 17% | NR |
| Pope、Tabachnick 和 Keith-Spiegel（1987） | 心理師 | NR | 3.3% |
| Thoreson 等人（1993） | 男性諮商師 | 1.7% | 2.5% |
| Miller 和 Larrabee（1995） | 女性諮商師教育者的回憶 | 6% | 2.5% |
| Thoreson 等人（1995） | 女性諮商師 | 0% | 0.2% |
| Hammel、Olkin 和 Taube（1996） | 心理師回憶受訓時 | 11% | |
| Lamb 和 Catanzaro（1998） | 臨床與諮商心理師 | 1.7% | 1.5% |
| Barnett-Queen 和 Larrabee（2000） | 諮商師與社會工作者 | 0.02% 接觸<br>0.07% 性要求 | |
| Caldwell（2003） | 諮商師教育者的回憶 | 1% 男性<br>99.8% 女性 | NR |
| Lamb、Catanzaro 和 Moorman（2003） | 心理師的回憶 | 1-2% | |
| Ahlstrand 等人（2003） | 心理師的回憶 | 10% 騷擾的接觸：<br>6% 女性<br>1% 男性 | |
| Zakrzewski（2006） | 心理師的回憶 | 2% 接觸<br>8.5% 性要求 | |

NR＝未統計 © Cengage Learning 2013

### 美國心理學會倫理原則

**3.02 性騷擾**

心理師不可涉入性騷擾。性騷擾是指性誘惑、肢體上的友好表示，或者本質上為性相關的口語或非口語行為，發生於與心理師作為一個心理師有關的行為或角色，並且(1)是不受歡迎、侵犯人的，或塑造了一個不友善的工作場域或教育環境，且心理師知情或有被告知，或者(2)對一般人身處在該情境都會覺得是相當嚴重或強烈的認為受到侵害。性騷擾可能包含單次強烈或嚴重的行為，或者多次反覆的或普遍的行為。



## 區別性感受與性不當行為

如先前所提，研究顯示幾乎所有的心理健康專業人員都經歷過受到當事人性吸引，發生時他們往往感到內疚、疑惑及焦慮（Pope, Keith-Spiegel, & Tabachnick, 1986; Rodolfa et al., 1994; Stake & Oliver, 1991）。不幸地，文獻也指出訓練課程對這個議題沒有提供足夠的關注（Hamilton & Spruill, 1999; Pope & Tabachnick, 1993），儘管這幾年間已有些微的進展（Housman & Stake, 1998）。Pope、Sonne和Holroyd（1993）稱之為「不存在的主題」（p. 23）。假設諮商師與治療師的性不當行為問題嚴重，潛藏在專業人員權威之下對當事人性的吸引應該如何被檢視？這樣的受到吸引有違反倫理了嗎？偶爾對當事人有性喚起是正常的並且不需要內疚或擔心。這些不會構成不當行為。畢竟，專業人員無法把他們的性慾放在諮商室外。這類感覺有可能被臨床工作者的私人生活事件，或是受到當事人的言論或行為所挑起。如果這些感受被適當處理，專業人員未來仍能跟當事人有效地工作。有性喚起的經驗必須與治療中的性慾有所區隔。如果只是一時的感受，沒有對當事人表現出

來，也沒有跟當事人揭露，且這些狀況也不會影響到當事人希望討論的關注議題，則這樣並沒有倫理上的問題（Pope et al., 1993）。一般而言，專業人員有責任自我監督並仔細檢視自己在晤談時的表現水準。如果這樣的性喚起大大影響服務品質，那麼這位專業人員就應該考慮轉介當事人給其他實務工作者，或者至少提供免費的次數來彌補這次不適當的治療。

一旦對當事人的性感受時常發生、持續存在，或變成性幻想，則須謹慎處理。為了協助解決這個性吸引的情形，在此情況下的專業人員應該跟同事或督導者諮詢目前的情形。在 Rodolfa 等人（1994）的研究中，當研究參與者面臨受到當事人吸引的議題時，有 60% 的人有諮詢過同事或督導者的意見。這些心理師表示他們運用諮詢確保他們維持客觀、關注當事人的福祉，以及瞭解自己被吸引的背後動機。如果諮詢無法讓專業人員將注意放在當事人的需求上，轉介則是下一個選項。不管性喚起是經常發生或持續許久，諮商師／治療師均會被建議去尋求治療，以瞭解感受的來源。在此期間，諮商師／治療師應該只能接那些不可能會引起性喚起的當事人。Rodolfa 的發現再次強調這些建議的重要性：在調查的心理師中，43% 相信他們被當事人性吸引會對治療產生負面影響。

其他研究則指出受訓者可能不願意跟督導者討論自己的性感受，以及他們時常把對當事人的性吸引力誤解為一定就是不合倫理（Housman & Stake, 1998; Ladany et al., 1996; Mehr, Ladany & Caskie, 2010）。正向的督導關係可以促進這類的溝通（Ladany et al., 1997），但是儘管如此，仍有些受訓者對於跟當事人有性接觸的誤解還是無法糾正。

Epstein 和 Simon（1990）提出剝削指數的計算方式，可以幫助心理健康專業人員辨識他們可能對當事人或受訓者有剝削行為的早期線索。指數中一部分詢問下列問題：

- 你有無發現自己會去觀察病患，並且在比較之後，認為病患吸引你的特質比你的配偶或重要的另一半多？
- 你會不會感覺到唯有病患跟你有正向的情愛關係，才能對他或她的問題有莫大的幫助？
- 當你想到某個病患或是期待他或她的來訪時，你會有興奮感或渴望感？

- 當你作白日夢幻想跟病患談戀愛時，你會很開心嗎？
- 當病患表現出勾引你的行為，你會視為是因為自身有性吸引力而覺得快樂嗎？
- 你碰觸過你的病患嗎（除握手外）？
- 你曾跟病患在治療結束後有過私人關係嗎？（p. 459）

如果性吸引促使專業人員尋求諮詢或接受治療或轉介當事人，那麼專業人員可能想知道自己是否應該告訴當事人這件事。畢竟這位當事人可能注意到有些不對勁，或者想知道建議轉介的原因。這時專業人員應該衡量揭露後當事人的利益及這訊息造成傷害或阻礙治療進展的可能性。移情的本質、當事人的痛苦及專業人員的權力會讓這樣的揭露有風險，並有潛在的傷害。只有 5% 至 10% 曾受當事人性吸引的人有告訴過當事人，多數的專業人員之所以選擇不向當事人揭露，除了個人因素，還有因為他們相信治療師如此揭露本身就不合倫理（Fisher, 2004）。Pope 等人（1993）出版一本相當實用的書來幫助諮商師與治療師瞭解他們的性感受，並設法在專業情境內適度處理。

至於專業人員如果對當事人有性感受，而當事人也透露出對他們有強烈好感的性吸引時，專業人員該怎麼做？一般而言，文獻警告即使沒有要真的採取什麼行動，也不應透露出這些感受（Pope et al., 1993）。幾乎 80% 的心理師與 83% 的諮商師認為這樣的揭露本身就不合倫理（Gibson & Pope, 1993; Pope et al., 1987）。部分研究也支持這樣的想法。Goodyear 和 Shumate（1996）運用寫好腳本角色扮演錄影帶的模擬研究，發現心理健康專業人員評斷跟當事人透露有受到他們性吸引力的治療師比較不具治療性，且比那些會克制自己反應的人還不專業。即使治療師在這個模擬研究中清楚表示他們不會因此採取行動，但是評價仍是趨於負面。Goodyear 和 Shumate 似乎能捕捉到多數專業人員的感受，他們提到當事人如果有表達受到治療師的吸引時，治療師應該將此視為要處理當事人的痛苦議題，而非將其當成是真正的戀情（p. 614）。當然，限制這類揭露不代表當事人的被吸引情形就應該被忽略；相反的，應該將其視為跟他們進到諮商的議題有關而加以處理。當事人也應該被告知許多當事人在這種強烈的治療關係中常會產生這種感受。Hartl 等人（2007）提出

許多很棒的建議，用以處理當事人移情的感受與非蓄意性及蓄意性的性勾引。

## 在此脈絡下的非性的接觸

諮商師是否應該在諮商及治療時碰觸成人當事人的議題，即使這樣的碰觸沒有性暗示，也一直備受爭議（Durana, 1998; Phelan, 2009）。非性的接觸（nonerotic touch）包含握手、碰觸手、手臂、肩膀、擁抱，或其他短暫的肢體接觸。在許多文化中，親吻似乎不包括在這範圍內（Stake & Oliver, 1991）。這議題一方面是有些人認為碰觸是應該要禁止的行為，因為會阻礙治療進展、混淆當事人，以及冒著雙方會因此產生過度性感受的風險（Menninger, 1958; Wolberg, 1967）。Wolberg 稱肢體上的接觸為「絕對的禁忌」（1967, p. 606）。有趣的是，儘管 Freud 有一段時間常常碰觸他的病人，不過他之後即強烈反對這樣的行為（Kertay & Reviere, 1993）。這強烈拒絕碰觸一直是基於移情以及當事人與治療師角色要有清楚界線的概念。有些人認為碰觸當事人可能會模糊界線並鼓勵當事人把這關係視為私人而非專業上的接觸（例如，Guntheil & Gabbard, 1993）。其他治療師則採取不同的觀點，相信這種接觸的價值在於讓當事人投入治療及產生治療上的改變（例如，請見 Levy, 1973; Smith, Clance, & Imes, 1998; Minter & Struve, 1998）。這些專業人員指出人類的碰觸對兒童發展是重要的（例如，請見 Bowlby, 1951; Harlow, 1971），且普遍相信審慎地使用碰觸可以讓當事人放鬆或感覺到被安慰，這是透過口語反應做不到的。事實上，多數治療師偶爾都有跟當事人握手或其他社交禮儀上可接受的這些非性含意的肢體碰觸，只有極少數人認為這樣的行為不合倫理或不具治療性（Nigro, 2004a; Pope et al., 1987; Stake & Oliver, 1991; Stenzel & Rupert, 2004）。Pope 等人（1987）以及 Tirnauer、Smith 和 Foster（1996）的研究發現至少 85% 的治療師過去常常碰觸當事人。有些研究顯示最常發生肢體接觸的性別配對是男性專業人員與女性當事人之間，且通常是由男性專業人員主動的（Holub & Lee, 1990）。這個研究結果伴隨一些研究發現男性治療師最容易跟當事人有性接觸，因此引起部分學者關心「下滑坡現象」，亦即非性的碰觸可能會成為性接觸的第一步（Guntheil & Gabbard, 1993; Holroyd & Brodsky, 1980）。最近的研究則顯示同性別的碰觸比跨性別的還常見，除非當這碰觸是一種關係的表達（Stenzel & Rupert, 2004）。要注意的是，會碰觸當事人的治療師不見得會比那些不碰觸當事人的治療師更容易有性的不當行為（Pope, 1990b）。不管怎樣，只要專業人員感受到有受到當事人性吸引時，在當下即使是非性意涵的碰觸也需避免（Kertay & Reviere, 1993）。

沒有倫理守則禁止跟當事人有非性的碰觸——事實上除了全國社會工作者學會守則有提過外，其他都沒提。全國社會工作者學會守則（NASW, 2008）的限制如下：

## ✸ 全國社會工作者學會倫理守則

**1.10 肢體碰觸**

當因為肢體碰觸而有造成當事人心理傷害的可能時（例如輕抱或撫摸），社會工作者不應該跟當事人有肢體上的接觸。跟當事人有適當碰觸的社會工作者有責任設定清楚、恰當且具文化敏感度的界線，以規範這類的肢體碰觸。



跟成年當事人有非性意涵的碰觸標準是什麼？專業人員要如何評估這類碰觸的利益與傷害？有關這問題的清楚答案要等到嚴謹的研究出現才能知道，不過有許多適當的建議可以先參考。第一，專業人員必須清楚知道他或她碰觸的動機。專業人員的解釋如果是類似「我就是很習慣跟人有肢體碰觸」的話，則是未能充分檢視其動機，也未能調整個人習慣以符合當事人需求及達到治療目標。說出這樣的話，代表專業人員認為自身對碰觸的需求遠比當事人的需求還重要。Bacorn 和 Dixon（1984）假設諮商師有時是因為當事人表達出強烈情緒時，想藉由碰觸當事人來緩和自己當時的焦慮。精神分析治療師會想知道碰觸的衝動是否基於治療師個人未解決的議題，或是希望被當事人視為專業人員，還是被當事人喜愛之需求。當專業人員有強烈的反移情時，他們更應該特別小心碰觸，因為這些感覺可能表示關注到較多治療師的個人需求，而不是當事人的福祉。即使當碰觸沒有發生時，強烈的反移情都可能蒙蔽專業界線，而碰觸就可能更加速這過程發生。Minter和Struve（1998）也建議當晤談內容主要是跟性有關、當事人的衝動控制不佳，以及這碰觸似乎會取

代談話治療等情況下，碰觸即應該要避免。其他學者，如 Corey 等人（2002）建議諮商師應該避免碰觸，如果這舉動跟他們感受不一致或他們對此感到不自在。他們認為不真誠的碰觸會冒著傷害信任關係的風險。當然，真誠地感受不是唯一的評判標準，畢竟專業人員有可能是真誠地犯錯或被自己的感受所誤導。

那些發現自己對於碰觸有性別差異的治療師也必須檢視碰觸的理由。只基於性別的單一因素被稱為性別歧視者（Holroyd & Brodsky, 1980），可能表示這諮商師沒有理解到當事人的需求。Alyn（1988）主張即便被男性治療師碰觸的女性沒有解讀為性意涵，這些男性的碰觸也可以被解釋為對女性當事人的消權（disempowerment）。

決定是否碰觸成年當事人也必須對文化與社會議題有所瞭解。碰觸在不同文化有相當不同的意義，不知情的諮商師容易違反社會習俗。例如正統派猶太人視不同性別的所有碰觸為非常不恰當。一些其他的文化，對於雙頰親吻打招呼就跟握手一樣普遍且無性暗示。因此所有要碰觸當事人的決定必須考量到當事人所處文化對碰觸的定義。社會心理學也教導我們碰觸的特權是依據社經地位而定。地位較高的人比地位較低的更有碰觸的自由。因此，專業人員有比當事人更多的自由選擇是否要碰觸對方。最後，如果只是碰觸而不理會諮商師權力的根源可能會變成權力的濫用。

Geib（1982）整理出對碰觸有正向詮釋的相關因子。Geib 發現的五個因素：

- 能清楚闡明碰觸、性感受及治療界線。
- 由當事人決定是否要展開及維持與專業人員的接觸。
- 肢體碰觸方式要與關係的親近度成正比。
- 當事人相信碰觸是為了他的或她的利益而非治療師的。
- 當事人對治療的期待及他或她與治療師的關係是一致的。

在他們的研究中，Horton 等人（1995）也發現到治療同盟的強度跟治療中對碰觸的闡釋有關聯。

在決定碰觸在治療上是否合宜時，應該要多加考量當事人的特性與經驗。Willison 和 Masson（1986）建議如果碰觸會讓當事人感到不舒服，就應該避免。研究顯示許多當事人之前有過被性虐待或性騷擾的經驗，這些人可能很難跟治療師有碰觸行為。他們可能會誤解，或是在處理自己的治療議題時受到碰觸行為的干擾（Vasquez, 1988）。另外一些當事人非常不喜歡肢體上的碰觸，不論是由於家族史、個人經驗或心理議題驅使他們進到諮商室。例如對細菌有強迫性恐懼的當事人可能會受不了治療師的碰觸。對這類病患而言，治療早期的肢體接觸甚至可能導致這類當事人退出，而不願意冒下一次碰觸的風險。即便當事人所處的背景及經驗不排斥碰觸，專業人員也必須正確評估其對碰觸的準備度（Durana, 1988）。當然，準備度跟治療同盟的強度一定有關。Kertay 和 Reviere（1993）建議跟當事人諮商時討論非性意涵的碰觸。如一般準則是建議在肢體碰觸前先徵求當事人的同意。不過 Stenzel 和 Rupert（2004）也發現只有極少數專業人員在碰觸前有與當事人討論。如果諮商師評估肢體碰觸可能具有治療性的話，更需要在首次諮商前即討論。持風險管理觀點的學者更建議跟患有長期心理疾病及關係困擾問題的當事人工作時更要分析這個風險——如果當事人誤解治療師碰觸的動機，將導致治療關係毀損或是對專業人員有懲戒行為的風險（Bennett et al., 2006）。

簡言之，所有這些因素都應該讓心理健康專業人員謹慎考量碰觸的議題。有些學者建議除了握手外完全避免碰觸當事人，不過多數同意正確使用碰觸。在適當的情況下，碰觸可以讓當事人感受到安心且具治療效用。Horton 等人（1995）的研究發現當事人對無性意涵的碰觸持正面態度，且許多當事人認為肢體接觸對治療他們的問題特別重要。當然只憑一個研究結果很難下具體的結論，不過如果能夠有智慧且謹慎運用，碰觸可以具治療性。同時，諮商師與治療師應該學習所有有關行為的知識，瞭解如何跟當事人有情感上的連結，因此能調整適當的方式或行為以滿足當事人的需求。如果他們決定碰觸當事人，重點是要證實這樣的碰觸是為了符合當事人的需求，而非滿足他們個人的需求。

當非性意涵的碰觸議題用在未成年孩童的諮商或心理治療時更顯複雜，因為對幼小孩童而言，碰觸是社會常見的行為模式（McNeil-Haber, 2004）。成人表現出這些行動有可能是出於合理的動機和合宜的方式（如藉由擁抱表達喜悅），或是基於不合理的理由（如透過體罰表示憤怒）。事實上，從極少數的幾篇研究顯示在進行兒童諮商時，非性意涵的碰觸是普遍的（Cowen, Weissberg, & Lotyczewski, 1983; Rae & Worchel, 1991）。在這些研究中約莫 40% 的治療師指出他們時常擁抱兒童當事

人。在其他時候，專業人員需碰觸當事人以避免他們受傷或避免被其他打架的小朋友碰撞而受到傷害。顯然在這些情況下，碰觸是完全在倫理範圍內——事實上在兒童打另一個人或敲打玻璃前，如果無法及時抓住他們的手臂，反而可能被認為是不合倫理。當考慮在較不極端情況下碰觸兒童是否適當時，必須將孩子的年紀與成熟度、文化背景、診斷與疾病史、父母偏好以及孩子能夠以口語表達需求與喜好的能力等都納入考量，也必須考量到有些機構與學校規範「禁止碰觸」的政策。當有疑慮時盡量避免碰觸與尋求諮詢是謹慎的做法（更詳盡地討論碰觸兒童的倫理議題請見 McNeil-Haber, 2004）。

## 為受害者提供有效的後續治療

研究顯示 22% 至 65% 之間的專業人員會接觸到自述曾受到前任治療師性剝削的當事人（Pope & Vetter, 1991; Stake & Oliver, 1991; Wincze et al., 1996）。對這類當事人提供有效的治療是棘手的，需要極具專業及勤奮的治療（Pope, 1994; Sonne, 1987）。想提供適當服務給這些當事人的治療師，應該熟悉這主題日漸增多的文獻、找有執照的督導者，以及一旦當事人透露一些訊息時要有心理準備自己會有一些情緒反應。Sonne 和 Pope（1991）提醒治療師當他們第一次聽到這種性剝削的訊息時，可能會不敢置信、否認或將造成的傷害大事化小。他們甚至可能試圖譴責受害者或對當事人透露的情節有性反應。Wohlberg（2000）指出跟前任治療師發生關係後尋求其他治療師的當事人，如果感受到來自專業人員懷疑、否定、輕忽、譴責或不適當的情緒反應時，會遭受到來自專業人員的二度傷害。聽到自己的同事身為助人者竟然會有這種破壞性、自私的行為會很難以接受。心理健康專業人員對其他任何高度揭露個人隱私的當事人時所展現的開放、悲憫或同理的回應，在這種情況下也是非常重要的。如果專業人員懷疑自己是否有能力提供這樣的服務，那麼轉介是恰當的。美國心理學會的心理學女性委員會（APA Committee on Women in Psychology, 1989）所發表的「如果性別進到心理治療關係」（*If Sex Enters into the Psychotherapy Relationship*），是一篇很適合分享給有類似故事的當事人的重要文章。這篇文章協助消費者瞭解為什麼專業團體認為性接觸是不合倫理的，並提供一些方式供其選擇以處理他們的反應，包括如何具狀對加害者提出申訴。如果當事人希望對前任治療師提出倫理訴訟，現任治療師有義務提供申訴程序的資訊，並在後續晤談時讓當事人有機會討論其感受與訴諸訴訟的反應。對所有的當事人而言，這篇文章很明顯的也可作為知後同意的一部分。當事人與治療師雙方都支持這種做法的價值（Thorn, Shealy, & Briggs, 1993）。加州心理學學會已編寫如果跟治療師發生性接觸的手冊，也明文規定一旦心理師接到與前任治療師發生關係的當事人時，均有義務提供這份手冊給當事人（請見 http://www.psychboard.ca.gov/lawsregs/2009lawsregs.pdf）。

Wohlberg（1999）也提醒專業人員不可施加壓力給當事人，要他們一定得去控訴犯案的治療師，因為當事人面臨這樣的強制要求，會有被質問與不被支持的感受。Remley 和 Herlihy（2010）將這種過度熱心要當事人一定要訴諸司法的做法稱為**侵略性的倡議**（intrusive advocacy）。此外，也應該告知當事人「治療師剝削求助專線」（Therapist Exploitation Link Line, TELL）作為他們復原的另一項支持資源（http://www.therapyabuse.org/about_us.htm）。

# 重新檢視案例

## Olga 和 Manuel 的案例

回答此問題的第一步要先評估這情況中涉及的事實。Manuel 在諮商時未被診斷出有心理或情緒上的疾患，且他的問題主要是在醫療而非心理議題。三次晤談中，首先這位諮商師先排除罹患憂鬱疾患的可能性，接著重心擺在增進當事人因應工作壓力的技巧以及對老邁雙親的責任。在第三次晤談前，當事人自述因應技巧有所進步，對於他的其他問題也能夠因調整藥物而解決感到開心，並感激諮商師的協助。諮商結束時諮商師正式結案，也維持五年沒有聯絡。六年後的第一次相遇是個意外，是在公開活動上，而且是這位當事人而非諮商師主動提出約會。當事人表示這段期間過得不錯。案例中並沒有提到雙方情感連結的性質或這三次晤談中有關移情的資訊，亦無指出在諮商期間任何一方是否有受到另一方的性吸引。

當運用美國諮商學會的守則時，可獲得以下結論：

- 距結案後超過五年期間。
- 這是短期諮商。
- 就這案例而言，結案似乎是雙方共同期待且頗為適當，以及之後當事人未向Olga 或他人再次尋求諮商。
- 當事人在諮商時未受嚴重的心理問題所苦，且跟諮商師巧遇時也未提出目前有任何心理議題，儘管他最初求助於諮商師時很擔心會有嚴重的心理疾患。
- 沒有證據說明是由諮商師主動要跟前任當事人有私人方面的聯繫。

到目前為止，這樣的見面似乎還在守則允許的範圍內，然而有些重要的問題仍有待解答：

- 跟當事人約會的負面影響有什麼樣的風險？
- Manuel 與 Olga 在晤談期間的關係性質或移情的情形如何？
- 諮商期間任一方曾幻想與對方有私人或性關係嗎？如果有，要到何種程度才可能影響到當事人揭露的內容或是諮商師的診斷？
- Olga 執業的所在地有規定禁止任何結案後的關係嗎？

在缺乏這些問題答案的情況下，仍無法決定這樣的接觸是否被允許。再者，即便這些問題都完滿解決，一位謹慎的諮商師仍應只有在清楚明確討論結案後可能會發生的問題才會同意發展這段社交關係。第一次討論應該跟能更客觀評估Olga動機的督導者或信任的同事進行。如果同事不同意這樣的接觸符合倫理準則，Olga最好是明智地拒絕這項邀約，至少維持一段時間。諮商師也應該跟這個領域的專業人員「諮詢」，透過閱讀他們的文章提供關於結案後接觸可行性的不同觀點，並評斷以她的案例而言，這些專業人員可能的見解有無價值。即使同事最終斷定符合守則中的標準，且Olga也相信自己可以為這個接觸所可能遭致的批評有滿意的回應，她仍應給自己多一點時間來釐清她的決定，至少在此案例中並無急迫的時間性（假設有搞砸這私人關係的可能，Olga 可能也想要請教她的律師）。

如果當時她仍希望更求周延，則在接受或拒絕這邀約前，她接下來應該是跟

Manuel討論。討論的最後，當事人跟諮商師雙方都應該明白兩人所有未來的專業關係都將完全不存在。即使有這層的理解，雙方也必須意識到過去的關係可能會讓之後的私人關係摻雜其他的複雜因素，這是他們需要去解決的。此外，隨著關係發展，Olga 應該定期見督導者討論任何跟 Manuel 的過去專業關係相關之議題。如果 Manuel 同意，也可將其轉介給另一位心理健康專業人員以討論這些議題。

這個案例凸顯出當嘗試決定什麼是符合倫理時，心理健康專業人員的壓力，以及持續把當事人的福祉擺在個人的需求與想望之前的重要性。

## Isabelle 與 Yoritomo 的案例

回顧這情境的事實性因素如下：

- 一位兼任教授邀請課堂上諮商所的學生偶爾跟他共進晚餐。
- 邀請時間是在學生繳交期末考卷後，且之後的許多專業對話是跟課程內容相關。
- 不明朗的是這位學生是否有興趣跟這位老師約會，以及學生對老師邀約的情緒反應，不過可以確定的是學生對她這位老師所教授的課程是感興趣的。

美國諮商學會倫理守則嚴禁跟學生發生性關係、對學生性騷擾，以及對學生剝削（請見 F.10.a 與 F.10.c）。如果 Yoritomo 是在課程結束以前邀請 Isabelle 跟他約會，那麼他就違反該守則。他還未改期末測驗，也還沒打課程成績。他選擇在這個時間點提出邀請，是因為他知道（至少潛意識）他此刻握有較多權力，以及他認為當他還是老師時，Isabelle可能會比較開心可以一起共進晚餐嗎？如果是，這意味著他意圖濫用他的專業地位來獲取他想從這學生身上得到的東西。即使他試圖將打分數跟邀約的結果獨立開來，他在評斷這位學生作業的客觀性也可能受影響。這對她或課堂上其他學生還公平嗎？

從 Isabelle 的角度而言，她可能感到掉入一個陷阱，而且擔心拒絕後對她課堂成績的影響。當她完成物質濫用的研究，她也可能希望繼續跟Yoritomo有專業上的往來。她可能想知道這約會是否等同於她後續要獲得專業建議所付出的代價。如果是，這樣的行為就吻合剝削與性騷擾的定義。同樣地，她本來可能一直在思考要是

她在期末有好表現就請他幫她申請博士學位寫推薦信，但是假使她同意他的邀約，她就無法這麼做。跟同一堂課的其他同學討論與老師談戀愛的事可能也會讓她感到不自在。總言之，Isabelle 並非處在能自由決定同意或拒絕邀約的情況。

即使Yoritomo的意圖是全然純正的，他的邀請仍舊是不合倫理的，因為他不夠敏感地讓學生立於尷尬且有壓力的局勢，也模糊了專業與私人關係的界線。如果他是想要跟 Isabelle 表達繼續協助她的計畫的意願，他有其他方式可以做到，他可以在成績送出去後打電話或留言給她。

如果 Yoritomo 是在課程結束後一個月才邀請 Isabelle 吃晚餐，倫理守則的規範對此是語焉不詳的。倫理守則並沒有禁止教師在課程結束後跟學生發生性關係。這案例的判斷準則是基於這位老師的評量角色是否會在某些方面繼續存在，以至於讓Isabelle無法自由地拒絕或接受這樣的邀請。專任教師有可能持續擔任某些評量者的角色、是否在其他堂課教同一批學生、參與獎學金決定的角色，或決定學生是否獲准或晉升至研究所就讀。Yoritomo 兼任教師的身分讓他在課程結束後可能不會再有評分者這個角色。這可能解決這倫理問題的一部分。然而，要是Yoritomo利用課程作為滿足其社交生活的手段，那麼他的意圖是具剝削性的，而且即使成績送出去後等待一段時間再約會，也不能免除跟前任學生約會的倫理問題。這個案例就如所有的案例，所服務當事人的福祉必須是第一考量。美國諮商學會守則有相關的規範：

### ✸ 美國諮商學會倫理守則

**F.10.c. 與前任學生的關係**

諮商師教育者要注意教師與學生之間的權力差異。當教師考慮跟前任學生有社交、性或其他親密關係時，需與前任學生有開放的討論。教師應跟前任學生討論他們先前的關係會如何影響彼此關係中的變化。

諷刺的是，這些守則的內容並沒有真正警告到任何的教師—前任學生的關係。意識到權力的影響力並不表示諮商師在行使這些權力時就真的會提醒自己。不管怎樣，其意圖是要避免剝削、傷害以及讓前任的學生誤解。

## 摘要

治療師對當事人的性剝削，就如跟學生、員工、受督者、研究參與者以及其他專業人員要負責的人發生性關係一樣，是舉世公認不符合倫理的行徑。在結案後的兩年內與前任當事人發生關係一直被禁止。甚至兩年後，也只能在最不尋常的情況下以及只有部分專業才允許性接觸。守則並沒有直接敘明教學或督導結束後的性關係議題，但在這些情況下，專業人員必須證明督導責任已真正結束。此外，他們必須能夠證明這樣的性關係是對等、不具剝削性的。

心理健康專業人員性的不當行為已被多方研究，而結果也顯示出專業人員性剝削的明顯證據。高達 12% 的治療師承認與現任及前任當事人有過性關係，一些人甚至承認有多重的性接觸。因為這些研究全憑專業人員與當事人自願陳述在治療時的情形，故這些數據的可靠性可能不高。但不管怎樣，從心理健康專業人員的調查已發現將近一半的研究參與者至少遇過一位當事人自陳受到前任治療師的性剝削。一項教師與督導者的調查有類似的比例承認同樣的不當行為。與這項違反倫理行為相關的唯一人口變項是性別，其次是年紀。比起年輕男性治療師及女性治療師，年紀大的男性治療師與教師較有可能有這種行為。另一方面，受害者較有可能是女性且年紀比治療師還小。兒童跟大人一樣會成為治療師性剝削的受害者。研究顯示性的不當行為對受害者會造成嚴重且長期的心理傷害。事實上，這種傷害的影響已被比喻為是強暴或亂倫。

性的不當行為需要跟性喚起的經驗有所區別。眾多諮商師與治療師自陳偶爾會受到當事人的性吸引。只要處理得宜，吸引本身沒有不合倫理。諮商師有責任監督自己的行為，讓這樣的被吸引不會干擾當事人在諮商時處理自己的議題，且不會阻礙諮商師提供適切的服務。當吸引發生時也建議接受諮詢與督導。

在此情況下即可理解為何把非性意涵的碰觸作為治療方式會有爭議。有些人認為是禁忌；其他人則認為如果善用的話是可以接受。所有的專業人員均同意如果非性意涵的

碰觸是用來滿足專業人員的需要而非當事人本身的需求，或是沒有意識到文化、社會或性別的考量，就有所不妥。

## 問題討論

1. 根據倫理規範，你如何評估一個兒童諮商師和其當事人的父母發生性關係的倫理？當諮商師與當事人關係結束幾個月後，這樣的性接觸能被視為符合倫理的嗎？
2. 結束諮商關係後規定兩年或五年內不能與當事人發生性接觸的爭議，你的看法為何？哪一個看起來比較小心謹慎？如果接下來你身處委員會中將要修訂倫理守則，你會採取什麼立場？你會建議美國心理學會同樣採取這樣的立場嗎？
3. 專業學會看似陷入兩難，既要堅守他們的承諾以保護大眾避免被治療師剝削，又有責任義務要提升專業的良好形象。有些人批評這些學會對於這些加害人可能造成的危險過於消極以及對加害者也太過仁慈，另有些人會認為將太多的注意力放在只有少數實務者的問題上會給予他人錯誤的印象，以為所有的治療師都會剝削個案。你認為一個專業組織在處理這些嚴重的倫理問題（例如性的不當行為）上所該有的適當角色為何？
4. 你認為倫理守則在性關係方面的規範應不應該包含過去的學生、受督者、員工或研究參與者？為什麼或為什麼不？

## 個案討論

Benjamin，一位在綜合醫院門診工作的臨床諮商師，將要替一位新的當事人作初步晤談。他沒有注意到寫在初診單的這個名字，但當他到等候室跟這位新的當事人見面時，他赫然發現眼前這位是熟識的面孔。Marcia 是他 20 年前交往的女生。分手兩年後，Marcia 跟別人結婚，而 Benjamin 開始念研究所。Marcia 現在離婚多年。她選擇 Benjamin 當她的治療師是因為其他人都推薦他，而且因為她信任他可以處理她的憂鬱問題。Benjamin 告訴 Marcia 他很榮幸她仍然如此看重他，但他必須拒絕接受她作為當事人。他繼續解釋他不應該提供治療給曾與他有過親密關係的人，即便過了許多年。Marcia 對於他拒絕看她感到憤怒，並認為 Benjamin 的倫理說詞是敏感度不夠、墨守成規且不夠溫暖。她氣急敗壞地衝出他的辦公室，決定嘗試靠自己處理自身問題。Benjamin 寄信給 Marcia 對於惹她生氣感到抱歉，並嘗試更完整地解釋他的想法。信中也給她他所推薦的其他三位臨床工作者。Benjamin 這樣做合乎倫理嗎？你如何回應 Marcia 認為他「墨守成規」的評論？在這階段，關於這情況還有其他事是他應該去做的嗎？

## 建議讀物

Anonymous. (1991). Sexual harassment: A female counseling student's experience. *Journal of Counseling and Development, 69*, 502–506.

Bartell, P. A., & Rubin, L. J. (1990). Dangerous liaisons: Sexual intimacies in supervision. *Professional Psychology: Research and Practice, 21*, 442–450.

Bates, C. M., & Brodsky, A. M. (1989). *Sex in the therapy hour: A case of professional incest*. New York: Guilford.

Gabbard, G. O. (Ed.). (1989). *Sexual exploitation in professional relationships*. Washington, D.C.: American Psychiatric Press.

Gutheil, T. G., & Brodsky, A. (2008). *Preventing boundary violations in clinical practice*. New York, NY: Guilford.

Hartl, T. L., Zeiss, R. A., Marino, C. M., Zeiss, A. M., Regey, L. G., & Leontis, C. (2007). Clients' sexually inappropriate behaviors directed towards clinicians: Conceptualization and management. *Professional Psychology: Research and Practice, 38*, 674–681.

McNeil-Haber, F. M. (2004). Ethical considerations in the use of nonerotic touch in psychotherapy with children. *Ethics and Behavior, 14*, 123–140.

Phelan, J. E. (2009). Exploring the use of touch in the psychotherapeutic setting: A phenomenological review. *Psychotherapy: Theory, Research, Practice, Training, 46*, 97–111.

Pope, K. S. (1994). *Sexual involvement with therapists: Patient assessment, subsequent therapy, forensics*. Washington, D.C.: American Psychological Association.

Pope, K. S., Sonne, J. L., & Holroyd, J. (1993). *Sexual feelings in psychotherapy: Explorations for therapists and therapists-in-training*. Washington, D.C.: American Psychological Association.

Shavit, N. (2005). Sexual contact between psychologists and patients. *Journal of Aggression, Maltreatment, and Trauma, 11*, 205–239.

Sommers-Flanagan, R. (2012). Boundaries, multiple roles, and the professional relationship. In S. Knapp, M. C. Gottlieb & L. D. VandeCreek, (Eds). *APA Handbook of Ethics in Psychology, 1*, 241–278. Washington, D.C.: APA Press.

Zur, O. (2007). *Boundaries in psychotherapy: Clinical and ethical explorations*. Washington, D.C.: American Psychological Association.

## 其他網路資源

倡導網站：http://www.advocateweb.org

心理訓練與實務上的性議題：http://kspope.com/sexiss/index.php

治療師剝削通報網：http://www.therapyabuse.org/

# CHAPTER 08 非性的多重關係與界線議題

## 危害客觀性與當事人的福祉

請考量下列情境中的專業人員表現是否符合倫理：

### Dominique 與 Roberta

Roberta是一位醫師，在跟她的悲傷治療諮商師Dominique進行最後一次諮商時帶了禮物來。Roberta想表達她有多麼感激Dominique在她兒子突然死於車禍意外時所提供的協助及支持。這禮物是當地最好的戲院下一季電影的預售票，價值好幾百美元。儘管 Dominique 通常會拒絕當事人的貴重禮物，不過她這次決定收下它。Dominique思考過以Roberta這樣的身分地位，價值幾百美元的禮物對她而言也只是很平常的小禮物；就好像一位大學生當事人所送的一朵花或一本平裝書一樣。

### Marco 與 Nicholas

Nicholas 剛搬家，對街住著 Marco，他是 Nicholas 上學期專業實習的臨床實務督導者。Marco 直到搬家公司的車停在那才知道這件事。過沒幾天，兩家的孩子變成朋友。Marco 的妻子建議他去邀請 Nicholas 一家人參加「歡迎新鄰居」的烤肉派對。Marco 同意並自願打電話給 Marco 提出這項邀請。

## Roxanne 與 Li Qing

Li Qing因為個性害羞及社交退縮而求助諮商，決定做些事讓自己變得比較活潑外向，因此她在某個早上參與教會的服務。不久之後她決定加入教會。當她去做禮拜的那天，因為她的諮商師Roxanne這週正巧出城去，Li Qing並不知道Roxanne也是這個教會的教友。當這位當事人告訴Roxanne她已決定參加教會，這位諮商師透露她是教友的巧合，並詢問 Li Qing 對這件事的感覺。這位諮商師決定繼續諮商下去，儘管她們將來會是同一個教會的教友。

## Olive 與 Dave

Olive是位私人執業的心理師。Olive的先生Dave正在考慮要開一間速食餐廳。當他們討論這個開業機會時，她得知這家速食連鎖餐廳的區域負責人是她八個月前結束治療的前當事人。這位前當事人因為重鬱症而接受治療。如果 Olive 的先生確定要開業，他將持續和這位前任當事人接觸。Olive 請 Dave 去調查並考慮其他的商機，表示因為過去曾和這位區域負責人有專業上的接觸，可能會讓後續的接觸對每個人來說都很彆扭，她的先生也同意。

## Theodore 與 Goodheart 先生

Theodore 參加他孩子小學的家長日。孩子的老師 Goodheart 先生走過來找 Theodore 聊天，因為他知道 Theodore 是位有執照的諮商師。Goodheart 先生詢問 Theodore是否有時間看他一位有焦慮跟憂鬱的好友。這位諮商師給Goodheart先生他的名片，並告訴這位老師叫他朋友打電話來安排時間晤談。

## Wilma 與 Keisha

Wilma 是位有執照的臨床社會工作者。Wilma 的前任當事人 Keisha 在一所私立大學入學諮詢委員會工作。這位當事人協助高中生及其家人申請大學與教育補助金。Wilma 有一對就讀高三的雙胞胎。當他們星期六在郵局巧遇，Wilma 想知道Keisha是否能協助她的女兒們走過這複雜的申請過程。隔天，Wilma打電話給Keisha請求安排為她跟她女兒見個面。最後，他們見了三次，Wilma 有依照一般的價錢支付諮詢費用。在最後一次，Wilma 與她的女兒表示很滿意這次的服務。

### Alberto 與 Peter

Alberto，一位心理師，跟一間小公司的軟體工程師Sandra結婚。Peter是Sandra的老闆。Peter詢問Sandra，Alberto是否可以替他16歲的兒子諮商，他一直受到恐慌症發作的折磨。Alberto在該社區以諮商焦慮疾患的技巧而聞名。Alberto撥電話給Peter並建議全家人隔天一起來諮詢。

### Nadine 與 Gerhard

Gerhard，股票經紀人，三年前跟Nadine結束諮商關係，有一天打電話給Nadine詢問她是否有興趣一項投資機會。而Nadine，這位快退休的臨床心理師，對投資有些研究，知道這機會是合法的，而且投資報酬率很高。Nadine從她跟Gerhard治療時的接觸也知道他是位非常誠實且在工作上可能相當有能力的人。Nadine提議見面討論細節。多次會面後，她投資一萬美元在這商機上。

### Oscar 與 Janine

每個禮拜，Oscar這位家庭治療師都會到當地的一間烘焙坊買麵包。他和Janine這位年輕的收銀員成為朋友。Janine在不同場合見過Oscar跟他的配偶、小孩以及他的雙親。有一天，Janine的名字出現在Oscar的當事人名單上，她是為了親密關係的議題來諮商。Oscar從秘書那裡得知當Janine來約諮商時，她特別指定要跟他晤談。Oscar樂見這個年輕人來找他，且期望一段有治療性的專業關係。

### Robin 與 Jon

Robin是位私人執業的諮商心理師。Jon是鎮上的治療師，跟Robin認識10年。Jon要求Robin替他諮商。這兩人在該州心理學會的倫理委員會上共事過。Jon的妹妹在恐怖份子的炸彈攻擊中喪生，他認為自己目前正受創傷後壓力疾患的折磨。他堅持想看 Robin，而不要其他的治療師，因為他比較信任她在這方面的臨床診斷。Robin也安排了當天下午的初次晤談。

### Benny 與 Jefferson

Benny已經替Jefferson治療了八個月。Jefferson開始接受治療是在伴侶死於家中的火災之後。當Jefferson告訴家人他是同志後，家人已經好幾年拒絕跟他有所聯

繫。因為 Jefferson 沒有家人可以陪他度過假期，以及他很認真地處理他的失落悲傷跟寂寞，Benny 決定邀請 Jefferson 到家裡跟他與他老婆分享聖誕節晚餐。Jefferson 接受了。

你對這些情境中的倫理直覺反應是什麼？有些是否比其他更來得有問題？有些是否似乎可以接受，好像沒有涉及任何的倫理議題？有些是否因為缺乏足夠的訊息而難以評估？本章的焦點是放在治療師與當事人有專業角色之外的第二層關係的議題上（第 7 章已探討過與現任及前任當事人的性關係）。本章一開始先界定專有名詞，並檢閱倫理準則及其背後的理念，包含探究實務工作者在這議題的信念與實務研究，接著呈現實務工作者在思考是否要跟現任或前任當事人有第二層關係時應該自問的問題。本章最後討論接受當事人禮物、處理在鄉村地區跟當事人的第二層關係，以及與當事人以物易物，即拿物品交換諮商，而非透過付費方式等議題。

## 專有名詞的定義

每當心理健康專業人員跟當事人在治療師—當事人關係之外有其他接觸時，就存在第二層關係。好幾年來，**雙重關係**（dual relationship）被用來解釋這種重疊的關係，不過這個詞現在已經不流行，且不再被現在的倫理守則所使用，至少部分原因是其不具解釋性（Cottone, 2005）。現在諮商與臨床專業是用**諮商師—當事人非專業關係**或**多重關係**（multiple relationship）來描述這種情況。上述的每一個案例都涉及某種程度的超越諮商師－當事人關係，或有可能會發生這種關係。

其他兩個專有名詞時常出現在心理健康專業的詞彙中：**界線跨越**（boundary crossings）與**界線違反**（boundary violations）（Gutheil & Gabbard, 1993）。這兩個詞皆以專業人員的工作與私人生活跟當事人之間應該要有區隔、有界線的概念為基礎。這種界線的區隔可助長更具療效的治療關係，因為藉此治療師可以更具客觀性以瞭解當事人並處理當事人的困擾議題，且當事人因為相信治療師會基於最大的善意以及利他的動機來幫助他，因而願意分享個人的資訊以及修通令其困擾的議題（Gabbard, 1994; Sommers-Flanagan, 2012; Sommers-Flanagan, Elliott, & Sommers-

Flanagan, 1998）。換言之，界線提供諮商過程的架構、當事人的安全感，以及為了達到有效治療的情感距離需求（Gabbard, 1994; Sommers-Flanagan et al., 1998）。根據 Remley 和 Herlihy（2010）所述，**界線跨越**是背離一般常理的助人實務作為，目的是為了幫助當事人，且有證據可支持這樣做會帶來好處。Sommers-Flanagan 等人（1998）運用**界線擴張**（boundary extension）來描述同樣情形。他們也強調當事人受益的證據支持，以及所有這類界線擴張所可能帶來的風險——「……治療師相信界線擴張在治療上情有可原，或對當事人不具傷害，其實並不盡然」（p. 40）。事實上，Koocher 和 Keith-Spiegel（2008）提醒一般專業人員對界線擴張影響的預測能力是有限的。即使看似單純的情況，我們仍無法確知結果將會是如何。

**界線違反**（boundary violation）或**界線破壞**（boundary break）則是超過可接受的程度，是會導致當事人受到傷害或非常有可能受到傷害。這定義的背後意涵是如果專業人員更有利他意圖或是行動前更積極分析其風險跟益處，傷害是可以（或應該）料想得到的。界線違反時常發生在專業人員太容易妥協以至於無法發揮正常能力，或者太衝動或太自私而沒有注意這些侵害對當事人的影響。界線違反從來就沒有符合倫理過。最近在明尼蘇達法院的一件非性的界線違反案件，是一位心理師向她的當事人借了超過 10 萬美元（Stodghill, 2011）。

這些專有名詞沒有一個能對當事人跟專業人員間的複雜關係做出完美的描述。就如 Austin、Bergum、Nuttgens 和 Peternelj-Taylor（2006）指出，界線的意涵就像在沙灘上畫出一條清楚的線，無法隨時適用在每種情況。事實是界線可能在某些情況可以被跨越，專業人員的挑戰就是做出負責任的決定，決定哪些情況下，界線的範圍似乎可以放寬。

Sonne（1994）澄清多重關係可以跟專業關係同時或是連續存在。如果是連續，則治療角色可能是在另一個角色之前或之後。因為諮商師跟治療師在他們的工作跟私人生活中扮演多種角色，多重關係的可能性就會一直存在。下頁表列出多重關係的範例。

近年來，對於界線跨越中哪些符合倫理的爭論越演越烈。即便同意多數的多重關係隱含著風險的倫理學者也不贊成全面封殺，並承認這議題的複雜性（如 Glosoff, 1997; Kitchener, 1988; Koocher & Keith-Spiegel, 2008; Younggren & Gottlieb, 2004）。

| 同時 | 連續 |
|---|---|
| 專業及私人<br>（研究人員與朋友） | 專業而後私人<br>（治療師，1998-1999；商業夥伴，2000-2001） |
| 專業及專業<br>（督導者與諮商師） | 專業而後專業<br>（教授，1996-1997；治療師，1999-2000） |
| 多重專業關係<br>（雇主、臨床督導者及臨床工作者） | 私人而後專業<br>（大學同學，15 年；第 16 年婚姻諮商師） |

其他人則批評專業學會及發照委員會助長對倫理準則的僵化闡釋，因而有時專業人員會因為擔心跨越界線而錯過讓當事人受益（Campbell & Gordon, 2003; Lazarus & Zur, 2002; Moleski & Kiselica, 2005）。所有資料來源都承認某些多重關係源自於意外接觸，其他則是太難去避免，除非完全拒絕當事人治療的請求。基本上，同時或連續多重關係的主要風險，是非專業關係的存在會危及專業人員的判斷能力以及當事人對治療的因應。儘管只有極少數的界線跨越會演變成界線違反，但是放寬某一個向度的界線也可能鬆綁其他的界線，順著「下滑坡」的概念而演變成不合倫理的行為。然而，多數發證委員會與倫理委員會所處理的極嚴重、與剝削有關的界線違反案例，也包含其他的界線跨越，且通常在嚴重的違反行為之前就發生。例如，專業人員可能在諮商後僱用現在的當事人替他或她工作，卻在諮商晤談中跟她討論辦公室管理的業務。事實上，這就是跨越界線，專業人員當初就是利用當事人在這方面的專長才僱用她。

Kitchener（1988）與 Jennings（1992）提到多重關係之所以有問題，是因為此種關係會面臨諸多社會角色中的衝突，而專業人員往往不能稱職地同時扮演好每種角色。當角色間的差異越大，產生不滿的治療結果的風險就越大。角色差異意味著對自己、他人及關係的不同期許，伴隨每個角色所身負的不同責任。角色差異為一個連續向度，而其問題的風險直接受到期待與責任差異程度的影響，例如對配偶的期待與責任就跟對教授的差異相當大。配偶被期待要支持、協助及特別關照到伴侶的需求；教授則有義務對學生保持客觀與公平，不得對某一位學生特別照顧。此外，教授的責任是去評量學生，並給表現不合格的學生低分。兩者的角色截然不同，如果摻雜在一起，犯錯的風險就會大為增加。

本章一開始的 Alberto 與 Peter 是描述不同角色期待與責任概念的好例子。檢視情境中每個人的角色，顯示出 Alberto 這個角色是有高度衝突的。**界線違反**這個詞可運用在這情境，因為 Alberto 的意圖不太可能純粹讓當事人受益，以及因為基於理性分析，明顯且可預期會對這位兒子造成傷害。對 Alberto 而言，很難把對配偶的忠誠擺在一旁，而只專注在當事人的福祉上。

其他的角色期待與責任就比較接近，且比較不會產生負向結果。同時扮演治療師跟當事人工作的超級市場之顧客的角色情境，看起來幾乎沒有傷害發生的可能性。顧客與治療師間的角色責任不存在衝突，除非在非常離奇的情況下，例如當事人瞭解治療師的購物習慣跟食物選擇的喜好，這樣才有可能對於當事人在治療中會有影響。也因為這種情況形成傷害的風險很小，所以超市的這位員工不應該由於和這位治療師在外面有接觸的機會而被拒絕治療。多重關係在角色差別這連續向度上差異最小的那端，顯示會對彼此造成傷害的機率很小。這也是專業人員從未全面禁止這種重疊關係的主因。當然，允許這種多重關係存在的根本原因，是基於相信專業人員在超市中不會僅考慮自己的私利且能尊重治療界線。

還有其他三個考量專業人員在此議題所持立場的因素。第一，在部分多重關係中，顧客實質上從這互動中受益。回到本章一開始的 Oscar 案例，如果烘焙坊收銀員與他諮商，她的個人生活可能明顯改善。她可能獲得能量來結束這段有問題的關係，或學習如何跟她的伴侶達到她尋求的情感親密。第二，如果一定要全然避開所有的多重關係，將會讓心理健康專業人員以及跟他們有關係的人都背負巨大壓力。例如本章的第二個案例，完全禁止多重關係對 Marco 是沒有用的。要他搬家或改變生活方式以避免跟 Nicholas 有往來並不實際，而要求他毫不理會他的新鄰居則會讓這家人（及社區）感到不舒服，要求 Nicholas 重新找新房子也不可能。第三，切斷所有的多重關係跟民主社會強調人有自由建立關係的權利相悖。Nicholas 有權利選擇他要住哪，有權利要跟鄰居友好。再者，即使 Marco 的專業責任優先於他與過去有專業關係的人交往的權利，不過當專業關係結束時，這些權利並不能全然被抹煞掉。

還有另一個可能會讓界線跨越更符合倫理的情況是當事人的文化背景。來自非西方集體文化的當事人可能感到困惑，以及覺得被那些嚴格規範界線的文化所冒犯，認為這樣做不符合他們所處的文化常模（Barnett, Lazarus, Vasquez, Moorehead-Slaughter, & Johnson, 2007; Herlihy & Watson, 2003）。例如，這樣的當事人可能認為專業人員拒絕治療他或她的手足是一種傷害及否定，無法理解這種建立治療界線是為了維持專業的客觀性〔請見 Ridley、Liddle、Hill 和 Li（2001）完整探討多重關係議題中文化所扮演的角色〕。

最近在美國諮商學會及美國心理學會的準則中試圖納入這種複雜議題，但最終每個人均須依照不同準則決定適用於何種可以接受的多重關係：

## 美國諮商學會倫理守則

### A.5. 專業人員與當事人的角色及關係

c. 非專業的互動或關係（除了性或情愛的互動或關係之外）。諮商師與當事人、前任當事人、他們的伴侶或家庭成員應該要避免有諮商師—當事人以外的非專業關係，除非這樣的互動可能對當事人有益。

d. 可能有益的互動。跟當事人、前任當事人的諮商師—當事人非專業互動可能對他們有益時，諮商師必須在互動前（盡可能）於紀錄中註明，包含為何要有這樣的互動、潛在益處，以及對當事人、前任當事人及其重要關係人的預期結果。這樣的互動應該在一開始就要取得當事人同意。如果因為非專業上的互動而造成對當事人或前任當事人抑或當事人之重要關係人的非蓄意傷害，諮商師必須展現修補傷害的企圖。短期間的潛在受益互動例子包括，但不限於：參加正式典禮（如婚禮或畢業典禮）、購買一項當事人或前任當事人提供的服務或商品（除非不受規範的以物易物之外）、探望生病的家庭成員，或是同時隸屬某個專業學會、組織或社區。

### C.6.d 剝削他人

諮商師不得在專業關係中剝削他人。

---

## ✸ 美國心理學會倫理原則

**3.04 避免傷害**

心理師採取適當的措施避免傷害到他們的當事人或病患、學生、受督者、研究參與者、組織中的當事人或其他工作對象，並且最小化可預見或不可避免的傷害。

**3.05 多重關係**

a. 多重關係發生在心理師與另一個人之間處於專業的角色，並且(1)同時與此人之間有另一種角色，(2)同時正與和此人有緊密關聯或相關的人處於交往關係，或者(3)承諾與此人或與此人有緊密關聯的人未來將進入另一種關係。

假如此多重關係可合理預期將有損心理師表現其身為心理師的客觀性、能力或效能，又或者對與心理師有專業關係存在的人有剝削或傷害風險，則心理師須避免進入多重關係。

合理預期並不會造成損害或危險剝削與傷害的多重關係，並不是不合倫理的。

b. 假如心理師發現基於不可抗力的因素導致可能造成傷害的多重關係已發生，心理師應考量受影響者的最佳利益和對於倫理守則的最大承諾採取適當的方式解決。

**3.08 剝削性的關係**

心理師不可透過督導、評量或其他上對下的關係來剝削人們，如當事人／病患、學生、受督者、研究參與者及員工。

---

 American Psychological Association. (2010a). Ethical principles of psychologists and code of conduct (2002, amended June 1, 2010). Retrieved from http://www.apa.org/ethics/code/index.aspx.

謹記守則建議在多重關係中要保持公正，並非僅限於治療中。這也適用於諮商師與心理師扮演的其他專業角色——教師、督導者、諮詢者、研究者或雇主。這些準則也明顯適用在專業關係中與當事人熟識的人，例如當事人的伴侶、孩子或密友均在這些守則的規範之內。

2005年的美國諮商學會守則呈現出跟前一版本差異極大的內容（ACA, 1995）。1995年的版本是建議諮商師「盡最大的可能避免與當事人陷入多重關係，以免損及自己的專業判斷並且增加傷害當事人的風險」，目前的版本則是刪除諮商師判斷能力或客觀性的風險這部分，還允許「當這些互動對當事人有潛在益處時」，可以存在這類的關係。守則內容繼續說明非專業關係的背後理念、潛在益處及預期結果等，必須在非專業關係發生前就先記錄在當事人檔案中。不幸的是，守則內沒有對**潛在益處**（potential benefit）這個詞下任何定義，所以它的解釋仍不明確。許多活動儘管受益的可能性不高，仍可能是潛在益處（我可以聲明今天下午去買一張樂透是有潛在益處，且這聲明會是真的，不過我從這當中獲益的可能性是極小的）。美國諮商學會守則中出現最有助益的情況是專業人員得以與當事人有短暫的額外接觸，如參加婚禮或同時在社區委員會服務，或是和現任當事人一同參與活動。這些互動及其可能的結果可以預期，可以在發生前跟當事人詳細討論並大致記錄。但是當諮商師在考慮接受先前已有私人關係的人進行諮商，或是非專業上的互動可能原本就比專業互動的時間長，或是與專業人員的私人生活更緊密，則守則的規範似乎幫助不大。例如，這些守則內容如何應用到下列情況？

## Brendan 和家具工人的案例

Brendan 在社區機構擔任諮商心理師，正在治療一位有輕微憂鬱及關係困擾的失業家具工人，同時 Brendan 也在計畫要整修他家的廚房。這位當事人需要工作，且他的手藝很好。Brendan 不確定是否可以問這位正持續接受諮商的當事人，付他合理的價錢幫他的新廚房建個櫥櫃。Brendan 知道這份收入對這位當事人有幫助，且這位當事人也可能欣然接受這份應該會費時三至六個月的工作。Brendan 也願意將這些安排記錄在檔案中，且得到這位當事人的同意書。Brendan 不確定這樣的安排是否可以被接受，因而查詢美國諮商學會守則尋求答案。

美國諮商學會守則引導這個案例中的諮商師：(1)要說明界線跨越的合理性；(2)指出對當事人的潛在益處；以及(3)闡明當事人及其親近人士的預期結果。在這案例中，這樣做的理由是因為這個安排能提供當事人所需的工作機會，而益處是其工作的收入。預期的結果會是當事人繼續跟這位諮商師接觸，並在接下來的三至六個月出現在諮商師的家；可能有更多鄰居欣賞這位當事人的手藝而變成他的顧客（假設這位當事人能夠做出其原本的水準的櫥櫃）；以及減輕當事人家庭的部分經濟壓力。其他可能的結果包含當事人的受傷風險；對於廚具部分設計及擺設的糾紛（這是裝潢時常會發生的情況）；當事人更瞭解諮商師的私人生活；當事人如果這段時間情緒困擾加劇，則可能干擾工作的進行而致拖延進度；以及界線模糊以至於當事人在工作時，或諮商師在家時想討論治療事宜。守則也要求 Brendan 要記錄下來這些情況的結果。不幸的是，守則並沒有提供指引幫助他評估這些結果是否讓第二層的接觸更符合或是更不符合倫理，除了或許就程度上而言這些接觸可能妨礙當事人受益。

美國諮商學會這部分的守則並沒有強調這情況也明顯讓 Brendan 獲益。這樣會讓此情境不符倫理嗎？守則 C.6.d 提醒諮商師不要剝削當事人，不過由於這位當事人真的想要工作，也會從中得到合理的工資，這個安排看起來並不具剝削性。如果這位諮商師能夠得到當事人的書面同意書及擬訂好任何非蓄意性傷害的補償計畫，剝削的風險就降至更低。諮商師應該如何處理對他或她也有利的界線跨越？這位諮商師如何衡量潛在利益跟可能會有的傷害？這位諮商師應該如何評估諮商外的接觸對他或她在諮商關係中客觀性的影響？因為美國諮商學會守則並未回應這些議題，這位諮商師必須拋開這些守則來尋找這些重要問題的解答。

針對此例，Sonne（1994）對於面臨多重關係時要做到風險控管的建議可供參考。此案例中風險的複雜度包括這位諮商師在治療時的客觀性；這段期間當事人的角色同時是當事人也是承包商，對治療可能產生的反應；以及這位諮商師對櫥櫃安裝完成的進度跟品質的滿意度若有疑慮，可能都會讓這段關係有潛在風險。Koocher 和 Keith-Spiegel（2008）提到當專業人員能從諮商外的接觸獲得利益時，通常都是指高風險且應該要避免發生。本書作者會避免這個案例的多重關係，尤其因為這又是可避免的，除非這位當事人是該地區唯一的家具工（儘管如此，多重關係還是可

以避免，因為廚房裝潢並沒有緊急到非馬上做不可，可以等到這位當事人不再接受諮商的時候）。這位諮商師也可以幫助這位當事人尋找其他較低風險的方法來賺錢。例如徵求這位當事人同意之後，他可以給朋友或鄰居這位當事人的名片，以及和這位當事人一起腦力激盪開拓其他工作市場的機會。在任何情況下，要跟當事人有非專業上接觸之前，專業人員應該向學識豐富、具客觀性的同事請益，就如美國諮商學會的 C.2.e 提到，「當諮商師對於他們的倫理義務或專業實務有疑慮時，需遵照合理的程序諮詢其他諮商師或相關專業人員」。如果沒有諮詢，這個案例的界線跨越將會違反倫理守則「詢問其他諮商師對這事件的倫理意見」之規定。

以下提出另外兩個跟美國諮商學會這項規定相關的案例。每個情況都呈現出應用這些規定的困難處，以及對心理健康專業人員界線跨越更根本的複雜度。

## Mary Angela 的案例

Mary Angela 是私人執業的諮商師，注意到一個男人坐在她的等候室裡。她發現這位男性具有魅力，而且他正在閱讀的美國民權運動史，是她感興趣的主題之一。她得知這位男士是跟她的當事人一起來的。在下次晤談結束時，Mary Angela 詢問這位當事人有關那位男士的事。當事人說他是她老公大學時代的朋友，去年喪偶。他上個禮拜陪她來是因為她的車當天早上拋錨了。他那時候正去拜訪她的丈夫，並且自願送她來諮商。這位當事人繼續說道她跟這位男士很少往來，並自願把他帶來這安排他跟 Mary Angela 見面。這位諮商師想知道她是否可以同意這項安排，因而查詢美國諮商學會守則尋求指引。

## Barney Johannes 的案例

一位年輕的成年當事人持續來看 Barney Johannes 博士——一位生涯諮商師，以協助他決定心理系畢業後的就業方向。諮商結束後，這位當事人決定要到研究所念諮商並申請許多認證的學程。這位當事人以優秀成績畢業並在研究所入學考試得到高分。因為這位年輕男士相當有才能，Johannes 博士鼓勵他去申請他所執教的大學，也自願當他的指導教授和協助他爭取獎助學金。最後這位年輕男士上榜，得到助理一職以及進到該學程。諮商師跟當事人兩個人對於這樣的結果都很開心，然而Johannes博士的一位同事向他表達關心，說當他比其他人還主動幫這位申請者說話時，他跨越了界線。Johannes博士立即查閱美國諮商學會守則看看這位同事說的有沒有錯。

2010年的美國心理學會原則也不鼓勵多重關係，指出假使可能預期會有負向結果發生，心理師應該「禁止」這類關係出現。不過，其更強調多重關係對心理師在決定第二層接觸時的倫理之影響。這準則要求心理師評估不同角色的結合，是否會危害他們的專業判斷、當事人的福祉，或是他們的能力是否能發揮正常效能。美國心理學會原則提到多重關係如果不至於導致這位心理師的判斷失準或危害到當事人，就不算不符倫理。不過，兩個學會的守則都沒提供標準答案的範本，所以評估全部可預見的多重關係的重擔就落在每位實務工作者身上。

## 多重關係的潛藏動力

倫理學者整理出治療關係的三種潛藏動力，可以幫助實務工作者評估所有可能有界線跨越的風險：專業人員有責任遵守對當事人的承諾，對於自己的權力高於當事人抱持敏感度，以及體認到諮商中當事人的情緒脆弱性。這三種動力影響到當事人在這種關係中受益的可能。

### 受託責任

Sonne（1994）強調第一種動力是，心理健康專業人員與當事人之間的**受託關係**（fiduciary relationship）。這個名詞出自於法律概念，意思是專業人員的首要責任是增進當事人的福祉。一個無法履行這責任的專業人員即是違反跟當事人的最基本約定。多重關係暗指專業人員很容易受到跟提倡當事人福祉抗衡的利益所干擾，因而通常會違背信託責任。回到 Alberto 的案例，他可能難以讓這位青少年當事人

的福祉優先於其父親的期許，而這位父親同時又是 Alberto 妻子的老闆。又或者 Alberto 可能非常希望讓這位老闆對他的治療技術印象深刻，而讓其治療的表現成分多於真正在治療這位男孩的恐慌症。更嚴重的是，有鑑於 Alberto 對他妻子未來工作的在乎，會不會導致他忽視將這位父親對這男孩的暴力虐待通報給當局？在這三點當中，Alberto 都忽略他的受託責任。

Simon（1992）對這個動力的描述有些不同。他認為專業人員在治療中有**責任摒棄**（duty to abstinence）滿足自我利益。這責任意味著治療中唯一可接受的利益是當事人付的費用與治療當事人所獲得的滿足感。然而這種摒棄滿足的責任是不能跟多數的多重關係共存。當 Alberto 接受妻子老闆的兒子作為當事人的話，由於其滿足自我利益的誘惑非常強大，因此這種摒棄滿足的責任便難以維持。比起治療收入或這位當事人的福祉，Alberto 要面對更多的風險。有人甚至會懷疑 Alberto 接受這位當事人的目的是為了協助其妻子的事業發展。摒棄滿足的責任也跟 Brendan 與家具工人這案例有關，也許到目前為止這位專業人員最滿意的是用最簡單的方式找到合適的家具工到他家做好櫥櫃的這項工作。

Simon（1992）也提到對當事人的受託責任也跟另一項責任有關——**中立責任**（the duty to neutrality）。他假設治療師在倫理上應該致力於提高當事人的自主及獨立。Simon 主張因為自主與獨立對於當事人的治療目標是如此根本，專業人員應該以此作為唯一目標而心無旁騖。如果 Alberto 非常在乎他的妻子及其福祉，那麼他對這位青少年當事人就無法超然中立。如果這位青少年本來想從父母那裡適度地發展獨立，但是這樣的分離會讓其父母不悅，Alberto 甚至可能意圖干涉。另一種詮釋中立責任的方式是把它描述成一種客觀的責任，除了關注所要達到的治療目標，對當事人生活的其他面向都不必放在心上。不放在心上與客觀不應該跟冷漠或不在乎混為一談（Pope & Vasquez, 2010），而是跟溫暖、同理有高度關係。

要注意 Alberto 對這位當事人有違背他受託責任的風險，儘管他進入這份專業關係時是有**試圖**履行這責任。要讓這多重關係不會有問題，他需要讓自己不能變得自我利益或對當事人冷漠。他和他妻子的親密關係，以及如果諮商進行過程未能如這位老闆所願，讓他左右為難，將會使其客觀性及對當事人治療目標的所有投入都變得相當困難。事實上，諮商師與治療師帶著良好的意圖想幫助需要治療的人，通常特別容易有界線跨越的現象，因為他們低估自己身上的其他角色帶給他們的限制，以及高估自己在有強烈個人利益的事情上維持客觀的能力（Benny 與 Jefferson 的案例就是這情況的最佳寫照）。換言之，他們沒有發現這情況內的利益衝突。

## 當事人的情緒涉入

讓多重關係變得有危險的第二種動力是當事人**對治療師的情感依附**。治療師成為當事人生命中的一位重要人物，至少在他們有專業接觸的這段時間內。研究顯示一個讓治療具有療效的重要部分是人際關係（例如，請見 Lambert, 2005; Norcorss, 2011; Wampold, 2001）。當事人對治療師專業的信任與信心、對這份關係的規則與界線清楚，以及對彼此的期待等，均是成功治療的重要特徵。當專業人員在當事人的生活中扮演另一個角色時，當事人的情緒反應會是困惑。信任可能會受到威脅、互動的規則可能會變模糊，以及期待可能會分歧。治療師的弱點暴露在其他場合也可能磨掉當事人對治療師的信心。此外，分享非常痛苦或難堪的祕密對於跟專業人員有多重關係的當事人是更困難的事。當身為業務專員的當事人把治療師視為潛在客戶時，為了擔心會有影響，他可能避免向專業人員透露他的躁症。

更實際的情況是，多重角色可能讓當事人不確定治療開始與結束的時間，以及什麼樣的對話在怎樣的情境中會是適合的。同時也是鄰居的當事人可能不確定何時可以提出特定的議題，或可能會認為**每次**跟專業人員碰面時，都可以當成在治療。在後面這情況，當事人可能發展出依賴感，而專業人員則感到厭倦。當然，有可能彼此都瞭解什麼話題可以在諮商中討論，以及什麼話題不宜在非專業關係發生前討論。一位在聯合勸募協會的社區委員會服務的專業人員可以和當事人討論以雙方共同協定的方式進行諮商外的接觸。

理論取向也扮演決定是否可接受非專業關係的因素。視移情為諮商主要重心的諮商師特別會受這種動力的影響。他們認為當事人無法修通在他或她生活中扮演另一角色的治療師之移情。研究顯示心理分析的治療師往往視非性的多重關係比認知或個人中心學派的專業人員來得更不合乎倫理（Baer & Murdock, 1995）。

## ●● 權力的不平衡

第三種動力，即介於專業人員與當事人之間的**權力差異**，被視為是性剝削的一項重要因素（在第 7 章中有詳盡的討論）。權力不對等可能讓當事人對治療師的心願逆來順受，即使跟他們自身的心願相違背。這可能不只在諮商中發生，也可能發生在諮商外第二層關係的接觸。由於被當的風險是如此之大，一個受督者若同時也是其督導者的當事人，可能硬吞下任何跟這位治療師／督導者的不同意見。如果他們在另一個角色上冒犯了治療師，當事人也可能會害怕情緒上被遺棄（Sonne, 1994）。如果當事人拒絕治療師／朋友的社交邀約，他們可能會擔心是否治療師會藉由取消一次晤談，甚至是結束治療作為報復。當事人的自主權可能會受第二層關係的破壞（Kitchener, 1988）。

權力差異也導致所謂的**角色滑動**（role slippage）（Smith & Fitzpatrick, 1995）。角色滑動意味著，越具權力的治療師越可能鬆動治療關係與其他關係之間的界線。治療師可能跟同時也在該組織服務的當事人談論委員會上的問題來結束晤談。接著，可能提議在委員會議後喝杯咖啡繼續討論尚未解決的議題。在接著的談話中，治療師可能對這位當事人揭露自身的一些事情，讓當事人難以回應。最後治療師可能在後期諮商花更多的時間討論委員會上的議程。在這些情況下，當事人可能更不好意思去談到更多治療相關的事情。當專業人員揭露更多關於他們自身的訊息後，當事人可能更會把自己視為專業人員的照顧者（Smith & Fitzpatrick, 1995）。最後，雙方都失去專業人員與個人生活之間的界線，以及把當事人治療目標的焦點擺在其次。

界線跨越還有另一個面向是棘手的：保密可能受威脅。專業人員在諮商外接觸時不小心洩漏諮商中訊息的機會會增加。以上段所描述的情況，治療師可能偶然地跟另一位委員會的成員說當事人在諮商時所說的內容。幾乎很難清楚記得哪些話是在哪個場合說過的。當專業人員的自我利益在多重關係中未能得到滿足時，也有可能有意地違反保密。Wilma 的情況（跟前任當事人諮詢孩子大學申請入學事宜的治療師）可能導致意圖侵害保密，如果 Wilma 不滿意前任當事人給的建議的話。她可能在盛怒中向家人揭露有關前任當事人尋求治療的原因。

## 倫理學者的看法

基於有這麼多問題可能產生，許多倫理學者比守則更反對界線跨越，尤其是其中一個角色是具治療性的時候。Kitchener（1988）與 Sonne（1994）主張心理健康專業人員無法準確預測他們的能力會被妥協的程度，或是當關係進展時會對當事人造成的傷害。在此情況下，他們同意多數的多重關係呈現「有風險」，應該被禁止。Pope 和 Vasquez（2010）亦強調，進入多種非性的多重關係的心理健康專業人員雖然時常為他們的行為找理由，但是都無法自圓其說他們的所作所為合乎邏輯或是有真的考量到當事人的福祉。借用 Simon 的話（1991, 1992），仔細檢視這些諮商師的動機，有時會顯露他們並未保持中立或節制自身慾望。這些實務工作者似乎低估利益的衝突或高估自身的能力。Simon 也認為多重關係會讓治療師陷入其他界線跨越的風險，就如角色滑動的譬喻。一位收前任商業夥伴為當事人的治療師也可能會採納另一位現任當事人的投資建議，依此類推。當和當事人間的商業關係變得普遍且可接受時，延伸到社交或愛情關係也會變得不那麼難以接受。清楚的界線可以幫助專業人員持續專注在當事人的福祉，也幫助避開許多其餘的問題。基本上，這些學者的論點是基於免受傷害權。也因為避免傷害是如此重要的專業價值觀，以及因為傷害無法預測，所以嚴謹並努力顧及當事人福祉的需求即要求諮商師須避免發生多重關係。

其他學者站在比較開放的立場（例如，請見 Cottone, 2005; Ebert, 1997; Herlihy & Corey, 2006; Lazarus & Zur, 2002; Moleski & Kiselica, 2005），建議多重關係的倫理需要依不同案例逐一檢視，且要多多衡量當事人獲益的可能性。他們同意當專業人員知悉特殊案例的實際狀況時，就可以進行合理的評估。他們也認為硬性規定全面禁止是不切實際的，因為心理健康專業人員就是生活在社區內，他們所接觸到的人可能早晚都會是他們的當事人。他們也指出受益權的重要性，正因為重要，所以他們主張如果一味禁止多重關係，可能會降低專業人員讓當事人受益的可能性。最後，他們強調在評估多重關係是否符合倫理時，當事人所處的社區及文化因素所扮演的角色。例如如果是在有許多中國移民的地區的機構工作，只有一位諮商師會說國語，那麼會說中文就要納為諮商師的專長之一。那位專業人員可能被建議要跟這些華人當事人的界線有某些程度上的寬鬆。社區對於鄉村實務工作者在決策過程也扮演重要的角色（請見本章稍後完整的討論）。Ebert（1997）認為美國心理學會原則的規範讓學會在多重關係的立場不可行且不具什麼效力。Lazarus 和 Zur（2002）主張目前對多重關係的觀點讓專業人員表現得太有距離感，並導致達不到理想中的服務。他們的觀點凸顯要持續關注提倡當事人的福祉，而非僅侷限在保護專業人員避免遭到法律訴訟或倫理申訴。

所有的學者似乎至少都同意一項觀點。不論專業人員對多重關係所持的立場為何，如果他或她觀察到自己比同在一小型社區中的同事更頻繁涉入多重關係，那麼自己就應該停下來，並且重新評估這些行為之下的動力。除了這些評估之外應該有仔細的督導以及諮詢，以瞭解潛藏在這行為下的動力。

## ●● 決策時的思考問題

參考守則、文獻與倫理準則，當評估某些特定的關係是否符合倫理時，可透過以下問題加以考量：

- 彼此角色的期待與責任的差異是否會過大以至於無法並存？
- 專業人員一開始進入或接受專業關係時的唯一初衷是否就是要增進當事人的福祉？若是因為當事人所處的社會文化背景而讓界線跨越，這對治療過程而言是重要的嗎？
- 專業人員對這位當事人所持的客觀程度及實務上的效能，會和自己跟其他當事人工作時一樣嗎？
- 這位專業人員的權力濫用是否已經變成積非成是的情況？
- 這個多重關係對當事人而言是否是低風險且高受益？
- 專業人員是否能夠合理確認這個多重關係將不會對當事人的情緒或達到治療目標有負向影響？
- 這個多重關係是否真的無法避免？其他的替代方案真的都考慮過了嗎？
- 如果一位專業人員要跨越界線，是否有進行知後同意的過程讓當事人瞭解這情況，包括風險與可能需要的特定安排呢？

- 雙方是否評估過由於專業上的接觸，導致他們的其他關係可能引起的改變，以及他們都對這些改變感到自在呢？
- 如果將這個決定告知這位實務工作者的資深同事（運用「攤在陽光下」的準則），他們是否會支持進一步發展這多重關係？
- 這位專業人員願意在個案紀錄中記下這非專業上的互動嗎？
- 隨著關係發展，是否有持續接受諮詢以及／或督導來檢視當事人的風險與益處？
- 當關係不如他們所預期的發展時，當事人與專業人員是否有擬訂其他替代計畫，以便能夠彌補傷害？
- 如果問題在專業關係結束後從多重關係中產生，專業人員是否有承諾盡力追蹤並能夠提供協助？

從這串長長清單上的問題可看出當專業人員想要跨越界線時，必須多麼深思熟慮，思考再三。

如果所考慮的非性的多重關係是指跟前任的當事人，Anderson 和 Kitchener（1998）提出一套倫理決策模式來處理諮商結束後的關係（post-counseling relationships）。在該模式中，他們也建議以下考量：

- 之前的諮商關係確定結束了嗎？當時的結束議題有成功處理好嗎？以及結束到現在的時間是否足以讓當事人跟專業人員彼此發展新的關係？
- 當時諮商中的談話內容能夠在諮商結束後的關係繼續保密嗎？雙方對此有沒有清楚的安排？
- 當事人是否瞭解一旦進入諮商結束後的關係，他或她就不可能再跟這位專業人員重新進入諮商關係？當事人明白會衍生其他的關係嗎？
- 前任當事人當時的困擾問題嚴重程度如何？移情強度呢？以及治療最後他們解決困擾問題的成效？問題是否重新浮現？或是當事人情緒上是否比較穩定與能夠自我掌控？Anderson 和 Kitchener（1998）建議若前任當事人當時的問題很嚴重或是牽涉到性格時，要避免治療結束後的接觸（p. 94）。
- 要是這個諮商結束後的關係可以避免，專業人員進入這份關係的動機為何？有分析過這複雜關係對當事人的嚴重性嗎？

## 研究發現：從實務工作者與消費者的觀點

實務工作者對於非性的多重關係的態度調查不如他們對性關係態度的文獻來得多，不過仍有足夠的證據來推理出一些合理的結論。第一，實務工作者對這行為的倫理看法非常分歧。有些人認為這絕對不合倫理，但其他人對這種多重關係抱持較大的容忍度。例如，在一項研究中，26% 的心理師認為接受當事人邀請參加派對絕對不合倫理，然而 17.5% 的人認為在多種情況下這行為是合倫理的（Pope et al., 1987）。近來一份詢問加拿大諮商師類似問題的研究顯示，23% 的填答者認為邀請當事人參與派對或社交場合是合倫理的（Nigro, 2004a），不過 77% 則回應這樣的舉動永遠不符合倫理。第二，大部分的研究顯示，相較於有性的多重關係，對非性的多重關係有相當大的包容度（Lamb, Catanzano, & Moorman, 2003; Neukrug & Milliken, 2011; Nigro, 2004a）。更多的專業人員認為某些類型非性的接觸是符合倫理的，甚至在視它們為不合倫理時，也不會把它們看得像有性接觸的那樣嚴重。例如，四個不同的調查都發現許多治療師認為跟前任當事人結交朋友至少在有些時候是合倫理的。支持這觀點的人從 44%（Borys & Pope, 1989）到 59%（Gibson & Pope, 1993）到 70%（Salisbury & Kinnier, 1996）到 83%（Nigro, 2004a）都有。即便是 2011 年所做的調查也發現，部分諮商師認為跟目前的朋友（4.6%）或同事（10.7%）有諮商關係也是符合倫理的（Neukrug & Milliken, 2011）。甚至由 Borys 與 Pope 所做的調查中有 26% 承認跟前任當事人成為朋友至少一次。Pope 等人（1987）發現有更多人承認有過這行為，占了受訪者的三分之二（67%）。受訪的實務工作者也承認有過許多其他不同類型的多重關係，如下（Anderson & Kitchener, 1996; Borys & Pope, 1989; Pope et al., 1987; Lamb et al., 1994; Lamb & Catanzano, 1998; Nigro, 2004b）：

- 提供員工治療服務。
- 僱用當事人。
- 跟現任或前任當事人有商業往來。
- 提供學生與／或受督者治療服務。

- 允許當事人選修治療師開授的課。
- 邀請當事人參加派對。
- 販賣商品給當事人。

有多少比率的人認同這些行為，其統計數字隨著不同的調查或不同形式、不同問法有所差異，但是每一個調查都發現至少 2% 的受訪者認同這些行為。最常見的多重關係是提供治療給學生或受督者（29%, Pope et al., 1987），而最少發生的是跟現在的當事人有商業往來（2%, Pope et al., 1987）。

上述的部分行為是倫理守則有明白禁止（如提供受督者治療——美國諮商學會，2005，F.5.c），而其他多數則是盡可能要求避開，除非保證在符合美國諮商學會守則之下當事人能從中獲益。這些研究資料無法說明這些行為是否符合守則所建立的標準，或是不符合。可惜的是研究結果也未能說明這些關係對當事人或治療師的行為結果。這些資料只是透露出當面臨多重關係時，心理健康專業人員可能沒有做到該有的謹慎。套一句常用的話：一個人不用是專家也該知道對朋友或員工進行治療很有可能會模糊掉一個人的客觀性、破壞判斷能力，或阻礙治療進展，而這其中的每一項都會傷害到當事人。

至於當事人與消費者對多重關係的態度也相當分歧。Claiborn、Berberoglu、Nerison和Somberg（1994）發現前任當事人對於多重關係的疑慮比對保密或知後同意議題還要多。而Pulakos（1994）的研究結果則有不同的發現，她的少數受訪者表示當他們在治療時間之外遇到治療師時，會從他們的治療師那裡尋求更多的回應。Gibb（2005）在探討當事人跟他們的治療師在治療中或結束後成為朋友的質性研究，發現那些從多重關係中經歷負向結果的當事人，在評估受到傷害的程度時，表示受到「非常大的」傷害，即便那些表示不後悔建立多重關係的當事人也陳述有許多負向反應，如痛苦、混亂、尷尬與失落。即使從這個小樣本或是初探性的研究也強調，專業人員在進入多重關係時必須謹慎以對，並且在發生前與當事人還有同事多次的討論，以及在非專業互動時仍要保持溝通。

## 接受當事人的禮物

有時當事人會帶禮物給治療師。當事人想要送禮物可能受到許多因素影響。有些當事人相信送禮物能讓他們受到諮商師另眼相待，或是有助於維持接受到良好的服務。對其他人而言，這種送禮的行動往往跟引發他們決定接受諮商的困擾問題有關。例如，低自尊的當事人可能視禮物為讓專業人員對他們保持興趣的手段，因為他們相信自己本身並沒有這種價值。少數當事人甚至可能試圖用禮物當成賄賂的手段，想藉此讓治療師在寫紀錄或報告時能手下留情或是獲得特別的關注。還有其他人希望贈與他們喜歡的紀念品作為感謝諮商師替他們諮商的禮物，或是當要分開時，透過留下東西給治療師來緩和結束諮商時的悲傷情緒。因此，接受當事人禮物的倫理基本上是根據當時的狀況而定（也根據收受者的態度及對他們的影響而定）。目前美國諮商學會的守則有涉及到接受當事人禮物的文化與臨床上的議題：

### 美國諮商學會倫理守則

**A.10.e. 接受禮物**

諮商師應瞭解接受當事人禮物的挑戰，需知道在某些文化裡，小禮物是為表達尊敬與感謝。在決定該不該收當事人禮物時，諮商師要考量到：治療關係、禮物的市價、當事人送禮的動機，以及諮商師想要接受和拒絕的理由。



美國心理學會倫理原則則沒有清楚提到這主題，不過其禁止剝削與涉入利益衝突的原則間接強調了此議題。

當禮物是當事人想利用等價換取更好或特別的服務，或者是當事人失功能的表現時，專業人員或許不該收下禮物。如果收下禮物，以第一個例子而言，可能表示專業人員被操控（且因此會損及信任關係而無法提升當事人的福祉），在第二個例子，則是暗示治療師認同當事人扭曲的自我評價或關係的看法（因而阻礙治療發展）。然而，當一份禮物代表對成功治療的感謝或文化習俗（如在 12 月份時分享假期餅乾），這可能是符合倫理的。特別是如果符合以下所有的情況，接受禮物就更可能符合倫理：

- 可增進而非危害當事人的福祉。
- 不會影響治療師的客觀性或之後提供稱職服務之能力。
- 純粹代表感謝之意，且符合當事人的文化與不昂貴的市價。
- 當事人不常這麼做。

所謂禮物貴重與否的定義隨人與時代而異。研究似乎指出心理健康專業人員所定義的「禮物」（token gift）行情相當一致。執業的心理師、社工以及諮商師似乎相信，價值約 25 美元或更便宜的禮物是符合倫理的界線（Borys & Pope, 1989; Gibson & Pope, 1993; Nigro, 2004a）。一旦當事人想要贈送更高價位的禮物時，其動機可能是雙方應該在晤談中討論的「治療素材」。當一位當事人堅持給予昂貴的禮物來表達對他或她的生命有重大正面影響的治療，有時可以藉由讓當事人以機構名義匿名捐款給慈善機構來達成協議。要做到這樣，前提是真的有成功結案，以及如果公告周知，這份禮物真的可以彰顯專業關係帶給當事人以及專業的影響。諮商師不該接受一份貴重的禮物，因為這極有可能干擾其客觀性。期待諮商師跟治療師完全不受貴重禮物的影響是違反人性的，這也是本章一開始所描述的諮商師不應該接受 Roberta 的電影院預售票為禮物的理由。即使幾百美元對這位當事人代表的不過是個尋常禮物，對 Dominique 而言可能包含更多的意義。由於這份大禮，這位諮商師之後將不太能夠對 Roberta 客觀地工作。再者，要是另一位富裕的當事人也如法炮製，這位諮商師可能開始幻想跟別的當事人結案時是否也會收到大禮，因而干擾其諮商過程。與其收下這套票，Dominique 可以建議 Roberta 將這些票捐到慈善機構或藝術學院作為影劇系學生的獎勵。這位諮商師應該同時跟這位當事人表達治療上的改變才是她所需要的獎賞，也確保在她離開之前，Roberta 能完全明白 Dominique 不收禮物的理由。

即便是尋常的小禮物，如一條手工麵包或當事人自種的花，也不該讓此行為一再發生，除非是不可抗拒的文化因素。假使送禮發生頻繁，應該要在晤談室討論這行為。或許當事人帶禮物來是因為這是她所知道如何表達情緒連結的唯一方式，若真是如此，則協助當事人學習以其他替代方式來表達情感，將會是很明確的治療目標。一再送禮也會讓諮商師容易分心。專業人員可能每週開始期待收到新鮮的麵包，如果某一次當事人沒有帶來的話就會感到失望。這種期待見到當事人的動機跟中立原則及客觀性是相違背的。

至於那些毫無例外想拒絕所有當事人的禮物以求單純的人，在採取這種果斷立場時也要三思。在部分文化中，禮物是重要的人際間習俗。對這些當事人而言，斷然的拒絕可能對治療有負面效果。同樣地，對希望在緊密治療關係成功結案後送一份小小禮物的當事人而言，治療師全然拒絕親切地收下小禮物可能阻礙關係的正向結束，尤其是如果這位當事人沒有被事先告知不能送禮。一份由 Brown 和 Trangsrud（2008）所做的調查中，當決定接受禮物的時機時，心理師會把禮物的市價、文化以及關係因素納入考量。他們也傾向在決定收下或回絕禮物前檢視所有因素的交互作用，這與倫理守則及倫理學者的建議一致。

Herlihy 和 Corey（2006）建議送禮的議題應該要在專業人員的聲明中，或在前幾次諮商說明知後同意時提出，才不會到最後因為不適當的禮物而讓彼此尷尬、疑惑或憤怒。他們接著建議要擬訂策略來制止這行為。透過這些規定或原則，在當事人想到要帶禮物給諮商師之前，就會明白諮商師不會收禮及背後的原因。此外，如果諮商師不收禮物的原則和當事人的文化相衝突，雙方也可以在諮商初期就討論。簡言之，越早澄清可以避免之後的誤會發生。假設 Roberta 早就知道 Dominique 不會收她的禮物，她就可以省下這筆費用以及避免最後一次原本應該相當正面的結束晤談變成雙方都很難堪。

不過另一方面，如果在諮商初期就討論收禮也可能會產生問題。在進行知後同意時，要在原本就夠長的討論事項上再加上這一點，可能會讓過程更顯繁雜。甚至有的當事人會誤解這個原則，以為應該要送禮。若是某些文化中送禮本來就是人際關係中重要的面向，則這項原則又極有可能讓當事人誤解。因此，專業人員在對所有的當事人貫徹這個原則前，應該想想這些原則可能帶來的影響。甚至對兒童當事人而言，由於他們可能還不懂這樣的政策，他們的疑惑可能會阻礙治療進展。

## 多重關係與鄉村及小型社區的實務工作

在大都會地區工作的心理健康專業人員能夠相對容易避免多種形式的多重關係。他們可以工作的潛在當事人數量大，所以鮮少因為經濟因素驅使他們進入多重關係。他們可以離開家到城市中不同地點工作來避免跟當事人、學生或受督者在公眾、宗教或社交場合中接觸。此外，都市的實務工作者有許多管道將不適合當成自己當事人的個案轉介出去，而且一旦他們必須把當事人轉介出去，也比較有把握當事人會受到更好的專業服務。都市諮商師也有大都市相對的匿名性優點。在他們所處的社區很少人會知道或在乎他們的職業。即使他們在其他場合偶爾意外地遇見他們的當事人，雙方都不需要擔心他們的簡短對話會洩漏出他們是在什麼場合有接觸。

相較之下，由於社區人口與文化規範，鄉村的實務工作者就有非常不同的經歷。他們的潛在當事人數量較少、轉介資源較少，以及跟當事人之前就有、現在有或之後會有互動的機會相當大。由於人口較少，可能意味著拒絕當事人會對這些專業人員造成經濟上的困境。合適的轉介資源通常距離很遠且沒有大眾運輸可搭乘，所以一旦本地的實務工作者拒絕提供服務時，當事人接受心理健康照護的管道更加受限。除非鄉村的實務工作者避免參與各種社交、宗教或是市民組織，且長途通勤上班，否則他們無法輕易避開跟當事人有專業關係外的互動（Schank & Skovholt, 2006）。Pearson 和 Piazza（1997）把這些稱為**視情況而定的多重關係**。此外，在小型社區的許多人都知道這位專業人員的工作，且熟悉跟專業人員晤談的人。如 Jennings（1992）指出，「生活在城市的特色是具匿名性，然而生活在鄉村的特色則是無與倫比的公開度——一個人與其家人的行為不只是在眾目睽睽檢視之下，還會成為社區民眾茶餘飯後閒聊八卦的話題」（p. 94），因此避免多重關係對鄉村的實務工作者更加複雜。鄉村的實務工作者經常被熟識的人，或在社區、宗教或社交場合看過的民眾要求跟他們晤談。即使一個人可能跟某個特定的人不熟，他或她還是可能認識對方的其中一位家庭成員，且可能私下從其他人口中聽到有關這位當事人的事情（Gates & Speare, 1990; Hargrove, 1982）。Sobel（1992）指出如果替專業人員工作的行政助理或其他人與未來當事人有關係時，會讓多重關係更複雜。鄉村

的實務工作者也知道當專業關係結束時，他們之後可能還是有機會跟當事人間歇性地來往。他們的孩子可能有同一位老師、可能同樣在聯合勸募協會的宣傳活動上擔任志工，或是在牙醫診所巧遇對方。因為他們都一直是在同樣的街道上往返，可能還會涉入同一件車禍事故！

Horst（1989）的研究支持這些論點。在以來自明尼蘇達都市及鄉村的心理師為對象的研究，她驚訝地發現到鄉村實務工作者與他們的當事人有更多重疊的多重關係。鄉村的心理師有更多晤談外的接觸以及經歷更多結案後的互動。大多數的晤談外接觸是經由加入聯合的大型組織，或是在商店還是其他社區場合巧遇。然而，鄉村的實務工作者也不見得一定會進入會讓他們承擔高風險的多重關係中，例如Horst發現都市與鄉村的心理師替朋友或員工諮商的比例並沒有區別。

鄉村民眾對多重關係的想法也有所差異。都市的民眾期待服務他們的專業人員是陌生人，他們比較喜歡這樣的安排。鄉村的民眾則是相反，因為他們如此習慣跟熟識的人來往，感到較強的社區連結，因此他們比較可能尋找認識的諮商師而不是陌生人（Helbok, 2003）。也因此對鄉村實務工作者的挑戰是服務社區的心理健康需求時，不能對至少有一面之緣的人造成過度傷害。雖然一般人對田園鄉村生活有一些刻板印象，不過研究顯示美國鄉村居民就跟都市人一樣經歷相同程度的創傷、焦慮與憂鬱，還會有更嚴重的貧窮與健康問題（Roberts, Battaglia, & Epstein, 1999）。

當然，必須要小心別對市區、郊區及鄉村存在太多的差異定見印象。有時郊區及都市的當事人會選擇特定的諮商師是因為他或她跟當事人有部分的「共通之處」，或參與同樣的市民組織、社交團體或族群文化團體（Adelman & Barrett, 1990）。心理健康專業人員如果在軍隊、大學諮商中心工作，以及跟有那些特定議題或經驗的人工作，如聽障、男同志、女同志、雙性戀或變性族群等，也會遭遇到類似在其他服務管道受限的社區工作，因多重關係而經歷到許多同樣的問題（Bleiberg & Baron, 2004; Guttman, 2005; Johnson, Ralph, & Johnson, 2005; Kessler & Waehler, 2005）。因此，在這些場域工作的實務工作者會經歷到跟鄉村一樣重疊關係的困境。Kessler和Waehler （2005）提出一篇當事人是來自同樣的社區時，專業人員面臨且設法解決的倫理與臨床困境的個案研究。無可諱言，在人口多的地區工作的專業人員往往比小城鎮的專業人員有較多的轉介資源及面對面諮詢跟督導的機會。

如同本章一開始舉出的烘焙坊員工案例，以下的倫理困境例子出自於作者作為 8,000 人口社區中唯一心理師的一些經驗（當事人身分有仔細修飾過）。在每個案例中，作者必須評估因多重關係或情境上接觸產生的問題是否有可能傷害到當事人，或是有其他妨礙他們從治療中獲益的因素。在那時，最近的轉介資源至少在 30 哩之外，而且是大眾運輸無法抵達的地方。

- 一位男士跟心理師的先生是同事，由於父親逝世深感痛苦而尋求諮商。心理師的先生不是當事人的頂頭上司，而是當事人直屬長官的督導。
- 一位被家庭醫師轉介給心理師要看恐慌症的婦女，是這位心理師鄰居的婆婆。這位心理師常常看到這鄰居，儘管她們知道彼此，但不是朋友。這位婦女沒有開車。
- 心理師被要求提供監護權的證詞，當她到公聽會時發現處理這個案件的律師是她目前手中當事人分居而未離婚的妻子。
- 心理師的孩子跟她當事人的孩子念同一間托兒所。事實上，在每週晤談的那天，雙方都直接從這位心理師的辦公室去接小孩。這是鎮上唯一的一間托兒所，而當事人的行事曆無法允許變更晤談時間。
- 一位心理師過去有商業合作過的會計師，在她因短暫的精神崩潰而住院後被轉介到她這裡。

Jennings（1992）也提到其他在鄉村一再發生的多重關係問題的鮮明例子。其中一個例子，他到法庭擔任專家證人，當他進到法庭時發現法官與三位陪審員都曾是他的當事人。在第二個例子，他的 15 歲兒子曾邀一位女孩參與舞會，女孩的父母曾接受 Jennings 的治療。這男孩當然對他父親跟這家庭的關係一無所知。所有的這些案例都強調鄉村中民眾生活互動緊密。它們也說明一位沒有倫理概念的專業人員可能會對當事人造成何種傷害。其他研究的受訪者也指出鄉村的實務工作有類似的問題（例如，請見 Schank & Skovholt, 1997, 2006）。

Jennings（1992）與 Hargrove（1986）批評專業人員沒有特別關注到鄉村實務工作者可能會面臨的處境，以及倫理準則太多是以城市文化的觀點來思考。最新的守則以部分的多重關係不見得是不合倫理的清楚聲明來回應這項批評。Jennings 提供其他的指引來幫助鄉村諮商師表現能符合倫理。首先是否定「多重關係在鄉村是可避免的」這個觀念。如果全然拒絕多重關係的接觸，將會阻絕許多消費者接受心理健康服務。對多數當事人來說，長途跋涉去找一位幾乎不信任的「陌生人」諮商並不可行。治療師在決定是否要接受當事人時，必須先考量其他替代服務方式的可行性。Jennings 建議那些在鄉村工作的專業人員立下對這個專業基本倫理價值的承諾，並發展容忍他們關係中模糊性的寬宏氣度。依他的判斷，如果不具備這種容忍度的心理健康專業人員會比較適合在都市執業。Lear（1997）的研究也顯示鄉村的心理師也傾向把當事人的情緒脆弱程度當作決定進入多重關係與否的額外考量。Coyle（1999）建議專業人員假設「最糟的個案狀況」，而 Campbell 和 Gordon（2003）則是勸告在進入專業關係之前先跟同事諮詢。這兩種方式都可以協助專業人員做出客觀決定與改變任何他或她能掌控的因素，來降低負向結果發生的可能性。

Jennings 也強調跟在另一場合有接觸的當事人開始發展治療關係時，進行詳盡的知後同意之重要性。雙方應該瞭解當他們在另外的場合相遇時，對方期待的是什麼。如果假設大家都認識這位諮商師的話，這點就更加重要。諮商師僅僅是在超市稱呼某人名字，就有可能被其他消費者認為是種訊號，表示那個人正接受諮商。Craig（引述自 Sleek, 1994）指出「當某人把車子停在心理師的辦公室門口前，鎮上的每個人就知道了」（p. 27）。Jennings 也提醒鄉村諮商師如果能獨創滿足當事人需求的介入，但是又不會置當事人於險境是重要的資產。他下一個建議是用多重關係議題當作「治療的素材」。當事人跟治療師在另一個社交場合遇到後的感受應該坦率討論，就如當事人對治療師生活中廣為人知的一些內容感興趣，也應該提出討論。

當預期的多重關係變得更靠近或緊密，Jennings 認為「心理介入的程度要跟人際關係的緊密程度成正比」（p. 100）。換言之，Jennings的觀點是鄉村的心理健康專業人員應該提供時間較少、強度較低的服務給那些在商業、社交或社區上跟諮商師認識的人，而保留長期的關係給之前沒有關係或比較不熟的人。例如鄉村社區的學校心理師，可以對她的醫生的孩子做學習疾患的評估，但是應該安排轉介後續的諮商，來幫助這孩子跟其家人應付這疾患。Effant（引述自 Sleek, 1994）則是採不同觀點來看多重關係的問題，提醒專業人員慎防未料到的複雜情況。「有太多在小社區的心理師認為他們有能力處理多重關係，也認為他們的當事人有能力。但是事實上總是讓關係變得更複雜。這些心理師需要非常戒慎恐懼地來看由於多重關係，治療歷程將會有多大的差異」（p. 27）。

總而言之，鄉村或小型社區的實務工作者應該對多重關係的倫理更加敏感。Jennings 稱這是比對都市的專業人員更苛刻的標準。諮商師與治療師需要持續權衡服務大眾心理健康需求的責任與傷害風險，而且應該尋求諮詢以確保可以做出情況所需的困難判斷。

## 以物易物的倫理

目前專業倫理守則允許某些情況下的以物易物。

### 美國心理學會倫理原則

**6.05 與當事人／病患進行以物易物交換**

以物易物交換是指接受當事人／病患以物品、服務或其他非財務的報酬，來回報所接受的心理相關服務。心理師僅能在以下情境以物易物：(1)不會抵觸臨床實務，以及(2)此安排不具剝削性。



### 美國諮商學會倫理守則

**A.10.d. 以物易物**

諮商師只有在以下的情況可以進行以物易物：關係不具剝削性或傷害性、不會讓諮商師處於極端有利的位子、是基於當事人的要求，以及如果這樣的安排在當地的諮商師實務是可接受的行為。諮商師應思考以物易物的文化意涵，並討論且以書面清楚記錄這樣的安排。

準則對以物易物的行為有這些約束，是因為沒有限制可能就會產生剝削。這種情況下的專業接觸受到的傷害就跟許多多重關係造成的傷害一樣。當事人抱怨諮商環境或提出服務安排出現問題的權力是受限的。如果當事人表達對以物易物的不滿，那麼他或她會不會擔心專業人員繼而會結束服務。此外，這當中所涉及的人與人之間的情緒連結也被混淆了。對於原本就有情緒困擾的當事人，這樣的混淆可能會中止或反轉治療上的進步。對此，美國心理學會原則清楚說明以物易物要能成立的先決條件就是得排除會造成的臨床反效果。進而言之，如果實務工作者的中立性受到他或她投資當事人提供的服務所影響，則治療的進展可能會受到威脅。例如，如果當事人以其木工的專業來交易治療，並且在完成諮商師的露天平台之前即開始從憂鬱中復原，那麼諮商師可能會因為這與自身的期待有衝突而希望延長諮商來符合她自身的需求，或純粹忽視當事人的進展。當事人也可能延遲或加快完成這露天平台上的木工工作，端看他對治療進展的評估。反之，如果當事人在木工完成之後在治療上有重大的退步，諮商師的專業判斷也有可能會受到干擾；如果後續可能是沒有報酬的話，諮商師可能提供較不仔細的照護，或是可能傾向快速結案而未依循適當的程序。最後一個問題是不同服務之間費用的差別。當事人通常能提供的服務是比諮商或心理治療的費用還低，以至於當治療是長期時，當事人可能變得像治療師有簽約的僕人，長時工作以支付累積的債務（Kitchener & Harding, 1990; Keith-Spiegel & Koocher, 2008）。以多數經濟市場行情來看，打字員或油漆工的時薪遠比心理健康專業人員的還低。

交換物品就某種程度而言比較單純，因為物品的市場價值比較有所依循，不過這樣的做法仍然可能會有問題。就如 Koocher 和 Keith- Spiegel（2008）指出，如果當事人想要交易的物品真的有其市場價值，就幾乎沒什麼賣給治療師的需要，因為當事人大可找到其他買家，進而以買賣的收入來支付治療費用。此外，用雕刻作品交換晤談費用的當事人可能會認為自己的作品價值被低估，因而感到被欺騙且忿恨。或者是專業人員如果因為從交易來的農場雞蛋得到沙門氏菌中毒，可能會對這樣的交易感到很哀怨。還有最後一項原因讓這樣的行為充滿風險。一般可用來解決對商業交易不滿的法律協助對於這種情況下的當事人或治療師都不太可行。諮商師如果因為這些說大不大說小不小的事情到法院申訴，可能會違反保密，採取同樣動作的當事人也會有洩漏諮商內容風險的疑慮。

以上所討論的議題似乎結論就是以物易物跟其所引發的問題相比，完全不值得專業人員及當事人列為選項。這個結論幾乎屬實。不過，基於兩個重要理由仍然不宜全然抹煞以物易物的可能性。以物易物可以讓專業人員的服務擴及至那些經濟有困難的人。有些人拒絕接受免費的服務，認為這有損他們的尊嚴，但是願意接受以物易物的安排。因此對於那些不贊成「因為已經繳稅，所以可以獲得『免費』服務」論點的當事人而言，以物易物可能會是一個重要的選項（Canter et al., 1994）。其他學者（Pope & Vasquez, 2010）認為一些治療師常常宣稱提供公益服務的免費諮商不可視為以物易物的替代方案，這樣的論點值得爭議；也提醒一些治療師在某些情況下接受以物易物只是基於自己的私利以及對當事人缺乏真誠。第二點，在鄉村地區或某些文化，以物易物是普遍的行為，拒絕接受將會跟文化習俗相悖並限制當事人接受服務的機會（Canter et al., 1994; Helbok, 2003）。

Sonne（1994）則是提出不同的觀點，認為少有證據可以支持以物易物是普遍的行為。Sleek（1994）呼應此說法，認為近幾年即使在鄉村地區，以物易物的普遍程度也大幅下降。不到 10% 的心理師提到「極少」接受以物品或服務作為治療費用（Borys & Pope, 1989; Pope et al., 1987）。Sonne 也指出守則與部分州法律相衝突。加州（California Department of Consumer Affairs, 1997）禁止治療中一切形式的以物易物；俄亥俄州也宣布這是種多重關係，應該要被禁止（俄亥俄行政法條 4757-5-03）。有些接受瀆職申訴的保險公司也拒絕支付以物易物申訴案件的賠償（Bennett et al., 2007; Sonne, 1994）。Sonne 認為這些機構是以較務實的角度來判斷這個問題。無論如何，正在考慮與當事人以物易物的專業人員，要注意的不只是倫理準則的規範，還要留意所處的州法律機構以及責任保險公司的立場。

跟其他倫理議題一樣，執業者應該要尋求其他專業人員的諮詢，並在以物易物開始之前，詳細地檢視個人的動機。執業者也應該要嚴格地記錄這些過程、知後同意的程序，以及治療的進程。雖然只有美國諮商學會守則要求對以物易物要有書面的紀錄，但使用這樣的紀錄，對其他的心理健康專業人員而言也是明智的。這份文件應該要包含以物易物的細節，以及要是其中一方到最後對於此協議不滿意的話，可以實施的替代方案。如果有爭端將由誰來負責調解，此委派人選也應該要含括在

此文件中。

有趣的是，對於以物易物是否符合倫理的這個議題，諮商師和心理師似乎有不同的看法。研究指出，心理師傾向認為以物易物是不太符合倫理的（例如，請見 Baer & Murdock, 1995），但諮商師對此的觀點較為正向。事實上，Gibson 和 Pope（1993）發現在他們調查的諮商師中，有略微超過一半（53%）的諮商師認為以物易物在倫理上是可接受的，且 63% 的諮商師認為以物品作交換是合乎倫理的。加拿大的諮商師也持相同的看法；Nigro（2004a）的調查發現 61% 的諮商師認為以物易物至少「有時候」是符合倫理的。

## 重新檢視案例

我們將利用倫理守則與相關文獻，對本章開頭的其中兩個案例作分析探討。

### Roxanne 與 Li Qing

在這個案例中，當事人 Li Qing 無意間加入了她的諮商師 Roxanne 常去的同一個教會。當諮商師發現這個巧合時，她對當事人揭露此事，並在諮商晤談中開始討論這個議題。因為 Li Qing 是正在諮商中的當事人，所以適用於守則中的規範。Roxanne 有責任避免剝削當事人的信任，或是誤用自己的影響力，否則會增加傷害當事人的風險。現在 Roxanne 要審慎考量以做出決定的，是兩人參加同一個教會是否有可能導致任何負面的結果。此案例提供的資訊不足以判斷在晤談中討論這個話題是否為明智之舉。這裡所指的判斷資訊包括當事人的情緒穩定性與其特定的困擾問題，以及諮商師在愕然得知此事之後當下能以適當方式回應的能力。畢竟在此時處理這個問題並沒有急迫性。只要諮商師能夠在下次的教會服務之前有再一次晤談的機會，或是先避免參與教會服務，直到她分析完問題，且決定好是否要與當事人討論，這個議題就可以先暫緩。

在諮商師判定繼續共同參與同一個教會的適切性之前，還有一些其他的因素需要考慮。考量兩人所屬教會的規模大小或凝聚力是重要的。在一個提供多重服務的大型教會中，雙方可以安排避免同時參與同一個集會。如果所屬的是每週僅提供一次服務，以及教友凝聚力很強的小型教會，則對雙方可能會造成比較複雜的情況。在後者的狀況中，諮商師的選擇之一是暫停她的教會活動，直到與當事人的諮商關係結束為止。另一個選擇是在這段期間參與其他教會的服務活動。若是要求當事人選擇其他的教會，就很明顯地不太符合倫理。Li Qing 選擇參與這個教會似乎是受她的治療目標驅使，且渾然不知諮商師也參與這個教會。如果建議當事人選擇其他教會，可能會妨礙到其未來的治療進展，且對一個害羞的當事人來說要拒絕諮商師的提議也特別困難。

如果到最後雙方都認為這樣的多重關係是適當且可行的，則他們必須遵循守則，確保可以保護當事人的福祉，包括他們在教會活動碰見時，實際上的處理。即使從多重關係的觀點來看是沒問題的，Roxanne 也應該要避免在教會中與當事人有密切頻繁的個人接觸。舉例來說，她不應該與當事人共同主持委員會，或是將聚會後的私人社交時間都花在跟 Li Qing 的相處上。兩人在教會活動期間的互動應該是親切、簡短且不頻繁的，至少在專業關係仍然存在的這段期間是如此。若其他教會成員問起她們是怎麼認識的，則雙方也應該要準備好一套說詞，一個不會洩漏其專業關係的答覆。這些安排應該要訴諸文字紀錄，且 Roxanne 應該進行不間斷的案例督導，以確保能客觀且勝任地繼續服務。治療師有責任要對此多重關係的適切性做出判斷，且獨立於當事人對於此事的反應。當事人可能無法預知潛在的問題，也可能私心想藉此機會增加跟治療師接觸的機會，但是這樣做完全無助於治療的進展，或者僅是想討好諮商師而說出他認為諮商師想聽的。當然，當事人表達出來的感受是需要被列入考慮的，但不應該被當成唯一的影響因素。到最後分析所有考量的重任應由諮商師承擔，而不是當事人。

## Theodore 和老師的要求

Theodore 是一位小學生的家長，他兒子的老師（Goodheart 先生）來找他，請他為一個憂鬱的友人提供諮商。Theodore 把自己的名片遞給老師，並建議老師請那位朋友打電話來預約晤談。

Theodore 與這位未來當事人的朋友之間的關係，是否會形成需要避免的多重關係？因為要處理的是未來的當事人，所以這個案例無庸置疑地要先檢視守則的規

範。很重要的問題是他與這位老師的關係，是否會損及他對當事人的判斷力，或是妨礙治療的進程，或影響當事人與他建立關係，或是受益於治療。如此隔了一層的關係造成這些問題的機率相對之下是微小的，但要做出清楚的判斷仍需要更多資訊。至少，Theodore 應該要詢問 Goodheart 先生跟這個人的關係，以及如果他的朋友接受這樣的轉介，他對這種情況下保密規定的瞭解。這位未來當事人和這位老師之間的關係並沒有非常清楚的說明。**朋友**一詞的意義十分廣泛。這個人有可能只是老師的泛泛之交，或是他的生命伴侶。後者的狀況會讓多重關係更複雜，因為Goodheart有可能會影響治療的成敗，甚至可能要參與共同晤談，以解決當事人關係中的困境。在這種情況下，多重關係的風險更有可能發生。即使老師和他朋友之間的關係沒有這麼緊密，Theodore仍有義務和所有與當事人有關係者釐清接觸的界線，並且向當事人確保對於治療的保密規定。

接下來，此案例合理的解決方法也包含需要更多有關孩子以及家庭與這位老師接觸頻率的資訊。如果Theodore的兒子是不太需要家長與學校有太多接觸的一般兒童，則此狀況容許Theodore所做的選擇；但如果孩子的特質需要家庭和學校人員有非常密集、頻繁且有衝突的接觸，則需要更謹慎考慮。在後者的狀況中，只有當老師與未來當事人之間的關係沒有特別緊密時，才會建議Theodore接受這位轉介的當事人。

最後，也或許因為涉及這些複雜情況，這位未來的當事人可能不願讓他朋友認識的人來進行治療，或只是純粹希望可以和另外一位心理健康專業人員晤談。也許他會想要跟 Goodheart 先生討論治療進程，但如果選擇了 Theodore 擔任治療師，他可能就會有所遲疑；也或許他比較偏好女性，或是較年長的專業人員。換句話說，因為 Theodore 無法預期當事人的偏好選擇，也因為 Theodore 應以當事人的福祉為依歸，而非只考量自己的收入，因此Theodore最佳的作為應是即使他提供了自己的名片，他仍應該提供這位老師其他稱職專業人員的名字。

## 摘要

有效率且有助益的諮商與心理治療，取決於治療師有能力提供客觀且全心全力為當事人福祉努力的承諾，以及取決於當事人信任專業人員的能力。隱含在信任中的是專業人員願意相信自己對當事人是無私的關注，以及當事人情感上對專業人員的親密感受。當執業者與當事人之間有額外私人或是其他專業上的關係時，則治療師的客觀性、對當事人無私的承諾，以及當事人的信任都會在某種程度上受到挑戰。換言之，當執業者同時又是一個朋友及研究者，或是治療師與教師，則治療師自身即陷入了利益衝突的情況中。在此專業關係中的雙方由於涉及另一層的關係，以及此關係帶來的權利義務及要求，因此很難達到治療目標。跟一個目前擁有或是曾經擁有治療關係的人擁有這層以外的關係稱作**多重關係**或是**非專業互動**。也可以稱作**界線跨越**以及**界線違反**，前者的多重關係傷害當事人的風險比較低；而後者則指高風險的關係。

多重關係的倫理困境在治療關係中最為明顯，但是在其他專業關係中的多重關係也常是不恰當的。研究指出，與當事人非性的多重關係比性的多重關係還常出現。專業人員的倫理守則並不全盤認可多重關係，但近年來規定變得較寬鬆，也因此讓專業人員在做出正確的倫理判斷上，會有較大的負擔。專業人員倫理判斷責任的基本標準，是在不造成當事人傷害的情況下，提升其福祉。與當事人的多重關係會損害客觀性、妨礙治療進程，以及影響當事人對於臨床工作者的情感連結。多重關係也可能會增加專業人員與當事人之間的權力不對等，並導致剝削的問題。多重關係會造成這些影響的原因，部分是來自於不同角色中的義務與期待在本質上常是互相排斥的。兩個角色間的義務或差異越大，多重關係就越不符合倫理。

並非所有的多重關係都可以避免，尤其是在鄉村地區，所以專業人員必須謹慎地審視是否要開展一段特殊的多重關係。當事人有無管道尋求其他有效的協助必須考慮在內，同時也要考慮到文化差異，以及儘管有多重關係，個人能夠從服務中獲益的可能性。不過一般來說，心理健康專業人員的態度應該是要避免風險（Sonne, 1994）。高風險的關係即使出發點是善意的，仍不應貿然行之。如果這樣的關係是無可避免的，則專業人員應該要和當事人討論此狀況的影響和風險，且仔細地記錄這次討論與隨後的諮

商進程之內容。專業人員應該要尋求專家的督導，並發展出替代方案，以應付預料之外的複雜情況。如果執業者發現自己經常身處於多重關係之中，則應該要仔細審視自己的動機，以及積極幫助所涉及的當事人找尋其他替代的資源。

以物易物——以物品或服務而非金錢來交換諮商服務——也是一個不被倫理守則鼓勵的實務，但並不是被禁止的。與當事人進行以物易物的專業人員，應該要審慎地閱讀專業守則，並諮詢自己所處的州法律及條例。有些州禁止這個行為，有些專業責任保險公司也不接受以物易物的安排。

## 問題討論

1. 你認為為什麼倫理守則對於跟前任當事人非性的多重關係採取沉默的立場？你覺得他們應該要對此議題採取立場嗎？如果是，你覺得怎樣的立場是最好的？
2. 研究顯示專業人員對於非性的多重關係，以及與當事人有性關係二者的倫理觀點相差甚鉅。你對這種差異的解釋為何？你覺得這樣的想法健康嗎？
3. 你同意倫理守則中所陳述的關於非性多重關係的準則嗎？你會建議使用更強勢或是更溫和的措辭嗎？為什麼？
4. 朋友、泛泛之交以及同事常會要求諮商師為他們諮商。有時候諮商師會同意這樣做，認為他們對當事人的瞭解有助於治療的進行。他們相信在這樣的關係中，比較容易發展信任感，也比較容易造成洞察。這樣的觀點是合理的嗎？如果你的同事這麼說，你會怎麼回覆他？
5. 在倫理守則中，以服務交換的以物易物應該跟物品交換分開嗎？兩者是語義上的差別或是實質上的差別？對此議題你認為怎樣的準則陳述比較理想？
6. 對於接受當事人的禮物，你會採取怎樣的立場？你同意這個議題應該要被涵蓋在知後同意中嗎？如果你的諮商師在諮商過程中跟你討論這個議題，你會有什麼感覺？
7. 閱讀了有關收受當事人禮物的文獻後，你如何評價例如在諮商結束時給予當事人禮物的諮商師？
8. 對於本章開頭提到，但是整章都沒討論過的那些心理健康專業人員的行為，你會給予怎樣的評價？

## 個案討論

Portia 是一位擁有小型諮商所的諮商教育師。跟 Portia 在同一所大學工作的歷史系教授打電話給她，要求安排一場諮商晤談。Portia 知道這位女士是她同一所大學的同事且隸屬同一個校內的委員會。Portia 建議這位歷史系教授與她的同事預約會談。儘管 Portia 向這位歷史學家解釋為何要請她跟她同事會談，但這位當事人仍然非常生氣，並拒絕預約晤談。Portia 的行為適當嗎？或是她太拘泥於倫理守則中關於多重關係的規定？

Deborah 是一位諮商心理師，在她結束了與一位音樂家當事人治療社交焦慮症諮商的六個月後，當事人寄給她一張交響樂團下一季演出的票，並說明他記得 Deborah 很喜歡一首曲子，這個交響樂團將在那晚演出這首曲子。Deborah 出席了音樂會，並在音樂會結束之後找到這位音樂家，向他道謝贈票之事。音樂家邀請 Deborah 和他及妻子一起參加音樂會的慶功宴，而 Deborah 也同意了。幾個月之後，這三個人變成朋友，且常常一起參加音樂性的活動。在治療結束的六個月後，與當事人建立起社交關係，Deborah 是否違反了美國諮商學會中多重關係的倫理守則？她是否違反了其他的準則？如果有的話，你覺得 Deborah 的行為有什麼倫理上的風險或利益？

## 建議讀物


Anderson, S. K., & Kitchener, K. S. (1996). Nonromantic, nonsexual posttherapy relationships between psychologists and former clients: An exploratory study of critical incidents. *Professional Psychology: Research and Practice*, *27*, 59–66.

Austin, W., Bergum, V., Nuttgens, S., Peternalj-Taylor, C. (2006). A re-visioning of boundaries in professional helping relationships: Exploring other metaphors. *Ethics and Behavior*, *16*, 77–94.

Barnett, J. E., Lazarus, A. A., Vasquez, M. J. T., Moorehead-Slaughter, O., & Johnson, W. B. (2007). Boundary issues and multiple relationships: Fantasy and reality. *Professional Psychology: Research and Practice*, *38*, 401–410.

Borys, D. S., & Pope, K. S. (1989). Multiple relationships between therapist and client: A national study of psychologists, psychiatrists and social workers. *Professional Psychology: Research and Practice*, *20*, 283–293.

Ebert, B. (2006). *Multiple relationships and conflict of interest for mental health professionals: A conservative psycholegal approach*. Sarasota, FL: Professional Resource Press.

Gutheil, T. G., & Brodsky, A. (2008). *Preventing boundary violations in clinical practice*. New York, NY: Guilford.

Helbok, C. M. (2003). The practice of psychology in rural communities: Potential ethical dilemmas. *Ethics and Behavior*, *13*, 367–384.

Herlihy, B., & Corey, G. (1997). *Boundary issues in*

*counseling*. Alexandria, VA: American Counseling Association.

Herlihy, B. & Watson, Z. E. (2003). Ethical issues and multicultural competence in counseling. In F. D. Harper & J. McFadden (Eds.). *Culture and counseling: New approaches* (pp. 363–378). NeedhamHeights, MA: Allyn & Bacon.

Johnson, W. B., Bacho, R., Helm, M., & Ralph, J. (2006). Multiple role dilemmas for military mental health care providers. *Military Medicine*, *17*, 311–315.

Pope, K. S., & Keith-Spiegel, P. (2008). A practical approach to boundaries in psychotherapy: Making decisions, bypassing blunders, and mending fences. *Journal of Clinical Psychology*, *64*, 638–652.

Schank, J. A., & Skovholt, T. M. (2006). *Ethical practice in small communities*. Washington, D.C.: American Psychological Association.

Simon, R. I. (1992). Treatment of boundary violations: Clinical, ethical and legal considerations. *Bulletin of the American Academy of Psychiatry and the Law*, *20*, 269–288.

Younggren, J. N., & Gottlieb, M. C. (2004). Managing risk when contemplating multiple relationships. *Professional Psychology: Research and Practice*, *35*, 255–260.

## 其他網路資源

雙重關係、多重關係與界線決定：http://kspope.com/dual/index.php

在心理治療、諮商與心理健康中的雙重關係、多重關係、界線、界線跨越與界線違反：http://www.zurinstitute.com/dualrelationships.html

校園諮商中心面臨的多重關係案例：http://www.apa.org/monitor/2008/05/ethics.html

# CHAPTER 09 團體、伴侶以及家庭諮商之介入

## 獨特的倫理責任

那些引導著個別諮商和心理治療的基礎倫理價值和準則，也是團體諮商、伴侶諮商以及家庭諮商倫理的核心概念。不過仍有四項與個別諮商工作不同的倫理實務特徵。第一，當事人被鼓勵不只是要對專業人員自我揭露，也要對當中其他非心理健康專業人員的成員揭露。在這樣的環境下，坦露個人祕密的風險，感覺是（實際上也是）比較高的。那些得知這些隱私訊息的人，可能會對說出隱私的人帶有評價，或者會利用這些資訊對當事人造成傷害。只有專業人員會因為濫用個人資訊而被追究責任，所以當事人只能指望其他成員本著良善意圖，讓他們能夠負責任地行事。在多人參與的情境裡要能積極參與，不但要有對彼此的高度信任，也要強烈期望能夠從彼此的揭露受益。在伴侶以及家庭諮商工作中，那些聽著當事人揭露個人訊息的人，顯然與當事人關係十分密切，但這種密切關係不必然會降低風險。老實說，跟陌生人比起來，家庭成員有更多機會得以濫用這些個人資訊。

第二，在多人參與的情境中，治療性改變的動力並不一樣。在個別諮商中，單純是諮商師和當事人二者的關係加上諮商介入，構成了治療性的改變。而在團體及家庭諮商中，治療效果大多是基於在參與者之間的相互依存關係而來（Lakin, 1994; Yalom & Leszcz, 2005）。治療性的改變來自於成員之間互相給予的支持和幫助，以及領導者帶領的活動，兩者不分軒輊（Gladding, 2011; Morran, Stockton, & Bond, 1991）。一般而言，來自團體中同儕的回饋對成員具有顯著的情緒影響力（Corey & Corey, 2010; Klontz, 2004）。基於這個治療層面，團體或家庭諮商的治療師有責任幫助當事人發展出互相依存的關係，藉此賦權給他們，而非削弱他們。這個任務必備的技巧和倫理敏感度，明顯有別於個別諮商或是心理治療所需。

第三，對於在團體中（或每次團體間）發生的事情，治療師比較沒辦法掌控。專業人員無法總能預測參與者會如何回應其他成員，甚至也無法察覺到所有成員之間的互動。這個現象的動力在家庭或伴侶諮商之間特別明顯，因為這些當事人在現實生活中彼此仍會持續接觸，而在團體治療中的情形也不遑多讓。舉例來說，團體成員可能會在團體結束後繼續去喝咖啡討論剛剛的話題，或是在各次的團體間傳簡訊、寄電子郵件給彼此。或者他們可能會在一社群網路中把彼此加入為好友。然而很矛盾的是，較少的控制並不代表專業人員擁有較少的權力。如果領導者操弄團體歷程以助長成員的依賴，團體中的當事人也會變得過度依賴領導者。家庭諮商的成員可能變成即使是很小的決定都要拖延，一直到下次晤談時才做決定；或是當面臨抉擇時，他們可能會將專業人員的言行當作唯一準則來依循。

最後，研究顯示，比起個別治療的某些型態，團體及家庭的介入是很有影響力的關懷形式，可以帶來極大的好處或極大的傷害（例如，請見 Lambert, 2005; Yalom & Leszcz, 2005）。Kottler（1994）主張就是團體本身的情緒張力，讓團體治療的力量更為強大。再者，團體和家庭成員也讓自己置身於原本即具有風險性的介入中（Lakin, 1994）。因為使用傳統方法處理人際議題可能會碰到瓶頸，所以有時候團體及家庭治療師會尋找創新的介入方式，以突破阻礙，使治療更有成效。這種想要提供當事人治療性助益的動力是出於好意，但在這樣更新、風險更高、更不純熟或未經證實的方法中，一定要權衡所帶來的風險。在這個情況下，免受傷害原則就應該要優先於受益原則。

本章檢視團體及家庭介入的倫理實務中，這些不同特徵的含意。也探索前幾章討論過的一些概念的適用性——專業能力、知後同意、保密以及雙重關係——只是本章是聚焦於多人情境的部分。最後，本章將會簡要討論這些方式所涉及的法律議題。

# 團體諮商與心理治療

在團體心理治療方面，美國諮商學會倫理守則除了有與多位當事人工作的一般性規定，還提到了四項責任，而美國心理學會的守則相對地比較簡略。團體領導者的第一要務是跟每一位參與者澄清彼此間的關係；其次是篩選與團體性質相符的未來成員；第三，保護成員免受傷害；第四則是解釋關於保密的額外責任。

## 美國諮商學會倫理守則

### A.8. 團體工作

a. 篩選。諮商師應篩選未來的團體諮商／治療參與者。諮商師應盡最大的可能，遴選個人需求和目標都與團體目標相符的成員，如此這些成員不會阻礙團體的進行，且其福祉也不會因為團體經驗而受到傷害。
b. 保護當事人。在團體中，諮商師採取合理的預防措施，以保護當事人避免受到身體上、情緒上或是心理上的創傷。

### B.4. 團體與家庭

a. 團體工作。在團體工作中，諮商師對即將開始的特定團體明確解說保密的重要性和涵蓋範圍。

## 美國心理學會倫理原則

10.03 團體治療

當心理師以團體形式提供服務給多個對象，他們應於一開始描述其角色和各方的責任，以及保密的限制。

 American Psychological Association. (2010a). Ethical principles of psychologists and code of conduct (2002, amended June 1, 2010). Retrieved from http://www.apa.org/ethics/code/index.aspx.

倫理學者曾批評守則無法顧及團體很多其他不同的特點（例如，請見 Lakin, 1994），不過除了這些守則之外，還有一些其他實務工作者的指引方針可供參考。首先，有三份由團體工作專業人員學會（ASGW，為美國諮商學會的分會）出版的資料很具參考性。第一份資料整理出一系列團體領導者的最佳實務（ASGW, 2007）（見附錄C以取得網路上的守則資訊），裡面針對整個團體流程，從決定團體方向到篩選團體成員、到團體結束與追蹤等過程，依序提出具體建議。其中也提及實務工作者的義務，包含繼續教育、將當事人轉介至其他服務，以及諮商師不合倫理行為的通報責任等。團體工作專業人員學會也出版「訓練團體工作者的專業準則」（*Professional Standards for Training Group Workers*）（ASGW, 2000）以及「多元能力團體工作者原則」（*Principles for Diversity-Competent Group Workers*）（ASGW, 1998）。這兩份資料都詳細描述稱職的團體領導所需的特定技能與知識基礎。1973年美國心理學會出版了成長團體治療師的準則，雖已歷時多年，但是這份文件到今天仍適用於要領導這類團體的人。另一個類似的專業學會，美國團體治療學會（American Group Therapy Association）也出版了「倫理準則」（*Guidelines for Ethics*）（2002）以及「團體心理治療的實務指引」（*Practice Guidelines for Group Psychotherapy*）（2007）。可參考 Leszcz 和 Kobos（2008）以回顧 APGA〔American Personnel and Guidance Association 美國人事與輔導學會（美國諮商學會的前身）〕指導守則的應用（附錄 C 中也包含這些資料的網站連結）。

第二種資源是來自倫理學者所撰寫的文獻，探討倫理守則怎麼看待團體治療〔例如，請見 Corey, Williams, & Moline, 1995; Forrester-Miller, 2002; Klontz, 2004;

Wilcoxon, Gladding, Remley, & Huber, 2011; Williams, 1996；以及《國際團體心理治療期刊》（*International Journal of Group Psychotherapy*）2007 年 1 月之專題〕。這些文獻以及其他學者對於特定的倫理概念提供深入的分析，並且仔細闡述特定種類的團體倫理應用（亦見 Aubrey & Dougher, 1990; Knauss, 2007; Krishna et al., 2011; Merta & Sisson, 1991; Ritchie & Huss, 2000）。這些不斷增加的研究與理論，提供實務工作者深入分析團體工作中一些最複雜的議題。總括來看，這些資源彌補了那些守則與準則中忽略的部分，讓實務工作者在團體情境中對於自己的倫理責任有更具體的瞭解。

## ●● 能力與團體諮商

可想而知，有效能的團體諮商需要具備團體理論、歷程和研究的知識，在領導團體時有成功的受督導經驗，以及對這個工作抱持勤勉的態度。而稱職的團體帶領並不是有嫻熟的個別諮商專業技術就可以做到。由於經驗的重要性，以及當事人容易受到領導者或是其他參與者傷害的脆弱性，還有潛在的負面後果影響力等因素，要能夠有效率地帶領一個治療性團體更需要對這類特殊形式有足夠的背景知識。「訓練團體工作者的專業準則」（ASGW, 2000）完整描述團體領導所需的基本知識以及技巧。這份準則也整理出多種治療團體所需的特殊能力，從任務導向團體、心理教育團體，到長期心理治療團體都有。團體工作專業人員學會的準則側重於廣博的研究和理論知識，這些都是稱職的實務中不可或缺的。接下來則闡述必備技巧的細節，以及最基本的被督導經驗。這些準則所凸顯的是如果僅具備淺薄的團體理論與草率的實務經驗，絕對不足以構成稱職的團體實務。

不幸的是，有些諮商師或治療師在擔任團體領導者時，並沒有檢視自己夠不夠稱職。Lakin（1994）譴責這些專業人員對團體的複雜性抱持著漫不經心的態度。他將這種缺乏適當能力的團體領導稱為嚴重的違反倫理，且強調團體領導者必須深刻理解團體凝聚力在促進治療的過程中所扮演的角色。要幫助成員發展出足夠的、有助益的凝聚力，避免讓團體凝聚力變成從眾的壓力，是一個艱鉅的任務。訓練不足的專業人員要不就是無法促成足夠的團體凝聚力，要不就是會過度強調它，使有些團體成員感到窒息。Lakin 提到團體中其他特殊的面向，像是鼓勵表達情緒，或是

次級小團體以及代罪羔羊的處理，也都需要技術純熟的領導者具備良好的判斷力才能處理。Leszcz 和 Kobos（2008）特別指出領導者「有責任去建立一個有建設性的情緒經驗環境」（p. 1252）。否則，真誠的情緒表達會變成虛假的情緒化表現，療效不高且使團體備感壓力。

Corey和Corey（2008）強調，並沒有完全適用於所有團體的能力存在。一個能做好物質濫用團體領導者的人，不一定適合領導長期心理治療團體或是自信心團體。諮商師一定要時時評估預計要帶領的團體類型，和自己之前的經驗以及受過的訓練是否相符。

文獻也發現並非所有當事人都可以從團體中受益。事實上，有些人反而可能會因為團體而受到傷害（Roback, 2000; Yalom & Leszcz, 2005; Leszcz & Kobos, 2008）。團體領導者必須有能力辨識出這類成員，並引導他們接受其他類型的服務，或是其他種類的團體。團體領導者也必須能夠在團體對成員沒有幫助時進行判斷，並採取有效率的行動來補救問題，或者是將當事人轉介至其他的協助資源。

最後，帶領團體的心理健康專業人員有義務精進自己的技巧和知識，否則不進則退。在團體工作專業人員學會準則中所要求的參與專業發展活動，與美國諮商學會和美國心理學會的準則相互呼應。像是網路自助團體（Internet-based self-help groups），這種近期興起的介入方式（Barak, Boniel-Nissim, & Suler, 2008; Humphreys, Winzelberg, & Klaw, 2000），即凸顯繼續教育的重要性。

另一個團體領導者必須具備的能力，是顧及成員參與團體諮商或是團體經驗之後的效果。Klontz（2004）指出如果所參與的團體是鼓勵情緒表達的，則參與者要將此團體經驗轉換到日常生活中，可能會有困難。他建議團體領導者在後續輔導方面，藉由提供過渡期的特別指導來協助當事人，包含成員如何與非團體成員的親友在避免破壞保密原則或讓所愛的人感到困惑或是受威脅的前提下，談論團體經驗。團體成員之間在團體外的溝通，也需要建立清楚的指引方針（Leszcz & Kobos, 2008）。

## 團體諮商與心理治療的知後同意

由於團體治療蘊含的風險和責任，比在個別治療中所常見的還要更多，因此知後同意就顯得至關重要。團體的知後同意始於團體開始前，要使當事人瞭解團體的過程和程序，以及篩選潛在的團體成員。跟個別諮商一樣，團體的知後同意應該包含說明團體的目標、技巧、程序、限制、風險以及效益。專業人員要確保每一位當事人都瞭解領導者以及其他成員的角色，以及他們在團體中的個人責任。當事人也必須瞭解一次典型的團體進行會有的特徵，以及成員們在團體中的期望。如果這個團體是鼓勵情感表達的，當事人應該要被告知。團體進行過程的張力可能會很強，而這種張力可能會讓人感覺興奮或是筋疲力竭，或者兩種都有。已經準備好要迎接如此強烈經驗的當事人，不僅能對參加與否做出較好的選擇，還可以對這種氛圍有比較多的容忍和學習。

Corey 和 Corey（2008）列出一些在團體諮商中應該對每位團體成員說明的風險，包括：

- 代罪羔羊。
- 要揭露個人隱私的團體壓力。
- 面質造成的不舒服或是在團體中不適切地使用這個方法。
- 在團體中的經驗會對當事人生活造成的負面影響（即使只是暫時的）。

與團體實務有關的項目都應該要討論，包含費用、時間、團體的地點、或是團體為期多久等等。如果保險可以給付參加團體的費用，則與第三方付費有關的事項也都應該要討論清楚。如果有協同領導者，則更需要做到完整的知後同意，跟當事人說明協同領導者的角色以及資格。在團體開始之前，當事人應該要有機會與協同領導者會面，如此才能詢問他或她一些問題。除此之外，應該讓當事人瞭解，協同領導者間會如何討論團體成員的事情。Fallon（2006）對於團體治療有效的知後同意，提供一些額外的建議。團體工作專業人員學會準則（ASGW, 2007）中也詳細說明了在團體參與中，對知後同意應該特別注意的地方。

由於在一個有效率的團體中，團體凝聚力是一個非常重要的特徵（Yalom & Leszcz, 2005），所以在加入團體時，當事人也應該要瞭解他們需對團體有所承諾。團體成員必須瞭解，對於一個成功的團體來說，規律地出席和積極參與是不可或缺的。就像團體工作專業人員學會準則建議的，關於退出團體的棘手議題，應該要開誠布公地加以討論。之所以稱之為棘手議題，是因為如果他們想要的話，每一位當事人都有權利拒絕繼續參與，但是大多數的團體領導者都希望成員可以繼續參加團體，除非某人因為透過團體經驗已經達到自己的目標（Corey & Corey, 2008; Yalom & Leszcz, 2005）。團體之所以能有所助益，部分原因就是因為透過團體的力量能幫助當事人處理痛苦的情緒，且願意持續承諾與其他人保持連結。一旦成員提早退出團體，他們可能喪失了重要的個人學習機會，也減低了團體中其他成員的凝聚力和效能。因此，大多數的領導者會要求成員至少再參加一次團體，向其他成員解釋自己退出的決定（Corey et al., 1995）。則這次團體的目標是在於幫助即將退出的成員至少完整地走完一個團體歷程、控管團體凝聚力的受損程度，以及對於其他剩下的成員來說，增加治療性力量產生的可能性。如此開誠布公的程序也可能會促使這位成員改變心意而留在團體中（Kottler, 1982）。如果團體領導者贊同這個「適切的」終止程序的重要性時，他們必須讓每一位未來的當事人知曉，並清楚解釋這個觀點的理由。有了這些認識，當事人便有權接受或拒絕領導者說明的這個情況。知後拒絕（拒絕接受已提供的服務的權利，且不會受罰）的合法概念也適用於團體中。如果有人希望退出團體，無論是基於倫理或是法律考量，沒有一個團體領導者可以迫使他繼續參加。因此這麼做的目的是為了對該名成員與其他成員有所啟發而不至於造成偏頗，以及有所鼓勵但不至於帶給其壓力。當遇到有多元文化的團體時，領導者也必須審慎考量多元文化對於當事人看待團體的過程以及退出團體規定的反應，扮演著怎樣的角色（ASGW, 1998）。

## ●● 團體介入中的保密及溝通特權

在團體工作中，跟個別諮商一樣，專業人員仍然有責任對於當事人的談話內容維持保密原則。然而由於幾乎所有當事人揭露的事，都是在其他團體成員面前揭露的，這使得保密的倫理議題和溝通特權的法律概念相形複雜。就像之前討論過的，如果其他團體成員違反保密原則，他們不會被追究責任。團體成員如果真的能夠遵守保密原則，主要是基於個人的道德標準、對於團體歷程的承諾，以及／或是有點擔心團體制裁的壓力。

即使是團體領導者也無法承諾十足保密，但他們仍有義務要盡最大的努力履行保密原則。這個責任意味著：要向每一位未來的團體成員清楚說明保密的作用、解釋會如何進行，以及要求成員在團體中無時無刻都要實踐保密原則。美國諮商學會準則（B.4.a）對團體工作保密的規定，在本章的開頭有介紹。不幸的是，研究發現實務工作者理解和遵從這個準則的程度和理想差很多。在Lasky（2006）的調查中，有36%身為團體諮商師的受訪者並不知道在他們的司法體制中，溝通特權是否有涵蓋到團體的當事人，或是如果他們被法院傳喚的話，自己的責任是什麼。此外，她發現這個研究中44%的受訪者並不常跟團體成員提醒保密的例外（這種有關「被法院傳喚時，不瞭解自己的責任為何」的專業人員責任，不只限於團體治療，也可以擴展至全部的治療情境。以作者的經驗來看，在作者進行繼續教育訓練課程時，大約有接近一半的參與者都對這個責任產生誤解）。

多數團體學者也建議團體領導者在第一次團體和整個團體進行過程中，都要提醒團體成員保密原則（ASGW, 2007; Corey & Corey, 2008）。如果某次團體的情緒張力特別強或是有涉及危機情形時，當下更應該立即提醒。Corey 等人（1995）強調，不經意的揭露應該要被拿出來討論，因為即使是意圖良善的成員，也有可能在無意之中違反此原則。Pepper（2006）建議團體領導者應該要清楚說明這個團體要求的是完全的保密，還是成員可以跟團體外的人談論團體的進行內容或者自己因為參與團體而引發的一些感受。這點常會讓團體成員感到困惑。

有一個具體做法可以確保成員擁有技巧和判斷力，以避免打破保密原則，亦即使用角色扮演的方式，舉出常見會誘使成員打破保密原則的情境。在這樣的模擬情境下，請一個人擔任朋友的角色，詢問有關其他團體成員的身分，而另一人擔任回答的角色。團體成員也可以自己想出一些在生活中可能會遇到的情境，並在團體中演出。這樣的模擬情境最理想的是在團體的前幾次進行，這會讓每一個成員有信心讓自己的行為符合保密原則，而且也實現了對其他成員的保密承諾。團體領導者也可以拍攝初步說明會的影片，凸顯保密的部分，也呈現成功實踐保密原則的成員之模擬情境。這樣的做法對某些成員特別有用，像是未成年成員，或是一些一旦面臨同儕壓力就難以處理保密原則而被迫要揭露的人。

有些團體領導者使用合約來維護保密原則，成員必須簽署合約才能參加團體。這些書面合約詳細說明期望，以及特別凸顯治療過程中保密的重要性。這也彰顯領導者對團體中這個行為的重視。一些倫理學者支持使用保密合約（像是 Arthur & Swanson, 1993; Corey et al., 1995），但初步研究顯示大多數的參與者並不贊成使用這些合約（Roback et al., 1992）。這些研究者發現只有 23% 的團體治療師會真的使用這些合約。Bernstein 和 Hartsell（1998）指出這些合約充其量也只是具有象徵性的含意，並不具法律效力，且到目前為止也沒有因為團體成員違反保密合約而發生訴訟事件的案例。

在第 5 章詳細說明過的個別諮商所運用的保密限制，也同樣適用於團體。包含預警和／或保護、通報有老人或小孩受到虐待或忽視，回應法庭傳喚要求提供保密的資訊，以及回應當事人申訴不合倫理或是不合法的行為等，這些都適用於團體諮商。因此，所有的未來成員都需要知道這些保密的限制。專業人員也必須特別跟所有成員說明專業人員的保密義務並不一定會擴展到每一位成員。團體領導者必須幫助當事人瞭解他們要承擔的風險，以及參加團體的潛在效益。

不幸的是，在已發表的研究中也發現遵守這個準則的人非常少。在一項與這個問題有關的研究中，發現只有 32% 的團體治療師有明確地跟其他團體成員討論過揭露個人資訊的風險（Roback et al., 1992）。還有兩項研究（Appelbaum & Greer, 1993; Lasky, 2006）也發現有非常多的團體治療師沒有和當事人討論保密的限制。如何解釋這樣的知易行難呢？到目前為止沒有以實證為基礎的答案，但 Roback 和他的同事（1992）假設，團體領導者可能是考慮到這樣的資訊會阻礙人們參加團體，或者是阻礙他們在團體中揭露個人的訊息。不管這樣的動機出發點是多麼基於善意，但就是與倫理的準則相抵觸。就算不顧及倫理準則，也可能招致法律問題。Roback 等人指出，如果領導者是有意識地決定不去討論保密的限制，可能會被解讀為故意扭曲團體的風險，這會讓團體治療師需要承擔法律責任。

還有一個原因說明為什麼要向當事人解釋保密限制。當侵害或違反保密的事情真的發生時，團體至少會經歷一陣子短暫的凝聚力及生產力的倒退（Roback et al., 1992）。尤有甚者，在保密原則被打破之後，有一些成員甚至會永遠不再積極參與團體。在其他成員違反保密規則之後，成員會經歷壓力，Smokowski、Rose 和 Bacallao（2001）稱那些因為別的成員違反保密原則而感到痛苦的人為團體受害者。也由於會產生這些負面的結果，更強調要全然明確地和每一位未來的團體成員討論這個議題，以達到預防的效果，以及如果預防失效而造成傷害，也必須有一套因應的補救計畫。

就法律層面而言，也強調要全面討論保密。各州對於團體諮商溝通特權的同意程度差異極大。一般來說，州法院主張任何在第三者面前陳述的言論都不得享有特權（Paradise & Kirby, 1990; Swenson, 1997）。在這樣的權限之下，團體領導者在法庭中就無法拒絕透露當事人的資訊。還有一些州已經針對團體治療建立專用的溝通特權，包括加州、伊利諾州、肯塔基州、明尼蘇達州、科羅拉多州、堪薩斯州、新墨西哥州以及華盛頓特區（Parker, Clevenger, & Sherman, 1997）。因為各州法規一直在改變，以及每一州修訂的法規中遣詞用句都不同，所以建議專業人員在哪一州，就要清楚並遵守那一州目前的法律。

特權通常只適用於在治療情境中的有照專業人員，不過科羅拉多州的範圍包含沒有執照的心理治療師（Colo. Rev. Stat. Ann. Section 13-90-107）。跟領導者聽到相同訊息的其他團體成員，他們也沒有什麼特權，所以即使心理健康專業人員不能被要求作證，其他成員是可以的。也因此必須向每一位未來成員解釋這個事實。如果沒有向成員解釋這個事實，則將違背成員原本有權利對於影響他們的活動有自主決定權。為了不讓當事人對法律上的風險過於擔心，很重要的一點是向成員說明發生這種情況的可能性是微乎其微。法庭中，跟團體諮商或治療有關的案件相對較少（Paradise & Kirby, 1990），也很少有團體領導者或參與者曾經真的出庭做出對被告的成員不利的證言。這個現狀不應該讓我們自滿，但如果這些歷史經驗可供參考的話，危險的程度會是相當低的。

## ●● 校內以及與未成年人的團體工作倫理

雖然對與未成年人進行團體工作之效益的嚴謹研究還只在初步發展階段（Shechtman, 2002），但有很多學者視團體諮商為在孩童及未成年人的場域中，一個實用又有幫助的介入方式（例如，Gladding et al., 2011; Greenberg, 2003; Knauss, 2007; Riester, 2002; Ritchie & Huss, 2000）。當專業人員提供持續的團體諮商服務給年輕人時，他們會面臨到額外的保密挑戰。首先，團體領導者必須考慮要讓家長知道（或可以讓家長知道）多少孩子在團體中揭露的資訊。除非法規或是法院同意授予

未成年當事人有保密的權利，否則家長通常有權利知道孩子在諮商中的反應是什麼。當然，家長的權利只及於知道他們自己孩子的資訊，而不是知道其他參與者的。因此建議團體領導者在團體一開始時，就向家長取得參加團體的同意書，且為了讓孩童信任團體、在團體中保持開放的態度，向家長尋求放棄知道孩子在團體中所有對話內容的權利（更多有關家長和未成年人權利的討論，見第 5 章和第 6 章）。

除此之外，團體領導者必須敏感於發展的議題，這個議題可能會影響青少年的理解能力，以及維護團體中保密原則的能力。青少年可能會受到非參與者的同儕壓力，因為同儕可能會想談論團體中發生了什麼事，而青少年承受這種壓力的技巧可能有限（Ritchie & Huss, 2000）。因此團體領導者有責任要篩選未來成員，以評估他們遵守保密原則的能力，讓他們學習溝通的技巧，以抗拒同儕讓自己違反保密的壓力，以及在團體中有同理心地回應同儕的評論。當團體在學校中進行時，可以成為幫助學生發展以及提升學業成就的有用工具（Greenberg, 2003; Riester, 2002; Ritchie & Huss, 2000; Shechtman, 2002）。然而，當團體成員是一封閉系統（像是學校）的一份子時，他們在這個系統中會持續與團體參與者進行團體外的互動，而且非參與者可能會察覺到同學離開教室去參加團體，這時維護保密的任務就變得十分嚴峻。為了要達成這個任務，學校諮商師不僅應該審慎篩選每一個成員，也應該讓學生熟悉團體的期望，並經常檢視是否遵守。若是在團體進行中發生了違反保密的狀況，團體領導者也應隨時有備案可以因應。

一些研究發現也顯示若不注意團體的組成，對團體的效益會造成負面的影響，甚至對孩子造成傷害（Rhule, 2005）。例如，Dishion、McCord 和 Poulin（1999）發現，如果成員都是有攻擊性的孩童及青少年的話，成員之間出現攻擊行為的風險會增加。團體中較具攻擊性以及易犯罪的青少年會教導比較不具攻擊性的成員這種新的衝動行為模式。其他研究指出團體領導者一定要更小心運用自己對青少年成員的面質或是負向回饋，以及小心同儕間給回饋的方式，因為已發現有負面影響（Shechtman & Yanuv, 2001）。這些作者建議運用接納、同理以及支持作為治療方法，可以大量增加正面影響。在美國學校諮商師學會的學校諮商師倫理準則（ASCA, 2010）A. 6 有列出這些責任。

## ●● 團體諮商及心理治療中多重關係的倫理議題

與當事人不能有性關係的禁忌，當然也適用於團體工作，如同避免其他形式多重關係的規定一樣，會對專業效能造成風險。雖然每個團體治療性改變的動力不同，但是治療師的權力並不會因此而顯著地減少。與現任當事人社交的、私人的、職業的或其他的關係，會使領導者的專業判斷力和客觀性受到影響，且會影響當事人對團體的情緒反應。除此之外，當其他成員懷疑他們其中一人與領導者有特殊的關係時，領導者與團體成員的多重關係也會降低團體的凝聚力。這樣的接觸也可能會讓成員對領導者產生更多的敵意，以及使團體從有生產力的活動中分心。

## ●● 同時進行個別及團體服務的倫理

根據 Taylor 和 Gazda（1991）與 Lakin（1994）的瞭解，有兩種實務狀況很常見：在個別諮商和團體諮商中遇見同一位個案，以及將同一位專業人員的一些個別諮商當事人聚集到一個團體中。當事人也可能一開始是參加團體，然後開始進行個別諮商，但團體仍繼續。專業倫理守則並未提及這個行為。Lakin（1994）指出大多數的實務工作者都不覺得這有什麼倫理上的問題。不過 Lakin（1994）提出一些在同時進行個別及團體介入時，會遇到的重要的潛在困難：

- 因為要與協同領導者溝通，而造成保密及特權的風險；或是容易忘記哪一個揭露是在哪一種介入中分享的。
- 與當事人的情感關係，以及當事人對領導者的移情所造成的干擾，包括團體成員間的「手足競爭」，與領導者反移情的風險增加。
- 會造成權力過大的治療者以及過度依賴的當事人，這將導致濫用治療力量的可能性提高。
- 因為把當事人轉介給自己可造成自身的經濟收益增加，使專業人員看不見當事人真正的需求（Fisher, 2003; Lakin, 1994; Taylor & Gazda, 1991）。

Taylor 和 Gazda 提出幾個方法讓風險降到最低，最核心的方法就是對於同時進行個別及團體介入的知後同意，仔細檢視專業人員的權力和當事人的依賴程度，以

及嚴謹地關注當事人的福祉。督導和諮詢也非常重要。無論有沒有施行預防措施，都應該確知這個做法的危險性，謹慎的諮商師會建議將之當作「不得已的最後一招」。如果團體成員是需要個別治療的，則應考慮轉介給別人。同樣地，當治療師抱持著「把我的當事人聚集成一個團體」的想法時，尤其是開放式團體，則專業人員應該清楚瞭解其理念、尋求督導或諮詢，並準備接受即將發展出的問題所帶來的責任。

## ●● 非自願團體參與的倫理

團體工作專業人員學會「最佳實務」（*Best Practices*）文件（ASGW, 2007）和倫理學者都探討非自願團體參與的複雜倫理議題。法院、治療機構和其他機構都時常強制要求團體參與。理論上這個人是有其他選擇的，但這些選擇都太不吸引人且不可行，以至於他只好決定選擇參加團體。疏忽的父母可能被要求參加家長親職團體，以作為保留孩子監護權的條件；或是一位因酒駕被捕的女子可以「選擇」參加飲酒教育團體，或留下犯罪紀錄。一位因雙極性疾患（躁鬱症）而到醫院尋求治療的人，可能會意識到參加每日的團體治療是治療的條件之一，如果不參加團體，這個人就不能得到他／她尋求的個別諮商或是醫療處遇。在這些例子中，人們將參與團體當作最不得已的選擇，因而同意參加。如同第 6 章提到的，這個實務工作最基本的問題是，在缺乏自由同意的狀況下，是否真的有可能存在知後同意，以及心理健康專業人員對當事人提出這些要求是否符合倫理。無論是重要的守則或是團體工作專業人員學會的資料都沒有處理這個團體諮商基本的議題，這意味著（但並未明顯陳述）社會及個人能因團體獲得的利益，大於選擇自主權的暫時損失。在最近一則法院判決中，即 *Welch v. Kentucky* 的法律訴訟案件（Paul & Herbert, 2005），法院裁定病患在團體治療中的揭露不得作為對其不利的證據，因為病患參加團體治療是法制的要求。法院認為，使用病患以前在規定的團體治療中承認的犯罪行為，本質上會構成自證其罪的結果。

Corey 和 Corey（2008）也描述了非自願參與的實際面向——如果個人對團體沒有至少最基本的承諾的話，這將會嚴重地侷限團體所能促進的治療性工作之潛力。團體成員如果是覺得被哄騙或被擺布的非自願成員，不太可能會從團體經驗獲益。

因此，談論這個議題的學者大多數都著重於在團體篩選以及團體初期都要處理當事人對於非自願參與的感受。他們應該獲准表達失去自主權的挫敗感以及對於團體的恐懼或是保留態度。Corey 等人（1995）建議如果能開放地討論這些感覺，可以減少抗拒以及增進合作。Brodsky（2011）建議運用**團體對話方法**可以鼓勵成員參與團體。

發展知後同意對非自願當事人來說特別重要。如果當事人在團體的所作所為會呈報給法院或是公家機關，則當事人應該要知道這個事實，並瞭解這些機關後續的動作，與他／她在團體中的行為之間的關聯。回到那個家長的例子，家長以參加團體作為保留孩子監護權的條件，如果這個人在團體中一直保持沉默且不太參與，而領導者要向兒童保護機構報告的話，則應該要知會這個家長。如果諮商師由過往經驗得知，這樣的報告可能會降低當事人保留孩子監護權的機率，則也應該要將此可能性告訴當事人。

簡言之，在接受非自願當事人進入團體時，與這個專業的倫理價值行為一致的最核心訊息為專業人員一定要熱切地守護當事人剩餘的權利，積極地工作以協助當事人自由選擇要不要參與團體。如果不可能的話，領導者至少應該致力於進行全面性的知後同意，讓個案瞭解其反應對這個強制的命令會衍生什麼樣的後果。如果專業人員相信要求參與團體不可能使當事人受益，而且會造成傷害時，則他／她有義務和被要求強制參與團體的一方討論此專業判斷，並努力促成另一種可以滿足所有需求的替代方案。

## ●● 多元文化團體的倫理議題

很少團體是完全同質性的。大多數都是包含不同宗教、文化背景、種族、性別、身體能力、性取向以及年齡的人。有時候這些人唯一的共通點只有他們的診斷名稱。根據 Chen、Kakkad 和 Balzano（2008）指出「文化差異所開展出的多元視野，在團體中已經出現，但這樣的文化差異也會限制了團體中的溝通，增加誤解以及衝突的風險」（p. 1264）。異質性團體會使團體更難凝聚，為了要達到團體目標，領導者的技巧就顯得更為重要。諷刺的是，在多元的團體中，要促成凝聚的壓力有時是更大的，領導者必須留意自己對文化價值觀漠不關心會對凝聚力帶來的壓

力（Corey et al., 1995）。不幸的是，有關文化背景的差異如何影響團體成員經驗的研究為數不多（Chen et al., 2008）。同樣地，領導者也必須瞭解他們自己的文化背景，是如何影響自己的價值觀和建立一個有凝聚力的團體。對於想要發展這些技能的心理健康專業人員來說，美國心理學會「針對心理師多元文化教育、訓練、研究、實務與組織改變之準則」（APA, 2003b）以及團體工作專業人員學會的「多元能力團體工作者原則」（ASGW, 1998）都是特別有用的資源。

領導者若能夠敏感於文化差異的議題，將能夠增加成員被平等對待的可能性。平等意味著沒有因差異而產生的有意識或無意識的任何歧視。舉例來說，假設一個當事人的文化背景並不鼓勵激烈的情感表達或是直接衝突，則在進行團體中的任務時，一定要給予其適當的彈性，且不能因為此文化差異而嘲笑當事人，或將之標籤為功能不良。也因為文化差異並不總是那麼顯而易見，所以領導者一定要致力於保護當事人在團體中的權利，使其能享有平等以及有尊嚴的治療。如果領導者發現有成員因為文化議題而使某位參與者變成代罪羔羊，或是表現得不夠敏感時，專業人員有責任介入，並阻止其行為。領導者本身尊重每一位當事人的行為典範，對於達成增進敏感度的目標有很大的幫助。除了有敏感的態度以及具備不同文化的知識外，團體諮商師有義務學習領導多元文化團體的策略技巧，以增加成功的可能性。像是 DeLucia 等人（1992）、Johnson 等人（1995）以及 Merta（1995）都有討論這類的策略與技巧。在多元團體中，一些團體的緊張局勢或是專業人員的漠不關心，可能會構成參與者之間的價值觀衝突。舉例來說，Remley 和 Herlihy（2009）指出，「成年人自主權的重要性」這個概念可能會隨文化而有差異，這樣的差異就必須納入考量，如此才能阻止因為價值觀的衝突而阻礙了團體的效益。

## 伴侶及家庭諮商與心理治療

由於伴侶和家庭治療是個獨立的專業，需要豐富的專業經驗有效運作，因此第一個原則就是在這個領域的充分訓練，以及受督導的經驗，以勝任這個工作（Wilcoxon, Gladding, Remley, & Huber, 2011）。專業人員在這個領域中如果沒有受過專門訓練及督導，則會建議在涉入這個專業之前先去彌補那些不足，以減少因專業能力不足以因應其專業工作之所需，而被倫理申訴或是被告瀆職的風險（Wilcoxon et al., 2011）。加拿大的兩個省以及美國所有的 50 州（包括華盛頓特區）都規定要有專業證照才能進行婚姻及家庭治療；美國婚姻與家庭治療學會（AAMFT）與國際婚姻與家庭諮商師學會（International Association for Marriage and Family Counselors, IAMFC）等專業組織也發展出一些準則以規範研究生的訓練和實習（見網址以取得州立證照委員會的名單：http://www.aamft.org/iMIS15/AAMFT/Directories/MFT_Licensing-Boards/Content/Directories/MFT_Licensing_Boards.aspx? hkey=b1033df3-6882-491e-87fd-a75c2f7be070）。

## 特殊議題的案例說明

以下情境呈現出在與伴侶和家庭工作的場域中，一些非常典型的案例。接下來的幾頁，會檢視每一個情境所涉及的倫理問題。

**情境一**　伴侶諮商中的其中一位當事人打電話來要求個別諮商，以提供一些他覺得諮商師應該要知道、但是不希望讓他的伴侶知道的訊息。他已經持續和一位網友交往了近 10 年。

**情境二**　一位妻子因為家中青少年的叛逆行為導致家庭衝突，打電話來要求進行家庭治療。但她聲明，她的丈夫雖然同意其他四位家庭成員參加，但是自己卻拒絕參加。

**情境三**　一對夫妻要求不計代價進行婚姻諮商以拯救婚姻。他們表示維繫婚姻為首要之務，個人的幸福及情感上的福祉則是其次，且他們的宗教禁止離婚。這對夫妻有六個小孩。

**情境四**　一對夫妻最近分居，他們的孩子在一年半以前因車禍過世。他們開始尋求伴侶諮商，看看他們的關係是否還有希望。在幾次的會談之後，諮商師發現如果維持關係，可能會對其中一位伴侶有害；但如果結束關係，則會對另外一位伴侶造成傷害。

**情境五**　在六個月的個別治療之後，當事人要求進行伴侶諮商，因為她意識到關係才是問題的癥結點。她的伴侶願意諮商，諮商師也同意當事人的評估，認為此時是介入處理關係的時機點。這位治療師同時提供個別與伴侶諮商。

**情境六**　一個有三個孩子的家庭正在經歷嚴重的衝突。妻子／媽媽在一年多前開始創業。她的事業頗為成功，這也讓她花了大量的時間在這上面。她努力重新分配家務給丈夫或是她的青少年小孩，但是都失敗。兩個禮拜前，她實在太沮喪了，決定「罷做家事」。一家人都對她非常生氣，也對於家裡最近造成的混亂感到挫敗。這位丈夫／父親要求進行諮商以「收拾這個爛攤子，讓一切恢復正常」。

**情境七**　一對同性戀伴侶與一位異性戀治療師進行會談。這對伴侶正在考慮要領養一個小孩，她們希望討論這件事對她們的關係以及這個小孩的意義。她們的目的是要確認所有家庭成員都可以順利度過擔任雙親的這個過渡期。

**情境八**　一位牧師將一對家暴夫妻由她的教堂轉介至伴侶治療。在過去 10 年的婚姻關係中，這位男性成員曾對他的妻子拳打腳踢、言語辱罵無數次。最近的一次發生在五天前。妻子之所以來找牧師，是因為她擔心暴力對孩子造成影響。牧師透露，當被問到家暴事件時，丈夫會非常地防衛，且往往會用很好的理由把責任推到妻子身上，但他願意進行治療。

## ●● 情境分析

**情境一：與個人接觸時，伴侶諮商師對於揭露的保密責任**　美國諮商學會（ACA, 2005）、美國婚姻與家庭治療學會（AAMFT, 2001）與國際婚姻與家庭諮商師學會（IAMFC, 2005）的倫理守則都直接了當地討論這個問題（見附錄 C 之網站，內含完整的 AAMFT 以及 IAMFC 的倫理守則）。事實上，IAMFC「倫理守則」在 II.A.3 特別清楚地闡明所有個人資訊都要保密，即使揭露資訊的那個人不是主要當事人，守則並進一步提出如果個人的隱私內容會干擾到家庭治療時，諮商師可以遵循的原則。

## ✹ 美國諮商學會倫理守則

### B.4.b. 伴侶與家庭諮商

在伴侶與家庭諮商中，諮商師必須清楚定義誰是「當事人」，並討論保密的期望以及限制。諮商師須尋求所有有能力進行同意權的當事人之口頭及書面同意，包括每一個人的保密權利，以及對於所知訊息保密的義務。



## ✹ 美國婚姻與家庭治療學會倫理守則

### 2.2

除非經過書面授權或棄權，或是受法律要求或准許，否則婚姻與家庭治療師不得揭露當事人的祕密。除非是在緊急狀況下，或是經由法律允許，否則光是口頭授權並不夠充分。在提供伴侶、家庭或是團體治療時，治療師不得在沒有書面同意（每一個人都有資格棄權）的情況下，在治療情境外揭露資訊。在伴侶、家庭或團體的治療情境中，治療師不得向情境中的他人透露任何個人隱私，除非事先取得那個人的書面同意。



## ✹ 國際婚姻與家庭諮商師學會倫理守則

### B.7.

婚姻與家庭諮商師必須告知當事人，家庭成員向諮商師透露的言論都會被保密，無論是在個別諮商、諮詢或是間接的接觸中。這些言論除非經過個人同意，否則不會讓其他家庭成員得知。然而，婚姻與家庭諮商師應該要清楚地確定誰是諮商的當事人，有可能是其中一位伴侶或是整個家庭系統。伴侶及家庭諮商師不得保留家庭祕密，不得與其中幾位家庭成員串通以對抗其他成員，否則將會導致家庭系統動力失功能。如果當事人在個別服務中拒絕分享訊息，因而會對家庭或婚姻諮商的目標造成干擾，則諮商師得結束治療，並將這些當事人轉介。一些婚姻與家庭諮商師選擇服務整個家庭系統，而不提供個別的服務。



對照之下，美國心理學會的守則就比較模糊一點：

## 美國心理學會倫理原則

**10.02 治療涉及伴侶或家庭**

a. 當心理師同意提供相互有關係的多個對象（例如配偶、重要他人，或父母和小孩）服務，他們於一開始即採取適當的程序澄清(1)哪些人是當事人／病患，以及(2)心理師將與每個人建立的關係。此澄清包含心理師的角色及可能提供的服務或取得的資訊。

b. 假如情勢逐漸明朗，發現心理師可能會被要求扮演具衝突的不同角色（比如原本是家庭治療的治療師轉而為離婚程序中一方的證人），心理師應採取適當的方式澄清和調整，或適當的退出角色。



雖然美國心理學會準則建議心理師要清楚自己的角色為何以及如何使用資訊，但是在守則中並未清楚論及一位成員在個別晤談中所提到的內容在治療中要不要揭露給家庭中的其他成員。不過在美國心理學會倫理守則有關保密的 4.02 中，似乎支持除非當事人放棄保密，或是法律強制規定，否則個別的溝通內容需要保密。Fisher（2003）解釋這個守則的意思是，在個別會談中的揭露，未得到當事人的允許，心理師不得在團體或是家庭諮商中透露。Campbell等人（2010）則是站在比較保守的立場，認為守則是要求心理師在服務的一開始以及治療期間，都要定期提醒當事人有關家庭祕密的政策。

將這些守則應用到情境一，美國諮商學會、美國婚姻與家庭治療學會和國際婚姻與家庭諮商師學會的準則都指出，如果心理師在一對一的晤談中，從一位家庭成員聽到了「祕密」，則諮商師有義務保密，即使是從其他成員那裡聽到也是一樣，除非當事人放棄保密。無庸置疑地，在此情況下，這位家庭諮商師從一開始就沒有責任要聽這個祕密，且應該根據臨床上的考量以及對這對伴侶最大福祉的評估，而決定如何回應這位當事人的需求〔請見 Fall 和 Lyons（2003）針對有關家庭祕密的倫理及臨床議題做更深入的討論〕。多數執業的伴侶治療師強力擁護個人揭露的保密原則，且主張保有祕密可能沒什麼幫助。他們不想要在這種情況下進行治療，但不是所有人都會例行地在服務的一開始，就對他們關於祕密的看法做明確的討論（Butler, Rodriguez, Roper, & Feinhauer, 2010）。

**情境二：未參與的家庭成員的問題**　許多家庭治療的理論都深深相信家庭成員要發揮作用以達到真正的進步，最重要的就是整個家庭系統的治療（例如，請見Becvar & Becvar, 2006），且一些研究也支持只要是涉及關係的議題，這樣的論點是成立的（Patten, Barnett, & Houlihan, 1991）。根據這個觀點，在失功能的家庭系統中要達到有意義的改變，就需要全體家庭成員的參與。如果有一位成員拒絕參加，則治療的系統性改變將會非常難達成（Minuchin, 1974; Napier & Whitaker, 1978）。正因為如此，一些家庭治療師在面對其中一位成員拒絕參加時，會經歷臨床上和倫理上的兩難困境。對於這個主題，倫理守則並沒有做解釋，但執業者仍想知道應該只要服務想進行諮商的成員嗎？還是應該等到拒絕參加的成員改變心意再開始？諮商師應該要多積極，以使得不願參加的成員參與？

對於這些疑問，家庭治療學者的論點相當分歧，不過Teisman（1980）、Wilcoxon和Fennel（1983）以及Miller、Scott和Searight（1990）的建議特別有用。所有的建議都致力以非強迫加入和不干擾其自主權的方式排除障礙，使不願參加的成員參與。建議包含以下幾點：

- 將與家庭成員談話的內容錄影及錄音給未參加的人看與聽，目的在於幫助這

個人能對諮商過程有更多的認識（當然，錄影及錄音需要經過其他家庭成員的同意）。如果拒絕參加的主因是誤解或害怕，這個程序可能會很有用（Teisman, 1980）。

- 寫封信給這個未參加的人，解釋家庭治療的過程，以及說明依據研究發現，如果全家人都參與諮商的話，可能會造成什麼改變。當這份簽了名的信送回給諮商師之後，即使這封信沒有說服這個人，治療師仍可以繼續進行家庭諮商（Miller et al., 1990; Wilcoxon & Fennell, 1983）。Wilcoxon 等人（2007）在其書中有寫給未參加者的信件樣本，可供參考。
- 提供未參加的人一次個別的會談，幫助此人瞭解自己的顧慮，以及緩和其對諮商的害怕或是誤解（Teisman, 1980）。
- 先將其他家庭成員轉介至個人治療，直到整個家庭願意一起接受治療為止（Negash & Hecker, 2010; Wilcoxon & Fennel, 1983）。

這些方法的目的，都是在於不使用強制的策略，使拒絕參加的人瞭解家庭諮商的過程，揭開家庭諮商的神祕面紗，讓拒絕參加者的立場改變。專業人員必須以尊重其權利的態度去接近這個人，並且體認到此人拒絕參加治療可能對於他個人及整個家庭都發揮著重要的功能。Huber（1994）告誡專業人員要考慮到，因為一位家庭成員不願意參加而拒絕提供治療，這是否其實代表著為了使家庭維持現狀而與未參加者結盟。Whittinghill（2002）在物質濫用治療中，對於家庭諮商所扮演角色的討論，附和了這個觀點。他也建議「家庭」的定義不應該只限於有血緣關係——在一些例子中，同事、朋友或是社區成員也可能發揮和家庭一樣的功能。對一些當事人來說，邀請這類人進入諮商，可能跟其他包含家人在內的家庭諮商是一樣的。擴展家庭的定義，也可以讓服務能夠包容更多元的親屬關係文化傳統（Negash & Hecker, 2010）。美國諮商學會倫理守則目前版本的A.1.d「納入支持網絡」中也呼應了這個主題。

**情境三與情境四：個人福祉與家庭福祉之間的衝突**　在離婚的汙名逐漸淡去之際，比起 20 年前，諮商師應該比較少聽到要不惜代價以拯救婚姻的聲音。但這些聲音仍不乏出現，因此還是足以引起這個領域的倫理學者以及實務工作者關注。這個聲音要求專業人員忽略關係中帶給婚姻伴侶的痛苦以及失功能，一心一意僅聚焦於挽救婚姻。有時候，這個願望是根植於宗教信念或是文化背景所致；有時候則是因為害怕改變、擔心孩子或是伴侶雙方仍陷於失功能的相互依存中。又有時候，認為離婚就是治療失敗的專業人員，會將治療焦點僅狹隘地致力於持續婚姻（Margolin, 1982）。情境四中的情況有些不同——這個關係會幫助到其中一方，但是傷害到另一方。不管怎樣，這兩個案例的核心倫理議題都是如何處理對一方或涉及的各方所造成的負面效果。

研究婚姻及家庭的學者指出，有些個人的理想福祉，常跟家庭的最佳福祉相衝突（Margolin, 1982; Patten et al., 1991）。同時促進個人和家庭的發展並不總是可行。但是從這幾個案例來看，犧牲個人福祉以成全家庭的幸福又會造成其他層次的問題。美國婚姻與家庭治療學會倫理守則陳述：

### ✸ 美國婚姻與家庭治療學會倫理守則

**前言第一節**

婚姻與家庭治療師要促進家庭及個人的福祉。治療師尊重尋求服務者的權利，做出合理的努力，以確保適切地提供服務。



這個部分叮囑專業人員要致力於增進所有在治療中的當事人的福祉，即使一些實際上的問題及偏離常軌的現象均已浮現。要拯救本質上至少會對一個人造成傷害的婚姻（情境三），似乎不太適合使用家庭諮商的服務。然而，這並非建議專業人員要擔任勸他們離婚的角色。美國婚姻與家庭治療學會倫理守則在這個部分有很明確的說明：

## ✸ 美國婚姻與家庭治療學會倫理守則

1.8

婚姻與家庭治療師尊重當事人做決定的權利，並協助他們瞭解做此決定的後果。治療師明確告知當事人有責任要做這些關乎他們關係的決定，像是同居、婚姻、離婚、分居、和解、監護權及探視權的問題。

Reprinted by permission of American Association for Marriage and Family Therapy.

家庭諮商的倫理學者大致上都同意這個論點（例如，請見Gurman, 1985; Negash & Hecker, 2010）。當陷入兩難時，專業人員應該要審慎地評估，如果關係持續，隨之而來的傷害程度為何。如果這意味著每一位成員都會受到嚴重的持續性傷害，則諮商師應該要停止往這個目標前進。諮商師應改為坦誠地跟當事人討論他們為何有所保留。沒有一個實務工作者應該參與一個會嚴重侵蝕一個人心理健康的活動，即使這個人一意孤行也是一樣。免受傷害的原則優先於任何其他的考量。

**情境五：同時進行個別諮商以及家庭諮商的倫理問題**　只要符合一些條件，同時接受個別及家庭諮商就不算違反倫理。首先，諮商師必須判斷這樣的順序是否對當事人有益，以及自己是否有能力同時提供這兩項服務。第二，必須進行適切的知後同意程序，以便當事人瞭解家庭諮商的風險、助益、程序以及涉及的保密議題，尤其是專業人員有義務將個別諮商所獲致的內容繼續保密。最後，同樣的知後同意也必須落實在另一位伴侶上。隨著諮商進展，諮商師必須警覺任何可能因為不同人曾與諮商師接觸的時間長短不同，而出現的問題。這位伴侶需要一些時間才可能跟原來的當事人伴侶一樣地信任諮商師。而諮商師應該要特別努力，合理且獨立地評估這位伴侶在關係中的功能。原來那位當事人所談論的伴侶，可能不盡然能傳達這位伴侶的完整樣貌。除此之外，諮商師應警覺一些徵兆，無論是伴侶覺得諮商師「選邊站」，或是原來的當事人可能會覺得自己的諮商師被「瓜分」給伴侶而產生的負面情緒。

美國諮商學會倫理守則對這個議題提出以下幾點：

## ✸ 美國諮商學會倫理守則

**A.5.e. 專業關係中的角色轉變**

當諮商師從原來的或是最近簽約的關係中轉換了角色，則他／她應取得當事人的知後同意，並向當事人解釋他／她有權利拒絕這個與改變有關的服務。

角色轉變的例子包括：

1. 從個別諮商轉換為伴侶或是家庭諮商，反之亦然；
2. 從與法庭無關的評估角色，轉換為治療性角色，反之亦然；
3. 從諮商師轉換為研究者的角色（例如：招募當事人作為研究受試者），反之亦然；以及
4. 從諮商師轉換為調解人的角色，反之亦然。

當事人必須被知會諮商師轉換角色之後，預計可能會產生的任何後果（如財務上的、法律上的、個人的或是治療方面的）。



值得注意的是，守則中並**沒有**說**同時**進行個別及家庭諮商是不符合倫理的。Heitler（2001）針對雙重處遇的風險，提出幾個有關倫理決策的建議。但若專業人員執意選擇要這麼做，則對於個別諮商保密的這個重大負擔，就會落在專業人員的身上。無論是採取哪一個行動，家庭治療的倫理學者建議，要有一個全面性的方案，以達到對於保密（例如，Lakin, 1994; Smith, 1999）及特權（Bennett et al., 2006）議題的知後同意。Heitler（2001）針對這種服務的風險，基於雙重角色以及利益方面潛在的財務衝突，提出其他有關倫理決策的建議。對於同時處遇的明智態度是盡可能避免，並針對第二重的治療進行轉介。

**情境六與情境七：在診斷及處遇上，諮商師對於性別角色社會化以及性取向的信念及價值觀所造成的影響**　沒有任何助人歷程是價值中立的。對於好的與壞的功能、健康與不健康的溝通，以及正常與不正常的關係等，家庭諮商師都有自己的定

義。事實上，沒有這些定義，治療工作也不會發生。只要一個人指出期望與不期望造成的改變，價值觀就油然而生。有時候家庭諮商師對於「健康的家庭」的定義太過於死板及狹隘，未能允許個別差異以及納入文化影響（Melito, 2003）。這些信念常是源自於我們自己的文化及社會歷史，以及因為很少接觸到其他文化與受到自身的家庭模式所影響，這在北美社會很常見（McGoldrick, Giordano, & Garcia-Preto, 2005）。隨著我們的社會變得越來越多元化，擁有不同文化背景的家庭會變得越來越普遍，這凸顯了諮商師必須要具備文化競爭力，以及自我覺察的能力。

性別偏見也是被關注的議題。在親密關係中受害的女性，往往會覺得專業人員對她們的需求不夠敏感（Harway & O'Neil, 1999）。美國心理學會的研究（APA, Task Force, 1975; APA, 2007）顯示，跟行事傳統的女性比起來，心理健康專業人員往往較不能接受行事較不符傳統的女性。舉例來說，他們傾向假定維持婚姻的女性，會比離了婚的女性適應得更好，且認為女性的婚外情比男性的嚴重。Guterman（1991）和 Sekaran（1986）也表示專業人員對於女性的生涯需求，不如對她們伴侶的生涯需求敏感。換句話說，證據顯示家庭治療師在跟當事人的家庭工作時，乃是延續目前存在的規範（Lewis & Mellman, 1999）。有些學者認為，家庭治療師有責任去改變當事人性別歧視的模式（當然，還有他們自己）（Hare-Mustin, 1980），但其他學者也提出警告，認為不應該要當事人接受治療師所服膺的價值觀或信念（例如，Negash & Heckler, 2010）。

專業人員在處理一個與性別角色有關的家庭議題時，其目標應是盡可能地尊重當事人的自主權，並找出整個家庭對性別角色的概念中，哪些和目前的失功能問題有關。在情境六中，家庭治療師需要幫助家庭成員溝通以及重新協商他們共同的期望為何。要避免兩個容易犯的錯誤：責怪丈夫和孩子沒有尊重媽媽改變在家中責任之權利；以及假定只因為這位女性身為妻子，就應該要負責做家事。治療師應該要幫助此家庭對於這個改變中的局勢有所回應，使其尊重每一位家庭成員的人權，以及認清每一個人在家中的責任。美國心理學會所出版的「和女孩及女性進行心理治療實務的指南原則」（APA, 2007a）是一份很有幫助的文件。

情境七也凸顯專業人員的價值觀。美國諮商學會、美國心理學會以及美國婚姻與家庭治療學會的倫理守則都明確地禁止基於性取向的歧視：

## ✸ 美國諮商學會倫理守則

### C.5. 無歧視

諮商師不得基於年齡、文化、障礙、族群、性別、種族、宗教／靈性、性別認同、性取向、婚姻／同居狀態、語言偏好、社經地位或是依據法令規定而有縱容或從事歧視的行為。



## ✸ 美國心理學會倫理原則

### 3.01 不平等的歧視

於工作相關的活動中，心理師不能基於年齡、性別、性別認同、種族、民族、文化、國籍、宗教、性取向、障礙、語言或社經地位或任何法律的規範而從事不平等的歧視。



## ✸ 美國婚姻與家庭治療學會倫理守則

### 1.1

婚姻與家庭治療師提供人們專業的協助，不得基於種族、年齡、民族、社經地位、殘障、性別、健康狀況、宗教、國籍或性取向而有歧視行為。



因此，案例中的這位家庭治療師應該準備好，可以回應這對伴侶要進行新手父母諮商的要求，就像他們可以回應其他伴侶一樣。如此接受她們為當事人的決定，

應該要基於臨床的考慮，而與她們的性取向無關。如果治療師擁有這個領域的專業能力，且擁有與這對獨特伴侶的顧慮有關的文獻知識（例如，請見 Fitzgerald, 1999; Ritter & Terndrup, 2002; Rohrbaugh, 1992; Scrivner, 1997），則這對伴侶不該只是因為她們不是異性戀就被拒絕。如果治療師關於同性戀的個人信念，使他無法提供客觀的專業服務，則治療師有責任將這對伴侶轉介至接受適合的服務。如果一位專業人員接了這對伴侶的諮商，意在企圖「使她們改變心意」，因為他認為女同性戀不應該當父母，則違反了倫理守則，以及在所有助人專業之中的核心價值觀——身為有尊嚴的人該有的自主權以及被尊重之基本價值。見 Janson 和 Steigerwald（2002）、Janson（2002）以及美國心理學會的「與女同性戀、男同性戀及雙性戀當事人從事心理治療之指引」（*Guidelines for Psychotherapy with Lesbian, Gay, and Bisexual Clients*）（APA, 2011b）以獲得對治療有幫助的建議。

**情境八：伴隨著親密伴侶暴力的伴侶諮商倫理**　親密伴侶的暴力在這些尋求伴侶與家庭諮商的人中，是很常見的議題（Simpson, Doss, Wheeler, & Christensen, 2007）。將近三分之二接受治療的人都有過受虐的紀錄，且 6% 的當事人視暴力為當前的問題（Timmons, Bryant, & Netko, 2010）。有效的家庭工作需要參與者能自由地分享他們的感覺及想法，以及在晤談與晤談之間的時間落實行為改變。家庭成員間坦白且直接的溝通，是家庭諮商模式的基石。當一位家庭成員正在遭受另一位成員的虐待時，成功治療的基礎一開始就不穩定。由於害怕後果，受害者可能無法開放地表達出想法或感覺，或是擔心再度受害，因而不敢嘗試任何的行為改變。除此之外，如果把這個親密伴侶的暴力問題視為家庭議題，則加害者常用的防衛行為——虐待是另一位伴侶自己招惹的——出現時，就未能真正的處理。在此情況下，更難讓加害者為自己的行為負起責任。因此有些學者建議，在親密伴侶暴力正持續發生時，先避免進行家庭治療（例如，請見 Houskamp, 1994）。以這個觀點來看，家庭諮商師應該要與這對伴侶先進行個別會面，如此他們才能夠探索自己的需求。要等到加害者為虐待負起責任且開始接受治療時，以及受害者開始覺得擁有控制權以及力量時，再開始進行聯合晤談。正在經歷親密伴侶暴力的家庭，通常都不太能夠自在地揭露，因此諮商師應該在家庭諮商的評估以及篩選階段保持警覺，留意是否出現虐待的徵兆。其他學者則主張即使最近有暴力事件發生，仍然可以進行家庭諮商，只要專業人員能夠勝任，且採取行動檢視家庭動力，以及保護受害者的安全即可（例如，McCollum & Stith, 2011）。然而，這些學者相信在這種情況下，家庭諮商要能發揮功效是基於以下的條件：治療師接受有系統的、專門的訓練，以合宜地篩選適合進行的伴侶、增進安全，以及檢視諮商的進展。當伴侶的其中一位陷入暴力的風險中，不具備這些能力的諮商師不得嘗試治療。研究中也明確指出，在臨床工作者中，具備這些能力的人並不常見（Timmons et al., 2010）。

## 家庭諮商的法律議題

在專業工作中，最常遇到有關家庭的法律議題，是與離婚和監護權有關。很多嘗試接受伴侶諮商的伴侶都是決定要離婚的，因此不難想見與其工作的專業人員會捲入法律訴訟之中。舉例來說，一位伴侶的律師可能會要諮商師或治療師作證，說明另一位伴侶的心理健康以及穩定性，或者是揭露在治療中發生的事情。很明顯地，就跟其他形式的服務一樣，這裡的保密倫理責任仍是適用的，有的州可能會保護家庭諮商中的溝通，將之視為特權。但仍建議治療師在有關保密及特權的知後同意中，要做明確的說明。治療師應向當事人解釋，且最好是以書面形式說明他們是把一整個家庭視為當事人，而非任何單一成員（Ramisch, 2010）。不用說，每當家庭諮商師被要求提供當事人的資訊或出庭作證時，都應該要與律師商量。

對於監護權有爭論的離婚伴侶，有時候會試圖要專業人員在他們的戰爭中選邊站。另一種情況是，提供其中一方個別服務的專業人員，會出於好意（但有可能被誤導）願意在法律訴訟程序中替當事人辯護。在這種情形下，專業人員應該要特別謹慎。安排子女監護權的評估需要特別的能力，而這個能力是很多專業人員欠缺的。而即使專業人員擁有這類的能力，最好還是由一位獨立的評估者來服務比較妥當。對子女的心理評估，以及家長適任與否的心理評估對法院的判決有顯著的影響。除此之外，擔任影響子女監護權之法院判決的角色，跟擔任家庭諮商的治療師比起來，是截然不同的。當一位曾經與其中一方工作的心理健康專業人員，在法庭上為其當事人的心理健康進行專業評估，以及與當事人的專業互動作證時，這位專業人員擔任的是**事實證人**，而非對這對家長進行客觀評估的**專家證人**（APA Committee on Professional Practice and Standards, 2003）。擔任專家證人的專業人員，通常是由法院聘請以評估家長，且先前不曾與任何一方有過接觸。事實證人則是在法院中敘述他或她所觀察到的，且曾經擔任其中一方或雙方的治療師。因為有之前接觸過的關係，且因為法律訴訟程序所需的客觀評估並非諮商師當初涉入家庭的原因，所以沒有立場提供對於子女最佳利益以及成人親職技巧的客觀看法。也因此在伴侶或家庭治療中，如果可預見諮商關係可能會結束時，諮商師要和當事人討論諮商師的角色。美國諮商學會和美國婚姻與家庭治療學會都禁止專業人員混雜評估以及諮商的角色。美國心理學會對於這個議題的陳述則較為籠統。

## 美國諮商學會倫理守則

**E.13.c. 禁止對當事人評估**

諮商師不得對其正在或曾經諮商之個人進行司法鑑定。諮商師不得接受正在或曾經進行其司法鑑定之個人為當事人。



## 美國婚姻與家庭治療學會倫理守則

**3.14**

為避免利益衝突，治療涉入監護權或探視權的當事人之婚姻與家庭治療師，亦不得對其未成年當事人進行有關監護權、居住權或探視權之司法鑑定。治療未成年當事人的婚姻與家庭治療師，得在不違反保密的前提下，以提供治療的婚姻與家庭治療師之身分及觀點，提供法院或心理健康專業人員有關其未成年當事人的評估資訊。



近年來法院也漸漸會聘請諮商師、家庭治療師以及心理師來擔任專家證人，以協助離婚調解及子女監護權的評估。提供此服務的專業人員，其責任為給予法院稱職、真誠且客觀的建議，以及確保所有受評估的人都瞭解，此諮商師主要是在協助法院，與他們並沒有治療性的關係〔見 Folberg, Milne, & Salem（2004）對家庭調解過程、程序與倫理之概述〕。

近幾年，越來越常見到對於心理健康專業人員受理這些角色的倫理申訴案件（Kirtland & Kirtland, 2001; Ohio Board of Psychology, 2003），也有許多負面報導指出，諮商師及治療師就像是律師的「傭用槍手」一般。專業學會也已出版指引，幫助專業人員在這類活動中得以符合倫理地工作（見 APA, 1994, 2010b），而倫理學者也針對這個主題發表許多論述文章（例如，Benjamin, Andrew, & Gollan, 2003; Woody, 2000）。專業人員如果要稱職地扮演好這些角色，就必須熟悉相關文獻，如此才能做出負責任的決定。本章結尾的建議讀物中，列有一些非常有用的資料，可供參考。

## 摘要

團體與家庭之諮商與心理治療包含倫理上與法律上特別的挑戰。這些挑戰包含治療中不同服務形式帶來權力的適當運用，此運用的好壞與否跟諮商師的專業素養有很大的關係；以及在無法保證當事人揭露隱私情境之會談中，有關保密議題的合宜處理。如果專業人員無法有技巧且敏感地處理的話，會談中的情緒張力、常用的權力介入以及團體凝聚力的壓力，都會對當事人造成負面效果。保密之所以複雜，是因為其他成員可能會透露在會談中討論的內容，以及當其他人也聽到當事人的對話時，並不是所有法院都能瞭解並賦予專業人員溝通特權。這些額外的風險和利益比個別諮商更加複雜，因此團體與家庭治療中謹慎且詳盡的知後同意程序顯得更為重要。

專業人員的價值觀以及偏見會顯著影響團體及家庭治療。因此，諮商師與治療師必須意識到自己的價值觀對有效的工作有何干擾，以及本著尊重人的尊嚴與個別差異的原則行事。諮商師對於一個家庭如何組成、性別角色和性取向等的個人價值觀，在家庭諮商中均扮演著特別重要的角色。進行團體與家庭治療的諮商師，應參考團體工作專業人員學會（ASGW, 1998a）以及美國婚姻與家庭治療學會（AAMFT, 2001）的守則，以瞭解更多這類治療的倫理實務指引。

## 問題討論

1. 研究顯示，有許多實務工作者在團體諮商或心理治療中，選擇不使用保密合約。你認為這個選擇的利弊為何？
2. 對於文中所提及的，鼓勵不參加的家庭成員加入諮商的建議，你認為這些方法的價值及危險為何？
3. 諮商師該不該與同樣的當事人同時進行個別及伴侶諮商？為什麼？
4. 許多實務工作者會因為雙重領導的好處，為團體尋找協同領導者。協同領導也有其倫理價值嗎？是以什麼樣的方式呈現呢？
5. 如果有一位成員退出了團體，而且不願意再參加一次以做個「總結」，領導者該不該說服這位成員改變心意呢？領導者可以做到什麼程度而不至於違反倫理？
6. 有時候，家庭出現問題是因為家庭成員對於社會角色期待有不同的看法。比如說，丈夫可能認為妻子應該要照顧好家庭，但妻子卻覺得這個責任應該是要共同分擔的，則家庭諮商師要如何在遵守倫理原則的前提下，幫助這個家庭解決此衝突？

## 個案討論

有一位參加網路支持團體的成員使用電子訊息向其他成員透露，他殺了自己的女兒。在這些收到訊息的成員當中，有一些是心理師。至少有一些身為心理師的成員選擇不向司法當局透露這個訊息，但其他成員做了。到最後，這個人被判刑（此為真實事件）。想像一下，如果其中一位心理師因為沒有將這個訊息告訴警方而受到倫理申訴，你認為這位心理師違反倫理了嗎？依據為何？如果你認為有違反倫理，那要用什麼樣的懲處才合適？基於這個理由而違反保密原則的心理師，他們的倫理考量又是什麼？

Jeffrey 和 Joanne 共同領導一個 10 次的團體，這個團體協助人們從離婚的傷痛中復原。這兩位都離過婚的領導者是稱職的，且有過領導團體的經驗。在團體一開始，領導者要求所有的成員簽署同意書，承諾在團體進行期間，彼此不得發展愛情關係。所有成員都同意且遵守承諾。在前五週的團體課程，這兩位領導者合作密切。他們開始互相吸引，並在團體進行到第六週時開始約會。他們並沒有在任何團體成員面前揭露他們的私人關係。他們的行為是否違反倫理？還是說他們的個人生活和專業工作是完全分開的？

即使 Martin 強烈反對，他的父母還是堅持要他一起參加家庭治療。Martin 是一個 13 歲的男孩，目前與父親和繼母同住。他之所以非常憤怒，是因為他的父親在還沒跟他媽媽離婚的時候，就開始跟現在是他繼母的女人交往。Martin 被告知如果不參加家庭治療，他將會失去他所有的週末特權。由於 Martin 非常喜歡他的週末社交活動，因此他覺得自己沒有其他選擇，只能陪著這個家庭所有人去參加治療。治療時，Martin 不太說話，似乎大部分的時間都在發呆。治療師嘗試使 Martin 更投入參與治療，但是徒勞無功。儘管如此，治療師仍鼓勵雙親將家中所有子女都帶來家庭會談中。治療師這樣的行為是否合理？還需要什麼其他資訊幫助你做決定？如果 Martin 是 17 歲而不是 13 歲，你的答案是否會有所改變？

## 建議讀物


American Psychological Association (APA). (2010b). Guidelines for child custody evaluations in family law proceedings. *American Psychologist, 65,* 863–867.

Association for Specialists in Group Work (ASGW). (2007). *Best practice guidelines*. Retrieved September 3, 2008, from http://www.asgw.org/PDF/Best_Practices.pdf.

Association for Specialists in Group Work (ASGW). (1998). *Principles for diversity-competent group workers*. Retrieved September 3, 2008, from http://www.asgw.org/PDF/Principles_for_Diversity.pdf.

Association for Specialists in Group Work (ASGW). (2000). *Professional standards for the training of group workers*. Retrieved September 3, 2008, from http://www.asgw.org/PDF/training_standards.pdf.

Benjamin, G., Andrew, H., & Gollan, J. K. (2003). *Family evaluation in custody litigation: Reducing risks of ethical infractions and malpractice*. Washington, D.C.: American Psychological Association.

Corey, G., Williams, G. T., & Moline, M. E. (1995). Ethical and legal issues in group counseling. *Ethics and Behavior, 5,* 161–183.

Dishion, T. J., McCord, J., & Poulin, F. (1999). When interventions harm: Peer groups and problem behavior. *American Psychologist, 54,* 755–764.

Fall, K. A., & Lyons, C. (2003). Ethical considerations of family secret disclosure and post-session safety management. *The Family Journal, 11,* 281–285.

Rohrbaugh, J. B. (2008). *A comprehensive guide to child custody evaluations: Mental health and legal perspectives*. New York: Springer.

Swenson, L. C. (1997). *Psychology and law for the helping professions* (2nd ed.). Pacific Grove, CA: Brooks/Cole.

Wilcoxon, S. A., Gladding, S. T., Remley, T. P., Jr., & Huber, C. H. (2011). *Ethical, legal, and professional issues in the practice of marriage and family therapy* (5th ed.). Englewood Cliffs, NJ: Prentice Hall.

Woody, R. H. (2000). *Child custody: Practice standards, ethical issues, and legal safeguards for mental health professionals*. Sarasota, FL: Professional Resource Exchange.

## 其他網路資源

團體工作專業人員學會：每個諮商師都應瞭解的團體工作：http://www.asgw.org/PDF/Group_Stds_Brochure.pdf

家庭治療資源網：http://www.aamft.org/FamilyTherapyResources/index.asp

家庭與婚姻諮商網路連結：http://familymarriage-counseling.com/resources.htm

美國婚姻與家庭治療學會消費者最新訊息：兒童與離婚：http://www.therapistlocator.net/families/Consumer_Updates/ChildrenandDivorce.asp

線上團體心理治療資源：http://www.group-psychotherapy.com/links.htm

CHAPTER 10

# 心理衡鑑之倫理

## 以負責任的方式進行公平之程序

當事人向諮商師以及治療師尋求專業協助，通常有兩個主要的目的——尋找解決問題的方法，以及對他們自己有更多的瞭解（當然，在尋找解決問題的方法中，也包括讓他們自己從正在經歷的情緒困擾中解脫）。專業人員為了達到第一個目標所使用的程序統稱為**衡鑑**（assessment）。各式各樣的衡鑑程序已逐漸發展出來，從臨床會談到標準化測驗、行為觀察、心智狀態測驗、向重要他人蒐集來的資料，以及個案紀錄之分析。在理想的狀況下，衡鑑程序應該是專業人員和當事人共同合作的過程。一份完整而稱職的衡鑑包括判斷當事人之預後、優勢和社會支持，以及問題的範圍及嚴重程度（Ridley, Li, & Hill, 1998）。衡鑑可以用各種方式表達，取決於心理師的理論取向以及所使用的正式分類系統為何。對於問題（以及當事人所需的資源）的衡鑑越精確，就越有可能成功解決問題。衡鑑並不限於個人或是多人的心理治療。舉例來說，一名諮詢顧問可以評估組織的優勢和弱點、法庭的心理師評估被告是否具有受審的能力、生涯諮商師評估阻隔生涯抉擇的因素，以及教育心理學家評估有效率的學習環境之特色。無論情境為何，精確、公平且負責任的衡鑑，是成功介入之基石。

在衡鑑程序中，有兩方面特別容易被濫用——用於敘述當事人問題的分類診斷，以及運用心理與教育的測驗。本章探討診斷及測驗的倫理，闡述美國諮商學會及美國心理學會倫理原則中相關的評論、倫理學者的觀點，以及相關的研究證據。

本章也關切在多元文化社會中對於診斷及測驗的倫理衡鑑指引，以及科技的合宜使用。最後，作者會回顧心理測驗在職場中的使用。

## 診斷的倫理

診斷，意指以專業術語來定義當事人帶進諮商中的問題之本質、限制以及強度為何（Welfel & Patterson, 2004）。用來指稱問題的專業術語來自於學術研究與實務以及分類系統，像是《精神疾病診斷與統計手冊第四版修訂版》（DSM-IV-TR, American Psychiatric Association, 2000）（DSM 是最常用於分類心理問題的資源；其第五版已於2013年出版）。然而，**診斷**（diagnosis）這個詞含括的意義多於DSM中所表示的醫學意義。診斷意指心理健康專業人員平時用以定義當事人問題的任何有組織的系統。舉例來說，雖然家庭治療師有時候會使用與 DSM 截然不同的類型學來診斷家庭系統的問題，但這仍算是分類系統，因為其他家庭治療師也會將同樣的問題賦予同樣的診斷名稱（Kaslow, 1996; Sporakowski, Prouty, & Habben, 2001）。除此之外，生涯諮商師也常依賴他們自己的術語（這跟 DSM 或是其他心理診斷的分類都不一樣），來評估生涯問題（例如，Hardin & Leong, 2004）。不管所使用的分類系統為何，診斷名稱提供專業人員一個共同的語言，引領他們做出適當的介入。使用共同的分類系統也讓研究者的研究發現更容易讓助人實務工作者應用於實務中。

由於命名和問題的界定有關，因此有些專業人員貶抑地稱診斷為「貼標籤」，暗指診斷其實是喪失人性且有害的詞語（Hohenshil, 1996）。其他作者也提醒診斷讓人容易忽略個人的人性需求（Gergen, Hoffman, & Anderson, 1996; Gladding, 2008）。即使有些諮商師很瞭解診斷的價值，也會對於診斷的應用（Hohenshil, 1996）或是選擇 DSM 分類系統的使用，感到有些矛盾（Eriksen & Kress, 2005; Ivey & Ivey, 1998）。當診斷被不適當地運用，或是診斷系統失去效度時，這種分類方式被攻擊就不是無的放矢。心理健康的歷史不乏出現當診斷被誤用時產生負面效果的例子；但證據也顯示當診斷被合適地運用時，可以為當事人帶來有效且有助益的功能。事實上，有效率的、以證據為基礎的實務工作**要求**務必謹慎地定義問題。如果還無法確知病因，是無法提供治療的。診斷與治療之間的關係就像是旅行與地圖的關係。照著地圖走，而不是依直覺選一條路，這樣比較有可能到達目的地。診斷就是一幅地圖，讓我們可以到達目標（目的地）的地勢圖，以及達到目標（路的選擇順序）的計畫書。然而也必須放在心上的是，瞭解近期實務上對於診斷效度的辯論，以及心理健康專業人員有時會誤用診斷程序的實例（例如，請見 Pope & Vasquez, 2011; Valliant, 1984; Wakefield, 1992）。實務工作者若理念上反對**診斷**這個名稱，可以用別的詞語代替。這裡的重點是強調謹慎評估個案優勢、弱點和問題的重要性，而不是放在接受任何用來描述這個過程的特定詞彙。

## 在診斷中強調倫理的理念

診斷的過程為何需要倫理來依循，有很多原因。最重要的原因就是診斷是專業人員所採取的最具影響力的行動之一（Behnke, 2004）。對當事人的問題下了一個診斷名稱，會強烈地影響當事人的許多層面——自尊、職業選擇的機會、保險的申請資格、被他人拒絕或嘲笑的可能性，以及教育安置。有些診斷也會影響到執業證照的通過與否，這個州是否允許這個人有權利開車或是購買槍枝，或者法院是否允許這個人領養孩子。舉例來說，被診斷為物質依賴的人，在申請駕照時，常常被依法要求出示診斷書。依 DSM 診斷的病歷史也會限制一個人申請健康險或壽險的資格。

再者，診斷之所以也有其倫理面向，是因為它的過程在本質上是有缺陷的。即使行為科學在這 100 年已有顯著的發展，但我們對於心理過程的知識仍是受限的，我們確實有效地評估一個人功能的能力也是有限的。實務上，診斷系統的實施問題也構成困境的其中一部分。在真實世界中，不管是當事人還是第三方付款者，通常都不太願意涉入整個衡鑑的過程（保險公司以及管理式照護公司要求的「立即」診斷的壓力，也造成另一個倫理困境——在第 12 章有詳細的說明）。

然而，導致診斷程序不完善的原因，不只是當事人與保險公司的缺乏耐心；心理健康專業人員也常常犯下程序上或是判斷的錯誤（例如，Hill & Ridley, 2001; Rabinowitz & Efron, 1997; Smith & Dumont, 2000; Spengler et al., 2009）。McLaughlin（2002）稱這些錯誤為**人類的訊息處理錯誤**。為了簡化解決問題的過程，人類通常使用啟發式的、以經驗為基礎的技術來協助處理排山倒海而來的大量資訊，這些啟發式技術可以幫助我們在面對無關緊要的細節時，區分出重要的內容，但也可能使我們錯誤分類，將微不足道的當作重要的，或忽略了重要的訊息。基於症狀的明顯程度和時效性所造成的訊息處理錯誤特別常見。舉例來說，人們面對兩難情境時想快速求得解答的傾向，會使診斷過程產生缺陷（Anastasi, 1992; Groopman, 2007），也就是傾向於重視早先在會談中得到的訊息，而比較忽略之後蒐集到的資料，這稱作*初始效應*（primacy effect）（Meehl, 1960）。尤其是很明顯的症狀，更會不成比例地被重視，而其他重要的症狀就不那麼突出，只因為這些症狀比較不明顯（Spengler, 2000）。除此之外，研究指出在進行診斷時，臨床醫師傾向只使用他們最熟悉的那個診斷標準的亞群，因而容易形成錯誤的推理（Rubinson, Asnis, Harkavy, & Friedman, 1988）。當事人的討喜程度也會造成影響；愉悅且易於合作的人，在診斷會談中似乎會得到較多的關注，而那些看起來不怎麼討喜的人比較有可能較快就結束診斷的過程（Groopman, 2007）。

不幸的是，雖然專業人員似乎沒有察覺，但是當事人的付款方式也會以微妙的方式對診斷產生不必要的影響。Kielbasa、Pomerantz、Krohn和Sullivan（2004）以及Lowe、Pomerantz和Pettibone（2007）的研究均指出，即使是相同的症狀描述，當費用是經由管理式照護系統支付時，比起當事人自己付費，心理師很明顯地比較可能用DSM做診斷。Kielbasa等人（2004）的研究發現，當在評估焦慮症狀時，管理式照護的當事人較有可能得到DSM的診斷，比自己付費的當事人高了10倍。而在Lowe等人（2007）的研究中，即使以虛擬案例的方式描述輕微的焦慮症狀，且並未達到DSM的診斷標準，心理師對管理式照護的當事人做出DSM的診斷的數量，為自己付費的當事人的五倍。

近年來使用的診斷系統也與理想的狀況相距甚遠。研究證據顯示這些分類不太平均，且這些分類本身常常重複、不一致，以及容易受到性別、種族與社經地位偏見的影響（Brodie, 2004; Campbell, 1999; Comer, 1996; Dougall, 2010; Eriksen & Kress, 2008; Maddux & Winstead, 2005）。對於究竟是什麼造成失功能之哲學辯論，目前仍無定論（Wakefield, 1992）。這些缺陷，讓試圖盡責地使用診斷系統的實務工作者造成很大的負擔。即使是訓練有素的專業人員，在運用DSM時，面對相同的症狀，也不一定總是能夠做出相同的診斷，部分是因為分類重疊的關係（例如，請見 Kirk & Kutchins, 1992; Kutchins & Kirk, 1997）。

第三，光是存在著這些診斷指標，就有可能讓心理健康專業人員在運用時，即使診斷未經證實，仍然會有偏誤地樂於使用這些診斷指標。有兩個經典的研究說明這個趨勢。一個是 Langer 和 Abelson（1974）所做的研究，他們發現，相較於被標示為求職者的人，心理師較有可能診斷被標示為病人的人有精神疾患。在另一個更有名的 Rosenhan（1973）研究中，冒充的病人藉由陳述他們有幻聽，而被收治到精神病院。一旦住院之後，他們就不再表現出任何症狀，且否認有任何幻聽的現象。事實上，他們被指示在獲准入院之後要盡可能表現正常。儘管住院多日，卻沒有任何一位假病人被醫院認定為正常。所有假病人在出院時都得到精神病診斷，雖然有些被寫作「病情緩解中」（諷刺的是，醫院裡真正的病人常常質疑這些假病人症狀的合理性，但醫院工作人員從未表達出這些關切或疑問）。雖然有人嚴厲地批評 Rosenhan 的研究（例如，Spitzer, 1975），但無論它的缺點為何，重點是 Rosenhan 的研究證明，心理健康專業人員為了要使診斷符合事先存在的分類而產生偏見的傾向。如此將正常行為病態化的傾向，也會以較不那麼戲劇化的方式出現，像是心理健康專業人員將對喪親之痛的正常感受誤診斷為憂鬱，或是將一般常見的青少年叛逆行為標籤為品行障礙。實務工作者在衡鑑的首要之務便是客觀地評估症狀，且不預設只要是當事人就一定會符合某項違常的診斷。事實上，美國諮商學會倫理守則 E.5.d 就明確陳述，如果諮商師的判斷可能會對當事人或其他人有害的話，則諮商師可以不要給予診斷。

第四，處於將心理及情感方面的疾病汙名化的社會中，給予當事人的痛苦狀況一個正式的診斷名稱，這本身就會造成很強烈的心理作用。當事人可能會感到羞愧，或是抗拒這樣的診斷名稱，這也會挑戰到他們對此事的應對技巧。當事人可能會變得沮喪，且錯誤地斷定自己已經無藥可救，或是以自我毀滅的方式表現出來。然而，當事人也有可能會產生強而有力的正向反應，至少在一開始的時候如此。有些人可能會鬆了一口氣，原來他們一直在經歷的這些令人困惑的想法、感覺以及行為，是有個診斷名稱的。先前伴隨這個疾病而來的各種痛苦問題，一旦得知自己罹患什麼病，反而可以激勵他們相信自己是可以獲得協助的，而非只是無邊無際地擴

大無望感。不管會產生怎樣的特殊反應，診斷的強大威力意味著心理健康專業人員必須負責任地溝通清楚衡鑑與診斷事宜，以及有效率地幫助當事人處理這些問題。

第五，如同 Matarazzo（1986）所指出，要能做出診斷以及必須對當事人的經驗鉅細靡遺詢問的過程，從很多方面來說都是一種侵害隱私，此嚴重程度不亞於醫生做的身體檢查或是國稅局稽查員做的稽查工作。當專業人員必須侵擾個人隱私時，必須確定要滿足以下條件：要有侵犯隱私的合理理由、當事人有受益的可能性、稱職的執行活動，以及獲得當事人的同意。

諮商師和治療師常常會忽視診斷帶給當事人的威脅。在一篇目前看來經典的著作中，Raimy（1975）表示，自願進入諮商求助的人們，除了他們本身的主訴問題之外，通常還會伴隨兩項潛在的困擾。第一，害怕專業人員會證實他們最大的恐懼——自己真的瘋了；第二，當事人會擔心他們的問題是如此的獨特與難以理解，以至於沒有人能夠瞭解或幫助他們。後面這個信念意指當事人可能預期自己會被誤解，以及持續被忽略。至於對問題的輪廓更清楚時，則會挑起前述第一個更深層的恐懼：當事人害怕這個診斷將會證實他們覺得自己瘋了的信念，甚至讓自己的信念更為真實。當事人第二個潛在的恐懼有時會導致對診斷的抗拒，不願意相信別人也會有相同的困擾問題。最後，一個技巧熟練且富有同情心的專業人員，可以幫助當事人修正這些假設，同時也必須要敏感於診斷和測驗會帶來的侵擾與威脅。

第六，對診斷語言的知識會導致輕率的下診斷，以及對沒有專業關係的人隨意運用診斷術語。舉例來說，心理健康專業人員常常很容易不經意地運用他們的診斷技巧來闡釋政客、討厭的同事、棘手的學生或是生活中其他人的行為（有一次一位研究生跟作者說，曾有一位心理學課堂上的大學老師，公然在課堂上大聲懷疑這位學生是否罹患了注意力不足／過動症，因為她在課堂上似乎容易分心；接著這位老師變本加厲地在全班面前建議這位學生要去諮商中心尋求評估）。這些人如此行事會損害專業的聲譽，會讓那些正在考慮是否尋求專業協助的人懷疑，自己會不會也被同樣傲慢地批判。當心理健康專業人員從事這樣鬆散隨便的診斷時，他們也助長了診斷是簡單、神奇且剝奪人性的錯誤印象。近年來，持有不明專業證照的一些有名氣的醫生出席的電視節目，也可能導致社會大眾對診斷擁有相同的錯誤推理。美國心理學會守則對於這點的闡述最為明確：

## ✸ 美國心理學會倫理原則

**9.01 衡鑑的基礎**

a. 心理師在他們提出的建議、報告和診斷或評估性的描述（包含法庭上的證詞）中所提出的論點，是基於足以充分支持其論點和發現的資訊和技術。

b. 除了原則 9.01c 所提及的，心理師若要提供對某些人心理屬性的意見，僅能在他們對這些人已進行足夠支持他們論述或結論的測驗之後。如果已經過適當的努力，仍無法真正實施這些測驗，心理師記錄他們嘗試過的努力和其結果，澄清由於所得的資訊有限，對其專業意見的信度及效度均可能受限所可能造成的影響，並且適當地限縮其結論或建議的內涵及範圍。

c. 當心理師進行一份個案報告回顧或提供諮詢或督導時，發現某項個別檢驗結果不足採信，或是與其專業意見無關時，心理師對此提出說明及其結論或建議資訊的依據來源。



倫理原則 9.01b 的重要性，在 1964 年時顯現出來。當時 Barry Goldwater 擔任美國總統候選人期間，有一些心理健康專業人員公開地質疑他的心理穩定性以及從政的適切性，但他們都不曾對這位候選人做過任何晤談或評估。他們在與這位候選人沒有任何直接的專業接觸下，發表如此大膽的言論，使得美國精神醫學會（American Psychiatric Association）開始制定後來稱之為Goldwater**原則**（*Goldwater rule*）的規範，禁止在沒有經過檢驗的狀況下進行診斷（Slovenko, 2000）。美國心理學會守則 1992 年版對此原則有部分修正，而目前的 9.01c的確同意可以透過檢閱紀錄來做衡鑑，意指不需要面對面的評估，只要心理師澄清是藉由分析紀錄、而非直接與當事人互動來做衡鑑，且需解釋是因為面對面的評估執行上有困難或是沒有必要（Behnke, 2005）。以檢閱紀錄的方式來評估當事人的需求，和隨便的診斷是截然不同的行為，只要其衡鑑是基於證據的，而且是在沒有一般常見面對面的評估之下審慎做出的結論。

另一種誤用診斷的情況是，診斷不作為針對當事人問題的精確陳述，而是使保險理賠提高的手段。Pope 等人（1987）的研究發現，有 35% 的受試者承認他們至少「有時候」會有意識地使用這個方法。這當中的 3.5% 受試者表示他們「常常如此」。Tubbs 和 Pomerantz（2001）在 14 年後重做這個調查時發現，有 40% 的心理師承認他們曾故意改變診斷名稱，以符合保險給付的標準。約 3.3% 的人承認他們很常從事這個行為。針對心理健康諮商師的診斷實務研究顯示了相似的結果。有 44% 的臨床諮商師承認，他們至少曾一度改寫診斷名稱，以獲得保險給付（Danzinger & Welfel, 2001）。值得注意的是，幾乎所有心理健康諮商師都使用 DSM 來診斷（Eriksen & Kress, 2006）。這樣的作為不只不合倫理，也不合法。在大多數的情境下，這樣的作為會被視為保險詐欺，且會受到法律的制裁（Braun & Cox, 2005）。Peterson（1996）指出在倫理委員會、發照委員會以及法院中，為取得保險理賠而不當地使用診斷分類，是金融不當行為中最常見的一種。美國心理學會原則之 6.06 以及美國諮商學會守則之 C.6.b 均清楚闡述這樣的行為是不合倫理的。這樣的濫用診斷名稱最糟糕的是讓當事人因此服用不必要且潛在有害的精神藥物（Gray-Little & Kaplan, 1998）。另一個在精神醫學專業中首當其衝的倫理議題，是藥品業將會影響專業人員如何做出精神診斷（Moncrieff, 2009）。Moncrieff 指出新的精神藥物之發展，與新診斷名稱的增加和（或）因為可取得針對此病的藥物，而使此病的診斷有戲劇性增加之間的關聯。其他心理健康專業人員也必須警覺此產業對診斷無意間的影響（本書第 15 章會討論醫藥行業對研究的影響）。

診斷也會被用於詆毀原本就被社會歧視或厭惡的人。如同 Szasz（1971）所言，診斷可當成一種社會控制的形式。他舉例從主人手中逃走的奴隸會被標籤為患有心理疾病，且會被診斷為**奴隸躁症**（drapetomania）。另一個明顯的診斷問題是，在相同的症狀下，少數民族會比主流文化的人接受到更多較嚴重的診斷。例如，比起歐裔美籍人士，有相同症狀的非裔美國人以及拉丁人更有可能接受到思覺失調症的診斷（例如，請見 Grab, 1997; Manderscheid & Barrett, 1991; NIMH, 1980; Pavkov, Lewis, & Lyons, 1989）。另外，情緒障礙行為則較少被診斷到，可能是因為此偏差行為在不同團體中，被視為比較正常且常見（請見 Gray-Little & Kaplan, 1998）。在學校的許多教育及心理測驗形式則產生許多倫理及法律上的挑戰，研究發現這些方法傾向歧視非裔美籍與拉丁裔的孩童（Suzuki & Kugler, 2001; Walsh & Betz, 1995）。

Broverman 與她同事（Broverman, Broverman, Clarkson, Rosencrantz, & Vogel, 1970）的研究到現在仍很著名。這是第一個凸顯專業人員在其專業判斷中，如何表現出性別偏見的研究。研究者發現心理健康專業人員在定義健康的男性及健康的女性時，使用的是不同的詞彙；但是同一位專業人員卻使用近乎相同的詞彙來形容健康的男性及健康的成人。以這個邏輯來看，一位女性成人永遠不可能被認定為是健康的成人以及一位健康的女性。這項研究激發了一些其他的研究，也得到相似的結論。即使是近期的研究，仍然發現性別偏見依舊影響著一些諮商師的判斷（Danzinger & Welfel, 2000）。當然評估時的性別偏見也不只影響到女性而已。由 Robertson 和 Fitzgerald（1990）所做的研究顯示，性別偏見也會針對男性。研究者發現，比起行為比較符合性別角色期待的男性，身為非傳統角色的男性較容易被諮商師診斷為有困擾。其他學者表示，被標籤為違常或失功能的行為，反映了社會的偏見。Kaplan（1983）挑戰這個專業，要他們說明為什麼在西方社會女性身上常出現的行為會被標籤為是病態的，但當男人出現一樣的行為時就不會？她質疑為何官方的精神疾患分類學，將優柔寡斷與忠於所愛的人（即使他們是冷酷無情的）認定為失功能；但對於在表達感受上有困難、抗拒情感上的親近，以及在人際關係上具攻擊性這些特徵，卻不會將它們視為疾患？前者的特徵較常出現於女性，後者則較常出現於男性。Herman（1992）批判在邊緣性人格疾患的診斷中也出現性別偏見，且認為這些出現在此疾患中的症狀，或許更應該說是PTSD的複雜形式。然而，DSM目前並沒有這樣的診斷準則。

最後一個例子同樣令人感到不安。儘管自 1973 年起，同性戀者就已經不被認定為心理疾患，但是一項針對心理師的全國性調查（Pope et al., 1987）發現，5.3% 的受試者相信將同性戀本身視為病態，是**毫無疑問地符合倫理**。當回答同樣的問題時，有 14% 的諮商師給了相同的肯定答案（Gibson & Pope, 1993）。較近期的研究顯示，對同性戀當事人誤診的狀況減少了（例如，Keffala & Stone, 1999; Neukrug & Milliken, 2011; Stokes, 1999），但問題並沒有完全消失。在 Neukrug 與 Milliken 於 2011 年所做的研究顯示，有 5.8% 的專業諮商師視「將同性戀視為病態而加以治療」

為符合倫理的。總而言之，這些發現顯示對受壓迫以及被邊緣化的族群而言，誤用診斷的情形仍是相當嚴重。

這個研究也顯示要定義一個行為是否為功能不良，必須要放在社會或文化的情境脈絡下來看。如同 Marecek（1993）指出，所有對於變態行為的定義，皆根植於文化對「理想的生活是怎麼樣的」的概念而成。在某一個社會看起來很怪異的行為，在另一個社會可能被視為正常且受歡迎的。由不同文化的人們對於喪親之慟的反應，就可以說明這個事實。在某些文化中，毫無保留的情緒化反應是被鼓勵的，且被視為再正常不過；但在其他文化中，這種行為則可能被視為是極端且功能不良的。同樣地，在某文化中被視為適當的自信，可能會被別的文化標籤為不敬的傲慢行為。因此專業人員如果在評估健康與病態的定義時，未能將社會和文化脈絡列入考量因素，則可能會錯誤地將正常行為認定為病態的（Kress, Hoffman, & Eriksen, 2010）。Marsalla 和 Kaplan（2002）建議，對於當事人困擾的評估，應包含**文化邏輯晤談**（culturalogical interviewing），這是一個系統性探討當事人的生活情境對於健康和病態看法的程序。在面對身處不同文化的當事人時如何使用 DSM-IV-TR，可參考 Kress、Eriksen、Rayle 和 Ford（2005），Eriksen 和 Kress（2008），以及 Lopez 和 Guarnaccia（2005）。在 DSM-V 正在編修的同時，也開始出現一些討論，期待新的版本可以容納更全面性的方式，以顧及文化在診斷中的角色，例如，請見 Alarcn 等人（2009）。

最後，診斷也可能會變成當事人的「自證預言」（self-fulfilling prophecy）。舉例來說，一個被錯誤診斷為有重鬱症狀的人，可能會開始將自己正常的情緒變化視為是有問題的，且對此過度反應。其他人對待他的方式也可能會開始變得不一樣。同時由於不斷專注於低落的情緒會改變行為及思考，因此當事人原來的適應問題可能會逐漸發展成一開始診斷的憂鬱症。一個被錯誤診斷為患有注意力不足／過動症的孩童，可能會因此停止專注於學業的努力，因為他相信自己就如同診斷所說的無法專心。

總言之，診斷是一個有力的工具，專業人員必須學習如何負責任地使用它，才能夠幫助、而不是傷害當事人。診斷誤用的原因有很多，但在這些原因之下，是對診斷含意的不敏感、對診斷的技巧不足、知後同意不足，或是忽視了現今的診斷系統在科學上或實務上的限制。對於這些原因，美國諮商學會規定：

## 美國諮商學會倫理守則

**E.5. 心理疾患之診斷**

a. 適切的診斷。諮商師在提供心理疾患診斷時必須特別謹慎。必須謹慎選擇與適切運用用來決定當事人處遇（如治療重點、治療類型，或對後續處遇的建議）的衡鑑技巧（包含個別晤談）。

b. 文化敏感度。諮商師必須體認到文化會如何影響當事人對困擾議題的看法。在診斷心理疾患時，當事人的社會經濟地位以及文化經驗都應列入考慮。



# 測驗的倫理

有關測驗主要的倫理責任可分為：(1)編製、販售，以及為心理或教育測驗計分的人員之責任；(2)對當事人施測的專業人員之責任。不只是美國諮商學會及美國心理學會守則對此議題著墨甚多，也可參考其他的指引以及聲明，包括下列：

- 「教育與心理測驗準則」（*Standards for Educational and Psychological Tests*）（2004），為美國教育學會年會（AERA）、美國心理學會以及全國教育測量委員會（National Council on Measurement in Education, NCME）合作編撰。
- 「教育測驗實務公平性守則」（*Code of Fair Testing Practices in Education*）（2004），由測驗實務聯合委員會（Joint Committee on Testing Practices）出版。
- 美國心理學會「兒童保護事件之心理評量準則」（修訂版）（*Guidelines for Psychological Evaluation in Child Protection Matters (Revised)*）（APA, 2008）。

- 「家庭訴訟法之兒童監護權評估指引」（*Guidelines for Child Custody Evaluations in Family Law Proceedings*）（APA, 2010）。
- 「身心障礙者之介入及評估指引」（*Guidelines for Assessment of and Intervention with Persons with Disabilities*）（APA, 2011）。
- 「心理系研究生與大學生使用具安全性的心理測驗的注意事項」（*Statement on the Use of Secure Psychological Tests in the Education of Graduate and Undergraduate Psychology Students*）（APA, 2005）。
- 「施測者之權利與義務：指引與期許」（*Rights and Responsibilities of Test Takers: Guidelines and Expectations*）（Joint Commission on Testing Practices [JCTP], 1998）。
- 「使用測驗者資格之指引」（*Guidelines for Test User Qualifications*）（APA, 2001）。

總括而言，對於如何負責任地建構及使用測驗，這些文件都提供清楚的指引。如果能熟悉這些準則所使用的專有名詞，將有助於理解其說明。**測驗發展者**為建構以及出版測驗的人員或組織。**測驗使用者**為決定對特定族群提供以及（或是）解釋測驗的人員。**受測者**或**受試者**為完成測驗的人。以下先檢視測驗發展者之準則。

## ●● 測驗發展者之倫理

對測驗發展者基本的倫理原則為：(1)所編製的測驗須有充實的證據支持其信度及效度，須包含測驗常模與完整的（和更新的）指導手冊；以及(2)把消費者的福祉放在遠高於利益的第一位。根據這個標準，一份可讓人接受的指導手冊應闡述研究證據、描述適切的應用範圍，以及誠實地表達此測驗的優點及限制。此外，指導手冊應該提供詳細的常模資訊，以及描述不同種族、民族以及語言背景族群對此測驗之適用性。現今的準則也鼓勵測驗發展者提供資訊，以協助使用者避免對測驗結果出現常見的誤解。只適用於研究的測驗，應該要清楚地與適用於臨床或教育上的測驗做區別。對編製臨床或教育應用測驗有興趣的專業人員，應參考「教育與心理測驗準則」（JCTP, 2004）以取得關於測驗編製倫理的完整論述。

測驗編製者在其銷售活動中必須如實陳述測驗，以及將買賣對象限制於可證明其為有資格使用的專業人員〔見美國心理學會「使用測驗者資格之指引」（APA, 2001）有關使用測驗準則之細節〕。換言之，他們營利的動力應被對潛在測驗使用者福祉的承諾取代。大多數的測驗發展者會要求使用者透露他們的學位、執照、研究所課程內容以及心理測驗的訓練經驗。研究生若要尋找測驗以完成論文研究，也必須提供可負責的督導者之資訊。由 Eyde、Moreland 和 Robertson（1988）進行的研究以及許多網路上可藉由信用卡付費獲得的心理測驗（Erard, 2004）的狀況顯示，能夠遵守準則的承諾尚未普及，但無論如何，專業人員僅能使用自己有受過訓練的測驗之原則永遠存在。

美國諮商學會和美國心理學會說明測驗發展者的準則如下：

## 美國心理學會倫理原則

**9.05 測驗建構**

心理師在編製測驗和發展其他衡鑑技術時，須運用適當的心理計量程序和當前的科學或專業知識來進行測驗設計、標準化、建立效度、減少或消除偏誤以及提供使用上的建議。



## 美國諮商學會倫理守則

**E.12. 編製衡鑑工具**

在發展、出版或利用教育和心理衡鑑技巧時，諮商師必須使用廣被認可的科學程序、相關規範以及當前的專業知識來設計衡鑑工具。

## ●● 測驗使用者之倫理

那些為了幫助當事人而施測的人，對測驗發展者以及受測者均有倫理上的責任：以前者而言，實質上因為所有的測驗都是受版權保護，且受測者理論上對這些測驗題目應該並不熟悉，因此測驗使用者有責任要保護測驗的安全，以避免被偷竊或是未經授權的使用。此責任意味著測驗使用者必須妥善保管測驗工具，並避免複製或是以不恰當的方式散發測驗。測驗編製者耗費無數時間、心力與財力，以發展出一個兼具效度與信度的測驗，因此，他們有權以此獲得公平的利潤以及掌控要如何散布這些測驗資料。

這樣的標準意味著，讓當事人把測驗帶回家做是不符合維護測驗安全的準則的。令人訝異的是，有許多專業人員似乎對這個規範渾然不知。Pope 等人（1987）發現他們調查的受試者中，有 24.3% 的專業人員曾經請當事人把像是明尼蘇達多相人格測驗（Minnesota Multiphasic Personality Inventory, MMPI）這種測驗帶回家做。諮商師似乎也有同樣忽視的情況。在後來的研究中，有 26% 的諮商師也未能察覺請當事人把測驗帶回家的倫理問題（Gibson & Pope, 1993）。只要當事人一把測驗帶離開晤談室，專業人員就無法掌控這份測驗，且無法保證測驗會被適當地運用或是歸還。從臨床觀點來看，請當事人把測驗帶回家也不符合倫理。在這樣的情況下，諮商師沒有辦法得知當事人作答的情況。當事人可能會沒能遵守指示、違反時間限制，或是和別人一起討論測驗的內容。事實上，諮商師根本沒有辦法確認他們收到的測驗結果真的是當事人所完成的，也許有可能是由室友或是其他家庭成員作答的，或是可能完成測驗變成一個小組任務，小組間充分討論怎樣的回答是最適合的。如果上述的任何情況發生，則整個測驗不但無效，還適得其反。因此，專業人員必須夠靈活地想辦法讓當事人在可控制的情況下完成測驗。以科學上的準確性來說，也需要測驗情境盡可能與建立標準化測驗時的情境相同，如此一來，測驗結果才能夠與常模相對照。美國諮商學會倫理守則對於這一點描述得十分清楚：

## 美國諮商學會倫理守則

### E.7. 衡鑑實施的條件

a. 實施條件。諮商師需以標準化的方式實施衡鑑。當無法使用標準化的方式來實施衡鑑，例如可能必須考慮到身心障礙的當事人，或是在施測過程中當事人出現不尋常的行為或有特殊狀況發生，這些狀況在衡鑑解釋時都要被納入考量，甚至衡鑑結果可能被視為無效，或效度有疑義。

b. 運用科技施測。當使用科技化或其他電子方法來執行衡鑑時，諮商師必須確保施測流程有妥善運作，且能提供當事人精確的結果。

c. 無人監督的衡鑑。除非此衡鑑工具是為自我衡鑑及／或計分的用途而設計，且確定可以自我施測，否則諮商師不得允許未經適當監督而使用衡鑑。

d. 告知有利於施測的情境。在衡鑑之前應清楚告知受測者何種情境有助於讓衡鑑結果最有利。



有時候，實務工作者會自忖調整現有的其他測量工具以符合自己的需求，或是在測驗發展者不知情的情況下，擷取其測驗現有的題目到自己的測驗中。由於測驗是受版權保護的，因此對心理健康專業來說，運用其他測驗題目去發展自己的測驗，或抄襲現有的測驗，都是違法且不合倫理。測驗出版者可能會尋求法律賠償途徑。此行為也違反了實務工作者必須尊重專業同仁的義務。自編測驗結果的信效度也不得而知，進而使其分數也變得沒有任何意義。近幾年來，這種測驗在網路上似乎越來越多，且提供網站的人無法給予客觀研究佐證其測驗（Buchanan, 2002; Kier & Molinari, 2004; Naglieri et al., 2004）。這種運用科技的方式跟倫理準則相違背，也誤導大眾。美國諮商學會以及美國心理學會準則皆警告不依照科學程序發展之測驗工具，以及不當使用受版權保護測量工具的問題：

## ✸ 美國諮商學會倫理守則

### E.10. 衡鑑安全性

諮商師必須以符合法律及合約義務的方式，維護測驗與其他衡鑑工具的安全與完善。未經出版者同意與確認，諮商師不得挪用、重製或改寫已出版的衡鑑工具。

---



## ✸ 美國心理學會倫理原則

### 9.11 維持測驗安全性

此處所指的測驗材料包含手冊、模組、工具、題本和測驗問題或刺激，並且如同原則 9.04 測驗資料的釋出所定義，沒有包含測驗資料。心理師努力確保測驗材料與其他衡鑑技術的完整性與安全性，且符合法律規範與契約載明的義務，以及遵守倫理守則。

---



此外，國際測驗委員會（International Testing Commission）在 2005 年出版了「電腦化及網路測驗之指引」（*Guidelines on Computer-Based and Internet-Delivered Testing*），也是提供負責任的網路測驗做法的有用參考資料，是另一個實用的資源。即使測驗的編製看起來嚴謹，但是放到網路上的測驗仍會引起嚴重的安全疑慮，任何使用此媒介的人，都必須警覺可能會讓測驗結果效度打折扣的安全威脅（Foster, 2010）。

## 測驗安全性與當事人權益：互相衝突的法律義務

近幾年來，各州與聯邦法規的修改，已大幅度地改變了有關測驗安全性的倫理法規內容，因為這與當事人能否取得治療紀錄息息相關。針對所有遵守醫療保險可攜性與責任法案法規（是一種實際上幾乎包含所有提供心理健康服務的分類）的心理健康專業人員而言，此法規允許當事人檢閱他們的治療紀錄，包括個人紀錄的其中一部分——測驗結果（HIPAA Privacy Rule, U.S. Department of Health and Human Services [DHHS], 2003）。一些州的立法機構也以同樣的方式，制定了開放紀錄的法規，確認當事人有權獲知其在醫藥或心理健康紀錄中所有的資訊。例如俄亥俄州在 2003 年通過的法案影響深遠，不只授予當事人檢閱紀錄的權利，也禁止所有心理健康專業人員（除了醫生和整脊師）拒絕提供紀錄（Ohio Revised Code, Section 3701.74）。這類法規授予當事人權利，讓他們得以持有自己紀錄的副本，雖然要負擔影印副本的費用。試著思考下列的狀況：

### Margaret 和 DeJulio 醫生的案例

Margaret，一位 19 歲的社區大學學生，在完成護理課程上有困難，心理師 DeJulio 博士負責評估她是否有能力完成大學層級的作業。這位心理師實施魏氏成人智力測驗（WAIS-IV, Wechsler, 2008），作為評估的一部分。評估一完成，Margaret 便正式要求所有心理健康紀錄的副本，包括測驗結果。這件事造成 DeJulio 博士的困擾，因為在標準的魏氏智力成人測驗答案紙，也就是受測者答案紀錄紙上，也包含了真正的測驗項目，而這些是受到測驗安全性和版權保護的。這位心理師如果遵守醫療保險可攜性與責任法案及州法中讓當事人獲得紀錄的權益，即意味著他無法遵守著作權法，或是保護測驗出版者的測驗安全性。

## David 和 Richley 小姐的案例

當David——一位32歲的超市經理及新手爸爸——在初為人父和高壓力的工作間開始感到壓力時，他向 Richley 小姐——一位心理諮商博士實習生——尋求協助。這位諮商者對 David 施行明尼蘇達多相人格測驗第二版（MMPI-2, Butcher, Dahlstrom, Graham, Tellegen, & Kaemmer, 1989），作為衡鑑的一部分。測驗結果顯示他在第二及第四量尺的反應較強。David與Richley小姐都認為測驗結果對他的需求很有幫助。在為期六週的治療後，諮商在雙方同意下結束。幾週後，Richley小姐收到David要求所有紀錄副本的信函，這個要求很快便實踐了。Richley小姐給他所有與治療有關的筆記及表格、明尼蘇達多相人格測驗的報告、他施測使用的答案卡，以及上面繪有分數的剖面圖。大概一個禮拜之後，David打電話來想要一份包含測驗項目的指導手冊影本。當Richley小姐向David解釋她沒有權利釋出手冊時，David說他相信自己依據俄亥俄州的醫藥紀錄法，是有權獲得此手冊的。Richley小姐回應會去瞭解這個問題，並在有結果時盡快回覆他。

為了解決這樣進退兩難的困境，專業人員學會的倫理委員會致力於這個衝突和提出策略，以及提供專業人員更好的指引。雖然到最後，這些問題可能還是需要透過法律途徑解決，但專業人員學會為身處相似境遇的專業人員提供以下的準則及建議。美國心理學會在這個議題上挺身而出，幫助專業人員澄清屬於當事人紀錄一部分的測驗資料包括哪些，以及哪些衡鑑的資訊是專屬於出版者所有。

## 美國心理學會倫理原則

**9.04 測驗資料的釋出**

a. 所謂的測驗資料意指原始分數和量表分數、當事人／病患對測驗問題或刺激的反應，以及測驗過程中心理師對於當事人／病患陳述和行為的註記和紀錄。那些包含當事人／病患反應的測驗資料，均包含於測驗資料的定義中。依據當事人／病患的同意書，心理師僅能提供測驗資料給當事人／病患或是同意書內列舉的其他人。心理師基於下列考量而避免釋出當事人的測驗資料：為了保護當事人／病患或他人避免受到傷害、測驗資料遭到誤用，或者資料或測驗的錯誤呈現，以及瞭解哪些情況下依法不得釋出這些保密資訊。

b. 在缺乏當事人／病患同意提供資料的情況下，心理師僅於法律或法庭要求的狀況下方得提供測驗資料。



基於這些規定，Richley小姐認為自己沒有把包含MMPI-2題目的人格測驗指導手冊給David是正確的行為，因為手冊是受到版權保護的**測驗素材**，且上面沒有當事人資料。根據 Behnke（2003）的說明，Richley 小姐不需要釋出手冊，因為上面並沒有專屬於特定當事人的資訊。提供這些給當事人，將會違反專業人員對於測驗安全性的義務。至於 DeJulio 博士的情況比較複雜，因為寫有當事人答案的答案紙上，也包含魏氏智力測驗的測驗題目。根據醫療保險可攜性與責任法案以及倫理守則中的陳述，答案紙似乎符合**測驗資料**的定義；然而，把這份資料交給當事人，似乎與著作權法，以及當他向出版者購買測驗時簽署的同意書不符。因此，最理想的解決方法為：與當事人商量，詢問她是否能夠接受不附上受版權保護的測驗題目的答案摘要，或是將測驗題目蓋住，但保留所有 DeJulio 博士對於當事人回應的註解修改版本（Behnke, 2003; Fisher, 2003; Erard, 2004）。如果當事人堅持要與現存紀錄一樣版本的答案紙，則建議 DeJulio 博士和律師討論著作權法與醫療保險可攜性與責任法案之間的衝突問題。不過還是要注意到醫療保險可攜性與責任法案和美國心

理學會都允許心理師在釋出資料可能會對當事人的安全造成威脅，或是造成重大損傷的情況下，可以保留資料（Behnke, 2003）。Kaufman（2009）提出策略協助心理健康專業人員若是受到法院傳喚，要求提出測驗題目這類資料時可參考。常常面臨被法院傳喚或是與司法案件有關的讀者，會發現這份資料不論是對釋出測驗資料的倫理或法律議題都很有幫助。

美國諮商學會倫理守則的條文似乎與醫療保險可攜性與責任法案的要求不盡相同。內容如下：

## ✸ 美國諮商學會倫理守則

**E.4. 提供衡鑑資料給具備資格的專業人員**

只有在經由當事人或其法定代理人的知後同意後，諮商師才得以釋出會揭露當事人身分之衡鑑資料。這些資料只能提供給諮商師認定有能力解釋衡鑑結果者。



想當然爾，美國諮商學會倫理守則和與美國心理學會倫理原則都同意專業人員在遇到倫理標準與法律或法規相抵觸時，以遵循法律為先。

## ✸ 美國諮商學會倫理守則

**H.1.b. 倫理與法律相衝突時**

如果倫理責任和法律、規範或其他立法機關相衝突，諮商師要表達自己願意遵守**美國諮商學會倫理守則**，並且採取手段以化解衝突。如果無法藉此化解衝突，諮商師應遵守法律、規範或其他立法機關的規定。

## ✸ 美國心理學會倫理原則

**1.02 倫理與法律、規範或其他法定權限間的衝突**

如果心理師的倫理責任與法律、規範或其他法定權限間有衝突，心理師應澄清此衝突的本質，說明他們對於倫理守則的承諾，並且採取與倫理一般原則及倫理守則準則一致的適當措施解決衝突。在任何狀況下，此準則均不可用來作為侵犯人權的行為之託詞。

 American Psychological Association. (2010a). Ethical principles of psychologists and code of conduct (2002, amended June 1, 2010). Retrieved from http://www.apa.org/ethics/code/index.aspx.

## ●● 測驗使用者之義務

心理健康專業人員對受測者的倫理責任十分廣泛，且需要詳盡的討論。第一項責任是**能力**。Weiner（1989）指出「在心理診斷工作中，稱職但不符倫理是可能的，符合倫理卻不夠稱職是不可能的」（p. 829）。測驗程序對未受過訓練的人來說，看似相當簡單。乍看之下，解釋人格測驗、成就測驗的分數或是其他工具似乎易如反掌，然而，針對預定的目的或對象選擇正確的測驗，需要完整的專業判斷以及廣泛的訓練，才能瞭解指導手冊與研究資料（Cates, 1999）。同樣地，合宜地進行測驗對有意義的測驗結果非常重要，且需要的能力不僅只是看著測驗指導語照本宣科，而是需要瞭解當面對特殊當事人的情況時，要如何在不損害結果的效度前提下，調整測驗條件。舉例來說，對口吃的受試者施行個人智力測驗，心理健康專業人員應該要知道如何在不讓結果失效的情況下，調整測驗的進行方式，且知道如何在測驗結果報告中解釋此一調整。最後，與當事人解釋分數以及討論測驗結果，常是整個環節中最艱鉅的任務。倫理守則與學術研究（例如，Anastasi, 1992; Pope, 1992）都對此議題十分關注。

這些任務必備的能力有哪些？包括：

- 對於特定評估工具的正式學習，包括仔細閱讀研究文獻、指導手冊以及其他

相關資料。

- 對於統計及計量的背景，足以瞭解信度、效度、常模以及測驗出版者提供的描述性資料。
- 理解測驗的優缺點，且瞭解要如何運用到不同族群的受試者。
- 對於使用測驗的被督導經驗，包括對當事人解釋測驗結果之後，由專業的督導者判定是否夠稱職。

發展這樣的能力需要多久的時間，會因專業背景以及特定測驗工具而有所不同。複雜的人格測驗，像是明尼蘇達多相人格測驗第二版（Butcher, Dahlstrom, Graham, Tellegen, & Kaemmer, 1989），或是羅夏克測驗（Rorschach, 1951）就需要數個月的嚴謹學習。當然，並不是所有的測驗都需要如此費時的學習，但仍都需要相似的系統性學習以增進能力。Walsh 和 Betz（1995）建議越有可能被誤用的測驗，對此能力的要求標準就必須更嚴格。

擁有特定的碩士學位並不能證明其能力。會使用某種測驗也不代表有能力使用其他任何一種測驗。能力是在心理健康領域擁有碩士學位的個人，根據特定訓練及經驗所形成。心理系所課程一向提供比較強的測驗訓練〔且大部分的測驗都由心理師進行（Frauenhoffer, Ross, Gfeller, Searight, & Piotrowski, 1998）〕，但並非所有的心理師都有通過完整的測驗訓練課程。同樣地，這方面的課程在諮商師教育系所中常常較不完整，但某些系所可能在這個領域中卻特別強調。因此，是否有能力，往往依據個人對於某特定工具的經驗及背景判定。Smith 和 Dumont（1995）的發現指出，有些專業人員在面臨自己的測驗能力已不堪使用時，並沒有做到他們應盡的努力。他們的研究發現這些心理師時常針對他們缺乏經驗或訓練的效度不佳測驗提供解釋。

專業人員準則不只要求執業者自己要負責行事，且當測驗與衡鑑程序被資格不符的人誤用時，也要進行干預（請見美國心理學會倫理原則，9.07）。這樣的要求是基於測驗被誤用的風險以及對當事人的傷害。美國心理學會原則也指出，心理師不該採取任何促使不夠格的個人進行衡鑑程序的行動。

有些州對於非心理師使用心理測驗有法律上的爭議，有些法律議題也尚未解決

（Marino, 1995）。舉例來說，路易斯安那州只允許「特別授權」的諮商師施行心理測驗。在路易斯安那州，沒有這個授權的話，諮商師會因未持執照使用心理測驗而遭到起訴（Remley & Herlihy, 2009）。事實上，這樣的案例真的發生過（*Louisiana v. Atterberry*, 1995）。然而，俄亥俄州的檢察總長反對只有心理師才能進行被稱之為「心理」的測驗程序（Montgomery, 1996），因此支持其他稱職的心理健康專業人員也有權利施行測驗。同樣地，印地安那州立法機關也廢除了允許心理學委員會提出限制測驗名單的法規（Fair Access Coalition on Testing, 2007）。因此，在此情況下考量的**倫理**準則是其能力，而非執照。不用說，諮商師應該要注意該州的法律修訂狀況，以確定會影響自身的法律規範。專業學會對此也一直積極討論。美國心理學會成立測驗使用者資格工作小組，有一部分即在關注不稱職的測驗使用。他們最後一次出版的文件「測驗使用者條件之評估」（*Assessment of Test User Qualifications*）（Turner, DeMers, Fox, & Reed, 2001）中，整理出測驗的最低要求程度能力為何，其立場認為使用測驗的能力是基於行為上的表現，而非由一張執照或證照來認定。當出現心理測驗只能限制給有執照的心理師使用的運動出現時，另一個專業團體——測驗公平使用聯盟（Fair Access Coalition on Testing, FACT）即為了挑戰這個主張而成立（http://www.fairaccess.org）。近來的團體也與這個主張相抗衡，認為擁有特定的專業證照不等於就自然而然擁有使用某個測驗的技巧。

除了能力之外，Urbina和Anastasi（1997）描述測驗倫理中第二個重要的部分。他們強調測驗應達到與當事人的需求有**關聯性**這個標準。只是為了做測驗而施測或因應機構的要求而施測是不恰當的。由於測驗的主體是當事人，且會侵犯隱私，以及受到技術不足的人誤用，因此一定要符合關聯性的準則。基於研究用途而使用測驗，只有在明確的知後同意下才得以使用。

第三個對測驗使用者重要的倫理要求是**做決定的多重準則**。意思是測驗不得當作臨床或教育決策的唯一準則。Anastasi（1992）稱此為「單一分數的風險」（1992, p. 611）。測驗的預測能力有限，且測驗使用者有時很難評估哪些測驗結果是無效的。因此，所有會影響當事人未來的決定，都必須採用多重準則。舉例來說，絕不能只因為某個測驗分數提高，就因此診斷病人為憂鬱症。專業人員必須找出獨立且確鑿的證據來做出診斷。這些證據應從個人晤談、行為表現以及重要他人的報告等

等而來。Ibrahim 和 Arredondo（1986）非常清楚地說明這個責任，指出稱職的評估應該是「多來源的、多層次的、多方法的」（p. 350）。同樣地，不能只根據單一測驗的分數，就決定一個孩子的就學安置。只依賴測驗資料而做的決定，對當事人造成的錯誤及傷害可能太大。

最後，專業人員應瞭解當被要求根據測驗結果做推理時，他們的責任為何。換句話說，他們有責任理解針對測驗沒有直接評估到的行為所做的推理，有其限制。一位諮商師或治療師可能會想知道某個測驗分數可否預測暴力或是自殺傾向。當被要求要做出這樣的推理時，專業人員須認清他們做的判斷無法像判斷目前功能一樣那麼有把握。預後尤其困難。舉例來說，一位治療師會比較確定在憂鬱量表上升高的分數代表現在的哀傷，而非代表未來的情緒狀態。因此，使用這樣的推理進行建議的測驗使用者，不得超越目前所知而做過度推理，且一定要將能補充測驗限制的內容納入（Weiner, 1989）。

美國心理學會曾出版了一系列使用測驗倫理議題的個案研究報告，可以幫助專業人員檢視這些倫理準則如何運用在特殊情況（Eyde et al., 2010）。強烈建議計畫要以施測當作專業工作一部分的讀者，參考這個以及其他在建議讀物中的資源，以得到更進一步的指導。

## 當事人有關測驗的權利

### Josephine 的案例

Josephine 在醫院裡接受產後憂鬱的治療。在初次晤談中，她被要求做明尼蘇達多相人格測驗第二版以及其他測驗。她很納悶做這些測驗有何用意，以及為何自己目前需要做這些測驗，不過她沒有提出任何疑問，整個過程中也沒有人主動跟她說。住院後的第二天，她完成這些測驗。在她八天住院的期間，都沒有人再提及測驗或其結果。

倫理守則中描述當事人的許多權益，以及隨之而來專業人員的責任，以確保當事人的權利受到保護。其中最根本的為測驗的**知後同意權**。當事人應被告知擬施測測驗的目的、任務、運用以及意義，包括可能造成的任何風險及利益。如果測驗資料會被用於做任何決定，當事人都應該知道。舉例來說，如果明尼蘇達多相人格測驗第二版的結果會決定當事人是否有資格接受特殊的治療計畫，則當事人應被告知。同樣地，如果某個教育測驗會用來決定是否適合接受某些特殊服務，則應將此資訊與家長和孩子溝通。當事人有權利得到他們對測驗疑問的解答，此原則的例外是可能涉及測驗安全或效度的測驗題目及其他資料應該被排除在外。如果測驗結果的副本要放入當事人的檔案中，也必須向當事人解釋。不用說，當事人也應該要瞭解，他們有權利隨時拒絕測驗，或是撤回知後同意。以下為美國諮商學會守則具體的條文敘述：

## 美國諮商學會倫理守則

### E.3. 衡鑑中的知後同意

a. 對當事人解釋。進行衡鑑之前，諮商師應向當事人解釋衡鑑的性質和目的，以及可能取得衡鑑結果者將如何運用衡鑑結果。解釋應以當事人（或當事人的法定代理人）的母語進行，除非有事先說好其他的例外情形。諮商師必須考量當事人個人或文化脈絡、當事人對於衡鑑結果的理解程度以及結果對於當事人的影響。



美國心理學會守則用以下的方式說明評估的知後同意：

## ✸ 美國心理學會倫理原則

### 9.03 衡鑑中的知後同意

a. 心理師取得關於衡鑑、評量或診斷服務的知後同意，如同描述於原則3.10知後同意，除了當(1)測驗是被法律或政府規範所要求；(2)因為施測為例行的教育、機構或組織活動，故知後同意是隱含的（例如，當謀職時，參與者自願地同意接受衡鑑）；或者(3)測驗的其中一個目的乃是為評估某項決定性的能力。知後同意包含衡鑑的性質與目的、費用、第三方的參與，以及保密性的限制和提供當事人／病患充分詢問和獲取答案的機會。

b. 心理師對於知後同意能力上有所疑慮者，或者對於被法律或政府規範要求測驗的對象，仍須使用受衡鑑者可理解的語言，向其說明預計要提供衡鑑服務的性質和目的。

c. 心理師如果需要翻譯員協助，需取得當事人／病患的知後同意並確保測驗結果的保密性和測驗安全性的維持，且於他們的建議、報告和診斷或評估性描述（包含法庭上的證詞）中說明此情形以及闡明所取得資料的限制。

 American Psychological Association. (2010a). Ethical principles of psychologists and code of conduct (2002, amended June 1, 2010). Retrieved from http://www.apa.org/ethics/code/index.aspx.

在Josephine的案例中，專業人員施測的行為很明顯地不符合上述兩種倫理原則的要求。

美國諮商學會倫理守則強調了知後同意的另一個部分。E.7.d.說明「在衡鑑之前應清楚告知受測者何種情境有助於讓衡鑑結果最有利。」舉例來說，如果研究顯示充足的休息以及正向的測驗態度有助於成就測驗的表現，則在施測前，當事人應被告知這些因素造成的影響。

第二個當事人的權益則是專業人員對測驗結果有所**回饋**。多年來回饋都被視為可有可無，隨專業人員選擇使用與否。即使到最近的1983年，Berndt 的研究仍發現只有一小部分的臨床工作者樂於提供回饋，且有一些人相信分享這些資料是不智的。在他研究中的其他受試者則是傾向有限度的回饋，有些人說明他們只分享好消息。消費者權利運動是改變此情況很重要的因素，但還是有一些地方未能重視此權益。但是現今的倫理原則對此非常明確，除非一個人在測驗前放棄他或她接受回饋的權利，或是法律禁止回饋，否則專業人員必須提供測驗結果的解釋。以下為倫理守則的闡述：

## 美國心理學會倫理原則

**9.10 說明衡鑑結果**

無論計分和解釋是否由心理師、工作人員或助理，或是透過電腦自動化或其他外界的服務完成，心理師應採取適當的措施確認給予當事人或指定的代表關於結果的解釋，除非原本這份關係的本質就已事先排除提供解釋的必要性與可能性（例如於某些機構的諮詢、在正式受僱前或基於安全考核，以及法庭上的評估），且此事實已經事先向被衡鑑者清楚說明。



## 美國諮商學會倫理守則

**E.1.b. 當事人福祉**

諮商師不得誤用衡鑑之結果與解釋，並採取合宜的步驟阻止他人誤用這些資訊。諮商師尊重當事人有權利知道結果、解釋以及他們做出結論與建議的依據。



要求諮商師與當事人直接討論測驗結果有幾個理由。第一，測驗容易出錯，當事人應該要有機會針對錯誤的或被誤導的結論加以回應。尤其如果測驗資料將會影響當事人未來的決定，則改正錯誤的機會就變得特別重要。對於結果的討論也能幫助諮商師評估測驗結果的信度與效度，以及準確地解釋測驗中細微的或令人疑惑的

結果。舉例來說，在明尼蘇達多相人格測驗第二版的L（撒謊）量表中的分數提升，可能代表受測者試圖用如此天真的方式留下好印象，或者代表這個人有著不尋常且嚴格的宗教信仰成長背景。與當事人討論以往或現在的生活狀況，也可以幫助專業人員更確定這些量尺的精確解釋，以及在陳述測驗分數的意義時能夠更有自信。

當事人也是需要回饋的。如同 Matarazzo（1986）所述，測驗對當事人來說並不總是簡單的。測驗程序讓人焦慮感提升、迫使當事人專注於令人不舒服的議題上、常常十分繁瑣，而且很傷腦力。諮商師和治療師通常都是學業成就高以及熟悉測驗情境的人，因此他們常忽略了對學業經歷可能沒那麼有成就的當事人來說，這個任務的繁瑣程度。對一些當事人來說，光是讀懂紙上的文字，就已經耗費許多心力。就算認知能力能對測驗從容以對的當事人，仍是要付出心力的。舉例來說，一個因憂鬱或焦慮所苦的人，光是要能夠專心回答問題，以及將心思停留在題目上就必須耗盡心力。簡言之，一旦當事人同意施測時，等同於做了一個鉅額的投資。因此用當事人能理解的語言做明白、精確的回饋，是對這個投資公平的回應。

最後一個應該要進行回饋的理由，是有研究證明回饋具有治療價值（Finn & Kamphuis, 2006）。舉例來說，在一項研究中（Finn & Tonsager, 1997），接收到明尼蘇達多相人格測驗第二版測驗回饋的當事人，症狀及痛苦程度都顯著地減少。據報告顯示，回饋也沒有負面後果，當事人反而對此經驗十分肯定。此發現與其他學者的觀點一致，即回饋能夠增進當事人與心理師之間的關係、當事人的合作程度，以及對測驗與專業人員的好感（例如，請見Dorr, 1981; Finn & Butcher, 1991; Fischer, 1986; Newman & Greenway, 1997）。在Josephine的例子中，提供測驗者不僅違反了回饋的要求，也失去了利用測驗帶來治療效果的機會。

那麼為什麼心理健康專業人員不太熱衷於給予回饋呢？Pope（1992）找出三個原因：(1)因為他們發現，要宣布壞消息令他們感到不舒服；(2)因為他們發現很難找到當事人能理解的語言來翻譯專業術語；以及(3)因為測驗結果的內容不是如當事人期望的那麼清楚明白（p. 268）。雖然這些理由都可以理解，但沒有一個是可以避免回饋的理由。當經歷這些反應時，專業人員應該要尋求督導者的協助，決定要如何有責任感又專業地進行回饋。若這樣的反應一再發生，則此人使用測驗的能力可能不足，因為使用測驗的能力原本就包括能夠含蓄而敏銳地解釋負面消息的能力、輕鬆地翻譯術語的能力，以及開放地討論測驗限制的能力。

專業規範並沒有很精確地解釋何謂回饋。是指要分享所有量尺上的每一個代碼嗎？是要同時包含口語或書面的回饋嗎？能不能縮減到只要幾句一般性的說明即可？給予回饋的義務與出版者對於測驗安全的權利，要如何平衡？最慎重的普遍原則為，盡可能依照時間許可、當事人有興趣的程度以及測驗安全允許的範圍充分說明，並省略或延後回饋諮商師判斷可能會對當事人目前的人格造成傷害的結果。值得注意的是，倫理規範並非要求所有的情境都得給回饋。如果專業人員選擇忽略討論測驗特定的某部分，這個決定必須是根據對當事人福祉的客觀考慮，而非因為希望避免做這件事時覺得不自在。這樣的判定應該符合「攤在陽光下」的準則，且須時常檢視，以便一旦當事人的心理狀況改變，變成可以接受這些結果時，專業人員就能夠揭露這些發現。

在給當事人回饋的時候，諮商師及治療師有義務提醒當事人測驗非萬能，並且以假設性而非結論性的形式呈現結果。測驗並不包含「絕對的真實」；相反地，測驗只是提供假設，或許因此能幫助其瞭解自己的行為以及建議治療策略。執業者應該要慎重其事地準備回饋的那次晤談，警覺到當事人通常會怎樣誤解分數，而且在描述時要竭盡所能的精確（Pope, 1992）。回饋晤談的焦點應該包括探討當事人在測驗期間的經驗，以及他或她在這次晤談的目標。簡單明瞭、能讓當事人瞭解的語言是非常重要的——專業術語並不能用來溝通，也無法促進當事人信任測驗結果。即使專業人員符合這個標準，也可能以另一種方式出錯——敘述過度冗長，無法讓當事人在一次晤談就可以消化吸收，因此使得當事人負荷不了。這個錯誤是因為試著要「將測驗一次解決」，而非讓當事人對這個結果有所啟發。這種情況下，諮商師只是滔滔不絕講個不停，讓當事人沒有什麼機會回應，因此辜負了回饋原本要達到的目標：諮商師與當事人一起合作以決定測驗結果的意涵以及帶來的衝擊，作為後續晤談的素材。

近年來，專業人員以當事人能瞭解的語言提供回饋，在倫理守則中已受到關注。「教育與心理測驗準則」（JCTP, 2004）對何謂適當的解釋測驗結果闡述得很清楚：「……應該以簡單的語言說明測驗包含哪些內容、分數代表什麼、分數的準確性、對測驗分數常見的誤解是什麼，以及測驗分數如何被使用」（Standard 5.10,

p. 65）。

在某些州或場域中，成文法和判例法可能會影響回饋的提供。舉例來說，當法院要求進行心理測驗，以確認當事人是否可受審，則在法律上完全沒有義務要提供當事人測驗結果（APA, Committee on Psychological Testing and Assessment, 1996）。法院甚至可能禁止提供回饋。在這個情況下，專業人員得遵從法律的規範，而不需要擔心受到倫理規範的懲罰。然而，如果情況允許，專業人員仍應該試圖提供一些資訊給受測者，以保障其基本人權。

有時候，對於測驗結果所提供的資訊一定得有所因應（Pope, 1992）。舉例來說，測驗顯示一位 12 歲的受試者很可能會自殺或是有物質濫用的問題。在此情況下，專業人員的保護責任於焉啟動，至少得進一步探討測驗結果的正確性。如果其他調查顯示另外的資訊也證實了這個測驗結果，則專業人員應該著手預防可能的傷害。

當心理健康專業人員受僱為組織的諮詢者以及評量者時，他們通常與受測者沒有直接的關係。本質上，其組織才是當事人。組織可能會運用測驗來篩選不合適的應徵者，或是法院可能試圖以此蒐集資料以做出監護權的裁決。在這樣的例子中，受測者可能會被要求放棄得到測驗結果的權利。心理健康專業人員可以尊重這個要求，*在施測之前*先徵求受測者的同意，且提供足夠的知後同意資訊。

回饋晤談的長度會因當事人與測驗而異。對此的討論中，管理式照護以及短期治療所帶來的壓力是主要的考量重心。然而，在此任務究竟該投入多少時間，應是取決於以下幾點：

- 當事人對於測驗結果的意涵是否滿意。
- 專業人員評估回饋是否澄清了對於測驗結果的任何疑惑。
- 測驗結果如何影響治療計畫的協議。
- 向他人揭露測驗結果（若當事人在測驗前同意）所帶來的影響。

提供當事人回饋測驗結果的過程應該要記錄在當事人紀錄中，連同當事人對於回饋的評論，以及任何有關測驗的、需要後續追蹤的部分。

當事人也有權利保護測驗結果遭到另一種形式的誤用，那就是不當使用過時或不合時宜的測驗結果。這樣的標準是基於測驗樣本是在單一的時間內完成（Anastasi, 1992），不可能擁有永久的效度。兩種倫理規範都對這個議題有清楚的說明：

## ✸ 美國諮商學會倫理守則

**E.11. 過時的衡鑑工具與不合時宜的結果**

諮商師不得使用過時或與當前施測目的不符的衡鑑資料或結果。諮商師必須盡全力避免他人誤用過時的衡鑑工具或資料。



## ✸ 美國心理學會倫理原則

**9.08 老舊的測驗和過時的測驗結果**

a. 心理師不得以過時或與目前測驗目的不符的測驗結果為依據，來進行評估或介入處遇的建議。

b. 心理師不得以老舊且與目前測驗目的不符的測驗結果作為做決定或推薦的依據。



測驗何時變得不合時宜，會因個別的測驗工具、所評估的構念以及接受衡鑑的人而有所不同。舉例來說，憂鬱情緒可能變化多端，因此評估該構念的測驗分數會很快就過時；但對於外向性或空間概念的評估可能就會持續穩定很長一段時間。對此議題的判斷有其個別差異性，必須根據測量關鍵構念的科學條件而定。任何用於預測未來行為的測驗，都會在真正的行為出現之後立刻變得不合時宜，如預測研究所課程的表現。換句話說，如果要預測順利完成碩士學業的可能性，則標準化測驗的分數會不如受測者在碩士第一年或第二年的成績還要來得可靠。這些原則也適用於專業人員有時接受外部資源如學校系統、法院或其他組織委託所進行的衡鑑。

## ●● 測驗解釋服務與電腦化測驗的合宜運用

進行心理測驗時，諮商師和治療師常常會使用電腦化計分與解釋的服務。實務工作者認為這些服務可以節省時間，減輕使用複雜計分工具的繁複作業。在一項由 McMinn、Ellens 和 Soref（1999）所做的研究中，有 85% 的心理師指出他們曾經使用電腦化服務來計算心理測驗的分數。使用計分服務是符合倫理且明智的決定，因為它可以避免人類容易犯下的計分錯誤。這類服務常會連同分數，提供一份制式的測驗結果解釋；這個解釋的使用才是有爭議之處。在使用電腦化測驗解釋之前，一定要符合一些條件才能夠符合倫理。

第一，電腦化的測驗解釋一定要根據經過驗證的標準而定，且這些結果應讓申請提供服務的人都能夠運用。Matarazzo（1986）曾批評服務單位所使用的計分標準，因為它們並沒有提供文獻說明這些計分標準有科學證據支持，並且這些標準也未曾經過獨立學者客觀檢閱過。這樣的疏漏事關重大，因為通常測驗結果會被包裝得看起來非常專業、完整以及精心製作，看起來很科學。Anastasi 將之稱為「虛幻的精確性之危害」（1992, p. 611）。第二，根據 Matarazzo 的說法，雖然一些測驗分數可以加以組合，但是這些測驗結果未能產生出多重的結果解釋。另外也有關於電腦化報告的批評。Bersoff 和 Hofer（1991）表示，這樣的報告無法個人化，且無法將受測者獨特的特性含括在內。除此之外，他們也認為這些報告是「枯燥、非個人化的、不夠具體的」（p. 243）。Garb（2000）也提及有些整套的解釋是高度可疑的，而將這些整套的解釋使用在不同的族群時，可能會產生有差異的效度。

電腦化解釋服務最大的危險，是沒有能力解釋測驗的諮商師與治療師會在工作中使用這些解釋，並將之呈現給當事人。「教育與心理測驗準則」（JCTP, 2004）譴責這樣的行為。電腦化測驗解釋一定得配合專業判斷一同使用。一項針對心理師的全國性調查發現，實務工作者認為衡鑑的最嚴重倫理議題之一，就是由不符合資格的人士來解釋測驗結果（Pope & Vetter, 1992）。測驗使用者須為每一位當事人確認測驗結果意義的責任，並不能只因為一個看似可信（但缺乏對當事人的第一手知識）的組織寫了測驗解釋的報告就煙消雲散。使用這樣的工具，負責任的唯一一種方式是將之視為「第二手的參考意見」。這些工具應該當作精確評估測驗結果的輔助，而不是成為心理師專業性不足的代替品。如果一位專業人員沒有這些電腦化的測驗結果就不會解釋這些測驗，根本就不該使用這些報告。Bersoff和Hofer（1991）以及Snyder（2000）指出，如果使用電腦化計分與解釋有法律上的問題，則測驗使用者以及提供服務的組織都有可能會被列為被告。無法展示其獨立能力的測驗使用者，在醫療疏失或瀆職的法律訴訟上會十分不利。

最後一個電腦化測驗解釋的風險是，即使能力足以解釋測驗結果的專業人員，也可能會過度依賴電腦報告，或是未能如必要的那樣勤奮地解釋分數。McMinn 與其同事的研究發現，有一小部分（6%）的心理師曾至少「很少」使用電腦解釋來取代自己的解釋，但有較多的心理師（56%）曾至少「很少」將電腦報告的某部分「剪下、貼上」到自己對於測驗發現的總結報告中。McMinn 的研究並沒有提供足夠的證據來確認做這種剪貼工作的專業人員是否違反了任何的倫理規範。然而，只有在專業人員有完整的臨床理論來支持他為何剪接某個片段的結果解釋放入某一個案例，以及在專業報告中引註這些立論的出處，這樣才符合倫理（檢閱電腦化評估倫理議題最好的例子，請見 Schulenberg & Yutrzenka, 2004）。

美國諮商學會倫理守則主要著眼於發展計分與解釋服務者的責任。美國心理學會原則的陳述相差無幾，不過有討論更多有關此服務使用者的義務。

## 美國諮商學會倫理守則

### E.9. 衡鑑之計分與解釋

c. 衡鑑服務。諮商師在整個衡鑑歷程中提供衡鑑的計分與解釋服務時，須確保這些解釋的有效性。諮商師必須精確地陳述衡鑑目標、常模、信度、效度與應用的程序，以及他們須具備哪些特殊的資格來使用這些衡鑑工具。網路提供的自動化測驗解釋服務，被視為是專業人員之間的諮詢。諮詢者形式上的責任是對被諮詢者，但是最終極與最重要的是對當事人負責。

## 美國心理學會倫理原則

**9.06 解釋衡鑑結果**

當解釋衡鑑結果，包含自動化的解釋時，心理師應將可能影響判斷或降低他們正確解釋衡鑑目的和影響各種測驗因素、作答能力，以及其他受衡鑑者的特質，如情境的、個人的、語言的和文化的差異等同時列入考量。他們指出測驗解釋中任何顯著的限制。

**9.09 測驗計分和解釋服務**

a. 心理師在對其他專業人員提供衡鑑或計分服務時，必須正確地描述目的、常模、效度、信度和程序的應用，以及任何使用資格的限制要求。

b. 心理師基於此程式和程序的實證基礎以及其他適當的考量，來選擇計分和解釋服務（包含自動化計分解釋服務）。

c. 心理師對於衡鑑工具的適當應用、解釋和運用負責任，無論他們是自己計分解釋或使用自動化或其他的方式計分解釋服務。

---



## 心理測驗之多元性議題

倫理守則提醒心理健康專業人員要注意到可能會影響評估工具的合宜進行或解釋的性別、年齡、種族、國籍、性取向、身心障礙、語言或是社會經濟地位等因素（美國心理學會倫理原則，9.06）。美國諮商學會倫理守則則同時關注針對多元族群選擇測驗之倫理，以及其合適的施測與解釋：

## 美國諮商學會倫理守則

### E.6. 工具之選用

c. 多元文化族群。諮商師在選用衡鑑工具給多元文化族群時必須審慎警覺，避免使用缺乏適切的當事人族群心理計量屬性的測量工具。

### E.8. 衡鑑中的多元文化議題

在使用以非當事人族群為常模的衡鑑技巧時，諮商師要特別謹慎。諮商師必須體認到年齡、膚色、文化、障礙、民族、性別、種族、語言偏好、宗教、靈性、性取向以及社會經濟地位等對於測驗實施與解釋的影響，並將其他相關因素列入考量，以適當的角度來呈現測驗結果。



「心理師之多元文化訓練、研究、實務與組織變革指引」（*Guidelines on Multicultural Training, Research, Practice, and Organizational Change for Psychologists*）（APA, 2003）這個準則，以及多元文化之學術領域都十分強調三個特別的議題。第一，因為沒有所謂的免受文化影響的測驗（Urbina & Anastasi, 1997; Walsh & Betz, 1995）或完全沒有偏見的專業人員（Roysircar, 2005），因此專業人員一定要依照當事人的社會與文化背景，來選定以及解釋衡鑑工具。這個觀點得到 Constantine 和 Sue（2005）的共鳴，他們廣泛且詳細地闡述稱職的多元文化衡鑑為何。這些作者表示，諮商師需要具備潛在偏見可能如何影響測驗結果解釋的**知識**，以及顧及多元性當事人利益的使用測驗工具的**技巧**（見第 3 章以檢閱更多對於這些能力的討論）。

在這個領域中，一個很重要的考量是取得當事人族群的標準化資料。當測驗沒有特定文化族群的常模時，就要找尋替代的測量工具。如果沒有替代的測量工具，則必須要審慎地解釋測驗結果。舉例來說，一個心理健康機構為拉丁裔或亞裔當事

人施行人格衡鑑時，如果有明尼蘇達多相人格測驗第二版可以作為代替的話，就不應該使用原版的明尼蘇達多相人格測驗，因為只有這個較新測驗工具的常模群組中，才有涵括這些當事人的族群。但專業人員的職責並不因為使用了新的測驗就停止。他們還必須熟悉此測驗中關於這個族群分數的後續研究，因為要精確地解釋特定分數或模糊的測驗發現時，這樣的研究是非常重要的。

第二，測驗使用者也應該要小心地檢視測驗是否有出現內容偏誤（Herlihy & Watson, 2003; Roysircar, 2005; Walsh & Betz, 1995）。當測驗項題對不同的文化族群來說並不同樣地熟悉時，內容偏誤就會發生。對住在西南沙漠區的美國原住民來說，要他們回答關於落葉木的測驗問題，可能是非常困難的，因為他們的環境裡不常出現這類樹種。同樣地，都市居民可能沒辦法回答需要農村或郊區環境知識的問題。敏感於此情況對測驗結論造成的影響，對避免測驗的錯誤解釋來說是非常重要的。幾個知名的人格測驗近來都致力於消除測驗內容偏誤的現象（如明尼蘇達多相人格測驗第二版）。內容偏誤已變成很多關於多元文化族群的認知能力測驗文獻中辯論的焦點。學者曾清楚評論不同文化族群在一些測驗工具中得分偏低，至少有部分是因內容偏誤所導致（Lonner & Ibrahim, 1996）。

第三，由於專業人員有責任避免歧視，且必要時均需介入，因此他們應該要警覺於自己在撰寫多元文化族群測驗報告的呈現方式。最有名的根據測驗結果而涉及歧視的案例，是加州的 *Larry P. v. Riles* 法律訴訟案件（1979）。在此案件中，法院發現學校職員對學生做了錯誤的診斷，且誤用智力測驗結果，因此對孩子造成重大的、可能永久的傷害。這個案例促使加州及其他州再次檢視來自不同文化學生的測驗實務。此案例是這個問題很明顯的例子，不過還有很多違反當事人權益，但較不戲劇化的案例發生。有太多的情況是約略地瞭解測驗報告後，以歧視的方式使用。例如一向認為墨西哥裔美籍學生在成就測驗得分會較低的學校職員，不太可能會謹慎地解釋其測驗報告，或是將文化或語言的變數列入考慮。當一份精確的測驗結果分析顯示，以族群間的表現來說沒有特別顯著的差異時，他們可能會過度解釋輕微的差異，而偏袒歐裔美籍學生。在這個情況中，如果許多墨裔美籍學生將英語當作第二語言，則他們與歐裔美籍學生幾乎相同的分數，就務實而言，應該被視為是具有較高成就潛力的指標，因為他們是處於相對的語言劣勢。諮商師與治療師必須積極投入，培養能觀察到這些影響因素之能力，以及以適當的方式對其他的專業人員解釋測驗。對多元族群之稱職且負責的評估特別有幫助的指導手冊，是由 Suzuki、Ponterotto 和 Meller（2008）所著的《多元文化衡鑑手冊》（*The Handbook of Multicultural Assessment*）。簡言之，針對此議題的準則和文獻，都強調諮商師願意致力於不歧視，以及願意欣賞文化的差異性。專業人員一定要警覺有意或無意的歧視，因為兩者對當事人都有負面的影響。在此脈絡下，願意致力於社會正義與公平待遇的美德，更彰顯其重要性。

## ●● 就業情境中的測驗

近 30 年來在就業場所中應用心理測驗有增加的趨勢（Hogan, Hogan, & Roberts, 1996）。測驗主要被用於協助僱用與升遷（Arthur, Woehr, & Graziano, 2001）。智力測驗、語文及數學推理測驗、職業性向測驗以及人格測驗都是最常被選用的。有一個趨勢是使用「品德測驗」（integrity tests），想預測求職者的誠實度以及面對偷竊的態度（Camera & Schneider, 1994）。當測驗用於就業情境中，有幾個倫理議題必須處理：

- 在測驗中所展示的表現，有科學證據證實與應該要預測的工作表現有關嗎？法律的判例標準強調要有證據支持這類測驗必須和就業情境有關。
- 出版者有遵守倫理及法律的指引方針嗎？
- 負責選用、施測、計分及解釋結果的人具備必要的能力嗎？他們有禁止不具備資格的人誤用測驗嗎？
- 被要求做測驗的人瞭解自己的權利嗎？他們的尊嚴及保密權有獲得保障嗎？
- 測驗是否有避免因為與工作表現無關的原因而使人們受到歧視？在不同的種族或民族族群間，被拒絕的比例是否無顯著差異（Cronbach, 1984）？
- 解釋測驗結果時，是否有將測驗限制列入考慮？
- 在做決定時，測驗結果是否有連同其他資料一併納入考量，而非僅是唯一的依據？測驗是否比其他的替代篩選程序能夠提供更精確的資訊（Cronbach, 1984）？

- 法律允許這類考慮中的測驗嗎？舉例來說，麻州禁止為求職應徵者施行品德測驗（Camera & Schneider, 1994）。

如果這些問題都能有肯定的答案，則在此環境中使用的測驗較可能符合現今的倫理原則。然而，近來的研究對這些使用感到懷疑，研究引用諸多偽陽性（譯註：實際是「正常」，但是根據測驗結果為「有問題」。）以及因為作假及教導而致危及效度的風險。（Karren & Zacharias, 2007）。

## ●● 影響測驗的法律

使用測驗的諮商師與心理師，應該要注意幾個會影響其工作的法律。這些法律的含意在教育與就業環境中運用得特別廣泛。

- 1974 年的家庭教育權利與隱私法案，也稱作 FERPA（Buckley 修正案）。這個法案保護家長與監護人可以檢視孩子的學業紀錄，以及掌控可取得紀錄的人員。
- 殘障兒童教育法案（The Education for All Handicapped Children Act）（公法 94-142）。此法案確保殘障兒童平等受教的權利，且明確規範在孩童受測前，必須徵求其父母的同意。此法案也要求在測驗施測前必須有完整的家長知後同意書，以及施測後家長可取得完整的測驗結果。其要求測驗必須使用孩童能理解的語言，並將測驗做合理的使用。
- 公法 101-336（1990 美國殘障法案）。此法律保障殘障人士的權益，並要求測驗必須適合當事人，不得將之用於殘障人士的就業歧視，以及對這些人施測時必須為其將測驗做適當的調整。

## 案例討論

### Lee 的案例

Lee，一個 14 歲的八年級學生，被考慮跳級安置到高中的進階班。Lee 的父母五年前從韓國移民到美國，全家人最近成為美國公民。Lee 到美國之後，英文進步神速，但他在韓國時從未接觸過英文。他在數學與語文推理的測驗分數，在這個學區的八年級學生中，百分等級為 86。這個學區規定百分等級 90 分以上的學生可以到進階班。Lee 在數學和英語課都得了 A。他的老師相信 Lee 很適合到進階班，但他的輔導諮商師擔心他的測驗分數。這位諮商師建議了一個折衷辦法：讓 Lee 只進入數學的進階班。她的兩個理由如下：亞裔美國人在數學方面表現良好、英語是 Lee 的第二語言。她的建議符合諮商師的倫理指引嗎？

### Miranda 的案例

在經過幾週包含一些心理測驗的諮商面談後，Miranda 的諮商師 Edwards 先生認為 Miranda 的困擾符合兩種不同的診斷分類標準。Miranda 的保險公司會理賠其中一種診斷；另一種診斷的理賠可能會被否決而得自費。因為 Miranda 積極參與諮商，且正經歷著真實的情緒痛苦，因此 Edwards 先生傾向於使用會被保險公司接受的診斷。他宣稱因為不管任何一種診斷都言之成理，所以他的所作所為是符合倫理標準的。你同意嗎？

## 案例分析

Lee 的案例出現了很多需要考量的倫理問題。核心的倫理原則包含公正與受益權、平等對待這位學生的義務，以及協助他學業進步。守則中提及的一些問題需要被解決。

1. 成就測驗中是否有亞裔美籍學生或ESL（以英語為第二語言）學生的常模？如果沒有，則在解釋 Lee 的測驗結果時是否足夠謹慎？
2. 諮商師是否有適當地解釋百分等級，是否有將該測驗的心理計量數據列入考慮？尤其是，她是否瞭解測驗標準誤的概念會如何影響 86 百分等級與 90 百分等級相比的意義？
3. 以其他方面來說，這個測驗適合 Lee 嗎？測驗題目的內容偏誤或選擇偏誤有到什麼程度，因而可能扭曲了這位年輕人的真實分數？
4. 諮商師是否有合宜地使用測驗分數，是否只是將之當作考量學業安置的其中一個因素？諮商師是否有考慮到，對於英語精通程度有限的學生來說，Lee 的分數相較於略微高分的使用母語者而言，是否反而有較高的潛能？
5. 某種程度上，諮商師的折衷方案是否顯現了她對於亞裔學生的刻板印象，以及未能將 Lee 視為獨立的個體？這個例子中的這位諮商師是否無意間成為種族主義者？
6. 有何證據支持諮商師認為五年的英語經驗不足以進入進階班的假設，或是測驗比中學的成績或老師的推薦，更能預測高中的學業表現？
7. 校方是否有邀請Lee和他的父母參與決定？他們是否有尊重家庭成員的自主權？
8. 如果讓 Lee 嘗試進入進階班但是後來學業跟不上，所造成的傷害是否大於拒絕他進入進階班？反過來說，哪一個選項會對 Lee 最有利？

如果不回答這些問題，會很難對這位諮商師是否合乎倫理守則做出確切判斷，但即使是這些簡略的證據，均足以懷疑這位諮商師有遵守倫理守則的精神或字面意義。最起碼她似乎無法勝任合宜解釋測驗分數的任務，且大大低估了自己協助當事人或造成傷害的力量。

Miranda 的案例涉及 Edwards 先生想透過諮商滿足 Miranda 的需求，且不至於剝奪其保險理賠的權益。他似乎是積極地為當事人的利益著想。然而，在他的行為被認定為符合倫理之前，仍需要更多的資訊。尤其應解決下列的問題：

1. 他對於兩個診斷標準都適用於當事人的分析，是否有客觀證據可支持？其他稱職的同事也會做出同樣的結論嗎？
2. 他是否有將文化變數會如何影響 Miranda 的診斷這點列入考慮？

3. Edwards 先生對於保險理賠的關注，有多少程度是反映了對當事人利益的真實關心，而不是擔心自己的工作收入會受到影響？近來的研究顯示，收費的議題比專業人員所認為的更會影響診斷決定（例如，Lowe et al., 2007）。
4. 撇開付費的議題不談，使用這個有理賠的診斷對當事人的意義為何？這個診斷是否意指更嚴重的心理疾患？使用這樣的診斷分類是否會對當事人的生活產生負面影響？
5. 在整個過程中，當事人被告知診斷分類，以及參與做決定的程度如何？她是否瞭解送出診斷書以獲得理賠的含意？因為 Miranda 要承擔所有影響，她是否有做最後決定的自由？

如果 Edwards 先生的結論經客觀證據以及獲得稱職的同事支持、是基於當事人知後同意的情況下所做的自由選擇，且並不是僅考量到自我利益或僅想詐取保險金，則他可能沒有違反倫理準則。然而要考量這麼多的情況，以及都要能提出令人滿意的答案，可想見並沒有想像中的容易。

## 摘要

適用於衡鑑的倫理規範是根據專業人員在此任務上可行使的重大權力而來。診斷系統與測驗工具的不完美，加上容易被不適任者誤用，更增加專業人員的權力。然而，諮商師與治療師並不能因為衡鑑工具容易被誤用，就避免評估當事人的問題。如果未能明確地定義當事人的問題，則專業人員提供有效治療的能力將大打折扣。因此，專業人員在衡鑑行動中，必須要謹慎且積極地進行，留心任何涉及的權利與責任。

從事診斷時，專業人員一定要留心以負責的且沒有歧視或無意識的種族歧視的方式行事，提供當事人關於診斷意義及含意的明確資訊。他們應該要充分地瞭解現今診斷系統的長處與限制，以及這樣的系統對當事人的影響。

同樣地，在使用心理或教育測驗時，實務工作者應該要有足夠的技巧和訓練，以適當的方式將測驗發現用於協助當事人。他們必須具備知識與技能，以區分有效及無效的測驗結果，且要將受測者的文化及社會背景列入考慮。他們絕不能讓不適任者從事這類活動，或是使用過時的測驗結果。大多數情況下，當事人有權接受測驗回饋。倫理規範並沒有明確說明回饋到什麼程度，但在環境允許的前提下，必須精確且全面性地提供測驗結果。由於這個專業的歷史中充斥著諮商師對於受壓迫或多元族群錯誤解釋測驗結果的案例，因此諮商師必定要特別警覺，不要重蹈覆轍，並隨時關注多元文化衡鑑的文獻。當測驗用於就業情境時，其測驗分數必須要與工作的特性有所關聯，受測者也必須瞭解自己的權益。也因為各州的法律變換非常快，建議專業人員要瞭解在其所處地區中，會影響衡鑑程序的法律為何。

諮商師與心理師不只有責任保護當事人的權益，他們也有責任尊重測驗出版商的權益，認可他們的法律所有權，以及從這些測驗材料的公平獲益性。因此他們必須確保不會違反測驗的安全性，絕對不得抄襲測驗內容，且可能的話，必須在授權許可的情況下才使用這些測驗。反之，測驗編製者也有義務在指導手冊中提供其測驗的信度與效度之科學證據，及其他相關內容。他們應該要盡可能幫助諮商師稱職地使用評估工具。

## 問題討論

1. 你是否同意目前診斷系統的缺點讓它無法被妥善地運用？為什麼是？為什麼不是？如果不是，你要如何改善這個診斷系統？
2. 就業測驗的好處是否比它應負的責任來得更重要呢？為什麼是？為什麼不是？
3. 研究顯示，有些專業人員不給予當事人測驗的負面回饋；他們只傳遞正面的結果。你覺得這麼做的倫理議題為何？
4. 測驗編製者近來被專業學會要求，只能將測驗出售給符合資格的人。這對一個自由經濟市場是否為公平的要求？如果這個限制不存在的話，將會是怎樣的局面？
5. 有些人認為測驗完全不應該使用於教育環境中的多元文化學生。他們認為這些族群的測驗被誤用的機率太大了，因此這些測驗永不應該成為這些人教育決策的一部分。你對此論點的分析為何？

## 個案討論

Mittie諮商過許多她診斷為患有注意力不足／過動症的成人。她在找尋一個能協助加快診斷這類當事人的標準化測驗，但找不到一個是適合成人的。因此，Mittie開始摘錄其他現存的測驗內容，將之結合成她在自己的電腦上編製的測驗。Mittie並不覺得自己違反了著作權法或是倫理規範，因為她將測驗的使用僅限定於自己的當事人，她並沒有為測驗收費、沒有將測驗視為診斷的唯一準則，也不允許其他治療師取得此測驗。Mittie 的這些措施，足以讓她的行為符合倫理及法律的責任嗎？

Andrea是一位技術熟練的私人執業臨床諮商師，她對治療憂鬱症及焦慮疾患婦女的專業性頗獲同事敬重。在進入諮商的初次晤談時，她都會要求當事人進行一系列測驗——憂鬱或焦慮測驗、人格測驗以及因應技巧測驗。當事人在她的辦公室裡完成測驗，但在計分過後，Andrea會在下次晤談前透過寄信或是電子郵件，將測驗結果的副本寄給當事人。她發現這個做法有助於面談時的討論，因為當事人幾乎都會十分謹慎地事先閱讀這份報告。如果測驗結果顯示高自殺傾向或其他危險行為的話，她就不會使用這個做法，而是打電話給當事人，親自與其檢視測驗結果。因為她在寄信給當事人前，就先篩選掉高危險的報告，因此她認為自己是稱職地使用測驗，而且沒有任何倫理上的問題。你同意嗎？

## 建議讀物


Anastasi, A. (1992). What counselors should know about the use and interpretation of psychological tests. *Journal of Counseling and Development, 70*, 610–615.

Braun, S. A., & Cox, J. A. (2005). Managed mental health care: Intentional misdiagnosis of mental disorders. *Journal of Counseling & Development, 83*, 425–433.

Camera, W. J., & Schneider, D. L. (1994). Integrity tests: Facts and unresolved issues. *American Psychologist, 49*, 112–119.

Constantine, M. G., & Sue, D. W. (Eds.). (2005). *Strategies for building multicultural competence in mental health and educational settings*. New York: Wiley.

Eriksen, K., & Kress, V. E. (2008). Gender and diagnosis: Struggles and suggestions for counselors. *Journal of Counseling & Development, 86*, 152–162.

Eriksen, K., & Kress, V. E. (2005). *Beyond the DSM story: Ethical quandaries, challenges, and best practices*. Thousand Oaks, CA: Sage.

Eyde, L. D., Robertson, G. J., Krug, S. E. (2010). *Responsible test use: Case studies for assessing human behavior*. Washington, D.C.: American Psychological Association.

Moncrieff, J. (2009). The pharmaceutical industry and the construction of psychiatric diagnoses. *Journal of Ethics in Mental Health*, 4(1, Suppl.), 1–4.

Suzuki, L. A., Ponterotto, J. G., & Meller, P. J. (2008). *Handbook of multicultural assessment* (3rd ed.). San Francisco: Jossey-Bass.

## 其他網路資源

美國心理學會測驗資訊交流站：http://www.apa.org/science/programs/testing/test-clearinghouse.aspx

在美國心理學會找尋心理測驗的相關訊息：http://www.apa.org/science/programs/testing/find-tests.aspx

# PART 3

# 當預防失效時：針對不符倫理行為的合乎倫理反應

CHAPTER 11

# 自身與同事之責任

## 不當行為之通報、復原及修復

試想以下情況：

### Jack 和 Martina 的案例

今年 20 歲的大學生 Martina，在大學諮商中心與一位由密友推薦的諮商師安排會面。Martina 告訴諮商師 Dominic，長時間以來她一直感到焦慮和憂鬱，但最近這些感覺變得比以前更強烈。她也提到去年夏天，她曾經試著在家鄉進行諮商，但是感受很糟糕，她不想再見到那個諮商師。她說那個諮商師 Jack 一直建議她應該要擁有更積極的社交生活，且自願帶她去看電影，讓她不會一直陷在焦慮情緒中。她拒絕了 Jack 的建議，但持續參與諮商，直到 Jack 在一次晤談中建議等到諮商結束後他們開始約會。在那一次的晤談中，他也告訴 Martina，她是多麼地有吸引力。Martina 的朋友告訴她，Jack 的行為非常不專業，且大多數的諮商師不會做這種事。現在 Martina 想要對 Jack 採取行動，讓他再也不能「一直把他的工作拿來當成約會的手段」。她向 Dominic 尋求協助看怎樣能夠舉發 Jack。

雖然此案例的情節是虛構的，但研究顯示，當事人常會將其他心理健康專業人員不符合倫理的行為告訴他們的諮商師與治療師。根據Pope（1994）的研究，大約有一半的美國心理健康專業人員，曾遇過至少一位當事人與之前的治療師有性方面的牽連；至於對英國心理師的比例則為 22.7%（Garrett, 1998）。當事人有時候並不像 Martina 一樣，對於性剝削與其他違反倫理行為的可能問題有那麼警覺，但他們在後來的諮商經驗中，的確相當頻繁地提出這些，這些現象足以讓專業人員對這些可能性預做準備。當這樣的事情發生時，現任諮商師有機會示範出符合倫理的行為，且彌補一些由之前的專業人員對當事人及這個專業造成的損害。

有關違反倫理行為的訊息，也可能來自於同事或是個人在工作場合中對於他人行為的觀察。實務工作者的調查結果顯示，大約有 15% 到 28% 的專業人員認識一個不適任或不符倫理的同事（Floyd, Myszka, & Orr, 1999; Schwebel, Skorina, & Schoener, 1994; Wood, Klein, Cross, Lammers, & Elliott, 1985）。在一項對於「認識」的定義比較鬆散的研究中（Golden & Schmidt, 1998），比例就更高了——69% 的受試者表示在過去兩年內，至少知道一個專業人員所為的不符倫理行為。Golden 與 Schmidt 發現有四種最常見不當行為的類型：金錢剝削（39%）、由非專業者執業（25%）、性剝削（19%），以及違反保密原則（17%）。專業心理系所的培訓主管也知道一些從事不當行為的同事。Barich 和 Dimperio（2002）發現，調查中 53% 的培訓主管至少「偶爾」曾與做出不符倫理行為的同事共事。不幸的是，即使是近來的研究，似乎也沒有顯示心理師較低的性方面不當行為的跡象：Noel（2008）調查了臨床心理師，發現其中的 84% 曾聽說有同事與當事人發生性關係。這些資料顯示專業人員應該有所準備，以回應他人的不當行為，且應注意提出倫理申訴的實務及情感層面，以幫助像 Martina 這樣的當事人。

本章介紹專業學會以及發照單位的申訴程序，以及說明申訴的標準。接下來，本章也討論為幫助想對不符倫理的心理健康專業人員有所行動的當事人，應採取的諮商介入為何。最後，本章將討論一個十分基本、但常常被忽略的專業倫理，即自身的責任，以及探討當心理健康專業人員（且只有他們自己心知肚明）發現他們已經違反專業實務倫理規範時，應該如何回應。

## 諮商師與治療師的責任

當專業人員做出不符倫理的行為時，可能會被他們的雇主、州或省的發照單位，以及其所屬的所有國家級與州級的專業學會懲罰。可想而知，同一類的行動可能會在每一個組織都被申訴。專業學會通常會將對會員的申訴案件移交到此會員證照所屬的州立發照單位。經由全國實務工作者資料庫（National Practitioner Data Bank）——一個隸屬美國健康與人類服務部的政府機關，發照單位與專業學會之間得以進行州際溝通，如此一來，被懲戒的專業人員在其他州就無法像以前一樣那麼容易不實地取得證照（Kirkland, Kirkland, & Reaves, 2004）。如同本書一再重複的，違反準則的諮商師以及治療師，有責任接受因疏忽、瀆職或違約產生的民事訴訟，或是因違反刑法而產生的刑事訴訟。目前有 15 個州將心理師與當事人的性接觸視為觸犯刑法（Haspel, Jorgenson, Wincze, & Parsons, 1997）。如果性的不當行為係藉由治療欺騙而發生，也就是說治療師向當事人宣稱性接觸對當事人有治療的效果時，則其他三個州——阿拉巴馬州、密西根州和愛荷華州——將此不當性行為視為刑事案件。多重責任也意味著對那些希望尋求賠償的人來說，他們擁有多種選擇。當事人經由現任治療師協助整理其選擇後，通常都能夠獲益。

### ●● 提出倫理申訴之程序

提出申訴的程序會因著不當行為的嚴重性而有所不同，一般而言，正式的訴訟通常都是保留給更嚴重的違反行為。

**專業學會非正式之補救措施**　美國諮商學會與美國心理學會之倫理守則都建議將非正式的補救措施當作處理不當行為的第一步。採取此策略的原因在其中並未清楚說明，不過可以合理推測為基於對同事的忠誠、可以比較快速且非官僚式地解決問題，以及將傷害心理健康專業及其執業者的負面名聲降到最低。其說辭如下：

## ✸ 美國諮商學會倫理守則

**H.2.b. 非正式的解決方法**

當諮商師有理由相信有其他諮商師正在或曾經違反倫理規範，倘若這樣的行為並不會違反相關的保密權益且可行的話，諮商師先試圖以非正式的方法與該位諮商師解決此問題。



## ✸ 美國心理學會倫理原則

**1.04 對於違反倫理行為的非正式解決方案**

當心理師發現其他心理師可能有侵犯倫理的行為，如果非正式的解決方案是恰當的，且此介入不會侵犯任何可能涉及的保密權益，他們將以私下告知，引起個人對此的注意來嘗試解決此議題。



**正式補救措施**　當非正式的解決辦法不適用或不可行，專業人員在有合適的理由下，得採取行動，如向州或國家倫理委員會報告可疑的倫理違反行為，除非此行動與無法解決的保密權利有所衝突。值得注意的是，有些州的倫理委員會只有教育功能，並沒有判決的功能。因此這些州的申訴會提交給全國性的學會以及／或是州立發照單位。

## ✸ 美國心理學會倫理原則

**1.05 舉發違反倫理的行為**

如果一個明顯的違反倫理行為已經確實地傷害或即將確實地傷害個人或組織，並且不適合依照原則 1.04 以非正式的方式解決違反倫理的行為，或是這樣做了之後無效，則心理師必須採取進一步適用於此狀況的行動。這樣的行動可能包含向州立或國家級委員會、州立證照委員會，或適合的發照單位舉發。當介入將侵犯保密權或當心理師受聘於檢視其他涉及此訴訟的心理師之專業行為時，此原則不適用。



## ✸ 美國諮商學會倫理守則

**H.2.c. 舉發違反倫理的行為**

當一個明顯違反倫理的行為可能或已嚴重傷害了個人或組織，且不適合或無法成功地以非正式方法解決時，諮商師應對此採取更進一步的適切行動。這些行動包括通知其他州立或全國的專業倫理委員會、非營利國家認證機構、州立發照機關或適合的組織單位。但當這樣的介入違反保密權益，或諮商師已被聘請來負責檢視專業行為不檢的其他諮商師時，此標準則不適用。



仔細閱讀可以發現，兩個倫理守則都沒有強制要求要提出倫理申訴；守則中只提及如果非正式的解決辦法不適用的話，就必須要採取**行動**。美國心理學會規範也建議專業人員針對懷疑違反倫理的案件要透過怎樣的程序進行通報，並將受懷疑的行為及其對消費者已經或可能造成的傷害之嚴重程度，當作決定是否提出正式申訴的主要標準。

較不嚴重的違反倫理行為似乎適合私下的介入，像是違規的一方與表達關切的專業人員之間的一對一對談。就像某人並沒有做到如倫理守則中所建議的完整的知後同意程序，相反地，該諮商師只簡短地討論了保密的限制。如果迄今並沒有對當事人造成傷害，且她似乎是忽略了倫理守則，而非鄙視它，則非正式的對談是一個妥適的選擇。在這兩個人的私下對談中，她會被教導有關知後同意的倫理，以及提醒她注意，往後若還是不遵守將會導致更嚴重的後果。這個方法讓同事可保留一些尊嚴，且所得到的行為改善程度會跟跑完整個倫理委員會的申訴與調查程序差不多。除此之外，選擇非正式的解決方法還有一個很實際的理由——會比較快。正式的投訴需要花費數個月、甚至數年才能解決。較不嚴重的違反行為的非正式介入可以立即執行，且傷害得以盡快獲得補償。

在把違反倫理的案件移轉至學會或發照單位之前，先透過諮商師所處的機構協助改善行為也是合理的，特別是較不嚴重或一般的不當行為。如果所處的機構運用本身既有的救濟制度來處理申訴案件，所花費的時間比較經濟，也比較能顧及所有涉及在內的人之權益。雇主對受僱者具有影響力，且可扮演監控其未來行為的角色。雇主處理投訴的缺點是不同機構的執行程序寬嚴不一，以及如果專業人員換工作，則雇主對其的影響力就會消失。除此之外，受僱者之間的私人關係常常會妨礙客觀的投訴進行。因此，如果不當行為的嚴重程度是較輕微或一般的、需要客觀調查的，且可以監控到個人未來的行為，以及如果受僱者短期內並不會更換工作，則將問題向雇主提報更可能是有益的選擇。

如果要將不當行為的嚴重程度視為介入層級的標準，讓我們回到 Martina 的案例。很明顯地，無論是美國諮商學會或美國心理學會倫理守則中有關多重關係的部分，她的前任諮商師（Jack）都沒有遵守。除此之外，Jack 提出在諮商結束後立即開始約會的邀約，顯示他可能有意與 Martina 發展性關係。後者更是為倫理守則所禁止的（美國諮商學會倫理守則，A.5.a；美國心理學會倫理原則，10.05）。

這樣的行為所造成的傷害也需要加以檢視，以確認這樣的行為是否嚴重到足以提出正式的告訴。研究顯示，與諮商師有性接觸的當事人，會受到顯著且常是長期的傷害（例如，Bouhoutsos et al., 1983; Luepker, 1999; Wohlberg, 1999）。Martina 提及在遇見 Jack 之後，她的狀況更糟。即使性接觸並沒有發生，但是 Martina 的功能在Jack表露對她有意思之後變得更糟，這可能就足以證明Jack的行為構成對Martina的心理傷害。此外，除了 Martina 之外，還有其他可能的受害者產生嗎？研究也顯示，專業人員一旦與當事人有性接觸，也很有可能與其他當事人發生性關係（Pope, 1994）。所以 Martina 有可能並非第一個受到 Jack 殷勤追求的當事人。無論如何，除非有什麼使 Jack 的行為改變，否則 Martina 可能也不會是最後一個因此人的不負責任行為而受害的當事人。總而言之，證據顯示向發照單位以及專業學會提出正式告訴是比較恰當的做法。這個人傷害了Martina，也可能曾傷害過其他當事人和再次出現犯行。

以 Martina 的這個嚴重案子來說，現任諮商師 Dominic 在決定要不要對 Jack 提出正式告訴時，他無法協助 Jack 矯正其行為的這個事實將浮上檯面。因為 Dominic 並非與犯行者在同一機構工作，且對他沒有任何職務上的督導關係，因此他並沒有辦法有效率地持續監控 Jack 未來的行為。再者，Dominic 也可能沒有時間充分調查這起事件以及客觀地評估雙方提出的證據。若不當行為沒有發生，則被當事人提起不符倫理告訴的諮商師應得到一個機會洗清自己的罪名。透過非正式的解決方法比較沒有辦法達到這個效果。因此，綜合這些觀點，如果是看起來嚴重違反倫理的行為，比起私下的介入，較明智的選擇是向被授權的組織提報可能的不符倫理行為，以謹慎地調查與維護未來行為的權利。這對可能被誣告的專業人員與可能曾被傷害的當事人而言，都能提供較好的保護。

另一項被推薦與使用於遭到治療師性剝削的當事人的選項是調解（Hartsell & Bernstein, 2008）。調解主要的優點是快速且較具結構性。它比正式投訴進行的速度還快，且比一對一的介入更有結構。其缺點為向學會或發照單位提出的正式投訴管道可能就此終止，這對嚴重的不當行為來說，是一個顯著的限制因素。調解也有可能較偏袒專業人員，因為專業人員在此爭議中可能是權力較大的一方。對於專業人員不當行為使用調解的更多細節說明，見 Bouhoutsos 和 Brodsky（1985）。

在通報違反倫理的案件時要注意的一件事是，倫理守則中論及解決不符倫理行為的文字，也規定當事人的保密權必須優先於其他專業人員不負責任行事時，專業人員介入的責任（Fisher, 2003）。**只有在**當事人同意且放棄自己既有的保密權時，個人才可以與其同事聯繫或向機關或委員會提出告訴。唯一的例外狀況是法律所要求的其他行動〔例如，有些州規定必須提報治療師之不當性行為，且不需要當事人同意。見 Haspel 等人（1997）與 Nugent（1996）之文獻〕。所以如果 Martina 不想對她的前任治療師採取任何行動，且不想要任何資訊被揭露，則專業倫理明訂要尊重她的決定（在一些州，即使議題浮現後，當事人並沒有意願提報，專業人員仍有義務要提供當事人發照單位的聯絡資訊）。當某位成年當事人做了不提告的選擇，雖然心理健康專業人員可能會擔心違反倫理者未來的當事人會持續受害，但是對當下這位當事人的責任必須優先考慮。當然，隨著時間過去與妥善的關懷之下，當事人可能會改變心意而想要對前任專業人員提出告訴，但沒有一位當事人應當被強迫要提報。

## ●● 美國諮商學會之申訴程序

美國諮商學會倫理委員會之功能與目標在於教育成員倫理準則，以及處理倫理疑義與申訴（ACA, 2005）。委員會共有九人，他們都是專業諮商師，委員任期三年。此組織的目標為保護提出申訴者與諮商師之公平聽證的權利。

對美國諮商學會成員提出的投訴可能來自於社會大眾、其他成員，或是委員會本身的**主動行為**（acting sua sponte）。**主動行為**意指如果倫理委員會接收到有關一位成員違反規範的訊息，則委員會本身即可啟動申訴過程。為了處理倫理申訴，委員會建立且定期修訂申訴規則與程序。最近一次的版本於 2005 年生效。

倫理委員會辦公室通常都是透過電話與考慮要提出倫理申訴的人做初次的聯繫，不過美國諮商學會網站也有提供倫理申訴程序的資訊，網址為 www.counseling.org/ethics。第一步為核對被申訴者之會員身分，這些申訴案件通常是經由傳真或信件傳來。一旦會員身分確認，提出申訴的人就會收到官方倫理申訴的表格要填寫。只有具名的書面申訴書才能被受理。只要收到了表格，如果有足夠的理由要深究這個案件，則被申訴者將會被告知控訴案件已經受理，並給予申訴書及所有相關的物件。他或她會被要求在 60 天之內做出書面回應。被申訴的會員可選擇在委員會面前進行面對面的聽證。當所有文件資料都已在規定的時間內備妥，委員會就會仔細審查此案件。委員會的判決有幾個選擇。它可以判定沒有違反倫理、沒有足夠的資訊能判定是否發生違反倫理的事情，或是判定被申訴者因為違反倫理而有罪。如果發現不當行為，則委員會可判定適切的裁決。裁決可以從要求改善到從組織中永久除名。後者是較少發生的情況——從 2001 年到 2004 年，僅有兩位諮商師被美國諮商學會因違反倫理而除名（Sanders & Freeman, 2003; Hubert & Freeman, 2004; Kocet & Freeman, 2005），之後再也沒有人被除名（Glossoff & Freeman, 2007; Sanabria & Freeman, 2008）。可想而知，美國諮商學會也有訂定救濟的管道程序，讓會員得以對不服的裁決提出上訴。上訴委員會由理事長所指派的六位會員組成，須經過理監事會議同意。

## 美國心理學會之申訴程序

美國心理學會倫理委員會也有來自於學會教育性質及執行的強制要求（APA, Ethics Committee, 2001）。目前有八位任期三年的正式會員擔任固定的委員。一位是社會公正人士、非心理學會會員，其他會員則都是心理師。還有四位不投票的副會員，他們擔任事件調查員。美國心理學會也僱用專業人員以及支援的工作人員來協助委員會。所有處理倫理申訴的程序都發布於 http://www.apa.org/ethics/code/committee.aspx，是為了權衡提出申訴者以及被告心理師之權利、尊重過程中每一方的尊嚴而設計。程序的目標在於避免社會大眾受到傷害，以及避免會員受到惡毒或誣告的言論傷害。美國心理學會與美國諮商學會通常採取的介入策略是修復，不是只重視要如何懲戒，也重視讓諮商師或心理師矯正的介入。

美國心理學會委員會可以透過三種管道受理申訴案件。消費者或其他公民可以逕行提出申訴；其他的心理健康專業人員可以申訴；或是倫理委員會可以對會員**主動提出申訴**。通常詢問有關可能違反倫理的事，都是透過打電話到倫理委員會辦公室。在電話中，申訴者會瞭解到，所有的申訴都必須以書面形式進行，並會收到一份正式的申訴表單。這份表單要求提出申訴者與被申訴者的身分資料，以及對詳細情形的描述。當美國心理學會倫理委員會（經由傳真或郵寄服務）收到一份申訴單，將會著眼於三方面進行初步的查核。第一步驟的查核為檢查申訴是否在委員會的管轄範圍之內，通常意指被投訴者是否為美國心理學會會員。如果被投訴者並非會員，則這個案件會馬上結案，並將結果通知提出申訴者。如果合宜的話，通常委員會會提供相關資訊，讓此人可以向發照單位或其他專業學會提出申訴。第二階段的行動為檢查申訴是否在規定的時間範圍內提出。如果超過了時限，則提出申訴者有機會要求延長時間限制。第三個焦點為所提供的資訊是否充分。換句話說，委員會要評估是否有充分的證據，足以進展到進一步的調查。美國心理學會倫理委員會報告（例如，APA, 2011）指出許多申訴在初步調查時就無法通過。多數的申訴都因為上述三個原因的其中一個而被終止。

如果申訴得以繼續，下一步為倫理委員會的召集人與倫理委員會辦公室的工作人員之評估。其中包括確認**訴訟事由**是否存在。根據美國心理學會，「若經證實，訴訟事由的確存在，則被告所謂的行動以及／或疏忽，將會使判決者構成違反倫理的判決」（APA, Ethics Committee, 2001, Rules and Procedure, Section 5.1）。如果確認了訴訟事由，則在申訴中被申訴者將會被告知訴訟成立，且會收到申訴相關文件。此會員會被要求在 60 天內以書面回應，且得以提供此案件額外的資訊供委員會審查。委員會也可以尋求其他資源中可能相關的資訊。一旦完成資訊的蒐集，委員會就要決定是否有足夠的資訊顯示訴訟事由成立。如果沒有，則在此結案，但如果有理由懷疑違反倫理，則正式的案件將會成立。

而涉入其中的心理師將因違反倫理，正式列為被告。此會員會收到訴訟案由之書面通知，以及他或她被指稱違反的倫理守則的相關條文。心理師將被要求在 30 天內做出書面回應。在某些案例中，心理師會被要求出席委員會。提出申訴者也會被告知正式訴訟成立，且得以在規定的時間限制內，提供與訴訟相關的額外資訊。當調查完成，委員會將仔細商議並宣布判決。有可能是撤銷告訴，建議一個比正式訴訟還輕微的制裁，或是提出對此會員的正式訴訟。當委員會認為違反倫理行為是成立的，但最好不要走上正式訴訟程序來解決時，就可以使用較輕微的裁決。在這方面，委員會必須要審慎考慮。若不當行為對他人或專業造成顯著的傷害時，正式訴訟將會成立。在這個事件中，委員會將建議理監事會議將此人從組織中除名。在這裡，委員會也同樣必須審慎斟酌，因為如果委員會相信不當行為的嚴重性並不足以構成整個裁決的行為，則讓此會員主動放棄會員資格，而非開除其會籍，或許比較合宜。在 2006 年到 2010 年之間，有 84 名會員在倫理調查後，不是放棄了美國心理學會會員資格，就是被除名（APA Ethics Committee, 2011）。美國心理學會理監事會有可能接受或拒絕倫理委員會的建議。當然，此會員得以對倫理委員會的裁決提出申訴，申訴程序均有詳細說明並公告。

## ●● 發照單位之程序

對持有執照之專業人員的訴訟，會因州（或省）以及專業之間而有所不同。一般來說，發照單位有權懲戒違反正式規範的專業人員。懲戒的範圍可以從譴責以及限制執業範圍，到永久吊銷執照。在一些案例中，甚至可能涉及刑事處分，發照單位將會把證據移交司法系統。想要提告違反倫理行為的人會以電話或是信件送至合適的州立機構，來向發照單位提出申訴。有些州會在網頁上提供如何開始申訴的資訊。由於發照單位擁有更強大的職權與力量，得以規範專業人員未來的行為，因此有些學者主張，受侵害的當事人應該要先向發照單位提出告訴（例如，Siegel, 1991）。州與州之間的通報系統也可互通有無，如此一來，如果申請執照者曾在其他州因違反倫理而被判定為有過失，這個州的發照單位才能夠得知。這樣的通報也因任何倫理訴訟是否要包含州立機關而有爭議。

有些發照單位並不接受專業人員透過非正式解決方法來處理較輕微的違反倫理行為。舉例來說，俄亥俄州的諮商師、社會工作者以及婚姻與家庭治療委員會（The Ohio Counselor, Social Worker, and Marriage and Family Therapy Board）要求，除非違反當事人的保密，否則專業人員必須要報告其他專業人員所有可疑的違反倫理行為。因此，執業專業人員應注意各州發照單位的規定。馬里蘭州的專業諮商師與治療師委員會（Board of Professional Counselors and Therapists in Maryland）規範之措辭也大致相同。美國諮商學會與美國心理學會也都強調專業人員要以負責任的方式解決衝突（美國諮商學會倫理守則，H.1.b；美國心理學會倫理原則，1.02）。

## ●● 向雇主提出申訴

如前所述，那些相信心理健康專業人員犯下不當行為的人，可能也會向其雇主或督導者告知這個問題。如果一個執業者是團體執業，則任何一個或是全部的夥伴都會被告知。較大型的雇主，像是社區心理健康中心以及精神病治療院所，比較可能已經建立起適當的程序來調查這類的申訴案件。較小型機構的雇主以及同事，則較傾向以個別案件的方式處理。再重申一次，申訴者必須揭露他們自己的身分，以

及如果可能的話，提供他們相信有問題的事件之特定資訊及文件。知道這類資訊也會移交到發照單位或專業學會的雇主，會更重視這些案件，即使他們可能會拖延對此事的決定，直到其他組織做出裁決之後。很明顯地，由於私人執業的專業人員是自僱人士，因此對他們的申訴必定要移交到專業學會以及／或是發照單位。

## 協助當事人度過申訴程序

當如同 Martina 這樣的當事人想要向心理健康專業單位提出對某位專業人員的申訴時，當下接案的執業者是幫助當事人基於申訴程序的實務上與情緒上的精確資訊而做出完整決定的重要角色。大多數的當事人都不太瞭解專業的規則與規範，當專業人員提供當事人這些資訊時，對其有極大助益。專業人員也可以協助當事人梳理他們對於之前的被諮商經驗以及申訴程序的情緒。當事人應該要瞭解，其身分會被委員會以及／或發照單位得知，且被告的專業人員有取得任何提交至委員會之證物的權利。當事人也可能因為覺得受到前一位專業人員所傷害，因此無法輕易瞭解委員會有責任要保護受害者以及被告雙方的權益。向當事人解釋此領域中「被告未經審判證明有罪前，推定其為無罪」的原則，可能可以降低當事人的挫敗感。

當事人需要充分的自主權，以決定是否要提出告訴或是繼續申訴下去，尤其因為只有少數對專業學會提出的申訴會轉為對會員的正式告訴。迄今顯示申訴能夠幫助人們從傷痛中復原的證據有限（Vinson, 1987）。當事人應體會到，對他們而言最實際的效益是如果此申訴行動成功，未來其他的當事人受到傷害的風險就會降低。

有些諮商師與治療師可能難以置信自己的同事行事會如此不負責任。他們可能會採取「鴕鳥心態」，因此輕忽當事人對諮商師不當行為的描述，或是將這樣的描述歸因於當事人的負向移情或是精神錯亂。他們可能會在幫助當事人對其有所同情的同事採取行動時感到不太舒服（Floyd et al., 1999; Levenson, 1986）。雖然這些完全是人之常情，專業人員仍必須探究當事人所提及之同事的不當行為之證據。若進一步的討論澄清了潛在的嚴重不符倫理行為，現任的專業人員有責任知會當事人有關專業人員的倫理準則以及他或她可以選擇採取的行動。在這樣的討論中，專業人員的目標是保持開放的心態，尊重所有涉入者的尊嚴，以及幫助當事人決定他或她的下一步。

對心理健康專業人員誣告是較不多見的。Pope 和 Vetter（1991）發現約有 4% 治療師與當事人之間的性關係申訴是不實的。鉅細靡遺、耗時且常讓人感覺不舒服的申訴程序，阻止了大量的謊報發生。相信當事人對前任治療師誣告的專業人員，應在諮商晤談中更深入探究此事件。那些擔心會被誣告的人，也可以因為委員會以及發照單位通常都會仔細分析、毋枉毋縱而得到一些安慰。這些分析也阻止了針對清白專業人員的錯誤判決。在一篇使用已發生實例來探討誣告而頗受爭議的文章中，Williams（2000）假定會促成誣告的六個主要前提：裝病與欺騙、報復、精神錯亂、曾導致精神創傷之記憶的恢復（recovered memory）、受到後來的治療師建議，以及逃避不想進行的治療。

在治療過程中，當事人在一些其他至關重要的時刻，仍需要更多的支持。第一，光是準備書面資料向委員會提出申訴，都可能會讓當事人再次經歷當時的痛苦。將諮商時間花在處理這些感受是明智的，主要是專注於真實存在的痛苦感受，且要將不當行為的責任歸因於健康心理專業人員（而非當事人）。第二個關鍵時刻在於當委員會決定不繼續調查此申訴以及提出正式訴訟時（此狀況在所有案件中占了相當大的比例）。舉例來說，根據加州 2000 年到 2005 年 4 月的法律執行資料，在 2,635 件受理的申訴案件中，只有 703 件被判定得以持續調查，而在這些持續調查的案件中，最後只有 213 件對專業人員構成判決（California Board of Psychology, 2005）。同樣地，美國諮商學會倫理聯合主席會在 2006 年處理了 12 件申訴案，只有 2 件被移送至委員會判決（Glosoff & Freeman, 2007）。專業人員在此情況發生時，應準備好協助當事人處理其憤怒及悲傷的感受，且共同思考其他選擇。第三個至關重要的時刻是委員會對其會員做出處分時。處分結果可能會不如當事人所預期，也可能會引發被背叛的感覺。然而，即使結果看似符合其不當行為，當事人可能會對侵犯者的糟糕結果有罪惡感。再次的，當事人可能會將專業人員行為的責任攬到自己身上，因其結果而責怪自己。澄清在任何情況下，專業人員應該遵守專業規定的責任，可能會幫助當事人較精確地思考，誰才是行為有問題的。最後，無論申訴的結果如何，諮商師必須要設法幫助當事人終結此事。

## 對倫理申訴之回應

如同在第 1 章討論過的，發生在個別諮商師或治療師身上的倫理投訴的風險非常低（Van Horne, 2004）。美國心理學會在 2010 年收到的申訴中，只有 0.07% 是針對其會員（APA, 2011）。即使是對發照單位提出的申訴，在一個州內，74% 的心理師對申訴的處理結果感到滿意（Montgomery et al., 1999）。過度擔心申訴會太庸人自擾，不過適度的擔心是合宜的，因為在發照單位的管轄範圍內，通常有 11% 之投訴會導致懲戒處分（Montgomery et al., 1999; Schoenfeld, Hatch, & Gonzalez, 2001; Thomas, 2002; Van Horne, 2004）。如果你被告知有人對你提出倫理申訴，則倫理守則中有一些關於如何回應的指引方針。

### ✹ 美國諮商學會倫理守則

**H.3. 與倫理委員會合作**

諮商師必須協助落實**美國諮商學會倫理守則**。對於美國諮商學會倫理委員會，或對此違反倫理案有司法權之其他正式組織或機關的倫理委員會，諮商師必須配合他們的調查、訴訟與要求。諮商師必須熟悉**美國諮商學會違反倫理申訴政策與程序**，並以此為參考依據以協助落實**美國諮商學會倫理守則**。

## 美國心理學會倫理原則

**1.06 與倫理委員會合作**

心理師與美國心理學會或任何他們所隸屬的州立心理學學會所要求之倫理調查、訴訟及後續的要求合作。在這麼做的時候，他們必須提出有關保密的任何議題。不合作的本身即是違反倫理的行為。然而，在訴訟結果出來之前要求暫緩倫理申訴的判決並不構成不合作。



主要的重點是，忽視倫理委員會或發照單位的質詢，是最糟糕的回應方式，因為不合作本身即屬違反倫理。專業人員可能會特別傾向於忽視看似莫須有的質詢，但即使是瑣碎且錯誤的投訴，都需要給予回應（Wheeler & Bertram, 2008）。合作意味著以適時的方式，提供所有相關資訊。每一個專業組織的時間規範都有些許差異，因此參考提起訴訟之組織的管理程序規則是重要的。合作也意味著，你不能試著退出組織以逃避倫理質詢。一旦程序開始，直到調查完成，通常都不允許成員退出或辭職。但即使如此，在特定條件下，仍可接受退出或辭職。許多人會明智地僱用律師，確保他們的權利受到保護。

得知被捲入倫理訴訟，通常會激起強烈的情緒反應（Schoenfeld et al., 2001; Thomas, 2005）〔請見 Peterson（2001）撰寫一位認為自己被冤枉且誤判的專業人員之反應的範例〕。面對這種情況，一個明智的專業人員會讓自己獲得適當的情緒支持（Chauvin & Remley, 1996）。如果你認為自己被冤枉了，那麼情緒可能真的會非常激烈。在這個情況下很需要具有現實感。以往大多數的訴訟都會在正式起訴之前被撤銷，因此不需要因為初步調查而感到恐慌。

如果你承認做了被投訴的違反倫理行為，但相信有能夠減輕刑罰的相關情況，你應該要向委員會或發照單位遞交書面細節資料。雖然減輕刑罰的情況並不能成為做出此行為的理由（試圖找藉口的會員很難贏得委員會的認同），但可將不當行為放入環境脈絡中考量。如果你隨後自行採取行動，以避免這樣的行為再發生，你的案件可能會藉由提供委員會這樣的資訊而對你比較有利。這樣的方法與委員會傾向矯正專業人員、而非處罰他們的態度一致。然而，要注意的是，發照單位主要的職責是保護大眾安全。矯正專業人員則是發照單位的次要考量。為自己的錯誤負起責任、表達悔恨之意，且對矯正表露誠摯承諾之專業人員，方能協助拯救自己的事業。

Thomas（2005）建議被告的專業人員，應避免與提出告訴的當事人有任何聯繫。除非專業人員的律師建議要聯繫，是此建議唯一的例外。她也認同 Chauvin 和 Remley（1996）的意見，即避免向家人或朋友透露任何有關投訴的詳細資訊。釋放訴訟壓力的意圖是可以理解的，但方向是錯誤的，因為此行為本身違反了保密協議。提出告訴的當事人是提供資訊給發照單位或倫理委員會，而非給其他人。

近來一項有關發照單位程序的調整應注意。現在，當對專業人員提出正式告訴時，至少有一個州發布「聽證機會之告示」，以及公布懲罰程序的結果。見 http://www.psychology.ohio.gov/compl.stm 以閱讀俄亥俄州的例子。

## 自我監控：即使沒有被投訴也要自我負責

> 「觀察了較資深的醫生之後，學生們發現，他們的導師與督導者不僅相信在實務上要掩飾自己的錯誤，也為此沾沾自喜……他們學到可以去談論沒預料到的後果，直到『錯誤』變成『大麻煩』。最重要的是，他們學到什麼事都不要告訴病患。」（Berlinger, 2007, p. 41）

一般的心理健康專業人員，可能會花上 30 到 40 年的時間於執業。即使是將此專業當作事業第二春的人，也可能會做上 20 年。在這段時間內，各種嚴重程度不一的倫理錯誤必然會發生。如同第 1 章討論過的，許多心理健康專業人員都承認，他們會有意或無意地違反倫理準則（Pope et al., 1987; Sherry et al., 1991; Tubbs & Pomerantz, 2001），但這些違反倫理的行為卻很少會被呈報至任何懲戒機關。無意的洩漏保密資訊在這些失誤中尤其常見（Pope & Vasquez, 2010; Williams, 2000）。無法體認到自己很容易陷入倫理陷阱的專業人員，充其量說他們是天真，最糟的是這樣的人是很可怕的。進而言之，如果一個專業文化（像是Berlinger在此段落開頭所描述的醫學界文化）傾向掩飾與否認任何違反倫理的行為或是醫療疏失，根本就是錯誤且適得其反。簡言之，所謂的倫理實務並非期待做到完美無瑕，而是要對自己的行為負責（無論是符合或不符合倫理的），以及將當事人的福祉作為核心目標。就某種程度而言，要看一個專業人員在實務工作上是否真的謹守倫理原則，最大的試煉是當他／她的所作所為背離了專業準則，且其同事、當事人或懲戒機構幾乎不會發現他／她有任何的違反之處。這種能警覺於無可避免的錯誤、認錯，且在沒有外部懲戒的壓力下，致力改善其負面效益的能力，與Meara、Schmidt和Day（1996）精闢撰述之德行倫理不謀而合。最後，錯誤讓我們學到的倫理實務，可能會比成功教我們的還多〔請見Schulz（2010）很有哲理地分析人類犯錯的起源、犯錯體驗的本質，以及個人及社會從錯誤中所能學習的啟示〕。具有德行倫理的專業人員堅信專業倫理的價值，即使他人不這麼做，他們自己也會對其所作所為負責。在這個責任感之下蘊含的倫理原則是當事人的受益權與要求忠誠權。所謂的專業，其終極概念之一為其所屬成員均能自我約束，願意將自願參與之專業的倫理價值內化於自身，且承諾會致力於促進其服務社群之最大利益（Pryzwansky & Wendt, 1999）。

Behnke（2009）針對心理師執業經驗與其對倫理態度之間的關係，提出一個重要的論點，藉此可瞭解專業人員在不同階段的專業生涯中可能犯的倫理失誤。他指出，新手的專業人員可能會侷限於對倫理過度焦慮且死板的態度，因為對問題處於過度迴避風險的立場，而使之承受風險。Behnke表示，在專業生涯的中段，心理師可能容易由於工作帶來的長期壓力，以及外在的生活壓力而受苦，且可能會在工作上經歷更多的情緒耗竭，讓此人特別容易有界線的問題。在工作生涯的後段，Behnke認為，十分有智慧的專業人員由於累積了長時間的工作經驗，會讓他們對倫理的態度過度彈性，因而產生風險。因為累積了智慧，所以規則並不適用於他們。

除了提到專業人員有責任在執業時自我監控及不能超過自己能力範圍之外（美國諮商學會倫理守則，C.2.a；美國心理學會倫理原則，2.01），倫理守則並未直接規範此議題。相反地，守則中涉及的是專業人員必須瞭解守則、行事與守則相符，以及有疑問時要與他人討論之責任（美國諮商學會倫理守則，H部分；美國心理學會倫理原則，第二部分）。守則在同一部分也闡述了處理同事有問題行為之策略，卻對身為專業人員，在覺察出自身不當行為後的自身責任隻字未提。倫理文獻也提出了有關同事之不當行為議題（例如，見 Levenson, 1986）以及對於他人指控的回應（Chauvin & Remley, 1996; Thomas, 2005），卻鮮少提及如何挽救自身的不當行為。美國心理學會倫理原則（APA, 2002）原則 B 中，有關此事的陳述為：「心理師展現符合專業標準的言行，澄清其專業角色和義務，承擔他們行為的適當責任，以及處理可能導致剝削或傷害的利益衝突。」

倫理守則著重於不當行為之預防，這樣的重視是可理解且崇高的，但有鑒於人性、有關不當行為之研究結果，以及現今通報機制之限制等，任何只針對預防的專業倫理之討論，最終都是不夠的。如果不討論一些倫理失誤範例的可預測性，以及這些過失的補救措施，這樣會導致誤導，以為錯誤是不常出現的、可以避免的，或總是十分惡劣的。在這樣的狀況下，執業者更有可能會將較輕微的不符倫理行為，視為應該保密且隱藏的問題。這樣的理念與 Handelsman 等人（2005）所主張的正向倫理完全相符，且可帶來有效的倫理同化歷程結果。

## 復原三部曲模式

接著，本節的焦點在於真誠且公開地關注違反倫理一事，以及對負責任地面對自身錯誤者給予建議。因為這些建議並沒有列入任何官方文件中，因此為勸告性質，並非強制執行。目標在於激勵心理健康專業人員瞭解自己最基本的責任。這些建議的基礎，有部分來自於有關犯錯的諮商師與心理治療師之矯正文獻（Brown, 1997; Gonsiorek, 1997; Layman & McNamara, 1997; Schoener & Gonsiorek, 1988; Welfel, 2005）。當專業人員面臨自己所犯的錯誤時，必須回答下列三個基本問題：

- 我是否真的體認到自己已經違反了專業準則？
- 我造成了什麼傷害？我要如何消除或改善這些傷害？
- 我要採取什麼措施，才能確保我不會再犯？

### ●● 承認違反倫理

身為助人服務專業的專業人員，我們總喜歡將自己視為道德高尚之人，是基於利他主義行事，而非自身利益。甚至有關嚴重的不當行為證據出現時，我們似乎也想要將大事化小，或是合理化我們的行為（Pope & Vasquez, 2011）。尤有甚者，我們傾向於淡化那些並沒有造成重大傷害的違反行為，或是設法不要曝光於大眾面前。自我監控的第一個任務，就是徹底承認倫理過失、並以持平的觀點檢視其本質與造成的影響。此任務需要仔細反省，要能忍受隨之而來的情緒不適，且亦涉及第 2 章倫理決策模式所提及的倫理敏感度。允許對不舒服情緒的察覺，可以作為應付行為產生負面效果的動力，及避免再犯。在此很重要的是必須聚焦於這個行為的倫理面向，而非法律的延伸。舉例來說，法律對於不當行為的標準，是傷害當事人之證據，但倫理準則的標準則是**可能傷害當事人的風險或威脅**，這是出於免受傷害的倫理原則。

## ●● 評估與回應傷害

一旦專業人員意識到自己有問題的行為，下一步就是要判定造成的傷害有多大。評估對當事人造成的傷害是第一要務，再來是對同事的傷害、對社區民眾的傷害，以及對專業名譽的損害。與自己信賴、客觀、知識淵博且能夠察覺個人無法意識到的潛意識偏見的同事一同討論，是有幫助的。有時候，同事可以作為橋梁，連結不滿的當事人，或是因過去不愉快的經驗而拒絕與犯錯者有更多接觸的同事。例如同事可能會致電當事人，協調出能夠符合其需求的補救方式。當然前提是這樣的接觸並不會違反當事人保密的義務。或許當事人願意與另外一個專業人員會面，或是參與有其他專業人員也在場的會議，以找尋可接受的解決方法。

一旦確認造成傷害的程度後，第三步驟是擬出可以減輕傷害的策略。違背倫理的程度越嚴重，補救方式就可能越複雜。一位因酒精濫用而提供了數週糟糕服務的執業者，與一位因生病或個人危機而在單次的晤談中行為不當的治療師相較而言，前者會有更多的任務需要完成。對於後者，只要不當服務並沒有造成當事人重大傷害，則提供一整天額度的免費晤談以補償前一次的不當服務，可能就已經足夠。

而那位因數週的不當服務而試圖補償的治療師，將面臨更艱困的挑戰。不當服務的長度，也可能會增加對當事人嚴重的負面影響。比起只接受過一次糟糕晤談的當事人，接受三週不當治療的憂鬱當事人，可能影響更慘重。當事人可能會提早結

束諮商，且因為此糟糕的經驗而不願意再次投入諮商。此負面影響可能會延伸，不只是影響當事人本身，還有諮商師略有或完全沒有接觸的當事人家人與朋友。同事也有可能在此不當服務期間，經歷到一些負面的後果。補償對這些人所造成的負面影響也是必須列入考量的。很明顯地，在這樣的情況下，彌補傷害能造成的效果很有限。若無法接觸原來不當行為的受害者，則專業人員得接受同等的「社區服務」懲戒；法庭常以此懲罰較輕微的不當行為。此舉的意義為因犯下不當行為而採取之彌補社區行動。社區服務活動有兩個目的：用比較輕微的方式來彌補所犯的微罪，以取得平衡，且藉此提醒涉入其中的人，對於廣大的社區也要負責任。

在此要提醒的是在理想倫理中，並非要求要竭盡心力消除所有負面影響。所有這些努力的最大意義為基於個人的良善意念，願意盡力幫助受害者，以及處理在社區中對專業名譽所造成的傷害。Brown（1997）在這裡選用了**修正**（amends）一詞，似乎很適合表達這個有補償意義在內之概念。也可透過諮詢，從眾多不合理的努力中找出合理的補救方式，以及整理出彌補傷害的可行計畫。

補償會對受害者造成的影響，也必須加以評估。亦即如果療效比病痛本身還糟，就等於沒有治療。因為最重要的倫理準則是當事人的福祉，所以只要是危及其福祉的任何補償行為，都沒有任何彌補倫理失誤的立足之地。舉例來說，若一位諮商師在午餐時間閒聊時，向好友揭露了當事人的資訊，這位諮商師違反了倫理原則，因為與同事討論此事的意圖並非基於專業考量、不是基於當事人的最佳福祉，且並未得到當事人的授權。當這位諮商師意識到自己的失誤時，他或她必須仔細審視最佳的補償方式。再次跟好友提及此事、承認這個錯誤並要求他保密，是一個不會傷害到任何人的補救方式。至於是否要讓當事人知道自己的這個不當行為，則視此事對當事人的影響而定，尤其是因為這有可能不是一個太糟糕的不當行為，只可能對當事人有些微的負面影響（當然，除非諮商師的朋友言而無信）。若是基於客觀考量發現採取的補救措施可能增加對當事人額外傷害的風險，則諮商師應該要尋找替代的補償方式。由於進行任何的補償措施都會造成諮商師的心理壓力，尤其是牽涉到揭露當事人的資訊時，專業人員可能會自動合理化，認為所有對當事人的揭露都是有害的且不應該執行。判斷補償適切與否的標準，是當事人的長期福祉，而非執業者當前的個人利益。此時尋求諮詢也是不可或缺的，可協助在不合理或利己的行為中，找出合理且有幫助的介入方式。

## ●● 專業人員之矯治

犯下錯誤的專業人員，須開始以真誠的自我評估進行復原的歷程，勇敢承認錯誤並找出犯錯原因，如此才能減少再犯的機會。這裡的目標並非挑起罪惡感或羞愧感，而是在凝聚改變的能量。補償活動的本質會因不當行為的不同而有顯著的差異。對於輕微的違反行為，可能只需要重新閱讀倫理守則，並與同事諮詢一段時間，以證明自己能夠以可接受的方式詮釋倫理守則即可。對於較嚴重的行為，正式的修復計畫便勢在必行。此計畫可包含：

- 治療。如果不當行為的根源是個人問題或人格缺陷的話。雖然此方法並非萬靈丹。
- 減少工作範圍以減低風險（例如一個曾因為跨越界線而違反倫理的諮商師，可能會希望避免協助與其傷害的人相似的當事人，以減低再犯的風險）。
- 暫停治療工作，直到恢復穩定。
- 安排另一位專業人員來監督其實務工作，如此一旦有任何問題行為發生時，就能立即發現並制止。
- 自我教育或接受正式倫理教育，以對專業倫理守則及其價值觀有更多瞭解。
- 報名訓練的體驗性課程，以增進臨床能力。

此列表並非窮盡所有補救計畫。修復的計畫應考慮違反的行為與違規者的性格而量身打造。同樣地，修復的時間長短也會有所差異。比起初犯者，對於累犯者應更積極地協助其改善同一範圍再次的犯錯行為；但即使是初犯者也不該被忽略或姑息。最後，即使看起來整個修復期已經結束，但是基於人性的弱點，專業人員仍應定期從事諮詢，以確保沒有故態復萌。不幸的是，目前並無令人信服的證據顯示，發照單位與倫理委員會針對嚴重的過錯所做的修復工作是有效的（Gonsiorek, 1997; Layman & McNamara, 1997）。

## ●● 同情與同理

對自己負責任還有一個附加價值：同情。這提醒了專業人員：我們都有可能違反倫理，這讓我們不會採取道德優越的態度來面對犯下不當行為的專業人員。藉由認清自己的錯誤，我們會對他人產生同情心。如同 Jerome（1889）在 100 多年前寫的，「讓我們能夠接觸到彼此且獲得同情的並非基於我們的美德，而是透過我們的錯誤與過失……。我們的愚蠢讓我們成為一體。」因此，當他人犯錯，向我們尋求諮詢時，我們要更積極尋求修復的方法，而非只是懲罰；所要提供的是同情而非嚴酷的人身批判。如此的同情態度並不會與個人需負的行事責任相矛盾，反而是理想倫理的極致展現。

## 摘要

諮商師與治療師可透過幾個管道瞭解其他專業人員有違反倫理的行為——經由當事人、同儕以及他們自己的經驗。從當事人口中得知同儕的不當行為，是很常見的。諮商師有義務自行舉發其他專業同儕的不當行為，或是協助選擇要舉發不當行為的當事人。如果想要揭露專業同儕違反倫理的想法，和當事人保密的權益相衝突時，必須以保密權益為優先。

倫理守則建議先以非正式的解決辦法開始。通常關心者會與犯錯的一方開始對話。若關心的同事確信被投訴的同事並沒有違反倫理，或是補償即可達到效果，則無需再進行下一步。若無法確定這位同事如果犯行持續，是否會有其他的受害者，則必須進行正式的投訴。個人可向多種不同的組織投訴，像是發照單位、專業人員學會以及雇主。處理這類投訴的程序已編列於各州規章、倫理委員會規則與程序，或是僱傭規定守則中。對於收到這類投訴的委員會而言，其核心議題是如何平衡提出告訴者及被告的權益。如同西方社會的普遍原則，專業人員在被審判為有罪以前，都是視為無罪的。

如果當事人曾經歷過前任諮商師之不符倫理行為，則現任諮商師應向當事人解釋有關投訴的選擇，以及協助處理當事人在過程中所產生的情緒。當事人應自主選擇是否要提出告訴，因上訴過程十分冗長且壓力很大，並會導致當事人重新經歷某些內在痛苦。

如果當事人決定要繼續整個過程，則他或她必須認清，此事的最大受益者可能是那位治療師未來的當事人，雖然投訴的當事人也有可能會發現這個經驗具有療癒性。

沒有一位心理健康專業人員可以免於不符倫理的行為。調查資料顯示，違反保密原則、違反知後同意以及多重關係是較常見的。這些研究也指出，專業人員很關切自己過去的不當行為，以及擔心未來的過失。在這樣的脈絡下，諮商師與治療師應整理出自己在倫理守則中的弱點，且即使外在的懲戒機構並未發現其不當行為，也應自行負起責任、彌補過錯。這個義務並沒有涵蓋在任何專業倫理規範中，因此並無強制性，但它與提升他人福祉，以及將當事人利益置於自身利益之前的心理健康專業理想倫理一致。專業人員特別應該評估其不當行為所造成的傷害，擬訂介入的計畫，以減低或補償傷害，而後將焦點置於補償，以免日後重蹈覆轍。

## 問題討論

1. 你是否同意作者對於 Martina 案例的解決方法？你是否比較贊成非正式的解決方式？為什麼贊成？或為什麼不贊成？
2. 向雇主通報不符倫理的行為有利有弊。請討論此策略的利弊為何。
3. 倫理守則是否應該更明確地提及修復與補償？如果是，你認為怎樣的措辭比較恰當？如果不是，為什麼？
4. 身處於不當執業的申訴案件充斥以及發照單位祭出的懲罰行為環境中，致力於減少對當事人及他人傷害的理想倫理境界是否太過於天真與不切實際？
5. 當諮商師試圖支持當事人對另一位諮商師提出告訴時，有什麼感覺可能會影響到他？
6. 你認為倫理委員會的調查結果應該要公諸於世嗎？許多組織現在都有提供曾因違反倫理而被懲處的會員資訊。廣為宣傳這類調查的利弊得失為何？
7. 你認為在什麼樣的情況下，針對過失進行的補償，會如同過失本身一樣有害？若當事人對於違反倫理行為不知情，是否應加以告知？
8. 一位專業人員身為諮詢者，面對同事向其揭露嚴重的違反倫理行為時，會面臨怎樣的倫理困境？

## 個案討論

以下當事人是人們可能不會提出告訴（或甚至不知道）的倫理過失典型範例。這些當事人強調了補償過失的需求，以及實行時，有時會發生的困難。當事人中也提出了有關矯正的有趣問題。請思考每一個個案，想出理想的倫理補償結論，並提出矯正的計畫。

### Portrain 博士與催眠

Portrain 博士是一位心理師，他參加了應用於創傷後壓力疾患的臨床催眠研討會。這是他第一次接觸到催眠，演講者是在催眠領域頗負盛名的一位專家。研討會結束後，Portrain 博士花了數小時閱讀有關催眠的文獻，並與他的同事討論。過了幾天之後，一位剛從自家公寓大火僥倖逃出來的人前來尋求諮商。衡鑑結果發現他罹患中度創傷後壓力疾患。Portrain 博士建議他選擇催眠當作治療，卻沒有提到其他可能也可以幫助這位當事人的方法。這位心理師很興奮也很熱切期待在工作坊之後沒多久就可以使用這個治療方法。當事人也同意被催眠，接著 Portrain 博士花了三次的晤談時間進行催眠。但是催眠療程結束後，當事人的症狀並沒有好轉的跡象。看著當事人因為沒有進步而失望地哭了，Portrain 博士才發覺自己已經逾越了自身能力的界線，而且是在沒有向當事人解說還有其他選項的情況下，很不公平地將當事人當作實驗白老鼠，迫使他接受這個介入方式。

### MacDuff 醫生的有趣故事

Betts 先生告訴治療師 MacDuff 醫生最近度蜜月時發生的糗事。這位當事人因為得以與治療師討論此事而得到紓解。在晤談結束時，他甚至開始能夠欣賞此狀況中的幽默與痛苦。過了一週後，MacDuff 醫生參加鄰居舉辦的派對。派對中，主人發起了「分享你最尷尬的時刻」遊戲，參加派對的人都同意參與這個遊戲。輪到 MacDuff 醫生時，他實在想不到任何可以引人大笑的事。因此，他在沒有揭露當事人資訊的情況下，說出 Betts 的糗事。事實上，他只說那是他認識的某人而已。這些人非常享受這個趣聞，為遊戲掀起了高潮。隔天，MacDuff 醫生在超市遇到了派對中的一人，這個人又再次提起這則趣事。這時，這位醫生開始感到不安，且對說出這個故事而感到有些後悔。

## Spend 小姐有創意的解決方案

Spend 小姐是一位私人執業的有照臨床諮商師。近來，她逐漸對第三方付款者的要求感到有些沮喪。最近，她為一位罹患重鬱症的女性進行治療，保險公司只願意給付五次療程，且不願意提高給付。當事人決定用現金支付剩下的療程，但即使是打折過，對她來說也是個沉重的負擔。之後，Spend 小姐有次遇到投保同一家保險公司的當事人，她開立了比當事人真實狀況更嚴重的診斷，如此一來才能獲得更多給付。在這個案例中，保險公司同意給付 10 次療程，這是諮商師和當事人都覺得足夠的數字。當事人結束療程兩週後，Spend 小姐參加了一個諮商倫理與法律議題的研討會，她發現自己與當事人的行為不只不符合倫理，且可能違法了。

## Monderly 女士的案例

Monderly 女士是一位已執業 10 年的有照臨床社會工作者。她最近搬到一個新的社區，感到有些孤單。有一天，她遇到一位當事人，她所有的特質都讓Monderly女士覺得她很適合做朋友。當事人似乎也對Monderly女士有同樣的感覺。在經過三次晤談之後，Monderly 女士決定要將這位當事人轉介給其他治療師。這位治療師雖然的確專精於當事人所經歷的問題，但Monderly女士主要的動機是為了可以保持與當事人的友誼。療程結束的兩個月後，Monderly 女士打電話給這位當事人，邀請她參加一個博物館開幕儀式。她們開始經常一起參加藝文活動。幾個月後，在一場活動中，Monderly 女士遇見工作上的一個同事。這位同事在認出當事人時似乎有些驚訝。當當事人在談話中透露她與 Monderly 女士成為非常親密的朋友時，這位同事的表情由驚訝轉變為不滿。Monderly 女士開始思考自己是否應該要終止對這位當事人的個人興趣，以其他方式在這個新社區找尋友伴。

## Bob 與 Ted 的案例

Bob 是一位在郊區辦公大樓執業 20 餘年的有照臨床諮商師。因為他專精於與擁有

複雜困擾而需要長期諮商之當事人工作，而小有名氣。有一天，他接到另一位同社區的諮商師（Ted）打來的電話，而Bob並不認識他。Ted告訴Bob，他目前在辦公室裡，與一名叫做 Nancy 的女子一起討論她的憂鬱問題。Ted 說，Nancy 剛剛控訴 Bob 曾與她發生不當性行為，Ted 要 Bob 解釋清楚之前 Nancy 與他見面時發生了什麼事。Ted 說，無論 Bob 說什麼，都阻止不了他通報發照單位，但他仍想聽聽看他有什麼話好說。Ted 繼續告訴 Bob，他的行為非常不專業，而且已經讓這位女性精神上受到創傷。Bob 嚇到了，首先他先確認這不是惡意騷擾的來電，且確認 Ted 確實是一個有照的專業人員。Ted 提供的資訊證實他的確是一位有照的臨床社會工作者，且他是得到Nancy的允許才打這通電話。當他聽著Ted描述Nancy，以及Nancy告訴Ted的陳述時，他發現自己根本不知道Ted說的這位女士是誰。Bob請Nancy描述他的長相，但她的敘述可以套用到任何一個男人身上，因此幫助不大。再來，Bob問Nancy是否願意與他通話，因為他真的不記得有見過她。當他們談話後，Nancy 便發現，她認不出Bob的聲音。在幾次的你來我往之後，Nancy開始懷疑自己是否認錯人了。Ted咕噥著說會再蒐集一些資訊後回電，之後便掛斷電話。這通電話讓 Bob 十分沮喪，無法成眠，且立即尋求同事諮詢。之後 Bob 開始試著找出聯繫這位誣告他犯下嚴重違反倫理行為的諮商師Ted的方法（Bob後來得知，Nancy曾經在附近的大樓中，與另一位名為Robert的諮商師見過面）（譯註：Bob為Robert的小名）。請討論Bob與Ted之間所涉入的倫理議題。Bob是否應該就此忘了這回事呢？

## 建議讀物

American Counseling Association. (2005). *Policies and procedures for processing complaints of ethical violations*. Alexandria, VA: Author. Retrieved from http://www.counseling.org/Resources/CodeOfEthics/TP/Home/CT2.aspx.

American Psychological Association Ethics Committee. (2001). *Rules and procedures*. Washington, D.C.: Author. Retrieved from http://www.apa.org/ethics/rules.html.

Berlinger, N. (2007). *After harm: Medical error and the ethics of forgiveness*. Baltimore, MD: Johns Hopkins University Press.

Chauvin, J. C., & Remley, T. P., Jr. (1996). Responding to allegations of unethical conduct. *Journal of Counseling and Development*, *74*, 563–568.

Levenson, J. L. (1986). When a colleague acts unethically: Guidelines for intervention. *Journal of Counseling and Development*, *64*, 315–317.

Meara, N. M., Schmidt, L. D., & Day, J. D. (1996). Principles and virtues: A foundation for ethical decisions, policies and character. *The Counseling Psychologist*, *24*, 4–77.

Schulz, K. (2010). *Being wrong: Adventures in the margin of error*. New York: HarperCollins.

Thomas, J. T. (2005). Licensing board complaints: Minimizing the impact on the psychologist's defense and clinical practice. *Professional Psychology: Research and Practice*, *36*, 426–433.

Van Horne, B. A. (2004). Psychology licensing board disciplinary actions: The realities. *Professional Psychology: Research and Practice*, *35*, 170–178.

## 其他網路資源

美國諮商學會：處理違反倫理之申訴的要點與程序：http://www.counseling.org/resources/CodeofEthics/TP/Home/CT2.aspx

美國心理學會：倫理委員會規章與程序：http://www.apa.org/ethics/code/committee.aspx

各州及各省心理學委員會學會：哪些是心理師不該做的事？：http://www.asppb.net/i4a/pages/index.cfm? pageid=3497

全國實務工作者資料庫指南：http://www.npdb-hipdb.hrsa.gov/resources/NPDBGuidebook.pdf

各州核發諮商證照委員會之清單：http://www.aascb.org/aws/AASCB/pt/sp/stateboards

# PART 4

# 特殊場域的倫理議題

CHAPTER 12

# 社區、大學、成癮與司法情境中的倫理

## 避免利益衝突

在早期的心理健康工作中，實務工作者多半受僱於大型機構，如：學校、醫院、大學或是政府機關。隨著心理健康專業證照的出現，各種新工作機會紛紛產生，包含選擇「掛牌開業」以及獨立執業。再隨著 1960 年代聯邦與州的社區心理健康法案通過，執業者有更多的就業選擇。在這些改變歷經 50 年後，反而只剩下少數諮商師、心理師與社會工作者為大型機構工作，這些人多半受僱於公共心理健康機構、團體執業，或是個人獨立執業。專業人員即使受僱於學校或醫院，也會在私人機構兼職。除了先前章節已經列舉的倫理議題外，仍有特別需要這些在社區以及私人執業場所工作者注意的地方。本章將介紹這些特殊的議題，把重點放在與當事人接觸時的倫理準則、和其他專業人員的關係、對第三方的責任（例如保險公司），以及在擔任教練時和參與司法活動時的倫理考量。

## 對當事人的責任

以社區為基礎的諮商師和心理治療師，面對當事人時主要有六類責任。這些責任並不專門針對社區與私人執業者，但對這些場域的執業人員來說尤其重要。

## ●● 1. 宣傳服務與招攬當事人

所有以社區為執業場所的執業者和機構都仰賴穩定的個案量以及「按時計費」的服務方式。這促使社區專業人員不得不為自己的服務作推銷，推銷給可能為他們帶來收益的人，或向健康保險業者推銷自己，俾能被納入提供保險給付的名單中，讓他們有資格在保險業者的方案下獲得給付。多年來，心理健康服務的宣傳一直被倫理準則限制著——限制在電話與工商名錄中以簡短、描述性的方式登錄。若是想以類似其他消費型產品的方式來廣告心理健康服務，這被認為是不適宜、且對顧客而言是有風險的。甚至，在工商名錄中使用黑體字都不被鼓勵（Shead & Dobson, 2004）。一直到1980年代晚期，聯邦貿易委員會（Federal Trade Commission, FTC）挑戰此限制的合法性，因此促成了專業準則在廣告宣傳規定上的巨幅改變（想要知道聯邦貿易委員會強調自由言論以及自由交易，以及美國心理學會強調保護大眾以及專業聲譽之間的精彩論辯紀錄，請見 Koocher, 1994a）。現在美國在廣告的指引方針中，對此幾乎無所限制。事實上，他們只特別禁止兩種行為——欺騙以及親自攬客——以及只有限制使用者見證的使用。在美國心理學會文件中的文字描述如下：

### ✸ 美國心理學會倫理原則

**5.01 避免錯誤或欺瞞的陳述**

a. 公開陳述包含但不限於下述方式：付費或免費廣告、產品背書、申請補助、申請證照、申請其他證書、小冊子、印刷物、工商名錄清單、個人履歷表或資歷表，或在媒體上的公開評論，如以影印或電子的方式傳送、法律程序中的陳述、授課及公開演講，以及出版物。心理師不應故意以錯誤、偽造或詐欺的方式公開陳述其研究、實務、工作活動或與他們有關的人或組織。

b. 心理師不應做出錯誤、偽造或詐騙的陳述於：(1)他們的訓練、經驗或能力；(2)他們的學歷；(3)他們的證書資格；(4)他們所隸屬的機構或學會；(5)他們的服務；(6)他們提供的服務在科學或臨床上的根據，以及服務的結果和成功程度；(7)他們的費用；(8)他們的出版或研究發現。

c. 心理師只有在以下情況，才可宣稱他們的健康服務符合證照資格：(1)從地方公認的教育機構取得；或(2)由執業的州所核發的心理證照。

**5.02 他人的陳述**

a. 心理師聘用他人製作或宣達公開陳述，以推廣其專業業務、產品或其他行為時，對這些陳述仍有專業責任。

b. 心理師不可因為要行銷新的產品或服務，而提供報紙、電視或其他通訊媒體的員工任何酬賞作為獲取知名度的回報。

c. 與心理師活動有關的付費廣告一定要能清楚敘明，或是清楚可辨識。

**5.04 媒體呈現**

當心理師透過印刷品、網路或其他電子傳輸方式提供大眾建議或評論時，他們要謹慎確保他們的言論：(1)是基於專業知識、訓練或與經驗相符合的適當文獻及實務；(2)或是與倫理準則相符；(3)並沒有暗示和接收訊息者已建立專業關係。

**5.05 使用者證言**

心理師不可向正進行諮商的當事人或病患以及其他人要求提供諮商後的宣傳證言，因為他們身處特殊情形中，可能會因受到不恰當的影響力所影響。

**5.06 親自招攬生意**

心理師不可以直接或透過代理人的方式，對真實或潛在的治療當事人或病患，或因特殊情況而易受影響者，進行私下邀約的商業攬客行為。然而，這樣的限制不包含下列：(1)嘗試使用合宜的並行治療，以讓已接受治療的當事人或病患從中受惠；或(2)提供災難後或其他的社區外展服務。



從這些陳述中可清楚看出，專業人員是可以使用各種方法來行銷他們的服務，但剝削現任及前任當事人，或欺騙潛在當事人的方式不在此列。專業人員也可以向前任當事人請求推薦的證言，只要確定這些當事人不會過於脆弱而易受不當影響，但這樣的行為大致上並不被倫理學者所推崇（例如，請見 Koocher, 1994b）。使用現任與前任當事人推薦書的情形，可在許多線上治療提供者的網站上清楚看到。這種開放自由廣告的方式明顯存在著危險，保持合法行銷與呈現誇大不實宣傳廣告分野的責任落在個別專業者身上。開業者考慮刊登廣告時應自問以下問題：

- 這些關於服務的描述有盡可能公平、誠實以及完整陳述了嗎？
- 我的證書以及訓練背景是否正確呈現（誤導性呈現的例子像是：宣稱某人的研究有國際影響力，但這篇研究從沒出現在任何專業文獻中）？
- 廣告能夠幫助大眾獲得服務，並對專業帶來好處嗎？
- 如果有包含從前任當事人那裡取得的證言推薦書，那並非是在我不當的影響力下取得的，而且我有發展計畫來幫助這個人因應他或她參與推薦而產生的非預期結果嗎？
- 我能保證任何前任當事人在提供證言推薦書時，在可預見的未來不會再次需要我的服務嗎？
- 我的同儕會同意廣告是符合專業準則的嗎？
- 我是否已經竭盡所能來確保所有參與廣告的其他人都能在廣告中遵守倫理準則？
- 我所宣稱的學位是來自地區性公認的大學嗎？

加拿大心理學家Shead和Dobson（2004）警告以下三種廣告方式雖然沒有被倫理準則限制，但是並不符合專業倫理價值：宣稱有特殊能力；宣稱自己的服務比提供同服務的他人來得更好；以及以當事人的害怕與焦慮作為尋求服務的訴求。他們主張這樣的手段不是真的在協助那些尋求完善照顧的客戶，反而只會逐漸侵蝕大眾對專業的信任。

Knapp和VandeCreek（2008）建議心理健康專業人員以一般大眾在閱聽的角度來檢視他們提供的廣告。他們舉了一個心理師的例子，他在廣告中指出自己有多種**專長**（specialties）。他們質疑「專長」這個詞是否可確實描述專業人員的能力，並提出警告認為，一般民眾也許會以為具備這些專長即表示是精通這些領域的專業人員。他們建議對消費者而言更正確的用語應該是**熟練**（proficiencies），代表具有這些能力，但不必然具有非凡的才能或訓練。

Sturdivant（1993）指出專業服務的廣告也可以做得很好、很成功。她主張行銷可視作教育的手段，讓大眾知悉他們平常不知道的資源。她提到俄亥俄州心理學會的研究顯示，消費者對有關諮商與心理治療的行銷訊息反應良好，且行銷後使大家更推崇此專業。不過心理健康專業人員一定要仔細評估廣告以及其他行銷手法是否符合現行的準則。

下面是美國諮商學會守則對廣告的描述：

## ✸ 美國諮商學會倫理守則

### C.3. 廣告與招攬當事人

a. 正確廣告。諮商師在向大眾廣告或行銷其服務時，所提供的證照資歷必須正確無誤，亦即沒有錯誤、誤導、欺騙以及造假的情形。

b. 證言推薦書。諮商師使用證言推薦書時，不可從現任或其他正因特殊情形而易受不當影響者身上取得。

c. 他人的陳述。諮商師盡可能確保別人對他們或對諮商專業的陳述是正確的。

d. 競業禁止條款。諮商師不得從他們受僱的地方或附屬的機構，來為他們私人執業業務招攬或帶走當事人、受督者或被諮詢者。

e. 產品與訓練的廣告。諮商師開發與他們專業有關的產品或帶領工作坊或訓練課程時，要確保有關這些產品或活動的廣告訊息是正確的，且能給予顧客充分的訊息讓他們依此做決定。

f. 向被服務者推銷。諮商師不得以欺騙或是施以不當壓力的情況下運用諮商、教學、訓練或督導關係來推銷他們的產品或訓練課程。諮商師基於教學目的得採用自己撰寫的參考書。

### C.6.c. 媒介呈現

當諮商師透過公開演講、演示、廣播或電視節目、事先預錄的錄影（音）帶、電子產品、印刷品、郵寄資料或其他方式提供大眾建議或評論時，要謹慎確保：(1)這些言論均是基於適當的諮商專業知識文獻及實務；(2)或是與倫理準則相符合；(3)不會讓接收訊息者誤以為這樣就是建立起專業的諮商關係。

---

美國諮商學會守則與美國心理學會原則有諸多重疊之處，但是他們在文字陳述上刪除了與媒體的互動，以及具體禁止雇主為了其他的專業活動而招攬當事人。

想想以下案例：

## Shaun 創意策略的案例

Shaun最近剛拿到心理健康諮商師的證照，但他在心理健康領域已有20年的經驗，他在社區中以專門治療創傷後壓力疾患而小有聲名。他開設私人診所，並開始在電話簿以及個人網站上廣告他的服務。在所屬州的諮商學會，他也被列在可轉介的資源清單中。此外，Shaun 在他的廣告上註明提供「免費初次諮詢」。到目前為止，有超過一打的當事人接受了這項服務，且所有人都在接受諮詢後決定與他繼續諮商。

Shaun 在行銷他的業務時有沒有違反任何美國諮商學會守則的部分呢？只要他在電話簿以及網站上呈現的訊息屬實，沒有誤導潛在當事人之嫌，即屬合宜。但提供免費初次諮詢的行為可能會造成問題。Zuckerman（2008）主張執業人員應避免這類的行為，因為當事人可能會在一小時免費諮詢後覺得有義務繼續接受諮商師諮商，而使得他們難以拒絕之後的治療。他還提到，可將這樣的行為視作是占當事人的便宜，更可視作是守則中提到的：**不恰當的影響力**。

現在有越來越多像 Shaun 的諮商師，運用全球資訊網與網路的無限商機，以及使用網站來廣告他們的地區性服務。這些網站通常會含括以下訊息：他們的教育背景、專業證照、提供的服務類型以及排定預約的流程（Palmiter & Renjilian, 2003）。他們甚至透過解釋保密與知後同意的基本概念，來緩和潛在當事人的害怕，以及對諮商及心理治療的誤解。有時，他們也放上執業者的照片，讓民眾可把螢幕上的姓名和人連在一起；也提供可透過電子郵件的接觸，讓民眾在預約療程前先詢問關於專業上的問題。這些特色的設計都是想讓民眾能以更容易且較自在的方式獲得專業服務，而消費者也反映他們喜歡這樣的接觸方式。許多心理健康專業人員有個人的社交網站（Taylor et al., 2010），有些機構也有專屬網站。這些網站的內容以及大眾可及性都需要更仔細的思考與經常檢視。

以不用面對面接觸方式提供電子治療（也稱網路諮商）的心理健康專業人員，也常在他們的網站上大量使用有關服務的廣告。有些廣告看起來很合理，有些則是到目前為止仍缺乏有關該服務型態有效的實證性研究佐證，似乎顯得過於誇張。下面這個在網站上的廣告例子是從兩個研究中取得的（Heinlen, Welfel, Richmond, & Rak, 2003; Heinlen, Welfel, Richmond, & O'Donnell, 2003），這兩個研究從提供者過去提供服務的經驗中抽取出這些片段：「到目前為止，大部分決定要嘗試的人都說虛擬治療很有幫助。大約十分之一的當事人在初期幾次的互動中就發現虛擬治療不適合他們的需求。」其他專業人員做出更廣義的宣稱，其中沒有任何一項是真的經過研究而得的，如：「我們對於你所困擾的事已經找到了最終的解決辦法……。沒有什麼問題是太大或太小而解決不了的」或「我們確保你將會感到滿意。」還有其他人做出連他們自己都無法保證的陳述，像：「使用這個服務時，你可以享有完全的匿名與隱私。」在網路上並沒有所謂的完全匿名與隱私這回事。任何透過主要伺服器如 America Online 或 Yahoo! 的訊息交流都是可以被追蹤的，而且這些伺服器的政策，通常都需要保留電子信件的副本一年。甚至，如果當事人揭露兒童虐待或有意自傷或傷人時，專業人員有法律及倫理責任採取行動，以防止這樣的傷害。簡而言之，我們的研究已經發現有些網路使用者並不瞭解電子傳訊的限制，沒有提供未來當事人關於 E 治療可能帶來的益處與風險之均衡陳述，一般來說是違反專業準則對刊登廣告的規定。有些專業人員也使用 E 治療網站來大力行銷書籍、錄音帶以及他們出版的其他產品（Heinlen, Welfel, Richmond, & Rak, 2003; Heinlen, Welfel, Richmond, & O'Donnell, 2003）。例如某個網站提供一大堆和產品相關的參考資料，像是服務訊息、費用以及保密議題。在檢視這些網站的聲明與保證時，不禁懷疑這些廣告的自我推銷在此時已被置於保護大眾福祉之上。另外也有一些人所宣稱的諮商與心理治療學位是來自於從未經認可的大學，或是列舉一些來路不明的訓練等。

## ●● 2. 公開聲明以及其他與媒體的互動

如同先前在美國心理學會及美國諮商學會守則引述的，諮商師與治療師需要透過針對新聞事件發表言論、討論他們的研究發現、寫作以及接受平面媒體或視聽媒體的訪問等，讓社會大眾知道諮商師的存在。舉例來說，當一個全國性的新聞組織希望製作一個心理疾病的專題報導時（如懼曠症或注意力不足／過動症），新聞記者常會找這領域的專家接受訪談。同樣地，當分析完一個災難事件後，新聞記者也常會採訪心理健康專家的意見，論及關於此災難所帶來的心理與社會影響。在 911 恐怖攻擊 10 週年紀念時，媒體即出現許多這樣的報導。美國心理學會原則允許專業人員介紹針對災難可提供的專業服務，這樣的宣導並不會被視為是在不適當地招攬客戶。如果能以合乎倫理的方式進行，此種互動反而是藉此機會教育社會大眾並為專業帶來正面的效果。然而，專業準則有時還是會遭到破壞。最常見的違反就是未能提供正確的證照資訊、所宣稱的內容缺乏證據支持、僅憑直覺或草率的檢視就對情況下結論，以及企圖進行治療而非教育。以下的案例是違反的例子：

### Dop3pert 博士和電視脫口秀的案例

Doppert 博士，一位知名的婚姻與家庭諮商師，同意參與地方電視節目的脫口秀，談論伴侶在另一半出軌後可以如何修補關係。節目安排兩部分，首先請兩對伴侶在直播前先現身描述他們的經歷，然後在節目最後 Doppert 博士會到台上，以每對五分鐘的時間分別「幫助治療」兩對伴侶因另一半出軌而產生的傷口。當這個節目在錄製時，諮商師按照節目流程，和每對伴侶在鏡頭直播前進行工作。除了自我介紹以及看早先的節目片段外，她沒有和這些伴侶接觸過。由於節目進行的時間延誤，到最後諮商師在直播時僅有各自三分鐘的時間可協助每對伴侶表達他們對出軌的感受。在節目的最後，她和每對伴侶道別並給予他們她的名片。節目雖然沒有付錢給她，但在把她介紹給觀眾時，提到了她的書與她的執業。

### Bewinger 博士和書展的案例

Bewinger博士寫了一本書徹底顛覆一般對強迫性疾患的認識，其中說明此疾病的產生主要與不合宜的飲食有關。他的結論是以他在執業中治療這類型病患的經驗為基礎。他沒有進行過任何正式的研究，且針對其主張，他只是提供一些他臨床實務的證據。當被問到細節時，Bewinger博士不情願地揭露了他已經用此方法成功治療過 12 位當事人。在書中，有 4 位當事人提供了推薦序證實這個方法的價值，而其中一位當事人更和Bewinger博士一起巡迴來推銷書。更甚的是該書公開宣稱Bewinger博士是一位心理學家，而他並沒有否認，但真實的情形是，他所擁有的是心理健康諮商師的證照（請注意在這個情節中對強迫性疾患病因的假設是虛構的，是專為此案例而編撰的）。

## Mertice Mentrison 的案例

Mertice Mentrison 同時擁有美國歷史博士及諮商碩士學位。但她對外均以「博士」的頭銜來宣稱她的物質濫用諮商師身分。

Mentrison女士與Bewinger博士都違反了先前說明的倫理準則。Doppert博士對脫口秀來賓所做的治療行為很有可能違反：只有在專業關係裡才能提供衡鑑與建議的準則（美國心理學會倫理原則，9.03(a)）。她的參與也會讓電視觀眾對治療以及伴侶治療師的業務產生錯誤的印象。尤有甚者，她把推銷她的書還有業務的機會擺在節目中的伴侶權益與需求之前。Doppert 博士在節目中最重要的倫理角色應是提供訊息給觀眾，讓他們瞭解在研究中伴侶出軌後常見的心理與關係上的困境。無論怎樣，她都不應該給觀眾一個印象是她可以在短短幾分鐘的電視節目裡提供診斷或治療伴侶。如果 Doppert 博士把她的角色限制在提供有能力者一些「建議」，她就可能不會違反倫理準則（Fisher, 2003）。然而，觀眾可能很難區辨建議以及治療，因此，不管是不是以技術性定義的方式來定義她的行為，她的行為都不符合專業價值與倫理上的理念。DeTrude（2001）告誡專業人員不要以為自己可以在現場直播的脫口秀自我控制。在主持人以及觀眾的壓力下想堅守界線可能會很困難，諮商師可能會因此損及當事人的尊嚴以及專業精神。Behnke 建議心理師「問問你自己：『如果這個節目失控，誰會受到傷害，以及要基於誰的利益，以確保這樣的事情不會發生？』」（Behnke, 2008, p. 46）。

Bewinger 博士在強迫性疾患上所主張的新治療方式違反美國心理學會原則

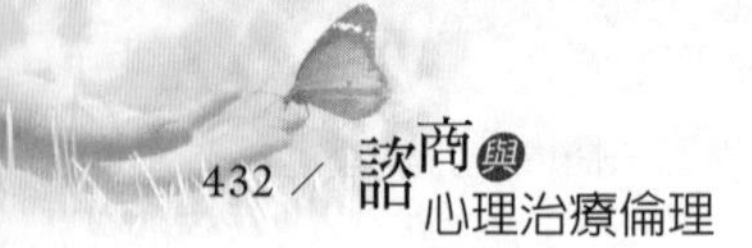

2.04，因為他誤導民眾且沒能對他的結論提出任何科學根據。這似乎是出於他個人想要賣書的私慾，而不是出自對科學或良好治療的保證。從提供的訊息很難判斷是否他引用的推薦序違反了不恰當影響力的標準，但前任當事人和他一起出席書展活動是非常令人擔憂的情形。有關他提出錯誤資格的行為也抵觸準則的規範，因為他沒有在別人把他當成是心理學家時積極澄清。他的行為表現出忽視當事人福祉、科學發現以及他對前任當事人的影響。這個諮商師鼓勵有嚴重心理疾患的人尋求未經證實的治療方式，拖延了他們取得實際可幫助他們的治療時機，這些舉動無疑是敗壞專業名聲。

Mentrison女士則是違反了美國諮商學會守則（C.4.d）對使用「博士」的規範；「博士」只能指稱得到諮商或相關領域的博士學位者。因為歷史學家在博士班的訓練過程中並沒有接受諮商、心理或是人類發展的訓練，因此使用此頭銜並不適合。Mentrison女士是在欺騙社會大眾，讓他們相信她擁有她所沒有的資格。對於避開這些陷阱及如何和媒體很有責任的互動等方面，Schwartz（1999）的文章很有參考性。

有時諮商師及心理師會在立法前被要求給予公開聲明或是評論社會問題。他們的專業在協助政府單位訂定能造福社會的法案及政策上是很有價值的，這可使市民的心理健康照護品質更上層樓。專業人員若想以有效且合乎倫理的方式達成任務，可閱讀Sorensen、Masson、Clark和Morin（1998）的文章，其中為被要求給予公開聲明或對公共政策建言的專業人員提供可用的指引。對和媒體互動有極度興趣的心理師而言，加入美國心理學會46分支的會員可能會有所幫助。

想想以下案例：

**Fit博士的案例**

Fit博士是一位心理師，她在研究有效治療憂鬱症的行為介入上備受尊崇，因此有公司向她接洽，希望能夠取得她的背書來販賣運動器材。公司會支付她服務費。此位心理師已經長期推薦針對憂鬱症患者的漸進式運動方案。由於此公司在運動器材上擁有良好的信譽，因此她同意加入平面以及電視廣告來協助促銷。

這位心理師有違反專業的倫理準則嗎？在檢視美國心理學會倫理原則時並沒有發現任何直接違反之處，但是倫理學者警告，為付費商品背書時，要小心避免可能產生誤導或欺騙的疑慮（Koocher & Keith-Spiegel, 2008）。在這案例中，為此運動器材背書的內容可能讓民眾相信不用求助專業人員的介入，光是透過這個運動器材即可預防或治療好憂鬱症。

## 3. 付費議題

諮商師或治療師在私人執業中所賺取的金錢，需仰賴付費的療程數。即使是Freud本人也很清楚這一點，他常抱怨關於付費的問題（Freud, 1954）。越多療程的當事人付費給執業者，他或她就有越多的進帳（或許例外的是在管理式照護場所的實務工作者，只能從每個當事人被縮減的療程次數裡得到微薄的薪資）。因此，在私人執業裡主要的倫理議題就是因為這些安排而引發的利益衝突之處理。其次的議題則是，許多心理健康專業人員在面對處理需協助者的付費問題時，感受到程度不一的不舒服。在我們的社會中，談論「性」似乎還比談論「錢」來得容易（Koocher & Keith-Spiegel, 2008）。想想以下情形：

### Amberside 女士的案例

Amberside 是一位在私人執業診所的諮商師，她最近正計畫去加勒比海舉辦一場豪華的婚禮，為此她正在存錢。Klepper 先生已經在她這裡治療恐慌症好一陣子。其實他在兩個月前就已達成治療目標了，但是因為他很不願意結案，所以還是繼續留在她這裡接受治療。他說他很享受每週一次的療程，而且很擔心結束治療後恐慌會再次發作。Klepper 先生每週以支票支付治療費用，且從未忘記過。Amberside 決定在當事人準備好時才結束治療，而且認為即使非屬必要，但是這樣的延長治療也沒有傷害到當事人。

## Wrankley 博士的案例

Wrankley 博士正在諮商一位法院強制治療的當事人。法院幫當事人支付所有的諮商費用。這位當事人在認為自己別無選擇的情況下，只好同意這樣的安排。她在很不情願的情形下接受諮商，把所有的治療時間花在討論問題的表面，也拒絕 Wrankley 努力聚焦的治療目標——而這個目標是她當初同意的，因此整個療程幾乎沒有什麼進展。Wrankley 最近開了自己的診所，正在想辦法讓收支能達到平衡。由於他迫切需要法院的這筆收入，所以他允許當事人繼續以她現有的模式參與治療。他在給法院的報告中，把焦點放在當事人至少都有出席及描述她到目前為止已經做到的小小改變，但是不強調她抗拒治療的事實。他並沒有對法院說謊，但也沒完全吐露對當事人治療過程的真實專業判斷。

Wrankley 博士與 Amberside 女士的情形即是 Cummings（1995）所謂的**無意識經費考量**（unconscious fiscal convenience），忽略了有效照護的重要治療面向，因為如果顧及這個因素的話，會與他們業務上的經濟利益相衝突。這樣的專業人員雖沒有惡意剝削他們的當事人，但他們也的確未能看見自己治療性決定下所暗藏的動機，也就是他們對當事人能提供的經費有需求。因此兩人的行為都是不合倫理的。Amberside 女士應轉而協助 Kelpper 先生處理面對結束所產生的壓力，並尋找替代的環境支持。相同地，Wrankley 博士應停止和他的當事人共謀欺騙法院的行為，轉而開始鼓勵當事人更積極投入治療。甚至，他應立即向法院提供一份當事人治療進展的完整報告，並在採取行動前告知當事人他會這麼做。

另一個有關無意識經費考量的觀點很常見，也就是認為為心理治療付費是具治療性的。從這個觀點來看，當事人如果不需要為諮商付費，就比較不會投注心力在其中，也比較不努力。科學並不支持這樣的解釋。事實上，研究已經發現，付費與治療結果之間不存在任何顯著的關係（Drexler, 1996; Pope, 1988），即使用差別性的付費（sliding scale）方式也是一樣（Aubry, Hunsley, Josephson, & Vito, 2000）。也有學者主張付費的價值在於可與當事人溝通，說明這一段關係是專業關係，不同於一般的友誼，而且是有清楚界線的（Treloar, 2010; Zur, 2007），但迄今也沒有實證的證據支持這個看法。

為了避免利益上的衝突，私人執業的專業人員應常與同儕進行諮詢與接受督導，討論他們的接案和財務管理的關聯。在跟可信賴的同儕說明自己接案過程中做任何治療性決定的標準時，可運用**攤在陽光下**的原則來進行討論（Haas & Malouf, 2005）。這個程序認為當治療師的財務陷入困境時，很難持平看待當事人，因此這是一個可有效預防諮商師濫權的方法。這樣的諮詢也可協助專業人員更有效處理和當事人之間難以啟齒的金錢問題。

即使專業人員秉持利他主義，且能覺察到自己私人執業中潛藏的利益衝突，有時還是很難自在地與當事人討論金錢的議題。就算只有一點點不舒服，大部分的心理健康專業人員還是像Knapp和VandeCreek（2008）所描述的「不是生意人的料」（p. 613）。他們會很想快點帶過金錢的細節，聚焦於治療的議題上。雖然這樣的態度可以理解，但這是有風險的。當事人若不清楚專業服務的花費細節，就不能算是被完整地給予知後同意。在此情形下，當事人更有可能不遵守付費的要求，或可能會感覺生氣或怨恨諮商師。根據美國諮商學會守則 A.2.b，一定要告知當事人治療費用的相關事宜，這是知後同意的一部分。守則特別載明其他與費用相關的責任。美國心理學會原則的描述與美國諮商學會大致類似。

## 美國諮商學會倫理守則

### A.10. 費用與以物易物

a. 接受機構的當事人其他費用。諮商師拒絕收取從諮商師受僱機構或單位締結服務合約服務的當事人之額外酬勞，或是收取這些當事人私下的費用。有些機構或許會訂出規範，同意該機構服務的當事人可以找尋機構內的工作人員到其私人開業場所尋求其諮商。在此情形下，當事人一定要被告知他們有自由選擇權，也可尋求私人諮商服務。

b. 建立付費制度。建立專業諮商師服務的付費制度時，諮商師要考量當事人的經濟狀況以及該地區的經濟水準。如果已存在的付費結構對當事人並不適用，諮商師會協助當事人找到他們經費上較能接受的服務。



## 美國心理學會倫理原則

**6.03 針對未付款而保留紀錄**

心理師不得僅因為當事人未付款而在當事人緊急情況下被要求或是需要其提供當事人／病患紀錄時拒絕給予紀錄。

**6.04 費用以及財務安排**

a. 心理師及接受心理服務者要盡可能在專業或研究關係的前期，就達成對費用以及付費安排的共識。

b. 心理師的收費業務要符合法規。

c. 心理師不得濫收費用。

d. 如果預期會因為經濟限制而侷限接受服務，應盡早與接受服務者討論。

e. 如果服務接受者沒有依同意的方式為服務付費，心理師有意委託催繳單位或透過法律手段來催討費用時，應第一時間告知當事人將會採取這些行動，讓當事人有機會來繳納未繳的款項。



如同美國心理學會原則最後一句話所建議的，當當事人沒有辦法履行他們的付費義務時，關於付費內容的知後同意會顯得格外重要。這種情況下，有時專業人員會面臨的兩難決定是要聯繫催討單位或尋求法律行動，以讓當事人付錢。因為這些方法都涉及保密的例外，當事人必須充分瞭解他們不付款所帶來的後續影響。令人關注的是，將近4%對心理師提出的法律訴訟案與催討費用有關（Peterson, 1996）。收費及保險申訴也占美國心理學會倫理委員會受理調查案件的一部分（APA Ethics Committee, 2008），通常這些還合併其他的違規行為（APA Ethics Committee, 2009）。當然，專業人員並不一定要聘用催討機構來取得這些未繳交的費用，但是如果當事人已經被事先告知若不繳費有可能會被如此催繳，就表示專業人員有可能會這麼做。即使已告知當事人針對未付款可能會採取的催討或其他法律手段，更謹慎的方式是在採取行動前提醒當事人先前的共識，讓當事人有機會繳費並避免後續可能發生的行動。事實上，美國心理學會原則即將此規範納入文字。Knapp 和 VandeCreek（1993）對僱用催繳單位的責任提出其他的建議，包含監督這些服務單位催討款項的手法。

一旦當事人拖延未付款時，專業人員可能會斟酌如果一直保留諮商紀錄，直到當事人付清費用才把紀錄轉交給下一位諮商師，這樣的行為是否符合倫理。如美國心理學會守則在 6.03 的聲明，若當事人未能依約付費，心理師在情況並非緊急時仍可保留諮商紀錄，但是如果當事人在緊急照護時需要紀錄，則諮商師一定要提供給他們。美國諮商學會守則沒有直接提到這個議題。然而，醫療保險可攜性與責任法案（HIPAA, 1996）賦予當事人取得照護紀錄的權利，除非在極度不尋常的情況下才除外，因此建議執業人員在保留未付費的紀錄前應先尋求法律顧問的建議。

也很重要的是要注意各州對專業實務在財務上的法律規定，可能比專業學會的守則還要嚴格。舉例來說，俄亥俄州心理委員會的法規（OAC Section 4732-17-01）要求心理師與諮商師最慢在第二次晤談結束前應與當事人澄清付費的安排，除非有其他強而有力的治療性理由要延誤討論。

儘管 2008 年通過心理健康與成癮公平法案（Mental Health and Addiction Equity Act of 2008），專業人員仍常覺得保險的補助不足以支付諮商或心理治療所需的全部開銷。美國心理學會原則 6.04d 建議諮商師一旦發現有這樣的情形時，就必須和當事人坦誠討論，並協助當事人決定接下來他們可以怎麼做。如第 6 章的討論，當事人應該經由知後同意的方式被賦權，讓當事人自己決定付費的議題。

美國諮商學會、美國心理學會以及美國婚姻與家庭治療學會守則都鼓勵諮商師基於**慈善事業**的理念來提供一些服務，也就是說，以免費的方式展現對公眾福祉的

承諾。許多心理師遵循這個理念（Knapp, Bowers, & Metzler, 1992）。所有的守則也都提出，在建立付費制度時，專業人員應考量當事人的經濟條件。許多專業人員使用差別性的付費方式，依照當事人收入的高低來調整費用。Lien（1993）曾對這套差別性付費方式的倫理價值提出質疑，但這種方式一般被視為是合乎倫理責任的方式，這讓低收入者也可獲得服務。但是 Bennett 等人（2006）提醒專業人員法律上對於使用差別性的付費方式，或是其他依當事人情況而劃分費用的方式是有爭議的。所有的州都有法律限制健康照護提供者，不得對有保險支付者收取較無保險給付者為高的費用。有些州甚至還有違反規定就坐牢的處罰。Fisher（2003）提醒提供較低的費用給那些沒有保險給付的人等於變相提高（或誤判）一般支付給第三方付費者的費用。基於同樣的理由，這些學者也提醒不宜取消當事人的自費部分負擔金額。差別性的付費方式仍是可行的，但是一定要符合當事人所在州的法律規定，且一定要以一致的方式充分告知潛在的當事人與保險方。

## ●● 4. 中斷或結束服務

在私人關係中，成人可以在他們想要時即結束私人關係。一旦諮商師與治療師進入了和當事人的專業關係後，他們就失去了這樣的自由。沒有適當原因或合宜的轉介即停止後續服務，會被視為**拋棄**，這是守則所禁止的。無法以適當的方式結束治療也可能會帶來法律責任上的風險（Younggren & Gottlieb, 2008）。

### ✸ 美國諮商學會倫理守則

A.11. 結束及轉介

a. 禁止拋棄。諮商師不得在諮商過程中拋棄或忽視當事人。當諮商必須中斷，如假期、患病以及服務結束後，諮商師必須協助安排合宜的後續治療。

b. 能力不足以協助當事人。若諮商師判斷自己的專業能力不足以協助當事人，應該避免進入或持續諮商關係。諮商師需熟知在文化面或治療面都適宜的轉介資源，並向當事人建議這些選擇。若當事人拒絕這些轉介建議，諮商師仍應停止諮商關係。

c. 適宜的結束服務。諮商師在以下的情形應結束諮商：當事人很明顯地不再需要協助，無法再從諮商中獲益，或再繼續諮商就會受到傷害時。當諮商師陷入險境或是受到當事人或和其有關係者的傷害，或當事人不依約支付費用時，諮商師得結束諮商。必要時，諮商師得提供結束前的諮商，或建議其他的服務提供者。



這些準則是根基於專業人員為當事人的福祉著想以及保護專業名譽。專業人員若只是因一時興起、出於不喜歡當事人，或是對特定族群當事人有偏見的情形下結束服務，將有損大眾對專業的信心，且也會讓相關的當事人受到傷害。Shiles（2009）稱後者的轉介為歧視性的轉介。當然，有時候專業人員不得不因為找到新工作、退休或是生病的關係結束治療服務。在此情形下，他們一定要幫助當事人找到合宜的轉介，並盡其所能地讓過渡到新諮商師的過程能夠順利完成（Vasquez, Bingham, & Barnett, 2008）。這個責任在未成年兒童及沒有能力行使知後同意者的身上，是交給父母或監護人來承擔。當當事人沒有辦法為允諾的服務付費時，也可以此方式轉介。專業人員可轉介當事人其他的替代服務，且一定會協助轉介讓其能順利進行。如果沒有辦法立即提供其他服務時，專業人員也絕不會因為沒有付費而拋棄有需求的當事人。當中斷服務是可預期時（如非急需外科手術），專業人員要仔細規劃，不宜接受新的當事人，且要將現任當事人轉介給其他心理健康專業人員。在很罕見的情況中，一旦當事人或與當事人相關者令諮商師陷於危險情況時，守則明白說明，允許諮商師直接結束服務。

在美國心理學會 2002 年版的倫理原則中，改變了禁止拋棄的描述，取而代之的是在專業人員的專業判斷之下，且在結案前有周延的計畫，或是當事人或與當事人相關者有傷害諮商師的可能時，可結束諮商服務。

## ✷ 美國心理學會倫理原則

**10.10 結束治療**

a. 當有合理且清楚的證據顯示當事人／病患不再需要服務、無法從服務獲益，或繼續諮商可能會造成傷害時，心理師應結束治療。

b. 當心理師受到威脅或有可能受到來自當事人／病患或與當事人／病患有關者影響而危及生命安全時，諮商師可結束治療。

c. 除非當事人／病患或是第三方付費者拒絕，否則在結束之前，心理師應提供結束前的諮商，並且建議適合的替代性服務。



諮商師與心理師在單獨執業時，為了預防突發身亡或失能，也一定要事先找好其他可轉介且可應付他們個案量的專業人員（請見第 438 頁美國諮商學會倫理守則 A.11.a）。大型機構也應為這些狀況下的轉介政策與流程訂定規範。由於當事人在治療過程中會變得較為依賴原本的諮商師，且常會因為中斷而產生情緒壓力，諮商師有責任盡可能確保當事人在他們不在的時候也能受到妥善的照顧。Bram（1995）回顧心理學文獻發現，由於治療師常常忽略當其不在時當事人的需求，因此常有違反此準則的情形。諮商師若有好幾個月都沒有辦法實際改善自己的情況時，應盡可能減少自己的失能對當事人的影響，並做唯一的安排——在治療中轉介。下面是美國心理學會倫理原則對中斷治療的描述：

## ✷ 美國心理學會倫理原則

**10.09 中斷治療**

一旦進入僱用或是合約關係，若是僱用關係或合約關係必須結束，心理師須善盡職責，盡可能提供當事人／病患最適切的照顧，最重要的是把當事人／病患的福祉作為凡事考量的依據。

Pope 和 Vasquez（2011）整理出當專業人員長時間無法提供服務時所面臨的幾個議題：

- 誰該繼續提供治療及危機介入給當事人？
- 在治療師缺席時，誰該通知當事人？
- 當事人要如何得知治療師恢復療程的訊息？
- 治療師的個案紀錄要怎麼處裡？以及誰可以取得這些紀錄？

這些學者也提醒私人執業的實務工作者，凡事要做「最壞的打算」，這可幫助他們保護當事人的福祉，避免中斷服務對當事人造成負向影響。預防可能發生的事情，就是最理想的因應策略。Ragusea（2002）提出一些實用的建議，協助私人執業者以立下專業遺囑的形式，為突然無法繼續提供服務的情形做準備。Bennett 等人（2006）也為即將退休或準備結束執業者提出一些指引。

## 5. 紀錄

**Dennis 博士的案例**

Dennis 博士開了一間小型的私人診所。因為他每週的個案量並不多，所以他在思考是否可簡化記錄的方式，也就是把治療筆記全部輸入他的平板電腦。這樣的行為是合乎倫理與法律的嗎？在你看下個段落前，想想這個問題。

諮商師及心理師有責任要保存諮商與心理治療的紀錄，這不僅對當事人有利，也協助其他專業人員能以更有效的方式提供服務。好的紀錄可以刺激專業人員對治療接觸有更多的反思與計畫。紀錄可也幫助研究者研究治療的歷程以及效果。這個義務被清楚標明在倫理準則中，且進一步被各州、聯邦法規以及個資法所支持。

## 美國諮商學會倫理守則

**A.1.b. 紀錄**

為了提供當事人專業的服務以及應法律、條例，或機構組織程序之需求，諮商師需保留紀錄。諮商師之當事人紀錄應包含及時且足量之文件，以促進有效益且持續之必要服務。諮商師需採取合理的措施，確保紀錄中的文件能夠準確地呈現當事人的進展以及所提供之服務。如果當事人紀錄中有所謬誤，諮商師應依循機構或組織之規定，循序修正這些錯誤。

**B.6.a. 紀錄的保密**

諮商師確保紀錄存放在一個安全地點，且只有被授權的人才可以取得。



美國心理學會原則在 6.01 及 6.02 使用類似的敘述。甚至，美國心理學會還發表「紀錄保存指引」（*Record Keeping Guidelines*）（APA, 2007c），在心理健康紀錄的內容、撰寫與保存上提供更詳盡的訊息。這些指引對於使用電子紀錄的執業者來說，尤其受用（Drogin, Connell, Foote, & Sturm, 2010）。雖然有些人對這些指引嗤之以鼻，認為這些官僚體制侵犯他們的治療工作，但大部分人認為現行的準則很有價值，其不僅維持照護的品質，也保護專業人員的工作，尤其是當他們面對紀律委員會、法律訴訟案件或第三方付費者的挑戰時（Bennett et al., 2006; Shapiro & Smith, 2001）。根據 Shapiro 和 Smith（2011）的看法，合宜留存紀錄對於被控告瀆職的心理健康專業人員是有利的。美國心理學會原則特別強調紀錄中應含括的內容包括：

- 有關服務性質、提供服務方式、進展或結果的訊息。
- 清楚載明晤談內容、提供服務的日期與形式、收費情形、衡鑑以及測驗資料、處遇計畫、諮詢、摘要以及任何移轉出去的資料等。
- 資料的詳盡程度足以讓後續的心理健康專業人員做出未來的照護計畫。

Piazza 和 Baruth（1990）建議六種類別的訊息應包含在諮商紀錄當中：能辨別身分的資訊、衡鑑訊息、治療計畫、個案紀錄、結案摘要以及其他資料，如：知後同意書、信件副本及移轉出去的資料。除了這些資料，Moline 等人（1998）建議還要納入醫療史，這也是醫療保險可攜性與責任法案所規範應納入健康紀錄的資料。

## 美國心理學會倫理原則

**6.01 專業及研究工作的書面文件以及紀錄保存**

心理師針對他們的專業與研究工作而製作紀錄，以及他們基於職責而保存、公布、儲存、保留以及銷毀紀錄。這麼做是為了：(1)幫助他們自己或其他專業人員提供後續服務；(2)允許研究設計的複製與分析；(3)符合機構的要求；(4)確保帳單與付費的正確性；(5)確保符合法律規定。

**6.02 專業與科學研究保密紀錄的保持、公布及銷毀**

a. 心理師基於職責撰寫、儲存、取得、移轉以及銷毀紀錄時均需加以保密，不論紀錄是以手寫、自動化輸入還是任何其他媒介的方式製作都一樣（同時可見原則 4.01，維持保密性；以及 6.01，專業與科學研究之文件及紀錄的保留）。

b. 當關乎接受專業服務者的保密訊息被納入數據資料庫或紀錄系統，讓其他人可在不告知接受者的情形下取得時，心理師應使用編碼或其他方式來避免當事人的身分被辨識出來。

c. 假如發生辭職或歇業的情況，心理師應預先計畫有關的適當紀錄移轉方式，並確保紀錄與資料的保密性不會受到影響。



**監督其他人員**　專業人員有法律與倫理的責任維持紀錄的保密性，及監督其他接觸紀錄的人員。在大型機構或私人診所工作者一定要教育其他相關人員關於保密的議題，並防止以漫不經心的態度來處理當事人的紀錄。非臨床的專業人員僅能讀

取個案紀錄中有關付費或其他相關用途的資訊。格外要注意的是，這個規則適用於所有在機構中的工作者，及沒有專業證照的從業人員。經營機構的管理階層人員在治療紀錄的取得權利上，並沒有多於打字員或櫃檯的接待員。此外，臨床人員除非有專業上的正當理由，否則也沒有權利閱讀其他執業人員的紀錄。醫療保險可攜性與責任法案（1996）明確規範專業人員有責任有效率地訓練與監督其他雇員對當事人隱私的保護，並且需要為沒有善加訓練和監督雇員的保密職責而負起責任。

**紀錄格式** 紀錄可能會以一種以上的方式保存（手寫文件、電腦資料、錄影錄音素材），但專業人員有責任對以任何形式保存的紀錄均予以保密。專業人員若將當事人的資料儲存於電腦硬碟或外接式儲存硬碟時，一定要特別注意這些檔案的安全性，且必定要防止其他人接觸到這些保密資料（詳情見第 5 章，對當事人的資料存放在電腦及智慧型手機上的保密風險有額外的討論）。

許多機構規定當事人的紀錄（不管是手寫或電腦儲存）都不能在沒有當事人簽名許可的情形下離開機構的辦公大樓。這樣的政策是為了預防不慎危害到保密的情形發生，畢竟，汽車、公事包、手提電腦以及平板電腦都常會被偷。

**紀錄的保存** 有些州以及省有法律規定這些治療紀錄應保存一段特定的時間。在麻薩諸塞州，紀錄在照護結束後要保存 30 年才可以銷毀，而在加州，紀錄一定要保存至少七年（Koocher & Keith-Speigel, 2008）。醫療保險可攜性與責任法案也規範紀錄的保存，規定所有健康照護紀錄至少要保存六年。假如遇到當事人過世的情形，紀錄在其過世後仍須保存至少兩年，如果州法特別指明需要保存六年以上，那就須遵照州法的規定。當醫療保險可攜性與責任法案以及州法相互抵觸時，則取較嚴格規定者來執行。未成年人的心理健康紀錄至少需要保存到他們成年以後，但美國心理學會原則建議至少保留至成年後的第三年（APA, 2007c）。

**紀錄的銷毀** 因為有些存於當事人紀錄當中的資訊可能會因時間而過期或失效，倫理守則規定專業人員要注意在當事人紀錄中具時效性的資料，並且提醒那些尋求這類紀錄者其中存有過期資料（在當事人紀錄中的標準測驗結果即是一個可能會過期的例子）。當紀錄中的任何一部分要丟棄時，專業人員應先以碎紙機銷毀之後再處理。

**紀錄在專業上的價值** 顯而易見的，保存治療接觸紀錄的主要目標是提供高品質的服務給當事人，且便於其他照護者加入時能延續服務。第二個目的則是將所提供的良好照護記錄下來，預防未來在法庭或紀律聽證會上被質疑。Appelbaum 和 Gutheil（1991）提到紀錄文件與諮詢是「責任保護的兩大支柱」（p. 201）。先不管個人對詳盡紀錄作用的感受，這種程度的紀錄保存很快就變成諮商師與心理師在「照護上的法律標準」。事實上，無法適當保存紀錄已經構成法院審理時被視為照護不周的證據（Soisson et al., 1987）。已經有些治療師就是因為沒有適當保存紀錄而喪失執照（Anderson, 1996; Wheeler & Bertram, 2008）。法院方面也傾向於如果沒有良好照護的紀錄，就視同沒有良好的照護（Soisson et al.,1987）。Bennett 等人（2007）指出仔細紀錄的文件可提供紀律委員會以及法律單位相關的證據，瞭解專業人員所提供的服務到底有沒有「符合合理的照護標準」（p. 45）。

良好的紀錄也可在高風險的情況下保護治療師，如當事人威脅自殺或傷害他人的情況。在這樣的情況下，學者建議文件不僅要寫明最後做出的判斷，也要說明評估判斷的相關因素以及在過程中相關的諮詢管道（Werth, Welfel, & Benjamin, 2009）。Zuckerman（2008）也建議治療師引述當事人對這類風險評估問題的回答。在紀錄中，專業人員描述得越詳細，就越可免於在法院中被裁定為疏於照護，即便他們最後的決定是錯的也一樣（Peterson, 1996; Shapiro & Smith, 2011）。

**紀錄的所有權**　大部分司法判決都傾向認為心理健康照護紀錄是專業人員擁有所有權，但是當事人通常可取得紀錄的副本以及決定是否公開（Soisson et al., 1987）。Anderson（1996）簡潔地解釋這個概念：「你擁有紀錄，但你的當事人擁有紀錄內的訊息」（p. 94）。此結果下，心理健康專業人員應以能讓當事人看的方式來撰寫紀錄。情緒感受、判斷摘要以及個人意見不應該放入紀錄。有些學者建議執業者可和當事人合作共同撰寫紀錄，增加他們在過程中的參與，減少他們對紀錄可能包含內容的擔憂，也減少被控治療不當的風險（Mitchell, 2007; Shapiro & Smith, 2011）。再次重申，由於每一州的法律對紀錄保存的要求不盡相同，所有心理健康專業人員都應以所在州與此議題相關的法律作為行為的依歸。

**雙重紀錄的倫理**　有些諮商師及治療師會寫兩份紀錄。一份是官方的服務紀錄，另一份是個人對個案的私人紀錄。在後者當中，諮商師能夠把在諮商過程中的感受以及反應寫出來，或是寫工作筆記，記錄關於衡鑑或治療的粗略想法（Koocher

& Keith-Spiegel, 2008）。法律案例的判決對此類紀錄是否完全屬於個人且受到保護、不應被他人取得的看法上出現分歧。在至少一個案例中，法院成功取得諮商師個人所有關於欲自殺當事人的紀錄（*Lozano v. Bean-Bayog*, 1992）。有些州的法律對於當事人取得紀錄的允許程度較寬，則專業人員應該特別小心其紀錄，並與法律顧問商量自己的情況。Shapiro 和 Smith（2011）提醒專業人員，所有的這些紀錄都有可能因法律因素而被要求揭露（p. 159）。

**醫療保險可攜性與責任法案及心理治療札記**　當聯邦政府制定這個法律條文時，納入了只要當事人事先簽署實施隱私權通知書，則可同意提供服務者和其他相關健康照護人員以及替服務付費者可以相互溝通，不用每次都要告知與徵求當事人的同意。這些話的意思是說，第三方付費者如果想看個案的完整紀錄，不得被拒絕。最終，專業學會同意如此的開放紀錄的妥協版，是這些紀錄不包含**心理治療札記**。什麼是心理治療札記呢？事實上，心理治療札記也就是一般所謂的**歷程紀錄**，裡頭的評論包含專業人員對當事人的印象，或是分析當事人與專業人員的對話內涵（Holloway, 2003）。拒絕提出心理治療札記並不需要當事人的授權，只要這些札記是與辦公室裡的正式個案紀錄分開存放。以下的訊息永遠不會被視作心理治療札記：「醫療處方與監控資料、諮商療程開始與停止時間、治療的形式與頻率、當事人測驗的結果，以及任何以下項目的摘要：診斷、心理功能狀態、治療計畫、症狀、預後，以及至今的進展」（醫療保險可攜性與責任法案，164.501）。格外需要注意的是，許多諮商師與治療師其實並沒有撰寫心理治療札記的習慣，也沒有任何倫理或法律規定要求一定要這麼做，所以這些規範在保護當事人隱私不被第三方付費者侵犯上，象徵意義大於實質效果。此外，在任何針對治療師的法律行動上，法院也許會要求專業人員製作這類札記。

## 再次檢視 Dennis 博士之案例

現在，針對這個問題的答案應該清楚許多。在平板電腦中存放當事人紀錄，對於安全性而言，弊似乎大於利，即使當事人的人數很少也是一樣（且時間一久，如果所有紀錄都只存在這台電腦上，那平板電腦中這些當事人紀錄所占的空間也會很大）；再者，這類器材的壽命也許沒有長到可撐完規定中應保存的期限，就算它們沒有掉到地上、失竊、遺失或受損。也許治療師可以使用這類器材來寫療程筆記，但要用它們來永久存放當事人的紀錄就可能會有問題。

## 6. 非自願的拘禁

諮商師在社區機構或私人診所中，有時會接觸到當事人沒有辦法滿足身為人的基本需求，或因嚴重的心理疾病而無法保護自身安全，在這樣的心理狀態下，此人可能會因妄想或幻覺而拒絕接受住院治療。此時，諮商師與治療師可能會要求法院強制安置這些人，讓他們在穩定前都待在受保護的環境中。像這類未經當事人同意而強制安置的情形，稱為**非自願或法定的拘禁**（Swenson, 1997）。不用說，決定奪取某人行動的自由，即使只是暫時性的，都是一件很嚴重的事情，這同時涉及法律及倫理兩層面。美國法院使用「清楚且可令人信服的證據」作為此類行動的標準（Shapiro & Smith, 2011）。歷史上充滿著人們因異常或不合常理的想法與行為而被送到心理治療機構的例子，但這些人並不是真的有心理疾患。例如在 1950 年代的美國，每 300 人中有一人在出於非自願的情況下被送往精神病院（Stone, 1978）。最近的例子是，輿論強烈反對中國大陸把宗教弱勢者送入精神病院（Eckholm, 2001）。

最近，所有的州都把這議題的處理程序做了更細緻的描述，以確保除非絕對必要且強制住院是不可避免，否則人權不會被侵犯。每州的標準都有所不同，但是對強制安置的一致性標準是要盡可能找到「一個最少限制的環境」，以確保個體安全（Shapiro & Smith, 2011）。通常會先採取初步的聽證會，由法官裁決此行為是否是法律許可的。牽涉強制就醫決定的諮商師及治療師一定有受過心理與情緒疾患的評估訓練，熟悉相關的法律與法規，且尊重受評估者的尊嚴。專業人員只有在轉送此人到安全環境的情形下，才可打破保密協定與跳過知後同意的行使。近幾年比較強調選擇用**門診病患的委託方式**，亦即此人不需住院但會是在社區醫療機構的監管之下（Shapiro & Smith, 2011）。任何限制自由的程序都不等於擁有一張通行無阻的通行證，可以讓專業人員把所有平時對當事人權益與隱私的保護丟到一旁。譬如：如果請求警察轉送一個當事人到醫院，只需告知這名警員他們需要知道的訊息，讓他們可以安全地完成移送。指引諮商決策的基本標準是以尊重當事人自身價值與尊嚴

的方式來做決定，並藉此達到提升他們福祉的最終目的。

當實務工作者在決定當事人是否需要限制自由時，常會面臨複雜且矛盾的情況。如在第 5 章所提到的，決定危險的程度是很困難的。有時候，即使是已經竭盡所能的心理健康專業人員也無法保證當事人以及他們家人的安全，但是實務工作者仍有責任提供所有相關人員充足且全心全意的照護。那些必須處理這種複雜情況者應蒐集相關訊息，依據合理的標準仔細評估危險程度，並盡可能找出最少限制的環境，以保護當事人以及其他陷於危險中的人（Werth, Wefel, & Benjamin, 2009）。在現今保險制度下的社會中，即使已經完全符合專業人員認定的住院標準，有時也很難讓病患強制住院。讓一個沒有保險給付的人強制住院是一個很大的問題。如果非自願住院的對象是未成年人，可能只要父母的同意即可，但有些州規定一定要進行法院的公聽會（Shapiro & Smith, 2011）。即使會歷經這些挫折與令人困惑的過程，專業人員仍應秉持為當事人的福祉以及可能對當事人有益的結果著想的信念，盡可能不要危及其權益，同時也要協助保護其他陷於風險者。

## 對同事的責任

諮商師與治療師和其他專業人員互動時有責任以尊重他人尊嚴的方式，共同將各自的專業發揚光大，並避免剝削當事人的行為。

### ●● 合作與尊重

1960 年代，大量的聯邦基金讓社區心理健康運動興起，但榮景不再，現在的機構共同競爭有限的資源。私人執業者不僅和機構競爭，也要彼此競爭，為的是有限的有保險給付的當事人。大部分人都想變成管理照護網絡的「優先推薦者」，以便爭取到更多投保的當事人（Danzinger & Welfel, 2001）。在這樣的環境下，專業人員可能被迫因利之所趨而忘了服務大眾的共同目的，反而只關注如何爭取經費與當事人。從樂觀的一面來看，2010 年通過的「病患保護以及負擔照護法案」（Patient Protection and Affordable Care Act of 2010），提供病患更多的保護以及在心理健康治療上與醫療治療一樣享有同等的保險機會（請見 http://www.apapracticecentral.org/

advocacy/reform/patient-protection.aspx 其中摘要了這些法律在心理健康上的規定）。這同時也減少了不同專業背景間的競爭，因為此法案禁止保險業者不提供保險服務給所有的心理健康專業人員。

不同的訓練模式以及對心理健康和心理疾病的不同假設，促成了專業領域之間的緊張氣氛（Berg, 1986; Glosoff, 2001）。倫理守則提醒專業人員不應對同儕有敵對的態度，並鼓勵他們和其他心理健康專業人員合作。這樣的觀點不僅有益於大眾，以長遠來看，對專業也是有利，可以增加服務的可及性與品質。專業人員若以短視近利的方式，只關注自己每個月的收費時數，可能會因為想營利而接受已經在其他地方接受服務的當事人，甚至誘騙當事人離開其他執業者轉而投向自己。Keith-Spiegal 和 Koocher（2008）將這樣的行為貼上「海盜」的標籤。倫理守則均嚴重譴責這樣的行徑：

### 美國諮商學會倫理守則

**A.3. 由他人服務的當事人**

當諮商師發覺當事人與其他心理健康專業人員有專業關係時，諮商師應徵求當事人同意，告知其他專業人員，並致力於建立正向合作的專業關係。



### 美國心理學會倫理原則

**3.09 與其他專業人員合作**

於專業評估適當狀況下，心理師與其他專業人員合作，俾能有效且恰當地服務他們的當事人／病患。

## ✹ 美國心理學會倫理原則

**10.04 提供治療給已接受其他醫療服務的當事人**

在決定是否給予或提供服務給已在他處接受心理健康服務的人之前，心理師應謹慎地考量治療議題和未來當事人／病患的福祉。為了最小化困惑和衝突的風險，心理師與當事人／病患或當事人／病患的法定代理人討論這些議題，於合宜狀況下與其他服務提供者相互諮詢，並且謹慎和敏感地處理治療議題。

 American Psychological Association. (2010a). Ethical principles of psychologists and code of conduct (2002, amended June 1, 2010). Retrieved from http://www.apa.org/ethics/code/index.aspx.

當然，如果當事人不滿意他們的治療師，或強烈地認為需要其他額外的照護，諮商師或治療師一定要尊重他們的權益，讓他們尋求其他的照護資源。身為消費者，當事人當然可以自由選擇他們的治療師。當兩位或更多的心理健康照護者同時參與當事人的照護時，若是當事人同意，他們最好能夠頻繁溝通（Glosoff, 2001）。如果當事人不允許有這樣的專業間交流，此時，專業人員一定要獨立判斷是否可在此限制下提供好的照護品質。如果專業人員認為這樣的限制可能會傷害當事人時，他或她應該告知當事人自己的看法，試著和當事人重新協商這樣的安排，如果再次協商還是達不到想要的結果，諮商師可以建議當事人只要維持去看另一位專業人員。當然，結束與轉介不應是突發性的，且諮商師盡可能不讓當事人產生其他痛苦。本質上來說，若是這種額外或替代性的服務與當事人的治療性需求相違背，實務人員必須平衡他們的責任，不要變成拋棄當事人，如此反而是違反其職責而傷害當事人。督導與諮詢是很重要的資源，可協助諮商師解決這樣的議題。

第二個與同儕合作和尊重同儕的重要概念就是不同心理健康領域專業人員彼此的互動。近幾年在精神病學、心理學、諮商、婚姻與家庭治療以及社會工作領域間，都在爭論哪一種個別專業能夠提供完整的服務。專精於某領域的專業人員可能會以懷疑的眼光來看待其他不同訓練下的專業人員，因此傾向限制轉介或與這些同層級者有專業上的接觸。這個同行相輕的傾向，可能來自於經濟的利己主義或合理的擔心，擔心別的領域提供給大眾的服務品質。以下是守則針對此議題的描述：

## ✸ 美國心理學會倫理原則

### 原則 B：忠誠和責任

心理師與那些和他們一同工作的人建立互信的關係。他們深知自己對於社會或是他們特定的工作對象負有專業和科學的責任。心理師展現符合專業標準的言行，澄清其專業角色和義務，承擔他們行為的適當責任，以及處理可能導致剝削或傷害的利益衝突。心理師諮詢、轉介或和其他專業人員及機構單位合作，以提供共同服務者最佳的服務品質。他們也關切同儕的科學化與專業行為是否合乎倫理。心理師致力於奉獻一部分的專業時間在無償或是極少個人收益的服務上。

---

 American Psychological Association. (2010a). Ethical principles of psychologists and code of conduct (2002, amended June 1, 2010). Retrieved from http://www.apa.org/ethics/code/index.aspx.

美國諮商學會守則對此議題有更明確的規定：

## ✸ 美國諮商學會倫理守則

### D 部分：與其他專業人員的關係

引言：專業諮商師體認到與專業同儕的交流品質，會影響提供給當事人的服務品質。他們致力於在諮商領域外及諮商領域中，對專業同儕有更多的瞭解。諮商師必須發展正向的工作關係以及與專業同儕的溝通系統，以提升對當事人的服務品質。

### D.1. 與同事、雇主與受雇者的關係

a. 不同取向。諮商師尊重與自身諮商服務方法不同的其他方法。諮商師尊重一同工作的專業團體有不同的傳統與實務。

b. 建立關係。諮商師致力於與專業同儕發展並強化跨學科領域之間的連結，以提供當事人最好的服務。



因此，貶低其他專業人員的能力，或是告訴當事人其他專業人員不如他們來得有用，這不僅不得體，更有違專業守則當中所表明的價值與標準。即使在這個競爭激烈的時代氛圍中，執業者因其他專業人員而感到受挫，也必須控制自己，不能將這樣的感覺告訴會受到他們影響的當事人或同事。諮商師與治療師應共同致力於對抗那些限制或拒絕讓民眾獲取良好心理健康照護的社會與政治因素。事實上，根據Johnson、Stewart、Brabeck、Huber和Rubin（2004）所言，尊重且充分的跨專業合作已經變成心理學界的「最佳執業準則」。

## ●● 費用拆帳

**費用拆帳**（fee splitting）一詞指的是支付費用給提供轉介的人，或從接手轉介當事人的專業人員手中收取的費用。白話一點說，費用拆帳也就是「回扣」的意思。倫理守則限制所有的心理健康專業人員從事這樣的行為，除非費用是因提供特定的服務而給予的。沒有提供服務就收取轉介費是不合倫理的（請見美國心理學會原則6.07）。限制的理由是，在費用拆帳中潛藏的危機可能會危害當事人的福祉。如果諮商師個人從轉介獲取費用，他們在做轉介判定時就可能是基於自己的受益而非當事人最佳福祉考量。其他領域的專業人員，如法界與醫界，在他們的倫理守則中也有相同的描述。不幸的是，有些諮商師似乎沒有意識到這樣的限制。Gibson和Pope（1993）發現在他們調查的參與者中有8%的人認為這樣的行為是合倫理的。

費用拆帳的限制引發私人執業專業人員的質疑。有時某位專業人員會在一個私人診所掛名（例如：Enterprising醫師聯合診所），並從在那裡執業的其他同事所接的當事人收入中抽取一定比率的費用。其他同事並非受聘於Enterprising醫師，他們只是依照合約跟她一起承租場地、互相支援服務及諸如此類的事項。按守則來看時，倫理學者對這樣的執業方式感到憂心（Haas & Malouf, 2005; Koocher, 1994b; Peterson, 1996）。在他們分析美國心理學會原則後，Canter 等人（1994）認為在此情況下，如果收費的專業人員提供一些服務給轉介的專業人員，這樣的收費是可被接受的。舉例來說，如果 Stern 醫師使用 Enterprising 醫師的辦公室、祕書服務以及機構中的公用物品，Stern 醫師就可能因為 Enterprising 醫師轉介的個案而付費給 Enterprising 醫師。以 Enterprising 醫師在 Stern 工作上所承擔的支出而言，這個費用是合理的。此外，Enterprising 醫師和 Stern 醫師兩人間的財務安排應告知有關的當事人。對當事人或為服務付費者隱藏這樣的安排是不適當的。然而，如果兩個專業人員是分開執業且 Stern 醫師因轉介而付費給另一方，這樣的安排就會違反守則，因為 Enterprising 醫師沒有提供任何直接或間接的服務給當事人。特別要注意的是，許多州都設有法規來限制費用拆帳以及其他類型的回扣行為（Fisher, 2003）。

此外，也有人質疑參與醫療照護機構的提供者網絡（provider networks）或轉介服務是否符合倫理。現在一致的看法是，專業人員在合乎下列兩個條件下，可以用合乎倫理的方式參與健康照護機構、管理式照護健康保險計畫（由會員自行選擇網路中的醫生和醫院就診，可支付較低的自費額），或是由各州或各地區心理學會組織的轉介服務。第一個條件是，已告知當事人這樣的關係且沒有違反當事人的最佳利益；第二個是，所支付的費用必須以提供的服務以及所需的經費作為判定基準（Fisher, 2004; Koocher, 1994b）。Peterson（1996）建議與當事人公開溝通這樣的問題，以減少可能會發生的利益衝突。

當第三方付費者出現於使用照護服務中時，專業人員需對他們與保險業主及其他提供者在費用協定上的倫理議題更為敏感。他們一定要確定對當事人的照護所做的決定是取決於當事人的需求，而不是他們自身對於財務的需要。專業人員應公開費用以及帳款的細節，且盡可能在訊息出來的第一時間就告知當事人服務的收費情形。有些法規更具體地說明這些規定，如在俄亥俄州，其要求心理健康專業人員最慢需在第二次晤談結束前告知當事人關於收費的訊息。

## 對第三方的責任

過去那種專業人員只是單純地和當事人互動的年代已經很快地消失，而這也是涉入其中的第三方最為關切的事。當事人可能在以下情況中進入諮商或治療，如法律訴訟的結果被強制接受治療、為了要保住飯碗，或選擇使用保險支付服務等，這些情形發生時都涉及第三方，而此時的第三方，往往對於治療的內容與過程極度的感興趣（以及常常熟知這一切）。本節就要討論專業人員面對這些第三方時應負的倫理責任。

### ●● 強制與非自願的諮商或治療

美國法院有越來越多命令當事人進入諮商或治療以作為裁定條件之一的情形。偷竊的青少年、加入幫派者、逃家或違法使用毒品的人常常都會被法院命令來接受心理諮商或治療。有違規行為的大學生為了能保留學籍，也常被強迫來諮商（Amada, 1993）。酒醉開車的成年人、忽視或虐待自己孩子者或被發現跟蹤他人者，都常常「選擇」以諮商的方式取代坐牢或喪失權利。相同地，有攻擊行為的孩子也會被法院或是家長送來諮商（或送到醫院）。專業證照委員會常要求被判定行為失當的專業人員必須接受諮商才能復職。如第 6 章提到的，在此情形下很重要的是這位被強制者知後同意的相關訊息。首先，專業人員與被強制者一定要清楚專業人員需要對誰負責。如果外在的單位已有既定的服務目標，專業人員一定要獨立判斷這些目標對這位當事人的適切性。當第三方的決策權進入到諮商當中時，諮商師仍須做正確的事以及避免傷害當事人。如果心理健康專業人員相信當事人並無法從法院命令這類服務中受益，他們一定要與委託單位溝通他們的擔憂，如果有可能的話，他們應呈現可替代現行指派治療的其他方式。

當事人需要瞭解，儘管其他的替代方案不太有吸引力，但他們對於加入治療一事上是有選擇權的。此外，當事人也需要瞭解保密的限制。如果專業人員需要提交例行性的報告給委員會或法院，當事人一定要清楚這個報告的性質，以及這些報告可能產生的結果。再者，並不是所有的專業人員都有能力可以跟這類被強制的當事人工作。這個領域需要具備的能力是知識、經驗以及技巧（Rooney, 2001; Brodsky, 2011）。最後，專業人員不能只因為他們是非自願的，而視這些當事人為「次等」的當事人。諮商師應給予他們如自願參與治療者同等的尊重。以下是守則關於此議題的描述：

### ✹ 美國諮商學會倫理守則

**C.6.b. 向第三方報告**

諮商師必須精確、誠實且客觀地對適切的第三方報告其專業活動與判斷。第三方為評估報告的接收者或其他人，包括法院、健康保險公司。



### ✹ 美國心理學會倫理原則

**3.07 第三方要求的服務**

當心理師應第三方的請求同意提供當事人或組織服務，心理師需在一開始即澄清所有涉及的當事人或組織間關係的本質。澄清的內容包含心理師的角色（例如：治療師、諮詢者、診斷者或專家證人）、確認誰是當事人、可能提供的服務或是想獲得的資訊，以及保密的可能限制。



## ●● 與保險業者、管理照護提供者以及其他付費者的互動

對於那些在社區工作的專業人員而言，最苦惱的倫理困境，常是在與治療外的付費者互動時。一方面，對心理照護所提供的補助的確大幅增加了照護服務的可及性（至少對有健康保險者是如此），但另一方面，他們也限縮了心理健康專業人員

在治療上的自由，讓專業人員需兼顧治療室內外的需求，且當事人的隱私也受到限制。此外，直到最近通過的公平法案以及健康照護修訂法之前，專業人員一直認為保險給付政策所同意給付的治療種類和療程長短，對於達到有品質的治療效果而言是個大笑話，尤其管理照護系統更是嚴重。對於管理式健康照護方式（或是指對行為健康的健康照護計畫）最嚴厲的指控就是，它強暴了心理治療（Fox, 1995），或說它是隱形的按量配給（Miller, 1996）。即便是較溫和的意見都指責它促成「實務社群的動盪」（Acuff et al., 1999, p. 563），也讓大部分專業人員的實務工作受到不良的影響（例如，Danzinger & Welfel, 2001; Neill, 2001; Phelps, Eisman, & Kohut, 1998）。實務工作者也將管理式照護視為是他們對專業倫理承諾的一大挑戰（Corcoran & Gottlief, 2000; Glosoff et al.,1999; Murphy, DeBernardo, & Shoemaker, 1998; Sanchez & Turner, 2003）。為照護補助做決策者是那些沒有接觸過當事人的人，且他們常以過度簡化或不確定有效性的研究發現作為決策的標準。第三方付費者在實證性實務工作上的解釋已遭到許多人質疑（例如，Wampold, 2001）。當專業人員認為有必要的治療，當事人卻被拒絕給付時，會使專業人員陷入窘境中。在當事人無法被給付的情形下，他們可能會採低收費的方式來提供服務，或是要求當事人自費。一直到 2008 年通過心理健康公平法以及 2010 年健康照護修訂法，保險業者才同意給付給那些專業人員提供的服務符合他們標準的當事人，通常那是指被列入「優先推薦服務者」的醫療網清單上的人。專業人員如果不想和保險業者訂定合約，就會無法與由保險公司給付的當事人進行有效的工作。被列入清單的標準常常是各有殊異的，一些有標準證照及優良紀錄的專業人員就曾遭到拒絕，但是另有一些無法證明有相關技能的人卻被保險業者所接受。Danzinger 和 Welfel（2001）發現他們調查的對象中，將近一半（48%）的心理健康諮商師難以通過管理照護審查小組的認定。就算是被接受，只要保險業者不想要，他們隨時都有可能被移出清單中，且專業人員通常擁有很少的追索權。正因為害怕會被移出可給付者的清單中，諮商師會擔心一旦建議當事人需要較貴或延長照護的決定時，將被報復。2008 年聯邦法規限制保險業者對醫療網外的服務提供者索討不同的自費金，而 2010 年的健康照護修訂法更將心理健康以及成癮服務納入醫療保險給付的項目當中（Garfield, Lave, & Donohue, 2010; Pear, 2008; Treloar, 2011）。

在此情況下，當事人也面對著嚴峻的決定——即使是新的聯邦法規以及州的公平法都沒有強制要涵蓋所有《精神疾病診斷與統計手冊》（DSM）中的診斷，各州也有權力限縮某些聯邦法規（也因此，法院也可以挑戰新修訂法條的合法性，繼續不管聯邦法院的新規定而沿用他們原來的規定）。由 17 個全國性的心理健康組織協力制定的「心理健康病患權益法」（*Mental Health Patient's Bill of Rights*, 1997），仍可幫助當事人縮小涵蓋所有疾病與取得給付之間的缺口。最終的目標是保護當事人不讓其陷入低於標準的照護品質當中。社區執業者應影印這份文件供當事人參考。

即使專業社群對管理照護或新法規有所不滿，沒有任何徵兆顯示第三方付費者的影響力近期會消失。Kaiser 家庭基金會（Kaiser Family Foundation, 2008）提出有 78% 的美國成人加入管理式照護或健康維護機構〔health maintenance organizations, HMO；譯註：選擇HMO的人只能看醫療網（network）裡面的醫生，並在需要時才轉介給其他專家。所謂的醫療網就是指跟這家保險公司簽約的醫生資源〕類型的服務。諮商師與心理師要如何因應這類型的補助與給付，同時兼顧專業、證照委員會以及法律對於他們在照護上所設立的標準呢？以下的內容將初步說明如何在倫理當中求生存。想知道關於此議題之完整討論的讀者可在本章最後的建議讀物中找到相關的參考資料。以下從管理式照護的清楚定義和簡短歷史開始談起。

**管理式照護的定義、歷史以及資料**　管理式心理健康照護的工作包含透過公司來控管服務的開銷以及防止支付費用給無效、不需要或會產生不良效果的服務，其透過定期檢視使用服務情形以及事先授權照護的方式來達到這些目標（Corcoran & Winslade, 1994; Frager, 2000）。它是基於健康照護花費逐年上升所興起的，而且是和門診的心理健康照護一併考量，後者其實只占美國健康照護總費用的一小部分（Iglehart, 1996）。心理健康照護的部分業務花費快速增加，例如物質濫用的治療及住院青少年的治療（MacCluskie & Ingersoll, 2001），但是大部分的心理治療門診花費，並沒有與其他健康照護類型有一樣高的成長率（Iglehart, 1996）。對於現行大多數照護公司運作模式的批評聲浪主要是來自他們以利潤為主要目的，不顧對於提供有效照護及服務品質的承諾，除非該品質有利可圖（例如，請見 Miller, 1995, 1996; Wrich, 1995）。也有其他學者指出即使是傳統的使用者付費的付費模式，也還是會有倫理問題或濫用的情形（MacCluskie & Ingersoll, 2000; Welfel, 2001）。毫

無疑問的，目前的管理式照護大大減少了心理健康照護的支出。從 1988 年到 1997 年，心理健康的花費就減少了 54%，減少幅度遠比其他照護領域大得多（McCarthy, 1998）。在一份物質濫用暨心理健康服務部（Substance Abuse and Mental Health Services Administration, SAMHSA, 2007）的報告中，可發現 2001 年全國花在心理健康照護的金額從 8.2% 減少到 7.6%，這部分的錢有越來越多花在開處方藥，而較少花費在住院照護上。

管理式健康照護公司有不同的經營形式，如健康維護機構（HMO）、優先推薦者機構（preferred provider organizations, PPO；譯註：會員選擇網絡中的醫生和醫院就診，可支付較低的自費額；會員也可選擇網絡以外的醫生和醫院就診，但需支付較高比例的費用），以及定點服務計畫（point-of-service plans, POS；譯註：POS 介於 HMO 跟 PPO 之間，會員仍需選擇一個家庭醫生，可以選擇像 HMO 的方式運作，選擇看醫療網內的醫生時，還是需要經過家庭醫生的轉診才可以看專科醫生。若你想看網絡外的醫生，可以不需要經過轉診，自己直接去找）。在一份回顧心理師對管理式照護觀感的報告中，心理師普遍對管理式照護的影響持負面看法，他們遭遇過許多需要照護但卻被拒絕或延遲的情形（Miller, 1996; Phelps et al., 1998）（這份研究結果讓許多人期望透過健康改革法案的修法來挽救這樣的情形）。一些研究比較憂鬱症當事人分別接受傳統使用者付費的治療結果和管理式照護下的治療結果時發現，管理式照護的當事人較多未能被正確診斷，且顯著有較糟的治療結果（Rogers et al., 1993; Wells et al., 1989）。

**管理式照護中的特殊倫理議題**　當專業人員在考慮和某個管理式照護機構（managed care organization, MCO）簽署合約時，在同意加入前需要先回答以下的每個問題：

- 是否允許執業人員基於當事人的需求與目標在財務安排上獨立做專業判斷（Haas & Cummings, 1991）？是否可讓利益衝突的問題減到最小？
- 負責照護的事先授權以及定期檢視服務的人是否受過訓練，能夠瞭解診斷及處遇議題，且能負責任地使用照護的標準流程？這些標準流程是否是以實證為基礎？如果是，有哪些證據？
- 有哪些資源可滿足當事人的特別需求？且是否有將可能會影響當事人對服務

需求的特別變項納入考量？此系統在回應多元文化的族群時可以做到多好（Newman & Bricklin, 1991）？

- 進行照護的事先授權以及在檢閱資料時，會侵入當事人的隱私到什麼程度（Haas & Cummings, 1991）？
- 針對保密的治療資訊有實施合理的防護措施嗎？是否可確定這個機構有遵守醫療保險可攜性與責任法案的隱私準則？
- 要申請加入計畫的宣導廣告有多正確？申請入會者有被清楚告知心理健康收益上的限制嗎？
- 這個管理照護計畫對於那些想要全面性對當事人進行知後同意，如告知保密的限制或是付費議題等的專業人員的態度是正向或至少是中性的？
- 是否允許專業人員向當事人揭露他們對管理照護機構的合約責任內涵？
- 如果專業人員認為個別當事人的需求超出基本標準可提供的程度而提出額外的請求時，管理照護機構是否可提供公平的聽證會來瞭解需求？

同時也提醒專業人員，一旦被投訴，用來判斷是否有瀆職的照護標準依據並不會因為保險或管理照護政策上的限制而有所不同（Appelbaum, 1993）。要提供怎樣的心理健康照護的決定不能以保險或其他財務考量為基礎，而是應該把焦點放在更特定的，也就是當事人的福祉上。同樣地，一些法律也建議，心理健康專業人員在保險業者拒絕支付他們相信必要的治療時，他們還是要堅持自己的看法。Appelbaum（1993）稱這樣的標準是「有責任為不利的決定上訴」，且建議諮商師與治療師在照護服務被拒絕時要以行動來為當事人的權益發聲。Appelbaum 也指出倫理及法律準則上關於拋棄和中斷服務的規定，並不會因為是在管理式照護的情境而有例外。當事人當然可以選擇在補助中止後停止治療，但是這個決定應該是基於他們自己的選擇權，且他們應該要瞭解貿然提早結束治療的可能影響。

總而言之，執業人員一定要謹守自己在管理式照護裡對當事人的照護責任，而不是把責任全部轉移給管理式照護。他們一定要以具備專業能力的診斷以及治療計畫作為決策的引導，且不管提供服務的經費來源為何，均努力朝向目標前進。諮商師與治療師不應該把所有的權力放到保險業者身上。

**在處理第三方付費者時違反倫理的實證研究** 專業人員因為第三方付費者操控著他們的當事人獲得心理健康照護的資源，或是操控著他們自己收入的來源而受挫時，可能會採用比原本更嚴重的診斷（稱為不實申報），或以其他的方式改變診斷名稱以達到補助的標準。事實上，在 1990 年到 1993 年間，美國心理學會倫理委員會受理的倫理控訴案件中，有 15% 是在處理這類型的不實陳述（Peterson, 1996）。相同地，Pope 等人（1987）的研究發現，大部分接受調查者坦承為了達到補助的門檻，他們曾更改過保險診斷類別。如先前所提，若在更改診斷名稱時沒有客觀的、臨床上的合理原因，此行為就會違反倫理準則（美國諮商學會倫理守則，E.5.a；美國心理學會倫理原則，6.06）。這同時也是詐欺，有可能受到法律懲處。Remley 和 Herlihy（2009）指出任何設計用來增加付費的可能性，讓保險公司誤認這是服務真相的不實陳述，均可視同詐欺。如果詐欺的行為被發現，心理健康專業人員可能會成為民法訴訟的被告，被要求補償支付的金額，而檢察官可能會提起詐欺的罪名，因為這是屬於刑事的詐欺罪。不幸的是，諮商師似乎並沒有覺察到更改診斷名稱以獲得額外補助的可能後果（Mayfield, 1996 ，引自 Remley & Herlihy, 2009）。其他在研究調查中所列出的不合倫理行為包含：

- 即使諮商師相信其他替代性的治療計畫比較好，但還是依據管理式照護機構可以補助的項目提出治療計畫。
- 由於害怕失去當事人，所以沒有告知當事人會揭露所有晤談訊息內容給管理式照護機構人員。
- 遵守由管理式照護機構所頒布的「言論禁止令」，限制讓當事人得知還有其他替代性治療的訊息。這類的言論禁止通常是違法的。
- 專業人員對於所施行的諮商介入並不具備完善的訓練或督導，只因為這是管理式照護機構所接受的介入方式，因而採用之。
- 當補助結束的同時也結束治療，即使有持續諮商的需要，但卻沒有轉介當事人到負擔得起的服務中。

**關於和第三方付費者來往的新興議題** 因為在和管理式照護制度互動時有許多令人受挫以及有爭議的地方，有些專業人員不願參與並尋求其他替代方法來提供有品質以及效益的服務（Bittner, Bialek, Nathiel, Ringwald, & Tupper, 1999）。其他人則是挑戰行為健康照護計畫而訴諸法院並且勝訴（Nessman & Hendron, 2000），還有其他人認為如果不符合倫理，則受僱於管理式照護機構的心理健康專業人員應負起行為的責任（Sank, 1997）。很清楚的是，專業人員如果因為無法實質受益而提供低於照護標準的服務或是無法持續照護，都會有被控失職的風險，且這樣的答辯如果只有基於保險給付的關係，通常是無法扭轉局勢的。

其次，由於保險公司逐漸累積越來越大量的當事人隱私資訊以及治療進展資料在電腦系統，以便更有效率地分享資料，民眾越發擔心隱私被侵犯（Jeffords, 1999）。基於此，聯邦法規對電腦的隱私安全系統所規範的保護有納入健康的紀錄（HIPAA, 2000）。醫療保險可攜性與責任法案沒有辦法完全保護當事人的隱私權，但是它減少了公然的違反行為，並對違反病患隱私權的個人或系統施以嚴厲的處罰。

## 大學諮商的倫理

30 年前，諮商師與心理師在學校諮商中心處理的多半是發展性的壓力以及適應的問題。在那個年代，學生到諮商中心預約的常見求助問題包括與同儕的衝突、生涯抉擇、與家庭分離產生的適應問題，以及關於性和藥物的問題等。有些學生會經歷一些嚴重的心理痛苦與危機，也有些學生面臨慢性的心理困擾，但這些嚴重的問題以前較少發生，而這幾年卻越來越常看到。美國大學健康學會（American College Health Association）在 2006 年調查 97,000 位大學生，發現有 17.8% 的學生陳述他們有憂鬱症，12.4% 有焦慮問題，3.4% 有物質濫用問題，以及 4.2% 被列入厭食症與暴食症的診斷中。近半數（43.8%）的人陳述他們偶爾感覺憂鬱到難以正常生活的地步，且 9.2% 指出他們嚴重到曾考慮自殺。在其他研究中，Soet 和 Sevig（2006）指出他們調查的大學樣本中，20% 受訪者在過去的某段時間裡曾接受過諮商，也有 20% 的人指出他們現在正接受諮商服務。2010 年各大專院校諮商中心的主任描述，學生接受精神性藥物的數據正在持續上升，且長期及嚴重心理問題的人數也在逐漸增加。事實上，73% 的諮商中心主任反映來求助的學生中，有嚴重情緒疾患的學生逐漸增加（Association of University and College Counseling Center Directors [AUCCCD], 2010）。這些主任也指出在 2010 年裡，有 14% 他們服務過的學生被轉介住院或到醫院的急診室，凸顯此族群的困擾議題逐漸增加且需要關切。

在大學心理健康專業人員處理此類議題的同時，他們也被大學管理階層不斷要求關注學生自殺以及暴力行為（Copper, Resnick, Rodolfa, & Douce, 2008）。2007 年在維吉尼亞理工學院的悲劇以及 2008 年在北伊利諾大學的悲劇凸顯校園教職員、管理人員以及專業人員所面臨的問題，也就是心理困擾學生的暴力行為，及越來越需要諮商中心人員來預防這樣的暴力行為再次發生（Davenport, 2009）。學生自殺案件有時會引發連鎖反應，如麻省理工學院學生 Elizabeth Shin 在 2000 年的自殺事件。社會大眾理所當然也會要求大學採取行動來預防這類的行為發生，而許多大專院校也已經開始針對對自己或他人有高危險性的學生進行危機評估。其中一個在危機評估上的困難是找出有心理健康問題的學生進行類似建立資料庫的可能性（Pavela, 2008）。另一個風險是，如果學校要針對高危險群學生進行危機評估，那些擔心會因此被開除學籍或受到其他懲罰的學生，就比較不願意尋求他們實際需要的協助。

這個年代的大學諮商師與心理師面臨的倫理兩難是由於他們是提供心理健康服務給成年人，因此仍然必須受到保密準則與基本人權法的約束。在法律義務上，當他們的當事人有傷害自己或他人之虞時，他們仍須遵守相關法規對於他們的要求。因此，大專院校的心理健康專業人員需時時掌握與法規、所屬州的規定，或與基本人權有關保護的責任或溝通特權的相關規定，充分與當事人解釋適用於他們的保密限制。他們也必須和大學管理階層共同合作，一同建立與危機評估相關的政策，盡可能保護學生的隱私權，並告知其他教育者如何適當地回應出現此類威脅他人行為的學生。最後，專業人員自己需要熟知最新的聯邦法規，包含瞭解家庭教育權利與隱私法案或醫療保險可攜性與責任法案在大學學生諮商上的使用、美國對身心障礙者的法案，以及 Clery 法案的相關規定（譯註：Clery 法案是基於一位美國大學女生 Jeanne Clery 於 1986 年時被姦殺於自己的大學寢室而訂的法案，並以其為名，要求有接受聯邦政府補助的大學對於校園內或鄰近學校的犯罪事件均需通報）。例如如果個人的紀錄受到家庭教育權利與隱私法案所保障，醫療保險可攜性與責任法案的規定就不適用（Doll, 2011）。有些學生因為身心障礙被要求退學而向校方提出殘障歧視的控訴。請見 Paludi（2008）有關於此議題更詳細的回顧。

## 成癮諮商的倫理

成癮諮商要求諮商師具備這種類型的治療能力，能妥善使用權力及遵守界線的限制。能力是關鍵，因為物質濫用是當事人常見的問題之一，它時常伴隨著其他心理健康、社會以及職業問題一同出現。事實上，物質濫用暨心理健康服務部（SAMHSA）已經將它列為美國人民健康問題的第一位。長久以來，物質濫用治療都是藉助同儕支持團體在運作，成癮者以酒精成癮匿名團體的 12 步驟成功戒癮，協助者本身都是有成功戒癮經驗者。許多協助者本身並沒有受過任何的正式諮商訓練，他們的貢獻來自於個人的智慧與過去在街頭經驗中所學到的。這個模式一開始之所以會發展出來，是因為心理健康專業所提供的介入服務無效，且低估成癮帶來的威力。近幾年物質濫用治療的專業證書變得越來越普遍。全國成癮專業學會（National Association for Addiction Professionals, NAADAC）是主要的專業學會，會員多半是成癮戒治的諮商師並提倡合宜的服務。學會要求成員必須遵守他們的倫理守則（NAADAC, 2011）。美國現在有越來越多州也開始要求戒癮諮商師必須要有證照，但有許多州政府核發的執照僅需半專業的資格即可。以科羅拉多州為例，他們就有三個層級的證照（http://www.dora.state.co.us/mental-health/cac/CACoriginal.pdf）。其他心理健康專業人員也和有物質使用問題的當事人在其他議題上工作。不幸的是，在此特殊疾患的訓練程度非常參差不齊，因此每個專業人員都有責任發展這必須具備的能力，來協助這些有物質濫用問題的人。

如果服務一開始是基於物質誤用，當事人常常會被其他人送來諮商，如法院、雇主、家人，並帶著矛盾的心情。成癮一般會造成大腦的病變，這讓停止使用物質變得格外困難（Hyman & Melenka, 2001），而戒癮成功一般是指當事人不會再回到任何程度上的使用。也因此，在和這些當事人工作時面臨的倫理議題是這些人有多少的自由意志可以自主決定是否接受諮商。如果介入要有效，就必須化解當事人一開始的抗拒且致力於戒癮。由於一開始的抗拒是很常見的，諮商師有倫理責任善用自己的權力且非操控或強迫當事人，而是以教育的方式告知他們還沒意識到或不知道的物質濫用後果。

第三個主要的倫理議題是關於專業人員合理管理自己的界線，因為許多協助物質濫用當事人的治療師本身即有物質濫用的紀錄。這些經驗當然有助於瞭解當事人的動力及藉此和其建立工作同盟。然而，這樣的過往經驗同時也可能會讓治療難以維持清楚的界線。自我揭露通常在此治療中是很典型也很重要的工具，專業人員需要懂得自我揭露的治療性價值，以及瞭解什麼促成了界線違反。更多關於成癮諮商中倫理與法律問題的詳細訊息請見 Capuzzi 和 Stauffer（2011）或 Roberts 和 Geppert（2008）。

## 教練的倫理

心理健康專業人員從事教練實務工作是相當近期的事，但它在短時間內快速地成長興盛。根據 Whybrow（2008）的調查，現已有數以千計的心理健康實務工作者投入於此項活動中。但教練（coaching）這個詞彙到底是什麼意思？有能力及符合倫理的教練包含哪些內涵？有什麼證據可以證明它是一個有效的介入辦法？這些都是負責任的專業工作的核心問題。英國心理學協會的定義是「植基於學習理論或心理學方法的教練模式所發展的教練心理學，其目的是增進個人生活的幸福以及工作領域的表現」（Special Group on Coaching Psychology, British Psychological Society, n.d.）。以經理人而言，這個活動一般會被認為是高階教練的行為。根據 Williams 和 Anderson（2006）的說法，這樣的介入包含協助個人進行生涯轉換、幫助個人發展領導技巧並和團隊共同合作、人生教練，以及透過更多已發展出來的活動，幫助主管人員更有效率且更順利地運作他們組織的活動。由這些敘述可看出教練與心理治療有所不同，它專門聚焦在現在以及未來。比方說，教練在協助一個有注意力不足／過動症的成年人時，他不會把疾患對個人在過往時所造成的痛苦納入治療，而是完全集中注意力在找到可以讓當事人充分在工作與人際關係中表現的策略。

教練起源於人本心理學，主要的目標是協助個體能充分自我實現，因此也被某些人視為是正向心理學運動的附屬品（Whybrow, 2008）。雖然有些紀錄顯示教練的起源可追溯到 1920 年代，目前有關此類實務工作的實證性研究仍很薄弱，只有一些比較嚴謹控制的研究及為數眾多的個案研究（Greif, 2007）。比起北美，教練訓練課程較常出現在歐洲，他們投入較多心力在發展鑑定此類課程的標準上，努力制定執業能力的標準並為教練心理健康專業人員進行認證（Whybrow, 2008）。

關於在教練當中核心的倫理議題和許多諮商中的倫理議題是一樣的——保密、知後同意、利益衝突以及界線（Brennan & Wildflower, 2010）。教練心理學協會在2008年出版了倫理守則以及從事教練心理實務的指引。這個守則包含的六大原則與其他助人專業倫理的內容相似，且對實務指引有更詳細的介紹。為了確保會員的品質，申請者不僅一定要同意遵守守則，更要出示他們在教練領域的資格證明（Society for Coaching Psychology, 2008）。

儘管有這些努力，要注意的是迄今沒有任何一州有核發證照給個人來從事教練的執業活動，也沒有任何立法規範此業務。因此一旦一個人以教練的身分提供服務，但是無法確定其具有心理健康專業人員的資格時，即使當事人認為此教練的行為有疏失，也不確定能否透過司法途徑來申訴。進而由於缺乏有關教練的相關法規，等於是為肆無忌憚或未受訓練者開了一扇免於受罰的大門。在諮商、社會工作或是心理學的訓練課程，都很少提供有系統的教練訓練，那些想學的人一般來說都必須到傳統課程外去尋找。此外，如上面所提的，因為少有研究證據指出它的成效，因此如何確定教練應具備的能力，或者確定何謂低於專業標準的照護，至今也均無定論。雖然這個活動主要是和沒有臨床心理健康問題的當事人進行介入工作，但教練行為到底會不會有負向影響還是一個未知數。最後，在研究上還沒有人關注與教練相關的多元文化差異議題，所以它或許會觸及 Wrenn（1962）多年前所描述的文化膠囊風險。

如果心理健康專業人員有興趣發展教練作為另一種執業的可能時，作者建議以下注意事項：

- 完成教練研究的系統性課程可作為參與心理健康人員訓練時的補充。
- 加入有提供教練資格認證與倫理守則和執業指導的聲譽良好的機構。
- 告知當事人自己從業的資格是心理健康專業人員以及其他的教練資格。
- 和未來當事人討論關於教練成效與效能的研究限制，比方說：倫理守則係將教練行為放在新興服務的領域。
- 謹慎處理利益衝突、保密協定以及界線議題。

- 謹慎管理財務問題，因為當事人是以自費的方式來支付服務。
- 謹慎篩選當事人，才能把焦點放在增加這些當事人的生活及（或）工作滿意度與表現上，也才能排除那些有明顯心理健康需求者，讓他們不會把教練當成心理健康照護的替代品。

## 參與司法活動的倫理

「司法的心理健康工作」是指心理師、諮商師或社會工作者涉足於司法體系當中所從事的專業性活動。其中包含進行孩子監護權的評估、評估個人的受審能力或在法院案件中擔任專家證人。有些專業人員會和律師諮詢司法選擇權或在審判終結前評估被告的心智功能，其中也包含評量受刑人有能力瞭解死刑的意義及為何要判處死刑。

在此情況中，法院或法院的相關單位聘用心理健康專業人員在法院業務中的民事或刑事案件中提供專業建議。在過去 10 年的文獻中，有關司法活動的倫理越來越受到關注，原因有許多。首先，法院越來越需要此類的建議（Haas, 1993）。第二，專業人員參與法院工作時，在角色與忠誠上常會出現混淆與衝突的情形（Bush, Connell, & Denney, 2006; Stokes & Remley, 2001）。心理健康與法院所關注的需求、文化以及規範都有所不同（Hess, 1998; Melton, 1994），為了符合倫理，專業人員需要瞭解這些差異（Roesch, Zapf, & Hart, 2010; Weikel & Hughes, 1993）。第三，專業人員有時在此角色上擁有重要的權力。舉例來說，法官可能非常倚重心理師對家長在孩子監護權上的評估決定，或是評估老年人是否有行為能力。最後，依據司法倫理的規範，已經讓不少案件淪於罵名。雖然即使只有少數，仍然存在著「槍手」以及專家看哪邊付的錢多就提出對哪邊有利的證詞的現象，這些現象都讓專業人員的形象蒙上一層烏雲（Huber, 1991; Pope & Vetter, 1992）。有些批評者一面倒地鄙視專家證詞這個制度。Szasz（1973）將精神科醫師的專家證詞視為是「以謊言來偽裝成藥物」。Sampson（1993）更形容心理健康專家證人是「某個在事情發生時不在現場，但是為了錢而樂意想像當時發生的事一定是跟他／她想的完全一樣的人」（p. 69）。然而，提供專業服務給法院時，本質上並沒有什麼不道德。事實上，當以高道德標準來行事時，這樣的行為反而可以為專業帶來好處，且有助於法院對疑點進行更公平與合理的評估。

心理師、學校心理師以及精神科醫師比其他專業人員更多參與司法的角色（Bersoff,1995; Crespi & Dube, 2005）。事實上，有三分之一的學校心理師會在其專業生涯中根據他們的衡鑑結果出庭作證（Crespi & Dube, 2005）。不過諮商師與社會工作者也越來越常出現在法庭中（Foster, 1996）。在有關兒童福利的案件中，諮商師與社會工作者所占的比率可能甚至比心理師更多。因此，關於法庭上的倫理問題，適用於所有領域的心理健康專業人員。

當從事此活動時，主要考量的倫理問題是來自於倫理學者的著作（例如，Stahl, 1999）、已出版的專業指引（APA, 1994; Committee on Ethical Guidelines for Forensic Psychologists, 1991），以及倫理守則（心理師應注意 2002 年美國心理學會倫理原則的修訂版，刪除了上一版本特別納入的司法活動部分。取而代之的是，將司法活動的文獻綜合在其他專業活動內容中）。想要尋找更完整的討論司法業務的倫理議題者，可以看本章最後的建議讀物。以下是主要的問題：

## 參與司法活動的能力

1. 我有具備必需的能力嗎，包括適用於我現處環境的法律知識？我有足夠的時間勝任這件事嗎？
2. 我能正視自己的能力限制嗎？
3. 我能夠控制我的個人價值與信念，不讓其危及我提供良好服務的能力嗎？
4. 我能夠勝任督導我的下屬嗎？
5. 我知道與法律工作相關的守則與專業指引嗎？
6. 我有知識淵博的同事可於必要時提供諮詢嗎？
7. 我有準備好提供可支持我的結論或是建議的科學性資料給法院嗎？
8. 如果緊急事件發生，我能夠提供需要的照護嗎？

## ●● 參與司法活動的知後同意

1. 所有相關人士是否都瞭解我的角色、能力、能力的限制、費用、持續的時間以及其他與此活動相關的事務？
2. 是否有提供書面的知後同意書讓當事人簽名，以及準備一份給法庭人員的合約書？
3. 我有親自和當事人檢視知後同意的問題，而非將此責任交給別人處理嗎？當事人是否瞭解評估的資料會被怎麼使用，以及我現在的角色和身為治療師時有何不同？
4. 我有尊重所有有關人士的公民權嗎？

## ●● 參與司法活動的多重關係

1. 我有避免或盡量減少可能的利益衝突嗎？我有告知法院任何潛在的衝突嗎？
2. 我有避免不恰當影響力的情況發生嗎？
3. 我以評估者或專家證人的身分遇見前任當事人時，我會拒絕作證嗎（Greenberg & Shuman, 1997）？相反地，我能夠拒絕接受我曾在法院評估工作中評估的個別當事人嗎？

## ●● 參與法庭時的保密

1. 相關人士瞭解保密以及其限制嗎？當事人知道法院強制的評估結果將會在法庭上公開分享嗎？
2. 我能安全地保管紀錄嗎？
3. 我能堅守保密的協定不透露任何與法院要求無關的訊息，直到訊息被揭露出來嗎？

## ●● 費用

1. 我的收費合理嗎？
2. 我有拒絕任何條件式的付費方式嗎？

## 與當事人溝通

1. 我能（盡可能）確保從我的服務衍生出來的報告、證詞以及其他資料，都是正確的傳遞訊息，沒有任何欺騙？
2. 在我的工作中有錯誤陳述發生時，我會立刻修正嗎？
3. 我是否是以公平正當的方式在廣告中呈現我的服務內容？
4. 我是否瞭解我的角色所蘊含的意涵，特別是身為專家證人代表專業名譽時，以及我是否致力於提高專業聲譽？

## 孩子監護權的評估

1. 我有具備從事此評估所要求的特定專業能力嗎（APA, 2010b; Gould & Martindale, 2007）？
2. 我是否會將孩子的最佳利益放在最首要考量之處，且知道如何處理模糊不清的評估標準（Oberlander, 1995）？
3. 我是否與所有有關人士進行面談，以公正的方式取得多方管道之訊息，並以此做出我的評估？
4. 當孩子較偏愛父母的其中一方時，我是否能以負責任的方式來處理（Oberlander, 1995）？
5. 如果我在評估之前已經和評估的任何一方有既存的關係，且此關係有可能會影響我的客觀性與效能時，我是否能夠拒絕此評估工作？
6. 我是否瞭解與孩子監護權評估工作有關的法律風險（Benjamin, Gollan, & Ally, 2007）？

以上述的問題，想想以下的案例：

### 社會工作者評估的案例

一位臨床社會工作者被要求在離婚官司中進行孩子監護權的評估工作。他與孩子以及父親以個別的方式進行訪談，母親則因為需要進行緊急手術所以沒有辦法依約來進行訪談。原訂訪談日的隔天，社工到了母親住院的病房中進行訪談。母親處於疼痛與藥物和麻醉所導致的昏沉狀態中，而社工基於這些訪談及其他現有的資料提出報告，並做出建議。

### 懷孕心理師和被告的案例

一位心理師被要求為一位女性被告的受審能力做評估，該名女性被控殺害自己在嬰兒床熟睡的雙胞胎兒子。這位女士的心理健康紀錄顯示她有妄想型的思覺失調症病史，在此事件前她已經好幾週沒有按時服藥。心理師懷有三個月的身孕，且懷的正好是雙胞胎，她發現自己對該名母親的行為感到厭惡與驚恐，她認為自己沒有辦法在這個狀況下處理這個案件，因此她拒絕參與本案件，並把該名女士轉介給她的同事。

### 心理師和陪審團選擇的案例

一名社會心理學家因提供辯護律師關於陪審團人員選擇的服務而大受歡迎，他藉著他在人類社會行為領域的大量專業知識，協助被告的辯護律師找到富有同情心的陪審團成員。他將他成功的服務經歷記錄下來，這些紀錄顯示他的建議通常能引發在列陪審團人士對於被告的同情。

懷孕的心理師體認到她個人的情況對於提供客觀、專業的服務給被告的影響，這樣的表現是符合專業準則的，她的專業判斷是以當事人的最佳利益作為考量。反之，案例中的社會工作者使用不可靠的訊息來作為監護權評估的佐證資料是有違準則的。在病床旁的訪談，當事人正處在麻醉藥與疼痛的醫療情況中，這不足以作為推理一個人是否符合為人父母的情況。在這個情形下，其他的壓力似乎影響了社會工作者做出合理判斷與提升當事人福祉的可能性。尤有甚者，本案例所犯的錯誤非常嚴重，因為所付出的代價非常高。

至於對案例中的社會心理學家行為的倫理判斷則需要更仔細的思考。美國的司法系統是建立在個人面對任何指控時，有權利為自己做最強而有力的辯護概念之上。這位社會心理師可善用他的專業來幫助辯方取得陪審團的信任，這些陪審團人士通常不會在審判當中偏袒任何一方，通常也會在法律訴訟過程中以開放的態度來參與審判。要判斷這名心理師所進行的工作是否在專業倫理的界線之內時，必須瞭解他所謂的「引發陪審團的同情心」是基於科學證據而非個人或其他獨特的標準之上。相同地，如果他的判斷僅基於刻板印象——如：被告是歐裔美國人時，在陪審團中也應有歐裔美國人——這就脫離了專業的倫理準則而未能彰顯專業的聲譽。

## 摘要

在社區以及私人診所工作的諮商師以及治療師一定常需要與利益相衝突的困境奮戰。他們一定要在維護自身需求在工作上獲取正當利益的權利，以及身為一個專業協助者要維護當事人接受服務的權利，二者之間取得平衡。此外，諮商室外的其他有關人士，特別是那些為專業服務提供費用者，常會影響諮商師與當事人之間的關係。對社區專業人員來說，主要有六大倫理規範。首先是以公正、完整且誠實地描述能力及資格證照的方式來招攬個案，避免直接拉客的行為。第二，所收的服務費用應以公平、清楚溝通且在瞭解當事人的經濟狀態下收取。專業人員有權利獲得合理的收入，但是不得將自身的經濟利益置於當事人福祉之上。第三，如果服務一定得中斷，心理健康專業人員應有替代性的照護機制可用，讓當事人的治療過程盡量不被中斷所影響。第四，服務的紀錄應常更新、是正確且保密的，如此才能確保服務的完善性及當事人隱私是受到保護的。這些紀錄應該充分地保存一段時間，提供後續照護參考，且在銷毀時也必須保障當事人的隱私。第五，如果外部單位指派當事人進入治療，專業人員應以當事人作為優先

效忠的對象，並尊重第三方的權利以及對所有涉及者進行完整的知後同意說明。第六，如果當事人需要強制住院，在實施時應尊重當事人並為其安排一個有最少自由限制的環境。

在社區中與其他專業同儕的關係是建立在尊重、誠實以及公平公正之上。派系鬥爭、私下對別人的專業能力品頭論足，以及批評不同專業的訓練背景等現象，均不應出現在諮商室內。與同事間的財務安排應公開讓當事人清楚檢視，並且要避免任何費用拆帳或其他類型的收取回扣。

當面對為諮商或心理治療付費的外部付費方時，諮商師一定要為當事人爭取他們所需要的服務並盡可能減少對他們隱私權的侵犯。此外，他們一定要從保險以及經濟考量中去評估適當的診斷與治療計畫。即使心理健康專業人員通常都會遭受保險業者的刁難而感受挫折，這也絕非錯誤呈現診斷名稱或治療計畫的藉口。

專業人員和大學生工作時，對於有嚴重困擾的高風險學生要格外敏感，他們可能危及其他校園人員的安全，但也需要以符合倫理準則的方式去考量和學生接觸時的保密議題。隨著越來越多的大學生有嚴重的心理健康問題，這樣的責任也變得更加重要。相同地，那些在治療物質濫用議題上工作的人，一定要具備治療這類問題的適當能力，若在過往經驗中也有物質濫用史，也要為自己行為界線的管控負責。

最後，當從事教練或司法行為時，心理健康專業人員需要在他們宣稱自己有能力之前，先瞭解哪些訓練及專業上的專長是必須具備的。良好的科學依據、知後同意、紀錄的保密及揭露、避免雙重關係及剝削、瞭解個體的差異以及敏感於文化背景的應用，這些原則都需要像看重治療關係一樣加以注意。

## 問題討論

1. 當心理健康專業人員因有限的經濟資源而感到越來越多的競爭壓力時，他們要怎麼做才能妥善管理和不同訓練背景領域的競爭，以及避免近幾十年間一直困擾著心理健康專業人員的跨領域之爭？
2. 你同意費用拆帳是錯誤的嗎？區分個別專業人員以及參與「提供者網絡」或轉介服務的費用拆帳對你來說有任何意義嗎？為什麼有？為什麼沒有？

3. 許多心理健康專業人員非常樂見聯邦交易委員會在廣告倫理上所提出的改變，但其他人對此頗有微詞。你怎麼看現在廣告與招攬個案上的準則，特別是可自由運用使用者見證一事？
4. 許多人挑戰目前關於紀錄保存的準則，認為這是官僚式的做法，且批評此設計的主要用意是為了保護心理健康專業人員。你同意這樣的觀點嗎？
5. 有些心理健康專業人員已經拒絕跟保險業者和管理式照護公司打交道，要求他們的當事人自行處理申請的文書作業。他們宣稱他們的角色是提供當事人相關的治療與診斷訊息，並賦權當事人全權處理他們的保險業務。請討論這種做法在管理式照護中的價值與限制。
6. 在這個諮商及治療服務經費有限的時代下，像是教練及司法活動等這些活動對低薪的心理健康專業人員來說，是非常誘人的。是否應該個別設置一個資格核可程序或其他把關機制來確保只有具備能力的專業人員才能提供此服務？如果你同意，你的建議為何？

## 個案討論

Jordan 的社區每年夏天都會在市中心舉辦野餐以慶祝建城週年。當地的零售商也會在野餐當天租攤位來販賣他們的商品或提供服務。許多人會送出免費的鉛筆、馬克杯以及一大堆貼紙作為他們的廣告宣傳。Jordan 是一位有執照的諮商心理師，她在承租的攤位上掛上一個寫有「內有醫師」的旗幟。她在那天也把自己打扮成一個卡通人物並一炮而紅。另外，Jordan 也免費贈送一些最熱門的自助書籍給每個向她預約療程的人。另一個在社區工作的心理健康專業人員看到她的攤位後向證照委員會聯繫，以違反倫理的理由舉發她的不專業行為。基於你所知道的，你認為這案例中有讓證照委員會著手調查的理由嗎？為什麼有？為什麼沒有？如果 Jordan 在社區野餐日之前向你提到她對此攤位的計畫，你會建議她如何做？

AnnMarie 受僱於一個大型私人機構。除了持續接受一位心理師的督導，她每兩週和另一名精神科醫師進行諮詢，這名醫師是機構的創辦人。在她到這裡工作幾個月後，AnnMarie 發現這位精神科醫生向他沒提供服務的當事人收取費用。比方說在一次諮詢

中，AnnMarie提到一位她正進行諮商的當事人名字，他就把這位當事人的姓名寫下來並向該名當事人收取個案諮詢時間的費用。如果AnnMarie有從這名精神科醫師那得到建議與督導，她認為這樣的收費是說得過去的，但通常這名精神科醫師並沒有提供任何指引給她。AnnMarie 在得知該名精神科醫生的收費行為後，她快速地在第一時間請辭，在她離職以前，她告訴她的當事人去檢查他們收到的帳單，確定一下帳單有沒有錯誤或不尋常的地方。她沒有告訴公司裡的其他人關於她離開的真正原因，但她知道她不願參與任何不公不義的收費行為。AnnMarie在此情況所做的事稱得上是合倫理的專業人員嗎？為什麼？如果你認為她應該做更多，具體上該做些什麼？

Don是一位在公家機構服務經濟弱勢孩童及家庭的家庭諮商師。他的工作必須進行家庭訪問，去觀察孩童的日常家庭互動，及介入協助家長適當地回應孩子的需求以及行為。扮演這個角色時，他相信他充分認識所服務的家庭，並和家庭成員產生了強烈且有助益的治療關係。然而有時候，在他提供服務給當事人的家庭時產生了一些倫理的問題。當其他人在他的療程中也同時拜訪這個家庭時，有時候家長會無視他人的存在繼續和他談話。即使當事人向他保證他們可以在這些來訪者面前暢所欲言，Don不確定是否要繼續以治療性的方式回應。其他時候他觀察到一些非法的行為，像是另一名家庭照顧者在玩「賭博遊戲」或抽大麻。他對於這種情況下自己的倫理與法律責任感到很困惑。你有什麼建議可以提供給他？

## 建議讀物


Amada, G. (1993). Some ethical considerations: A commentary on "Between Cordelia and Guido: The consultant's role in urgent situations." *Journal of College Student Psychotherapy*, 7, 23–34.

American Psychological Association. (2007). *Record keeping guidelines. American Psychologist*, 62, 993–1004.

American Psychological Association. (1994). Guidelines for child custody evaluations in divorce proceedings. *American Psychologist*, *49*, 677–680.

Appelbaum, P. S. (1993). Legal liability in managed care. *American Psychologist*, *48*, 251–257.

Committee on Ethical Guidelines for Forensic Psychologists. (1991). Specialty guidelines for forensic psychologists. *Law and Human Behavior*, *15*, 655–665.

Duffy, M., & Passmore, J. (2010). Ethics in coaching: An ethical decision-making framework for coaching psychologists. *International Coaching Psychology Review*, *5*, 140–151.

Garfield, R. L., Lave, J. R., & Donohue, J. M. (2010). Health reform and the scope of benefits for mental health and substance use disorder services. *Psychiatric Services*, *61*, 1081–1086.

Haas, L. J., & Cummings, N. A. (1991). Managed outpatient mental health plans: Clinical, ethical and practical guidelines for participation. *Professional Psychology: Research and Practice*, *22*, 45–51.
Hess, A. K., & Weiner, I. B (1999). *Handbook of forensic psychology*. New York: Wiley.
Kilburg, R. R., & Diedrich, R. C. (Eds.). (2007). *The wisdom of coaching: Essential papers in consulting psychology for a world of change*. Washington, D.C.: American Psychological Association.
Knapp, S., & VandeCreek, L. (1993). Legal and ethical issues in billing patients and collecting fees. *Psychotherapy: Theory, Research, Practice and Training*, *30*, 25–31.
Mitchell, R. W. (2007). *Documentation in counseling records* (3rd ed.). Alexandria, VA: American Counseling Association.
Piazza, N. J., & Baruth, N. E. (1990). Client record guidelines. *Journal of Counseling and Development*, *68*, 313–316.
Schwartz, L. L. (Ed.). (1999). *Psychologists and the media: A second look*. Washington, D.C.: American Psychological Association.
Stahl, P. M. (1999). *Complex issues in child custody evaluations*. Thousand Oaks, CA: Sage.
Vasquez, M. J. T., Bingham, R. P., & Barnett, J. E. (2008). Psychotherapy termination: Clinical and ethical responsibilities. *Journal of Clinical Psychology*, *64*, 653–665.
Wrightsman, L. S. (2000). *Forensic psychology*. Belmont, CA: Wadsworth.
Whybrow, A. (2008). Coaching psychology: Coming of age? *International Coaching Psychology Review*, *3*, 227–240.
Younggren, J. N., & Gottlieb, M. C. (2008). Termination and abandonment: Risk and risk management. *Professional Psychology: Research and Practice*, *39*, 498–504.

## 其他網路資源

美國諮商學會私人執業指南簡介網頁：http://www.counseling.org/Counselors/PrivatePracticePointers.aspx

美國心理健康諮商師學會實務資源：http://www.amhca.org/member/practice.aspx

美國心理學會從業指南：提供給心理從業人員的相關資訊與管道：http://www.apa.org/practice/prof.html

美國心理學會從業指南：提供給在健康照護系統工作之心理從業人員的指引：http://www.apa.org/about/governance/council/policy/hospitalprivileges.pdf

Guttmacher機構：醫療保險可攜性與責任法案中的隱私規定與青少年：相關的法律問題與臨床挑戰：http://www.guttmacher.org/pubs/journals/3608004.html

Kaiser 家庭基金會：關注健康改革：新健康改革法之摘要說明：http://www.kff.org/healthreform/upload/8061.pdf

CHAPTER 13

# 專業的學校諮商師

## 適用於教育文化環境的專業準則

許多學校諮商師與學校心理師所面臨的倫理議題並非專屬這個場域。只要是跟未成年人工作，知後同意與保密議題都格外錯綜複雜。所有為大型、公立組織工作的專業人員，也都得面對績效責任的壓力，以及得妥善處理和管理階層之間的棘手關係。至於協助來自多元文化當事人所需具備的反應敏感度和具備的能力之責任，則適用於所有場域（Leong & Gupta, 2008; Lonborg & Bowen, 2004; Pedersen & Carey, 2003; Pedersen, Crethar, & Carlson, 2008）。規範與未成年族群工作者的法規常與規範專業實務的倫理原則有所衝突（Stone, 2009）。然而，許多議題卻只見於這個領域：(1)教育者之間的公開溝通習慣與諮商專業當中的保密條例之衝突；(2)有義務協助正在體驗個人與社交困境的學生，但是家長和社區的標準和學生的需求是相衝突的；(3)學校在霸凌、網路霸凌以及其他騷擾行為上的責任；(4)有關父母是否有權獲知孩子在教育中的所有資訊，州以及聯邦法律對此的規範令人困惑；(5)學校諮商師面對自殺學生的責任；(6)在校內進行團體諮商的複雜性；(7)對中學畢業後升學計畫的倫理挑戰；(8)與未成年當事人進行同儕諮商與同儕調解上的倫理議題。

其他讓學校諮商師之工作更為複雜的現實因素是學生個案量大增。根據美國學校諮商師學會（ASCA, 2009）的調查，美國諮商師的學生個案負荷量是難以想像的：457 比 1。在這樣的環境下，學校諮商師很難在他或她要負責的學生中完全顧及這些學生的教育、心理以及社會需求。本章針對這些議題進行討論時，會參考美

國學校諮商師學會（ASCA, 2010）的倫理準則，以及美國諮商學會（ACA, 2005）的倫理守則（美國學校諮商師學會準則可在 http://www.schoolcounselor.org/files/EthicalStandards2010.pdf 找到）。

## 諮商師在開放式溝通文化中的角色

雖然只有七個州要求學校諮商師在執業時必須要有教師證照，不過有許多學校諮商師是以教師身分開啟他們的職業生涯（ASCA, 2008）。身為教師，他們認同與其他學校人員以開放式溝通的方式來討論在他們班上的學生，且也瞭解有效教學仰賴充分理解影響學生學習的心理因素。舉例來說，一名關心學生健康或整潔的老師，會毫不遲疑地去和學校護士討論他對某位學生的擔心。事實上，不和其他教育工作者諮詢，反而會被視為是逃避成為好教學者的責任。此時的諮詢同時也具社會性的目的，它是原本身處成人與孩子溝通工作環境中的成人，與另外的成人之間在工作時的對話平台，並協助成人維持與同事之間的社交連結網絡（Ferris & Linville, 1985）。

但諮商專業上的規範明顯不同，諮商師深知與當事人間的對話是保密的，唯有在告知當事人／家長並獲得許可之下，或是為了孩子的最佳利益時才可以揭露，諮商師絕不能將當事人的特定事情作為促進與其他成人交流的工具。這兩相衝突的文化，不僅對於剛從教師角色轉換成諮商師角色的新手諮商師而言非常困難，即使對比較資深的學校諮商師而言亦屬複雜（Peterson, Goodman, Keller, & McCauley, 2004）。教師與學校行政人員通常會期待學校諮商師能以開誠布公的方式和他們溝通學生的情形，且將這樣的溝通視為是以關切學生的最佳利益為出發點（Amatea & Clark, 2005; Reiner, Colbert, & Prusse, 2009）。當諮商師不再揭露學生談話的內容後，其他的教育工作者可能會將諮商師視為一個不合群的人，而不再願意轉介學生去諮商。期望諮商師遵守學校常規的學校壓力通常會很巨大（Schulte & Cochrane, 1995）。Hermann 的研究（2002）支持了這個觀點；在她的研究中，51% 的學校諮商師陳述在過去一年中，他們曾感受到必須揭露學生保密訊息的壓力，而 19% 的人曾被要求交出學生的諮商紀錄。

學校諮商師常會覺得被卡在這兩相衝突的系統裡。一方面，他們期望得到同事的接納、尊重、合作以及獲得其他學校教職員的轉介，但這些似乎都有賴彼此間公開的對話。他們深知和其他學校教職員合作是有益於所服務的學生，但另一方面，他們又想在學生與家長所揭露內容上遵守保密協定並維繫他們的信任關係。乍看之下，這兩個訴求似乎是相互排斥，但是其實有可行的辦法用以解決這樣的衝突。想想下面的情況：

## Reggie 的案例

Reggie是一名五年級的學生，他的行為在過去兩個月中越變越糟。他過去是一個願意投入、勤奮學習的學生，但現在，在教室的大部分時間中，他都只是把頭趴在桌上或是盯著窗外看。他因為不繳交回家功課而被當。他的數學老師 Kearns 先生諮詢過其他老師後，發現 Reggie 在每堂課都是這個樣子，所以他把Reggie轉介到學校諮商師Jeffers博士那裡。在幾次的個別諮商與向Reggie和他的母親解釋保密原則後，孩子開始揭露他個人生活中的訊息。他媽媽最近被診斷出HIV陽性反應，同一時間他也得知媽媽在懷他以前曾濫用靜脈注射的藥物，一直到懷他之後才停止。Reggie感到難過、生氣以及被背叛。Reggie和他媽媽都不希望她的疾病或是其他個人生活的事情讓學校裡的其他人知道。Kearns先生因為諮商師未能回應他詢問關於Reggie的事而感到受挫，他要求校長集合所有和Reggie有關的教職員來開會，共同討論這孩子惡化的行為，Jeffers博士被要求參與這個會議。老師以及校長真的都很關心Reggie的福祉，希望諮商師協助他們幫助這個學生。

## Gloria 的案例

教師休息室的午餐對話中，老師們把話題聚焦在一個高二學生 Gloria 的身上。Gloria 的母親在多年前的銀行搶案裡中槍被逮，正在監禁中，而她的父親自從搶案後，情緒就變得很不穩定，父親屢次穿著睡衣跑到學校，並指控教職員試圖毒害他女兒。父親拒絕接受心理治療。Gloria 因此變得極度害羞，且往往在父親出現後幾天就會蹺課。今天午餐室的對話中，老師們重新細說父親這幾次的來訪，在座者紛紛表示對女孩的同情，以及對父親瘋狂指控和粗暴行為的震驚。諮商師正坐在桌邊，老師們問她對此事的看法。

## 案例分析

在 Reggie 的案例中，倫理與法律準則相當清楚。如果 Reggie 和他媽媽都堅持要諮商師遵守保密的原則，諮商師就務必要遵從他們的期望。此處不適用任何保密的例外原則，因為沒有兒童虐待、Reggie 沒有立即性的危險或是危及他人、沒有法庭命令，以及沒有雙親的同意或要求揭露。美國學校諮商師學會準則的說明如下：

### 美國學校諮商師學會的學校諮商師倫理準則

**前言**

每個人都有隱私權，也因此有權期望學校諮商師／學生的關係能遵守所有法律、政策以及有關於學校場域保密之倫理守則。

**A.2. 保密**

b. 以合宜的方式解釋保密的限制，例如利用班級輔導活動課、學生手冊、學生諮商手冊、學校網站、口頭通知，或是除了對個別學生口頭告知外，以其他方式和學生、學校以及社區溝通。

c. 瞭解學校場域對於保密的複雜特性，將當事人的情形放入脈絡中思考。堅守保密訊息，除非有合法的請求命令揭露保密訊息，或防止對學生造成嚴重且可預見的傷害下才會破壞保密。嚴重以及可預見的傷害會因孩童學校年級的不同而有所差異，這樣的傷害是以學生的發展、實際年齡、情境、雙親權利以及傷害的性質所定義的。學校諮商師在不確定是否屬於例外情形時，可向適當的專業人員諮詢。

d. 認清他們在保密上的主要責任是針對學生，但盡可能平衡這責任與瞭解父母／監護人在本質與法律上存有管控孩子生活的權利，特別是在與價值判斷有關的議題上。瞭解有必要權衡學生做選擇的倫理權利、他們同意的能力，以及家長保護學生並為其做決定的法律權力和責任。

### B.2. 父母／監護人以及保密

專業的學校諮商師：

a. 告知家長／監護人，學校諮商師的角色包含諮商師與學生諮商關係中的保密特性。

b. 瞭解在學校場域與未成年當事人工作時，學校諮商師需盡可能與學生家長／監護人一同合作。

c. 在盡可能的範圍內尊重父母／監護人的保密權利，以合理保護接受諮商學生的最佳利益。

### C.2. 和其他專業人員分享訊息

d. 瞭解「揭露訊息」的程序以及雙親在諮商師與其他專業人員分享訊息上的權利，試圖與其他對學生有助益的專業人員建立合作的關係。

---



諮商師是否只能選擇疏遠同事，以及在會議中保持沉默？幸好，還有其他的選項。諮商師可以和Reggie與他的母親共同討論老師的擔心，把即將召開會議的訊息告訴母親，並確定如果有必要的話，有哪些資訊是諮商師可以在會議中揭露的，並

徵求校長同意邀請 Reggie 的母親和 Reggie 與會（諮商師也希望轉介這個家庭去進行家庭諮商，以處理他們面臨的問題。這樣的支持也可進一步協助Reggie，讓他能夠妥善處理母親的疾病與過往經驗）。在召開任何個案會議之前，諮商師應先私下面會老師與校長，向他們解釋保密的要求以及無法自由充分討論諮商內容的限制。說明任何州或聯邦的相關法規，也可幫助其他教育工作者瞭解他們對諮商訊息的要求會造成兩難的局面。舉例來說：醫療保險可攜性與責任法案（1996）以及家庭教育權利與隱私法案（1974）適用這樣的情形，並限制揭露家庭成員的健康資訊。

諮商師可以藉由教育教職員、行政人員以及學校委員會成員關於學校諮商師之角色與責任，以**避免這樣的情形惡化**（Tompkins & Mehring, 1993; Watson, 1990）。直接的員工教育課程可消除同事的疑慮，讓他們瞭解諮商師的目標是幫忙老師協助學生，但在法律與倫理的規範下，諮商師必須在適當的授權下才能揭露與學生或家長相關的隱私。Ferris 和 Linville（1985）以及 Huss、Bryant 和 Mulet（2008）建議以書面的方式呈現保密政策與通過學校委員會核准的轉介流程。此外，Tompkins和Mehring（1993）建議，保密的責任可在專業人員面試職位時就進行溝通，在引發這些討論的情形下，諮商師可以比較清楚所應徵的學校教職員對於學生與家長揭露之保密規範有多少的接受度。很重要的一點是，近期的研究主張其他教職員很肯定學校諮商師能夠協助學生處理干擾他們學業成就的困擾問題，因此基本上只要讓諮商師澄清保密在其角色中的意涵，教職員是能接受的（例如，Reiner et al, 2009）。

在第二個案例中，在學校餐廳裡討論高二學生的問題以及她父親脫序的行為，看起來比較像是一個社交而非專業的討論。學校餐廳的討論不是為了協助學生的正式而專業的互動，它們常淪為八卦交換（Watson, 1990）。再者，有些在休息室中的老師和 Gloria 完全沒互動過，因此他們沒有需要也沒有權利知道任何關於她的事。對諮商師而言，加入這種討論只是貶低自己，無法為諮商師或專業帶來任何效益。因此，即使 Gloria 不是她的當事人，諮商師也應避免在此主題上做評論。拒絕討論這樣的議題的態度不用顯得太道貌岸然或自以為是正義的化身。這種事的發生只是展現喜好非議的人性。特別是對諮商師而言，即使有這種人性的渴望，專業責任仍須凌駕一切。以後面這個案例而言，諮商師如果能教育教師們關於諮商師的特別責任，或許能舒緩諮商師被迫要加入討論的壓力。也許，唯一安全的方式就是在這類事件成為閒聊對話時，轉身離開或坐得遠一些以避開話題。諮商師應該知道，加入這類的八卦討論有時是會涉及法律與倫理後果的。在此情況下，所有的學校教職員都有可能陷於誹謗他人人格的風險中（Alexander & Alexander, 2005; Fischer & Sorenson, 1996; Stone, 2009）。

不論如何，學校諮商師也不需要將其他教育同仁視為對立者（請見美國學校諮商師學會準則，C.2）。若能讓學生與家長事先知道：讓老師及行政人員知道一些訊息對當事人反而有幫助，且當事人能掌控要分享哪些訊息到什麼程度，這樣他們通常就會同意揭露訊息。在第一個案例中，Reggie和他的媽媽可能會願意告訴學校人員一些事，這時諮商師可以幫助他們，以他們感覺舒服的方式搭起對話的平台，比方說他們可以告訴老師，Reggie家族成員中有人患有慢性疾病，Reggie很苦惱及擔心，所以常常心神不寧。諮商師一定要衡量這些揭露對於學生受教的價值，以及可能被其他人在有意或無意間違反適當使用訊息之原則的風險。諮商師可以幫助所有人界定當事人所認為的合宜及不合宜的自我揭露訊息之使用為何，如此一來即可減少違反當事人意願的風險。美國學校諮商師學會準則 B.2 中也提到了這一點。

對學校諮商師遵守這些規範的研究很少。兩個由 Wagner（1978, 1981）所做的研究中可看到，約四分之一的受調查諮商師承認，曾在非正式的對話中與他人討論自己的當事人，且大部分有此行為者都同意這是不符合倫理的。如此高的比率顯示出學校裡開放式溝通的文化氣氛深深影響諮商師的行為。

Davis 和 Ritchie（1993）建議學校諮商師告知學校行政人員諮商師要採取哪些行動，因為學校也需負起連帶的法律責任。假設一名諮商師決定在未告知家長的情形下（因為聯繫不上家長以及學校護士）叫救護車，帶一個精神病症發作的學生到精神科的急診室，他或她應該跟校長報告，且說明理由——也就是聯繫不上家長且學生正陷於危險中。這個情況潛藏著法律問題，因為家長可能會說這樣的行為違反了他們知悉的權利且有損家庭名譽。此外，Davis 和 Ritchie 也告誡諮商師謹慎判斷這樣的諮詢，如果哪些打破保密的行為可能違法的話，就要克制住，不要破壞保密原則。不過如果極有可能合法的話，諮商師就應該告知行政人員相關訊息。畢竟，行政人員如果知道狀況的話，其所處的位置較能協助且為學校諮商活動辯護。針對此議題，美國學校諮商師學會準則寫到：

## 美國學校諮商師學會的學校諮商師倫理準則

### D.1. 對學校的責任

專業的學校諮商師：

a. 支持且保護學生的最佳利益，使其免於受到任何教育計畫的侵犯。

b. 以合乎學校政策的方式告知校內的適當人員任何有可能違反或破壞學校宗旨、人員或財產的狀況，但是要尊重諮商師與學生之間的保密協定。

c. 瞭解並支持學校的宗旨，所提供的輔導計畫需符合學校的宗旨。

d. 能清楚描述並倡導諮商師的角色，且能夠滿足接受服務者的需求。學校諮商師在系統的環境限制或削減他們提供計畫與服務的效能時，會告知適當的校內人員。



決定是否對家長或學校管理者透露學生所揭露的事情，是對學校諮商師與心理師而言的最大難題之一。Jacob-Timm（1999）的研究發現此問題為學校心理師的第三大倫理兩難議題。Bodenhorn（2006）發現學校諮商師在執業時最常遇到這個倫理議題。Mitchell 等人（2003）提到學校諮商師「會感覺自己走在一條一端是專業協助者，而另一端是家長訊息提供者的鋼索上」（p. 156）。Isaacs 和 Stone（1999）對佛羅里達學校諮商師針對影響決定保密因素的一個嚴謹設計的調查研究中，發現諮商師會參考學生的年齡、年級以及當事人情況的危急程度作為是否打破保密協定的決定標準。該研究的學校諮商師指出，他們可能會在以下幾種情形下打破保密協定：

- 持有武器意圖自殺（97.6%）或有可能自殺的訊息（88%）。
- 因受害而採取報復行為（94.2%）。
- 使用古柯鹼（83.7%）。
- 在 HIV 呈陽性反應的情形下與多人發生性關係（80.7%）。
- 即將發生的攜帶武器搶劫計畫（79.5%）。

- 憂鬱的徵兆（76.9%）。
- 墮胎（69.1%）。
- 使用大麻（68.7%）。

這些比率在不同的學校階段可能有所差異，中等學校諮商師面對性與毒品使用的議題時相較小學諮商師而言，他們較可能維持保密協定，但這兩者在面對對自身或他人可能造成傷害之議題時卻相當一致。舉例而言，82.2% 的小學諮商師在學生坦承他或她有吸食大麻時，會打破保密協定，但僅有 43.8% 的高中學校諮商師以及 41.7% 的中學諮商師會這麼做。最近的研究也支持 Isaacs 和 Stone（1999）所發現的趨勢，舉例來說，Moyer 和 Sullivan（2008）在他們針對學校諮商師面對學生冒險行為的調查中，發現危險行為的強度與頻率越高時，學校諮商師越可能打破保密協定去通知家長。他們也發現學生的年齡是打破保密決策的主要影響因素，亦即不合年齡的冒險行為，如：很小即發生性行為，就較會告知家長。Lazovsky（2008）從調查以色列學校諮商師的研究也發現非常類似的打破保密協定的決策模式。

從一些案例以及研究的證據可看出學生非常在乎保密的議題。近來，一名 12 歲的孩子寫信給親愛的 Abby 夫人（譯註：這是美國很有名的一個報紙專欄），詢問該怎麼處理她的害怕與持續的自殺意念時，提及父母的負向反應讓她不想告訴他們，且她也沒有辦法向學校諮商師坦露，因為諮商師知道後一定會告訴父母。由正式的研究可看出此名中學生的案例並非單一個案。有三個針對高中生所進行的有關保密態度的調查就指出，保密與否是絕大多數當事人評估願不願意和學校諮商師晤談的優先考量（Collins & Knowles, 1995; Helms, 2003; Lindsey & Kalafat, 1998）。舉例來說，Helms（2003）發現學生拒絕專業協助，因為他們相信諮商師會把所有事告訴父母、會把這個當作八卦，或是可能會對他們有負向的評價或責難他們。對照先前投書到親愛的 Abby 夫人專欄的 12 歲女孩，大部分學生都知道在緊急情況下需要聯繫父母，但除此之外僅同意很少數的其他理由是可以打破保密的正當理由（Collins & Knowles, 1995）。

美國學校諮商師學會倫理委員會製作了三個可供學校諮商師使用的文件，協助他們處理保密的責任。第一份資料是「與校長分享訊息」（*Sharing Information with*

*the Principal*）（1999），指導學校諮商師以有效的策略同時滿足管理者的要求和學生的需求。第二份資料是「發展出一份給中學生的知後同意書」（*Developing an Informed Consent Brochure for Secondary Students*），發行於 1996 年，列出高中生知後同意書的構成要素。第三份資料是「對於保密的立場聲明」（Position Statement on Confidentiality）（2008）。這些資料在教育其他學校人員與家長關於學校諮商師的角色和功能上，都是很有價值的工具。Mitchell、Disque 和 Robertson（2002）針對父母要求保密資訊提供另一套指引。

Stone（2009）指出假若目的是協助學生取得更好的教育服務需求時，與其他教育工作者分享學生的保密訊息是法律所許可的。她引用一名學生因特殊需求而為其專程召開安置會議的案例。諮商師已經知道學生有受虐的經驗，並選擇在未告知家長的情形下將此訊息分享給其他與會的專業人員。如此的舉動應該不會被視為違反家庭教育權利與隱私法案或醫療保險可攜性與責任法案或是其他親職權利，因為此訊息帶有合法的教育意義（Stone, 2009, pp. 62-63）。然而，針對此情況的理想方式是事先預期到此訊息對會議可能的價值並事先取得家長的知後同意。在此策略下，諮商師可避免家長在得知訊息被揭露後所產生的負向反應，且可遵照他們希望的方式來決定告知學校人員多少相關內容。

## ●● 專業的學校諮商師的特權

在這個好打官司的年代，法院越來越常傳喚學校諮商師與心理師到法庭，要求他們提供與家長或學生工作時的證據（Jacob & Powers, 2009; James & DeVaney, 1995; Stone, 2009）。他們可能傳喚諮商師出席監護權的聽證會，為有密集接觸的孩子作證，或是要求諮商師針對某個當事人製作諮商紀錄。如果諮商師或學校心理師違反保密並揭露原應保密的訊息，他們也會被傳喚到法庭，為自己的失職或人格誹謗辯護（Fischer & Sorenson, 1996; Jacob & Powers, 2009）。基於這些理由，學校諮商師需要對他們身處的州有關溝通特權的法律有所瞭解。Fischer 和 Sorenson（1996）指出有 18 州的學校諮商師在州法庭上持有部分的特權。這些州包括阿拉巴馬州、阿肯色州、愛達荷州、印地安那州、愛荷華州、堪薩斯州、緬因州、密西根州、密蘇里州、蒙大拿州、內華達州、北卡羅萊納州、北達科他州、俄亥俄州、奧勒岡州、賓夕法尼亞州、南達科他州，以及維吉尼亞州。其他州則沒有為學校諮商師在法規上建立特權。1996 年美國最高法院在 *Jaffee v. Redmond* 的法律訴訟案件加速了特權的擴展（Jacob & Powers, 2009）。根據 Jacob 及 Powers，目前有 75% 的州拓展了非博士層級專業人員在法律上的特權範圍。諮商師在所屬州具有跟當事人的溝通特權時，他們有責任將此特權告知其他學校人員（請見第 5 章中溝通特權的更多訊息）。

## 學校政策以及學校諮商師的角色

美國學校諮商師學會「全國性學校諮商模式」（*National Model for School Counseling*）（2005）、美國學校諮商師學會「對學生的全國性準則」（*National Standards for Students*）（2004）以及美國學校諮商師學會學校諮商師的角色聲明（*Statement on the Role of the Professional School Counselor*）（2009）中指出整個專業的基本宗旨是促進學生的教育、生涯以及個人或社會發展。他們主張學校諮商師有責任與其他教育工作者及社區合作，共同促進學生這些面向的發展。美國學校諮商師學會準則也要求學校諮商師擁護學生的利益：

### ✸ 美國學校諮商師學會的學校諮商師倫理準則

**D.1. 對學校的責任**

專業的學校諮商師：

a. 支持且保護學生的最佳利益，使其免於受到任何教育計畫的侵犯。

d. 能清楚描述並倡導諮商師的角色，且能夠滿足接受服務者的需求。學校諮商師在系統的環境限制或削減他們提供計畫與服務的效能時，會告知適當的校內人員。

**F.1. 專業精神**

e. 遵守專業倫理準則以及其他官方的政策聲明，如美國學校諮商師學會的專業聲明、角色的聲明、美國學校諮商師學會全國性模式以及由聯邦、州政府或

是地方政府制定的法案，而當這些有所衝突時，以負責任的方式致力於改變。

Reprinted by permission of American School Counselor Association.

然而，促進學生的教育、生涯以及個人或社會發展有時會與社會價值觀有所衝突。舉例來說，某個社區的主流社會價值觀可能認同非異性戀性取向是不道德的，認為此為一種可選擇的生活方式而非個體生理性的真實情況。又或者，某個社區過度重視運動員的成就，這無形中會給教育工作者壓力，希望他們以不同於其他學生的方式來對待運動員的學業表現。處理這樣的社會價值觀對專業的學校諮商師來說，無疑是一大挑戰。如何可讓諮商師在這樣的社會中支持 LGBT 學生〔譯註：LGBT是女同性戀者（Lesbians）、男同性戀者（Gays）、雙性戀者（Bisexuals）與跨性別者（Transgender）的英文首字母縮寫字〕或運動員或其他任何受歡迎或是不受歡迎的學生群體的發展呢？學校諮商師是否適合忽視或挑戰社會在這些議題的價值觀？準則建議諮商師「以負責任的方式致力於改變」的真正意涵是什麼？

很可惜沒有任何答案可以直接回答這些問題，許多因素都要考量在內。第一，受到這價值觀負面影響的學生們，無法把這些價值觀從家庭或是學校裡移除，同樣地，諮商師也沒有辦法立即辭職以避開這些衝突。第二，學生的家長也可能持有相同的主流社會價值觀，如此一來，父母的價值觀以及對孩子的冀望就一定要納入考量。學校當權者也可能並不樂見於與他們的服務對象、同時也是繳稅供應學校運作的社會大眾發生任何衝突。很重要的是要以謹慎、深思熟慮的態度及周延的計畫來面對社會價值觀的挑戰。諮商師若是直接面質這些民眾或以公開聲明的方式呈現價值觀的負向影響，較容易陷入困境中。例如以一對一的方式協助管理者瞭解促進學生最佳利益的長遠好處則是較聰明的方法。面對不被支持的LGBT學生群體時，諮商師可以提醒當權者法律上的要求是讓學校成為所有學生學習的安全之地（例如，教育修正法案第Ⅸ條；強調教育公平性），或協助當事人的家庭熟悉與其子女背景相同的組織，藉以更瞭解自己的子女，如「男同性戀與女同性戀的父母和朋友」（Parents, Families and Friends of Lesbians and Gays, PFLAG）。同樣地，學校諮商師也可以聯繫社區的領導者或意見領袖，讓他們瞭解他們的價值觀無意中如何影響

LGBT。少數人相信 LGBT 的性取向是不道德的，這讓他們縱容這些青少年在學校或社會中遭受被騷擾的待遇。因此，學校諮商師可以以此為出發點和社區工作，讓他們瞭解對同性戀行為的道德不認同不表示任何人可以騷擾或傷害這些 LGBT 學生。某些情形下，學校諮商師只要單純地協助學生從長計議，並學習生存的因應之道。例如，提供學生「一切會好轉」計畫（It Gets Better Project, http://www.itgets-better.org/）（譯註：這是由美國男同志作家 Dan Savage 以及他的丈夫 Terry Miller 以網際網路為平台創立的一個計畫，讓成年同性戀者向 LGBT 青少年傳達「一切會好轉」的訊息，以預防青少年同志自殺事件的再次發生）裡的相關資源，將會很有價值。

有時，社會大眾所持的價值觀正好與諮商專業的價值觀大相逕庭甚至相抵觸（Davis & Ritchie, 1993）。強烈反對在學校裡討論性或藥物濫用議題的社區，可能讓諮商師在面對有這類議題的學生時產生阻礙。假使社會大眾對提供避孕訊息感到不滿，諮商師就應拒絕提供避孕訊息的轉介資訊給那些需要的學生嗎？諮商師應在社區的期望下透露所有學生使用毒品的經驗給他們的父母嗎？在難以容忍或對男同性戀、女同性戀或雙性戀性取向少有瞭解的社區中，諮商師應協助有這些性別認同問題的學生嗎？這些問題很複雜，答案需取決於下列因素：學生的年齡與成熟度、學生對於納入家長的意願、家長的反應會傷害孩子的可能性、學校在這些事情上的政策，以及現行法律和專業準則。沒有任何人可以在諮商師激怒社會大眾的情形下受益，這將會引發社會大眾對諮商方案的敵意。然而，諮商師不能忽視學生尋求此類敏感問題資訊與服務的需求。的確，男同性戀、女同性戀以及雙性戀學生存在著自殺的風險、與家庭的衝突以及遭受他人暴力相向的可能性（McFarland, 1998; Remafedi, 1999）。即使家長與社會價值觀強烈反對婚前性行為或藥物濫用，但卻無法保證所有學生都能因此而循規蹈矩地遵循這些價值觀。最終，學校諮商師所做的決定仍是要以學生的最佳利益為優先考量。

在某些情形下，州與聯邦法律保護諮商師對青少年在敏感議題上提出建議的權利。Fischer 和 Sorenson（1996）主張諮商師在有關生育控制之資訊上提供青少年充足的建議與合宜的轉介管道時，不應被控訴為瀆職。但在州法上，通常沒有給予諮商師同等的自由來討論墮胎，不過每個州在此事的處理情形不盡相同。諮商師在面

對懷孕學生想討論墮胎時，應謹慎且警覺自己的意見在法律上的限制。Stone（2009）建議面對這類具高度爭議性問題的諮商師，在分享個人意見時要非常小心謹慎。Stone（2002）也建議要留意教育委員會對於討論此類型問題的政策。再一次強調，理想的解決辦法是協助青少年在做決策時納入家長。法律對於其他不涉及虐待、疏忽或是清楚且即將發生的危險等敏感議題的態度非常不明確甚至保持沉默。美國學校諮商師學會準則雖然強調學生與家長的權利，但也肯定學校諮商師聚焦於教育、個人以及社會發展等領域的適當性：

## 美國學校諮商師學會的學校諮商師倫理準則

### A.1. 對於學生的責任

專業的學校諮商師：

a. 主要是對學生負責，學生應以具尊嚴的方式被對待，且應視其為獨立的個體。

b. 關切學生的教育、學業、生涯、個人以及社會需求，鼓勵每位學生盡其所能地發展。

c. 尊重學生的價值觀、信念以及文化背景，不可把諮商師個人的價值觀強加在學生或是他們的家庭成員身上。

d. 熟知與學生相關的法律、命令或是政策，力求保護以及告知學生他們擁有的權利。

e. 保護個別學生的福祉，並且和他們共同合作，發展出一個可行的行動計畫。

f. 考慮納入個別學生重視的支持系統。

### B.1. 父母的權利以及責任

專業的學校諮商師：

a. 尊重父母或監護人對於他們孩子的權利以及責任；適合的話，努力與父母或監護人建立合作的關係，以促進學生最大的發展。

b. 在協助父母或監護人度過影響學生效能以及福祉的家庭困難時，遵守法律、地方規定以及執業的倫理準則。

c. 敏覺家庭的多元文化，並認清所有父母、監護人、有監護權以及沒有監護權者，基於他們的角色以及依法而有某些權利以及對於孩子福祉的責任。

d. 告知父母在學校場域提供諮商服務的本質。

e. 在處理學生自我揭露的訊息時，遵守家庭教育權利與隱私法案。

f. 合宜的話，努力與父母或監護人建立一段合作的關係，以提供學生最佳的服務。



## 法律議題：州以及聯邦的法規

有關學校諮商師的法律議題源於州與聯邦法規、個資法，以及有時來自州檢察官的意見。其中一個最重要的法令就是家庭教育權利與隱私法案（FERPA），頒布於 1974 年（通常被稱為 Buckley 修正案）。這個法案含括四大部分，以確保家長知悉孩子教育訊息的權利。第一個部分是將獲得聯邦挹注的經費與家長取得學校紀錄綁在一起。由於聯邦補助的經費對大部分校區的經營具決定性的影響，所以大部分的學校都會允許家長查看學校紀錄。18 歲或是 18 歲以上的學生也享有家長的同等權利，但是家長的權利並沒有因為學生滿 18 歲而停止。第二部分則要求在未成年人的醫藥、心理或生理評估，或參與「任何設計來影響或改變個人行為或學生價值觀的學校課程」均需取得家長同意（Baker, 2007, p. 283）。第三部分則是防止未經授權者檢視孩童的教育紀錄。只有直接與學生教育有關的學校人員可以取得他們的紀錄。名錄訊息（directory information）（譯註：指學生之基本資料）不受此限，某些情況下學校可在沒有家長同意下釋放這些訊息（McCarthy & Sorenson, 1993）。甚至如果孩子轉學，只要事先告知家長，學校可以不經家長出示同意書而移轉學生的紀錄。2002 年的沒有孩童落後法案（No Child Left Behind Act）所建立的規定是，學校必須允許軍方之徵兵單位和大學的入學單位一樣有機會接觸到學生以及他們的資料。最後，如果遭到法院傳喚，學校可在開庭前製作一份與議題密切相關的教育紀錄。最後的第四部分是賦權給美國的教育部長，讓其制定與學生隱私有關的法規。

FERPA 意指學生以及／或他們的家長可持有學校官方紀錄，可自由取得訊息且有權利控制誰可獲得這些教育紀錄。此法案並沒有改變法律所保護的溝通保密協定，也不包含學校諮商師或教師的私人紀錄，讓這些私人紀錄得以不用和他人分享。其後的條款提供學校諮商師在和學生的溝通保密上有一些轉圜空間，可將這些溝通分開記錄。事實上，基於 FERPA 的條文以及相關法規的規定，學校諮商師最好能將所有的諮商紀錄與學校的學生教育紀錄完整地分開來（Herlihy & Remley, 2010）。然而他們應注意的是，如果諮商紀錄無法真的保密而是與其他教育工作者共享時，這些文件就應視為是教育紀錄（Doll, Strein, Jacob, & Prasse, 2011）。根據 Sorenson 和 Chapman（1985）所言，不遵守此規範的比率很高，有 66% 的學校諮商師不讓父母取得那些與學校其他同事共享的檔案。在另一個研究中，Davis 和 Mickelson（1994）發現大部分的學校諮商師並不瞭解父母對於紀錄的權利。在 2010 年修正過後的美國學校諮商師學會準則（B.1.e）中載明，服從 FERPA 的保密要求是對學校諮商師的倫理要求。

在這個世代中，常見到夫妻一方帶著先前婚姻所生的子女共組家庭，以及不具監護權的父母，在此情形下要瞭解 FERPA 給予不具監護權者與具監護權者相同的權利（Stone, 2009）。通常父母其中之一不具監護權，是因為法院判決僅賦予父母其中一方單獨的監護權，這通常是離婚的結果（Wilcoxin & Magnuson, 1999）。在共享監護權的協定下，不論孩子與誰居住，父母雙方都保有監護權。也許因為 FERPA 所描述的是對具監護權父母權利的特例，Sorenson 和 Chapman（1985）發現在他們調查的學校諮商師當中，有 72% 的人陳述學校政策否認不具監護權父母在取得紀錄上與具監護者享有相同待遇。如果諮商師打算向父母雙方揭露會造成孩子負向影響的敏感訊息時，他需要判斷這樣的揭露是否是以孩子的最佳利益作為根基，在此情形下需仔細尋求諮詢與接受督導。FERPA 以及其他法律不應被解釋為摒棄孩子的健康與福祉。有趣的是，根據 Stone（2009）所言，繼父母在 FERPA 的條文之下亦應同享某些權利，這是基於相較於不共同生活的那位家長，繼父母和其中一個有血緣關係的父母還比較常跟孩子接觸（不過即使是這樣，繼父母的權利並沒有否決不具監護權父母在 FERPA 上的權利）。

1990 年通過的美國殘障法案也授權父母有權取得學生的檔案。這個法案規定若父母本身為殘障人士，學校必須以他們可瞭解的方式來提供紀錄訊息（McCarthy & Sorenson, 1993）。如果父母不會講或看不懂英文時，學校一定要以他們能瞭解的語言來提供訊息。

其他兩個與學校諮商師實務責任相關的聯邦法律是：以 2000 年目標（Goals 2000）為基礎的Grassley修正案（1994）：1994 年美國教育法案；以及藥物濫用局與治療法案（Drug Abuse Office and Treatment Act, 1976）。Grassley 修正案命令學校在讓孩子接受任何形式的調查、研究，或是評估學生個人以及家庭生活前，必須取得家長的同意。需要取得同意的研究例子包含：研究政黨、收入、非法或反社會的行為，以及評估學生或與學生有關聯的其他人之心智或心理問題時。

藥物濫用局與治療法案（1976）針對所有接受聯邦補助物質濫用治療經費的單位，保障跟藥物濫用評估以及治療有關紀錄的隱私性。這個法案嚴格管控紀錄的揭露，並規定未成年人接受治療時享有同樣的隱私權，即使是他們的家長，也務必要在告知未成年人並得到其同意後才能洩漏他們的紀錄。例外的情形包含緊急治療、法庭命令，以及不包含任何可辨識學生身分的研究。

美國政府針對學校人員及父母出版了一套有用的資源，說明如何保護學生的隱私權，並更新學校人員在隱私法上的最新與已經提出的改變：http://www2.ed.gov/policy/gen/guid/fpco/ferpa/safeguarding-student-privacy.pdf。

很重要的是要體認到，在學校系統內沒有所謂的完整周延的諮商紀錄實務與政策這回事。Merlone（2005）調查一小群學校諮商師，發現這些人所保存的紀錄數量與種類差異極大。有些人為每名學生留存正式的檔案，其他人則會在每天的例行報告中以日誌的方式簡要記錄所簽的契約或進行的活動。一些人用多重方式來保存紀錄。所有人都知道如果該州的溝通特權法規不適用於學校諮商師，他們的個人諮商紀錄會成為被傳喚的資料，且即使這樣的法律存在，還是會有特權以外的例外情形發生。所有人在撰寫紀錄時都有別人有可能看到自己紀錄的心理準備，並且他們也知道這些紀錄不可能不讓父母知悉。

## 學校諮商師的法律責任：是日漸浮現的真實現象或是莫須有的害怕？

才不久前，諮商專業領域普遍認為學校諮商師不會因為瀆職而吃上官司，除非他們做出令人震驚且惡意的行為。之所以有這樣的說法，是因為他們在社區機構、醫療單位以及私人執業的同儕常常是被告的對象，但是在學校場域工作的諮商師，或許法律比較保護教育工作者或是他們的諮商活動相對較無形，所以這些人可免於被告。近來如此的信念不見得放諸四海皆準。學校諮商師也有被控訴的可能，且也有時真的被告（Fischer & Sorenson, 1996; Stone, 2009）。相較於其他心理健康諮商師而言，失職的控訴的確不常發生在學校諮商師身上，因為州法通常保障學校免受疏忽或失職的控訴（Stone, 2009）。Fischer 和 Sorenson（1996）指出六項可能使學校人員陷入失職控訴的行為：(1)施打或使用藥物；(2)給予生育控制的建議；(3)給予墮胎相關的建議；(4)發表可能造成誹謗的言論；(5)協助搜查學生的置物櫃；(6)破壞保密以及紀錄的隱私。先前已提及，諮商師如果瞭解聯邦與該州有關和未成年人談論墮胎或避孕訊息的法律，且稱職地依規行事，就非常不可能因為這些案例而被告成功。相同地，如果能忠於保密以及隱私的責任，將可大大減少被告毀謗或違反其他隱私的可能。當學校諮商師參與搜查學生的置物櫃、車子或其他私人物品時，他們務必要留意遵守現有政策與法律對於搜查的規定，且搜索的範圍只限於必需的程度。

### ●● 學生自殺的法律責任

會被指控瀆職的其中一個原因就是學生自殺。一直到 1991 年，指控諮商師與學生自殺有關的案例都很少讓諮商師負起法律責任（Fischer & Sorenson, 1996）。在那個年代，法院通常會認為照顧的責任不應加諸在沒有充足診斷心理疾患訓練的學校人員身上。但是馬里蘭州的法院扭轉了這個趨勢，判定學校諮商師應為學生的自殺負起責任（*Eisel v. Board of Educ*. 1991）。在此案例中，一名 13 歲少女對朋友的自殺告白被轉述給學校諮商師，諮商師隨即將此訊息轉知少女原本被指派的諮商師，這兩位諮商師把少女叫到他們的辦公室詢問她此事，少女否認曾說過這樣的話。諮商師沒有進一步追究，在當天稍晚女孩就依先前告訴同學的方式自殺身亡。法院裁定學校諮商師和學生的確具有特殊關係，也具有照顧她讓她免於自殺的責任。更具體而言，他們控訴諮商師沒有通知家長關於他們女兒要自殺的告白。法院瞭解學校諮商師無法像心理健康專業人員那般，可在嚴格控制的環境下控制學生，但是他們主張諮商師仍有介入的責任，應藉由告知家長的方式減少可預見的風險（Pate, 1992）。這是美國法院第一次主張學校諮商師有責任採取預防學生自殺的行動（Stone, 2009）。在此案例中，諮商師如果有告知家長其子女的自殺威脅，她就已善盡她的責任（Remley & Sparkman, 1993），除非諮商師合理預期家長不會做出適當的回應。有時成人會否認或低估年輕孩子的自殺風險（Wellman, 1984），在此情形下，諮商師仍需採取更積極的作為以確保父母有採取保護孩子的行動。如果未能正確回應嚴重自殺威脅的行為，可能構成對孩童的疏忽，且理應如此看待。

在 Eisel 的案例中，主要的議題是學生可預見的危險，以及諮商師面對攸關生命威脅時的消極作為。格外需要注意的是 Eisel 並不是這位學校諮商師正在進行諮商的個案，而只是一個被指派給其他諮商師接案的學生。一旦諮商師找 Eisel 來詢問關於她的自殺意圖時，兩人間的特殊關係就此建立。諮商師有責任採取合理的步驟來預防所有他／她負責之學生的自殺行為。這個案例也凸顯了要注意其他同學來通報訊息的重要性。諮商師需要評估其他孩子言詞的真實度，並在相信訊息可能是真的之後開始後續動作。法院引述教義上所說的——**站在父母的角度來想**，此基本理念是說將學校人員視同站在父母的位置，因此他們有責任通知父母。

但是這個判例不應使學校諮商師對可能的自殺情況過度反應。Stone（2009）提到，即使是在 Eisel 的案例中，法院也沒有要諮商師在行動上負起完全責任，而是期待在面對如此嚴重的威脅時，有合理照顧的責任。誠如 Remley 和 Sparkman（1993）告誡諮商師面對自殺危機時不要訴諸急躁、情緒性的判斷，反之，學校諮商師應針對風險進行合理的評估、尋求督導或是諮詢，並在判斷是高風險後迅速採取確實但不躁進的作為。要注意的是並非所有的美國法院在學生自殺後都會判定諮商師失職。在 *Grant v. Valley View* 校區董事會（1997）的案例中，法院沒有要學校人員負起責任，雖然其他法院的案例與 Eisel 的案子有相同的判決（Stone, 2009）。即

使自殺的威脅僅是隱晦模糊，但仍須嚴陣以待的終極原因，是因為要負起保護學生福祉的倫理責任。

雖然青少年的自殺率從 1994 年開始下降（McKeown, Cuffe, & Schultz, 2006），自殺仍位居此年齡層的死亡原因之首。美國每年有 4,400 個年輕人死於自殺（Centers for Disease Control and Prevention [CDC], 2009）。青少年完成自殺的比率是青少女的四倍，這個比率到成年早期時會增加至六倍之多（American Association of Suicidality [AAS], 2007）。甚至，有 15% 的高中學生曾認真考慮過自殺，且近 149,000 位年輕人因自傷而接受治療（CDC, 2009）。因此，法律學者建議學校諮商師考慮在他們的學校進行自殺防治方案（例如，Hermann, 2002）。這些方案可提醒校內的大人和學生有關自殺的警訊，並教導他們應如何反應。一些預防性的活動有助於減少青少年自殺風險與回應嚴重的心理問題，但仍有風險，因此一定要仔細設計與使用（Gibbons & Studer, 2008; Reis & Cornell, 2008; Scott, Wilcox, Huo, Turner, Fisher, & Shaffer, 2010）。雖然這類的方案有助於減少學校人員面對學生自殺時所需負起的法律責任，但是其終極價值是服膺受益的原則（Corey, Corey, & Callanan, 2010）。

當自殺真的發生時，諮商師應提供支持給學生，協助他們度過哀慟與處理失落。一些實務經驗發現，當一個學生自殺之後，其他同儕會將自殺理想化因而讓自己陷入危機，這更凸顯上述建議的重要性（Feigleman & Gorman, 2008）。許多學校都和社區心理健康中心合作，兩個領域的專業人員可共同合作以提出危機介入。這樣的介入也符合專業領域上的倫理與法律責任。請見 Capuzzi（2002, 2004, 2009）針對專業人員在實務上預防與回應學生自殺行為的責任提供極佳的指引。

D. H. Henderson（1987）提醒學校諮商師的照顧責任不僅限於學生自殺或傷人的議題上。學校諮商師針對其他種可預見危險的行動，也需承擔起法律與倫理的責任，譬如，他建議學校諮商師在發現學生確定有嚴重心理與情緒失能狀況時，應轉介學生到合適的照護單位。通常施行此責任的最佳辦法是徵求孩童同意在治療中納入父母。在缺乏父母同意的情況下，諮商師一定要以學生的最佳利益為判斷基礎。自傷行為也歸屬於此類別中，這也是諮商師在學校最常碰到的問題。根據 Roberts-Dobie 和 Donatelle（2007）的調查研究，一半（51%）的諮商師表示去年曾有和自傷學生工作的經驗，且有 81% 的諮商師表示在其執業生涯中曾與一位自傷學生工作過。以下為美國學校諮商師學會的學校諮商師倫理準則的描述：

### ✱ 美國學校諮商師學會的學校諮商師倫理準則

**A.7. 危及自己或他人**

專業的學校諮商師：

a. 當學生提到會危及自己或他人的時候，應告知父母／監護人以及／或有關當局。這必須在審慎思考，或可能的話，盡量是在與其他諮商專業人員諮詢過後才去做。

b. 當他們評估有需要代表正陷入高危險的孩子付諸行動時，要向父母報告風險評估的結果。永遠不要低估傷害的風險，瞭解學生有時會為了避免進一步被緊盯與／或被告知父母而欺瞞。

c. 要瞭解在沒有提供學生合宜與必需的支持下，放走一名可能危及自己或他人的學生時所面臨的法律與倫理責任。

---



## 忽視學業表現的法律責任

2001 年首次有州立最高法院通過一項對學校諮商師的學業建議疏失所提出的告訴，並且裁定諮商師有罪。在這之前，幾乎所有州立法院都駁回針對學校諮商師所提起的有關學業上的法律訴訟案，主要原因是要學校諮商師在面對龐大個案量的不斷變化的學業要求上做出建議是相當困難的事（Stone, 2002）（譯註：美國中學的學校諮商師均需對全校每一位即將畢業的學生，以一對一的方式討論其升學申請學校或就業的決定，工作量非常大，且各大學申請資格不斷在調整）。在 2001 年 *Sain v. Cedar Rapids* 社區學區的案例中，學生向學校的諮商師尋求關於英語課程的建議，因為他必須滿足美國大學體育協會（*National Collegiate Athletic Association, NCAA*）的學業要求，以利他取得體育獎學金的資格。根據這個男孩所言，諮商師的錯誤訊息使得他五年的體育獎學金被撤銷，也就是說，家長主張由於諮商師疏於檢視一些事實資訊，未能善盡其職責，讓這個家庭損失數千美元。愛荷華法院發現這個案例可判為不實陳述的疏失，此類型的錯誤若發生在其他專業領域，如會計、法律以及商業上，通常都要負民事責任。在此前提下，愛荷華最高法院同意此案立案，雖然最後並沒有裁定結果，但也開了先例，控訴諮商師教育方面的疏失案子是有法律意義的。

此判決引起許多諮商文獻的探討，有些人預測這會帶來災難性的影響，會降低學校諮商師參與學業建議的意願（Reid, 2001）。冷靜派則是整理出在 Sain 案例的獨特因素，讓未來與學業建議相關的法律訴訟比較不會發生（Stone, 2002）。首先，大部分提供學業錯誤訊息的案件並不會像本案一樣會導致個人以及財務的損失。第二，要達到瀆職訴訟的標準極高且難以達到。第三，Sain 是一個州的單一個案，沒有必要將之視為其他州立法院行事的預測標準。最後，在作者看來，很諷刺的是 Sain 的案例代表著社會大眾對學校諮商師專業性的看法有很大的進展。現在的學校諮商師更有可能被以「需要為自身行為負責的專業人員」來被檢視。既然一旦所有其他的專業人員犯下嚴重錯誤並傷及服務對象時，都會成為民事訴訟的主體，那麼學校諮商師又怎能在被視為是合法專業之同時，又期待自己被不同的方式對待呢？

不是所有最近有關學業疏忽的案例下場都和愛荷華州的案例一樣。兩個案例（威斯康辛州以及加州）在處理影響學生取得美國大學體育協會獎學金資格的錯誤建議上就都沒有成案（Stone, 2009）。所以，基於這些理由，諮商師不應對是否要參與學業建議而感到遲疑，他們這麼做的責任風險非常低，反而可能因為適當的建議而幫助學生達成他們的教育目標。學校諮商師單純要做的就是勤奮地檢視他們已取得訊息的正確性，並在訊息不確定或可能有變動時告知學生。

專業的學校諮商師在轉介學生與家長時也需要負起責任，這意味著他們應對轉介的專業單位有充分的認識，且他們應將轉介管道列成清單且時時更新相關訊息。再者，如果有可能，他們應提供一個以上的轉介管道，並把轉介管道列入學校轉介清單中。如果目前這樣的清單並不存在，學校諮商師就需謹慎地製作一個。近期，佛羅里達州的一名諮商師與學區就因為僅提供學生一個、且非在學校核准清單上的轉介單位而遭到控訴。當校外的那位諮商師造成學生的傷害後，家長即到法院要求學校人員為此傷害負起法律責任。佛羅里達州法院拒絕為此案例舉辦聽證會，但這仍可視為一個警惕，學校諮商師應合理轉介當事人到轉介清單上的專業人員那裡（Stone, 2009）。

## 學校暴力：法律以及倫理方面

近年來學校暴力所造成的悲劇，讓大眾意識到學校與社會介入的需求，藉此預防具破壞衝動的學生表現這些行為（Hermann & Finn, 2002; Sandhu & Aspy, 2000）。在青少年母親的疏忽或其他蓄意結束生命的舉動下，新生兒常在出生後不久就死亡，這樣的事件也引發大眾的強烈抗議與關切，並要求對這些未計畫即懷孕的女孩提供更好的協助。在回應這些事件上，有些學區開始施行新政策，強制諮商師在知悉當事人對其揭露有破壞衝動或懷孕的情形後，需立即通報學校當局與家長。如此強硬的措施是基於避免他人受到傷害與保護處於困擾情況的學生，這與任何學校諮商師的長程目標是相同的。他們也符合倫理準則所說：當危險是清楚的且具立即性。

同時，即使青少年並未面臨預期的立即危險，這些清楚的強制規定也侷限了可以保密的程度，因此讓學校諮商師與學校心理師陷入兩難的困境。一方面，他們能夠清楚地向學生澄清保密的限制（除了其他原本的限制之外），但同時也承擔了風險，學生將決定不向他們揭露那類的訊息——很清楚的是，這是偏向倫理的選擇。或是他們可以在學生自我揭露後才做出解釋，但這樣做當事人會感到被背叛，而其他學生得知諮商師會將他們的自我揭露透露給學校當局後，他們很快地也會決定不再向學校的任何人分享此類的事情。不管是上述任何一個狀況，學校人員的最終目標原本都是防止學生與他們的小孩受傷並協助他們，但在這樣的情形下，這些目的都無法達成。當學生的問題從來沒有告知諮商師時，諮商師就沒有辦法協助他們。也由於這樣的政策讓學生較不願意尋求協助，學校諮商師有責任與學校行政當局討論這些規範的後遺症，並試著設計不會讓處於嚴重困擾問題的學生求助無門的方式。很顯然在大部分情況中，向家庭成員或學校有關人士揭露非立即性攻擊、非法行為或懷孕是一個理想的結果，但除非青少年自覺可以掌控自我揭露的程度，並且意識到學校裡有可信賴的成人，否則，他們將不會揭露這些感覺，並且可能會用自以為是的方式來處理所遇到的情況，像是藉由同儕或網路管道的幫助，在這樣的情

形下將會錯失減少暴力危險的機會。因此，專業學會以及學校教職員需採取積極的作為去教育家長和行政人員，讓他們瞭解所制定的保密政策中隱含的得與失。他們務必也要與管理者和學校委員會一起制定更平衡且不會切斷學生與學校諮商師討論個人與社交問題意願的新措施。

## 面對面以及電腦網路的騷擾

學校諮商師也有倫理責任要採取行動預防每天發生在學校的暴力行為，例如學生被霸凌與騷擾時。針對身體的恐嚇以及霸凌是很嚴重的問題，會影響許許多多的學齡孩子，受害者可能因此產生自殺意念、以暴力方式報復霸凌者或是造成心理創傷（Carney, 2000; Hazler, 1996; Ross, 2003）。學校因為年齡、性取向以及身心障礙而產生霸凌或騷擾的問題一直持續存在。網路霸凌（cyberbullying）對於學校教職員而言是新興的重要議題，而其確切地危害了未成年人的安全。有 12% 到 43% 的中學、高中學生陳述他們曾是網路霸凌的受害者，此霸凌通常發生在電子郵件、聊天室、社交網站以及即時訊息中（Dehue, Bolman, & Vollink, 2008; Hinduja & Patchin, 2010; Kowalski & Limber, 2007; Moessner, 2007）。這常見於女性之間，而高中初期為發生的高峰階段（Moessner, 2007）。持續增加的青春期與青春前期自殺數和網路霸凌有關（Patterson, 2011）。媒體報導強調網路霸凌具有破壞性的影響力。想想以下一篇《紐約時報》所報導的案例（Hoffman, December, 2010）：

### 盜取帳號進行網路霸凌的案例

Marie 九年級的兒子變得非常退縮。他終於向她坦承過去幾週發生的事：他在學校被騷擾，因為「他之前在臉書上張貼了關於其他孩子的下流話」。然而，這名男孩並沒有使用任何社交網站，事實上是其他三名男孩冒用他的身分並上網散播那些中傷人的訊息。為什麼要這麼做呢？他們說因為他是「廢物」。Marie 在報警之後才查出騷擾者的身分。其中兩名男孩也有其他線上騷擾別人的經驗，但另外一名男孩是當事人從國小到現在的朋友。學校指出他們沒有辦法介入，因為這個行為並不是用學校的網路或電腦。

這個案例點出網路霸凌的許多特性：容易發生、對受害者產生心理傷害與社交影響，以及父母和學校難以介入阻止騷擾。不在校學生的言論自由權的法律限制，也複雜化了教育者對於違規者處分的可能性，但是仍有些行為是合法的（Dooley, 2010）。儘管學校的介入權力很有限，但學校諮商師仍扮演一個重要的角色（Burrow-Sanchez, 2011），當帶有性意涵的訊息透過社交網站傳送並騷擾某人時，騷擾者可能面臨嚴重的法律後果，有時甚至會被列為性犯罪者並且視同於成年性犯罪者，受到同樣的限制以及可公開指認其身分（請見 Hoffman, 2011, http://www.nytimes.com/2011/03/27/us/27sexting.html?_r=1&scp=3&sq=sexting&st=cse ，一群華盛頓州八年級學生傳送性意涵訊息所帶來的破壞性結果）。學校諮商師可以教育家長以及孩子一些可取得的資源，以及說明網路霸凌對受害者的各方面影響。基於網路霸凌的普遍性與嚴重性，學校諮商師有絕對的倫理責任要擔負起教育家長、學生以及其他教育者的職責。在美國學校諮商師學會準則中，包含以下幾點關於網路霸凌的準則：

## 美國學校諮商師學會的學校諮商師倫理準則

### A.10. 技術

專業的學校諮商師：

c. 思考網路霸凌對學生教育過程的影響程度，以研究依據以及最佳實務為基礎，設計輔導課程與介入方案來處理這個普遍潛在的危險問題。



針對女學生的性別暴力以及性騷擾從小學就開始了，在中學以及高中前期達到高峰，且一直持續到大學（Ponton, 1996; Young & Mendez, 2003）。極少女孩可免受此騷擾。近年來，關係攻擊（relational aggression）——通常是女生對女生，以言語、心理或是身體虐待的方式出現——也大幅增長（Archer & Coyne, 2005）。雖然法律要求學校應處理性騷擾的指控，但學校管理者的反應卻常參差不齊。例如，Sullivan和Zirkel（1999）在他們分析 27 個性騷擾案件時，發現一致的情形是，受害者告知多名學校人員關於被騷擾一事，且不斷重複嘗試告訴行政人員這個問題，但都沒有獲得滿意的解決。

如同早先在本章所提及的，以男同性戀、女同性戀、雙性戀、跨性別者與性別取向不確定學生為目標的暴力都是常見的騷擾行為，較其他針對學生的犯罪而言，此種情形更常見且常被視而不見（Gay, Lesbian, and Straight Education Network [GLSEN], 2009; McFarland & Dupuis, 2001）。近 90% 的 LGBT 學生在 GLSEN 的研究中陳述曾在校內被騷擾過。這個研究發現騷擾的程度在這 10 年中並沒有降低，儘管恐同的言論頻率已經減少。大約有 25% 的男同性戀以及女同性戀學生是犯罪的受害者，一般學生的比例則是 9%（Comstock, 1991），且他們經歷更多的言語以及肢體騷擾。根據 GLSEN 的數據來看，有 40% 的 LGBT 年輕人陳述曾發生肢體騷擾的事件，而 84% 的人有過被言語騷擾的經歷。接近五分之一（19%）的人曾遭受肢體攻擊。同性戀的年輕人同時也較常因恐懼自身安全受到威脅而缺席，也因為較常缺課且在學校期間常感到困擾，因此學業成就較低。

有些證據主張學校人員促成了這些問題。在一個麻薩諸塞州的研究中，97% 的學生陳述學生之間有恐同的言論，而 53% 的人曾從學校人員口中聽到這樣的言論（Massachusetts Governor's Commission on Gay and Lesbian Youth, 1993）。在愛荷華州的類似研究顯示，老師有 97% 的時間無法正確回應恐同之言論（Carter, 1997）。研究學校諮商師對特殊性取向的學生態度時，發現他們認為這些學生沒有受到妥善的照顧，且是隱形的弱勢族群，但其中也指出許多諮商師對和這些學生共同工作並不感興趣。Price 和 Teljohann（1991）的調查研究發現有 20% 的諮商師在跟男同性戀及女同性戀學生工作時，找不到「滿足感」。Ruebensaal（2006）也發現學校諮商師不願意與男同性戀或女同性戀學生在那些他們能與異性戀學生自在談論的議題上工作。

這些態度和行為不僅都不符合倫理原則的規範——提升當事人的福祉與尊嚴、以不歧視的方式對待當事人，同時他們也可能觸法。1999 年美國最高法院裁定學校教職員若忽視學生與學生之間的騷擾，應擔負起違反教育修正法案第Ⅸ條所說的：當騷擾是「如此嚴重、普遍以及客觀的侵犯，使受害者無法享有平等的受教權」（*Davis v. Monroe County Board of Education*, 1999, p. 650）之責任。從文獻中所提及的LGBT年輕人在校園之經驗，可看出他們所經驗到的一切都已符合這些騷擾的標準。其他民事與聯邦所受理的直接基於性取向所受到的暴力或侵犯案件，也認為一旦學校未能保護男同性戀與女同性戀學生之安全與權益時，校方即應負起法律責任〔請見 McFarland 和 Dupois（2001）有關這些案例的討論細節〕。

也因此，學校諮商師同時有倫理與法律責任，應採取行動來減少針對學生的騷擾、威脅以及暴力。他們自己需使用更具包容性、無性別歧視的言論，挑戰那些反對同性戀與歧視女性的言論，讓學校教職員與學生看到有關性別取向的資源以及性別偏見的存在，以身作則，教育其他人員有關騷擾與學校暴力之間的關係，並提供適當的轉介管道給有需要的學生及家長。男同性戀、女同性戀以及雙性戀的學生由於在社會中常常變成隱性的人口，這些人很難為自己找到可以服務自己的資源，因此更需要諮商師提供轉介管道。

美國諮商學會（ACA, 1999）以及美國心理學會（APA, 1999）都製作了一些資料協助學校諮商師與心理師介入，以確保學校成為安全的場域。這些資料清楚地描述問題的性質，並且提供危急情況與一般課堂上的介入策略（請見本章最後的建議讀物及網路資源，其中提供了相關素材）。當學校諮商師運用這些資源採取實質的行動，讓學校成為一個能讓 LGBT 年輕人在其中茁壯成長而非僅是力求生存的地方，即是善用了他們的倫理責任來促進學生的福祉與尊嚴（Stone, 2009）。實際的證據指出，若是教育工作者支持 LGBT 學生，他們較能維持較高的教育抱負。

## 高中後進修計畫的倫理議題

中等學校諮商師的一個重要責任就是建議與協助學生從高中到高中後學校教育或訓練的轉銜。只要有高中文憑就足以取得一份穩定報酬工作的時代已經是很久以前的事，因此諮商師在協助學生與家長決定何種類型的高中後教育對他們是最佳選擇時，扮演著關鍵的角色。舉例來說，許多大學在決定入學申請時，會加重參考申請者的學校諮商師所寫的推薦信——這會變成諮商師的壓力，使他為了支持學生而膨脹學生的能力，或是洩漏學生個人的敏感訊息。想想以下的真實情形：

## Bellasandro 先生推薦信的案例

Bellasandro 先生是 Maria 高中三年的諮商師，Maria 是一個優秀的學生，成績好、體育佳，還在辯論與合唱比賽獲獎。在 Maria 高一時，某天晚上她從打工地方走回家的路上遭遇性侵害。她極力反抗攻擊者，因此弄斷了鎖骨，也傷到其他地方。Maria 因攻擊而受到創傷，好幾個月沒有辦法專心於學校課業，那學期的成績也因此搞砸了。現在，Maria 申請了多間競爭激烈的大學，Bellasandro 先生很擔心那一學期的成績表現，會讓學校不願意錄取她。為了確保學校會考慮錄取她，他在她的推薦信中提及性侵害的事，並且提到身體與心理的傷害對於她的影響。因為 Maria 已經簽署放棄閱讀推薦信，所以她完全不知道諮商師在他的推薦信中納入那次的攻擊事件。

Bellasandro 先生用意良善，且有學生的法律棄權閱讀聲明書支持他寫出 Maria 那學期成績不佳理由的決定。他的動機是想要幫助人，且 Maria 簽署的放棄聲明也完全是發自內心。但他的行為不完全符合他對 Maria 的倫理責任。為什麼呢？首先，她完全沒預期到自己曾經遭受攻擊的細節會被寫入諮商師的推薦信中——她的諮商師在事前並沒有和她以及家長討論過這件事。第二，因為沒有專業人員能擔保個人訊息的保密在洩漏給其他人之後仍會被維持，學生應該要能夠自己決定是否要釋出這些個人內容。如果 Maria 真的入學之後赫然發現入學委員會知道她被侵犯的細節，她可能會因此陷入痛苦情緒中。第三，Bellasandro 先生沒有必要提供被攻擊的細節來解釋那一學期干擾 Maria 維持高學業表現的醫療問題。不必洩漏如此敏感的資料，他仍然可以充分提供有關這個申請者如何傑出優秀的訊息。由於高中通常會公布學生被優秀大學錄取的訊息，以作為支持學校辦學優異的證據，此時也產生了一個疑問，諮商師會不會也因此有些私心因而影響了他的決定，那怕只是一點點私心，或是造成他在沒有諮詢下貿然行事的原因。被長春藤校系接受不僅是 Maria 邁向未來的一大步，也提升了學校的名聲。基於這種種理由，Bellasandro 先生的行為可作為高中諮商師的警惕，在寫推薦信函時應謹言慎行。Stone（2005）的研究顯示大部分的學校諮商師不會採用Bellasandro的做法，反之，如果未經許可，他們會保護敏感訊息不被洩漏。

《紐約時報》（Winter, 2004）報導由於近年來越來越多學生與家長關注得到名校的入學許可，引發高中另一個興起的倫理議題是，第二流與第三流的教學機構因為較無名聲，只能努力吸引大部分有執照的申請者，因此他們找上學校諮商師，讓他們告知學生自己學校提供的教學品質。有時候，這些學校開始邀請諮商師到他們的校園，不只是參加一般的校園導覽，還進而提供諮商師運動賽事、音樂會和滑雪勝地的免費票券，以及提供地方知名餐廳的免費晚餐，甚至是由學校出錢讓他們入住豪華旅館。如此的待遇都是為了讓諮商師對他們這些比較不知名的學校有好印象，讓他們在提供學生大學入學申請建議時，把這些好印象傳遞給學生與家長。諮商師在倫理上應接受如此奢華的招待嗎？這個答案端視諮商師接受這些招待的結果而定，也就是此結果是否有益於依賴諮商師客觀推薦大學的家長與學生。我們難以想像學生與家長不會質疑諮商師的動機，並將這些行為視為是有利益衝突；也難以想像諮商師——一個中等薪水的人——能夠完全不受這般奢華的大學參訪所影響。儘管參與這些大學訪視可以更瞭解其優勢，但諮商師仍須婉拒這些額外的好處。

## 在學校進行團體諮商的倫理

根據 Greenberg（2003）所言，團體已經被證明是一個有效幫助年輕人改變與受益的方法。許多問題青年的問題和社交技能與人際關係有關，而這兩個議題特別可從團體中受益。由於可以同一時間與多個學生工作，而非僅是一對一，這對學校諮商師而言也是個有效率的方式。其中較常見的是心理教育團體以及支持團體，用來發展社交技能、情緒的控管（如憤怒）以及面對失落，像是父母離婚或是手足過世等議題。建議學校諮商師避免以團體的方式來處理個案的某些臨床議題，像是：飲食疾患或躁鬱症（Kaffenberger & Seligman, 2003）。

因為團體都開在學校，而學校是個封閉的場所，也就是說，只有在學校裡面的人才有資格參與團體，這麼一來就要考量到保密的議題。首先，沒有參與團體的學生可簡單地從課堂出缺席狀況，或是看到某人在團體時間出現在諮商師辦公室外，

即可得知誰參加了團體。第二，由於在團體外仍有可能看到團體裡的其他成員，或是成員原本就和團體外的某人很熟悉，這些都使得希望團體成員維繫保密的情形變得格外困難。比起團體地點不是在學校且成員只會在團體時間有接觸的情形，學校內的團體成員想告訴朋友的誘惑增加許多。如在第 5 章與第 6 章提到的，清楚的知後同意程序以及常常討論保密的重要性，可降低違規的風險，但這並沒有辦法完全消除這樣的疑慮。學校諮商師也應同時取得參與孩子的同意，向他們解釋會對家長保密的程度，告知哪些情況下會跟家長揭露其子女在團體中所說的話。學校諮商師在帶領團體時，應注意不要超越自身的能力範圍，專注於團體所建立的議題上，並避免把心理教育團體或支持團體帶成心理治療團體。學校諮商師也要清楚學生同一時間在校外接受的諮商，並和所有相關人士（包含社區諮商師）討論同一時間進行團體與個別諮商的適切性。在這些前置作業下團體諮商是可以增加學校諮商師效能的一個有效方式。美國學校諮商師學會準則 A.6 要求諮商師事前篩選未來的團體成員、發展適當的能力以及展現最佳實務、申明對團體與對保密的清楚期待，並視需要檢視以及追蹤成員的需求。

## 同儕協助方案的倫理

同儕協助方案的名稱有很多種——同儕諮商、同儕支持、同儕介入、同儕催化、同儕調解以及同儕衝突解決。它們核心的特色是：訓練學生支持其他有問題或是有發展危機的學生。同儕協助方案在過去 20 年間非常普及，主要是因為學校想增加學生獲得支持服務的管道，但又不想多花經費（Ehly & Vazquez, 1998; Morey, Miller, Fulton, Rosen, & Daly, 1989）。不過低開銷並不是這個方案擴展的唯一原因。這樣的方案可貴之處在於可吸引一些不願意接受諮商服務的學生來求助。原本的同儕協助概念僅限於與發展相關的問題以及同儕學習指導（Wheeler & Bertram, 2008）。針對這些問題的同儕方案慢慢延伸到高中層級之上。許多同儕協助方案在小學與中學即開始推動（Myrick, Highland, & Sabella, 1995）。譬如 Bell、Coleman、Anderson、Whelan 和 Wilder（2000）指出一個六到八年級的同儕調解方案中，教導學生衝突解決以及調解技巧，能有效減少參與者的攻擊行為。

是否所有的同儕協助方案都像Bell等人（2000）描述得這麼有效，能夠達到他們的目標？而在使用時，又有些什麼倫理問題浮現？根據 Lewis 和 Lewis（1996）的看法，大部分關於同儕協助方案在處理心理健康議題上的效果以及結果之證據，都是實務經驗的分享，並無實證證據。越來越多研究支持同儕藥物治療方案以及提升學業表現和態度具有正向的效果（例如，Tobias & Myrick, 1999）。Lewis和Lewis鼓勵要進行更多研究，他們也質疑在沒有相關研究結果數據的情形下，對嚴重的心理健康問題使用這個同儕協助模式的好處。除了一些例外（例如，Schellenberg & Parks-Savage, 2007），他們指出：「沒有實質的證據證明，這些起初用來處理基本學業以及發展議題問題的同儕協助方案，若使用在超出這些問題時的效果或安全性」（p. 312）。某種程度上，諮商師尚未能證明這種方案的好處與安全性，因此如果貿然運用，會有嚴重的倫理問題。

美國學校諮商師學會準則提出諮商師在使用這種幫助形式時的特殊責任：

## 美國學校諮商師學會的學校諮商師倫理準則

### A.11. 學生同儕協助方案

專業的學校諮商師：

a. 當與同儕協助者或學生協助系統工作時，諮商師有一特殊責任，並要在他們的指導下，保護同儕對同儕計畫裡參與者的福祉。

b. 在學校諮商系統中，諮商師有責任要適當訓練及監督提供同儕支持服務的學生。



如美國學校諮商師學會準則建議的，同儕協助方案需要高度的督導。一定要仔細篩選同儕協助者、提供充足訓練且持續監督，以確保他們有足夠的能力提供服務，且不會做出超過他們能力之外的事。Lewis和Lewis（1996）在他們的研究中發現一個令人困擾的情形，即許多同儕協助方案的教育者並未受過諮商訓練。因此，在這些案例中，沒有專業人員受過適當的訓練，也沒有足夠的經驗來執行重要的督

導任務。在這樣的情形下，不論是協助者或是督導者都沒有能力做適當的介入。

自願成為同儕協助者的角色任務非常艱鉅。負責此方案的專業人員可能會看到這些方案對自願者的收穫，但是，有些人懷疑以他們的發展階段來說，是否會負擔過重（Lewis & Lewis, 1996; Morey et al., 1989）。Lewis 和 Lewis 在華盛頓州所調查的 263 個同儕方案的研究中，他們發現兩個自殺身亡的同儕協助者。當然僅有兩個案例並不足以為協助角色的風險下定論，但是，這些事件說明了需要仔細篩選候選者，密切檢視他們的壓力以及密集提供督導。

即使同儕諮商方案把他們的焦點放在衝突解決，或發展以及教育議題，仍會牽涉到關於學生自我揭露時的保密議題。一定要向青少年自願者清楚說明保密的重要性，且時時檢視是否有信守承諾，但是由於青少年仍未臻成熟，即使做了這些準備，仍難以防止他們違反保密協定。學生接受同儕服務也應瞭解保密的限制，且督導也要有心理準備，萬一同儕間的信任關係被破壞時該如何因應。自願者應準備好和督導者分享學生的自我揭露，且使用同儕服務者應被告知會有這樣的諮詢。此外，應建立指引方針，用來預防雙重關係的問題，以及向協助者解釋協助自己好友的規則。簡而言之，當學校諮商師開始或為已存在的同儕協助方案負責時，他們一定要準備好投入時間及精力於管理和監督整個方案的運作。甚至，他們應該有系統地評估方案，評估對被協助者和自願者的影響，以及修正無效或傷害的方案內容。

## 摘要

學校諮商師所面臨的倫理與法律議題，和其他社區諮商師所面臨的有明顯重疊之處。對於執業能力、知後同意、保密、雙重關係以及公平評估等倫理議題，適用於各種場域。然而，學校諮商師特別面對著五種倫理挑戰。第一個就是教育工作者的開放溝通對上專業人員受限於專業保密準則以及隱私法而產生有限的溝通時所產生的衝突。諮商師瞭解這樣的限制，並教育其他學校人員有關保密對同儕關係的衝擊，這些保密原則有助於服務學生、學校，以及讓專業更有效能。偶爾，在學校的開放溝通會包含八卦閒聊及教育工作者間非正式的對話。在倫理上，清楚地限制學校諮商師參與這樣的對話。事實上，講學生的八卦會讓諮商師陷於被指控人格毀謗的法律危險裡。第二，諮商師一定要準備好與家長以及社會大眾工作，這些人的價值觀可能與諮商師專業的基本價值觀不同。他們一定要尊重父母的權利，但是，也要敏覺孩子的需求。在許多州，學校諮商師有法律權利幫助孩子處理關於避孕、墮胎以及其他敏感議題，前提是諮商師必須在他們的能力範圍內工作，且不會強加自己的個人價值觀於諮商互動中。如果能主動辦理社區教育的諮商課程，再輔以這類課程有效性的實證資料，可有效減少諮商師的抗拒與懷疑。第三，諮商師發展與監督同儕諮商課程時，一定要確保課程對於自願來參與的學生以及他們服務的學生均有助益。同儕協助方案一定要由諮商師來督導，且只適用於發展性與教育性的問題，因為沒有清楚的證據證明此類課程可有效協助有嚴重心理健康問題的青少年。

遵守倫理的學校諮商師一定要熟知 1974 年通過的家庭教育權利與隱私法案，以及有關處理特殊教育和身心障礙者權利的法律。因為州政府和聯邦法律快速影響教育的改變，學校諮商師有責任要注意這些最新的改變，並確保學校政策符合這些法規。最後，學校諮商師並沒有辦法免於瀆職的控訴，儘管比起其他心理健康專業人員而言，這樣的情形較少發生在學校諮商師身上。法院近年傾向主張學校諮商師有照顧的責任，藉由家長或其他成人的參與來確保學生的人身安全並提供需要的照顧，以預防可預見的危險發生在學生身上。最近法律規定也主張，學校諮商師與其他學校人員有責任預防那些發生在學生身上的騷擾與威脅，並讓學生在學校有平等參與教育活動的機會。許多這類型的騷擾是以女學生、男同性戀、女同性戀以及雙性戀學生為目標。

諮商師在建議學生高中後的計畫時也要注意倫理方面的問題，在寫推薦信時對有特別天賦的學生要正確描述其特質，也要瞭解他們闡述學生的個人生活內容會有所影響。他們務必要以不損害客觀性或家長和學生知覺他們客觀性的方式來參與大學參訪的活動。當在學校進行團體時，若是諮商師瞭解在封閉系統中進行團體的複雜性，且以自己能力範圍進行團體較可能成功。

## 問題討論

1. 學校常有一個政策，就是所有學校人員得知有關毒品使用的訊息時一定要通報管理者。想想這個可能發生在學生身上的情境，什麼時候你會認為這個政策對諮商師是

可取的，應進行毒品使用的通報，而什麼時候你會認為他們應堅守保密協定？

2. 學校諮商師近幾年由於一些活動而飽受批評。例如，自尊提升計畫被批評為過於人本主義，而毒品與酒精濫用支持團體也被認為是過於侵犯家庭事務。知道這些關於學校諮商的批評聲浪後，你認為學校諮商師應有哪些倫理的責任？
3. 保密的要求是否會讓學校諮商師難以與學校其他人員建立有力的專業連結？這些要求會使學校諮商師難以在人際上和其他人員建立關係嗎？
4. 有人批評由於同儕協助方案讓協助者處理另一學生的議題，如憂鬱、自殺、藥物使用以及相關的議題，因而置助人雙方於險境，你要如何回應這個看法？你又該如何平衡計畫的風險以及它們可能對於學生的價值？
5. 在參與自殺防治及危機介入課程時，你認為這其中可能隱含什麼倫理問題？
6. 學校諮商師應該免於法律責任的控訴嗎？

## 個案討論

Tito是一位16歲的高一生，他自從上了高中後，就一直斷斷續續和學校諮商師Miranda進行諮商。儘管他在學校大部分的時間看起來都很開心且很好相處，但Tito承受著巨大的家庭壓力與分裂。他的父母都已各自再婚多次，而Tito在他目前人生中已住過10個不同的家庭。他很難與他現在的繼父相處，他們經常吵架，且每次只要Tito提高音量，就會被嚴厲處罰。諮商師已經密切注意這樣的情形好一陣子，但是沒有發現任何虐待的徵兆，不過她清楚看見問題出於Tito當下的心理需求與繼父教養風格之間的不適配。一天早晨當Miranda進入她的辦公室，她收到一則來自Tito的語音訊息，附上手機號碼並要Miranda盡快回電。當她回電之後得知Tito在與繼父大吵一架後離家。當時的爭吵嚇壞了Tito，因為他覺得自己幾乎都要出手打繼父了。Tito告訴Miranda他現在很安全，沒有在街上遊蕩。他隨即問她是否應告訴她他現在人在哪。Miranda告訴他如果他告訴她這個訊息，他必須瞭解她就需要把這個號碼告知他的母親與繼父。Tito遲疑了一下並決定不要告訴她他現在的所在地。Miranda為Tito想了些計畫，包含可聯繫他的生父，看看他是否可協助調解這樣的情況。Tito同意在學校放學前回電。兩個小時以後Tito的繼父打電話給Miranda，詢問她是否知道Tito在哪裡，當她說她不知道時，繼父談到在晚餐前如果沒有聽到他的消息的話，他會打電話報警。他們的對話結束了。Miranda 計畫在 Tito 再次來電時告訴他繼父的來電，並要他立即和母親與繼父聯絡。Miranda 的行為符合專業上的倫理準則嗎？她應該保密她先前和 Tito 的電話聯繫嗎？假如校長問她是否知道 Tito 在哪呢？她應該透露她知道的訊息給校長嗎？

Justin，一位高中諮商師，收到許多學生申請大學、工作或其他高中後經歷的推薦表格。常常這些表格都要求諮商師要評定學生與其他學生比較時的相對等級。Justin 對於要填寫這類表格感到很不自在，認為他們沒有給他機會描述個別學生的才能。然而，他知道拒絕完成這些問題是不明智的，所以他通常會將學生放在前 20% 的等級當中，即使他知道這個等級是浮誇的。他為他的行為辯解，認為是這個等級系統先天上的設計限制造成的。

Nellie，高中的學校諮商師，和一個二年級的學生 Michelle 定期晤談，Michelle 受學業所困擾，雖然她在中學的考試與成績都很好。父母知道女兒正在接受諮商，且鼓勵 Neille 在諮商過程中和 Michelle 討論任何可幫助她在學校有更佳表現的事情。當春季來臨氣溫上升時，Nellie 注意到 Michelle 在學校仍然穿著長袖，當問起她這件事時，Michelle 開始哭泣並告訴 Nellie 她在自己的手臂上劃出一些傷口，這讓她可以撫平心裡感覺到的痛。Michelle 把她的傷口給 Nellie 看，是很小、少少的幾個表皮傷。Nellie 和 Michelle 約法三章，在她們下次會談前她必須停止傷害自己的行為，她也讓 Michelle 同意兩週後與小兒科醫生會面時要把傷口給她看。基於上面這些情形、手臂上的小傷口，以及擔心破壞這個女孩對她的信任，Nellie 決定不要告訴家長。

Anaar 是一個 15 歲的高一學生，她帶著一個問題來詢問諮商師：發起線上連結來推選學校中「最淫蕩」的女生是違法的嗎？在她的諮商師 Jackson 女士取得更多的訊息後，Anaar 揭露她和朋友有些爭執，所以她做了這個連結，以說她朋友八卦的方式來進行反擊。現在朋友威脅要告訴她的爸爸，朋友的爸爸是名律師，他可以對 Anaar 及她的家人提起告訴。Anaar 非常擔心並對自己的行為感到很羞愧。諮商師要怎麼處理這樣的情形？

## 建議讀物

American Psychological Association. (1999). *Warning signs; A youth anti-violence initiative*. Washington, D.C. Retrieved from http://www.apahelpcenter.org/featuredtopics/feature.php?id=38.

American School Counselor Association. (2008). *Position statements*. Retrieved from http://www.schoolcounselor.org/files/positions.pdf.

American School Counselor Association. (2004). *Ethical standards for school counselors*. Retrieved from http://www. schoolcounselor.org/content.asp?contentid=173.

Bauman, S. (2011). *Cyberbullying: What counselors need to know*. Alexandria, VA: American Counseling Association.

Fischer, L., & Sorenson, G. P. (1996). *School law for counselors, psychologists, and social workers* (3rd ed.). White Plains, NY: Longman.

Gay, Lesbian, Straight Education Network (GLSEN). (2008). *National school climate survey*. Retrieved from http://www.glsen.org/cgi-bin/iowa/all/home/index.html.

Hermann, M. (2002). A study of legal issues encountered by school counselors and perceptions of their preparedness to respond to legal challenges. *Professional School Counseling*, *6*, 12–18.

Huss, S. N., Bryant, A., & Mulet, S. (2008). Managing the quagmire of counseling in a school: Bringing the parents onboard. *Professional School Counseling*, *11*, 362–367.

Jacob, S., & Powers, K. E. (2009). Privileged communication in the school psychologist—client relationship. *Psychology in the Schools*, *46*(4), 307–318.

Kaplan, L. S. (1996). Outrageous or legitimate concerns: What some parents are saying about school counseling. *The School Counselor*, *43*, 165–170.

Massachusetts Commission on Gay, Lesbian, Bisexual and Transgender Youth. *Massachusetts high school students and sexual orientation: Results of the 2007 youth risk behavior survey*. Retrieved from http://www.mass.gov/cgly/yrbs07.pdf.

McFarland, W. P. & Dupuis, M. (2001). The legal duty to protect gay and lesbian students from violence in school. *Professional School Counseling*, *4*, 171–179.

Office of Special Education and Rehabilitation Services U.S. Department of Health and Human Services. *Early warning, timely response: A guide to safe schools*. Retrieved from http://www.ed.gov/about/offices/list/osers/osep/gtss.html.

Remley, T. P., Jr., & Sparkman, L. B. (1993). Student suicides: The counselor's limited legal liability. *The School Counselor*, *40*, 164–169.

Scott, M., Wilcox, H., Huo, Y., Turner, J. B., Fisher, P., & Shaffer, D. (2010). School-based screening for suicide risk: Balancing costs and benefits. *American Journal of Public Health*, *100*, 1648–1652.

Stone, C. (2009). *School counseling principles: Ethics and law* (2nd ed.). Alexandria, VA: American School Counselor Association.

## 其他網路資源

擁護青年：為 LGBTQ 青年創造安全的環境：錦囊妙計：http://www.advocatesforyouth.org/index.php? option=com_content&task=view&id=608&Itemid=177

美國心理學會：健康的女同性戀、男同性戀以及雙性戀學生方案：http://www.apa.org/pi/lgbt/programs/hlgbsp/index.aspx

美國學校諮商師學會：終止霸凌：http://www.schoolcounselor.org/content.asp?

contentid=282

網路霸凌研究中心：http://www.cyberbullying.us/

男同性戀、女同性戀以及異性戀教育網（GLSEN）反霸凌管道：http://www.glsen.org/cgi-bin/iowa/all/antibullying/index.html

會變得更好計畫：http://www.itgetsbetter.org/

女同性戀與男同性戀的父母和朋友（PFLAG）：http://community.pflag.org/Page.aspx? pid=194&srcid=-2

CHAPTER 14

# 督導與諮詢的倫理

## 示範負責任的行為

關於督導的一個常見的誤解是：這是一項專業人員花費最少時間心力的微不足道的專業活動，但實情是督導是很多專業者有效專業實務中不可或缺的一環。根據 Osipow 和 Fitzgerald（1986）的研究報告，有 64% 的諮商心理師固定花時間督導其他專業人員。事實上，督導工作是目前許多心理師（Sutter, McPherson, & Geesman, 2002）和諮商師的工作要求。同時，督導工作也是心理師從事的前五項工作中的一項（Norcross, Hedges, & Castle, 2002）。此外，學術文獻也強調督導工作在專業能力的發展和維持上至關重要（例如，請見 Bernard & Goodyear, 2008; Bradley & Ladany, 2001; Falender & Shafranske, 2004; Thomas, 2010）。從倫理和法律的指導方針以及實務工作者檢視培訓機構的觀點來看，被督導的臨床經驗是能力和資格認證的先決條件，但是僅具有臨床工作的能力並不足以證明具備督導能力（Barnett, Cornish, Goodyear, & Lichtenberg, 2007; Falendar & Shafranske, 2007; Rings, Genuchi, Hall, Angelo, & Cornish, 2009; Thomas, 2010）。

然而，跟督導有關的倫理申訴和治療不當索賠的情況相當普遍。1985 年，VanHoose 和 Kottler 的調查發現督導的疏忽是許多治療不當案件的起因。20 年之後，Koocher 和 Keith-Spiegel（2007）也指出，在對督導者的倫理申訴中，督導者未能指出受督者的能力不足且讓其進行諮商，仍然是對督導者控訴最常見的原因。發照單位也常懲處督導不當的行為。在俄亥俄州，近乎 30% 的懲處行動中至少有一項是與督導的違規有關（R. Ross, personal communication, June 22, 2011）。此外，一些歷史上有名的心理健康糾紛案件，至少有部分也是因為不適當的督導所造成（例如，*Tarasoff*, 1974, 1976）。在一篇引人注目的評論中，Slovenko（1980）提出在 *Tarasoff* 一案中，如果當時的督導者有善盡他的督導職責，則原告可能無法申訴成功。

研究也顯示，部分督導者不顧自己對當事人的責任，忽視受督者的權利，甚至剝削他們（例如，請見Allen, Szollos, & Williams, 1986; Anderson, Schlossberg, & Rigazio-DiGilio, 2000）。Ladany、Lehman-Waterman、Molinaro 和 Wolgart（1999）的一項研究中發現有三分之一諮商心理的受訓者經歷到督導者違反一個或多個諮商師教育與督導學會（Association for Counselor Education and Supervision [ACES], 1993）的指導方針。這些督導者當中有三分之一未能履行評估和檢視受訓者的能力和行動，有近五分之一（17.9%）違反有關保密、晤談界線、尊重受督者的處理和坦誠接受不同觀點的指引方針。整體而言，一半以上的督導者在本研究的研究時間內，至少未能維護一項倫理準則。在該研究 10 年後，Wall（2009）有關督導者不符倫理行為的研究，發現其中的許多行為跟 10 年前的行為一樣。這個結果相當令人沮喪。Magnuson、Wilcoxin和Norem（2000）利用質性研究的設計來探索什麼是他們所謂的「糟糕的督導」。結果整理出三大不稱職的督導形式。首先是督導管理和組織不善，第二是技術和知識缺乏，最後則是關係或情感的缺乏。研究參與者具體指出的行為疏失，包含在督導過程中受到羞辱和恐嚇，到與其他受督者違反了界線，和臨床上缺乏能力。此外，根據 Ramos-Sanchez 等人（2002）的發現，有問題的督導可能會有持續的負面影響，亦即受訓者如果有負面的被督導經驗，對其技巧發展會有持續負面的影響。例如，督導者以有問題的方式與受訓者互動，受訓者會避免在督導過程中揭露他們與當事人工作的訊息（Hess et al., 2008），也不太可能去討論他們對督導的不適感（Mehr, Ladany, & Caskie, 2010）。因此，受訓者受挫的督導經驗，會讓與他諮商的當事人有更高的風險無法得到最佳的服務（Barnett et al., 2007）。

有三個因素可以解釋在專業訓練上對督導的期望和實際狀況之間的差異。第一個因素是普遍認為執業能力即等同督導的能力。督導的倫理守則和文獻均極力駁斥這個錯誤的假設（Bernard & Goodyear, 2008; Falendar & Shafranske, 2007; Thomas, 2010）。一個專業人員的臨床技巧和經驗是督導工作的必要條件，但不是充分條件。接下來本章要檢視守則和文獻中所提及的督導能力的要素，以及由國家授權發照單位所制定對督導的一些額外要求。

第二，督導是一個涉及多重角色的過程（Bernard & Goodyear, 2008; Johnson, 2007）。督導者會是一名教師、導師、顧問、諮詢者、督導者，以及受督者的評估者和受督者的當事人的諮商師（從遠距離）。要能成功地管理這些不同的角色需要知識、自我覺察和經驗，如果沒有這些特徵，則會發生倫理偏誤。下面幾頁將詳細說明這個問題，並提供如何圓滿達成此任務的建議。

第三也是最後一個涉及不當督導的因素，即督導者未能將受督者和受督者的當事人福祉放在他或她自己的利益之前。當發生這種情況時，受督者會受到剝削。這種不良行為形式差異很大，從強加個人的價值觀到性騷擾和經濟剝削。不論其具體的形式是如何，這樣的不當行為限制了有效的督導經驗，損害了當事人的諮商經驗，有時也會讓受督者有創傷（Allen et al, 1986; Gray, Ladany, Walker, & Ancis, 2001; Ramos-Sanchez et al., 2002; Slimp & Burian, 1994）。以下將檢視各種剝削的形式並提供方法以盡量減少這種風險。本章內容汲取自倫理的專業學術著作和專業倫理守則，其中包括 1990 年諮商師教育與督導學會（ACES）出版的「諮商督導者準則」（*Standards for Counseling Supervisors*）、美國各州諮商委員會學會（AASCB, 2007）認可的「合格督導者模式」（*Approved Supervisor Model*），和美國各州及各省心理學委員會學會的「督導指引」（*Guidelines on Supervision*）（ASPPB, 2003）。

不同領域專業人員的工作督導和強制性督導，與研究生訓練或證照的督導要求有很大的不同，因為它們涉及已取得證照者或無證照的人士，如心理測量員的督導，所以將另外討論。

## 督導的能力

要瞭解督導能力的倫理和法律層面，我們必須回顧前述稱職實務工作的要素。

如你所記得的，臨床的能力需要有能夠與當事人工作的知識、技能和勤勉。新手專業人員必須透過督導以展現自己在跟不同類型當事人工作時具備這些特質，來證明自己是有能力的。亦即，督導者是這個專業的最終守門員，其作為進入此專業領域的最後一道關卡，以排除技術拙劣或缺乏治療性的人。在決定的過程中，督導者要有能力小心且持續地檢視受督者的活動，未受過訓練的督導者可能有困難符合這些要求。當他們無法履行這個倫理上的責任，他們會損害此專業、公眾以及這位不適合被納入專業的受訓者。

諮商師教育與督導學會在「諮商督導者準則」（ACES, 1990）中非常詳細地闡述了有效督導者的特質和能力。透過這種方式，這些準則對於想要評估自己督導能力的專業人員提供了一個指引地圖。這些準則所界定的特質摘要如下：

- 與當事人工作的能力，包括評估和介入的技巧、有能力建立治療同盟、個案概念化和個案管理、紀錄保存和成果評估。
- 所展現的態度和特性與角色相一致，如對個別差異具有敏感性、對督導角色的動機和承諾，以及適應於伴隨著這一角色而來的權威性。
- 熟悉督導相關的倫理、法律和規範等層面。
- 具備對督導關係的專業和個人面向的知識，以及瞭解督導對受督者的影響。
- 瞭解督導模式與方法。
- 能欣賞多元文化的獨特機會和挑戰。
- 能欣賞專業發展的過程和其在督導過程中的逐漸開展。
- 有能力公平地評估受督者的表現，並且精準地提供有建設性的回饋，且當受訓者有不足時可提供矯正計畫。
- 可理解督導領域中快速發展的理論內容和研究。

由上述清單的長度和複雜性可證明有能力成為實務工作者只是督導責任中的一小部分。根據這些準則可知，「督導者的督導技巧可由臨床經驗來獲得」或是「透過實際擔任督導者後就慢慢會督導」的概念是錯誤的。研究人員（Navin, Beamish, & Johanson, 1995）用諮商師教育與督導學會準則來檢視目前諮商師擔任督導者的能力，結果發現許多諮商師的能力明顯不足，尤其是在與督導訓練相關的這個準則上更是不足。其他的研究也支持這一項結論（Hess & Hess, 1983; Scott, Ingram, Vitanza, & Smith, 2000）。甚至受督者似乎也不確定自己的督導者是否受過任何的督導訓練。McCarthy、Kulakowski 和 Kenfield（1994）發現他們調查的心理師中有 72% 表示不確定他們的督導者是否接受過督導工作的培訓。

當然，倫理準則不只是強調客觀的知識和可觀察到的技能，也強調督導者的態度和價值觀，更要求督導者要負的責任需如同進行諮商的直接服務一樣的勤勉。如同在督導相關的準則與文獻中所蘊含的（例如，Ancis & Ladany, 2001; Leong & Wagner, 1994），還包括務必要對個別差異具有敏感度和對多元文化受督者的關注。研究發現諮商督導者在督導關係中對多元文化議題並不敏銳（Fukuyama, 1994; Ladany et al., 1999），而且在多元文化議題上所受的訓練往往比他們的受督者更少（Constantine, 1997）。最近的一項研究發現，女性心理師和培訓機構主任對多元文化議題處理的能力顯著高於受僱的心理師以及男性培訓機構主任，但同時也指出所有的督導者都需要接受多元文化督導的繼續教育（Gloria, Hird, & Tao, 2008）。Yabusaki（2010）建議要建立一個合作學習的環境、瞭解受督者的發展階段以及提供適當的師徒關係等，這些都有助於改善多樣性受督者的督導經驗。

美國諮商學會倫理守則概括地闡述了此主題：

## 美國諮商學會倫理守則

**F.2.a. 督導者之準備**

在提供臨床督導服務之前，諮商師必須接受督導方法與技巧的訓練。提供臨床督導服務的諮商師，需定期針對諮商與督導之主題與技巧接受繼續教育。



美國心理學會倫理原則強調督導者要具備督導的能力、以適當的方式指派受督者任務以滿足受督者的需求，並為他們提供適當的督導：

## 美國心理學會倫理原則

**2.01 能力的限制**

a. 心理師提供服務、教學及進行研究的對象和領域，僅限於他們受過的教育、訓練、被督導經驗、諮詢、研究、專業經驗之能力範圍。

**2.05 工作委任予他人**

心理師委任工作給員工、受督者、教學或研究助理，或利用此服務的其他人，如口譯員時，須採取適當措施：(1)避免委任工作給與被服務對象有多重關係者，如此可能導致剝削或失去客觀性；(2)基於此人的教育、訓練或經驗所期待能完成的部分授權某些責任，可完全授權獨立工作或提供某部分的督導；以及(3)確保此人執行服務的能力。



## 負責任地運用督導權力

督導過程對受督者來說往往是種情緒緊張的經驗。他們必須設法處理臨床實務工作帶來的沉重情緒負擔，並處於專業生涯中面臨重要抉擇的十字路口（Falender & Shafranske, 2004; Slimp & Burian, 1994）。此外，如果他們的督導者表現不稱職時，受督者只有有限的能力可以保護自己。督導的關係常伴隨著督導者和受督者兩者強烈的情緒連結；在某方面督導關係也平行於治療關係。類似移情和反移情的反應會頻繁出現，督導者也常會發現受督者的一些個人議題有可能會影響其與當事人的工作（Bernard & Goodyear, 2008）。受督者也期待以他們的督導者為專業行為的楷模（Vasquez, 1992）。因此，督導者個人不合倫理的行為可能會「教導」那些在他們影響下的受督者從事這些不合倫理的行為。最起碼的，濫用自己影響力的督導者也錯失了向專業經驗比較不足的同事展現適當專業行為的機會。出於這些所有的原因，一個具有督導角色的人有相當大的權力，可以用它來幫助或傷害受督者。

倫理守則和指導方針對於權力和剝削的問題是採廣義的觀點，將許多擁有權力與位階差異的不同專業混為一談。守則中最具體的規範是處理性剝削：

## 美國諮商學會倫理守則

**C.6.d. 剝削他人**

諮商師不得在專業關係中剝削他人。

**F.3.a. 與受督者之關係界線**

督導者清楚地定義和維持與受督者間合乎倫理的專業、個人以及社交關係。督導者避免和正在督導的受督者間有非專業關係。如果督導者一定得與受督者有涉及其他的專業關係時（例如，臨床與行政督導者或教師），他們應盡可能的將衝突減到最小，並向受督者解釋每一種角色的期待與各類身分的責任。他們不會投入於任何可能危及督導關係的非專業互動。

**F.3.b. 性關係**

禁止與現任的受督者有性或情愛的互動或關係。

**F.3.c. 性騷擾**

督導者不得對受督者性騷擾。

**F.3.e. 潛在有益的關係**

督導者深知與受督者之間存在權力差異。若督導者認為與受督者的非專業關係對受督者有益，則督導者必須採取預防措施，就像與當事人工作時一樣的預防措施。潛在有益的互動或關係包括參加正式典禮、醫院探視、在壓力事件發生時提供支持，或是在專業學會或組織中皆為成員。當督導者考慮要接受臨床以及／或行政督導以外的關係時，督導者必須與受督者進行開放的討論。在進入非專業關係之前，督導者必須和受督者討論、記錄之所以會發展這些關係的理由、潛在利益與缺點以及預期會對受督者造成的後果。督導者必須闡明即將與受督者產生的額外角色的特殊性質和限制。

**美國心理學會倫理原則**

**3.04 避免傷害**

心理師採取適當的措施避免傷害到他們的當事人或病患、學生、受督者、研究參與者、組織中的當事人或其他工作對象，並且最小化可預見或不可避免的傷害。

**3.08 剝削性的關係**

心理師不可透過督導、評量或其他上對下的關係來剝削人們，如當事人／病患、學生、受督者、研究參與者及員工。

 American Psychological Association. (2010a). Ethical principles of psychologists and code of conduct (2002, amended June 1, 2010). Retrieved from http://www.apa.org/ethics/code/index.aspx.

法律禁止對受督者性剝削也很常見。根據Avery和Gressard（2000），有18個州規定禁止督導者和受訓者之間的性接觸。許多其他的規範包括透過證照規定禁止督導者與受督者有剝削關係。

## 避免不健康的依賴

Kurpius、Gibson、Lewis和Corbet（1991）認為如果督導者助長受督者對他們不健康的依賴，也視為濫用他們的權力。督導的目的不是要受督者聽從督導者所有的建議，而是要幫助受督者發展適當的技巧、判斷力以及信心，以準確分辨何時可以獨立工作、何時要尋求協助。當然，新手的專業人員一開始會依賴他們的督導者提供的指導、保證和實用策略，在這個發展階段，這種依賴是沒有問題的。有問題的督導風格是不鼓勵受督者獨立或者更糟糕的是積極鼓勵依賴。Magnuson等人（2000）發現所謂的「糟糕的督導者」通常是指督導者使用嚴格、專制的方式，並要求受訓者順從和服從。督導者如果不確定自己的行為是否合乎準則的要求，可採用「攤在陽光下的標準」（Haas & Malouf, 1995）來自我評估，並尋求諮詢。

## ●● 限制受督者人數

在督導過程中負責任地使用督導權力，並非只有避免剝削行為而已，還有其他四個向度。其中之一是督導者有責任去限制受督者的數量到可管理的程度，讓受督者和其當事人的需求可以得到滿足（ACES, 1990）。至於同時督導幾位受督者是合宜的？問題的答案取決於以下幾個因素：(1)督導者的能力；(2)受督者的經驗和訓練；(3)督導者有空的時間；(4)當事人的背景；(5)在司法管轄區中，與督導有關的法律和法規。

一般而言，當服務族群的需求和受督者的需求很高，而督導者的經驗有限或可用的時間很少時，被督導的人數應該降低。管理單位往往設定一個有證照的專業督導者最多可以接三至五個受督者。各州及各省心理學委員會學會建議每位心理師不要接超過三個受督者（ASPPB, 2003）。由美國各州諮商委員會學會（AASCB, 2007）提出的模式則認為不管任何時間點，應該至多督導五位受訓者。基於對督導歷程的要求往往是密集的，以及涉及到的法律議題，這些限制是合理的（後者的主題將在本章後面討論）。然而，這些規定並不意味著所有有證照的專業人員如果接到五位受督者即是合乎倫理的，這樣的判斷應根據前面所列的參考標準。在某些情況下，即使只有接一位受督者，在倫理上也是可議的。督導者如果傾向於接受許多位受督者，則需檢視此做法的適當性。如果督導工作被用來作為增加收入或提升專業聲譽的手段，那麼這種做法是錯誤的。唯一能支持多位受督者的理由是基於公眾的需求和關注受督者的發展。

有關督導的其他三個論點也很重要。首先，督導工作通常是面對面進行的（ACES, 1993; AASCB, 2007; ASPPB, 2003），而且如有必要，督導者要能夠與當事人面對面互動。透過備忘錄或電話的督導無法取代人對人的接觸，儘管它可能是替代直接接觸的可行方法。同樣地，只是「檢閱當事人的個案紀錄」也絕不是個可行的替代方法，雖然 Nabin 等人（1995）的研究發現這樣的做法已經相當普遍。在受督者數量上，會因必須安排每次的督導會議而面臨實際上的限制。其次，並非每個州都會規定所有專業人員至多接受多少位受督者。當各州的規定有所差異時，要審慎且負責任地決定要收多少位受督者的決定權就留給了個別實務工作者。第三，受督者也不能將所有的責任丟給督導者去做決定，依照倫理和法律規定，受督者也有需要去瞭解並遵守應負的責任。因此，任何專業人員如果發現他的督導者同時督導太多人的話，他有權拒絕接受此人的督導。在這種情況下，諮商師需要另做安排，並且如果可能的話，巧妙地告知督導者做出這一決定的原因。

## ●● 線上督導

最近出現許多關於線上督導可行性的討論，在這種情況下，受訓者和督導者不面對面開會，而是藉由電子郵件、聊天室或視訊會議進行督導。

請考慮以下情形：

### 要求 Slane 博士督導的案例

Slane 博士是一個心理健康諮商師，對於從美國印地安人保留區轉到大學校園入學的青少年有大量的諮商經驗與督導的訓練。最近，在另一個州的諮商所學生Simms女士跟他接觸，她有機會在一所有這個族群青少年的大學開始她博士前的實習，但是她就讀的系所很新，且指定給她的實習場所督導者對這個族群的當事人只有很少的訓練和經驗。Simms 女士邀請 Slane 博士擔任她的督導者並且提出只有學期的第一週兩人面對面討論，其餘時間每週用電話和電子郵件聯繫，來取代直接面對面的接觸，以符合督導的要求。Slane 博士很高興Simms女士和他聯繫，也自認有具備她所需要服務這個族群的專業知識，但他不確定這樣的安排是否合乎倫理。

在這個電子通訊發達和逐漸強調術業有專攻、督導者也要具備不同專業能力的時代，這樣的安排會更普遍，且肯定有優勢。這樣可以讓更多潛在有資格的督導者提供服務；可幫助學生獲得他們最渴望的實習經驗；也可以讓更多小型機構和服務欠缺地區有更多的訓練經驗。但也有其潛在的問題。舉例來說，Slane 博士在這種督導情況下不能接觸到Simms女士的當事人或他們的晤談紀錄，並且在緊急情況下的干預能力有限。此外，正如第 5 章所說，藉由電腦科技溝通時，當事人保密性的風險增加，就像只基於電腦文字溝通會有溝通錯誤的風險。無論是美國諮商學會或是美國心理學會的倫理守則，都沒有直接提到線上督導的倫理，因此這些文件對Slane博士的幫助不大。但是誠如Mallen、Vogel和Rochlen（2005）的文獻所建議，如果線上督導是必需的，它仍然應該同時遵守面對面服務時的倫理守則，並且處理線上服務的獨特挑戰。他們也鼓勵受訓者要準備好去討論當事人關注的問題和他們自己的反應，且督導雙方均要謹慎進行督導的紀錄。他們還極力主張，線上督導時要請受督者提供全程的諮商逐字稿，且在缺乏非語言線索的線上資料中，雙方要特別謹慎地診斷和持續評估當事人的問題（p. 791）。線上督導的倫理兩難是因為除了視訊會議和仔細審查當事人晤談的完整錄音帶或逐字稿，督導者得完全依賴受訓者的判斷和描述與當事人晤談時內容的準確性。當然，完全得依賴受督者的判斷並非僅在線上督導才會面臨，即使面對面的督導也常常會由受督者主導督導的主題。然而，在面對面的督導過程，督導者可以更完整地評估受訓者的非語言反應，且受訓者確知督導者可以拿得到當事人的相關文件，並視需要與當事人見面。這種可直接查閱當事人的文件和直接與當事人對話是線上督導的一個重要考量因素，即使已經可以使用視訊會議。因此，作者的看法是，線上督導應該是面對面督導的折衷方法，而不是取代它。在Simms女士的案例中，她可以安排一個聯合督導的形式，其中Slane博士和她的實習場所督導者為她的訓練共同合作，使她學習到Slane博士的獨特專長，並且她的實習場所督導者可以提供密切的督導〔請見Oravec（2000）對於透過網路進行線上督導的危險和展望之詳細討論〕。

第二種負責任地使用權力所要考慮的觀點是，尊重受督者的自主權。展現尊重受督者自主權的一個重要方式是藉由發展督導過程的知後同意權。督導者有責任確保受督者理解和自由同意督導的條件。McCarthy、Sugden、Koker、Lamendola、Maurer 和 Renninger（1995）舉出督導者應當在知後同意過程中討論的七個特定主題。第一，受督者應該被告知**督導的目的**，亦即督導是為了促進他們發展成為有能力的專業人員，並保護他們當事人的福祉。其次，受督者有權利知道**督導者的資格證明、證照、風格和理論取向**，如同尋求專業服務的消費者一樣。第三，他們應該清楚有關督導過程的細節——次數、頻率、緊急狀況的處理程序、文件資料和其他來自於發照單位或實習單位的要求。督導者還應該提供至少一位其他專業督導者

的姓名給受督者，當危急情況聯絡不到督導者時可以使用。第四，受督者有權利瞭解督導的**過程和進行程序**，包括雙方的角色、期待和責任。例如，如果一個督導者期待受督者以一種特殊的方式來準備督導會議，這樣的期待應該需要事先溝通。通常情況下，督導者會檢閱受督者與當事人晤談的錄音帶，在此情況下，受督者與當事人的知後同意中就要包括解釋錄音程序和錄音帶將如何被使用於督導過程。

第五，或許這也是 McCarthy 和她的同事所提建議的最重要指引，受督者應被告知有關**評量他們表現的程序**。倫理守則也支持這項建議（美國心理學會，7.06；美國諮商學會，F.5.a和F.5.b）。評量程序應包括針對諮商表現提供頻繁且客觀的回饋，並對於彌補不足之處能夠提出具體建議。督導者的評量程序也應該致力於讓受督者最終能夠自我評量（Bernard & Goodyear, 2008）。受督者若有不通過的危險時，必須被立即告知。他們也應該被告知自己有哪些特定領域的不足，以及為了達到良好的水準必須努力改善的程度（Bernard & Goodyear, 2008）。為了避免混淆，最好是以書面的方式進行評量。誠如本章開頭的討論中提到，很多與督導倫理有關的申訴就是因為違反這些評量準則。很多時候，受督者誤解督導者的角色和／或誤判自己在督導中的進展情況。受督者在督導過程中有很多情況是屬於弱勢，且通常以往很少有在個別督導中被評量的經驗。因此，全面關注這個問題至關重要。Allen 等人（1986）發現被心理系實習生認為理想的督導者的特徵，是評量過程清晰、完整，以及尊重他們。Robiner、Fuhrman和Bobbitt（1990）所編製的「明尼蘇達督導量表」（*Minnesota Supervisory Inventory*, MSI），督導者可用以確保提出客觀和全面性的回饋。誠如 Goodyear 和 Rodolfa（2012）所言，由於督導者往往覺得自己與受督者是相互連結的，若是給予負面的評價會引發他們不和諧的感受；然而，即使給予負面評價會引發不適感，督導者仍難免除此義務。

知後同意督導的第六個要素，根據 McCarthy 等人的說法，是**教導督導和實務中有關倫理與法律議題**。一般研究生課程中的倫理教育往往聚焦在直接服務的議題，而不是在教學與督導議題上（Welfel & Hannigan-Farley, 1996），因此督導者無法確定他們的受督者已經有被教育過這些主題。即使有些議題在倫理課程中有討論過，但審慎的督導者仍會提醒受督者倫理和法律的準則，並視需要提供倫理守則和指引方針的影本給受督者。如前面提到，美國諮商學會倫理守則特別要求督導有責任告知受督者有關督導關係的界線。

最後（第七點），McCarthy 等人建議督導者要使用**書面知後同意書**，其中包含前六點所描述的相關訊息，讓彼此對他們的工作共同簽署合約。這種做法可以保障雙方的合法權益，同時象徵著每個人的尊嚴和自主權，也是對他們的學習過程以及對當事人的福祉許下正式的承諾（McCarthy等人在他們的文章附錄中包含了一個合約的樣本，可以作為範例供他人使用）。

其他學者建議記錄每次的督導過程，如此既可改善對受督者的評量，也可檢視對當事人的照護情形（Falender & Shafranske, 2004; Harrar, VandeCreck, & Knapp, 1990）。這些文件內容應包括五大項：

- 督導的日期和時間。
- 所討論的當事人案例清單。
- 有關當事人進展的記載。
- 給受督者的建議。
- 在未來督導會談中需後續追蹤的議題。

如果受督者在滿足當事人需求或學習所需概念上有困難，督導過程的紀錄文件還應該包含一個補救計畫來彌補這些不足之處。這些紀錄應該被保存在保密的資料夾中，只有督導雙方可取得。Bridge 和 Bascue（1988）出版單頁形式的表格，可有效地滿足這些需求。

## 多元文化督導

負責任地使用權力的第三個面向涉及到督導者對多元議題的敏感性。特別是督導者有義務避免有關性別、種族、年齡、宗教或性取向的偏見。美國諮商學會倫理守則 F.2.b 簡潔地指出「諮商師督導者必須注意並著眼於督導關係中多元文化以及文化差異所扮演的角色。」

不幸地，研究發現諸多督導者對多元文化或多樣性的議題非常不敏感。在 Allen 等人（1986）的研究，這樣的行為是讓督導者贏得「最糟糕督導者」名聲的主要原因之一。即使是善意的督導者也可能表現出不適當的行為。Williams 和 Halgin（1995）指出，為了促進融洽的關係，歐裔美籍的督導者會避免和非裔美籍的受督者在督導過程中論及他們的種族差異。這樣的迴避反而可能造成相反的影響。同樣地，這些學者也發現督導者有時會不敏察於他們的權力對非裔美籍受督者的影響。他們未能體認到長久處在非主流社會的受督者，常因為種族歧視而覺得不舒服。有關此議題的實證研究為數不多，有趣的是，其中一個跨文化督導研究中，Vander Kolk（1974）發現，在督導初期經驗裡，相較於歐裔美籍的同儕，非裔美籍的學生預期督導者會給予他們較少的接納和同理。Cook 和 Helms（1988）以及 McRoy、Freeman、Logan 和 Blackmon（1986）的研究結果也很類似，亦即在督導關係的初期，來自多元種族和文化的受督者會以更警覺和疏遠的態度對待歐裔美籍的督導者。

同樣地，督導者有可能基於受督者年齡、性別、宗教、性取向或文化背景的不同而有不同的目標或是展現不公平的行為。他們甚至可能在接受這些學生成為受督者時，也是基於這些因素而予以歧視。此外，Allen 等人（1986）的研究發現學生會將如此作為的督導者稱為壞督導者。

切記，受督者或是其他專業人員也可能對來自不同文化的督導者展現文化不敏感的行為。Murphy-Shigematsu（2010）指出幾個對多元文化督導者的種族微攻擊形式，並建議督導者檢視這些微攻擊如何有利於或妨礙他們的督導。

Bernard 和 Goodyear（2008）提供一些建議以消弭這些問題。首先，督導者必須摒除「相同的迷思」，並承認文化多樣性的真實性和貢獻。其次，他們必須體認到自己的世界觀不見得能與他們的受督者共享，且這種的差異並不代表孰憂孰劣。第三，正如諮商師要深刻瞭解文化的多樣性會如何影響治療關係，他們也鼓勵督導者投入相同的能量去欣賞督導關係中的文化多樣性。他們還必須致力於檢視自己的行為和發展有效的跨文化督導所需要的知識和技能。Vasquez（1992）則是提供另一個寶貴的建議：來自多元文化的專業人員要更能體認一旦種族認同與專業認同結合時，可能面臨的特殊挑戰。

## ●● 其他的個人價值與信念

督導者還需要覺察可能會影響督導過程的其他個人信念和價值觀。這個責任與諮商師對當事人的責任相當；因此，以下所列的倫理守則相當關鍵：

### ✸ 美國諮商學會倫理守則

**A.4.b. 個人價值觀**

諮商師應了然於自己的價值觀、態度、信念與行為，且避免強加與諮商目標不符的價值觀。諮商師應尊重當事人、受訓者及研究參與者的多樣性。



### ✸ 美國心理學會倫理原則

**原則 C：正直**

心理師尋求提升在科學化、教學與心理學實務上的正確性、公正與誠實性。



由於受督者的權力有限，握有權力者必須將個人的信念和價值觀與專業加以區隔，且於教學和評量受督者時，僅運用專業。考慮以下的情況：

### Ziblinsky 博士的兩難案例

Ziblinsky 博士在大學心理諮商中心督導兩位博士班實習生，她同時服務於她社區的計畫生育機構的董事會。她的實習生之一，Appleton 先生，在當地的「保障生存權」團體中是一個積極的參與者。Ziblinsky 博士是在 Appleton 先生進入實習後數個月獲悉他有參與那個組織。自此她開始分配女性當事人給另一位實習生，因為她認為 Appleton 先生的個人價值信念，會讓他無法有效地諮商有關女學生的生育問題。Ziblinsky 博士也發現自己對 Appleton 先生比對另一位實習生更工作取向以及就事論事。當 Appleton 先生意識到發生了什麼事，他要求與她開會討論這個問題。在那次會議上，Ziblinsky 博士捍衛她的決定，認為那是基於來諮商中心求助的學生的最佳福祉考量。

在這個案例中，Ziblinsky 博士已經無法區隔自己的專業信念和個人信念，她讓自己對於生育議題相關的堅強信念，不恰當地影響了她對受督者的專業判斷。她阻擋 Appleton 先生去面對女性當事人，是基於猜測而非有任何證據顯示他打算把他的信念強加給當事人。因此，這名督導者的行為是不合乎倫理的。首先，女性當事人因意外懷孕而尋求心理諮商的頻率是相當低的，這肯定會發生，但大多數女性當事人來求助是基於其他的困擾問題，排除讓他諮商所有的女性當事人，是對一個比較低概率事件的過度反應。其次，即使當事人意外懷孕，Ziblinsky 博士沒有任何證據證明她的實習生將試圖強加他的個人信念在該當事人身上。Appleton 先生可能已經考慮過這個問題，並且在此情況下，也已決定使用把當事人轉介給另一位諮商師的策略。此外，Ziblinsky 博士也已違反專業標準，她讓自己對實習生個人信仰的輕視去影響她的督導行為，因此用了不同於對其他實習生的方式去對待 Appleton 先生。這樣的歧視是基於與他身為專業人員能力毫無關聯的其他特質。實習生也需要有廣泛的培訓，阻止他和女性諮商會限制他的訓練和能力。只有當證實有不稱職或行為不當的情況下，才可施加這種限制。然後她更進一步地複雜化她的倫理錯誤——當她的實習生告訴她這件事情時，她並沒有意識到這個問題。督導者因此錯過一個機會來改變自己的行為去符合她對這名學生的職責。總之，由於她宣稱她為意外懷孕婦女所做的事情是正確的，所以她並沒有採取任何負責任的行動。她最初的動機並非基於自利，因為她並沒有從她的決定中使用任何方式去獲得利益，但她只專注於從自己的角度思考，而未顧及到她對實習生的責任。如果她繼續目前的行為，Ziblinsky博士將違反所有五個倫理原則——受益權、免受傷害權、公正權、忠誠權和尊重自主權。

當在督導過程中面臨這些問題，督導者應自問以下問題：

- 這些信念或價值觀真的與專業行為有關嗎？
- 我對待受督者或他們的當事人的方式是否是不公平的？
- 我這樣的行為是否能促進受督者成長？
- 客觀的同事可能會跟我得出同樣的結論嗎？
- 有什麼替代作法，可以更符合專業準則？
- 諮詢或治療是否可協助我履行我的督導責任？
- 如果我已經做了不適當的行為，我如何扭轉或減少已造成的傷害？

督導者也有義務尊重不同的理論取向〔請見諮商師教育與督導學會（ACES）指引（1990）3.08〕。不尊重理論的不同，意味著對有效的治療有一個完全唯一的「真理」，這樣的態度不僅是不尊重其他人的自主性，也不符合科學證據。沒有任何研究可證明在諮商中某一個理論是優於所有其他理論。因此，督導者不應該批評受督者使用替代的方法，只要實習生有能力顯示該理論與當事人問題的關聯性。假如督導者強烈信服某一個特定的理論或方法，應該在督導關係開始之前即告知受督者，這樣他或她才可以明智地決定是否參與這份督導關係。當然，如果受督者使用的方法被認為會適得其反或是無效，則督導者有責任去建議替代方案。若要鼓勵替代性的理論或介入策略，應該是根據客觀的分析，而不是因為個人的喜好或對某個理論的過度認同。

## 對當事人福祉的責任

督導者對於他們受督者的當事人福祉，有最終的法律和倫理責任。當督導者面對的是有能力又勤勉的受督者，且會促進其當事人的福祉，那麼督導者和受督者雙方在責任上的衝突就會比較少。然而，當受督者採取的行動未能正面影響當事人的福祉，則督導者將陷入相互衝突的責任義務。一方面，他們應該要幫助受督者克服問題，使他們能繼續發展成為專業人員。假如督導者干預每一個錯誤，受督者將無法提升他們的技能；若要求初學者建立高層次能力，則很少受督者能夠達到標準。另一方面，督導者必須保護當事人的福祉，免於受到不稱職的照護。督導者如何同時滿足這些責任呢？諮商師教育與督導學會指引在這方面是有幫助的。他們認為兩者都是重要的責任，但督導者的首要責任是當事人，而協助受督者的專業發展責任則是次要的。美國諮商學會倫理守則在其公開的準則裡重申：

### 美國諮商學會倫理守則

**A.1.a 首要的責任**

諮商師首要的責任是尊重當事人的尊嚴，並增進其福祉。



美國心理學會倫理原則使用更廣泛的視野探討此問題，總結心理師的責任是對於所有與他們互動的人，都有關注其福祉的責任：

## 美國心理學會倫理原則

**原則 E：尊重人權與尊嚴**

心理師尊重所有人的尊嚴與價值以及當事人隱私、保密和自我決定的權利。心理師覺知針對那些無能力或僅有部分能力可以自主做決定之當事人或社群，可能需要特殊的保護措施，以保障其權利與福祉。心理師覺知且尊重文化、當事人和角色的差異，包含基於年齡、性別、性別認同、種族、民族、文化、國籍、宗教、性取向、障礙、語言、社經地位所產生的因素，並且在與這些成員和團體工作時考量到這些因素。心理師在其工作中盡力消弭基於這些因素所造成的影響，並且不會故意參與或是容忍其他人基於某些偏見而從事的活動。



當然，對於問題來說，預防勝於治療。督導者必須從一開始就全面評估受督者的技能，並且必須認真地檢視其改變。受訓者應被謹慎地督導以避免犯錯，或是在發生錯誤時將錯誤減到最低程度。受督者服務的當事人，其困擾問題的嚴重程度，應和受督者先前的培訓和經驗複雜度相符，而且受督者服務的當事人也應該要知道他們自己正在接受的諮商性質，以及當他們感到不滿意時的求助管道。這些責任沒有任何一項可以讓督導者在督導過程中大開方便之門，督導者應該以達成學生最大的學習同時又沒有危害當事人的福祉為首要目標。

Vasquez（1992）指出，在督導下的實習生和其他人，有時會因為個人的苦惱情緒或狀態而損害他們在專業角色上的功能。他們不能倖免於那些折磨其他專業人員的問題——物質濫用、主要的精神疾病、失落的哀傷、孤獨或婚姻不美滿。因此，她建議督導者應該敏感於受督者的這些困頓情形，並在這些問題開始干擾到受督者的工作時即盡快處理。美國諮商學會倫理守則和諮商師教育與督導學會的資料文件（ACES, 1993）支持這一建議（美國諮商學會倫理守則，F.3；諮商師教育與督導學會指引，2.12）。Lamb、Cochran和Jackson（1991）曾更廣泛地定義實習生的能力

問題涵蓋另外兩個特點，一個是不願意遵守專業倫理準則，其次是無法滿足能力的最低標準。無論個別督導者如何定義有能力問題（以前稱為受損）的範圍，但很清楚的是督導者有責任去檢視受督者的進展情形，並且在受督者有明顯不足時能有效介入，以保護當事人的福祉和促進受督者的發展。Lamb等人提供一套全面的指引，以幫助發現和補救實習生的錯誤。這些指引強調督導者和受督者之間頻繁溝通、定期回饋討論，以及當其他努力失效時以正式程序處理任何補救措施的重要性。當這些介入不成功時，留校（系）察看或是開除可能為必要的結局〔請見 McAdams、Foster 和 Ward（2007）討論因非學術原因在學術課程中開除學生的法律和倫理問題〕。最近在專業心理學的能力本位運動也提供當受督者出現問題時，針對督導和訓練方向的詳細建議，以促進稱職且專業的實務工作與介入（Kaslow, Rubin, Forrest, Elman, Van Horne, Jacobs, et al., 2007）。

從督導者對當事人的責任可延伸到其他兩個方面。第一，督導者勢必要去檢視當事人向諮商師公開的資訊和應該要保密的紀錄。基於這個責任，督導者有義務教育和監督那些他們督導的人務必要重視保密準則和程序。這也意味著，他們要確保當事人已經被告知並同意受督者會與督導者討論有關他們的談話內容。在俄亥俄州，對於培訓中的心理師標準更加嚴格。必須讓當事人簽署同意揭露的聲明，以確保當事人瞭解他們正接受實習生的服務，且如果他們提出要求，可以直接與督導者聯繫。這份文件必須由實習生、督導者和當事人一起簽署，並且要影印一份給當事人（俄亥俄州行政法規，4732-13-04）。

第二，當諮商過程要被錄音錄影或觀察，督導者應該要確定當事人同意此做法，並瞭解這些錄音錄影資料將如何被使用。他們還要檢視管理紀錄的受督者有無做到對這些紀錄的保密性。如果當事人拒絕同意被錄音錄影或觀察，督導者必須判斷受督者在沒有那些資訊的情況下，是否有能力提供稱職的服務。假如督導者認為錄音或錄影帶是一個稱職的服務所必需的，或是對受督者而言非常必要，則督導者必須幫助受督者去和當事人溝通，以及找到其他的替代方式。審慎的督導者一方面要保護當事人在紀錄上的自主權，一方面也要體認到該機構有責任提供稱職且有利於當事人的服務。當事人應該要知道他們可以在任何時候撤回紀錄的同意權。假如個人無法行使法律上的同意權，則必須取得其家長或監護人有關錄音或錄影的同意。然而即使在這種情況下，當事人的首肯仍然是必要的。

## 界線議題

性剝削不是唯一讓督導者很容易陷入困境的違反界線形式。由於督導關係的親密性與同儕學術性質，位居權力上方的督導者可能忽略了關係中的評量層面，而開始把受督者當成朋友或視為很稱職的同事。如果你還記得第 2 章 Yolanda 的案例，當她想要邀請她的受督者加入她在社交或社區中的活動時，她與她的受督者落入多重關係的風險之中。由於受督者和督導者之間的界線比其他專業關係中的界線來得更模糊，督導者更要仔細檢視自己的行為，並且設立明確的限制。倫理守則並沒有絕對禁止督導者與受督者之間有任何社交或商業關係，但是會告誡要謹慎防範。所謂督導者有責任將當事人的福祉置於受督者的經驗之前，意味著督導者必須可以明確地看見當事人發生了什麼事情，並且在有需要時有能力進行介入，督導雙方若具有社交或商業往來關係，會干擾這些能力。在多重關係下，督導者會重視與受督者的友誼或金錢上的往來更甚於當事人的福祉。如果對某些特定關係的倫理有疑問時，督導者應向同事諮詢尋求指引。督導者還應當注意美國諮商學會倫理守則明確指出的一點：多重關係若損及督導者的客觀性是不合乎倫理的（美國諮商學會倫理守則，F.3.a）。

不幸的是，研究發現違反界線的事件發生得相當頻繁。比如Navin等人（1995）指出在他們調查的駐地督導者當中，有 25% 的督導者注意到該機構的督導者和實習生之間的社交互動不符合督導者的職責。

督導者有時也忍不住會做他們受督者的諮商師或是治療師。Sherry 等人（1991）對大學諮商中心心理健康專業人員的調查發現，48% 的填答者承認在極少數的情形下至少曾經有一次這樣的行為。其中的 3% 承認相當頻繁地治療受督者。顯而易見地，這種類治療性質的督導會使得督導者的角色更趨模糊，而且極少是合倫理的。Whiston 和 Emerson（1989）整理出這樣的做法會造成幾個具體的問題。首先，它可能破壞督導者對受督者和當事人的客觀性，因此影響到自己對這兩個人的責任。此外，它也降低督導者應該要對專業和大眾負責任，擔任守門員阻止不稱職者進入此專業的能力。第二，當事人／受督者更容易因督導者濫用權力而受到傷害，也因此可能對於何時應該遵守何種規範很困惑。受督者可能不願意在諮商中揭露個人訊息，害怕它對督導關係的影響。此外，他們還指出當發生這樣的關係時，也已經先違反知後同意權。最後，如果有任何團體督導活動，督導者跟其中一位受督者成員發展非專業關係，會使團體督導的過程複雜化。如果其他成員知道團體中有成員和督導者有諮商行為，他們可能會感到不舒服，因此無法從完整的團體經驗獲益。同樣地，在雙重關係下的受督者可能也會擔心諮商資料的保密性，以及在督導過程中，他或她將如何被評量。

美國諮商學會倫理守則所撰寫的字句很有說服力：

## 美國諮商學會倫理守則

**F.5.c. 為受督者諮商**

若受督者要求諮商，則督導者需提供合適的轉介對象。諮商師不得提供受督者諮商服務。這些議題引發的人際能力對當事人、督導關係以及專業功能所造成的衝擊，督導者需加以探討。



美國心理學會倫理原則在 3.05：多重關係，也表達了類似的觀點。

不幸的是，許多實務工作者似乎沒有注意到為受督者諮商的倫理問題。1987 年，13% 的心理師認為這種做法是合乎倫理的（Pope et al., 1987）。四年後，Gibson 和 Pope（1993）發現 44% 參與調查的諮商師也贊同這種觀點。然而，之後的調查發現這個觀點的轉變，有不同專業的心理健康專業人員認為提供治療給學生或受督者很不合乎倫理（Pomerantz, Ross, Gfeller, & Hughes, 1998）。

乍看之下，「禁止在督導中進行諮商」似乎會與「檢視受督者個人問題對他們工作的影響」的立場不一致。然而，倫理學者對此兩難困境提出合理的說詞。他們的立論基礎是強調督導中探索受督者個人議題的深度與廣度需有限制。Whiston 和

Emerson（1989）說明如何將諮商從督導過程中區分出來。首先，如同諮商師教育與督導學會的指引也建議的（2.11），任何個人議題的討論應該專注於這些議題與專業發展的關聯。如果是和專業無關的任何個人議題，在督導中均無必要討論。第二，督導者的功能是去**辨識並指出**可能會抑制受督者表現的個人議題，而不是去**解決**那些議題。後者屬於諮商師或治療師的任務，該任務與其角色沒有衝突，督導者可以指點受督者去找諮商師或治療師。第三，當受督者在討論個案時顯露出個人議題，督導者應帶著基本的同理和瞭解回應這些議題，但避免詮釋或評論，因為如此可能會變成更深入地探索個人議題。當然，督導者也不應該以冷酷無情的方式去回應受督者的自我揭露。督導者的溫暖態度對實習生而言彌足珍貴，且有利於他們的發展（Allen et al., 1986）。因此，督導者應該展現悲憫之情和關注之意，但不要越界到更深的治療範圍。此外，受督者一旦被告知在治療和督導之間的區別，就該尊重這兩者的界線，並理解督導者對其個人議題反應的意涵。舉例來說，假如受督者透露他因為父（母）已經被確診為癌症第四期而感到心煩，督導者可與他討論此事、表達同理，並詢問是否有任何事情是她可以協助的。這些行為沒有牽涉到深度的探索個人議題〔請見 Neufeldt 和 Nelson（1999）對於此議題較完整的討論〕。

如果學生不想要接受諮商或似乎不覺得自己需要諮商時該怎麼辦？Wise、Lowery 和 Silverglade（1989）認為學生是否能接受督導者要求他們去尋求諮商服務，可能跟他們專業發展的階段和對督導者的信任度有關。他們認為學生若已超越自己最初對無能的恐懼及只有聚焦在特定的諮商技巧時，就比較可能會接受這樣的建議。

## ●● 階層式的督導

要成為一個稱職的督導者，首先必須要有被督導的經驗（當然也要有知識和勤勉）。研究所課程常提供臨床的督導經驗，讓較高年級的學生去督導新進學生的工作（Scott, Ingram, Vitanza, & Smith, 2000）。舉例來說，博士生常常要督導碩士生。以長遠來看，這種做法有利於專業、社會大眾和受督者，不過，這也會造成一些困擾。例如，當有好幾層的督導者存在時，需要對當事人負最終責任的專業人員，可能和當事人之間的距離越遠。他們對當事人進展的瞭解是模糊的，因此他們必須發展出謹慎且持續的資料蒐集方法來克服這個限制。其次，他們對不只是一個、而是兩位受督者的學習負有責任，這兩位受督者的需求、技巧和態度可能差異極大。第三，督導者必須特別注意避免侵害當事人揭露的保密資訊和違反當事人的自主權。越多人擁有保密的資訊，就越有可能會洩密。第四，當督導是分層的時候，因為每個專業人員都假設別人會負責，因此對於當事人福祉所要負的責任可能被分散，當事人的困擾問題也可能被輕忽。最頂端階層的督導者必須防範這種責任的分散。最後，如Herlihy和Corey（2006）所言，即使階層督導的做法符合倫理準則，不過被另一位學生督導仍有可能是令人不舒服的經驗。因此，督導者要能體諒這種不舒服的感受，並且保持溝通管道的暢通，讓那些對此安排不以為然的人有機會表達他們所關切的地方並謀求解決。

## 督導的法律觀點

心理健康專業人員的督導涉及兩個法律議題：(1)督導者要為自己的行為和受督者的行為負法律責任；和(2)專業人員在被督導時的合法權益。

### 法律責任的議題

督導上最重要的法律議題跟督導者要為受督者的行為負多少法律責任有關。要清楚此法律責任的議題，首先必須先瞭解當事人在跟受督者工作時，有權利要求諮商師提供所預期的服務。誠如Harrar等人（1990）敏銳地指出，一旦當事人同意接受諮商時，他或她絕對**不是**同意接受不合格或有傷害的照護。諮商契約所蘊含的同意是指同意服務的提供者能夠提供稱職且有幫助的照護品質。當事與願違時，當事人自覺被不當對待，因此他們有權利尋求賠償。亦即，督導者不但有責任為他們自己的督導行為負責，**也要**為他們督導時的疏忽負責。Harrar等人定義上述的第一類責任為**直接責任**。它等同於任何心理健康專業人員在他或她們工作上疏忽時所要負的責任。換句話說，這種形式的責任適用於至少有部分因為督導者在督導時沒有依照倫理和法律標準而傷害到個案時。督導者在各種不同的情況下都可能要負直接責任，包括但不限於以下內容：不與受督者進行督導、疏忽受督者告訴他們有關當事人的重要資訊、疏忽保存督導紀錄，或是把當事人分配給沒有受過充分訓練來處理當事人議題的受督者。由於受訓者往往不確定必須對督導者揭露多少，Thomas（2010）建議督導者清楚載明以下所有情況都要立即溝通：(1)與當事人的爭辯；(2)受督者提出不符倫理行為的指控；(3)訴訟或投訴的威脅；(4)自殺企圖、有對他人暴力相向的歷史或威脅；(5)偏離標準實務的做法。

**連帶責任**也存在督導中。與這一概念有關的拉丁名詞是**長官負責**（respondeat superior），它的意思是「讓管理者回應」。這意味著督導者可能因為他們的受督者的行為而被追究法律責任，即使督導者並沒有疏忽自己的督導職責。這個原則背後的理念是基於督導者是能對受督者發揮影響力的，且他們應該有能力知道受督者在諮商過程中發生了什麼事。連帶責任僅適用於「在有督導關係的期間和範圍內」的行動（Disney & Stephens, 1994, p. 15），以及考量其他因素，如督導者的權力範圍凌駕下屬的程度、是諮商服務的哪部分疏忽、行為的環境背景、受督者的動機，以及督導者可以合理地預測受督者行為的可能性。連帶責任也假設下屬自願選擇接受督導者的指引和提供方向（Harrar et al., 1990）。簡言之，即使完美無瑕的督導行為也不能完全消除連帶責任的危險，雖然它肯定可以降低風險。連帶責任也有可能發生在受督者提供不稱職的服務給當事人，但是卻未能告知督導者這些與治療過程相關的資訊。此外，如果受督者披露當事人的保密資訊給工作場所之外的人，督導者也可能得承擔責任。

鑑於這些事實，人們可能會問，為什麼心理健康專業人員還願意將承擔督導的責任擺在首位。他們不知道要負法律責任嗎？還是他們更看重督導價值，以至於他們願意接受風險呢？還是他們做得很勉強，感到自己別無選擇？根據現有的資料顯示，或許最主要的因素是因為對這些法律責任的無知，但對此結論目前並無明確的研究支持。無論如何，督導對這個專業的未來及提供給民眾優質的服務極為重要。因此稱職的專業人員一定要設法減低他們的風險。Bernard 和 Goodyear（2008）建議督導者與受督者之間要建立一個開放、互相信任的關係，使受督者在督導過程中願意討論他們與當事人工作時有關的所有面向。作者想補充一點，應要求受督者將諮商過程錄影或錄音，讓督導者能明確地看到或聽到在諮商過程中發生什麼事。儘管督導者可能沒有時間回顧每次諮商的完整紀錄，但只要紀錄存在，有需要時則多了一個可使用的選擇。此外，錄影或錄音可讓受督者在討論時能夠更完整充分地與督導者分享，因為他們瞭解，督導者可藉由錄影或錄音來掌握諮商中發生的事件。一個全方位的督導經驗不只能夠聚焦在倫理和法律議題上，也可以讓督導者仔細評估受督者的長處和短處，如此也能減少受督者的不當行為或是傷害當事人的可能性。最後，Bernard 和 Goodyear 鼓勵專業人員多關注會影響他們的法律變革，並且當受督者有不稱職行為時，要特別在督導紀錄中記錄下來。一份好的督導紀錄至少可將直接責任減到最低。目前亦已有督導者的責任險，雖然它不能防止問題，但它可以讓專業人員放心他們的經濟來源不會輕易因訴訟而損失。

## ●● 受督者的正當程序權

當在公家機關工作時，受督者就如同其他公民一樣，有相同的正當程序權（due process rights）來對抗政府不公平的行動。這些權利是源於美國憲法第 14 修正案，防止各州採取某些行動，而沒有給個人通知和機會去反對這些行動。至於那些在私人機構工作的人，如果該機構有正當程序權的政策和程序規範，仍可享有正當程序權。許多私立大學、醫院和社區機構也均認可此權利。將此原則運用在督導關係中，意味著受督者有合法的權利要求督導者提供回饋、定期評估，並有機會對他們認為不公平的作為提出申訴。Bernard 和 Goodyear（2008）認為受訓者的正當程序權受到嚴重的侵犯常常出現於他們最後接到期末成績不合格的通知前，並沒有收到任何事先的警告。為了避免這樣的違反，他們建議專業人員定期溝通有關負面表現的評量，其中包括一些需要改進之處的具體建議。這樣的做法可避免誤解究竟要多大的改善才叫做已經改善。正當程序權是為了保護受督者在不完整、不相關或不真實的證據基礎上被任意處置。這些權利並不是指所有受督者都有權被考評及格或永遠都得到正面評價；督導者的責任也包括要保護民眾免受不稱職的專業人員傷害。相反地，正當程序權建議督導者必須敏察於督導時所發現的負面結果所帶來的各種影響，並確保所下的負面判斷是公平且適當的。

Guest 和 Dooley（1999）討論當督導者對受督者做了一些事，但是並沒有直接傷害當事人時，督導者是否還要負法律責任。例如督導者沒有先預警就當掉學生、用無理的言語來批評學生，或堅持幫受督者進行治療等，這些行為是否可被控告瀆職？這些學者認為在這些案例中督導者仍存在必須照護的責任，受督者可能可以根據這些行為，再看看有無其他符合瀆職要件的行為，據以提出申訴。不過 Bernard 和 Goodyear（2008）也指出到目前為止尚未有這樣的訴訟案件提到法院審理。

## 與第三方付款人的關係

通常，接受還沒有執照的受督者諮商的當事人向保險公司申請保險給付，保險公司付款之前應該都會要求要附上受督者正在被有執照的心理健康專業人員督導的證明。一些不肖的督導者即利用這種機制來增加他們的收入。最令人震驚的案件涉及到督導者同時督導幾十個受督者，並且聲稱這些受督者都有接受他們的督導（Harrar et al., 1990）。如前所述，在這些條件下的督導不符合合格督導的標準，並且違反倫理守則。如果因此欺騙第三方付款人所提供的服務，則這種做法也可能違法，是一種保險詐欺的形式。無論是私人保險公司或是政府機構都不允許這種行為。事實上，他們積極推動法律行動去防備嚴重的違法者。基於這些所有的因素，督導者要極度小心與準則和合約不一致的做法，並教育那些受督者有關正確提出保險給付的方法。

### 工作上的督導

在自己的職業生涯中，來自各種專業領域的心理健康專業人員有可能會擔任同一個部門或機構中其他有執照工作者的督導者角色。他們也督導其他沒有任何專業執照的員工，如個案管理員或心理測量員。在這些職位上的專業人員，其倫理責任在許多方面等同於那些訓練諮商師的督導者。他們要確保當事人有接受到稱職的照護，且員工也有相對應的權利和責任。工作上的督導面臨的挑戰之一是當組織施加壓力要提供某些服務時，督導者要檢視這些受督者的工作狀況。另一個挑戰是有效地維持界線，因為同事往往可以變成朋友。在這些情況下，督導者必須努力瞭解自己應扮演的角色、去倡議使受督者有合適的工作職責，並重視督導者和受督者之間的界線。有關督導的倫理守則都適用於在工作場所的督導。工作場所的督導者也必須熟悉證照委員會的法規，因為委員會經常會制定法規來規範沒有執照者的督導。

## ●● 強制性督導

還有第三種類型的督導。所謂的強制性督導（mandated supervision）是指當發照單位、雇主、專業學會或倫理委員會由於某專業人員違反倫理或法律，而強制要求其全部或部分工作需在督導下完成。其目的是確保不會再有違法的情形，且可以協助矯正該專業人員，使他或她可以再次獨立地進行實務工作（Thomas, 2010）。在這種情況下，督導者同時面臨臨床和倫理方面的挑戰，這其中有一部分與法庭強制諮商的挑戰類似。督導者不只要對這些被懲處的專業人員及其當事人負責，同時也得向提出督導安排的機構或委員會負責。因此，要負責任地實行強制性督導需要大量的督導技巧，以便建立一個建設性的專業督導同盟關係，而且也要能與第三方溝通、設定合理的目標、評量被強制的專業人員工作的方法；以及念茲在茲要顧及對當事人福祉的維護，即使因為這樣得向提出強制督導的第三方提交報告說明被強制者仍有問題存在。有關強制性督導更充分的討論，請參閱 Thomas（2010）。

# 諮詢

諮詢的形式有很多種。有時它指的是兩個或更多有合格的諮商師或治療師開會討論複雜的案例來得到回饋，或只是要確保自己對當事人提供的是完全稱職的服務。這種諮詢通常稱為**臨床諮詢**，幾乎在所有的案例中都是自發的過程。臨床諮詢可以是專業人員持續定期的討論，或只是當有緊急的當事人問題出現時才召開。後者常見於當事人可能有傷害他人的風險時。除此之外，也涉及與其他專業人員諮詢——教師、行政人員、大學裡的教職員——討論這些人對於跟他們工作的人的關切議題。例如，一位老師可能要求透過諮詢來協助管理注意力不足／過動症兒童的行為，或一位大學教授可能會尋求諮商中心人員對干擾課堂之學生的介入方式提供建議。在這些情況下，諮詢通常是雙向的且常發生於同一個機構裡所聘請的專業人員。在教育界，它有時也被簡稱為**合作**而不是諮詢。諮詢的任務是幫助其他專業人員去辨識問題或疑慮的來源，並發展介入的策略和創造評估策略結果的方法。有時候，諮詢又是一種法律或倫理的諮詢。在這種情況下，諮詢顧問幫助諮詢者走過倫理或法律的決策過程。在這些案例中，諮詢和督導的區別在於參與過程中雙方位階的平等性。雙方都是有證照可以執業的——一方去尋求另一方專業知識的協助〔請見 Thomas（2010）一篇整理臨床諮詢中倫理議題的精彩評論〕。

其他主要的諮詢形式是組織諮詢。這些諮詢關係是三位一體的，而非雙方而已（Brown, Pryzwansky, & Schulte, 2011），其中包括諮詢顧問、諮詢者和當事人。例如，一家企業公司可能聘請一位心理師來幫助該公司總裁瞭解為什麼士氣和生產力低落，並發展改善的計畫。在這種情況下，諮詢顧問是心理師，諮詢者是公司高層主管，而當事人則是一群員工。這種類型的諮詢，諮詢顧問不是由當事人聘請、當事人也沒有提出對諮詢顧問職責的要求，有時甚至不知道諮詢正在進行，但是最終諮詢顧問卻會影響當事人的系統，並且要為該系統所造成的影響負責。心理健康專業人員如果不熟悉這種諮詢工作的形式及影響層面，有可能因為調整了系統而侵犯當事人的權利或造成傷害。例如，一個大型心理健康機構的主管可能與諮詢顧問簽約，以幫助提高員工的生產力並為該機構創造更多的收入。此諮詢顧問工作的影響，不僅及於工作人員，連這些工作人員服務的當事人也會感受到。就某些方面而言，員工和消費者都是當事人系統中的一部分，雖然他們沒有發言權去決定是否聘請諮詢顧問，或是安排設定起始目標，但這兩個團體都可能在諮詢後，因任何建議實施而經驗到最大的影響。Newman（1993）提醒諮詢顧問要保持對所有參與諮詢的三方團體的覺察，敏察他們的工作對各方的影響，並避免他們的工作被用來損害當事人的系統。一個明智的諮詢顧問會盡可能在最早的階段即尋求三方共同參與諮詢協議的設計。這種邀請各方參與的方式不僅是尊重當事人的權利，也同時提高方案成功的機會，並幫助確定相關的目標或問題。藉由連結三方，諮詢顧問也可以學習到例如造成困擾的問題可能是因為掛號系統的問題或核銷問題，而不是與當事人接觸的問題。

Newman（1993）也指出在組織諮詢的情況下，處理保密和知後同意更加複雜，特別當諮詢的目的是在組織改造時。諮詢顧問應該如何處理員工個人對他／她的揭露呢？這些是屬於保密的嗎？諮詢顧問必須清楚自己介入的目的以及與有互動的員工的關係，並且當資料無法保密時，先預警相關人員。如果一位諮詢顧問是被聘請要去協助順利整併兩個心理健康機構，假如他或她認為維護個人的保密性與實現更遠大的機構目標兩者互相衝突時，他或她應該直接告訴當事人。當然比較簡單的是諮詢顧問有責任對那些無權知道這些機構訊息的人保密。這種揭露完全是錯誤的。

如同第 6 章中討論的，知後同意是指個人在做會影響他們事務的決定時，有選擇和被清楚告知各種選擇的自由。在組織中通常是由高階主管決定聘請諮詢顧問與指派諮詢顧問任務。員工和當事人很少參與決策過程而且權力很小。也因此，不同意諮詢過程或目標的員工可能因為害怕後果而不願意去表達異議。諮詢顧問需要敏察於組織的分層性質，並有技巧地盡可能與各方談及知後同意。例如，諮詢顧問可以教育高層主管有關不強迫員工的價值，讓他們能夠尊重員工，並鼓勵他們不必太戒慎恐懼。

最後，諮詢顧問也必須要謹慎處理多重關係問題（Zur & Anderson, 2006）。不僅要避免性剝削他們服務的人，也必須敏察非性的多重關係，這些均可能會影響其客觀性。在組織諮詢中，諮詢顧問經常會跟少數幾個人緊密工作。如此密集的接觸，可能會導致不恰當的角色混淆。諮詢顧問和朋友或是諮詢顧問和業務合作夥伴，是可能會有倫理問題的兩種接觸方式。當諮詢顧問在諮詢時，與一個夥伴發展出私人關係，他或她很容易會忽略其他合夥人的利益。此外，在一個團體實務中，其中一人跟心理師是商業夥伴的關係，同時又是謀求增加生產力的諮詢顧問時，很容易忽略當事人和其他員工的需求和權利。

## ●● 價值觀與諮詢

諮詢顧問的價值觀在兩個方面是很重要的（Newman, 1993）。首先，因為諮詢顧問不能價值中立，他們必須覺察自己的價值觀對諮詢的過程和結果的影響，這種覺察將可以幫助專業人員避免不自覺地將個人的價值觀強加至無生產性的方向。其次，諮詢顧問應做好準備處理與他們的工作相衝突的價值觀。衝突不見得一定有破壞性，但如果忽視或處理不當，是可能有害的。例如，諮詢顧問致力於合作來解決問題，但可能與主管認為應以比較權威和集中的方式來管理的價值觀相衝突，除非雙方可以開誠布公討論和解決這個問題。

## 諮詢能力

許多心理健康專業人員在自己的專業生涯中後期開始提供諮詢，但是很少有針對諮詢接受正式的學術訓練。學者譴責這種情況，一方面是因為對當事人造成風險，另一方面也錯失取得較好結果的機會（例如，請見 Hellkamp et al., 1998; Lowman, 2006）。實務工作者在論及諮詢能力時，與思考督導者的能力一樣，都犯了同樣的錯誤——他們的迷思是認為有臨床技巧就已足夠。然而事實上有許多與諮詢有關且必須學習的知識、有許多必須在督導之下運用的技術，以及透過經驗獲得的判斷能力（例如，請見 Dougherty, 2008）。 Lowman（2006）指出，大多數諮商師和治療師會感到震驚的是，一個沒有接受過任何諮商訓練的人就自稱自己是諮商師，但諮詢顧問有時候沒有受過諮詢訓練也能提供諮詢服務。即使對諮詢所需具備的知識可能有誤解，也有義務在自己的能力範圍內行事。

最後，在一個領域有能力去做諮詢，並不意味著有能力在所有領域或活動做諮詢。一位專業人員有能力提供當事人諮詢，也未必能擔任組織諮詢。同樣地，專業人員個人的困擾問題或已經存在的關係也可能會危及與目前當事人工作的能力。專業人員若要宣稱自己是有能力的顧問，必須做好準備以證明他們專業知識的來源，並準備好承擔由於他們的介入措施所造成損害的責任。

## 諮詢介入的倫理議題

由於心理健康系統中諮詢顧問、諮詢者和當事人的三角關係，諮詢顧問在思考時必須最優先考量其介入會對當事人帶來的影響。此外，他們需謹防其他人可能濫用他們的發現，並努力防止這種濫用。例如，主管似乎想要用諮詢顧問的報告去解僱資深員工，則必須大力勸阻主管這樣的行為。假如勸導失敗，諮詢顧問應退出此計畫。換句話說，諮詢顧問不能把責任轉移給那些使用他們建議的人。

即使是嚴謹設計且運作良好的介入，也有可能帶來一些負面的結果。諮詢顧問不能因為成本效益比是正值就忽視負面影響。相反地，他們必須清楚介入的威力，並盡可能尋求方法來防止或減少副作用。

最後，諮詢顧問的介入與建議應盡可能是基於實證研究的結果（Newman,

1993）。他們應該從以前的研究支持中，區分出哪些是實證的或未經測試的建議。實證數據並無法像食譜一樣總是可以為每一種諮詢情況提供直接的指引，但可以作為有效介入的基礎（Newman, 1993; Newman, Robinson-Kurpius, & Fuqua, 2002）。

## ●● 諮詢的收費

為什麼很多專業人員在他們的職業生涯的某個時間點加入諮詢行列？這種參與部分源自這個專業活動的挑戰，部分來自此角色所帶來的崇高地位，以及部分來自其經濟收益，尤其是在組織諮詢領域。一個信譽良好的諮詢顧問可以賺取可觀的費用。如果一個人有能力、有良心並致力於公眾利益，這些收入是當之無愧且沒有倫理問題。然而，有時候，大筆收入的機會可能會模糊專業的判斷。這樣的人可能會為了財務收益，而在沒有真正能力的情況下接受諮詢合約，或是忽視和付費者期望不一致的調查結果和介入策略。在後者的情況下，諮詢顧問變成告訴主管他們想聽到的，這樣的諮詢是虛假的，也沒有一個人可能從中獲益，即便是高階主管。這是一個真正的利益衝突，也顯然與倫理準則不一致。例如，一個諮詢顧問鼓勵董事會撤換他們的董事長，然後謀取權位讓自己成為董事長，即是一個公然違反倫理原則的行為。

## ●● 諮詢紀錄

正如諮商和心理治療紀錄的目的是要提高對當事人的服務，並協助保護專業人員免於受到疏忽的申訴，做諮詢紀錄也可增加有效服務的可能性。諮詢顧問應簽署書面合約，明定諮詢的關係、費用、目標和實際的考量。合約中除了載明與諮詢有關的事項，也應敘明保密與知後同意的議題。同樣地，諮詢顧問也應記錄諮詢的進展，任何特殊關注情形與意見有歧異之處均要有文件證明。所有給諮詢者的報告副本，與信件和電話聯繫的副本，都一併保留下來。諮詢顧問保護這些紀錄的保密性就如同保護諮商紀錄的方式一樣。

## ●● 911 事件後軍方的諮詢

幾十年來，美國國防部均有聘請心理師和精神科醫師當諮詢顧問。早在 1920 年代，心理學家即發展心理測驗來幫助軍方鑑別出有戰爭疲勞風險的士兵（後來被稱之為創傷後壓力疾患）。在伊拉克和阿富汗戰爭期間，國防部聘請心理師來幫助他們研發有效審訊被拘留者的技巧〔對心理健康專業人員參與此活動的深度分析，請參見 Kalbeitzer（2009）〕。當有報導公開一些心理師曾參與給訊問者在「如何利用被拘留者的恐懼和渴望心態來增加痛苦」上的建議（例如，Lewis, 2005），美國心理學會理事長召開一個工作小組來評估這種諮詢工作的倫理性。該工作小組繳交其成果報告。該年年底，該學會公布了一項決議，告誡成員不得參與這樣的活動，並重申其立場，即不禁止心理師擔任軍事審訊的諮詢顧問，但是決議譴責成員參與酷刑和任何其他殘忍、不人道或有辱敵方戰鬥人員品格的待遇或處罰。該學會拒絕衍生出對所有與軍事審訊被拘留者的諮詢形式的全面譴責，結果造成對美國心理學會的爭論風暴。其他一些心理師認為，美國心理學會應定義這種軍事審訊的諮詢活動，本質上是不道德的（Pope & Gutheil, 2008）。2008 年的秋天，美國心理學會成員投票結果造成政策上重大的改變，禁止所有成員參與「違反無論是國際法（例如聯合國禁止酷刑公約和日內瓦公約）或美國憲法（如果適用）的場域工作。除非他們是直接對被拘留的人工作，或為獨立的第三方工作，以保護人權」（APA, 2008, http://www.apa.org/releases/petition0908.html）。2010 年，該學會修訂倫理守則 1.02 和 1.03，以表明自己的立場。

## 摘要

當人們承擔督導責任時，他們必須牢記一些倫理義務和法律責任。不僅要表現出督導的能力以及實務的能力，他們還必須謹慎留意受督者的權利，公平地給予有益的學習經驗，以及提供適當的回饋。比受訓者的進步更重要的，是受訓者所服務當事人的福祉。督導者要為當事人的福祉負起倫理與法律的責任，當受督者的需求與當事人的需求相衝突時，倫理守則強調將當事人所關注的視為優先。無論諮商師的訓練水準如何，法律規定當事人有權利獲得優質的服務。

督導者也受到倫理的約束，不得從事剝削受督者的活動。特別提醒他們避免性接觸、對於多元文化問題的不敏感，以及內攝個人的價值進入專業關係中。督導者若未能採取負責任的行為，或是其受督者有不符倫理的行為，都將負法律責任，後者被稱為**連帶責任**。同樣地，那些違反受訓者的正當程序權或是當事人保密權利的督導者，也要為那些失誤承擔法律責任。最後，督導者與第三方付款人一起工作時，需要敏察法律和倫理的責任，並要完全正確地報告受督者的服務表現。

諮詢時，心理健康專業人員需要瞭解此專業領域要求他們在可擔任顧問並聲稱有能力前，先接受訓練並有經驗。所有在治療關係中很重要的倫理議題，如遵循好的科學原則、知後同意、紀錄與揭露的保密、避免多重關係、利益衝突、剝削以及對多元議題的敏感度等，也都強烈地適用於諮詢和督導上。

## 問題討論

1. 很多目前的督導者指出，他們很少經過正式的督導訓練。基於你所閱讀的本章提供的標準，你如何解決這個問題呢？這些訓練應是強制性的嗎？是否應該要有督導的考試？你有什麼其他想法呢？
2. 在一項研究中提到，少數的督導者會稱他的受督者為「朋友」。有些人堅信他們個人與受督者的連結會加強而不是損害他們的督導關係。這種觀點有任何可取之處嗎？如果你與他們諮詢此議題，你將會如何反應？
3. 你認為督導者面對一個真誠、有良好動機、但未具備專業能力的實習生，應該要如何反映才是合乎理想倫理的方式？如果實習生和當事人的互動不甚理想，但是實習生努力改善，則督導者要容忍多久？

## 個案討論

Bart 被普遍認為是他工作的社區心理衛生中心裡，最有才華的督導者和臨床心理師。他通常會督導幾個實習生，他們會從他身上學到很多，並且對督導的過程和結果都表示很滿意。Bart 也在一家私人診所兼職。一些他之前的實習生在需要支持時，會尋求 Bart 的諮商。事實上，之前的實習生和他們的朋友與情人約已占了 Bart 案量的 25%。

他發現與這些當事人進行治療很有價值且有成效。因此，在學生順利完成實習之後，Bart 會將他的名片放到每一個未來有可能繼續與他聯絡的實習生資料夾中。Bart 的行為是否有任何違反美國諮商學會倫理守則或諮商師教育與督導學會的指引？如果你身處與 Bart 同樣的位置，你也會拿出你的名片給畢業的實習生嗎？如果不會，若之前的實習生要求你幫他諮商時，你會怎麼做？

Philip 是一所中學的學校諮商實習生。他的一個當事人手臂和大腿有一些傷痕。當他詢問時，這個女孩說不出來這些傷痕怎麼來的——她只聳聳肩說「我不知道」。Philip 將此當事人的傷痕報告給他的督導者 Vivian，並告訴督導者他打算要通報兒虐熱線。Vivian 建議沒有通報的必要，因為她的案子在兩週以前已經因為不同的傷被當事人的老師通報且進入調查程序。起初，Philip 對他督導者的意見感到驚訝，但之後決定她一定是對的，因此就沒有通報這個新的事件。Philip 是否無論如何都應該要通報？Vivian 是否符合她身為一個督導者的倫理與法律責任？如果對 Philip 的未能通報提出控訴，他是否能為自己辯護說他只是一個實習生，是遵循督導者的建議才這麼做的？

Marsha 是一個諮商所博士班的學生，她希望在家庭暴力倖存者的庇護所完成實習。該機構沒有具有合適證照的專業人員來督導她，不過庇護所裡有幾位其他領域且很有能力的專業人員。因為她堅定地想要進入這個領域與協助這些人，所以 Marsha 想出一個解決之道，相信這將可以讓她在她想要的機構內完成實習，並滿足所有的訓練和執照規定要求。她安排一位住在距離她的地區 100 哩以外、但非常能幹的該領域督導者。Marsha 每週將會把錄音帶和錄影帶送去給她的督導者，並且他們每週將用固定的時間使用電話和電子信件溝通來進行督導。總之，這位督導者已經同意每星期最少花兩小時督導她，Marsha 也將付給他每週 50 美元。家庭暴力倖存者庇護所的主任也已經知道這樣的安排並同意，也同意督導者打電話給她，討論任何他感覺 Marsha 無法勝任的當事人。州立發照單位也同意這項安排，只要機構和督導者把這些安排以書面形式發送一份給他們即可。Marsha 這樣的安排是否符合倫理？如果你接到 Marsha 的電話或信件，要求擔任督導者，你是基於什麼理由同意或不同意擔任 Marsha 的督導者？

## 建議讀物


Association for Counselor Education and Supervision. (1990). Standards for counseling supervisors. *Journal of Counseling and Development*, *69*, 30–32.

Association for Counselor Education and Supervision. (1993). Ethical guidelines for counseling supervisors. *Counselor Education and Supervision*, *34*, 270–276.

Association of State and Provincial Psychology Boards. (2003). *Supervision guidelines*. (Under revision in 2011). Retrieved from http://www.asppb.net/files/Current_ASPPB_Supervision_Guidelines_UNDER_REVISION.pdf

Barnett, J. E., Cornish, J. A. E., Goodyear, R. K., & Lichtenberg, J. W. (2007). Commentaries on the ethical and effective practice of clinical supervision. *Professional Psychology: Research and Practice*, *38*, 268–275.

Bernard, J. M., & Goodyear, R. K. (2008). *Fundamentals of clinical supervision* (4th ed.). Boston: Allyn & Bacon.

Brown, D., Pryzwansky, W. B., & Schulte, A. C. (2011). *Psychological consultation and collaboration* (7th ed). Boston: Pearson.

Cikanek, K., Veach, P. M., & Braun, C. (2004). Advanced doctoral students' knowledge and understanding of clinical supervisor ethical responsibilities: A brief report. *Clinical Supervisor*, *23*, 191–196.

Disney, M. J., & Stephens, A. M. (1994). Legal issues in clinical supervision. In T. P. Remley (Ed.), *ACA Legal Series* (Vol. *8*). Alexandria, VA: American Counseling Association.

Gottlieb, M. C., Robinson, K., & Younggren, J. N. (2007). Multiple relations in supervision: Guidance for administrators, supervisors, and students. *Professional Psychology: Research and Practice*, *38*, 241–247.

Ladany, N., Friedlander, M. L. & Smith, M. L. (2005). *Critical events in psychotherapy supervision: An interpersonal approach*. Washington, D.C.: American Psychological Association.

Ladany, N., Lehman-Waterman, D., Molinaro, M., & Wolgart, B. (1999). Psychotherapy supervisor ethical practices, working alliance and supervisee satisfaction. *The Counseling Psychologist*, *27*, 443–475.

Thomas, J. T. (2010). *The ethics of supervision and consultation: Practical guidance for mental health professionals*. Washington, D.C.: American Psychological Association.

## 其他網路資源

美國各州諮商委員會學會：各州督導者的要求手冊：http://associationdatabase.com/aws/AASCB/asset_manager/get_file/37393? ver=19

# CHAPTER 15 諮商師與治療師身為教師與研究者

## 正直、科學與照護

許多諮商師與心理師投身於新世代專業人員的培訓，以及參與研究以增進此專業的科學性。蘊含在這些行為中的主要倫理問題跟前述直接服務的倫理議題類似：能力、行使權力的責任，以及促進受照護者的福祉。本章要討論的就是如何在教學與進行研究時符合這些責任義務。

## 教學的倫理

我們的社會對教師的看法是矛盾的。一方面，他們器重教師：「還有什麼職務比教書這個職業包含更多的責任，需要更多的資格能力，且應更受到尊敬？」（Martineau, 1837）。另一方面，他們又以鄙視、不信任的方式來看待：「有能力的人去創造實踐，沒有能力的就去教人」（Shaw, 1903）。即使是瞭解教學價值的人也擔心它的權力被濫用的可能性：「一個老師應有最大的權威，以及最小的權力」（Szasz, 1973）。這樣矛盾的情形一部分來自於市民對教育的冀望，另一部分則是因為屢屢無法實現希望所造成的失望情緒。教育他人成為有效能的諮商師與治療師的事業上往往也充滿著好與壞。當好事發生，新的一代會將自身過去的智慧累積傳承下去，並拓展技能；當不幸的事發生，會讓能力不足者進入專業中或誤將具有資格者摒除於外。雖然難以實現 Szasz 對教師權力的期望，不過，這個專業領域的任務即是確保教師能妥善使用自身的權力。

不幸的是，在訓練心理健康專業人員的倫理文獻上並不如諮商與心理治療或督導的文獻來得豐富，但是其中還是有些有價值的資源。許多專家均有提及這個議題，最近一版的倫理守則也談到這個活動，且也有些實證研究已經完成。在此類型的文獻中主要談論的倫理議題是關於教學的能力、權力使用的責任、管理多重角色及有時會發生的角色責任衝突，以及教師對專業、學生與大眾的責任。

## ●● 教學的能力

教授諮商或心理治療的大學教師首先應是一位有充足能力的實務工作者，此外，他們對所教授的科目一定要具備充足的知識，在授課前做足準備並致力於促進學生的學習。在這個心理健康專業與認證單位越來越重視學生基礎能力的能力本位訓練時代，勝任教學與指導的責任變得格外重要（Hensley, Smith, & Thompson, 2003; Kaslow, Grus, Campbell, Fouad, Hatcher, & Rodolfa, 2009）。幾乎所有的心理系教授都承認他們偶爾會發生沒有充足備課的情形，但是承認自己有時對教授的教材並不精通的人數也意外的高，有 38%（Tabachnick et al., 1991）。而根據 Schwab 和 Neukrug（1994）的調查，諮商師教育系所教授承認自己並不熟悉所教授教材的比例也幾乎一樣——36%。教授有責任要以公平的方式呈現訊息，以及將個人意見與已建立的理論或研究仔細區分開來。在同一個調查研究中，近 4% 的人承認授課中常有偏頗的言論。至於確保要能與時俱進的責任在現今快速變動的訓練當中尤其重要。Tabachnick 等人（1991）發現在此標準的落實上也是參差不一。在研究中，有 36% 的心理學教師承認自己在授課時沒有更新教學內容。

當所呈現的教學內容並沒有足夠的科學支持時，應清楚交代教學內容的侷限性，其他如劃時代的、仍屬推測的或是仍在實驗階段的教材也應清楚說明。此建議並不是要限縮教授們的講授內容，讓他們只能以建立已久的理論作為考量，而是想建議他們，應告知學生主流專業思維上的概念與那些過於新穎或有待商榷、尚未被廣泛接受的概念之間的分野。專業人員若能夠謹記在心教學的最終目的——教育學習者能夠對這些創新的價值做出客觀、有根據以及獨立的判斷——這樣的人才有能力區辨要呈現怎樣的教材。如果某個特定的理論或方法實際存在著爭論，則應將兩邊的論點都呈現給學生。這個指引方針並不是要教授對學生隱藏他們自己的觀點。向學生展現個人在這些尚未定調之專業議題上的看法，可協助學生在獨自做類似判斷時發展出合宜的判斷標準。然而，不得貶抑擁有不同意見的其他人或是排斥其他有根據的立論，都和倫理守則的準則一致，以下是美國心理學會對此議題的陳述：

### 美國心理學會倫理原則

**7.03 教學的正確性**

a. 心理師採取合理的步驟來確保課程教學大綱的正確性，包含要教授的主題、評估進展的基礎以及課程體驗的本質。當教學者認為教學方法有需要或想要調整時，此準則並不阻止教學者更改課程內容或課程要求，只是要以能讓學生滿足課程要求的方式來讓學生知悉這些更動。

b. 當從事教學或訓練時，心理師以正確的方式呈現心理學的資訊。



美國諮商學會則將注意力放在當諮商師身為教育者時，其在討論創新方法上的責任：

### 美國諮商學會倫理守則

**F.6.f. 創新的理論與技術**

當諮商師教育者使用的技術或程序是創新、沒有實證基礎，或沒有良好的理論作為根基時，他們應將這些諮商技術或程序定義為「未經證實」或「發展中的」，並向學生解釋可能潛在的風險以及在使用此技術或程序上的倫理考量。

有些大學會要求教授教導與他們的研究或專長沒有直接相關的課程。當有這樣的要求時，教授一定要評估他們是否能夠稱職地教學，如同諮商師在執行某項特殊活動時必須判斷該行為是否是在他們的能力範圍之內。如果授課主題在他們的能力範圍之外，他們必須拒絕這樣的請求，除非他們可以在這之前就接受繼續教育。倫理守則裡頭所提到關於在能力範圍內進行工作的陳述也同樣適用在教學與治療上（請見美國諮商學會倫理守則，C.2.a；美國心理學會倫理原則，2.01）。

經常會看到諮商與心理研究所的博士班研究生擔任教學助理或講師，指導大學部或碩士層級的課程（Branstetter & Handelsman, 2000）。然而，雖然大部分的人在教學之前都沒有受過有關教學效能以及專業倫理等課程的正式訓練，但是在調查研究中，只有不到一半的教學助理曾有在教學上獲得被督導的經驗（Branstetter & Handelsman, 2000）。因此不讓人意外的是，在一個研究中，有 90% 的大學生陳述他們曾目擊心理系研究生助理做出違反倫理的行為（Fly, van Bark, Weinman, Kitchener, & Long, 1997）。美國心理學會倫理原則（2.05）要求專業人員對下屬進行適當的訓練並監督這些由他們指派任務者的工作。但顯然地，證據顯示真正符合這些準則的人很少。

## ●● 權力使用的責任

如第 7 章與第 14 章所討論的，性騷擾、性剝削以及其他相關的傷害權力位置較低的學生之事件常發生在諮商與心理的研究所課程中。在已發表的研究中，教授承認自己與學生有性行為的平均比率是 8.8%。在一個研究中，幾乎有三分之一的女性心理所研究生陳述有被性騷擾的經驗（Glaser & Thorpe, 1986）。在另一個研究中，心理實習機構主管填答問卷，指出他們所知的這種師生性關係一直存在著（Welfel, 1992），這個研究結果也和 Barnett-Queen 和 Larrabee（2000）針對心理健康諮商師與社會工作者進行的調查結果相呼應。這些研究者陳述有 1.8% 的受調查者在受訓期間曾與其教育者發生過性接觸。性騷擾的情形並沒有因為受到媒體關注而減少。在 Barnett-Queen 和 Larrabee（2000）的調查中，諮商系的學生在性方面被侵犯的經驗是社工系學生的兩倍——9.5%的諮商師對照 4%的社會工作者。

Blevins-Knabe（1992）針對性騷擾為什麼發生在高等教育提供一些洞察。她認為教授們對於自己的行為所帶來的影響視而不見，他們傾向於認為自己的行為是友善與支持的，且不願意承認其中隱含的性動機，但學生卻認為這些行為是騷擾的。有時候教授與學生雙方都願意投入於性關係。當性關係是在雙方同意下進行的，Blevins-Knabe 相信共同的專業興趣、學生個人有安全感之議題、教師有未解決的個人議題，以及性角色的社會化等都是影響其形成的因素。有趣的是在讓他們回想時，不論是教授或是學生雙方都不覺得「雙方同意的」關係是自由選擇的或對個人及專業發展有益處（Glaser & Thorpe, 1986; Miller & Larrabee, 1995; Pop et al., 1979; Robinson & Reid, 1985）。

這同時也影響了其他得知教授有性騷擾行為傳聞的學生。Adams、Kottke 和 Padgit（1983）發現有 13% 的女學生與 3% 的男學生會避免和這個他們知道或傳言有過性侵犯其他學生的教授一起工作。Rubin、Hampton 和 McManus（1997）發現女學生對於性騷擾行為會特別感到不舒服。當然，有的教授特別喜歡挑脆弱無助的學生，或是因為自我需要而剝削學生，有的則是因個人的不滿足、遇到人生危機或有神經質傾向。現行的倫理守則明文禁止與現任學生在任何情形下發生性接觸（美國諮商學會倫理守則，F.3.b；美國心理學會倫理原則，7.07）。因此，教授一定要把自己和學生的關係劃分清楚，並在自己有性侵的傾向時尋求專業的協助〔而被學生性吸引也是很常見的；Lamb、Catanzaro 和 Moorman（2004）發現在他們的調查中大多數的心理師（54%）都有過這樣的經驗〕。

性接觸不是教師權力濫用的唯一情形，可能也不是最常見的情形。教授有時候剝削學生的需求是為了個人專業的成功及臨床或研究經驗的成功。當他們以與學術表現無關的個人特質來分類學生，或沒有辦法覺察自己的決定會影響學生或同事的未來時，他們都濫用了權力。以下是一些濫用權力的例子：

## Yelter 教授的評分程序的案例

Yelter 教授根據她正撰寫的書所需要包含的內容來指派研究題目給課堂上的學生。有些題目的文獻只和課程內容有些微的關係，但學生沒有改變題目的選擇權。當這些研究報告繳交給她之後，她只關心這些報告參考資料的品質，並沒有進一步分析這些主題。她評分的方式是依據學生的作業對她撰寫書籍的有用程度來評定。

## Marsher 博士的教學風格的案例

Marsher 博士鼓勵學生在課堂上發表意見進行討論。當許多學生舉手想回應他所提供討論的問題時，他幾乎總是先點男學生。此外，他較喜歡給男學生較多時間來發表他們的想法與回應這些不同的觀點。他和女學生典型的互動是簡短且較沒耐性的。

## Pastione 教授的研究計畫的案例

被分配到 Pastione 教授的博士班學生很快就發現，如果他們在畢業後想要得到一份具正面評價的推薦信，他們就要自願協助 Pastione 教授進行她的研究計畫。如果他們參與其他教授的研究或沒有時間自願協助 Pastione 教授的計畫，他們就應另尋指導教授了，因為不論他們的能力或經驗如何，她都不會幫助他們。

在第一個案例中，Yelter 教授以無酬、不公開的方式利用其課堂上的學生。甚至，她將個人的利益置於學生學習之前，且沒有在她的計畫中提供任何其他可行的替代方法給學生。這樣的行為與倫理原則的受益權和尊重自主權相互違背。它也與準則當中要求教育者要「以合乎倫理的方式執行諮商師教育與訓練課程，並作為專業行為之榜樣」（美國諮商學會倫理守則，F.6.a）、給予學生在研究貢獻的功勞（美國諮商學會倫理守則，G.5.f），以及避免剝削關係（美國心理學會倫理原則，3.08）等的規範相違背。Yelter 教授的倫理問題不只是上述這些，她的行為也違反了在客觀評量上的守則規定：

### ✸ 美國心理學會倫理原則

**7.06 評估學生或受督者的表現**

b. 心理師評估學生與受督者時，是基於他們在有關的與既定的課程要求下之真實表現。



毫無疑問的，Yelter 教授應該停止這樣的行為，指派直接與課程內容相關的主題，並使用公平且客觀的評分標準。如果她的計畫需要研究助理，她應該聘任其他人。如果一個學生為了獲取經驗自願選擇做這個工作，只要學生的努力有被認可，且避免其他形式的剝削，則這樣的安排仍屬符合倫理。如果她停止這樣的行為，她可以從矯治教育中受益，瞭解她的權力對學生的影響——學生可能覺得無法挑戰她的要求或質疑他們拿到的分數。她現在的所作所為完全是反教育，與專業人員的楷模背道而馳。

Marsher 博士涉及性別歧視。這個行為是不恰當的，因為他基於與專業能力不相關的特質來給予某些學生不公平的好處。這樣的行為違反了守則當中禁止歧視的部分。Marsher 博士也許沒有意識到這樣的偏見，但他的疏忽並不能作為藉口。修他課程的學生也許會因為害怕被他報復而無法和他溝通他們的經驗。一旦成績公布之後，那些確定以後不會再修 Marsher 博士其他課程的學生是處理此議題的最佳人選，他們可以透過課程評鑑、直接與教授對話或和該系其他教授討論這個問題。不用說，如果其他教授也得知有此情形，假設牽涉其中的學生也不反對的話，他們就有責任要和 Marsher 博士談論這問題。

基本上，Pastione 教授的倫理問題是她將她職位的基本責任——為學生寫推薦

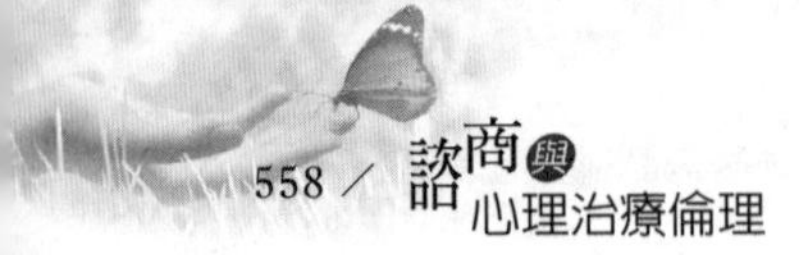



信——改變成「兜售服務」的方式來進行，用來交換為她的計畫付出勞力。學生願意以工作「換得」正向的評價，這顯然不是以他們身為諮商師的真實能力所換得的。這樣的行為不僅是剝削學生的脆弱性，也違反專業人員的責任——確保有能力的學生才得以進入專業當中。美國諮商學會守則清楚說明這議題，不過其中以**背書**一詞來取代推薦：

### ✸ 美國諮商學會倫理守則

**F.5.d. 認可背書**

督導者唯有在深信受督者符合應具備資格的情況下，才能為其執照、證照、求職或完成學業或訓練計畫而背書或認可。不論受督者的資歷為何，若督導者判斷受督者在某方面的能力受損或不足，且會因此影響到督導者為其背書領域的表現，則不得為其背書。



Pastione 教授也違反了她對於尊重自主權以及免受傷害權的責任。除非協助她進行研究是要申請入學或是直升博士班課程的必要條件，且在申請的簡章上就已經清楚載明，不然她的要求就是違反學生受教過程中的知後同意權。然而，只要 Pastione 教授將擔任研究助理作為評分的「回報」時，不管是什麼樣的知後同意都沒有辦法把她的行為轉變成倫理上可接受的行為。

### ✸ 美國諮商學會倫理守則

**F.7. 學生的福祉**

**F.7.a. 定向**

諮商師教育者需體認到專業定向是一個發展的過程，在學生的教育及臨床訓練中持續不間斷。諮商系所的教師需提供給未來的學生有關諮商教育課程的期待：

1. 要順利完成訓練所需的知識技能之類別與程度；
2. 課程訓練目的、目標及使命，以及含括在內的學科；
3. 評量之基礎；
4. 訓練內容涵蓋鼓勵自我成長或自我揭露，這是訓練過程的一部分；
5. 督導場域的類型以及必修臨床實習所需的場域類型；
6. 學生與受督者之評量及退學程序與規則；以及
7. 畢業後的出路。



美國心理學會倫理原則 7.02 談論相同的情況，不過文字更精簡。此外，Pastione 教授在多個面向傷害了學生。那些拒絕參與她研究計畫的人，由於沒有意識到後果，因此可能會被未預期的與不公平的推薦信結果所傷害。其他的學生由於在就讀研究所期間需打工賺錢，因此無法很奢侈地無償工作。教授的行為甚至可能對那些沒有資格獲得正向推薦的學生造成傷害；學生的才能若是在於其他領域，取得這個不配擁有的資格不一定就會前景較好。以長期的觀點看，這些學生甚至最好是能在受訓過程中就瞭解自己在執業能力上的不足。在這個情境下承受的痛苦也許會顯著少於一旦執業後受到瀆職的訴訟、被革職或其他因為能力不足所產生的問題。甚至更重要的是，Pastione 教授可能會使大眾因為那些能力不足的學生所提供的服務而受到傷害。解決辦法是什麼？顯然，Pastione 教授一定要停止這樣的行為，以更適當的方式招募研究助理，並以學生的實際表現來作為推薦信的基礎。她也應該糾正她在過去推薦信中所犯的錯誤，寄送修訂的版本給學生以供他們未來使用。

上面提到的教授，沒有一個人有遵守在美國諮商學會守則前言針對諮商師教育者所告誡的，也沒有任何一位的行為表現可當作學生的正向示範：

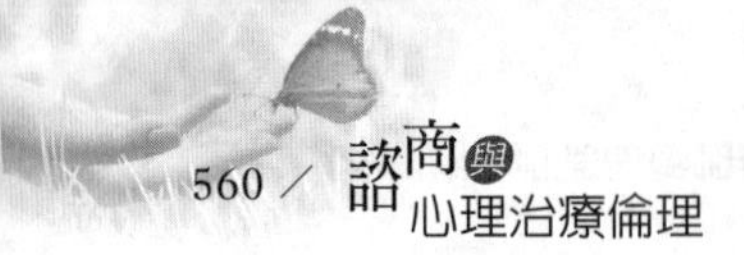


## 美國諮商學會倫理守則

F.6. 諮商師教育者之責任

a. 諮商師教育者。負責發展、執行與監督教育訓練課程的諮商師教育者，必須同時具備教學與實務工作兩方面的技巧。他們對於倫理、法律與此專業的規範層面有所瞭解，能靈活運用這些知能，並讓學生與受督者理解到他們的責任。諮商師教育者以合乎倫理的方式執行諮商師教育與訓練課程，並作為專業行為之榜樣。



## 忽視責任：另一種權力誤用

Keith-Spiegel（1994）提出一個關於心理教育者的觀點，此觀點適用於相關專業的教學者。對於避免傷害的規範，在身為老師的身分上比其他諮商或心理師的角色在解釋上更來得複雜。顯而易見的是老師不希望造成學生的傷害，但是當學生的工作能力低於預期標準或是他們的態度是不負責任的時候，老師在關切對學生造成的傷害時，一定要權衡他或她對學生服務的當事人的責任以及對維護專業名聲的責任。如同第 4 章所討論的，讓沒有辦法或不願意遵守專業準則的人進入專業領域中，會造成大眾的不信任。因此，教學者如果疏於把關而讓這些不符合資格者進入實務界，就是忽略了他們最主要的職責之一。教學者的目標當然是協助所有的學生達到準則中所設定的能力標準，但當無法達成時，他們一定要拒絕這些不合資格的人。再次重申，美國諮商學會守則對此議題的論點非常清楚，明確指出處理這類能力不足學生的程序：

## 美國諮商學會倫理守則

**F.9.b. 限制**

在整個訓練課程期間，諮商師教育者必須瞭解並指出哪些學生可能諮商能力不足會妨礙其表現。諮商師教育者應：

1. 適時協助學生獲得補救性之援助；
2. 當決定將學生退學或是轉介學生尋求協助時，尋求專業諮詢，並以書面記錄其決定，以及
3. 當學生面臨強制要求他們尋求協助或是要將其退學的決定時，確保學生能有及時的求助對象；並且要依據機構的政策與規定提供學生正當程序。



下頁的案例可作為常見無法達成此項準則的倫理錯誤之範例：

## Dorian 博士的兩難案例

Dorian 博士是一個尚未取得終身教職身分的教授，他希望在這幾年中獲取終身教職。在他的大學裡，能夠勝任教學以及師生間有良好互動是終身教職檢視的重點。Dorian 博士有位實習學生的表現很不理想。他竭盡所能地協助該名學生提升他的能力，但是徒勞無功。且學生甚至不瞭解自己能力上的限制而想要接自己能力明顯無法負荷的當事人。Dorian 博士相信不應該讓這名學生通過實習，但他害怕這名交遊廣闊且能言善道的學生會心生不滿而向學校行政單位投訴自己被當一事，並因此引起學校管理階層的關注。有鑑於當掉學生會讓他很麻煩，他最後決定讓學生通過課程。

為了遵守倫理準則，Dorian 博士應該要記錄他認為學生應得的分數，儘管他對於接踵而來的事感到很不安。如果Dorian博士的評分是公平的、和這位表現不佳的學生溝通過，並將他屢次協助學生改善學習的介入記錄下來，則因應學生的不滿申

訴並不困難。在大部分的大學中，學生必須舉證說明教授的評分程序是武斷或差別對待的才比較能申訴成功，通常這樣的標準較難達到。Dorian 博士對於獲取終身教職的焦慮似乎凌駕了他的判斷力。更深一層去分析，Dorian 博士也許認為所謂合乎倫理的行為要看是否方便達成而定。當準則可以很容易就遵從的情形下，他會很樂意配合；但是當規定會造成他個人的不自在時，他就會破壞這樣的規則。這樣的行為並不專業。

其他違反這準則的情形可能沒有這麼明顯。有時一些教授是出於好心，想要幫助學生達到他們最佳潛能。這樣的善意令人動容且應列入優良教師之列。但是當學生的表現沒有進展時，這就變成一個問題。教學者不能忽略自己對這些學生未來服務的當事人的責任。在這個情況下，如果努力矯正也進展有限時，教學者應聚焦於協助學生重新安排其生涯目標。在其他時候，在班級人數過多時要仔細評量每個學生的能力有其困難之處。教學者可能會被教學量、研究責任以及行政工作壓得喘不過氣，進而對所有的學生放水，一切要求都輕鬆帶過而不是致力於給予他們困難的任務。不論是過多的工作量或是憐憫個別學生，都不足以作為他們藐視專業準則行為的合理化藉口，但有 10% 的心理學教授承認對於學生的喜愛程度曾影響他們的評分（Tabachnick et al., 1991）。

在 Keith-Spiegel、Tabachnick、Whitley 和 Washburn（1998）探索為什麼心理學教授忽視考試作弊的現象時發現，大部分是因為教授認為證據不足以確定真的有作弊。但還有一些比較不合理的理由，舉例來說，教授認為有時候通報會感覺壓力很大、他們沒有足夠的勇氣、要花費的心力超出他們想承擔的，以及可能產生他們想要避免的報復或法律問題。其他合理化的原因是，反正作弊的學生不論如何都會被當掉，且只有沒有經驗的作弊者、非長期累犯才有可能被抓到。不用說，這些辯解的理由都和心理健康準則中對學生在學業上發生不誠實行為的處理方式相違背。那些藉由作弊來投機取巧的人，當他們完成學業後也可能會對當事人或同事做出不合倫理的行為。在近期的研究當中，Vacha-Hasse、Davenport 和 Kerewsky（2004）陳述在他們調查樣本中的大部分心理訓練課程（52%），確實每三年至少會開除一名學生，但幾乎相等比率（54%）的系所對於如何處理有問題的學生，完全沒有訂定任何指引方針。

害怕法律訴訟會挑戰他們當掉或開除學生的判斷或權利，這是大多數教學者所擔憂的，也確實構成了對有問題學生啟動開除程序的阻礙（McAdams, Foster, & Ward, 2007; Vacha-Hasse, 1995; Vacha-Hasse et al., 2004）。這個焦慮通常是庸人自擾。只要教學者有清楚的證據可以證明學生的表現無法滿足學業或臨床課程的要求，法院到目前為止的判決都支持這樣的判斷（Remley & Herlihy, 2010）。近乎80% 被開除的學生都沒有去挑戰系所的行動（Vacha-Hasse et al., 2004）。當學生投訴時，課程政策及程序的品質就是駁回法律申訴的關鍵（MeAdams et al., 2007）。許多教學者偏好與這些沒有辦法成功達到精熟要求內容與技能的學生協商，建議他們找尋其他替代的生涯規劃（Forrest, Elman, Gizara, & Vacha-Haase, 1999）。這樣的行為保護了學生的隱私權並為他或她保留顏面。不用說，當學生被開除時，就像他們在實習場域被評為不及格時一樣，都有正當程序的權利針對他們的關注點召開聽證會（Kaplin & Lee, 1995; Kerl et al., 2002）（請見第 14 章對於受訓者在督導中的正當程序權的討論）。

## ●● 區分導師關係與有問題的雙重關係

教授與學生經常有各種不同的專業接觸。一名學生可能同時是同一位教授的研究助理、課堂學生、著作的共同作者以及兼職實習的受督者。連續一段時間同時涉入一連串的多重角色在師生間也很常見。舉例而言，作者的一位前研究生助理同時在作者的督導下進行教學實習，而且也是作者準備要出版的新書的共同作者。我們兩個這麼做是否不合倫理呢？許多人可能會認為這樣多重形式的互動沒有任何倫理的疑慮。事實上，教授與學生之間多面向與長時間的連結通常會以**導師關係**（mentoring）來稱之，這樣的關係是學者或有關參與者所盼望的（Bowman, Bowman, & Delucia, 1990; Bowman, Hatley, & Bowman, 1995; Schweibert, 2000）。許多學者將導師關係和學生的高成就、滿意程度以及學業課程之持續力作連結（例如，請見 Bean & Kuh, 1984）。導師關係很常見於研讀心理系的研究生，研究顯示有 67% 的心理系研究生陳述他們在修習學位的期間曾有過導師關係，而近全數的人（91%）對於這樣的關係感到滿意（Clerk, Harden, & Johnson, 2000）。

儘管如此，仍然有些倫理學者對於和學生之間的多重連結及可能的風險提出警告（Johnson & Nelson, 1999; Kitchener, 1992; Warren, 2005）。Clark 等人（2000）提到 2% 的導師與學生之間發生性關係。導師關係可能會模糊專業的客觀性，引起其他學生的忌妒或誤解（Bowman et al., 1995），且讓其他應被維持的界線難以維持。舉例來說，教學者在工作上與學生親近後，可能會開始視學生為知己，讓其處理自己的個人事務、和學生有頻繁的社交互動，或是未能區分專業與私人關係。當學生變得越來越像朋友而非學生時，教學者可能就難以遵守他們身為專業把關者的責任。在關係當中原本即蘊含的權力不對等也不能忽視，因為它限縮了在本來朋友關係中的互惠特質。在大部分的案例中，教學者相較於學生而言會覺得較自由，可以表達自己的感受、提出請求或尋求情緒慰藉。在某種程度上，學生就是會知覺到教學者對於他或她的未來有著極大的影響力。因為這些原因，守則警告專業人員應堅守界線（美國諮商學會倫理守則，F.10.d 以及 F.10.f；美國心理學會倫理原則，3.05）。美國心理學會守則當中使用兩個標準來評估特定多重關係之適當性，很值得參考。當一個多重關係會損害專業人員的客觀性或可能會傷害或剝削另一人時即屬不適當。如果對學生有所助益，美國諮商學會允許多重關係的存在：

## ✸ 美國諮商學會倫理守則

### F.10.f. 潛在有益的關係

諮商師教育者深知教學者與學生關係中彼此的權力不對等。如果他們確信和學生的非專業關係可使學生從中受益，他們應採取諮商師與當事人工作時同等的預防措施。可能受益的互動或關係包含、但不限於以下這些：參與正式典禮、去醫院探訪生病的家人、在壓力事件時提供支持或購買由學生提供的服務或產品。當諮商師教育者考慮要進入一段和學生的關係，此關係超出了他們身為教師與督導者的身分時，必須公開和學生討論，討論此互動的理由、潛在的利弊得失，以及發生在學生身上的預期結果。教育者會在與學生進入非專業關係前就先與其澄清這額外角色的特質與限制。和學生的非專業關係應是有時限且是在學生知後同意下才開始。

謹守界線是一個很抽象的詞彙。在論及與師生關係相關的內容時，作者認為是：

- 避免把學生當作可用來處理個人隱私事務或發洩與同事相處挫折的知己。
- 確保在一起所花費的絕大多數時間都是聚焦於專業的議題。友誼的互動難以避免，但是優先討論社交議題是不智之舉（應謹記在心的是，學生的目的是來和教學者學習）。
- 拒絕經常性一對一的社交之約；團體之約較佳。
- 討論學生正經歷的個人壓力時應有所節制，或轉介學生去諮商，正如臨床督導者應做的事一樣。
- 婉拒與自己的親友或是與之前或現在還有其他關係的學生建立導師關係。
- 在一開始就澄清關係的特色與角色，這樣雙方都可以瞭解自己的角色及倫理守則當中的相關內容。
- 對所有符合資格的學生都提供導師行為，並要覺察來自少數族群的學生會不會比其他學生較少有接觸導師的機會。
- 定期和同事諮詢關於導師的議題，這樣自己可以處理較小的問題並得知外界對於這段關係的看法。
- 在學生提出要求時，允許學生有尊嚴地從導師關係中退出，且不會因此受到報復。

使用這些標準以及第 2 章的決策模式來想想以下情境中的倫理問題：

### 暑期工作的案例

一位研究生每年暑假都會從事房屋粉刷的工作，她用這些賺來的錢作為就讀博士學位的經費。一名教授在布告欄看到張貼的傳單後和她聯繫，希望這名學生明年夏天來粉刷他的房屋。這名學生下學期會選修他所開的團體治療課。

### 共同執業的案例

一名大學教授兼職從事心理治療。她詢問一名特別有才能且最近才畢業的學生是否願意加入她的私人執業行列。

### 慷慨捐贈的案例

一名學生的家庭遭受了一場使她父母失能的房屋大火。因為她的父母以前總會金援她在學業上的開銷，但現在已無力支助，她擔心自己沒有辦法繼續學業，完成下學期的註冊。她已經申請助學貸款，但沒有辦法在註冊前收到這些補助。她的指導教授聽聞她的情形後，開了一張支票給她付清下學期的學費，並告訴她可以在她拿到經費補助之後再償還這些借款。

### 要求共乘的案例

一名教授的車故障了，有一個上他課的學生就住在附近，教授請求學生明天載他到學校。

Bowman 等人（1995）調查學生與教授，想瞭解他們怎麼看待各種雙重關係上的倫理問題。研究中以幾個案例描述跟社交、金錢、導師關係以及性行為的雙重關係。如同預期的，幾乎所有受訪者都認為性行為是不恰當的，但在其他面向上的看法就有所分歧。少於四分之三的受訪者同意以下行為符合倫理規範：教授僱用學生當保母、同時和學生維持朋友的關係或是將學生當作主要的社交對象，或不跟其他教授說某位學生在一個社交情境公然詆毀同性戀者。反應的分歧可能代表著許多問題，其中包含：在專業文獻中普遍缺乏對此議題的關注、守則當中對於這些事情的描述過於抽象，以及專業與個人責任上的衝突。換句話說，教授和學生雙方都認定在這個領域的倫理決策是很複雜的，且特定行為的違反程度應從脈絡中去評估。由 Tabachnick 和她同事（1991）所做的有關非性關係的師生接觸涉及的倫理議題調查，發現結果也是不確定的。近 49% 的人在許多或全部的情境下認為，要求學生幫個小忙（載回家）是合倫理的，而 37% 的人則認為是非常或是完全不合倫理。相同地，29% 的教授認為借錢給學生在大部分或所有情形下都是合倫理的，但有 50% 的人持相反意見。

教授如果採取強硬的立場反對和學生有任何形式的雙重關係，反而可能會過度反應，並將他們促進學生發展的倫理責任置於一旁而不顧。Lloyd（1992）已經注意到有些教授似乎有「導師關係恐懼症」。雖然這樣的特質描述似乎措詞過度（且不符合研究證據），但它的確貼切地描述某些教授在和研究生相處時所感覺到的不舒服與擔心的情形。小心考慮倫理的規範以及先前在處理多重專業接觸上之標準，應該就可以降低這類關係的風險，且不至於損及原本的一些好處〔想找其他帶有倫理方面問題的假設案例者，可參考 Keith-Spiegel、Wittig、 Perkins、Balogh 和 Whitley（1993）〕。

## ●● 學生的個人成長經驗

對於心理健康專業人員來說，情緒的穩定是諮商能否成功的關鍵因素。許多倫理申訴來自於諮商師的人格特質缺陷、神經質傾向或其他在處理個人壓力上的缺失。許多被教學者認定為愁苦者，是在情緒上不穩定或不適合臨床工作（Forrest et al., 1999）。基於這些原因，教育工作者有責任確保學生情緒的穩定度、適合此專業的氣質，以及辨識與解決會阻礙他們諮商效率的個人議題。機構認證與發照標準中也有規定訓練課程中要確保研究生的情緒穩定度足以和當事人共同工作。

任何能夠增加對當事人的同理心、讓學生有機會可以「站在當事人的角度」，以及能讓學生有體驗學習機會的經驗，都是心理健康專業很重視、認為是重要的教學工具。這些相同的體驗也可以幫助學生覺察到自己的情緒、防衛以及因應策略是如何影響自己與當事人進行有效的工作。有鑑於此，許多課程會將個人成長經驗融入課程當中（Merta, Wolfgang, & McNeil, 1993）。在諮商實驗室中，學生常會彼此互相練習諮商的技巧，在團體課程中他們投入於團體經驗，而在心理測驗的課程中

他們通常回答他們正在學習的心理測驗。納入這些個人成長經驗於課程中的情況一直飽受爭論，部分原因是這讓學生的隱私權與只允許有能力的專業人員進入場域的專業責任相衝突（Corey et al., 2010）。諮商師教育者對於此種體驗課程的倫理議題正反意見都有（Schwab & Neukrug, 1994）。學生對此體驗課程的看法也是正負向的觀點皆有，他們都同意這樣的體驗是很重要的教學方法，但也擔心這樣的體驗會把他們推入自我揭露而產生的不舒服感中（Anderson & Price, 2001）。美國諮商學會的守則提供對於學生成長體驗的標準，讓專業人員可以適度權衡這些無法相對立的倫理價值：

## 美國諮商學會倫理守則

**F.7.b. 自我成長體驗**

諮商教育系所需在招生簡章及系所介紹中，清楚闡明訓練內容涵蓋自我揭露或自我成長的體驗。諮商師教育者在設計訓練體驗課程有要求學生與受督者自我成長與自我揭露時，必須具備專業判斷能力。由於諮商師此時的主要角色是擔任教師、訓練者或是督導者，這些角色都有需為其專業負責的倫理責任，因此必須讓學生與受督者清楚瞭解其自我揭露所可能導致的後果為何。在事先定好的學業評量標準中應清楚聲明體驗性訓練活動不應列入在評量的指標，學生的學業表現不應該受其自我揭露程度的多寡而受到影響。諮商師教育者得要求受訓練者尋求專業協助以處理會影響其專業能力發展的個人議題。



在最新版本的美國心理學會倫理原則中使用如下的語彙：

## 美國心理學會倫理原則

**7.04 學生個人訊息的揭露**

心理師不得要求學生或受督者於課程或課程相關活動中揭露個人資訊，無論是以口頭或書面方式，包含性相關史、被虐待和忽略史、心理治療，以及與父母、同儕、伴侶或重要他人的關係，除非(1)此課程或訓練單位已經在招生簡章或系所簡介中清楚聲明這是必備的要求，或者(2)除非必須獲得這些資訊，以便評估學生的這些困擾問題極有可能妨礙其訓練或參與和專業有關的活動，且會對學生或其他人士造成威脅，或是學生的問題需要外界的協助。

**7.05 強制的個別或團體治療**

a. 當接受個別或團體治療為學程或課程要求的一部分，負責此課程的心理師允許修課的大學部或研究所的學生選擇接受獨立於課程之外的實務工作者的治療課程。

b. 有責任或可能有責任評估學生學業表現的授課教師，本身不能提供治療課程。

---

 American Psychological Association. (2010a). Ethical principles of psychologists and code of conduct (2002, amended June 1, 2010). Retrieved from http://www.apa.org/ethics/code/index.aspx.

合宜運用這些體驗有賴於充分的知後同意、要接受學期評分的內容和自我揭露的品質應該要劃清界線，以及雙方均同意教授盡可能地以尊重學生尊嚴的方式來進行。因為有時候教授被要求必須揭露或進一步探討這些在自我成長體驗當中的揭露，所以學生應該在參加這些體驗前就被清楚告知且瞭解哪些情況下會發生這些事。舉例來說，一個學生應該被告知他在兒童虐待或忽視上所做的揭露，在心理健康專業中是沒有辦法完全保密的。相同地，如果一個學生強烈表達出來她對於未來某種可能工作的對象的強烈不喜歡態度，教授後續一定要跟這個學生談談。由於有這麼多情況對學生都可能不利，學生更應該在事前即充分瞭解自我揭露可能帶來的後續影響。參與成長體驗的教學者可能會發現在探討這些議題時，除了口頭說明之外，伴隨著書面資料會更有幫助。

當課程明顯包含大量的自我揭露或是要求需要投入個人成長活動行為時，有時會使用兼職教師的方式。這些兼職教師較少涉入其他面向的課程，也較少有機會繼續和學生有所接觸，這樣一來，學生與教學者都能更自在與更自信地使用這樣的體驗。如果兼職教師是有能力的且學生足夠開放和參與，學生的成長速度可能會快於

原本教授的帶領。這個做法不是必然的或總是適用，但它對所有參與人員來說的確減少了倫理上的複雜程度。Patrick（1989）也建議盡可能在同儕諮商時避免將學生置於當事人的角色，邀請同校其他系所的學生擔任可能較適合。

教學者檢視學生的自我成長經驗是件苦差事。守則雖然提供指導，但最終教學者還是要做艱難的判斷。學生的不足常是介於有能力與沒有能力之間，也常是介於不甚理想和完全不行之間如此曖昧的情境下，遵循系統性的策略來做倫理決策是關鍵，或是和同事諮詢。嚴格的入學標準可能可以減少問題，但無法完全消除問題。

在 2002 年修訂過後的美國心理學會原則更清楚說明學生揭露個人訊息的限制，明白規範當這樣的揭露被要求是課程的一部分時，訓練課程應向學生進一步說明。這樣的自我揭露應該要在課程申請與招生簡章上註明。限制的例外適用在當個人訊息是學生能力發展的基礎或保護學生或他人的安全時。

## ●● 照護的倫理

Kitchener（1992）指出心理健康界的教師最根本的倫理問題。對於教職有熱忱，往往不是心理健康專業人員變成教育工作者的唯一原因。許多人發現進行研究、諮詢以及社群的參與也都很重要。大學也確實常會獎勵教師投入教學以外的活動。一旦教師常常可以爭取到研究計畫補助或是幫大學爭取到諮詢的合約，則其和學生疏於互動或是教學成效不佳的事實常會被忽略。教師當然可以投入教室外的活動，不僅是因為他們可以從訓練機構中得到正向的回饋以及精進更多的知識，也和個人能從中獲得樂趣有關。然而，諮商與心理教育者不能本末倒置，犧牲個人的教學能力與照護品質而去投入其他的活動。Kitchener 應用 Nodding（1984）關於照護倫理的概念指出，教學者若是無法關注系所訓練計畫、課程與學生，就不是一個良好的楷模，也有愧於促進服務對象的福祉。這種疏於照護的態度不是一個小小的倫理偏差，它完全與專業最核心的倫理價值相違背。

## ●● 對同儕的責任

當然，教學者對同儕如同對學生一樣都有責任。美國心理學會原則的前言即清楚描繪了這些責任：

## 美國心理學會倫理原則

**原則 B：忠誠和責任**

心理師與那些和他們一同工作的人建立互信的關係。他們深知自己對於社會或是他們特定的工作對象負有專業和科學的責任。心理師展現符合專業標準的言行，澄清其專業角色和義務，承擔他們行為的適當責任，以及處理可能導致剝削或傷害的利益衝突。心理師諮詢、轉介或和其他專業人員及機構單位合作，以提供共同服務者最佳的服務品質。他們也關切同儕的科學化與專業行為是否合乎倫理。心理師致力於奉獻一部分的專業時間在無償或是極少個人收益的服務上。

 American Psychological Association. (2010a). Ethical principles of psychologists and code of conduct (2002, amended June 1, 2010). Retrieved from http://www.apa.org/ethics/code/index.aspx.

以下的案例說明對同儕的不當行為。

## Caste 教授推薦信的案例

Caste 教授答應審查一位就職於其他大學的諮商師教育者之升等資料，因為他是申請者要申請之領域的專家。他的審查意見於幾週後被收到，內容只有兩段。審查意見中很少提及申請者所提供的資料。Caste 教授的信不僅顯示出他根本沒有閱讀申請的重要資料，也算錯申請者出版刊物的數量、錯誤解釋其他內容，更做出沒有根據的推斷。Caste 教授在審查意見結尾提出升等不通過的建議。

這樣的行為不符合守則當中所規定的，也就是在處理上要避免傷害並以適當的方式行動。大學一般會依賴校外學者來審查學術上的表現，被委以重任的專業人員務必要勤勉地完成評估。Caste 教授草率行事的代價是讓一名有學術潛力的老師失去升等機會，甚至是工作，如果終身教職的決定包含在其中時。Caste 教授最好的補救辦法是彌補他的錯誤（在這個事件中，他發現他的方式上有誤），也就是寄信收回他在第一封信中所陳述的內容，承認他第一次的檢視不夠周延，並附上公平評估申請者工作的另一封信。如果升等未獲通過，他應該鼓勵學校重新考慮原本的決定，並將此決定告知申請者。他也應該向申請者致歉。沒有以上這些行動的話，這位升等的申請者絕對有理由對 Caste 教授提出倫理申訴。

## 研究的倫理

大部分的諮商師或心理師都不會把自己認定為研究者，反之，他們將研究視為在學術界或特定研究場域的人才會參與的活動。雖然已有許多人努力發展研究生的學校課程，用以訓練科學家—實務者的能力，但實際上大多數的研究生到目前為止只有符合此定義當中的研究消費者。

經濟與社會的改變似乎對研究者與心理健康實務工作者的分野帶來挑戰。由於心理健康與教育場域的實務工作中越來越要求要以實證為基礎，因此需要更多專業人員投入於設計以及執行研究和評量等活動中（Bradley, Sexton, & Smith, 2005; Eisen & Dickey, 1996; Lambert, 2010; Sexton et al., 1997）。舉例來說，管理式照護系統持續蒐集資料，不僅是為了能夠更有效地提供治療給特定的當事人，也想瞭解某種特定治療形式或情境的治療結果（Dimmitt, Carey, & Hatch, 2007; Reed & Eisman, 2007）。學校與社區機構經歷越來越多績效責任的壓力，結果造成過去專業人員可以對研究與學術評量置身事外的好日子已不復見。第三方付費者以及當事人同樣也都在找尋更多治療有效以及可帶來預期效果的證據（Goodheart, Kazdin, & Sternberg, 2007; Sexton & Liddle, 2001）。本節指出實務工作者將面臨的重要倫理問題，並指引他們未來研究上的合宜資源。研究者所擔負的倫理責任是：(1)發展出可被科學接受、值得花費參與者的時間且有合理機會可得到有意義結果的研究方案；(2)保護研究參與者的安全與權益（包含人和動物）；(3)公正且正確報告研究結果；並且(4)和同事共同合作並分享研究資料。想知道更多關於研究倫理準則的詳細資訊，可以參考 Sieber（1992）以及 Sales 和 Folkman（2000）等有幫助的資料。

## ●● 好的科學與好的倫理

心理學領域中大部分的研究都是以人為研究對象，這類的研究設計有時候會為參與者帶來風險。研究者想要檢視父母罹患愛滋病的孩子在社交與情緒上的影響時，就可能讓這些孩子與他們的父母暴露於心理傷害的危險中。在揭露研究者所要求的訊息時，參與者可能會感受到痛苦的情緒或覺知到他們先前尚未發現的問題，而父母與孩子在研究過後也可能會面臨一些互動上的困難。這些風險是可以克服的，且為了能獲得相關訊息，有時也值得忍耐。但是無論如何，如果研究的設計沒有以科學的嚴謹方式來進行，那麼能夠得到效果與有意義結論的機會就微乎其微。在研究設計上的嚴重缺陷甚至可能導致結果與真實事件之狀態完全相反。不管是上述的哪種情形，非但未能在科學上獲益，反而讓研究參與者承受心理風險，這是非常不正當的。

Rosenthal（1994）更進一步分析這些情形，他主張不良的研究設計以及研究執行是不合乎倫理的，即使參與者沒有陷於被傷害或不舒服的情境也是一樣。他認為參與者奉獻寶貴的時間、注意力與合作，這些東西不論是在研究風險低還是高的情況下都很有價值。他以一種有趣的方式來比喻，他鼓勵研究者把參與者視為是一種「提供獎勵補助的來源」，因此研究者應對這些人負起責任。不良的研究設計不僅浪費參與者的時間，更會讓人對於參與此類研究的價值感到存疑，這可能會讓其他更有價值的研究計畫人員招募不到參與者。不夠完善的研究設計違反了受益權以及要求忠誠權，即使他們並沒有真的造成傷害。Gelso（1985）把這個問題視為是最嚴謹與相關的議題之一。有價值的研究同時需要嚴謹的研究設計以及與實務相關。

好的科學同時也假設要能顧及對於多樣性議題的敏感度（Scott-Jones, 2000），譬如，研究者只抽樣單一性別，卻將結果歸納到兩種性別的參與者身上，或忘記告知在文化或種族多樣性的取樣限制，這些行為都不適當。這樣的研究發現有被誤用的危險，特別是對那些沒有涵蓋在他們研究樣本中的族群而言。以下是美國諮商學會守則對此議題的簡短描述：

## 美國諮商學會倫理守則

**G.1.g. 多元文化／研究中多樣性的考量**

在符合研究目標的前提下，諮商師需盡量敏感於將文化意涵納入研究過程的考量。必要時可尋求諮詢。



實務工作者要怎樣確定研究有足夠的品質以避免風險呢？顯然，好的科學需要研究者有能力概念化、設計並分析他們計畫中所得到的資料，且瞭解近期在同一主題上的其他研究。實務工作者在以上能力中有任何一項不足時，應在著手從事包含人或動物的研究計畫之前尋求相關的訓練與諮詢。

## ●● 保護研究參與者的權利

確保研究計畫符合科學特性只是合乎研究倫理的要素之一，即使在科學上有所獲益，也不該是建立在犧牲參與者的健康或福祉之上。關於忽視參與者權益之下盲目投入科學研究所加重的傷害，歷史上已有許多慘痛的教訓。Tuskegee 的實驗、1960 年代在慢性病患者身上注射活體癌症細胞，以及在未事先告知下以電子監控陪審團室中的陪審團，這三個就是具傷害性研究中最惡名昭彰的例子（Katz, 1972）。心理健康專業人員為了預防這種違反倫理的事件再次發生，已經透過將此主題納入倫理守則的方式來進行。事實上，保護參與者的權益比任何其他議題還受到研究倫理的重視。基本上這些守則資料要求：

- 以公平、非強制的方式來招募參與者，並尊重他們的尊嚴。
- 合理使用對於參與者的獎賞，避免獎賞過於誘人讓人難以拒絕。
- 以能夠被理解的方式來溝通知後同意。
- 積極保護那些脆弱易受傷害者（如囚犯或機構安置的病患）或那些沒有能力給予知後同意者的權益。

- 提供參與研究的「同意權」給孩子，即使這類參與者正式的知後同意參與權是來自父母或監護人（Kodish, 2005; Powell & Vache-Hasse, 1994）。
- 避免在研究中欺瞞參與者，除非有證據支持欺瞞在該研究當中具科學價值，且沒有其他更好的替代方式存在（Lindsey, 1984; Pittinger, 2002）。
- 如果參與者想知道的話，應在資料公開的第一時間向他們說明研究的結果（Fernandez, Kodish, & Weijer, 2003）〔這樣的過程也被稱為**匯報**（debriefing）〕。
- 保護研究參與者的匿名性，並為他們自我揭露的內容保密，除非他們清楚地同意釋出個人訊息。
- 監督參與研究的其他人，例如研究生以及技術人員，以確保他們不會損害參與者的權益。

許多上述列出的倫理準則也已納入法律或規則的條文當中。聯邦的規定在美國聯邦法規第 45 條中有詳細的介紹（Office for Human Research Protections, 1991）。因此對於違反研究倫理的處罰是可擴及到專業學會規範之外。法規當中的一部分是規範人類研究的，聯邦政府已經命令在研究機構成立機構審查委員會（institutional review boards, IRBs），來審核與監督任何可能涉入傷害人體風險的研究。機構審查委員會大部分的職責是確保研究者尊重參與者的權利以及使風險最小化。這個委員會對提出審核的計畫有權准許通過、拒絕或命令研究者修改研究計畫，並持續監控正在進行的研究是否符合法律的規定。機構審查委員會所投出的反對票可防止研究往下一步前進，且在研究過程中，如果審查不通過可以阻止研究繼續進行。在心理或臨床研究中，機構審查委員會的委員將特別關注知後同意流程的完整性與可瞭解性、參與者的自願性，以及對於蒐集而來之保密訊息的保護。他們也檢視研究計畫，確保參與者瞭解他們可以隨時退出研究而不會被處罰，以及他們在研究過程的任何時間點均可聯絡研究者詢問問題。所有和機構有關的研究者均需讓他們的研究計畫通過機構審查委員會的審核，這個義務適用於學生、教授、自願者以及其他受僱者。

心理健康研究者對於動物研究的倚重較不如自然科學，但仍然有一些很重要的研究，特別是一直以來研究者都以猴子作為研究對象。動物權益保護運動嚴厲批評在心理與醫學研究上使用動物是一件殘忍的事（Galvin & Herzog, 1992; Koocher & Keith-Spiegel, 2007）。關於動物研究道德的哲學思辯仍無定論，但這個運動已經造成許多改變，其中包括更多新的聯邦規定、更清楚的倫理準則以及在機構成立進行動物研究的審查委員會（Bersoff, 2003）。因此心理健康專業人員有必要知道在進行動物研究時的倫理規範。1993 年美國心理學會出版了「照顧與運用動物之倫理指引」（*Guidelines for Ethical Conduct in the Care and Use of Animals*）（APA, 1993），其中說明什麼樣的情況下使用動物做研究是可行的、照顧動物者的責任、人工飼養動物的環境、恰當的實驗與田野研究程序，以及基於教育目的善待動物等。美國心理學會在 2010 年還新增了非人工飼養動物之研究情況於指引中（http://www.apa.org/science/leadership/care/animal-guide-2010.pdf）。這個準則設計來防止動物的福祉被侵犯，此為動物權益保護人士一直提倡的，並確保有價值的研究可持續進行。

## ●● 公平與客觀的陳述結果

在研究資料蒐集與分析完成之後，研究者有更多的倫理責任。最基本的責任就是將結果正確呈現在任何出版物或告知參與者或同事。不幸的是，這種錯誤呈現研究結果的例子屢見不鮮。Miller 和 Hersen（1992）引述許多惡名昭彰的例子，包括研究者偽造資料、竄改發現、選擇性地僅報導獲得支持的結果，以及以各種方式誤導社會大眾有關他們的研究結果。Sales 和 Lavin（2000）也注意到研究者為了持續獲得贊助單位的研究經費補助而承受壓力，這樣的壓力有時會誘使研究者犯下這類的錯誤行為。最近 Martinson、Anderson 和 de Vries（2005）的研究中就指出不合研究倫理的行為遠比想像的來得普遍，在他們研究數千名美國的科學家中，即發現有三分之一的受訪者過去三年內曾有過至少一項不符合倫理的行為（捏造、竄改或抄襲之一）。守則中相當清楚地說明這個議題：

## ✷ 美國心理學會倫理原則

**8.10 陳述研究結果**

a. 心理師不可偽造數據資料（同時可參考原則 5.01a，避免錯誤或欺騙的陳述）。

b. 如果心理師發現在他們已發表資料中有明顯的錯誤時，他們應採取合理的措施來更正這個錯誤，如以訂正、撤回、勘誤或其他適當的公開方式。

**8.11 剽竊**

心理師不可將他人的部分工作成果或資料當作自己的來發表，即使他人工作成果或資料來源偶爾有被引用。



## ✷ 美國諮商學會倫理守則

**G.4. 報告結果**

a. 準確的結果。諮商師必須正確地計畫、執行以及報告研究結果。諮商師必須完整說明研究結果的限制並提出其他的替代性假設。諮商師不得從事有誤導或欺瞞的研究、扭曲資料、錯誤呈現資料，或是故意使研究結果有偏誤。諮商師必須明確地向調查者提及所有可能會影響研究結果或資料解釋的變項和情況。諮商師必須說明研究結果適用在各多元族群的情形。

b. 報告不利的結果之義務。諮商師應報告所有具有專業價值的研究結果。若研究結果不利於組織、系所、所提供的服務或既得利益者，也不得隱瞞。

c. 報告錯誤。若諮商師發現已發表的研究中有重大的錯誤，應採取適當的步驟，用修正勘誤或是其他發展上的合宜方式來糾正這些錯誤。

違反這類行為的情形似乎常發生在研究者的自我利益凌駕於他們的判斷之上，以及當研究環境極力要求要有研究產量而不考慮專業準則對行為的規範時。當專業人員介入並舉發研究中的錯誤行為時，他們顯然是以倫理的準則來行事。當專業人員扮演「告發者」的角色，長期來看他們不會後悔他們所做的這個決定，儘管這樣的行為會引發不舒服，特別是當其他人或機構想要報復他們的時候。請見 Sprague（1993）描述他舉發 Stephen E. Breuning 研究失當的一段精彩經歷。

另一個造成修改或更動研究資料的原因也要特別注意。在小型且單一作者的研究以及質性研究設計中，常常只有研究者一個人可取得這些原始資料。研究者在執行此類研究的過程中通常很少受到監督，且即使有竄改資料，也少有機會被逮到。當研究者對研究結果賦予期待的時候，他們就可能會陷入更改資料以符合他們期待的危險中。結論是，研究倫理有賴個別研究者的正直誠實，以及其服務的研究中心能適當監督所有在機構內執行的計畫。那些想對研究倫理視而不見的研究者，以及那些罔顧專業倫理價值的人，最好要記住兩件事情：即使一個小小的資料誤報也可能毀掉生涯以及名譽，以及在這個領域嚴格執行這些準則的情形正逐漸改善中。

有時研究者得到的研究結果與他們的期待或現階段的理論背道而馳。在此情況下，研究者可能會想隱匿不報這樣的結果。但是，不發表這些結果的做法也與應該正確溝通結果的責任相違背且不恰當。隱藏這樣的結果可能意味著其他研究者同樣會重蹈覆轍，且延誤對有興趣探究現象的完整理解。再重申一次，專業人員的責任是提供更好的服務，而不是為了他或她個人的喜好。

質性研究方法的興起是呼應心理健康領域的熱忱和懷疑精神。這種研究典範的操作與一般量化方法相當不同，也因此有著獨特的研究挑戰。研究者對研究結果不自覺的假設所造成的衝擊、參與者在質化研究中比起量化研究揭露更多有關自己的事，以及在質性研究中雙重關係的問題等，都增加了質性研究的風險。請見 Haverkamp（2005）以及 Rowan（2000）關於這個問題更詳細的討論。

## ●● 與研究同儕合作

臨床研究的最終目標是希望增加專業上對於人類行為的瞭解。只要能讓專業人員瞭解哪些因素影響他們與當事人工作的效能，都是對社會有益的研究。研究的目標不是為了建立專業人員個人的名聲，或保障工作或為了酬勞，雖然這些結果的確可能是研究所帶來的間接好處。因此，所謂的研究應該是指一個合作的過程，過程中研究者分享研究結果給同儕，且其中來自同儕的批評應是基於教育性的目的而非懲罰性。保留研究資料而不告知有需要知道研究資料的同儕非常不道德，因為這與研究的基本目的完全背道而馳。當然無可避免的，研究者常處於需競爭經費、升等或獲得大眾支持的立場。這樣的競爭某種程度也可激發研究者更積極地進行研究，但這也可能促發同領域工作者之間的對立以及不願意共同合作的態度。

研究者最好能將原始資料保存數年，以供其他具資格的研究者想要分析的時候可以使用。守則沒有明訂這些資料精確要保留多久的時間，但謹慎而言至少要 10 年。現在有很多資料可儲存在可攜式電腦硬碟，這很適合無限期地保存這些原始資料。唯一要注意的是這類資料的分享與研究參與者的權利有關。

## ●● 研究發表的功勞

影響專業人員願意分享資訊的壓力同時也會影響他們對發表研究的態度，因此導致他們傾向接受發表中不當的功勞（Geelhoed, Phillips, Fischer, Shpungin, & Gong, 2007; Jones, 1999）。Godlee（2009）所發表的研究中顯示，有 20% 之多的醫學期刊文章有所謂的「掛名作者」，這些人對於掛名的研究毫無貢獻。在一個「不出版即完蛋」的環境下，研究者可能變成過度注重自己的出版數量，而較不注意他們的品質與對於研究的真實貢獻。目前得知有些人已經以「交易作者排序」來換取好處。美國心理學會及美國諮商學會守則都直接談到此問題且有很清楚的描述。他們規定專業人員要在實質有做出貢獻的情形才可接受文章作者的頭銜。作者姓名的排序應該反映出他們對於研究的貢獻程度以及撰寫程度。第二，沒有人可以在未參與研究的情況下還列入作者群中。舉例來說，沒有實際參與計畫而只是在計畫執行時身為指導教授或系主任者不應掛名。教授的功勞比實際參與者更多的時候，是在濫用權力來控制學生，這樣的行為會造成學生相當大的困擾，如同 Nguyen 和 Nguyen（2006）的研究所描述的。第三，當學生的畢業論文或學術論文發表時，如果指導教授的名字也同時出現，學生應是第一作者（美國心理學會倫理原則，8.12c）。一般來說，指導教授只有在有實際參與研究的時候才會考慮要掛名為第二作者（APA

Ethics Committee, 1983）。至於在其他教授與學生共同合作的研究中，教授有責任尊重學生的貢獻並對於他們所付出的工作給予合宜的功勞（Fine & Kurdek, 1993; Goodyear, Crego, & Johnston, 1992），這個論點深獲學生肯定（Tryon, Bishop, & Hatfield, 2007）。最後，要投稿時，在同一時間內只能投到一份期刊（美國諮商學會倫理守則， G.5.g）。然而，如果這本期刊決定不刊登此文，作者當然就可以將這篇文章投稿到另外一本期刊。

對於督導學生進行研究的教學者來說，他們必然的責任之一即是教導學生重視研究的誠信，這似乎是在任何一堂碩士程度的課程中所學不到的（Wester, 2007）。Wester 提供許多建議來補救這樣的缺憾，美國健康與人類服務部的正直研究局（Office of Research Integrity）的網站上也有許多資源可協助教育者與研究者（http://ori.dhhs.gov/）。可想而知，博士班學生對於自己已經接受過的關於研究責任的訓練比較有信心，雖然他們只有少數的人正著手於臨床或多樣性族群的研究（Fisher, Fried, & Feldman, 2009）。

## ✸ 美國諮商學會倫理守則

### G.5. 出版

a. 釐清貢獻程度。當進行與報告研究結果時，諮商師必須熟悉與註明此主題已有的研究發現、遵守著作權法，並向有功勞者充分致意。

d. 有貢獻者。諮商師透過共同作者、寫致謝詞、註腳或其他方式，根據其貢獻程度來表達對此研究或其概念發展有重大貢獻者的感謝。主要貢獻者排名在最前面，其他技術協助或次要的專業貢獻者則註記在註腳或引言的說明中。

e. 貢獻者的同意書。諮商師與同事或學生／受督者共同進行研究之前，必須先行簽訂同意書，討論關於任務的分配、出版的貢獻度以及會收到的致謝方式。

f. 學生研究。若著作內容大多是基於學生的課程報告、計畫、論文，或學生曾經是主要的作者，則他們應被列在主要作者中。

---

## 對諮商與治療研究者的特殊倫理考量

在諮商與心理治療的歷程與效果研究中，研究者有四件需要格外注意的事。第一個是關於實驗設計。研究者在探索諮商介入的效用時通常會使用對照組的實驗設計。一組或多組接受實驗處理，而其他組別則接受標準的實驗處理或安慰劑。因為所有參與者都有可能從針對問題而採行的新治療中受益，所以一定要省思一個問題——不給予實驗處理是否合乎倫理。當設計這類研究時，許多因素都應加以考量。首先，無法保證實驗處理是有效的；它可能沒有效果或甚至有反效果。第二，如果沒有對照組就無法確定新實驗處理的效果，也因此無法確保治療的有效性。第三，通常實驗處理並不是真的不給，而是會延遲給予。當實驗設計有包含對照組時，通常的標準程序是在初期的研究階段完成後即提供新的實驗處理給這些人。研究者考慮研究設計時，若連最基本的在完成研究初期階段後即提供被證實有效用的實驗處理給對照組都沒有做時，就沒有遵循現行的指引方針。

第二個特別需要注意的是因應實驗處理對參與者的影響。只要研究是針對臨床的當事人時，研究者就有責任在有惡化可能的研究中警示惡化的效果以及做適當的介入。在此情形下，為了個體的福祉一定要犧牲科學的利益，同時也要做出適當的轉介。那些自願參與研究的人也應在提供參與的知後同意時就清楚瞭解有這些選擇。若心理治療的效果研究是針對孩童或其他無法律行為能力者進行時，即要注意額外的倫理問題（Kendall & Suveg, 2008）。

第三個要關注的是關於當事人書面資料的可取得性，以及取得時對當事人的知會。檢視沒有實際參與研究的當事人紀錄是具爭議的，既然不會有任何人會因為這樣的研究而被置於危險之中或造成其困擾，研究似乎不需要知後同意，但是，他們當初同意來諮商時並沒有預期到自己的諮商紀錄會被檢視。研究者承諾對文件進行保密可稍微減少這樣的擔憂，但這樣的行為還是沒有充分符合尊重當事人的尊嚴以及隱私權。因此，最好盡可能在檢視任何紀錄前取得當事人的同意，或在諮商或治療一開始的同意書中就廣義地納入這一部分的同意，如此一來就符合醫療保險可攜性與責任法案的準則。如果這些選項都不可能做到的話，也許臨床實務工作者可在研究者使用前就把當事人所有可辨識的訊息刪除〔請見 DuBois（2008）對心理健康研究倫理議題有更詳細的分析〕。

倫理問題也發生在臨床實務工作者發表臨床案例素材時。美國心理學會倫理原則在底下說明這個議題：

## ✸ 美國心理學會倫理原則

**4.07 基於教學訓練或其他目的使用保密內容**

心理師不得於其著作、演講或其他公開媒介中，揭露那些於工作期間所獲得保密的、關於他們當事人／病患、學生、研究參與者、機構當事人或其他接受服務者之可辨識的個人資訊，除非(1)他們採取適當的措施隱匿這個人或機構的基本資訊，(2)此人或組織已同意被寫入，或者(3)基於法律的授權要如此做。



Stoller（1988）引述當事人發現關於自己的個人訊息在沒有他們同意或告知他們的情形下就被出版的例子。他們感覺難過與被背叛，即使已經取得同意發表的情形下也是如此，Garvey 和 Braun（1997）提醒心理健康專業人員要特別留意，有的當事人是因為害怕諮商師疏遠而順從，但是內心並不是真正的同意。由於公開使用從個案研究而得的訊息是一個教導新手專業人員以及探索複雜治療成效的重要機制，不必放棄運用這個管道。相反地，他們應該謹慎處理當事人知後同意的權利以及保密和確保匿名。《諮商與價值》（*Counseling and Values*）期刊在 2010 年出版的特刊中所撰寫的當事人心態，值得對此議題有興趣的人進一步瞭解。

第四個特別需要關注的是提供回饋。倫理守則規定如果參與者想知道研究結果的相關訊息，就應提供給他們這樣的回饋（美國諮商學會倫理守則，G.2.h；美國心理學會倫理原則，8.08）。但是有些研究顯示對參與者呈現研究結果常被忽略。McConnell 和 Kerbs（1993）發現在他們的研究當中，有超過 30% 的研究者沒有提供在參與者同意參與研究時所允諾的回饋。根據作者所言，這樣的情形常發生是因為研究者將提供研究回饋的優先順序放到很後面。為了避免這樣的問題，研究者應重新編排他們的優先順序以及將時間規劃得更有效率，以便能及時提供回饋。若未能提供回應，將會減低參與者未來自願參與其他研究的意願。

由於進行研究的花費可能所費不貲，為研究找尋金援的過程中，研究者可能會面臨倫理上的挑戰，這尤其容易發生在藥廠、保險業者以及其他營利單位對治療介入感到興趣而支持研究的進行當中（且只有少數管道有資源來資助研究）。在這樣的情形下，第三方對研究提供經濟援助，心理健康專業人員一定要公開贊助研究的單位名稱、在設計研究時盡可能秉持客觀與嚴謹的態度、即使研究結果與提供金援者所預期的相違背也要公開真實的結果，以及對於研究結果可能被誤用保持高度的警覺。研究者或藥廠公司隱瞞不支持使用該藥物的研究報告，或提供錯誤數據資料以符合援助方預期的情況時有所聞。事實上，當醫生或心理師接受製藥公司的金錢援助、由製造商提供醫藥器材，以及有關的第三方贊助經費時，許多醫院、專業期刊以及專業學會都要求應把這樣的關係開誠布公地在研究資料中交代清楚。

## 摘要

關於教學的倫理議題與督導的倫理議題類似。教學者不僅對學生有責任，也對學生服務的社會大眾以及專業領域有責任。教學者若缺乏適當的知能、對個別差異不具敏感度或採用不客觀的方法時就違反了倫理準則。當他們剝削學生得到好的評量成績、參與研究或接受諮商的需求時，亦屬處理不當而有罪。教學者對同事做出不負責任的行為時，其過錯並不小於上述的逾越行為。

由於教學者被鼓勵以導師的身分來引領學生，他們一定要注意，不要讓導師關係逾越專業接觸中的合宜界線。師生間的界線關係不需要像諮商關係一樣的僵化或窄化，但這樣的界線仍是存在。照護與尊重學生自主權的倫理標準是導向有效、負責任教學與教導的有用方針。

研究者有許多重要的倫理責任，包含進行有品質研究的知能、保護人或動物參與者的權利、和研究社群交流與分享研究的結果、避免在研究結果的出版上有欺騙或誤導的情形，以及唯有在資格符合的情形下才主張自己具有作者的身分。研究者一定要將尊重

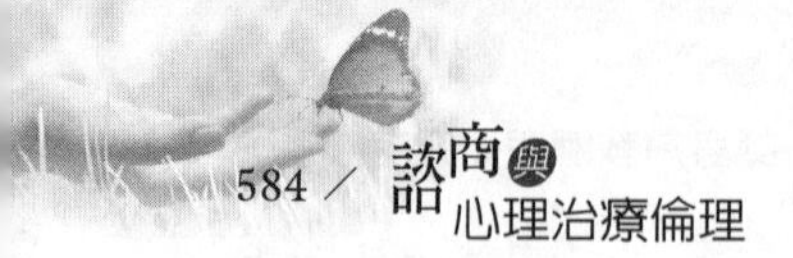



參與者的尊嚴列入他們職責的優先考慮，並將有益於提升科學的理想性置於個人利益之前。

## 問題討論

1. 有些諮商與心理治療訓練課程要求學生在研究所期間要有接受個別諮商的經驗。假若諮商不是由教學的教師所提供的，你覺得這當中涉及哪些倫理面向？
2. 大學教授應如何處理在教室外不小心聽見學生對多元文化不敏感或是帶有偏見的言論？
3. 大學極力鼓勵教授透過遠距教學與網路的方式來教授課程。有些心理健康的課程完全是以遠距離教學的方式進行。從教學者身負臨床訓練守門人之責來看，你對這種臨床訓練的方式涉及的倫理議題有何看法？
4. 有些博士班極力鼓勵學生在博士論文上進行與指導教授同領域的研究。他們沒有被限制不能選擇其他的選項，但是他們在其他選項中所獲得的協助較少。這是否有違反倫理？為何有？為何沒有？
5. 許多在我們領域的研究都有所謂的「便利取樣」，例如抽取大學生或研究生而非其他在社會當中較難取得的群體。這樣的取樣方式會引發什麼樣的倫理問題？
6. 研究中的完全客觀是天方夜譚。研究者當然會「希望」他們的研究有特定的結果。當研究結果與其預期結果相反時，這些研究者要如何有效地處理對研究結果與預期相違背時的失望？

## 個案討論

Jefferson 對心理健康諮商師教授諮商方法這門課。在課程中，他以他在個人執業的例子作為概念的解說，且有時候會在班上播放技術的角色扮演帶。在一次課程中，他在班上徵求一位願意在團體前揭露個人議題的自願者，以便他在課堂中示範一次諮商療程的實況。他認為這樣的示範最能有效教導諮商方法。在 18 年的教學過程中，他這樣的請求從未被拒絕過。學生個人議題的範圍從考試焦慮到有自殺意念的憂鬱症都有。在課程後，他轉介需要進一步諮商的自願者到大學的諮商中心去。Jefferson 的行為是否符合倫理中對心理健康教育者的規範？如果不符合，那他可以做些什麼來使情況更符合倫理規範？

Kara 正著手於研究網路諮商的倫理，她最有興趣的是探究網路諮商師所提供的諮商品質，因此她佯裝成一名有憂鬱情緒的當事人，並到 35 個不同的網站上接受線上諮商。她將她的研究發表在一本有影響力的期刊上，一名網路諮商師認出 Kara 所提的問題，並向倫理單位舉發她的行為。他控告她違反了倫理守則，因為她欺瞞他，讓他相信她是一名真的個案，且他並未同意參與這個研究。如果你是倫理委員會的委員，你會怎麼回應對於 Kara 所提出的這個申訴？

## 建議讀物


American Psychological Association. (1982). *Ethical principles in the conduct of research with human participants*. Washington, D.C.: Author.

Fine, M. A., & Kurdek, L. A. (1993). Reflections on determining authorship credit and authorship order on faculty–student collaborations. *American Psychologist*, *48*, 1141–1147.

Haverkamp, B. E. (2005). Ethical perspectives on qualitative research in applied psychology. *Journal of Counseling Psychology*, *52*, 146–155.

Johnson, W. B., & Campbell, C. D. (2004). Character and fitness requirements for professional psychologists: Training directors' perspectives. *Professional Psychology: Research and Practice*, *35*, 405–411.

Keith-Spiegel, P., Wittig, A. F., Perkins, D. V., Balogh, D. W., & Whitley, B. E., Jr. (1993). *The ethics of teaching: A casebook*. Muncie, IN: Ball State University.

Kodish, E. (2005). *Ethics and research with children: A case-based approach*. New York: Oxford.

Rosenthal, R. (1994). Science and ethics in conducting, analyzing, and reporting psychological research. *Psychological Science*, *5*, 127–134.

Sales, B. D., & Folkman, S. (Eds.). (2000). *Ethics in research with human participants*. Washington, D.C.: American Psychological Association.

Sieber, J. E. (1992). *Planning ethically responsible research: A guide for students and internal review boards*. Newbury Park, CA: Sage.

Tabachnick, B. G., Keith-Spiegel, P. S., & Pope, K. S. (1991). Ethics of teaching: Beliefs and behaviors of psychologists as educators. *American Psychologist*, *46*, 506–515.

Welfel, E. R. (2012). Teaching ethics: Models, methods, and challenges. In S. J. Knapp. M. C. Gottlieb, & M. M. Handelsman (Eds). *APA Handbook of Ethics in Psychology* (Vol. 2, pp. 277–305). Washington, D.C.: APA Press.

## 其他網路資源

正直研究局有關避免剽竊的相關內容：http://ori.dhhs.gov/education/products/plagiarism/

正直研究局的其他指引：http://ori.dhhs.gov/publications/handbooks.shtml

附錄 A

# 美國諮商學會倫理守則與實務準則

## 前言

美國諮商學會是一個教育性、科學性及專業性的組織，其會員在各種場域工作並提供多項不同服務。美國諮商學會成員致力於促進人類一生的歷程發展。本學會重視多元價值觀且秉持跨文化的觀點，支持來自不同社會與文化個體的價值、尊嚴、潛力與獨特性。

專業的價值觀是展現倫理承諾的重要方式。價值觀宣揚了原則。這些指引著我們行為甚或超越所期待行為的根深蒂固的價值觀，並非受制於外部組織的強制要求，而是深深烙印在諮商師身上，且是依循諮商師的承諾而來。

## 目的

**美國諮商學會倫理守則**有以下五大目標：

1. **守則**讓學會得以向現有與未來會員以及被會員服務者闡明在一般情況下，會員應遵守之倫理責任。
2. **守則**協助彰顯組織之使命及宗旨。
3. **守則**建立原則，定義學會會員合乎倫理之行為以及最佳的實務準則。
4. **守則**作為一倫理指南，旨在協助會員建立專業的行事方針，俾能用最佳的品質以服務諮商使用者，且提升諮商專業的價值。
5. **守則**可作為面對倫理申訴與外人質疑會員行為時之準則。

**美國諮商學會倫理守則**包含以下八個主要部分：

A 部分：諮商關係

B 部分：保密、溝通特權以及隱私

C 部分：專業責任

D 部分：與其他專業人員的關係

E 部分：評估、衡鑑與解釋

F 部分：督導、訓練與教學

G 部分：研究與出版

H 部分：解決倫理議題

**美國諮商學會倫理守則**的每一個部分都由引言開始。引言會討論諮商師理想上應該展現的倫理行為與責任。引言為該部分定調，並為**美國諮商學會倫理守則**在該部分所規範的每一個倫理準則提供一個反思的起始點。

當諮商師面臨倫理上進退兩難、難以解決的困境時，應該要遵循一個深思熟慮的決策過程。諮商師之間的意見或看法有歧見是必然的，但是當有衝突時，諮商師之間仍須將價值觀、倫理原則與準則列入考量。雖然迄今並無任何一個可以放諸四海皆準、最有效果的倫理決策模式，諮商師仍應熟悉一個可靠的、經得起公眾監督且實用性高的決策模式。

透過精選的倫理決策過程，以及評估所處情境的來龍去脈，諮商師將有能力做出能夠拓展人們成長和發展能力的決策。守則中也會提供簡要的名詞界定，協助讀者瞭解**美國諮商學會倫理守則**中的若干詞彙。

## ●● A 部分：諮商關係

### ▶▶ 引言

諮商師藉由增進當事人利益與福祉以及形成健康關係的方式，來鼓勵其成長與發展。諮商師需主動積極地瞭解其服務當事人之多樣性文化背景。諮商師也需探索自身的文化認同，以及這些文化認同如何影響自己對於諮商過程的價值與信念。

諮商師應付出一部分少償或是無償的專業服務，以回饋社會。（**公益目的**）

#### A.1. 諮商師服務對象之福祉

##### A.1.a 首要的責任

諮商師首要的責任是尊重當事人的尊嚴，並增進其福祉。

##### A.1.b. 紀錄

為了提供當事人專業的服務以及應法律、條例，或機構組織程序之需求，諮商師需保留紀錄。諮商師之當事人紀錄應包含及時且足量之文件，以促進有效益且持續之必要服務。諮商師需採取合理的措施，確保紀錄中的文件能夠準確地呈現當事人的進展以及所提供之服務。如果當事人紀錄中有所謬誤，諮商師應依循機構或組織之規定，循序修正這些錯誤。（見A.12.g.7.,

B.6., B.6.g., G.2.j.）

A.1.c. 諮商計畫

諮商師與當事人應共同合作擬訂統整的諮商計畫，此計畫是成功可期且符合當事人的能力，並且和其所處情境一致。諮商師與當事人定期檢視諮商計畫，以評估他們已進行之可行性與成效，並能尊重當事人選擇的自由。（見 A.2.a., A.2.d., A.12.g.）

A.1.d. 納入支持網絡

諮商師能夠體認到支持網絡在當事人生活中蘊含多種意義，也考量當時機恰當且在當事人同意之下，將這些人的支持、瞭解及參與納入正向資源（例如宗教／靈性／社區領導者、家族成員、朋友）。

A.1.e. 就業需求

諮商師在與有就業需求的當事人工作時，必須考慮到其就業條件需符合其整體能力、職業限制、生理限制、一般性格、興趣與性向、社交技巧、教育、一般條件，以及其他相關的特質和當事人之需求。如果適當的話，受過適當職涯發展訓練的諮商師，應適時協助當事人之職業安置，此安置必須與當事人、雇主和／或大眾之利益、文化與福祉一致。

## A.2. 諮商關係中的知後同意（見 A.12.g., B.5., B.6.b., E.3., E.13.b., F.1.c., G.2.a.）

A.2.a. 知後同意

當事人對於是否要進入或維持一段諮商關係擁有選擇的自由權，且有權利要求要有充分的資訊以瞭解諮商過程及諮商師。諮商師有義務以書面和口頭方式檢視當事人以及諮商師的權利與責任。知後同意在諮商過程中是持續進行的，諮商師在整個諮商關係中適當地以文件記錄有關知後同意的討論。

A.2.b. 需知會的訊息類型

諮商師明確地向當事人說明所有所提供服務的性質。他們告知當事人的訊息議題如下，但不限於這些：諮商目的、目標、技術、程序、限制、可能的風險，以及所提供的服務會帶來的好處；諮商師的資格、證照和相關經驗；當諮商師無能力或死亡時的後續服務；以及其他恰當的資訊。諮商師採取適當的步驟以確保當事人瞭解診斷的含意、使用測驗的意圖，以及報告、費用與付費方式的安排。當事人保有隱私權和得知其限制的權利（包含督導和治療團隊將如何涉入）；獲得諮商紀錄的清楚資訊；參與正在進行的諮商計畫；可以拒絕任何服務或形式的改變，以及被告知拒絕的可能後果。

A.2.c. 兼具發展性和文化性的敏感度

諮商師在溝通訊息時要同時顧及發展性和文化性。當討論與知後同意相關的議題時，諮商師使用清楚且容易瞭解的語言。一旦當事人對於諮商師所使用的語言難以理解，諮商師應提供必要的服務（例如，安排適當的翻譯）以確保當事人理解。在與當事人合作的情形下，諮商師考量知後同意中所蘊含的文化議題，並於必要時，適當地調整他們的實務。

A.2.d. 沒有能力給予同意權

當諮商那些沒有能力給予自主知後同意權的未成年人或成人當事人時，諮商師盡可能尋求這些當事人同意接受服務，且於決策過程中適當地將其納入。諮商師很清楚自己必須在滿足當事人倫理上做選擇的權利、當事人同意或贊同接受服務的能力、父母或家庭法定代理人保護這些當事人以及為他們行為做決定的法律權力和責任等需求之間找到平衡。

## A.3. 由他人服務的當事人

當諮商師發覺當事人與其他心理健康專業人員有專業關係時，諮商師應徵求當事人同意，告知其他專業人員，並致力於建立正向合作的專業關係。

## A.4. 避免傷害以及強加價值觀

A.4.a. 避免傷害

諮商師行事應避免傷害到其當事人、受訓者以及研究參與者，並降低或彌補不可避免或意料之外的傷害。

A.4.b. 個人價值觀

諮商師應了然於自己的價值觀、態度、信念與行為，且避免強加與諮商目標不符的價值觀。諮商師應尊重當事人、受訓者及研究參與者的多樣性。

## A.5. 專業人員與當事人的角色及關係（見 F.3., F.10., G.3.）

A.5.a. 現任當事人

絕對禁止諮商師與現任當事人、他們的伴侶或家庭成員有性或情愛的諮商師－當事人互動或關係。

A.5.b. 前任當事人

在最後一次專業接觸結束後的五年內，禁止諮商師與前任當事人或其家庭成員發生性或情愛的諮商師—當事人互動或關係。諮商師在上一段專業接觸結束的五年後跟當事人或其家屬發生性或情愛的互動或關係前，要（以文字）舉證說明曾經事先深思熟慮過這樣的接觸互動或關係是否帶有剝削性質，且／或是否仍有傷害前任當事人的可能性。若是有剝削與／或傷害的可能，諮商師就要避免進入這樣的互動或關係中。

A.5.c. 非專業的互動或關係（除了性或情愛的互動或關係之外）

諮商師與當事人、前任當事人、他們的伴侶或家庭成員應該要避免有諮商師—當事人以外的非專業關係，除非這樣的互動可能對當事人有益。（見 A.5.d.）

A.5.d. 可能有益的互動

跟當事人、前任當事人的諮商師—當事人非專業互動可能對他們有益時，諮商師必須在互動前（盡可能）於紀錄中註明，包含為何要有這樣的互動、潛在益處，以及對當事人、前任當事人及其重要關係人的預期結果。這樣的互動應該在一開始就取得當事人同意。如果因為非專業上的互動而造成對當事人或前任當事人抑或當事人之重要關係人的非蓄意傷害，諮商師必須展現修補傷害的企圖。短期間的潛在受益互動例子包括，但不限於：參加正式典禮（如婚禮或畢業典禮）、購買一項當事人或前任當事人提供的服務或商品（除了不受規範的以物易物之外）、探望其生病的家庭成員，或是同時隸屬某個專業學會、組織或社區。（見 A.5.c.）

### A.5.e. 專業關係中的角色轉變

當諮商師從原來的或是最近簽約的關係中轉換了角色，則他／她應取得當事人的知後同意，並向當事人解釋他／她有權利拒絕這個與改變有關的服務。

角色轉變的例子包括：

1. 從個別諮商轉換為伴侶或是家庭諮商，反之亦然；
2. 從與法庭無關的評估角色，轉換為治療性角色，反之亦然；
3. 從諮商師轉換為研究者的角色（例如：招募當事人作為研究受試者），反之亦然；以及
4. 從諮商師轉換為調解人的角色，反之亦然。

當事人必須被知會諮商師轉換角色之後，預期可能會產生的任何後果（如財務上的、法律上的、個人的或是治療方面的）。

## A.6. 在個人、團體、組織與社會層級中的角色與關係

### A.6.a. 倡議

當時機恰當，諮商師應從個人、團體、組織與社會層面倡議，檢視阻礙當事人接受服務與／或成長與發展的潛在障礙。

### A.6.b. 保密與倡議

在為某個（些）可辨識的當事人進行倡議以改善其接受服務的機會，以及致力於去除會阻礙其成長與發展的系統性障礙之前，應先取得當事人的同意。

## A.7. 多位當事人

當諮商師同意諮商兩位（或以上）彼此有關係的當事人時，諮商師應在一開始就釐清哪一位（或哪些人）是當事人，以及諮商師與會接觸到的每個人的關係性質。如果情勢演變成諮商師被要求擔任的角色會有潛在的衝突，則諮商師必須適當地澄清、調整，或撤回這些角色。（見 A.8.a., B.4.）

## A.8. 團體工作（見 B.4.a.）

### A.8.a. 篩選

諮商師應篩選未來的團體諮商／治療參與者。諮商師應盡最大的可能，遴選個人需求和目標都與團體目標相符的成員，如此這些成員不會阻礙團體的進行，且其福祉也不會因為團體經驗而受到傷害。

A.8.b. 保護當事人

在團體中，諮商師採取合理的預防措施，以保護當事人避免身體上、情緒上或是心理上的創傷。

## A.9. 臨終病人的臨終照護

A.9.a. 照護品質

諮商師應採取步驟確保當事人：

1. 接受高品質的臨終照護，滿足其生理、情緒、社交以及靈性等需求；
2. 盡可能擁有最大的自我決定權；
3. 盡量被賦予機會參與每次與自己臨終照護相關的決議；
4. 能代表自己接受有臨終照護經驗的專業人員進行完整且適當的做決策能力衡鑑。

A.9.b. 諮商師的能力、選擇與轉介

體認到有關臨終決定可能涉及的個人、道德與能力議題，諮商師可以選擇要不要與期望探討各種結束生命方式選擇的臨終病人工作。諮商師應提供合適的轉介資訊，以確保當事人獲得需要的幫忙。

A.9.c. 保密

諮商師在與正思考要了結自己生命的臨終病人工作時，可視當時適用的法律以及整個個別情況，在徵詢適當的專業與法律人士諮詢或督導之後，選擇要不要打破保密。（見 B.5.c., B.7.c.）

## A.10. 費用與以物易物

A.10.a. 接受機構的當事人其他費用

諮商師拒絕收取從諮商師受僱機構或單位締結服務合約服務的當事人之額外酬勞，或是收取這些當事人私下的費用。有些機構或許會訂出規範，同意該機構服務的當事人可以找尋機構內的工作人員到其私人開業場所尋求其諮商。在此情形下，當事人一定要被告知他們有自由選擇權，也可尋求私人諮商服務。

A.10.b. 建立付費制度

建立專業諮商師服務的付費制度時，諮商師要考量當事人的經濟狀況以及該地區的經濟水準。如果已存在的付費結構對當事人並不適用，諮商師會協助當事人找到他們經費上較能接受的服務。

A.10.c. 不支付費用

若諮商師有意藉由帳務催收公司或採取法律途徑來收取當事人不依約支付的服務費用，諮商師必須事先告知當事人其意圖，並提供當事人支付費用的機會。

A.10.d. 以物易物

諮商師只有在以下的情況可以進行以物易物：關係不具剝削性或傷害性、不會讓諮商師處於極端有利的位子、是基於當事人的要求，以及如果這樣的安排在當地的諮商師實務是可接受的行為。諮商師應思考以物易物的文化意涵，並討論且以書面清楚記錄這樣的安排。

A.10.e. 接受禮物

諮商師應瞭解接受當事人禮物的挑戰，需知道在某些文化裡，小禮物是為表達尊敬與感謝。在決定該不該收當事人禮物前，諮商師要考量到：治療關係、禮物的市價、當事人送禮的動機，以及諮商師想要接受和拒絕的理由。

## A.11. 結束及轉介

A.11.a. 禁止拋棄

諮商師不得在諮商過程中拋棄或忽視當事人。當諮商必須中斷，如假期、患病以及服務結束後，諮商師必須協助安排合宜的後續治療。

A.11.b 能力不足以協助當事人

若諮商師判斷自己的專業能力不足以協助當事人，應該避免進入或持續諮商關係。諮商師需熟知在文化面或治療面都適宜的轉介資源，並向當事人建議這些選擇。若當事人拒絕這些轉介建議，諮商師仍應停止諮商關係。

A.11.c. 適宜的結束服務

諮商師在以下的情形應結束諮商：當事人很明顯地不再需要協助，無法再從諮商中獲益，或再繼續諮商就會受到傷害時。當諮商師陷入險境或是受到當事人或和其有關係者的傷害，或當事人不依約支付費用時，諮商師得結束諮商。必要時，諮商師得提供結束前的諮商，或建議其他的服務提供者。

A.11.d. 合宜的服務轉介

當諮商師轉介當事人給其他實務工作者時，諮商師必須確保完成合宜的治療與行政程序，以及維持與當事人及實務工作者三方之間的開放溝通。

## A.12. 科技運用

A.12.a. 益處與限制

諮商師應告知當事人在諮商過程以及商業／付費程序中，使用資訊科技之益處與限制。這些科技包括（但不限於）電腦硬體與軟體、電話、全球資訊網、網際網路、線上衡鑑工具，以及其他通訊裝置。

A.12.b. 科技輔助服務

當提供科技輔助的遠距諮商服務時，諮商師需確認當事人在智力上、情緒上及身體上的能力都足以使用此科技運用，以及此科技運用符合當事人的需求。

A.12.c. 不適當之服務

當諮商師或當事人認為科技輔助之遠距諮商服務是不適當的時候，諮商師需考慮提供面對面的服務。

A.12.d. 管道

當提供科技輔助之遠距諮商服務時，諮商師得提供合理的電腦應用管道。

A.12.e. 法律與法規

諮商師必須確認科技的使用不會違反任何地方的、州的、國家的以及國際的法律，並注意所有相關之法規。

A.12.f. 協助

當使用科技時，諮商師得尋求企業、法律，以及科技上的協助，特別是跨州或跨國應用時。

A.12.g. 科技與知後同意

有關知後同意過程的部分，諮商師要做到以下幾點：

1. 強調難以維護電子通訊內容保密的相關議題。
2. 告知當事人包括諮商師的哪些同事、督導者及工作人員，例如通訊科技（IT）管理員，誰有權限或沒有權限取得電子通訊的內容。
3. 提醒當事人注意在其諮商過程中所有有權限或無權限的人，包含家人跟同事，誰會接觸到這些科技運用。
4. 告訴當事人各州或國際上有關心理治療的相關法規。
5. 盡可能使用加密網站跟電子郵件以確認保密。
6. 當加密不可行時，諮商師應通知當事人這件事並將電子通訊僅限定在談論一般而非諮商的事。
7. 告知當事人通訊紀錄之檔案儲存時間為多久。
8. 討論科技故障的可能性以及提供其他服務的替代方案。
9. 告知當事人當諮商師無法提供服務時的一些緊急措施，如打 119 或是地方急難熱線。
10. 討論可能會影響提供服務的時差、地方習俗，以及文化或言語上的差異。
11. 當保險不支付科技輔助之遠距諮商服務時，需告知當事人。（見 A. 2.）

A.12.h. 全球資訊網上的網站

諮商師經營全球資訊網（網際網路）的網站時，必須做到下列事項：

1. 定期檢視網站連結正常，且符合專業。
2. 建立當科技故障時，當事人可以聯絡諮商師的方式。
3. 提供相關的州立執照以及專業認證平台的網站連結，以保護消費者權益並遵守倫理規範。
4. 建立確認當事人身分的方法。
5. 在提供服務前，若當事人為未成年人、無行為能力者，或無法給予知後同意者，諮商師應向法律監護人或其他法律授權之代理人取得書面同意書。
6. 致力提供身心障礙人士方便使用之網站。
7. 致力提供使用不同主要語言的當事人翻譯服務，但是也要讓當事人瞭解透過翻譯的不盡理想處。
8. 協助當事人確認在全球資訊網或其他科技裝置上找到的資訊是否為可信且有效的。

# ●● B 部分：保密、溝通特權以及隱私

## ▶▶ 引言

諮商師需體認到信任是諮商關係的基石。諮商師必須藉由建立持續的夥伴關係、建立並維護適當的界線以及保守保密，來贏得當事人的信任。諮商師須以文化可接受的方法，來溝通保密的界線。

### B.1. 尊重當事人的權利

B.1.a. 多元文化／多元性考量

諮商師對不同文化的保密和隱私意涵保有覺察及敏感度。諮商師尊重對訊息揭露持不同觀點。諮商師應持續與當事人討論關於如何、何時以及誰能知道晤談內容。

B.1.b. 尊重隱私權

諮商師應尊重當事人的隱私權。諮商師僅有在得知這些隱私訊息有益於諮商過程時才會向當事人詢問。

B.1.c. 尊重保密權

諮商師不應在未獲當事人的同意，或沒有合乎法律或倫理條件的理由下分享保密訊息。

B.1.d. 說明限制

在諮商初期與整個諮商過程，諮商師告知當事人保密的限制並試圖預判可能會打破保密的情況。（見 A.2.b.）

### B.2.保密例外

B.2.a. 危險與法律要求

一般要求諮商師對訊息予以保密的情況不適用於當揭露是為了保護當事人或特定的其他人免於嚴重與可預見的傷害，或法律要求一定要揭露保密的訊息之情形。當對於例外情形的正確性有所存疑時，諮商師可向其他專業人員諮詢。在涉及結束生命的議題時也適用此原則。（見 A.9.c.）

B.2.b. 會傳染、危及性命的疾病

當事人透露自己罹患的疾病是眾所周知具有傳染性且會危及性命時，如果知道第三方是誰且其處於高傳染風險情況下，諮商師可以合法據此告知可辨識第三方這個訊息。在揭露前，諮商師要先確認該診斷，及評估當事人告知第三方關於疾病或可能傷害可辨識第三方的所有行為之意圖。

B.2.c. 法院命令的揭露

在未獲當事人同意，但傳票要求揭露保密內容或溝通特權的資料時，諮商師需取得當事人書面的知後同意書，或依循法律程序防止揭露，或是基於避免對當事人或諮商關係的潛在傷害

而盡可能有限度揭露。

B.2.d. 最少的揭露

盡可能讓當事人在保密內容必須揭露前被告知，以及能夠參與揭露的決定過程。當情勢要求揭露保密訊息時，僅揭露必要的訊息。

## B.3. 與他人分享訊息

B.3.a. 部屬

諮商師應竭盡全力確保部屬能維護當事人的隱私與保密。部屬包括職員、受督者、學生、文書助理與志工。（見 F.1.c.）

B.3.b. 治療團隊

當治療包含治療團隊的持續檢查或參與時，應告知當事人治療團隊的存在和組成、會揭露哪些訊息，以及揭露這些訊息的目的。

B.3.c. 隱密場合

諮商師只在可以合理確保內容不會外流的場所才討論保密內容。

B.3.d. 第三方付費者

諮商師僅可在當事人授權的情況下才揭露訊息給第三方付費者。

B.3.e. 傳送保密的訊息

諮商師透過電腦、電子郵件、傳真機、電話、語音信箱、答錄機以及其他電子或電腦設備傳送當事人訊息時，要預先防範確保不會洩漏當事人隱私訊息。（見 A.12.g.）

B.3.f. 當事人死亡

諮商師應遵從法律要求與機構或服務場域的政策來維護已故當事人的保密內容。

## B.4. 團體與家庭

B.4.a. 團體工作

在團體工作中，諮商師對即將開始的特定團體明確解說保密的重要性和涵蓋範圍。

B.4.b. 伴侶與家庭諮商

在伴侶與家庭諮商中，諮商師必須清楚定義誰是「當事人」，並討論保密的期望以及限制。諮商師須尋求所有有能力進行同意權的當事人之口頭及書面同意，包括每一個人的保密權利，以及對於所知訊息保密的義務。

## B.5. 沒有能力行使知後同意權的當事人

B.5.a. 對當事人負責

當與未成年人或缺乏能力提供自願及知後同意的成年當事人進行諮商時，諮商師應遵守聯邦法規、州法、規定的政策以及適用的倫理準則等所規範的，要保護從諮商關係中得到的保密訊息。

B.5.b. 對家長與監護人負責

諮商師告知家長與監護人有關他們的角色與諮商的保密性質。諮商師對家庭的多元文化要足夠敏銳，並尊重家長與監護人受角色與法律賦予對他們小孩或受保護人的福祉有固有的權力與責任。諮商師應盡可能和家長與監護人建立合作的關係，讓當事人獲得最好的服務。

B.5.c. 揭露保密內容

當諮商師與沒有能力行使知後同意權的未成年人或成年人諮商而必須揭露保密內容時，諮商師要徵得合適的第三方同意。在此情形下，諮商師以當事人所能理解的程度告知他們，並依合乎文化的方式來保障當事人的保密內容。

## B.6. 紀錄

B.6.a. 紀錄的保密

諮商師確保紀錄存放在一個安全地點，且只有被授權的人才可以取得。

B.6.b. 同意錄影（音）

諮商師在使用電子產品或其他方式錄影（音）前須先得到當事人的首肯。

B.6.c. 同意觀察

諮商師在督導者、教師、同儕或訓練情境的其他人要觀察諮商過程、閱讀晤談逐字稿或觀察諮商錄影帶前，要先徵得當事人同意。

B.6.d. 當事人的取得管道

當有自主能力的當事人要求取得紀錄或紀錄備份時，諮商師要能提供適當的取得管道。只在有明顯證據證明取得會對當事人造成傷害時，諮商師才限制全部或部分紀錄的取得管道。諮商師應記錄當事人的要求與不提供部分或全部紀錄的理由。在涉及多位當事人的情況下，諮商師只提供與個別當事人直接相關的部分，而不包括其他當事人的任何資訊。

B.6.e. 協助理解紀錄

當事人要求取得他們的紀錄時，諮商師應協助當事人理解諮商紀錄並提供諮詢。

B.6.f. 揭露或移轉資料

除非保密例外，否則諮商師必須得到當事人書面同意才能揭露或移轉紀錄給合法的第三方。要建立完整的程序以確保接收諮商資料者瞭解這些資料的隱密性。（見 A.3., E.4.）

B.6.g. 結束諮商之後的儲存與銷毀

諮商師在服務結束後仍須儲存紀錄以確保未來可取得，依據州立或聯邦法規的規定持有紀錄，並以確保為當事人保密的方式來銷毀紀錄或其他敏感的資料。當紀錄具有藝術性質時，要處理這樣的紀錄或文件，必須先獲得當事人（或監護人）的同意。（見 A.1.b.）

B.6.h. 合理的預防措施

在諮商師因結束執業、失能或是死亡而結束服務時，諮商師必須採取合理的預防措施為當事人保密。（見 C.2.h.）

## B.7. 研究與訓練

### B.7.a. 機構之核准

當需要機構之核准時，諮商師必須在進行研究前提供準確的研究計畫資訊，並且在執行研究前先獲得機構同意。研究需依據經核准的研究協議進行。

### B.7.b. 堅守指引方針

在研究中，諮商師有責任瞭解並堅守和保密有關的州立、聯邦、機構團體的政策或適用的指引方針。

### B.7.c. 研究中所獲得資訊之保密

涉及人類參與者的研究風險就是侵害研究參與者的隱私與保密。研究者需用安全的方式保存所有的研究紀錄。他們必須向參與者解釋違反隱私與保密的風險，並說明可能會發生的保密限制。無論是何種程度的保密，研究者都必須向參與者說明合理狀況下可能會發生的保密限制。（見 G.2.e.）

### B.7.d. 研究資訊之公開

除非事先取得參與者的同意，否則諮商師不得公開可能導致研究參與者暴露身分之保密資訊。為了達到訓練目的、研究或出版而取材自諮商關係的資料內容，只有在涉及其中的個人資訊均已變造過以確保其隱匿性後方得使用。（見 G.2.a., G.2.d.）

### B.7.e. 身分同意曝光

演講或出版品只有在經當事人、學生或受督者檢閱並同意之下，其內容才得以公開或出版。（見 G.4.d.）

## B.8 諮詢

### B.8.a. 協議

身為諮詢者時，對於各方參與者的保密權利、保存保密資訊之義務，以及與他人分享保密資訊的限制，諮商師都應和參與者達成協議。

### B.8.b. 尊重隱私

為了專業目的而需討論從諮詢關係獲得的資訊時，僅能跟與此案直接有關者討論。所呈現的所有書面或口頭資料均限於與諮詢目的有關者。所有的努力均在保障當事人的隱私以及避免不當的侵犯隱私。

### B.8.c. 揭露保密訊息

向同事諮詢時，諮商師不得透露可合理辨識出當事人或其他人或是哪個組織的保密資訊，除非事先獲得當事人或該組織的同意，或是這些揭露無可避免。揭露的訊息僅涵蓋要達到的諮詢目標即可。（見 D.2.d.）

## C 部分：專業責任

### 引言

諮商師立志以開放、誠懇且精確的方式，與大眾和其他專業人員溝通。他們在專業界線與個人能力的規範中，以非歧視的方式執業，且有責任遵守**美國諮商學會倫理守則**。諮商師積極參與地方的、州的以及國家的學會，以提升與改善諮商能力。諮商師站在個人、團體、組織與社會層級倡議改變，以改善個人與團體的生活品質，並去除提供適當服務的潛在障礙。諮商師對大眾有責任，要基於嚴謹的研究方法以進行諮商實務。除此之外，諮商師需從事自我照護之活動，維持並提升自身情緒上、身體上、心理上以及精神上之福祉，以符合專業之責任。

#### C.1. 瞭解準則

諮商師有責任要閱讀、瞭解並遵循**美國諮商學會倫理守則**，且遵守相關的法律與規範。

#### C.2. 專業能力

C.2.a. 能力界線

諮商師只在他們的能力範圍內進行實務工作，根據他們的教育、訓練、受督導經驗、各州或國家的專業證照以及適當的專業經驗。諮商師在與不同族群當事人工作時，需具備相關的知識、自我覺察、敏感度及技巧。（見 A.9.b., C.4.e., E.2., F.2., F.11.b.）

C.2.b. 新專業領域的實務工作

只有在接受適當教育、訓練與受督導經驗後，諮商師才可在他們不熟悉的專業領域進行實務工作。在發展新專業領域的技巧時，諮商師需循序漸進確認工作能力並保護他人免於受到傷害。（見 F.6.f.）

C.2.c. 符合僱用資格

諮商師只能在該職位是符合他們接受的教育、訓練、受督導經驗、各州或國家合格證書以及相符的專業經驗下，才接受僱用的工作。諮商師只聘任那些合格與具備能力的專業人員。

C.2.d. 檢視效能

諮商師持續檢視自己身為專業人員的效能，必要時採取方法增進能力。諮商師私人執業時需設法尋求同儕督導者來評估他們的諮商師效能。

C.2.e. 倫理義務之諮詢

當諮商師對於他們的倫理義務或專業實務有疑慮時，需遵照合理的程序諮詢其他諮商師或相關專業人員。

C.2.f. 繼續教育

諮商師認同繼續教育的需求，藉此熟悉所屬領域內當前的科學與專業資訊。諮商師設法維持使用技術的能力，對新的治療方式保持開放的態度，並且持續瞭解與其工作的多元與／或特

殊族群。

C.2.g. 失能

當諮商師的生理、心理或情緒的困擾可能傷害當事人或其他人時，禁止提供或受理專業服務。他們要對失能徵兆有所警覺，針對問題尋求協助，且必要時限制、延緩或結束專業服務，直到確認他們可以安全地回到工作崗位。諮商師應協助同事或督導者體認到自己的專業失能情形，當同事或督導者呈現失能的徵兆，諮商師提供其諮詢與協助，並適當地干預，以避免即將對當事人造成的傷害。（見 A.11.b., F.8.b.）

C.2.h. 諮商師失能或結束實務工作

當諮商師要離開實務工作時，他們必須依照預定的計畫轉介當事人和其檔案。諮商師應預先規劃一旦自己失能、死亡或實務工作結束，要轉介當事人與其檔案給哪位指定的同事或「紀錄管理人」。

## C.3. 廣告與招募當事人

C.3.a. 正確廣告

諮商師在向大眾廣告或行銷其服務時，所提供的證照資歷必須正確無誤，亦即沒有錯誤、誤導、欺騙以及造假的情形。

C.3.b. 證言推薦書

諮商師使用證言推薦書時，不可從現任或其他正因特殊情形而易受不當影響者身上取得。

C.3.c. 他人的陳述

諮商師盡可能確保別人對他們或對諮商專業的陳述是正確的。

C.3.d. 競業禁止條款

諮商師不得從他們受僱的地方或附屬的機構，來為他們私人執業業務招攬或帶走當事人、受督者或被諮詢者。

C.3.e. 產品與訓練的廣告

諮商師開發與他們專業有關的產品或帶領工作坊或訓練課程時，要確保有關這些產品或活動的廣告訊息是正確的，且能給予顧客充分的訊息讓他們依此做決定。（見 C.6.d.）

C.3.f. 向被服務者推銷

諮商師不得以欺騙或是施以不當壓力的情況下運用諮商、教學、訓練或督導關係來推銷他們的產品或訓練課程。諮商師基於教學目的得採用自己撰寫的參考書。

## C.4. 專業資歷

C.4.a. 正確的呈現

諮商師只能呈現確實完成與取得的資歷，且需更正他人對自己證照所做的任何不實陳述。諮商師應如實呈現其專業同儕之資歷。諮商師須區隔支薪服務與義務工作經驗的不同，並準確的描述其繼續教育與專長訓練為何。（見 C.2.a.）

C.4.b. 證書

諮商師只宣告正確且擁有良好信譽的執照或證書。

C.4.c. 教育程度

諮商師須清楚區分實際拿到的學位與榮譽學位之間的差異。

C.4.d. 暗示博士學歷能力

諮商師須清楚陳述自己所取得的最高諮商學歷或相關領域的學歷。若諮商師僅有諮商或相關領域的碩士學歷時，不得隱含聲明自己具有博士層級的能力。若博士學位不是在諮商或相關領域取得，則在諮商情境時不得以「××博士」自稱。

C.4.e. 系所課程認證情形

諮商師清楚聲明在其取得學位時，其系所的認證情形。

C.4.f. 專業會員

諮商師須清楚地區分組織中現任的會員與前會員之間的不同。美國諮商學會之會員須清楚區分專業會員與一般會員之差異，其中的專業會員須擁有諮商碩士（含）以上學位，而一般會員係指會員之興趣和活動領域與美國諮商學會的宗旨一致，但並未符合專業會員資格者。

## C.5. 無歧視

諮商師不得基於年齡、文化、障礙、族群、性別、種族、宗教／靈性、性別認同、性取向、婚姻／同居狀態、語言偏好、社經地位或是依據法令規定而有縱容或從事歧視的行為。諮商師不得以造成對其有負向影響的方式歧視當事人、學生、受僱者、受督者或是研究參與者。

## C.6. 公共責任

C.6.a. 性騷擾

諮商師不得涉入或縱容性騷擾。性騷擾的定義為發生在與專業活動或角色有關之性的誘惑、肢體的僭越，或本質上與性有關的口語及非口語舉動，且含下列二者之一：

1. 是不受歡迎的、侵犯人的，或塑造了一個不友善的工作或學習環境，且諮商師知情或有被告知；或
2. 在行為發生的情境下，行為嚴重或強烈的程度足以被認定為性騷擾。性騷擾可包含單次嚴重或強烈的行為，或是多次長期或普遍的行為。

C.6.b. 向第三方報告

諮商師必須精確、誠實且客觀地對適切的第三方報告其專業活動與判斷。第三方為評估報告的接收者或其他人，包括法院、健康保險公司。（見 B.3., E.4.）

C.6.c. 媒介呈現

當諮商師透過公開演講、演示、廣播或電視節目、事先預錄的錄影（音）帶、電子產品、印刷品、郵寄資料或其他方式提供大眾建議或評論時，要謹慎確保：

1. 這些言論均是基於適當的諮商專業知識文獻及實務；

2. 或是與倫理準則相符合；

3. 不會讓接收訊息者誤以為這樣就是建立起專業的諮商關係。

C.6.d. 剝削他人

諮商師不得在專業關係中剝削他人。（見 C.3.e.）

C.6.e. 治療取向之科學基礎

諮商師須使用以理論與／或有實務經驗或科學基礎為依據的技巧、程序與療法。否則，諮商師必須定義這些技巧／程序為「尚未證實的」或「發展中的」，並解釋使用這樣的技巧／程序可能的風險以及倫理考量，且採取合宜的步驟，保護當事人免於可能的傷害。（見 A.4.a., E.5.c., E.5.d.）

### C.7. 對其他專業人員的責任

C.7.a. 個人在公眾場合的言論

當在公眾場合發表個人言論時，諮商師必須澄清自己是以個人立場發言，而非代表此專業的全體諮商師。

## ●● D 部分：與其他專業人員的關係

### ▶▶ 引言

專業諮商師體認到與專業同儕的交流品質，會影響提供給當事人的服務品質。他們致力於在諮商領域外及諮商領域中，對專業同儕有更多的瞭解。諮商師必須發展正向的工作關係以及與專業同儕的溝通系統，以提升對當事人的服務品質。

### D.1. 與同事、雇主與受雇者的關係

D.1.a. 不同取向

諮商師尊重與自身諮商服務方法不同的其他方法。諮商師尊重一同工作的專業團體有不同的傳統與實務。

D.1.b. 建立關係

諮商師致力於與專業同儕發展並強化跨學科領域之間的連結，以提供當事人最好的服務。

D.1.c. 跨學科領域的團隊合作

身為提供當事人多方面服務的跨學科領域團隊成員，諮商師持續關注如何提供給當事人最好的服務。他們從諮商專業以及其他學科領域的專業同儕身上，汲取觀點、價值觀以及經驗，來參與及投入會影響到當事人福祉的決定。（見 A.1.a.）

D.1.d. 保密

當諮商師受到法律、組織政策或特殊環境要求而必須在法律或行政程序上扮演超過一個的角色時，必須與同事討論，澄清角色之期待以及保密的界線。（見 B.1.c., B.1.d., B.2.c., B.2.d.,

B.3.b.）

D.1.e. 建立專業及倫理義務

身為跨學科領域專業團隊的成員，諮商師必須釐清將整個團隊視為一個整體以及各自成員的專業及倫理義務。當團隊的決定引發倫理爭議，諮商師必須先在團隊中解決此議題。如果團隊成員之間對於解決方法沒有共識，則諮商師必須尋求其他途徑，讓此議題不會與當事人的福祉相抵觸。

D.1.f. 人員指派與任用

諮商師聘任有能力的人員，並指派與其技能和經驗相稱的工作。

D.1.g. 雇主的政策

一旦諮商師接受機構或組織的聘任，意指諮商師也同意其一般政策與原則。組織機構的政策若有改變，諮商師致力於與雇主達成共識，至少需有助於當事人成長及發展的可接受（最低）標準。

D.1.h. 負面情況

諮商師要對雇主的不當政策與實務有所警覺。他們試圖在組織中透過建設性的行為，讓這樣的政策或程序有所改變。當這樣的政策對當事人具有破壞性或毀滅性，或可能限制服務的成效且改變也無效時，諮商師必須採取進一步的行動。這樣的行動包括告知適當的發照、認證機構，或州立發照組織，或是自願終止僱傭關係。

D.1.i. 避免懲罰性的行為

諮商師需注意，不可因為要揭露不當的雇主政策及實務，而造成對行事負責及符合倫理的其他受雇者的煩擾，或使其被解聘。

## D.2. 諮詢

D.2.a. 諮詢能力

提供諮詢服務時，諮商師須採取合宜的步驟確保自己有適當的資源與能力。當被要求或是有需要時，諮商師必須提供合適的轉介資源。（見 C.2.a.）

D.2.b. 瞭解被諮詢者

提供諮詢時，諮商師應試圖讓被諮詢者瞭解問題的性質、改變的目標，以及選擇介入之後可能產生的結果。

D.2.c. 諮詢者目標

透過諮詢關係持續鼓勵及培養被諮詢者的適應能力，以及能夠自我引導。

D.2.d. 諮詢中的知後同意

提供諮詢時，諮商師有義務透過書面與口頭的方式，檢視諮商師與被諮詢者的權利與義務。諮商師使用清楚易懂的詞彙告知所有相關人士其所提供之服務目標、相關的費用、潛在利弊以及保密的限制。諮商師與被諮詢者一起工作時，必須釐清問題的性質、改變的目標以及介入可能產生的結果，而且這些是回應被諮詢者的文化且符合其需求的。（見 A.2.a., A.2.b.）

## ●● E 部分：評估、衡鑑與解釋

### ▶▶ 引言

諮商師使用衡鑑工具作為諮商過程的要素之一，且需將當事人的個人及文化背景列入考量。諮商師發展和使用適當的教育、心理以及職業評估工具，以提升個人或團體當事人之福祉。

### E.1. 通則

#### E.1.a. 衡鑑

教育、心理與生涯衡鑑的主要目標，是提供在相對或絕對條件下都具有信度與效度的測量工具。這些包括（但不限於）能力、人格、興趣、智力、成就以及表現之測量。諮商師須體認到本部分所做的解釋，不管對質性或量化的衡鑑工具都適用。

#### E.1.b. 當事人福祉

諮商師不得誤用衡鑑之結果與解釋，並採取合宜的步驟阻止他人誤用這些資訊。諮商師尊重當事人有權利知道結果、解釋以及他們做出結論與建議的依據。

### E.2. 使用與解釋衡鑑工具的能力

#### E.2.a. 能力的限制

諮商師僅能運用他們受過相關訓練且具備能力的測驗與評估工具。諮商師在運用以科技為基礎的測驗，或是以科技輔助的測驗解釋之前，必須針對該測驗的構念接受過相關訓練且熟悉該測驗工具。諮商師盡可能確保其所督導的人善用心理與生涯衡鑑工具。（見 A.12.）

#### E.2.b. 適當的運用

不論是諮商師自行計分或是運用科技或其他服務協助，諮商師有責任根據當事人的需求選擇適當的衡鑑工具以及計分、解釋和運用。

#### E.2.c. 根據測驗結果所做的決定

諮商師對於依據衡鑑結果而對個人所做的決定或據以提出的政策負責任。諮商師必須完整瞭解教育、心理或生涯的各種評量工具，包含其信效度、與衡鑑有關的研究、發展與運用。

### E.3. 衡鑑中的知後同意

#### E.3.a. 對當事人解釋

進行衡鑑之前，諮商師應向當事人解釋衡鑑的性質和目的，以及可能取得衡鑑結果者將如何運用衡鑑結果。解釋應以當事人（或當事人的法定代理人）的母語進行，除非有事先說好其他的例外情形。諮商師必須考量當事人個人或文化脈絡、當事人對於衡鑑結果的理解程度以及結果對於當事人的影響。（見 A.2., A.12.g., F.1.c.）

E.3.b. 結果的取得者

諮商師在決定誰可以獲得衡鑑結果時，須考量接受測驗者的福祉、確切的理解程度，以及事先的共識。諮商師正確且適當的解釋所公布的任何個別或團體衡鑑結果。（見 B.2.c., B.5.）

## E.4. 提供衡鑑資料給具備資格的專業人員

只有在經由當事人或其法定代理人的知後同意後，諮商師才得以釋出會揭露當事人身分之衡鑑資料。這些資料只能提供給諮商師認定有能力解釋衡鑑結果者。（見 B.1., B.3., B.6.b.）

## E.5. 心理疾患之診斷

E.5.a. 適切的診斷

諮商師在提供心理疾患診斷時必須特別謹慎。必須謹慎選擇與適切運用用來決定當事人處遇（如治療重點、治療類型，或對後續處遇的建議）的衡鑑技巧（包含個別晤談）。

E.5.b. 文化敏感度

諮商師必須體認到文化會如何影響當事人對困擾議題的看法。在診斷心理疾患時，當事人的社會經濟地位以及文化經驗都應列入考慮。（見 A.2.c.）

E.5.c. 病理診斷的歷史與社會偏見

諮商師必須體認到歷史與社會偏見對於誤診及對某些特定人士或族群污名化的影響，以及心理健康專業人員透過診斷與處遇繼續複製這些偏見時所扮演的角色。

E.5.d. 節制診斷

如果諮商師相信做出診斷及／或交出診斷報告，可能會對當事人或他人造成傷害，則諮商師必須節制診斷。

## E.6. 工具之選用

E.6.a. 工具適切性

在選用衡鑑工具時，諮商師必須審慎考慮其信度、效度、心理計量的限制以及工具的適切性。

E.6.b. 轉介資訊

若將當事人轉介給第三方進行衡鑑，諮商師必須提供具體的轉介主訴問題以及有關當事人的充足客觀資料，以確保適切的運用衡鑑工具。（見 A.9.b., B.3.）

E.6.c. 多元文化族群

諮商師在選用衡鑑工具給多元文化族群時必須審慎警覺，避免使用缺乏適切的當事人族群心理計量屬性的測量工具。（見 A.2.c., E.5.b.）

## E.7. 衡鑑實施的條件（見 A.12.b., A.12.d.）

E.7.a. 實施條件

諮商師需以標準化的方式實施衡鑑。當無法使用標準化的方式來實施衡鑑，例如可能必須考慮到身心障礙的當事人，或是在施測過程中當事人出現不尋常的行為或有特殊狀況發生，這些狀況在衡鑑解釋時都要被納入考量，甚至衡鑑結果可能被視為無效，或效度有疑義。

E.7.b. 運用科技施測

當使用科技化或其他電子方法來執行衡鑑時，諮商師必須確保施測流程有妥善運作，且能提供當事人精確的結果。

E.7.c. 無人監督的衡鑑

除非此衡鑑工具是為自我衡鑑及／或計分的用途而設計，且確定可以自我施測，否則諮商師不得允許未經適當監督而使用衡鑑。

E.7.d. 告知有利於施測的情境

在衡鑑之前應清楚告知受測者何種情境有助於讓衡鑑結果最有利。

## E.8. 衡鑑中的多元文化議題

在使用以非當事人族群為常模的衡鑑技巧時，諮商師要特別謹慎。諮商師必須體認到年齡、膚色、文化、障礙、民族、性別、種族、語言偏好、宗教、靈性、性取向以及社會經濟地位等對於測驗實施與解釋的影響，並將其他相關因素列入考量，以適當的角度來呈現測驗結果。

## E.9. 衡鑑之計分與解釋

E.9.a. 報告

在報告衡鑑結果時，諮商師必須表明由於衡鑑情境或是使用與受測者不相符的常模，因此對信度或效度會有所保留。

E.9.b. 研究工具

諮商師在解釋因為研究而發展的工具施測結果並無足夠的資料支持研究參與者的結果時，必須特別謹慎。諮商師必須向受試者清楚說明該工具的具體用途。

E.9.c. 衡鑑服務

諮商師在整個衡鑑歷程中提供衡鑑的計分與解釋服務時，須確保這些解釋的有效性。諮商師必須精確地陳述衡鑑目標、常模、信度、效度與應用的程序，以及他們須具備哪些特殊的資格來使用這些衡鑑工具。網路提供的自動化測驗解釋服務，被視為是專業人員之間的諮詢。諮詢者形式上的責任是對被諮詢者，但是最終極與最重要的是對當事人負責。（見 D.2.）

## E.10. 衡鑑安全性

諮商師必須以符合法律及合約義務的方式，維護測驗與其他衡鑑工具的安全與完善。未經出版者同意與確認，諮商師不得挪用、重製或改寫已出版的衡鑑工具。

### E.11. 過時的衡鑑工具與不合時宜的結果

諮商師不得使用過時或與當前施測目的不符的衡鑑資料或結果。諮商師必須盡全力避免他人誤用過時的衡鑑工具或資料。

### E.12. 編製衡鑑工具

在發展、出版或利用教育和心理衡鑑技巧時，諮商師必須使用廣被認可的科學程序、相關規範以及當前的專業知識來設計衡鑑工具。

### E.13. 司法評估：應司法程序所需的評估

#### E.13.a. 主要義務

當提供法院評估報告時，諮商師的首要義務為提出可被證實的客觀評估結果，這些評估結果是根據適合此評估的資訊與技巧而提出，包括對個人的檢視以及／或是報告的檢閱。諮商師有權根據其從評估所獲得的資料，依據其專業知識與技術，形成專業意見。諮商師會說明其報告或證詞的限制，尤其是並未進行個人檢驗時。

#### E.13.b. 評估之同意

被評估者會以書面得知此關係是以評估為目的，本質上並非諮商，且會清楚被告知哪些人或是哪些單位會獲得這些評估報告。被評估者會取得評估同意書，除非法院裁定評估可在不經被評估者書面同意下進行。當被評估者為孩童或弱勢族群，則書面同意書將由其父母或監護人簽署。

#### E.13.c. 禁止對當事人評估

諮商師不得對其正在或曾經諮商之個人進行司法鑑定。諮商師不得接受正在或曾經進行其司法鑑定之個人為當事人。

#### E.13.d. 避免有潛在危害的關係

提供司法評估的諮商師，需避免與當前或以往的被評估者之家人、伴侶以及密友之間存在可能有危害的專業或個人關係。

# F 部分：督導、訓練與教學

## 引言

諮商師全心全意致力於促進與受督者和學生有意義以及值得尊重的專業關係，並且維持適切的界線。諮商師工作時需擁有理論以及教學上的學識基礎，並在評量受訓諮商師的過程中，力求公平、精確且誠實。

## F.1. 諮商師督導與當事人福祉

### F.1.a. 當事人福祉

諮商督導的主要義務是檢視受訓諮商師或是其他諮商師所提供的服務。督導者要檢視當事人福祉、受督者的臨床表現以及專業的發展。為了達成這些責任，督導者必須定期與受督者會面，檢閱個案紀錄、臨床工作的樣本或是現場觀察。受督者有責任理解並遵循美國諮商學會倫理守則。

### F.1.b. 諮商師證照

督導者必須確保當事人能清楚瞭解提供諮商服務的受督者之資格。（見 A.2.b.）

### F.1.c. 知後同意以及當事人權益

督導者應讓受督者對於當事人之權益有所察覺，包括保護當事人的隱私以及諮商關係中的保密。受督者提供當事人專業的公開聲明，並提醒督導程序如何對保密限制產生影響。受督者讓當事人清楚知道誰有權利取得諮商關係中的紀錄以及紀錄會被如何使用。（見 A.2.b., B.1.d.）

## F.2. 諮商師之督導能力

### F.2.a. 督導者之準備

在提供臨床督導服務之前，諮商師必須接受督導方法與技巧的訓練。提供臨床督導服務的諮商師，需定期針對諮商與督導之主題與技巧接受繼續教育。（見 C.2.a., C.2.f.）

### F.2.b. 多元文化議題／督導中的文化差異

督導者必須注意並著眼於督導關係中多元文化以及文化差異所扮演的角色。

## F.3. 督導關係

### F.3.a 與受督者之關係界線

督導者清楚地定義和維持與受督者間合乎倫理的專業、個人以及社交關係。督導者避免和正在督導的受督者間有非專業關係。如果督導者一定得與受督者有涉及其他的專業關係時（例如，臨床與行政督導者或教師），他們應盡可能的將衝突減到最小，並向受督者解釋每一種角色的期待與各類身分的責任。他們不會投入於任何可能危及督導關係的非專業互動。

### F.3.b. 性關係

禁止與現任的受督者有性或情愛的互動或關係。

### F.3.c. 性騷擾

督導者不得對受督者性騷擾。（見 C.6.a）

### F.3.d. 近親與友人

督導者避免接受近親、伴侶或朋友為受督者。

### F.3.e. 潛在有益的關係

督導者深知與受督者之間存在權力差異。若督導者認為與受督者的非專業關係對受督者有益，則督導者必須採取預防措施，就像與當事人工作時一樣的預防措施。潛在有益的互動或關係包括參加正式典禮、醫院探視、在壓力事件發生時提供支持，或是在專業學會或組織中皆為成員。當督導者考慮要接受臨床以及／或行政督導以外的關係時，督導者必須與受督者進行開放的討論。在進入非專業關係之前，督導者必須和受督者討論、記錄之所以會發展這些關係的理由、潛在利益與缺點以及預期會對受督者造成的後果。督導者必須闡明即將與受督者產生的額外角色的特殊性質和限制。

## F.4. 督導者之責任

### F.4.a. 督導者之知後同意

督導者有責任將知後同意及參與的原則納入督導過程中。督導者須告知受督者必須遵守的政策與程序，以及對個人督導行為的合宜上訴機制。

### F.4.b. 緊急情況和缺席時

督導者與受督者必須溝通並建立聯繫的管道，或者當督導者無法出席時，能隨傳隨到並協助危機處理的代理督導者。

### F.4.c. 受督者之準則

督導者要讓受督者明瞭專業與倫理準則及法律責任。對於取得學位後資格的諮商師，督導者鼓勵他們遵守實務上的專業準則。（見 C.1.）

### F.4.d. 督導關係結束

督導者與受督者雙方均有權利在做好充分通知下，結束督導關係。結束的原因必須讓另一方知悉。當文化、臨床或專業的議題對督導關係是否持續具有決定性的影響時，雙方都應盡全力解決該難題以化解歧見。一旦確定結束督導關係，督導者應將受督者適當地轉介給其他督導者。

## F.5. 諮商督導之評量、矯正及認可背書

### F.5.a. 評量

督導者除了要做紀錄之外，在整個督導關係中均須針對受督者的表現與評量結果提供回饋，並在督導過程中，安排定期的正式評量時間。

### F.5.b. 限制

透過持續的評量與考核，督導者得以瞭解可能會妨礙受督者表現的一些限制。有需要時，督導者必須協助受督者獲得矯正性的協助。當受督者無法提供稱職的專業服務時，督導者需建議他們從訓練課程、應徵的諮商機構或是州立或自發性的專業認證程序中退出。一旦面臨要開除受督者或是轉介其至其他機構以接受協助，督導者得尋求諮詢，並書面記錄其決定。督導者需確保受督者清楚自己在做這些決定的過程中有哪些選擇權。（見 C.2.g.）

### F.5.c. 為受督者諮商

若受督者要求諮商，則督導者需提供合適的轉介對象。諮商師不得提供受督者諮商服務。

這些議題引發的人際能力對當事人、督導關係以及專業功能所造成的衝擊，督導者需加以探討。（見 F.3.a.）

F.5.d. 認可背書

督導者唯有在深信受督者符合應具備資格的情況下，才能為其執照、證照、求職或完成學業或訓練計畫而背書或認可。不論受督者的資歷為何，若督導者判斷受督者在某方面的能力受損或不足，且會因此影響到督導者為其背書領域的表現，則不得為其背書。

## F.6. 諮商師教育者之責任

F.6.a. 諮商師教育者

負責發展、執行與監督教育訓練課程的諮商師教育者，必須同時具備教學與實務工作兩方面的技巧。他們對於倫理、法律與此專業的規範層面有所瞭解，能靈活運用這些知能，並讓學生與受督者理解到他們的責任。諮商師教育者以合乎倫理的方式執行諮商師教育與訓練課程，並作為專業行為之榜樣。（見 C.1., C.2.a., C.2.c.）

F.6.b. 融入多元文化議題／文化多樣性

為了專業諮商師之發展，諮商師教育者在所有課程中，融入有關多元文化與文化多樣性的內容。

F.6.c. 統整理論與實務

諮商師教育者所規劃的教育與訓練課程需結合學術學習以及接受督導的實務經驗。

F.6.d. 教導倫理

諮商師教育者要讓學生和受督者意識到倫理責任、專業準則以及學生對於此專業之倫理責任。諮商師教育者在整個課程中必須融入對倫理的關注。（見 C.1.）

F.6.e. 同儕關係

諮商師教育者致力於確保當學生或受督者帶領諮商團體或提供臨床督導時，其同儕之權益不會受損。諮商師教育者逐步地確保學生和受督者瞭解其倫理義務和諮商師教育者、訓練者以及督導者相同。

F.6.f. 創新的理論與技術

當諮商師教育者使用的技術或程序是創新、沒有實證基礎，或沒有良好的理論作為根基時，他們應將這些諮商技術或程序定義為「未經證實」或「發展中的」，並向學生解釋可能潛在的風險以及在使用此技術或程序上的倫理考量。

F.6.g. 實習

諮商師教育者在其訓練課程中，對有關實習以及其他臨床經驗的部分，必須制定清楚的規定。諮商師教育者必須向學生或受督者、實習場所督導者與課程督導者清楚說明各自的角色與責任。諮商師教育者必須確認實習場所督導者符合資格，並提醒實習場所督導者在此角色中的專業與倫理責任。

F.6.h. 專業說明

在諮商服務開始之前，受訓諮商師必須揭露其身為學生之身分，並解釋這會對保密限制帶來什麼影響。諮商師教育者必須確保實習場域中的當事人清楚這樣的服務性質，以及提供服務的學生或受督者之資格。學生或受督者在訓練過程中使用任何有關諮商關係的資訊之前，都應取得當事人的同意。（見 A.2.b.）

## F.7. 學生之福祉

F.7.a. 定向

諮商師教育者需體認到專業定向是一個發展的過程，在學生的教育及臨床訓練中持續不間斷。諮商系所的教師需提供給未來的學生有關諮商教育課程的期待：

1. 要順利完成訓練所需的知識技能之類別與程度；
2. 課程訓練目的、目標及使命，以及含括在內的學科；
3. 評量之基礎；
4. 訓練內容涵蓋鼓勵自我成長或自我揭露，這是訓練過程的一部分；
5. 督導場域的類型以及必修臨床實習所需的場域類型；
6. 學生與受督者之評量及退學程序與規則；以及
7. 畢業後的出路。

F.7.b. 自我成長體驗

諮商教育系所需在招生簡章及系所介紹中，清楚闡明訓練內容涵蓋自我揭露或自我成長的體驗。諮商師教育者在設計訓練體驗課程有要求學生與受督者自我成長與自我揭露時，必須具備專業判斷能力。由於諮商師此時的主要角色是擔任教師、訓練者或是督導者，這些角色都有需為其專業負責的倫理責任，因此必須讓學生與受督者清楚瞭解其自我揭露所可能導致的後果為何。在事先定好的學業評量標準中應清楚聲明體驗性訓練活動不應列入在評量的指標，學生的學業表現不應該受其自我揭露程度的多寡而受到影響。諮商師教育者得要求受訓練者尋求專業協助以處理會影響其專業能力發展的個人議題。

## F.8. 學生之責任

F.8.a. 學生準則

受訓諮商師有責任瞭解並遵守美國諮商學會倫理守則，遵循現行法律、管理政策以及所處機構或實習場域所規範專業人員行為的規定與政策。學生對當事人的義務，和專業諮商師相同。（見 C.1., H.1.）

F.8.b. 失能受損

當受訓諮商師的生理、心理或情緒困擾問題可能會傷害當事人或他人時，應避免提供諮商服務。他們必須留心自己失能的徵兆、尋求協助，並在察覺無法有效提供服務時，通知課程督導者。除此之外，他們必須為自己尋求適當的專業協助，以修復影響其提供服務能力的問題。

（見 A.1., C.2.d., C.2.g.）

## F.9. 學生之評量與矯正

### F.9.a. 評量

在訓練課程開始之前與進行期間，諮商師必須向學生清楚地陳述預期達成的學習效果、考核的方法以及教學和臨床能力的評量時間。在整個訓練課程期間，諮商師必須提供學生持續的表現考核與評量回饋。

### F.9.b. 限制

在整個訓練課程期間，諮商師教育者必須瞭解並指出哪些學生可能諮商能力不足會妨礙其表現。

諮商師教育者應：

1. 適時協助學生獲得補救性之援助；
2. 當決定將學生退學或是轉介學生尋求協助時，尋求專業諮詢，並以書面記錄其決定，以及
3. 當學生面臨強制要求他們尋求協助或是要將其退學的決定時，確保學生能有及時的求助對象；並且要依據機構的政策與規定提供學生正當程序。（見 C.2.g.）

### F.9.c. 為學生諮商

若學生要求諮商，或在矯正程序中要求接受諮商服務，諮商師教育者需提供適切的轉介資源。

## F.10. 諮商師教育者與學生之角色與關係

### F.10.a. 性關係或情愛關係

禁止與現在任教的學生有性或是情愛的互動或關係。

### F.10.b. 性騷擾

諮商師教育者不得縱容性騷擾，也不得對學生性騷擾。（見 C.6.a）

### F.10.c. 與前任學生的關係

諮商師教育者要注意教師與學生之間的權力差異。當教師考慮跟前任學生有社交、性或其他親密關係時，需與前任學生有開放的討論。教師應跟前任學生討論他們先前的關係會如何影響彼此關係中的變化。

### F.10.d. 非專業關係

諮商師教育者避免和學生擁有非專業關係，或避免對學生有潛在傷害，或影響訓練經驗或成績之持續性專業關係。除此之外，諮商師教育者不得接受學生或受督者實習場域所提供任何形式之專業服務、費用、佣金、補償或酬勞。

### F.10.e. 諮商服務

諮商師教育者不得擔任現任學生的諮商師，除非這是訓練體驗課程中暫時性的角色。

F.10.f. 潛在有益的關係

諮商師教育者深知教學者與學生關係中彼此的權力不對等。如果他們確信和學生的非專業關係可使學生從中受益，他們應採取諮商師與當事人工作時同等的預防措施。可能受益的互動或關係包含、但不限於以下這些：參與正式典禮、去醫院探訪生病的家人、在壓力事件時提供支持或購買由學生提供的服務或產品。當諮商師教育者考慮要進入一段和學生的關係，此關係超出了他們身為教師與督導者的身分時，必須公開和學生討論，討論此互動的理由、潛在的利弊得失，以及發生在學生身上的預期結果。教育者會在與學生進入非專業關係前就先與其澄清這額外角色的特質與限制。和學生的非專業關係應是有時限且是在學生知後同意下才開始。

### F.11. 諮商師教育與訓練課程中的多元文化／文化多樣性

F.11.a. 教師多樣性

諮商師教育者致力於聘任及維持教師來源的多樣性。

F.11.b. 學生多樣性

諮商師教育者積極地招收並維持學生來源的多樣性。藉由認可且珍惜學生在訓練經驗中展現的能力類型以及多元文化，諮商師教育者展現其對多元文化／文化多樣性能力之承諾與重視。諮商師教育者需提供適切的調整，以促進及支持多元文化學生的福祉與學業表現。

F.11.c. 多元文化／文化多樣性能力

諮商師教育者必須積極地將多元文化／文化多樣性能力融入訓練及督導實務中。諮商師教育者積極訓練學生增加對多元文化實務能力之覺察、知識與技巧。諮商師教育者透過案例、角色扮演、問題討論以及其他課堂活動來提升及呈現多元文化觀點。

## G 部分：研究與出版

### 引言

從事研究的諮商師被鼓勵對此專業的知識體系有所貢獻，並且促進對如何達到健全而更公平的社會有更多的理解。諮商師藉由盡可能自願全程參與以支持研究者的努力。在設計與進行研究計畫時，諮商師應盡力摒除偏見，並尊重多樣性。

### G.1. 研究責任

G.1.a. 人類研究參與者之使用

在管理包含人類參與者之研究時，諮商師必須用與相關倫理原則、聯邦與州立法律、研究機構規範以及科學準則一致的方式，來計畫、設計、執行以及呈報研究結果。

G.1.b. 標準流程之偏誤

當研究過程中出現違反標準流程或合理實務的現象時，諮商師必須尋求諮詢並執行嚴格的保護措施，以維護研究參與者之權利。

G.1.c. 獨立研究者

當獨立研究者無法加入機構審查委員會（IRB）時，他們應諮詢熟悉 IRB 程序的研究者，以提供適當的預防措施。

G.1.d. 避免傷害之預防措施

進行有人類參與者在內的研究時，諮商師必須全程對研究過程中的參與者之福祉負責，且應採取合宜的預防措施，以避免對參與者造成具傷害性的心理、情緒、生理或社會影響。

G.1.e. 主要研究者的責任

主要研究者需負起最終的倫理研究實務責任。其餘參與其中的研究者需要為自己的行為負起倫理的義務與責任。

G.1.f. 最低程度的干擾

諮商師必須採取合宜的預防措施，避免研究參與者因為參與了研究而造成對生活的干擾。

G.1.g.多元文化／研究中多樣性的考量

在符合研究目標的前提下，諮商師需盡量敏感於將文化意涵納入研究過程的考量。必要時可尋求諮詢。

## G.2. 研究參與者之權利（見 A.2., A. 7.）

G.2.a. 研究中的知後同意

個人有權行使知後同意權後再參與研究。在尋求知後同意的過程中，諮商師應使用具有下列特性的語言：

1. 準確地解釋研究目的以及應遵守的程序；
2. 清楚瞭解哪些研究程序是具實驗性或相對來說未經試驗的；
3. 描述任何參與者的不適與風險；
4. 描述任何可合理期待會發生在個人或組織上的利益或改變；
5. 揭露對參與者有益且合適的替代程序；
6. 願意回答任何關於程序的疑問；
7. 描述任何有關保密的限制；
8. 描述研究結果將以何種形式對哪些人傳布；
9. 告知參與者，他們可在任何時間點收回知後同意，並可隨時中斷參與行為而不會受到處罰。

G.2.b. 欺瞞

諮商師不得進行有欺瞞意圖的研究，除非該研究之預期價值遠高於欺瞞，且無其他替代性的做法。若這樣的欺瞞可能對研究參與者產生潛在生理或情緒上的傷害，則無論預期多麼有價值，都不得進行研究。當研究方法絕對需要隱瞞或欺騙時，研究者在研究結束後必須盡快解釋隱瞞或欺騙的原因。

G.2.c. 學生／受督者參與

研究者若邀請學生或受督者參與研究，必須清楚說明，他們決定參加研究活動與否，並不會影響到他們的學業成績或是督導關係。對於選擇不參與研究的學生或受督者，則應提供其合適的替代方案，讓他們完成學業或臨床的需求。

G.2.d. 當事人參與

諮商師若想邀請當事人參與研究，必須在知後同意過程中清楚說明，當事人可自由選擇是否參加研究活動。諮商師必須採取必要的預防措施，以保護當事人免於因拒絕或退出研究而導致不利的後果。

G.2.e. 資訊之保密

研究過程中取得的研究參與者資訊需要保密。若其他人有可能會取得這些資訊，則基於倫理研究實務所需，應在取得知後同意的程序中，連同維護保密的計畫，一併告知參與者。

G.2.f. 無法給予知後同意的研究參與者

當研究參與者無法給予知後同意，則諮商師需向其法定代理人提供適切的說明，並向法定代理人取得參與之同意。

G.2.g. 對參與者的承諾

諮商師採用合理的方法來遵守對研究參與者的所有承諾。（見 A.2.c.）

G.2.h. 資料蒐集之後的解釋

蒐集完資料後，諮商師必須提供參與者充分的研究說明，以除去其對研究的誤解。若基於科學或人類價值的考量而必須延遲或隱瞞資訊的公開，則諮商師應採用合宜的方法避免造成傷害。

G.2.i. 告知贊助者

諮商師必須將研究的程序與結果告知贊助者、機構以及出版機關。諮商師必須確保適當的機構組織及有關單位獲得中肯適切的資訊並且致謝。

G.2.j. 研究文件與紀錄的銷毀

在結束研究計畫或調查的一段時間後，對於紀錄或文件（錄音、錄影、數位或書面檔案）中含有可識別參與者的保密資料或資訊，諮商師必須逐步銷毀之。若紀錄具有藝術性，則研究者必須取得有關這些紀錄或文件的參與者同意。（B.6.a., B.6.g.）

## G.3. （當進行有密集或延續性的互動時）與研究參與者的關係

G.3.a. 非專業關係

應避免與研究參與者有非專業的關係。

G.3.b. 與研究參與者的關係

禁止與現任的研究參與者有性的或是情愛的諮商師—研究參與者互動或關係。

G.3.c. 性騷擾與研究參與者

研究者不得縱容性騷擾，也不得對研究參與者性騷擾。

G.3.d.潛在有益的互動

若研究者和研究參與者之間的非專業關係可能有益，研究者盡可能在進入非專業關係前記

錄這些互動的原因、潛在益處以及研究參與者預期的後果。這樣的互動應在研究參與者知後同意下才開始。若是因為這樣的非專業關係而傷害研究參與者時，研究者必須顯現出有嘗試彌補這些傷害。

## G.4. 報告結果

### G.4.a. 準確的結果

諮商師必須正確地計畫、執行以及報告研究結果。諮商師必須完整說明研究結果的限制並提出其他的替代性假設。諮商師不得從事有誤導或欺瞞的研究、扭曲資料、錯誤呈現資料，或是故意使研究結果有偏誤。諮商師必須明確地向調查者提及所有可能會影響研究結果或資料解釋的變項和情況。諮商師必須說明研究結果適用在各多元族群的情形。

### G.4.b. 報告不利的結果之義務

諮商師應報告所有具有專業價值的研究結果。若研究結果不利於組織、系所、所提供的服務或既得利益者，也不得隱瞞。

### G.4.c. 報告錯誤

若諮商師發現已發表的研究中有重大的錯誤，應採取適當的步驟，用修正勘誤或是其他發展上的合宜方式來糾正這些錯誤。

### G.4.d. 參與者身分

提供資料、協助他人研究、報告研究結果或是公開原始資料的諮商師，在缺乏參與者特別授權的情況下，必須盡全力隱藏每一位參與者的身分。對於參與者在研究論文中願意公開自己身分的情況，諮商師必須積極行動，確認資料已被改寫／改變，以保護所有其他人的身分與福祉，且對於研究結果之討論，不會對參與者造成傷害。

### G.4.e. 複製研究

對於希望可以複製論文的其他專業人員，諮商師有義務提供他們足夠的研究原始資料。

## G.5. 出版

### G.5.a. 釐清貢獻程度

當進行與報告研究結果時，諮商師必須熟悉與註明此主題已有的研究發現、遵守著作權法，並向有功勞者充分致意。

### G.5.b. 抄襲剽竊

諮商師不得抄襲剽竊，亦即諮商師不得將他人的成果視為自己的。

### G.5.c. 想法或資料的檢視／重製

諮商師務必充分告知，並讓審稿的主編和審稿者瞭解其送審的著作想法與資料出處。

### G.5.d. 有貢獻者

諮商師透過共同作者、寫致謝詞、註腳或其他方式，根據其貢獻程度來表達對此研究或其概念發展有重大貢獻者的感謝。主要貢獻者排名在最前面，其他技術協助或次要的專業貢獻者則註記在註腳或引言的說明中。

G.5.e. 貢獻者的同意書

諮商師與同事或學生／受督者共同進行研究之前，必須先行簽訂同意書，討論關於任務的分配、出版的貢獻度以及會收到的致謝方式。

G.5.f. 學生研究

若著作內容大多是基於學生的課程報告、計畫、論文，或學生曾經是主要的作者，則他們應被列在主要作者中。

G.5.g. 重複投稿

同樣的手稿一次只能投稿一家刊物。若要在其他刊物或出版品刊出同一份文稿的全部或大部分內容，沒有前一家出版社的同意與確認，不得出版。

G.5.h. 專業審查

諮商師負責審查著作、研究或其他學術目的的文章時，必須尊重投稿者之保密與智慧財產權。諮商師必須謹慎地基於有根據、可驗證的標準做出刊登與否的決定。諮商師需及時審查並基於自己對於研究範疇及研究法勝任的程度來審查。諮商師受主編或是出版商之邀擔任審查者時，必須確保所審查的著作是在其能力範圍內，且避免個人偏見。

## H 部分：解決倫理議題

### 引言

諮商師在執行專業工作時，行事必須符合法律、倫理與道德。他們深知在專業中的當事人保護以及信任，絕大多數均植基於諮商師的專業品行。諮商師對其他的諮商師也抱持相同的標準，並願意採取適切的行動以維護此標準。諮商師致力於以直接開放的溝通方式，與所有相關人士一同解決倫理困境；必要時向同事與督導者尋求諮詢。諮商師將倫理實務體現在每日的專業工作上。諮商師對於現今諮商的倫理法律議題必須隨時保持專業的發展。

#### H.1. 準則與法律（見 F.9.a.）

H.1.a. 知識

諮商師必須瞭解**美國諮商學會倫理守則**，以及其他自身所屬專業組織或認證機構與發照機關之現行倫理守則。不瞭解或誤解倫理責任並不能成為違反倫理行為的辯護理由。

H.1.b 倫理與法律相衝突時

如果倫理責任和法律、規範或其他立法機關相衝突，諮商師要表達自己願意遵守**美國諮商學會倫理守則**，並且採取手段以化解衝突。如果無法藉此化解衝突，諮商師應遵守法律、規範或其他立法機關的規定。

## H.2. 疑似違反規定

### H.2.a. 預期的倫理行為

諮商師預期同事能夠遵守美國諮商學會倫理守則。當諮商師得知消息而懷疑其他諮商師是否遵守倫理行事時，必須採取適切的行動。（見 H.2.b., H.2.c.）

### H.2.b. 非正式的解決方法

當諮商師有理由相信有其他諮商師正在或曾經違反倫理規範，倘若這樣的行為並不會違反相關的保密權益且可行的話，諮商師先試圖以非正式的方法與該位諮商師解決此問題。

### H.2.c. 舉發違反倫理的行為

當一個明顯違反倫理的行為可能或已嚴重傷害了個人或組織，且不適合或無法成功地以非正式方法解決時，諮商師應對此採取更進一步的適切行動。這些行動包括通知其他州立或全國的專業倫理委員會、非營利國家認證機構、州立發照機關或適合的組織單位。但當這樣的介入違反保密權益，或諮商師已被聘請來負責檢視專業行為不檢的其他諮商師時，此標準則不適用。

### H.2.d. 諮詢

當不確定特定的狀況或行為是否可能違反了美國諮商學會倫理守則時，諮商師必須諮詢其他瞭解美國諮商學會倫理守則的諮商師、同儕或其他適合的單位。

### H.2.e. 組織衝突

若諮商師所屬的組織需求與美國諮商學會倫理守則相衝突，諮商師必須詳細說明衝突的性質，並告訴其督導者或其他負責的主管，其對美國諮商學會倫理守則的承諾。可能的話，諮商師致力於改變，讓組織得以完全遵守美國諮商學會倫理守則。行事時，諮商師必須注意有關保密的議題。

### H.2.f. 莫須有的投訴

諮商師不得主動提出、參與或鼓勵對於不實之指控或是惡意中傷之事實的倫理投訴。

### H.2.g. 對投訴者與被告之不平等歧視

諮商師不得單以某人曾提出倫理投訴，或曾經被投訴，就否定其就職、晉升、就學許可、升等或升遷的機會。這並不排除基於這些程序而導致的結果或是考慮其他適切的資訊。

## H.3. 與倫理委員會合作

諮商師必須協助落實美國諮商學會倫理守則。對於美國諮商學會倫理委員會，或對此違反倫理案有司法權之其他正式組織或機關的倫理委員會，諮商師必須配合他們的調查、訴訟與要求。諮商師必須熟悉美國諮商學會違反倫理申訴政策與程序，並以此為參考依據以協助落實美國諮商學會倫理守則。

---

附錄 B

# 美國心理學會心理師倫理原則與行為守則

## 引言與應用

美國心理學會（APA）的**心理師倫理原則與行為守則**（以下簡稱倫理守則）包含**引言**、**前言**、五個**一般原則**（A-E），以及特殊**倫理準則**。引言討論倫理守則的動機、架構、操作時的考量和應用範圍。**前言**和**一般原則**為理想性，高度期望達到的目標，指引心理師朝向心理學最高理想。雖然前言和一般原則並非強制性的規定，它們仍應被視為心理師欲達到倫理境界之行動原則。**倫理準則**則是對於心理師的行為制定強制的規範。為了因應心理師的多重角色，大多數的**倫理準則**都寫得較為籠統，是故**倫理準則**的應用因脈絡而有所不同。**倫理準則**並非詳盡無遺，事實上一個沒有被**倫理準則**特別載明的行為，並不意味著它是絕對符合倫理或不符合倫理。

倫理守則僅適用於心理師在研究、教學或專業角色下從事各項活動時的行為，其範圍涵蓋臨床或諮商或學校實務的心理學、研究、教學、督導實習生、公共服務、政策發展、社會介入、衡鑑工具的發展、行為評估、教育諮商、組織諮詢、司法活動、方案設計與評估及行政管理等，但也不僅於此。倫理守則透過各種方式應用於這些活動，例如面對面接觸、郵件、電話、網路及其他電子通訊。這些活動應該與不在倫理守則範圍中的心理師的純粹私人活動有所區隔。

美國心理學會的會員資格中要求一般會員和學生會員有義務遵守美國心理學會的倫理守則

以及與其有關的規範和程序。一旦被控訴違反倫理時，不能以對倫理準則缺乏覺察或是誤解作為答辯的理由。

提出申訴、進入調查及處理違反倫理行為之控訴的程序，均記載於美國心理學會倫理委員會最新的規則和程序中。美國心理學會會強制處罰違反倫理守則的會員，包含終止會員資格，且可能告知其他團體或會員有關學會的決議。無論是否為美國心理學會的會員或隸屬其他團體的心理師或學生，一旦觸犯倫理守則也有可能受到其他的強制處罰，包含州立心理學學會、其他專業團體、心理學委員會、其他州立或聯邦機構或健康服務單位的付費者。此外，美國心理學會也可能對因重罪定罪的會員採取某些行為，包括開除會員資格、終止州立心理學學會的會員資格，或者暫停及吊銷執照。當美國心理學會的強制處罰輕於開除處分時，依照 2001 年所訂定的規則與程序，申訴者必須提出正式的申訴文件，否則不予受理，且無法確保可以召開聽證會。

倫理守則的目的是提供心理師指引以及建立起專業行為標準，讓美國心理學會或其他選擇採用的團體可資應用。倫理守則並非用來作為民事訴訟的根據。即使一位心理師違反倫理守則，並非因此而決定該心理師在法律的判決是否有罪，或是決定某個契約規範是否有效，或者是否該負其他法律刑責。

本守則基於下列情形時，會使用一些比較模糊的修飾字句（如：合理地、適度地、潛在地）：當(1)允許心理師進行專業判斷；(2)若是沒有這些修飾字詞可能會產生不公平或不正義的現象；(3)確保能應用於心理師進行的各種廣泛活動；(4)避免因為字詞太過僵化而容易過時。本守則所指的「合理地」是指身處於相似情境進行相似活動的心理師，基於該情境所應具備的知識，所做出的最普遍的專業判斷。

心理師在進行專業行為相關的決策過程時，必須考量倫理守則以及應用於法律和心理學委員會的規則。心理師應用倫理守則於他們的專業工作時，應考量被科學或專業心理學組織認可的其它資料和指引方針，以及他們自己的道德引導，同時也與同領域的其他人協商討論。如果倫理守則建立一行為標準比法律所要求的還嚴格，心理師必須遵照較高的倫理準則。如果心理師的倫理責任與法律、規則或其他制定法律的權威單位牴觸，心理師須表明他們對於此倫理守則的承諾，並且採以遵守人權基本原則的負責任方式逐步解決此衝突。

## ●● 前言

心理師願意盡力增進對於行為的科學化與專業知識，以及人們對於自己與他人的理解，並且利用這些知識改善當事人、組織和社會的環境。心理師尊重且保護公民和人類的權利，以及於研究、教學、出版中探索和表達的重要自由。他們努力幫助大眾發展出有關人類行為的判斷與選擇。為了達到這些目的，他們扮演許多角色，例如研究者、教育者、診斷者、治療者、督導者、諮詢者、行政管理者、社會介入者和專家證人。這份倫理守則提供一套於心理師建立他們專業和科學工作的一般原則和準則。

這份倫理守則企圖提供包含心理師可能遇到的大多數情境之特定準則。如同它的目的，是為了與心理師工作的當事人和群體之福祉，以及教育會員、學生及大眾有關倫理的準則。

要能夠發展出合乎心理師工作相關行為的動態倫理準則，需要個人的承諾和畢生致力於合乎倫理的作為；鼓勵學生、受督者、員工、同儕的合乎倫理之行為；以及遇到倫理問題時向其他心理師諮詢。

## 一般原則

本節包含一般原則。一般原則對應於倫理準則，本質上更具理想性。它們意圖引導和激勵心理師朝向各種最高倫理理想狀態的專業作為。不同於倫理準則，一般原則不代表應盡的義務或者不應該作為處罰的依據。若是將一般原則賦予這兩項功能，將是曲解它們的意義或目的。

### 原則 A：受益和免受傷害

心理師致力於讓他們工作的對象獲益，並且注意不要造成傷害。在他們的專業工作中，心理師尋求對於他們專業互動對象和其他受影響的人們之福祉與權利，以及研究動物受試者福祉的保護措施。當有關於心理師的義務或關注內容有衝突時，他們企圖以負責任的方式解決衝突以避免或最小化傷害。由於心理師的科學化與專業的判斷與行為可能影響其他人，他們須警覺且防止個人的、經濟的、社會的、組織的或政治的等因素造成他們的影響力被誤用。心理師努力覺察自己生理與心理健康對於他們助人工作的能力所帶來的可能影響。

### 原則 B：忠誠和責任

心理師與那些和他們一同工作的人建立互信的關係。他們深知自己對於社會或是他們特定的工作對象負有專業和科學的責任。心理師展現符合專業標準的言行，澄清其專業角色和義務，承擔他們行為的適當責任，以及處理可能導致剝削或傷害的利益衝突。心理師諮詢、轉介或和其他專業人員及機構單位合作，以提供共同服務者最佳的服務品質。他們也關切同儕的科學化與專業行為是否合乎倫理。心理師致力於奉獻一部分的專業時間在無償或是極少個人收益的服務上。

### 原則 C：正直

心理師尋求提升在科學化、教學與心理學實務上的正確性、公正與誠實性。在這些活動中，心理師不得剽竊、欺瞞、從事欺瞞與託辭藉口或者刻意地錯誤呈現事實。心理師努力遵守他們的諾言，並且避免不明智或模糊的承諾。在那些可以將欺瞞合理化的情境下，必須將獲益最大化且將傷害最小化，若會導致後續的不信任或是因為某些技巧的誤用而造成傷害，心理師有主要義務去評估是否需要糾正、可能造成的後果，以及他們是否有責任介入。

### 原則 D：公平正義

心理師體認到所謂的公平與正義是賦予所有人類均有權利接觸到心理學以及因此獲益，且在接受心理師提供服務的過程和所受的服務都享受到相同的品質。心理師運用適當的判斷和採取預防措施以確保他們可能的偏誤、能力的限制，以及他們專業的限制不會導致或使當事人必須容忍不公平的實務工作。

### 原則 E：尊重人權與尊嚴

心理師尊重所有人的尊嚴與價值以及當事人隱私、保密和自我決定的權利。心理師覺知針對那些無能力或僅有部分能力可以自主做決定之當事人或社群，可能需要特殊的保護措施，以保障其權利與福祉。心理師覺知且尊重文化、當事人和角色的差異，包含基於年齡、性別、性別認同、種族、民族、文化、國籍、宗教、性取向、障礙、語言、社經地位所產生的因素，並且在與這些成員和團體工作時考量到這些因素。心理師在其工作中盡力消弭基於這些因素所造成的影響，並且不會故意參與或是容忍其他人基於某些偏見而從事的活動。

## 倫理準則

### 1. 解決倫理議題

1.01 心理師工作的誤用

如果心理師得知他們的工作被誤用或被誤導，他們應採取適當的措施修正或減少這誤用或誤導的影響。

1.02 倫理與法律、規範或其他法定權限間的衝突

如果心理師的倫理責任與法律、規範或其他法定權限間有衝突，心理師應澄清此衝突的本質，說明他們對於倫理守則的承諾，並且採取與倫理一般原則及倫理守則準則一致的適當措施解決衝突。在任何狀況下，此準則均不可用來作為侵犯人權的行為之託詞。

1.03 倫理與組織要求間的衝突

如果心理師所屬或所工作的組織之要求與倫理守則衝突，心理師應澄清此衝突的本質，說明他們對於倫理守則的承諾，並且採取與倫理一般原則及倫理守則準則一致的適當措施解決衝突。在任何狀況下，此準則均不可用來作為侵犯人權的行為之託詞。

1.04 對於違反倫理行為的非正式解決方案

當心理師發現其他心理師可能有侵犯倫理的行為，如果非正式的解決方案是恰當的，且此介入不會侵犯任何可能涉及的保密權益，他們將以私下告知，引起個人對此的注意來嘗試解決此議題。（另見原則 1.02 倫理與法律、規範或其他法定權限間的衝突，以及 1.03 倫理與組織要求間的衝突。）

1.05 舉發違反倫理的行為

如果一個明顯的違反倫理行為已經確實地傷害或即將確實地傷害個人或組織，並且不適合依照原則 1.04 以非正式的方式解決違反倫理的行為，或是這樣做了之後無效，則心理師必須採取進一步適用於此狀況的行動。這樣的行動可能包含向州立或國家級委員會、州立證

照委員會，或適合的發照單位舉發。當介入將侵犯保密權或當心理師受聘於檢視其他涉及此訴訟的心理師之專業行為時，此原則不適用。（另見原則 1.02 倫理與法律、規範或其他法定權限間的衝突。）

1.06 與倫理委員會合作

心理師與美國心理學會或任何他們所隸屬的州立心理學學會所要求之倫理調查、訴訟及後續的要求合作。在這麼做的時候，他們必須提出有關保密的任何議題。不合作的本身即是違反倫理的行為。然而，在訴訟結果出來之前要求暫緩倫理申訴的判決並不構成不合作。

1.07 不當的申訴

心理師不得主動提出或是鼓勵提出不實或惡意中傷的倫理指控。

1.08 對投訴者與被告之不平等歧視

心理師不得單以某人曾提出倫理投訴，或曾經被投訴，就否定其就職、晉升、就學許可、升等或升遷的機會。這並不排除基於這些程序而導致的結果或是考慮其他適切的資訊。

## 2. 能力

2.01 能力的限制

(a) 心理師提供服務、教學及進行研究的對象和領域，僅限於他們受過的教育、訓練、被督導經驗、諮詢、研究、專業經驗之能力範圍。

(b) 心理學的科學化或專業知識訓練建立於若要有效執行其服務或研究，必須瞭解年齡、性別、性別認同、種族、民族、文化、國籍、宗教、性取向、障礙、語言或社經地位等相關因素。心理師有必要具備或獲得這些訓練、經驗、諮詢或督導，以確保他們服務的能力，否則他們應做適當的轉介，除非如原則 2.02 於緊急狀況下提供服務。

(c) 心理師對於計畫提供服務、教學或進行研究所涉及的對象、領域、技術或科技不熟悉時，需接受相關的教育、訓練、督導、諮詢或研究。

(d) 當心理師被要求提供服務給沒有適當心理健康服務之當事人，且於心理師尚未具備的必要能力範圍狀況下，若具有最接近的相關訓練或經驗之心理師可提供該當事人服務。為了確保此服務被認可，他們藉著利用相關研究、訓練、諮詢或調查以盡可能努力取得所需的相關能力。

(e) 於某些培訓的普遍原則尚未出現的新興領域，心理師仍要採取適當的措施確保他們工作的能力，以及保護當事人／病患、學生、受督者、研究參與者、機構的當事人和其他人免於傷害。

(f) 當擔任法庭中的角色，心理師應適度地熟悉司法和規範他們角色的行政規則。

2.02 於緊急狀況下提供服務

在緊急狀況下，當心理師在本身未具備足夠訓練的狀況下，必須提供服務給一些未能接受到其他專業服務的當事人時，心理師可提供其服務，以確保當事人有接受到服務。一旦緊急狀況結束或有適當可利用的服務時，則此服務將中斷。

2.03 維持專業能力

心理師承諾持續努力以發展與維持他們的能力。

2.04 科學化與專業判斷的基礎

心理師的工作是奠基於該領域科學化與專業知識的訓練（另見原則 2.01e 能力的限制，及 10.01b 治療的知後同意。）

2.05 工作委任予他人

心理師委任工作給員工、受督者、教學或研究助理，或利用此服務的其他人，如口譯員時，須採取適當措施：(1)避免委任工作給與被服務對象有多重關係者，如此可能導致剝削或失去客觀性；(2)基於此人的教育、訓練或經驗所期待能完成的部分授權某些責任，可完全授權獨立工作或提供某部分的督導；以及(3)確保此人執行服務的能力。（另見原則 2.02 於緊急狀況下提供服務；3.05 多重關係；4.01 維持保密性；9.01 衡鑑的基礎；9.02 衡鑑的運用；9.03 衡鑑中的知後同意；9.07 由不具資格者進行衡鑑。）

2.06 個人問題與衝突

(a) 一旦心理師知道或應該知道自己的困擾問題很有可能妨礙他們有效執行一些活動時，即應避免主動開展執行那些活動。

(b) 當心理師對於可能干擾他們充分展現工作相關職責的個人問題有所覺察，他們採取適當的方式，如獲得專業諮詢或協助，以及決定他們是否應限制、暫緩或結束他們工作相關的職責。（另見原則 10.10 結束治療。）

## 3. 人際關係

3.01 不平等的歧視

於工作相關的活動中，心理師不能基於年齡、性別、性別認同、種族、民族、文化、國籍、宗教、性取向、障礙、語言或社經地位或任何法律的規範而從事不平等的歧視。

3.02 性騷擾

心理師不可涉入性騷擾。性騷擾是指性誘惑、肢體上的友好表示，或者本質上為性相關的口語或非口語行為，發生於與心理師作為一個心理師有關的行為或角色，並且(1)是不受歡迎、侵犯人的，或塑造了一個不友善的工作場域或教育環境，且心理師知情或有被告知，或者(2)對一般人身處在該情境都會覺得是相當嚴重或強烈的認為受到侵害。性騷擾可能包含單次強烈或嚴重的行為，或者多次反覆的或普遍的行為。（另見原則 1.08 對投訴者與被告之不平等歧視。）

3.03 其他騷擾

心理師不可基於年齡、性別、性別認同、種族、民族、文化、國籍、宗教、性取向、障礙、語言或社經地位等因素，故意對與他們工作互動的對象進行騷擾或貶損的行為。

3.04 避免傷害

心理師採取適當的措施避免傷害到他們的當事人或病患、學生、受督者、研究參與者、組織中的當事人或其他工作對象，並且最小化可預見或不可避免的傷害。

3.05 多重關係

(a) 多重關係發生在心理師與另一個人之間處於專業的角色，並且(1)同時與此人之間有另一種角色，(2)同時正與和此人有緊密關聯或相關的人處於交往關係，或者(3)承諾與此人或與此人有緊密關聯的人未來將進入另一種關係。

假如此多重關係可合理預期將有損心理師表現其身為心理師的客觀性、能力或效能，又或者對與心理師有專業關係存在的人有剝削或傷害風險，則心理師須避免進入多重關係。

合理預期並不會造成損害或危險剝削與傷害的多重關係，並不是不合倫理的。

(b) 假如心理師發現基於不可抗力的因素導致可能造成傷害的多重關係已發生，心理師應考量受影響者的最佳利益和對於倫理守則的最大承諾採取適當的方式解決。

(c) 當心理師受法律、機構政策所要求，或於特殊狀況下被要求提供服務於司法或行政程序過程一個以上的角色，則於關係的一開始或是當後續角色改變時，即應澄清角色期待和保密的程度。（另見原則 3.04 避免傷害，以及 3.07 第三方要求的服務。）

3.06 利益衝突

當可合理預期個人的、科學上的、專業的、法律上的、財務的或其他的利益或關係將(1)損害他們身為心理師之功能的客觀性、能力或效能，或者(2)使與其有專業關係存在的個人或組織暴露於傷害或剝削，則心理師應避免接受此專業角色。

3.07 第三方要求的服務

當心理師應第三方的請求同意提供當事人或組織服務，心理師需在一開始即澄清所有涉及的當事人或組織間關係的本質。澄清的內容包含心理師的角色（例如：治療師、諮詢者、診斷者或專家證人）、確認誰是當事人、可能提供的服務或是想獲得的資訊，以及保密的可能限制。（另見原則 3.05 多重關係，及 4.02 保密限制的討論。）

3.08 剝削性的關係

心理師不可透過督導、評量或其他上對下的關係來剝削人們，如當事人／病患、學生、受督者、研究參與者及員工。（另見原則 3.05 多重關係；6.04 費用及財務安排；6.05 與當事人／病患進行以物易物交換；7.07 與學生及受督者有性關係；10.05 與現任治療當事人／病患發生性接觸；10.06 與現任治療當事人／病患的親屬或重要他人發生性接觸；10.07 與前任的性伴侶進行治療；以及 10.08 與前任治療當事人／病患發生性接觸。）

3.09 與其他專業人員合作

於專業評估適當狀況下，心理師與其他專業人員合作，俾能有效且恰當地服務他們的當事人／病患。（另見原則 4.05 揭露）

3.10 知後同意

(a) 當心理師面對面或透過電子通訊或其他方式的聯繫進行研究，或提供衡鑑、治療、諮商或諮詢服務時，他們使用此人或這些人能夠理解的語言獲得其知後同意，除非未經同意

進行此活動是受到法律命令或政府規定，或其他載明於倫理守則中的例外狀況。（另見原則 8.02 研究的知後同意；9.03 衡鑑中的知後同意；以及 10.01 治療的知後同意。）

(b) 對於法定上喪失或限制行為能力而無法提供知後同意者，心理師仍需：(1)提供適當的解釋；(2)尋求當事人的同意；(3)考量此人的意願和最佳利益；以及(4)假如代理同意是受法律允許或要求的，則取得法定代理人適當的同意。若經由法定代理人的同意並非受法律允許或要求的，心理師須採取適當的措施保護當事人的權益和福祉。

(c) 當心理相關服務是在受到法院命令或其他被強制要求的狀況下，心理師要在程序進行前告知當事人即將提供的服務性質，包含是否為受到法院命令或其他被強制要求的狀況，以及保密的限制。

(d) 心理師適當地以書面形式記錄下來口頭或書面的同意、允許及贊同。（另見原則 8.02 研究的知後同意；9.03 衡鑑中的知後同意；以及 10.01 治療的知後同意。）

3.11 提供心理相關的服務給機構或透過機構提供服務

(a) 心理師提供服務給機構，或是透過機構提供服務時，如果時機適當，須事先提供下列資訊給當事人，這些服務直接受到以下幾種狀況的影響：(1)服務的性質和目標；(2)潛在的訊息接收者；(3)誰是當事人；(4)心理師將與每個人或機構間產生的關係；(5)可能提供的服務或可能獲得的資訊；(6)誰將有權限接觸這些資訊；(7)保密的限制。一旦評估為可行的，心理師盡快將服務的結果或結論的資訊提供給適當的人。

(b) 若心理師將因法律規定或是在機構內扮演的角色而不能提供這些資訊給特定的當事人和團體，他們於服務的一開始即需告知這些當事人或團體。

3.12 心理相關服務受到干擾

除非合約另有規範，否則當心理師的服務受到諸如下列因素的干擾時，心理師需盡力規劃有建設性的服務。干擾因素如：心理師生病、死亡、未能提供服務、改變服務據點或退休，或者是當事人／病患的遷居或經濟限制。（另見原則 6.02c 專業或科學工作的保密紀錄之維護、散布和銷毀。）

## 4. 隱私與保密

4.01 維持保密性

心理師的首要義務是採取合理的預防措施保護透過任何媒介所取得或儲存的保密內容。同時需體認到保密的範圍與限制可能受到法律約束，或受到機構規定或專業的、科學方面的關係所制定。（另見原則 2.05 工作委任予他人。）

4.02 討論保密的限制

(a) 心理師和與他們建立科學研究或專業關係的人們（可能包含，法定上無能力給予知後同意的人及其法定代理人）和組織討論：(1)保密的相關限制及(2)透過他們的心理活動所蒐集到資訊之可能用途。（另見原則 3.10 知後同意。）

(b) 除非不可行或是被明令禁止，否則應當在關係開始建立前即討論保密性，以及在爾後有新狀況產生時亦需討論。

(c) 透過電子通訊方式提供服務、產品或資訊的心理師，需告知當事人／病患隱私相關的風險和保密的限制。

4.03 錄影錄音

心理師在針對其服務對象進行錄影或錄音之前，須取得服務對象或其法定代理人的同意。（另見原則 8.03 於研究中錄音錄影的知後同意；8.05 為研究免除知後同意；8.07 研究中的欺瞞。）

4.04 對隱私最低程度的侵擾

(a) 心理師在口頭或書面報告或諮詢中，僅納入與進行溝通之目的有密切相關的資訊。

(b) 心理師僅能基於適當的科學或專業目的討論他們工作中取得的保密內容，且僅能與確實和這些事情有所關聯的人們討論。

4.05 揭露

(a) 於機構中的當事人、個別當事人／病患，或其他代表當事人／病患的法定代理人適當同意之下，心理師可以揭露保密內容，除非法律上禁止。

(b) 心理師只有在法律命令或是基於下列特殊目的經由法律同意而能未經當事人同意即揭露保密內容，如：(1)提供必須的專業服務；(2)獲得適當的專業諮詢；(3)保護當事人／病患、心理師或其他人免於受到傷害；(4)取得服務當事人／病患的費用，在此情況下揭露僅限於達到此目的之需求。（另見原則 6.04e 費用及財務安排。）

4.06 諮詢

與同儕進行諮詢時，(1)心理師不能揭露可以合理辨識出當事人／病患、研究參與者，或其他與其有保密關係的對象或組織之保密內容，除非他們事先獲得此人或組織的同意，或者是不可避免的揭露；並且(2)他們揭露的資訊僅限於達到諮詢目的必要的範圍。（另見原則 4.01 維持保密性。）

4.07 基於教學訓練或其他目的使用保密內容

心理師不得於其著作、演講或其他公開媒介中，揭露那些於工作期間所獲得保密的、關於他們當事人／病患、學生、研究參與者、機構當事人或其他接受服務者之可辨識的個人資訊，除非(1)他們採取適當的措施隱匿這個人或機構的基本資訊，(2)此人或組織已同意被寫入，或者(3)基於法律的授權要如此做。

## 5. 廣告和其他公開的陳述

5.01 避免錯誤或欺瞞的陳述

(a) 公開陳述包含但不限於下述方式：付費或免費廣告、產品背書、申請補助、申請證照、申請其他證書、小冊子、印刷物、工商名錄清單、個人履歷表或資歷表，或在媒體上的公開評論，如以影印或電子的方式傳送、法律程序中的陳述、授課及公開演講，以及出版物。心理師不應故意以錯誤、偽造或詐欺的方式公開陳述其研究、實務、工作活動或

與他們有關的人或組織。

(b) 心理師不應做出錯誤、偽造或詐騙的陳述於：(1)他們的訓練、經驗或能力；(2)他們的學歷；(3)他們的證書資格；(4)他們所隸屬的機構或學會；(5)他們的服務；(6)他們提供的服務在科學或臨床上的根據，以及服務的結果和成功程度；(7)他們的費用；(8)他們的出版或研究發現。

(c) 心理師只有在以下情況，才可宣稱他們的健康服務符合證照資格：(1)從地方公認的教育機構取得；或(2)由執業的州所核發的心理證照。

5.02 他人的陳述

(a) 心理師聘用他人製作或宣達公開陳述，以推廣其專業業務、產品或其他行為時，對這些陳述仍有專業責任。

(b) 心理師不可因為要行銷新的產品或服務，而提供報紙、電視或其他通訊媒體的員工任何酬賞作為獲取知名度的回報。（另見原則 1.01 心理師工作的誤用。）

(c) 與心理師活動有關的付費廣告一定要能清楚敘明，或是清楚可辨識。

5.03 工作坊和非學位授予的教育計畫之描述

基於其有某種程度的掌控權，心理師對於描述工作坊、研討會或其他非學位授予的教育計畫之公告、目錄、小冊子或廣告有責任，以確保他們向預定的參與者正確說明該計畫的教育目的、主講者及所需的費用。

5.04 媒體呈現

當心理師透過印刷品、網路或其他電子傳輸方式提供大眾建議或評論時，他們要謹慎確保他們的言論：(1)是基於專業知識、訓練或與經驗相符合的適當文獻及實務；(2)或是與倫理準則相符；(3)並沒有暗示和接收訊息者已建立專業關係。（另見原則 2.04 科學化與專業判斷基礎。）

5.05 使用者證言

心理師不可向正進行諮商的當事人或病患以及其他人要求提供諮商後的宣傳證言，因為他們身處特殊情形中，可能會因受到不恰當的影響力所影響。

5.06 親自招攬生意

心理師不可以直接或透過代理人的方式，對真實或潛在的治療當事人或病患，或因特殊情況而易受影響者，進行私下邀約的商業攬客行為。然而，這樣的限制不包含下列：(1)嘗試使用合宜的並行治療，以讓已接受治療的當事人或病患從中受惠；或(2)提供災難後或其他的社區外展服務。

## 6. 紀錄保存與費用

6.01 專業及研究工作的書面文件以及紀錄保存

心理師針對他們的專業與研究工作而製作紀錄，以及他們基於職責而保存、公布、儲存、保留以及銷毀紀錄。這麼做是為了：(1)幫助他們自己或其他專業人員提供後續服務；(2)允許研究設計的複製與分析；(3)符合機構的要求；(4)確保帳單與付費的正確性；(5)確保符合法律規定。（另見原則 4.01 維持保密性。）

6.02 專業與科學研究保密紀錄的保持、公布及銷毀

(a) 心理師基於職責撰寫、儲存、取得、移轉以及銷毀紀錄時均需加以保密，不論紀錄是以手寫、自動化輸入還是任何其他媒介的方式製作都一樣（同時可見原則 4.01，維持保密性；以及 6.01，專業與科學研究之文件及紀錄的保留）。

(b) 當關乎接受專業服務者的保密訊息被納入數據資料庫或紀錄系統，讓其他人可在不告知接受者的情形下取得時，心理師應使用編碼或其他方式來避免當事人的身分被辨識出來。

(c) 假如發生辭職或歇業的情況，心理師應預先計畫有關的適當紀錄移轉方式，並確保紀錄與資料的保密性不會受到影響。（另見原則 3.12 心理相關服務的干擾，以及 10.09 治療的中斷。）

6.03 針對未付款而保留紀錄

心理師不得僅因為當事人未付款而在當事人緊急情況下被要求或是需要其提供當事人／病患紀錄時拒絕給予紀錄。

6.04 費用以及財務安排

(a) 心理師及接受心理服務者要盡可能在專業或研究關係的前期，就達成對費用以及付費安排的共識。

(b) 心理師的收費業務要符合法規。

(c) 心理師不得濫收費用。

(d) 如果預期會因為經濟限制而侷限接受服務，應盡早與接受服務者討論。（另見原則 10.09 治療的中斷，及 10.10 結束治療。）

(e) 如果服務接受者沒有依同意的方式為服務付費，心理師有意委託催繳單位或透過法律手段來催討費用時，應第一時間告知當事人將會採取這些行動，讓當事人有機會來繳納未繳的款項。（另見原則 4.05 揭露；6.03 由於未付費而不提供紀錄；10.01 治療的知後同意）

6.05 與當事人／病患進行以物易物交換

以物易物交換是指接受當事人／病患以物品、服務或其他非財務的報酬，來回報所接受的心理相關服務。心理師僅能在以下情境以物易物：(1)不會抵觸臨床實務，以及(2)此安排不具剝削性。（另見原則 3.05 多重關係，以及 6.04 費用及財務安排）

6.06 對付費者及經費補助單位提供正確的結果報告

心理師在提供給服務付費者或研究經費贊助單位的報告中，採取適當的措施確認有正確報告服務提供或研究行為的性質、收費、索價或付費，以及可能的話指出提供者的身分、過程中的發現及診斷。（另見原則 4.01 維持保密性；4.04 對隱私最低程度的侵擾；以及 4.05 揭露。）

6.07 轉介和收費

當心理師在主雇關係之外，與另外的專業人員進行付費、接受付費，或平分費用，每一方所收取的費用必須是基於所提供服務的性質（臨床的、諮詢的、行政管理的或其他方面的），而非基於轉介行為本身。（另見原則 3.09 與其他專業人員合作）

## 7. 教育與訓練

7.01 教育和訓練計畫的設計

心理師有責任採取適當的方式，確認所設計的教育和訓練計畫可提供適當的知識和足夠的經驗，並且符合執照、認證或其他計畫所宣稱的目標之要求。（另見原則 5.03 工作坊和非學位授予的教育計畫。）

7.02 教育和訓練計畫的描述

心理師有責任採取適當的方式，確認教育和訓練計畫內容的描述（包含必修課程的參與或課程相關的諮商、心理治療、體驗性團體、諮詢計畫或社區服務）、訓練目標和對象、經費補助和利益，以及為了完成整個訓練計畫所需達到的標準。這些資訊必須讓所有有興趣的人都清楚知道。

7.03 教學的正確性

(a) 心理師採取合理的步驟來確保課程教學大綱的正確性，包含要教授的主題、評估進展的基礎以及課程體驗的本質。當教學者認為教學方法有需要或想要調整時，此準則並不阻止教學者更改課程內容或課程要求，只是要以能讓學生滿足課程要求的方式來讓學生知悉這些更動。（另見原則 5.01 避免錯誤或欺瞞的陳述。）

(b) 當從事教學或訓練時，心理師以正確的方式呈現心理學的資訊。（另見原則 2.03 維持專業能力。）

7.04 學生個人資訊的揭露

心理師不得要求學生或受督者於課程或課程相關活動中揭露個人資訊，無論是以口頭或書面方式，包含性相關史、被虐待和忽略史、心理治療，以及與父母、同儕、伴侶或重要他人的關係，除非(1)此課程或訓練單位已經在招生簡章或系所簡介中清楚聲明這是必備的要求，或者(2)除非必須獲得這些資訊，以便評估學生的這些困擾問題極有可能妨礙其訓練或參與和專業有關的活動，且會對學生或其他人士造成威脅，或是學生的問題需要外界的協助。

7.05 強制的個別或團體治療

(a) 當接受個別或團體治療為學程或課程要求的一部分，負責此課程的心理師允許修課的大學部或研究所的學生選擇接受獨立於課程之外的實務工作者的治療課程。（另見原則 7.02 教育和訓練計畫的描述）

(b) 有責任或可能有責任評估學生學業表現的授課教師，本身不能提供治療課程。（另見原則 3.05 多重關係）

7.06 評估學生或受督者的表現

(a) 於學業和督導關係中，心理師建立一個及時且具體的程序提供學生或受督者回饋。督導者於程序一開始即提供相關的資訊給學生。

(b) 心理師評估學生與受督者時，是基於他們在有關的與既定的課程要求下之真實表現。

7.07 與學生及受督者有性關係

心理師不可與他們系所、機構或訓練中心，或是可能會有評量權限的學生及受督者從事性關係。（另見 3.05 多重關係。）

## 8. 研究與出版

8.01 機構的認可

當機構的認可是必要的，心理師需提供關於他們研究計畫的正確資訊，並且於執行研究前獲得認可。他們執行的研究與獲得認可的研究計畫需一致。

8.02 研究的知後同意

(a) 當如同原則 3.10 知後同意所要求的獲得知後同意，心理師告知參與者關於(1)研究的目的、預期的時間和程序；(2)婉拒參與或一旦開始參與後退出研究的權利；(3)婉拒或退出可預見的後果；(4)合理可預見可能會影響其參與意願的因素，如可能的風險、不舒服感，或有害的結果；(5)任何可能帶來的研究好處；(6)保密的限制；(7)參與研究可獲得的報酬；以及(8)關於研究或研究參與權益有疑問時可聯繫的對象。他們提供未來參與研究者充分詢問和獲取答案的機會。（另見原則 8.03 於研究中錄音錄影的知後同意；8.05 為研究免除知後同意；以及 8.07 研究中的欺瞞。）

(b) 心理師在創作、儲存、存取、傳輸和銷毀紀錄過程維持保密性。心理師執行涉及實驗處遇的介入性研究者，於研究一開始時即向參與者澄清(1)處遇的實驗性質；(2)如果情況合適，是否會提供控制組服務；(3)分派實驗組和控制組組成的方式；(4)如果當事人沒有意願參與研究，或研究開始後想要退出研究時的適當替代性處遇；(5)如果情況合適，補償參與過程的金錢花費，無論是由參與者償還或是尋求第三方支付。（另見原則 8.02a 研究的知後同意。）

8.03 於研究中錄音錄影的知後同意

心理師在記錄研究參與者的聲音或影像之前，先獲得研究參與者的知後同意，除非(1)研究僅包含於公開場合的自然觀察，並且預期不會將紀錄用於可能某種程度會辨識出個人資訊或對其造成傷害的情境，或者(2)研究設計包含欺瞞，且將於研究結束的說明後獲得錄音錄影的同意。（另見原則 8.07 研究中的欺瞞。）

8.04 研究參與者為當事人／病患、學生和部屬

(a) 當心理師與擔任研究參與者的當事人／病患、學生或部屬執行研究，心理師需採取一些方式保護這些未來參與者，避免由於婉拒或退出參與而造成有害的後果。

(b) 當研究參與為課程要求或獲得額外好處的機會，這些可能的參與者需被給予公平的替代

活動之選擇。

8.05 為研究免除知後同意

心理師僅在下列情況下可能免除知後同意：(1)可以合理的假設研究並不會造成研究參與者痛苦或傷害，且(a)此研究為一般教育情境裡所涉及的教育實務、課程或班級管理方法；(b)僅為匿名問卷、自然觀察或是為了檔案研究使用，而不會置參與者於危險的案件中或涉及法律責任，或傷害他們的財務地位、僱用資格或聲譽，並且保密性是受到保護的；或者(c)若是在組織企業中進行有關工作或組織效能因子的研究，需確保研究不會傷及研究參與者的僱用資格與就職，且保密性是受到保護的，又或者(2)其他法律或聯邦或機構規範允許者。

8.06 提供研究參與者誘因

(a) 心理師努力避免提供過度或不恰當的經濟誘因或其他誘因，以迫使研究參與者參與研究。

(b) 當提供專業服務作為研究參與誘因時，心理師需澄清此服務的性質以及風險、義務和限制。（另見原則 6.05 與當事人／病患進行以物易物交換。）

8.07 研究中的欺瞞

(a) 心理師不可於研究執行過程中涉及欺瞞，除非他們確定此欺瞞技巧的使用足以獲得科學、教育或應用的價值，並且找不到其他有效的非欺瞞方式來替代。

(b) 對於合理假設會導致生理痛苦或嚴重情緒困擾的研究，心理師不得欺瞞未來的研究參與者。

(c) 心理師盡可能及早解釋所有的欺瞞行為為不可或缺的研究設計與研究參與要素，盡可能在他們參與一結束時即說明，最晚不得晚於資料蒐集結束前，同時須允許參與者取回他們的資料。（另見原則 8.08 研究後說明。）

8.08 研究後說明

(a) 心理師提供及時的機會向參與者說明研究的性質、結果和結論之適當資訊，並且採取適當的措施修正任何心理師可覺察到參與者可能有的誤解。

(b) 假如科學或人性的價值足以支持暫緩或保留此資訊，則心理師採取適當的方法降低傷害的風險。

(c) 當心理師覺察研究過程已傷害參與者，他們採取適當的措施將傷害最小化。

8.09 研究中動物的使用與人道照顧

(a) 心理師於遵從目前的聯邦、州立和地方政府法律與規定以及專業原則下，取得、照護、運用及處置動物。

(b) 受過相關研究方法訓練和有照顧實驗室動物經驗的心理師需監督所有涉及動物研究的相關流程，並有責任確保適當考量牠們的舒適、健康和人道對待。

(c) 心理師確保所有在他們監督之下使用到動物的研究者，有接受過研究方法的指導，並且清楚如何在其被賦予的角色之下照顧、維護和處理這種研究的動物物種。

(d) 心理師盡可能努力最小化動物受試者的不舒服感、感染、疾病和疼痛。

(e) 心理師只有在替代程序不可行，且研究目的足以支持有科學、教育或應用價值的狀況下，才會透過一些程序讓研究動物疼痛、有壓力或是造成匱乏。

(f) 心理師在適當的麻醉狀況下進行開刀程序，並且遵循相關程序於手術期間和手術後避免感染和最小化疼痛。

(g) 當動物的生命應告終結，心理師以公認的程序用最快的步驟和最小化疼痛的方式結束其生命。

8.10 陳述研究結果

(a) 心理師不可偽造數據資料（同時可參考原則 5.01a，避免錯誤或欺騙的陳述）。

(b) 如果心理師發現在他們已發表資料中有明顯的錯誤時，他們應採取合理的措施來更正這個錯誤，如以訂正、撤回、勘誤或其他適當的公開方式。

8.11 剽竊

心理師不可將他人的部分工作成果或資料當作自己的來發表，即使他人工作成果或資料來源偶爾有被引用。

8.12 出版的功勞歸屬

(a) 心理師對自己的著作負起責任，包含作者序的功勞歸屬，只有對於自己實際有做的工作，或者對於自己實質上的貢獻才居功。（另見原則 8.12b 出版的功勞歸屬。）

(b) 主要作者序和其他出版的功勞大小要能反映所有參與者的科學或專業貢獻的大小程度，這和其相對地位的高低無關。僅是位居機構內的某個職位，例如部門主管，不能用來作為作者排序功勞大小的依據。對於研究或出版著作有微小貢獻者亦需依其貢獻大小適當地致謝，例如於註腳或引言處致謝。

(c) 除了在極例外的情況下，如果某篇多位作者掛名的著作主要是依據研究生的學位論文而發表，則該生應該被列為主要作者。指導教授宜盡早與學生討論出版的作者功勞歸屬問題，在整個研究過程以及出版過程中亦要適時討論。（另見原則 8.12b 出版的功勞歸屬。）

8.13 資料的複製出版

心理師不可將已被發表過的資料視同原始資料而予以出版。此項並未排除那些先前已發表過的資料在適當說明之後重新發表者。

8.14 為了證實而分享研究資料

(a) 研究結果發表後，如果當初的研究結果是建立在其他研究者的研究資料上，而該研究者主張要重新分析資料以證實研究發現，且該研究者確定只有將研究資料用於此用途，除非法律有規定不准釋出資料，否則心理師不可將其研究資料據為己有；同時要確保研究參與者的隱私被保障。在此情況下，心理師得要求索取資料的個人或團體必須負擔提供這些資訊時的經費支出。

(b) 心理師若向其他心理師要求取得資料以進行資料的重新分析，則其獲得的資料僅能作為

當時宣稱的目的而使用。提出要求的心理師若要將資料用於其他用途，需事先取得同意書。

8.15 審查者

受委託審查報告、出版、申請補助或研究計畫的心理師，尊重此資料的智慧財產權和保密性。

## 9. 衡鑑

9.01 衡鑑的基礎

(a) 心理師在他們提出的建議、報告和診斷或評估性的描述（包含法庭上的證詞）中所提出的論點，是基於足以充分支持其論點和發現的資訊和技術。（另見原則 2.04 科學化與專業判斷的基礎。）

(b) 除了原則 9.01c 所提及的，心理師若要提供對某些人心理屬性的意見，僅能在他們對這些人已進行足夠支持他們論述或結論的測驗之後。如果已經過適當的努力，仍無法真正實施這些測驗，心理師記錄他們嘗試過的努力和其結果，澄清由於所得的資訊有限，對其專業意見的信度及效度均可能受限所可能造成的影響，並且適當地限縮其結論或建議的內涵及範圍。（另見原則 2.01 能力的限制，以及 9.06 解釋衡鑑結果）

(c) 當心理師進行一份個案報告回顧或提供諮詢或督導時，發現某項個別檢驗結果不足採信，或是與其專業意見無關時，心理師對此提出說明及其結論或建議資訊的依據來源。

9.02 衡鑑的運用

(a) 心理師基於研究目的或是其他有用的目的而施測、調整、計分、解釋或使用衡鑑技巧、晤談、測驗或工具等方式，且能適當運用這些技術。

(b) 心理師使用已建立效度和信度且有適合施測對象的常模的測驗工具。若是此效度或信度未被建立，則心理師需描述測驗結果與解釋的效力和限制。

(c) 心理師所使用的衡鑑方法必須符合當事人的語言偏好和能力，除非替代語言的使用與此衡鑑議題相關。

9.03 衡鑑中的知後同意

(a) 心理師取得關於衡鑑、評量或診斷服務的知後同意，如同描述於原則 3.10 知後同意，除了當(1)測驗是被法律或政府規範所要求；(2)因為施測為例行的教育、機構或組織活動，故知後同意是隱含的（例如，當謀職時，參與者自願地同意接受衡鑑）；或者(3)測驗的其中一個目的乃是為評估某項決定性的能力。知後同意包含衡鑑的性質與目的、費用、第三方的參與，以及保密性的限制和提供當事人／病患充分詢問和獲取答案的機會。

(b) 心理師對於知後同意能力上有所疑慮者，或者對於被法律或政府規範要求測驗的對象，仍須使用受衡鑑者可理解的語言，向其說明預計要提供衡鑑服務的性質和目的。

(c) 心理師如果需要翻譯員協助，需取得當事人／病患的知後同意並確保測驗結果的保密性和測驗安全性的維持，且於他們的建議、報告和診斷或評估性描述（包含法庭上的證詞）中說明此情形以及闡明所取得資料的限制。（另見原則 2.05 工作委任予他人；4.01 維持保密性；9.01 衡鑑的基礎；9.06 解釋衡鑑結果；以及 9.07 由不符資格者進行衡鑑）

9.04 測驗資料的釋出

(a) 所謂的測驗資料意指原始分數和量表分數、當事人／病患對測驗問題或刺激的反應，以及測驗過程中心理師對於當事人／病患陳述和行為的註記和紀錄。那些包含當事人／病患反應的測驗資料，均包含於測驗資料的定義中。依據當事人／病患的同意書，心理師僅能提供測驗資料給當事人／病患或是同意書內列舉的其他人。心理師基於下列考量而避免釋出當事人的測驗資料：為了保護當事人／病患或他人避免受到傷害、測驗資料遭到誤用，或者資料或測驗的錯誤呈現，以及瞭解哪些情況下依法不得釋出這些保密資訊。（另見原則 9.11 維持測驗安全性。）

(b) 在缺乏當事人／病患同意提供資料的情況下，心理師僅於法律或法庭要求的狀況下方得提供測驗資料。

9.05 測驗建構

心理師在編製測驗和發展其他衡鑑技術時，須運用適當的心理計量程序和當前的科學或專業知識來進行測驗設計、標準化、建立效度、減少或消除偏誤以及提供使用上的建議。

9.06 解釋衡鑑結果

當解釋衡鑑結果，包含自動化的解釋時，心理師應將可能影響判斷或降低他們正確解釋衡鑑目的和影響各種測驗因素、作答能力，以及其他受衡鑑者的特質，如情境的、個人的、語言的和文化的差異等同時列入考量。他們指出測驗解釋中任何顯著的限制。（另見原則 2.01b 和 2.01c 能力的限制，以及 3.01 不平等的歧視。）

9.07 由不符資格者進行衡鑑

心理師不建議由不符合資格者使用心理衡鑑技術，除非此實施是基於訓練的目的且是在適當督導下行之。（另見原則 2.05 工作委任予他人）

9.08 老舊的測驗和過時的測驗結果

(a) 心理師不得以過時或與目前測驗目的不符的測驗結果為依據，來進行評估或介入處遇的建議。

(b) 心理師不得以老舊且與目前測驗目的不符的測驗結果作為做決定或推薦的依據。

9.09 測驗計分和解釋服務

(a) 心理師在對其他專業人員提供衡鑑或計分服務時，必須正確地描述目的、常模、效度、信度和程序的應用，以及任何使用資格的限制要求。

(b) 心理師基於此程式和程序的實證基礎以及其他適當的考量，來選擇計分和解釋服務（包含自動化計分解釋服務）。（另見原則 2.01b 和 2.01c 能力的限制。）

(c) 心理師對於衡鑑工具的適當應用、解釋和運用負責任，無論他們是自己計分解釋或使用自動化或其他的方式計分解釋服務。

9.10 說明衡鑑結果

無論計分和解釋是否由心理師、工作人員或助理，或是透過電腦自動化或其他外界的服務完成，心理師應採取適當的措施確認給予當事人或指定的代表關於結果的解釋，除非原本這份關係的本質就已事先排除提供解釋的必要性與可能性（例如於某些機構的諮詢、在正式受僱前或基於安全考核，以及法庭上的評估），且此事實已經事先向被衡鑑者清楚說明。

9.11 維持測驗安全性

此處所指的測驗材料包含手冊、模組、工具、題本和測驗問題或刺激，並且如同原則 9.04 測驗資料的釋出所定義，沒有包含測驗資料。心理師努力確保測驗材料與其他衡鑑技術的完整性與安全性，且符合法律規範與契約載明的義務，以及遵守倫理守則。

## 10. 治療

10.01 治療的知後同意

(a) 當取得治療的知後同意如同原則 3.10 知後同意所要求，心理師於治療關係中應及早告知當事人／病患關於治療的性質和預期的療程、費用、參與的第三方以及保密的限制，並且提供當事人／病患充分詢問和獲取答案的機會。（另見原則 4.02 討論保密的限制，以及 6.04 費用及財務安排。）

(b) 當企圖取得普遍認為技術與程序尚未建置完成的治療之知後同意時，心理師告知他們的當事人／病患關於發展中的治療本質、涉及的風險、可用的替代治療以及他們參與的自主性。（另見原則 2.01e 能力的限制，以及 3.10 知後同意。）

(c) 當治療師是實習生並且治療提供的法律責任屬於督導者時，作為知後同意的一部分，當事人／病患需被告知治療者正在接受訓練和督導，並且提供督導者的名字。

10.02 治療涉及伴侶或家庭

(a) 當心理師同意提供相互有關係的多個對象（例如配偶、重要他人，或父母和小孩）服務，他們於一開始即採取適當的程序澄清(1)哪些人是當事人／病患，以及(2)心理師將與每個人建立的關係。此澄清包含心理師的角色及可能提供的服務或取得的資訊。（另見原則 4.02 討論保密的限制。）

(b) 假如情勢逐漸明朗，發現心理師可能會被要求扮演具衝突的不同角色（比如原本是家庭治療的治療師轉而為離婚程序中一方的證人），心理師應採取適當的方式澄清和調整，或適當的退出角色。（另見 3.05c 多重關係。）

10.03 團體治療

當心理師以團體形式提供服務給多個對象，他們應於一開始描述其角色和各方的責任，以及保密的限制。

10.04 提供治療給已接受其他醫療服務的當事人

在決定是否給予或提供服務給已在他處接受心理健康服務的人之前，心理師應謹慎地考量治療議題和未來當事人／病患的福祉。為了最小化困惑和衝突的風險，心理師與當事人／

病患或當事人／病患的法定代理人討論這些議題，於合宜狀況下與其他服務提供者相互諮詢，並且謹慎和敏感地處理治療議題。

10.05 與現任治療當事人／病患發生性接觸

心理師不可與現任治療當事人／病患發生性接觸。

10.06 與現任治療當事人／病患的親屬或重要他人發生性接觸

心理師不可與他們已知的現任治療當事人／病患的近親、監護人或重要他人從事性接觸。心理師不可結束治療以規避此原則。

10.07 與前任的性伴侶進行治療

心理師不可為他們曾經從事性接觸的人進行治療。

10.08 與前任治療當事人／病患發生性接觸

(a) 在中斷或結束治療後至少兩年間，心理師不可與前任治療當事人／病患從事性接觸。

(b) 除了在非比尋常的情況下，即使過了兩年期限，心理師仍不可與前任當事人／病患發生性接觸。心理師在中斷或結束治療的兩年後發生此行為，必須負責證明沒有剝削關係的存在，且要考量過所有相關因素，包括：(1)治療結束後所經歷的時間；(2)治療的性質、持續期間及強度；(3)結束的情境；(4)當事人／病患的個人史；(5)當事人／病患目前的心理狀態；(6)對於當事人／病患可能有害的影響因素；(7)治療師在治療期間的任何言論或行動是否有暗示或邀請當事人／病患於結案後發生性或情愛關係。（另見原則 3.05 多重關係。）

10.09 中斷治療

一旦進入僱用或是合約關係，若是僱用關係或合約關係必須結束，心理師須善盡職責，盡可能提供當事人／病患最適切的照顧，最重要的是把當事人／病患的福祉作為凡事考量的依據。

10.10 結束治療

(a) 當有合理且清楚的證據顯示當事人／病患不再需要服務、無法從服務獲益，或繼續諮商可能會造成傷害時，心理師應結束治療。

(b) 當心理師受到威脅或有可能受到來自當事人／病患或與當事人／病患有關者影響而危及生命安全時，諮商師可結束治療。

(c) 除非當事人／病患或是第三方付費者拒絕，否則在結束之前，心理師應提供結束前的諮商，並且建議適合的替代性服務。

---

 American Psychological Association. (2010a). Ethical principles of psychologists and code of conduct (2002, amended June 1, 2010). Retrieved from http://www.apa.org/ethics/code/index.aspx.

附錄 C

# 心理健康界各專業領域倫理守則與指引清單


American Association for Marriage and Family Therapy (AAMFT). (2001). *Code of ethics*. Retrieved from http://www.aamft.org/imis15/content/legal_ethics/code_of_ethics.aspx.

American Association of Christian Counselors. (AACC). (2004). *AACC Code of ethics*. Retrieved from http://www.aacc.net/about-us/code-of-ethics/.

American Association of Sexuality Educators, Counselors and Therapists (AASECT). (2004). *Code of ethics*. Retrieved from http://www.aasect.org/codeofethics.asp.

American College Personnel Association (ACPA). (2006). *Statement of ethical principles and standards*. Retrieved from http://www.myacpa.org/ethics/statement.cfm.

American Counseling Association (ACA). (1999). *The layperson's guide to professional ethics*. Retrieved from ACA_laypersons_guide.pdf.

American Counseling Association (ACA). (2009). *Competencies for counseling transgender clients*. Retrieved from http://www.counseling.org/Resources/Competencies/ALGBTIC_Competencies.pdf.

American Group Psychotherapy Association (AGPA). (2002). *AGPA and NRCGP guidelines for ethics*. Retrieved from http://www.groupsinc.org/group/ethicalguide.html.

American Group Psychotherapy Association (AGPA). (2007). *Practice guidelines for group psychotherapy*. Retrieved from http://www.agpa.org/guidelines/index.html.

American Medical Association (AMA). (2001). *Principles of medical ethics*. Retrieved from http://www.ama-assn.org/ama/pub/category/2512.html.

American Medical Informatics Association. (2006). *Statement of ethical principles and standards*. Retrieved from http://www2.myacpa.org/ethics/statement.php.

American Mental Health Counselors Association (AMHCA). (2010). *Code of ethics for mental health counselors*. Retrieved from https://www.amhca.org/assets/news/AMHCA_Code_of_Ethics_2010_w_pagination_cxd_51110.

American Music Therapy Association (AMTA). (2008). *Code of ethics*. Retrieved from http://www.musictherapy.org/about/ethics/.

American Psychiatric Association. (1999). *Psychotherapy and managed care position statement*. Retrieved from http://www.psych.org/Departments/EDU/Library/APAOfficialDocumentsandRelated/PositionStatements/199902.aspx.

American Psychiatric Association. (2009). *Principles of medical ethics with annotations especially applicable to psychiatry*. Retrieved from http://www.psych.org/MainMenu/PsychiatricPractice/Ethics/ResourcesStandards/PrinciplesofMedicalEthics.aspx.

American Psychoanalytic Association. (2009). *Principles and standards of ethics for psychoanalysts*. Retrieved from http://www.apsa.org/About_APsaA/Ethics_Code.aspx.

American Psychological Association (APA). (1981). *Specialty guidelines for the delivery of services: Clinical psychologists, counseling psychologists, organizational/industrial psychologists, school psychologists*. Washington, D.C.: Author.

American Psychological Association (APA), Committee on Women in Psychology. (1989). If sex enters into the psychotherapy relationship. *Professional Psychology: Research and Practice*, *20*, 112–115.

American Psychological Association (APA). (1993a). *Guidelines for ethical conduct in the care and use of animals*. Retrieved from http://www.apa.org/science/anguide.html.

American Psychological Association (APA). (1994). Guidelines for child custody evaluations in divorce proceedings. *American Psychologist*, *49*, 677–680.

American Psychological Association (APA), Committee on Professional Practice and Standards. (1994). Guidelines for child custody evaluations in divorce proceedings. *American Psychologist*, *49*, 677–680.

American Psychological Association (APA), Committee on Professional Practice and Standards. (1995). Twenty-four questions (and answers) about professional practice in the area of child abuse. *Professional Psychology: Research and Practice*, *26*, 377–383.

American Psychological Association (APA), Committee on Psychological Testing and Assessment. (1996). Statement on the disclosure of test data. *American Psychologist*, *51*, 644–648.

American Psychological Association (APA). (1997). *What practitioners should know about working with older adults*. Retrieved from http://www.apa.org/pi/aging/resources/guides/practitioners-should-know.aspx.

American Psychological Association (APA). (1999). *Suggestions for psychologists working with the media*. Washington, D.C.: Author.

American Psychological Association (APA), Board of Professional Affairs. (1999). Guidelines for psychological evaluations in child protection matters. *American Psychologist*, *54*, 586–593.

American Psychological Association (APA). (2011). *Practice guidelines for LGB clients*. Retrieved from http://www.apa.org/pi/lgbt/resources/guidelines.aspx.

American Psychological Association (APA). (2004). Guidelines for psychological practice with older adults. *American Psychologist*, *59*, 236–260.

American Psychological Association (APA), Committee on Legal Issues. (2006). Strategies for private practitioners coping with subpoenas or compelled testimony for client records or test data. *Professional Psychology: Research and Practice*, *37*, 215–222.

American Psychological Association (APA). (2007). *Record keeping guidelines*. Retrieved from http://www.apa.org/practice/guidelines/record-keeping.pdf.

American Psychological Association (APA). (2009). *Appropriate affirmative responses to sexual orientation distress and change efforts*. Retrieved from http://www.apa.org/about/governance/council/policy/sexual-orientation.pdf.

American Psychological Association (APA). (2010). *Guidelines for ethical conduct in the care and use of nonhuman animals in research*. Retrieved from http://www.apa.org/science/leadership/care/animal-guide-2010.pdf.

American Psychological Association (APA). (2010). Guidelines for child custody evaluations in family law proceedings. *American Psychologist*, *65*, 863–867.

American Psychological Association (APA). (2011). Practice guidelines regarding psychologists' involvement in pharmacological issues. *American Psychologist, 66*, 835–849.

American School Counselor Association (ASCA). (2010). *Ethical standards for school counselors*. Retrieved from http://www.schoolcounselor.org/files/EthicalStandards2010.pdf.

Association for Counselor Education and Supervision (ACES). (1990). Standards for counseling supervisors. *Journal of Counseling and Development*, *69*, 30–32.

Association for Counselor Education and Supervision (ACES). (1993). Ethical guidelines for counseling supervisors. *Counselor Education and Supervision*, *34*, 270–276.

Association for Counselor Education and Supervision (ACES). (1999). *Guidelines for online instruction in counselor education*. Alexandria, VA: Author.

Association for Specialists in Group Work (ASGW). (1998). *Principles for diversity-competent group workers*. Retrieved from http://www.asgw.org/PDF/Principles_for_Diversity.pdf.

Association for Specialists in Group Work (ASGW). (2000). *Professional standards for the training of group workers*. Retrieved from http://www.asgw.org/PDF/training_standards.pdf.

Association for Specialists in Group Work (ASGW). (2007). *Best practice guidelines*. Retrieved from http://www.asgw.org/PDF/Best_Practices.pdf.

Association of State and Provincial Psychology Boards (ASPPB). (2001). *Guidelines for prescriptive authority*. Retrieved from http://www.asppb.net/i4a/pages/index.cfm?pageid=3355.

Association of State and Provincial Psychology Boards (ASPPB). (2005). *Code of conduct*. Retrieved from http://www.asppb.org/publications/model/conduct.aspx.

Association of State and Provincial Psychology Boards (ASPPB). (2009). *Guidelines on practicum experience for licensure*. Retrieved from http://www.asppb.net/files/public/Final_Prac_Guidelines_1_31_09.pdf.

Australian Psychological Society. (2007). *Code of ethics*. Retrieved from http://www.psychology.org.au/about/ethics/.

British Association for Counselling and Psychotherapy. (2001). *Ethical framework for good practice in counselling and psychotherapy*. Retrieved from http://www.bacp.co.uk/ethical_framework/.

Canadian Counselling Association. (2007). *Code of ethics*. Retrieved from http://www.ccacc.ca/_documents/CodeofEthics_en_new.pdf.

Canadian Psychological Association. (2000). *Canadian code of ethics for psychologists* (3rd ed.). Retrieved from http://www.cpa.ca/cpasite/userfiles/Documents/Canadian%20Code%20of%20Ethics%20for%20Psycho.pdf.

Commission on Rehabilitation Counselor Certification (CRCC). (2010). *Code of professional ethics for rehabilitation counselors*. Retrieved from https://www.crccertification.com/filebin/pdf/CRCC_COE_1-1-10_Rev12-09.pdf.

Committee on Ethical Guidelines for Forensic Psychologists. (1991). Specialty guidelines for forensic psychologists. *Law and Human Behavior*, *15*, 655–665.

Employee Assistance Professionals Association (EAPA). (2009). *Code of ethics*. Retrieved from http://www.eapassn.org/files/public/EAPACodeofEthics0809.pdf.

International Association of Marriage and Family Counselors (IAMFC). (2005). *Ethical standards*. Retrieved from http://www.iamfconline.com/PDFs/Ethical%20Codes.pdf.

International Society for Coaching Psychology. (2011). *Ethics*. Retrieved from http://www.isfcp.net/ethics.htm.

International Testing Commission (ITC). (2005). *Guidelines on computer-based and Internet-delivered testing*. Retrieved from http://www.intestcom.org/Downloads/ITC%20Guidelines%20on%20Computer%20-%20version%202005%20approved.pdf.

International Union of Psychological Science. (2008). *Universal declaration of ethical principles for psychologists*. Retrieved from http://www.am.org/iupsys/resources/ethics/univdecl2008.html.

National Academy of Neuropsychology (2000). Official position statement on test security. *Archives of Clinical Neuropsychology*, *15*, 383–386.

National Association of Alcohol and Drug Abuse Counselors (NAADAC). (2011). *Code of ethics*. Retrieved from http://www.naadac.org/resources/codeofethics.

National Association of School Psychologists (NASP). (2010). *Principles for professional ethics*. Retrieved from http://www.nasponline.org/standards/2010standards.aspx.

National Association of Social Workers (NASW). (2008). *Code of ethics*. Retrieved from http://www.socialworkers.org/pubs/code/code.asp.

National Board for Certified Counselors (NBCC). (2005). *Code of ethics*. Retrieved from http://www.nbcc.org/Assets/Ethics/nbcc-codeofethics.pdf.

National Board for Certified Counselors (NBCC). (2007). *The practice of Internet counseling.* Retrieved from http://www.nbcc.org/Assets/Ethics/internetCounseling.pdf.

National Career Development Association (NCDA). (2007). *Code of ethics*. Retrieved from http://associationdatabase.com/aws/NCDA/asset_manager/get_file/3395.

National Career Development Association (NCDA). (1997). *Multi-cultural career counseling* minimum *competencies*. Retrieved from http://associationdatabase.com/aws/NCDA/pt/sp/guidelines.

Ohio Psychological Association (OPA). (2008). *Telepsychology guidelines*. Retrieved from http://www.ohpsych.org/resources/1/files/Comm%20Tech%20Committee/OPATelepsychologyGuidelines41710.pdf.

Society for Personality Assessment (SPA). (2006). Standards for education and training in psychological assessment. *Journal of Personality Assessment*, *87*, 355–357.

Society for Research in Child Development (SRCD). (2007). *Ethical standards for research with children*. Retrieved from http://www.srcd.org/index.php?option=com_content&task=view&id=68&Itemid=110.

# Notes

# Notes

# Notes

# Notes